W0088963

Dominic Streatfeild

Gehirnwäsche

Die geheime Geschichte
der Gedankenkontrolle

Aus dem Englischen
von Andreas Simon dos Santos

Zweitausendeins

Deutsche Erstausgabe. 1. Auflage, August 2008.

Die englische Originalausgabe ist 2006 unter dem Titel »Brainwash« bei Hodder & Stoughton erschienen.

Copyright © 2006 by Dominic Streatfeild.

Alle Rechte für die deutsche Ausgabe und Übersetzung Copyright © 2008 by Zweitausendeins, Postfach, D-60381 Frankfurt am Main. www.Zweitausendeins.de

Lektorat und Register der deutschen Ausgabe: Klaus Gabbert (Büro Z, Wiesbaden).
Korrektorat: Ursula Maria Ott, Frankfurt.
Umschlaggestaltung: Johannes Paus, Wallerstein.
Satz und Herstellung: Dieter Kohler GmbH, Wallerstein.
Druck und Einband: Freiburger Graphische Betriebe.
Printed in Germany.

Dieses Buch gibt es nur bei Zweitausendeins im Versand, Postfach, D-60381, Frankfurt am Main, Telefon 069-4208000, Fax 069-415003.
Internet www.Zweitausendeins.de, E-Mail Service@Zweitausendeins.de.
Oder in den Zweitausendeins-Läden in Bamberg, Berlin, Bochum, Bonn, Bremen, Darmstadt, Dortmund, Dresden, Düsseldorf, Duisburg, Erfurt, Essen, Frankfurt am Main, Freiburg, Göttingen, Gütersloh, 2x in Hamburg, Hannover, Karlsruhe, Kiel, Köln, Konstanz, Leipzig, Ludwigsburg, Mannheim, Marburg, München, Neustadt an der Weinstraße, Nürnberg, Oldenburg, Osnabrück, Speyer, Stuttgart, Tübingen, Ulm und Würzburg.
In der Schweiz über buch 2000, Postfach 89, CH-8910 Affoltern a.A.

ISBN 978-3-86150-876-2

Meinen Eltern

Inhalt

Einleitung

Es war nicht leicht, Robert Reid zu finden. Er stand nicht im Telefonbuch. Er war nicht im Wählerverzeichnis gelistet. Niemand kannte ihn. Das Sozialamt konnte auch nicht weiterhelfen: »Er ist weggezogen«, erfuhr ich dort. »Wir wissen nicht, wohin.« Journalisten, die ihn interviewt hatten, hatten ihn aus den Augen verloren. Der Mann war verschwunden.

Reid hatte einen guten Grund, sich unsichtbar zu machen. 18 Monate zuvor, am 22. Dezember 2001, hatte sein Sohn Richard seine Schuhe mit Sprengstoff gefüllt und versucht, sie zur Detonation zu bringen – mitten über dem Atlantik, zusammen mit dem Flugzeug, in dem er reiste. Zum Glück hatte die Bombe nicht gezündet. Reid wurde überwältigt und bei der Ankunft in den USA verhaftet.

Ich wollte wissen, warum er versucht hatte, sich zusammen mit 184 Menschen zu töten, daher schrieb ich ihm, um ein Treffen zu verabreden. Meine Briefe kehrten ungeöffnet zurück: Die US-Regierung, teilten mir die amerikanischen Behörden mit, würde mir nicht erlauben, mit ihm zu sprechen. Ich rief Reids Mutter an, doch sie wollte nicht über die Sache reden. Und so machte ich mich auf, um seinen Vater zu suchen.

Das erwies sich, wie gesagt, als verzwickt.

Das erste Anzeichen, dass sein Sohn in Schwierigkeiten steckte, bemerkte Robin Reid, als er am Folgetag des versuchten Attentats abends heimkam und in seiner Straße zwei nebeneinander parkende Reihen von Autos erblickte. Als er sich seinem Haus näherte und über den Gartenzaun schaute, sah er deren Insassen: Dutzende von Reportern, die auf dem Rasen lagerten und auf seine Ankunft warteten. Nach bester britischer Reportersitte wollten sie ihn zur jüngsten, verheerenden Wendung in seinem Leben befragen: Was dachte er über seinen Sohn – den internationalen Terroristen?

Reid zog um. Dann zog er abermals um. Kein Wunder, dass ich ihn nicht finden konnte.

Wie so häufig in solchen Fällen lag die Antwort vor meiner Nase. Robin Reid wohnte nur fünf Gehminuten von meiner Wohnung in Südlondon entfernt und war öfter in der Kneipe anzutreffen, in der auch ich mein Bier trank. Als wir uns schließlich im April 2005 trafen, konnte ich ihm die Frage stellen, die mich umtrieb: *Warum?* Was war mit Reids Sohn geschehen, dass er zu der Überzeugung gekommen war, es sei eine gute Idee, eine internationale Passagiermaschine in die Luft zu sprengen?

Reids Antwort war enttäuschend. Er hatte nicht die geringste Ahnung. »Ich konnte es selbst nicht glauben«, erwiderte er kopfschüttelnd. Die Presse schrieb, Richard sei einer Gehirnwäsche unterzogen worden – doch wer wusste Genaues? Wer wusste überhaupt etwas über diese Dinge?

W arum steuern Menschen Flugzeuge in Gebäude? Warum sprengen sie Busse, Züge, Zivilisten in die Luft? All das sind gute Fragen – wenn auch nicht die, die mich beschäftigten, als ich mit der Recherche zu diesem Buch begann.

Zum ersten Mal kam ich mit Gehirnwäsche vor zehn Jahren in Berührung, als ich mich für eine Fernsehdokumentation mit der Geschichte von LSD befasste. Zufällig (das war noch vor den Tagen von Google) stolperte ich über ein Buch, das ein ehemaliger Mitarbeiter des amerikanischen Außenministeriums, John Marks, Ende der 70er Jahre geschrieben hatte. Marks war es gelungen, die CIA anzuzapfen: Er hatte den Geheimdienst dazu gebracht, seine Akten über seine Forschung über Gedankenkontrolle während des Kalten Krieges zu öffnen. Das Ergebnis war *The Search for the Manchurian Candidate.*

Das Buch war – und ist es noch immer – sensationell. LSD, Wahrheitsdrogen, Hypnose: Das waren nur einige der Mittel, die der amerikanische Auslandsgeheimdienst vor 50 Jahren getestet hatte, um die Gedanken seiner Offiziere, Informanten und Feinde zu kontrollieren. Marks' Story las sich wie ein Spionagethriller, mit dem zusätzlichen Vorzug, dass sie von vorne bis hinten stimmte.

Voller Eifer schrieb ich ein Exposé, schickte es der Fernsehanstalt – und bekam prompt eine Absage. Das Thema war anscheinend Schnee von gestern. Die Tatsache, dass offenbar niemand darüber Bescheid wusste, interessierte nicht. Die Neuigkeit war veraltet.

Nachdem ich zwischenzeitlich ein Buch über Kokain geschrieben hatte (*Cocaine. An Unauthorized Biography*, 2002), tauchte das Thema ein paar Jahre später wieder auf. Das Kokainbuch war gut aufgenommen worden. Worüber, wollte der Verleger wissen, würde ich denn als Nächstes schreiben?

Nun, eigentlich über gar nichts. Ich war ausgepowert. Aber dann kam mir eine Idee: Was, wenn ich Marks' Recherche da weiterführen würde, wo er aufgehört hatte? Wir schrieben ja mittlerweile das Jahr 2002, und *The Search for the Manchurian Candidate* war nunmehr schon 25 Jahre alt. Mussten seither nicht zwangsläufig neue Fakten ans Licht gekommen sein?

Ich rief John Marks an, und auch er hielt die Idee für vernünftig. Wie sich herausstellte, hatte er ursprünglich ein Nachfolgebuch geplant, aber die CIA war eindeutig der Meinung, dass genug über das Thema geschrieben worden war, und bremste ihn aus: Das erste Buch hatte schon genug Schaden angerichtet, vielen Dank. Die CIA würde sich zwar nicht weiter zum Thema Gehirnwäsche auslassen wollen, doch würden sich vielleicht andere Quellen auftun. Marks (dem ich auf ewig dankbar bin) schlug ein paar Richtungen vor, die sich als vielversprechend erweisen könnten. Ganz oben auf der Liste stand der Einsatz von Verhörtechniken auf der Basis von Reizentzug, die von der britischen Armee 1971 in Nordirland angewandt worden waren.

Gerüstet mit der Gewissheit, dass es auf diesem Feld nahezu sicher etwas Neues zu entdecken gab, meldete ich mich bei dem Verlag zurück und willigte ein, das Buch zu schreiben.

Es brauchte nicht lange, um herauszufinden, dass Marks Recht hatte: Es war in der Tat neues Material verfügbar – besonders auf dem Gebiet der Verhörtechnik. Zu meinem Glück lag 1971 nun lange zurück, und viele der Leute, die an der Entwicklung der sogenannten »fünf Methoden« beteiligt gewesen waren, die von der britischen Armee damals eingesetzt wurden (Kapuzen, Lärmfolter, Nahrungs- und Schlafentzug, Stresspositionen), waren bereit zu reden.

Ein neues, alarmierendes Bild zeichnete sich ab: Es war nicht nur die CIA, die im Kalten Krieg Menschenexperimente durchgeführt hatte – alle hatten es getan.

Und so tauchte ich die folgenden zwei Jahre in die zwielichtige Welt der Spione, Halluzinogene, Wahrheitsdrogen, religiösen Kulte, Hypnose, unterschwelligen Botschaften und falschen Erinnerungen ab. Diese Phase trieb mich – und alle um mich herum – beinahe in den kompletten Wahnsinn.

Wenn ich geglaubt hatte, Richard Reids Vater sei schwer zu finden gewesen, dann deshalb, weil ich noch nicht versucht hatte, Psychiater des britischen Auslandsgeheimdienstes MI6, Verhörspezialisten der US-Armee oder Hypnotiseure aufzuspüren, um mit ihnen über die fragwürdigeren Aspekte ihres Handwerks zu sprechen. Es war ein Alptraum.

Der schwierigste Gesprächspartner war ein ehemaliger britischer Militärexperte, der über ausgedehnte Erfahrungen auf dem Feld der geheimen Gehirnwäscheforschung verfügte. Jedes Mal, wenn ich ihn anrief, fand er eine neue Ausrede, sich nicht mit mir zu treffen. Es dauerte 18 Monate, um ihn zu überreden, es doch zu tun.

Ein weiterer pensionierter Geheimdienstler – und eine Legende im MI6 – legte sofort auf, als ich mich vorstellte. Zu seinem Nachteil versäumte er es, den Hörer richtig auf die Gabel zu legen; ich blieb natürlich dran. Die folgende Stunde über konnte ich mit anhören, wie er vor seiner Frau herumbelferte: »Dieser Schwindler!«, tobte er. »Ich hätte ihm sagen sollen, dass er sich verpissen soll!« – »Ja, Schatz«, erwiderte sie zahm, »das hättest du.« – »Dieser beschissene Schwindler!« – »Ja, Schatz« – und so ging es in einem fort weiter. Erst als er wieder zum Telefon griff (ohne Zweifel, um jemand anderem mitzuteilen, wie wütend er war), war die Vorstellung zu Ende und ich in der Lage, meine eigene Leitung wieder zu benutzen.

Nicht die ganze Recherche verlief so quälend. Im Laufe der Arbeit an diesem Buch konnte ich mit über 250 Personen sprechen – die meisten von ihnen beglückt, mir weiterhelfen zu können. Es gelang mir außerdem, über 16 000 Seiten freigegebener CIA-Dokumente aufzuspüren und zu lesen.

Einige Gesprächspartner erwiesen sich unverhofft als wahre Fundgruben. Ein Psychiater, mit dem ich über Abreaktion sprach (die entscheidende Reaktion, auf die der Einsatz sogenannter »Wahrheitsdrogen« zielt), erwiderte – ohne dass ich ihn im Geringsten darauf stoßen musste –, dass er darüber Bescheid wisse, weil er für den britischen Geheimdienst gearbeitet hatte. Volltreffer!

Nach und nach führten mich meine Nachforschungen in neue Richtungen: die Misshandlung deutscher Kriegsgefangener durch die Briten 1945; die LSD-Experimente des MI6; die geheime Drogenforschung der CIA mit nichtsahnenden Zivilisten als Versuchskaninchen. Für einen Liebhaber von Spionageromanen war das alles faszinierend. Zweifellos gab es hier eine Menge großartigen Materials.

Doch den ersten Hinweis, dass ich im Begriff stand, etwas wirklich Lohnendes auszugraben, erhielt ich durch die Veröffentlichung der Bilder aus Guantánamo Bay und dann, nicht lange darauf, aus Abu Ghraib. Warum, wollten die Medien wissen, trugen all diese Leute Kapuzen und Ohrenschützer? Was bezweckten die Amerikaner damit? Die Presse war an der Story dran. Nachdem ich den Großteil des Jahres über militärische Verhörspezialisten interviewt hatte, war ich ihr um einiges voraus.

Verhörexperten, die ich Monate zuvor befragt hatte, riefen mich an: Die BBC habe sie kontaktiert, Zeitungen sich bei ihnen gemeldet. Was sollten sie ihnen sagen? Andere brachen wütend jeglichen Kontakt zu mir ab.

Meiner Meinung nach war ein Großteil der Medienberichterstattung fehlgeleitet. Das Interessante war aus meiner Sicht nicht, *was* mit den Internierten geschah, sondern *warum*. Was bewirkten diese Techniken eigentlich? Woher kamen sie? Wer hatte sie erfunden? Ich hoffe, dieses Buch, das in Großbritannien im Jahr 2006 erschien, liefert befriedigende Antworten darauf.

Es beschäftigt sich auch mit der umstrittensten Frage: Was *ist* Gehirnwäsche? Und, vielleicht wichtiger noch: Funktioniert sie tatsächlich? Diese Fragen sind nicht annähernd so leicht zu beantworten, wie es auf den ersten Blick erscheinen mag.

ᔓ

Als ich ihn schließlich aufgespürt hatte, hegte Robin Reid keinerlei Zweifel daran. »Mein Sohn soll sich mir nichts, dir nichts aus einem zahmen Lamm in einen Selbstmordattentäter verwandelt haben? Nein. Nicht ohne Gehirnwäsche.« Reid setzte seine Kaffeetasse ab. »Jemand *hat ihn sich vorgenommen.* Es tut mir leid, das sagen zu müssen, aber ihm wurde das Hirn gewaschen.«

Tatsächlich? Gibt es wirklich so etwas wie Gehirnwäsche, oder verbergen sich dahinter nicht nur Verschwörungstheorien, wilde Mutmaßungen und psychologischer Hokuspokus? Lassen sich andere Menschen zu willenlosen Werkzeugen abrichten, kann man ihre Gedanken und ihre Handlungen steuern, oder ist es ein falsches Gerücht, ausgestreut von Geheimdienstlern mit einem angestammten Interesse daran, einem leichtgläubigen Publikum Lügengeschichten aufzutischen? Um dies herauszufinden, ist es notwendig, die Spur der Gehirnwäsche bis zu ihren Wurzeln zurückzuverfolgen: ins Herz des Kalten Krieges ...

Kapitel 1 | Hirnkrieg

Iraker mit Drogen und Gehirnwäsche für Bin Laden in den Tod geschickt
Von James Hider in Kerbela

Terroristen, die mit Al-Qaida in Verbindung stehen, rekrutieren nach Einschätzung der irakischen Polizei zunehmend junge Iraker für Selbstmordanschläge, unterziehen sie mit Predigten von Osama Bin Laden einer Gehirnwäsche und schicken sie aus, um Unheil zu säen.
The Times, 22. März 2004

Ich konnte es nicht glauben. Sollte sich mein Sohn aus einem zahmen Lamm in einen Selbstmordattentäter verwandelt haben? Nein. Nicht ohne Gehirnwäsche. Jemand hat ihn sich vorgenommen. Es tut mir leid, das sagen zu müssen, aber ihm wurde das Hirn gewaschen.
Robin Reid, Vater des britischen »Schuhbombers« Richard Reid

Als Dr. András Zakar am Sonntag, dem 19. November 1948, aus der Messe in der Pfarrkirche der Budapester Wasserstadt zurückkehrte, hielt neben ihm ein Wagen ohne Hoheitskennzeichen. Wortlos sprangen drei Männer in dunklen Anzügen heraus, packten ihn bei den Armen, stießen ihn auf den Rücksitz, knallten die Türen zu und jagten mit quietschenden Reifen davon.

Für Passanten wäre die Szene nicht weiter bemerkenswert gewesen. Der Staat sei in Gefahr, so war den Ungarn gesagt worden, überall lauerten Verschwörer; fast täglich griff die Geheimpolizei jetzt Dissidenten auf. Das Ungewöhnliche an diesem Fall war das Opfer: Dr. Zakar war der persönliche Sekretär von Kardinal Jósef Mindszenty, dem Primas der katholischen Kirche in Ungarn und profiliertesten Kirchenvertreter in Osteuropa. Mindszenty, der als möglicher Nachfolger von Papst Pius XII. gehandelt wurde, war ein einflussreicher Mann; das »Verschwinden« seines Sekretärs ließ nichts Gutes ahnen.

Fünf Wochen später fuhr die Geheimpolizei mit dem Verschleppten wieder vor der erzbischöflichen Residenz in Esztergom vor. Doch der Zakar, den sie am Heiligen Abend 1948 zurückbrachte, war nicht derselbe Zakar, den sie einen Monat zuvor abgeholt hatte. Etwas war mit ihm geschehen. Seine Augen blickten merkwürdig. Er war verwirrt und

Hirnkrieg   15

desorientiert, wie halb umnachtet. Der für gewöhnlich schweigsame 35-jährige Doktor der Theologie benahm sich wie ein Kind, unablässig plappernd und kichernd. Einmal rannte er quietschend die Korridore hinunter. Die Geheimpolizisten in Zakars Begleitung behandelten ihn wie einen Verrückten und erinnerten ihn wiederholt daran, dass sie ihm zweimal in der Woche Fleisch zu essen gegeben hätten, woraufhin er einfältig grinste, als seien sie seine besten Freunde. »Er schien sehr vergnügt mit ihnen«, erinnerte sich später Gyula Mátkai, der Chefsekretär des Kardinals.

Auf den Befehl, das Gebäude nach belastenden Beweisen zu durchsuchen, galoppierte Zakar los und führte die Beamten in einen Kellerraum, wo er auf einen Fleck auf dem Boden zeigte. Ein paar Zentimeter unter der Erde entdeckten die Polizisten eine Metallkiste mit der vertraulichen Korrespondenz Mindszentys. Sie beglückwünschten den grinsenden Zakar und nahmen ihn zur weiteren »Behandlung« mit ins Hauptquartier der Geheimpolizei in der Budapester Andrássy-Straße 60 zurück.

Am ersten Weihnachtsfeiertag um 18.45 Uhr schritten Kardinal Mindszenty und seine alte Mutter gerade die Treppe hinab, um sich zur Abendmesse aufzumachen, als jemand heftig gegen die Tür pochte. Der Kardinal ließ öffnen und sah sich einem Trupp bewaffneter Männer unter Oberstleutnant Gyula Décsi gegenüber. »Wir sind gekommen, um Sie zu verhaften«, erklärte er Mindszenty. Der Kardinal bat um den Haftbefehl, doch Décsi schüttelte den Kopf. »Wir brauchen keinen.«

Mindszenty kniete nieder, küsste die Hand seiner Mutter, sprach ein Gebet, nahm Mantel und Hut und ergab sich in sein Schicksal. Das Letzte, was er vernahm, war der Chor seiner Glaubensbrüder und -schwestern, die, da sie mit der Verhaftung des Kardinals das Ende des Katholizismus im sowjetisch besetzten Ungarn heraufdämmern sahen, spontan die Nationalhymne anstimmten.

Mindszentys Verhaftung löste bei seinen Mitarbeitern tiefe Bestürzung aus. Schon das Verhalten seines persönlichen Sekretärs hatte sie erschüttert. Wie hatte der loyale András Zakar den Kardinal so verraten können? Warum hatte er sich so bizarr verhalten? Zweifellos, so dachten sie, war mit ihm etwas Seltsames geschehen.

Als man ihm fünf Wochen später den Prozess machte, war auch mit Kardinal Mindszenty etwas Merkwürdiges geschehen. Vor den Schranken des Gerichts wirkte er wackelig auf den Beinen. Er schwankte vor und zurück, seine Augen waren halb geschlossen und sein Bewegungsablauf so unkoordiniert wie der eines Schlafwandlers. Er sprach monoton und mechanisch, als hätte er seine Aussagen auswendig gelernt. Die Pausen, die er zwischen seinen Wörtern einlegte, dauerten manchmal bis zu zehn Sekunden. Offenbar unfähig, dem Verlauf seines eigenen Prozesses zu folgen, stand dieser hochgebildete, intelligente Mann völlig verwirrt mit glasigen Augen da.

Schlimmer noch als sein Erscheinungsbild war indes, was er von sich gab. Während Mindszenty ins Ungefähre starrte, gestand er, den Raub der ungarischen Kronjuwelen – darunter das heiligste Kleinod der Nation, die Krone des Hl. Stephan – eingefädelt zu haben, mit dem ausdrücklichen Zweck, Otto von Habsburg zum Kaiser von Osteuropa zu krönen. Er gab zu, sich zum Sturz der kommunistischen Regierung verschworen und den Dritten Weltkrieg geplant zu haben, um – sobald dieser von den Amerikanern gewonnen wäre – die politische Macht in Ungarn an sich zu reißen.

Diese Geständnisse waren blanker Unsinn. Seit Ende des Krieges hatte Mindszenty zwar tatsächlich gegen die kommunistische Machtübernahme in Ungarn opponiert, aber er war kein Revolutionär und ganz gewiss kein Verräter. Vor Gericht sagte er zum Beispiel aus, Otto von Habsburg am 21. Juni 1947 in Chicago getroffen zu haben. Tatsächlich jedoch hatte sich Otto von Habsburg zu diesem Zeitpunkt nicht in Chicago und der Kardinal nicht einmal in den Vereinigten Staaten aufgehalten. Außerdem erfuhren westliche Beobachter alsbald, dass Mindszenty die Kirchenoberen vor seiner unmittelbar drohenden Verhaftung durch die Kommunisten gewarnt hatte. Aus Angst, unter der Folter zusammenzubrechen, hatte er wenige Wochen zuvor den fünf höchsten katholischen Würdenträgern Ungarns schriftliche Anweisungen geschickt, die nur im Falle seiner Verhaftung geöffnet werden sollten. In dem Schreiben erklärte Mindszenty kategorisch, dass er nie an einer Verschwörung teilgenommen habe und niemals sein Bischofsamt aufgeben würde.

Vor Gericht dazu befragt, schien Mindszenty seine Meinung geändert zu haben. »Ich habe damals vieles nicht erkannt, was ich heute erkenne«, leierte er herunter. »Die von mir abgegebene Erklärung ist nicht richtig.« Er bot außerdem seinen Rücktritt an.

Alle, die ihn persönlich kannten, fanden Mindszenty radikal verändert. Eine Quelle, die Papst Pius XII. nahestand, kommentierte, der Mindszenty vor Gericht sei »nicht der Mann, dem wir uns verbunden gefühlt haben«. Ein Bericht des britischen Außenministeriums kam zu dem Schluss, er sei ein »müder oder resignierter Mann, ganz anders als die wahre Persönlichkeit des Kardinals, die wir gekannt haben«. Und seine Mutter war regelrecht erschüttert. Nachdem sie ihren Sohn im Gefängnis besuchen durfte, erklärte sie der Presse, er sei »ein völlig veränderter Mensch, ohne Willen und ohne Bewusstsein«. Bei einem ihrer Besuche hatte er sie nicht einmal erkannt.

Auch die Handschrift des Kardinals hatte sich offenbar verändert. Verglich man seine Unterschriften vor und nach der Verhaftung, zeigten sich beträchtliche Abweichungen. Einem italienischen Graphologen zufolge war Mindszenty »nicht mehr zu seiner üblichen Unterschrift in der Lage«. Überdies liefen in den Monaten des Verfahrens zwei ungarische Handschriftexperten, László Sulner und Hanna Fischhof, nach Österreich über und berichteten, mit dem Fall befasst gewesen zu sein. Ursprünglich habe man sie hinzugezogen, um die Geständnisse des Kardinals zu fälschen, doch sei bald klar geworden, dass dies nicht nötig sein würde: Er unterschrieb sie freiwillig. Die beiden Experten sagten aus, dass Mindszenty ausweislich der Vernehmungsprotokolle zu Beginn des Verfahrens die Anschuldigungen abgestritten, sie jedoch binnen zweier Wochen allesamt eingestanden hätte. »Der Geist, der im ersten Fall die Feder führte«, berichtete Sulner, »war nicht derselbe, der im zweiten Fall die Feder führte.«

Etwas wahrhaft Merkwürdiges war mit dem Kardinal geschehen.

∽

Im Westen rief der Auftritt eines gestandenen, entschlossenen Mannes, der sich in aller Öffentlichkeit zu Verbrechen bekannte, die er unmöglich begangen haben konnte, unliebsame Erinnerungen wach. Das Gleiche war ein Jahrzehnt zuvor in Moskau geschehen. Damals hatte Stalin eine Reihe von Leuten aus seinem inneren Zirkel verhaften und wegen ungeheuerlicher – aber völlig unplausibler – Verbrechen vor Gericht stellen lassen.

Die Moskauer Schauprozesse (1936–1938) boten ein makabres Spektakel. Immer wieder brüllte der sowjetische Staatsanwalt Andrej Wyschinski die Angeklagten an, sie seien »tollwütige Hunde«, »tollwütig gewordene Hunde« oder »dreckige Hunde«, die man »rausschaffen und erschießen« solle, während die mutmaßlichen Verschwörer nichts Eiligeres zu tun hatten, als ihm zuzustimmen. Viele erklärten gleich zu Anfang, ihre Verbrechen seien dermaßen abscheulich, dass sie kein Recht hätten, sich zu verteidigen. Sergej Mrachowski – ein Mann mit tadelloser revolutionärer Visitenkarte – gestand eine bizarre Verschwörung zur Ermordung Stalins ein. Lew Kamenew nannte sich selbst einen »blutrünstigen Feind« der Sowjetunion, der in einem Akt »abscheulichen Verrats« den Mord an Sergej Kirow geplant habe.* Richard Pickel gestand, bei diesem Mordplan mitgewirkt zu haben, und bezeichnete sich als »Abschaum des Landes«. Und obwohl es nicht den Anhauch eines Beweises dafür gab, dass diese Geständnisse der Wahrheit entsprachen, denunzierten sich die Angeklagten wechselseitig und jeder sich selber. Edouard Holtzman geißelte sich und seine Freunde nicht nur als »Mörder, sondern als faschistische Mörder«. Jurij Pjatakow muteten die Verbrechen seiner Mitangeklagten unterdessen derart gravierend an, dass er um die Erlaubnis bat, sie persönlich erschießen zu dürfen. Eine von ihnen war seine Exfrau.

In diesem kafkaesken Alptraum verlangten die Angeklagten nicht nur, schuldig gesprochen zu werden, sondern sie baten auch um die härteste Bestrafung. Arkadij Rosengoltz erklärte: »Ich will nach dieser Schande nicht mehr leben.« Alexej Schestow war überzeugt, dass »das proletarische Gericht mein Leben nicht verschonen soll und kann«. Sein einziges verbleibendes Ziel, so sagte er, sei es, »mit Gelassenheit auf dem Hinrichtungsplatz zu stehen und mit meinem Blut die Schande reinzuwaschen, zu einem Verräter an meinem Land geworden zu sein«. Er war nicht der Einzige, der sich den Tod wünschte. »Ich bin ein Verräter an meiner Partei«, verkündete Mrachowski, »der erschossen werden sollte.« Er wurde es. Sie alle wurden es – nachdem sie noch Staatsanwalt Wyschinski für die Ehre der Höchststrafe gedankt hatten.

Das Schauspiel hartgesottener Revolutionäre, die Schlange standen, um ihre eigenen Todesurteile zu unterschreiben, löste weltweit Bestürzung aus. Konnten diese Menschen wirklich schuldig sein? In Reaktion auf die öffentliche Besorgnis wurde in den Vereinigten Staaten die Dewey-Kommission eingesetzt, um der Sache nachzugehen. Sie kam zu dem Schluss, dass die sowjetischen Geständnisse in sich selbst unplausibel waren und nicht wahr sein konnten. »Wir sind daher zu der Überzeugung gelangt«, schloss der Bericht, »dass die Moskauer Prozesse ein abgekartetes Spiel waren.«

Doch wenn sie ein »abgekartetes Spiel« waren, wie hatte man die Karten gezinkt? Was war nötig gewesen, um erwachsene Menschen

---

*Das Attentat, dem am 1. Dezember 1934 der Leningrader Parteisekretär Kirow zum Opfer fiel, diente als einer der Vorwände für die Schauprozesse. (A.d.Ü.)

dazu zu bringen, sich selbst und ihr Lebenswerk in dieser Weise öffentlich zu verleumden? Es gab keine äußerlichen Anzeichen dafür, dass die Angeklagten gefoltert worden waren. Und wenn sie dennoch gefoltert worden waren, warum platzte niemand von ihnen vor Gericht mit der Wahrheit heraus? Ihnen musste doch klar sein, dass man sie so oder so erschießen würde. Es wurde vermutet, dass die Sowjets bei ihren Opfern Drogen oder Hypnose benutzt hatten, doch niemand hätte das beschwören können. »Kein Geheimnis in der Geschichte«, unkte die *Daily Mail*, »kommt jenem gleich, das sich in Moskau abspielt.«

Ein Jahrzehnt nach den geheimnisvollen Schauprozessen schien sich die Geschichte im Mindszenty-Fall zu wiederholen. Der Kardinal, berichtete der britische *Evening Standard*, sei ein »verwirrter Mann und wie alle anderen Sowjetopfer bereit, zu gestehen, was immer ihm zur Last gelegt wird«. Auch der *Daily Telegraph* befand, dass er nicht »im Vollbesitz seiner Fähigkeiten« sei. Manch ein Kommentator spekulierte, dass der Mann auf der Anklagebank gar nicht Mindszenty, sondern ein Schwindler sei – eine höchst unwahrscheinliche Theorie, aber welche wäre es angesichts dieses seltsamen Spektakels nicht gewesen?

Wie im Fall der Schauprozesse war die Presse schnell mit dem Verdacht bei der Hand, bei den Geständnissen seien Drogen im Spiel gewesen. In einem Artikel mit dem Titel »Mindszenty: Drogen? Folter? Hypnose?« berichtete die *Daily Mail*, dass dem Kardinal ein »Wahrheitsserum wie Benzedrin, Amphetamin, Scopolamin oder Actedron« verabreicht worden sei. Das fand auch eine Studie des RAND Institute über das »Geständnisphänomen«, die zu dem Schluss kam, dass die Sowjets neben anderen Techniken Drogen und Hypnose eingesetzt hätten, um die Opfer auf den Prozess vorzubereiten. Die Kirche war derselben Meinung: Ein Sprecher von Papst Pius XII. kommentierte, dass Mindszenty, falls er wirklich gestanden habe, durch Drogen dazu gezwungen worden sei. Mit welcher Technik man ihn jedoch auch immer zum Reden gebracht hatte, alle Mittäter sollten dafür bezahlen. Am 31. Dezember 1948 exkommunizierte der Papst jeden, der an der Verhaftung und den Verhören des Kardinals beteiligt gewesen war.

Im britischen Außenministerium wurde die Angelegenheit eine ganze Weile erörtert. Auch hier fand man das Auftreten des Kardinals im Prozess »nicht normal«, und man hatte einige Belege dafür, dass sowjetische Vernehmer Drogen einsetzten, um »Nerven und Willenskraft zu zerrütten«. Doch insgesamt blieb man skeptisch. Berichte über weit verbreiteten Drogeneinsatz seien, so teilte die Botschaft in Wien mit, »journalistische Ausschmückungen«. Laut einem streng geheimen Dokument vom 10. Februar 1949 war Mindszenty wahrscheinlich mit weniger subtilen Methoden gebrochen worden. Danach hatte man András Zakar »halbtot« geschlagen und seinem Chef vorgeführt, der daraufhin sofort jeden Widerstand aufgab. Allerdings waren die Diplomaten von ihrer eigenen Theorie nicht völlig überzeugt: Wenn Zakar brutal geschlagen worden war, warum hatte man dann beim Prozess davon keine Anzeichen bemerkt? »In Ansehung aller Tatsachen«, heißt es in der Akte des Außenministeriums, »bleibt das Geständnis des Kardinals ein ebenso großes Rätsel wie zuvor.«

Dieser Meinung waren auch die Amerikaner. Der Prozess war auch ihnen ein Rätsel. Mit Sicherheit ließ sich nur feststellen, dass etwas mit Mindszenty geschehen war, und zwar, was immer es sein mochte, etwas höchst Finsteres. »Irgendwie«, schrieb der Geheimdienstberater der amerikanischen Streitkräfte, Paul Linebarger, »haben sie seine Seele auseinander genommen.«

Drei Jahre, nachdem Mindszenty wegen seiner »Verbrechen« zu lebenslanger Haft verurteilt worden war, ging eine weitere Bombe hoch. Dieses Mal in Korea.

In der Nacht vom 13. Januar 1952 wurden die Piloten Kenneth L. Enoch und John S. Quinn vom 3. Bombergeschwader der US-Luftwaffe über Nordkorea abgeschossen. Vier Monate später, am 16. Mai, legten die beiden vor einer Gruppe chinesischer Vernehmer ein außerordentliches Geständnis ab. Sie hätten über Korea, so behaupteten sie, biologische Waffen abgeworfen, darunter Anthrax-, Typhus-, Cholera- und Pesterreger. Das Waffensystem war laut Quinn zwar »noch in der Erprobungsphase«, jedoch bereits effektiv. »Ich wurde gezwungen«, sagte er, »zum Werkzeug dieser [amerikanischen] Kriegstreiber zu werden, und dazu gebracht..., dieses grauenhafte Verbrechen gegen die Menschen von Korea und die chinesischen Freiwilligen zu begehen.« Die Geständnisse der Männer wurden aufgenommen und am nächsten Tag von Radio Peking ausgestrahlt. Radio Moskau griff die Story rasch auf, und der gesamte Ostblock fing an, dem Westen Kriegsverbrechen vorzuwerfen.

Neun Monate später, im Februar 1953, bestätigte Oberst Frank H. Schwable, Stabschef des 1. US-Marinegeschwaders, die Vorwürfe von Enoch und Quinn. Schwable, der am 8. Juli des Vorjahres abgeschossen worden war, machte detaillierte Angaben zu den Operationen. Seiner Aussage nach trug das Biologiewaffenprogramm der Amerikaner das

Kürzel VMF-513 und den Codenamen SUBPROP. Der Vereinigte Generalstab hätte dem Projekt im Oktober 1951 grünes Licht gegeben.

Die ersten Einsatztests wären laut Schwable im November mit B-29-Bombern vom US-Luftwaffenstützpunkt im japanischen Okinawa durchgeführt worden, doch recht bald schon hätte man die Vorrichtungen zum Abwurf der Biowaffen auch anderen Flugzeugen angepasst, darunter den Typen Tiger Cat, Skyraider, Corsair und Panther. Die Tests seien so geheim, dass selbst die betroffenen Piloten nicht wissen dürften, was sie da transportierten, und natürlich seien auch die Verbündeten in den Vereinten Nationen darüber nicht informiert worden.

Schwable zufolge waren Kanister mit den betreffenden Keimen in verschiedener Höhe über unterschiedlichem Terrain und über Städten verschiedener Größe abgeworfen worden. So hätte sich das amerikanische Militär Aufschluss darüber verschafft, wie sich die Bakterien ausbreiteten, um die effizientesten Abwurfmethoden für den künftigen Einsatz zu ermitteln. Das Waffensystem sei eigens dafür entwickelt worden, um die Zivilbevölkerung zu schädigen, und es hätte bereits häufige Kampfeinsätze mit Bakterienwaffen gegeben. Schwable nannte sogar die Geschwadernummern und die Namen und Dienstränge der daran beteiligten hochrangigen Offiziere. Alles, was die beiden jungen Piloten Enoch und Quinn ausgesagt hatten, entspräche der Wahrheit. Die Vereinigten Staaten hätten biologische Waffen über Nordkorea abgeworfen und täten es weiterhin – für Schwable, wie er öffentlich bekundete, »eine Schande«.

Namen, technische Details, Datumsangaben: Es gab hier ausreichende Informationen, um jedermann von dem Vorwurf der biologischen Kriegführung gegen die Amerikaner zu überzeugen. Als wäre dies noch nicht genug, folgten Schwables Aussage kurz darauf die Bestätigungen weiterer 35 US-Piloten. Alle gestanden sie ihre Beteiligung an der Operation ein.

Da gab es nur ein Problem: Die Geständnisse waren allesamt falsch. Es hatte über Korea keinen Einsatz von bakteriologischen Waffen gegeben.

⤳

Nach dem Mindszenty-Prozess, den Moskauer Schauprozessen und den Aussagen der amerikanischen Kriegsgefangenen in Korea schienen nun zwingende Beweise vorzuliegen, dass die kommunistischen Staaten über eine Technik verfügten, die sie in die Lage versetzte,

Geständnisse zu erreichen und feindselige Gefangene gefügig zu machen. Weit mehr noch: Im Laufe des Koreakriegs gaben immer mehr gefangene Soldaten und Piloten im Radio Stellungnahmen ab, in denen sie sich gegen den Kapitalismus wandten und den Kommunismus priesen. In einer typischen Ausstrahlung dieser Art erklärte ein indoktrinierter britischer Soldat, dass »die Chinesen ein freundliches, friedliebendes Volk sind, das uns nicht feindlich gesonnen ist. ... Dieser Krieg ist ein ungerechter Krieg ..., alles, wofür wir im Zweiten Weltkrieg gekämpft haben, wurde verraten.« Ein anderer britischer Soldat stellte die unwahrscheinliche Behauptung auf, die Chinesen seien in der Schlacht, in der er in Gefangenschaft geraten war, so um das Wohlergehen ihrer Feinde besorgt gewesen, dass sie über ihre Köpfe hinweggeschossen hätten, um sie nicht zu verletzen. Als der Krieg schließlich 1953 zu Ende ging, weigerten sich 21 amerikanische, drei belgische und ein britischer Soldat, in den Westen zurückzukehren: Sie wollten lieber im kommunistischen China bleiben.

Es war nicht überraschend, dass die Verantwortlichen im Westen darüber äußerst besorgt waren. Was führten die Chinesen und Sowjets im Schilde? Warum wussten wir nichts davon? Die Falken in Militär und Geheimdiensten schlugen Alarm: Was ging hinter dem Eisernen Vorhang vor?

In Großbritannien gründete der interministerielle Koordinierungsausschuss für die Geheimdienstarbeit (Joint Intelligence Committee, JIC) 1953 eigens einen nachrichtendienstlichen Unterausschuss zur Aufklärung von Flucht und Kriegsgefangenschaft (Evasion, Escape and Prisoner-of-War Intelligence Sub-committee). Dieser Unterausschuss sollte das Geschick der Soldaten klären, die in koreanische Kriegsgefangenschaft geraten waren. Unter Vorsitz des Luftfahrtministeriums rekrutierten sich seine Mitglieder aus den Streitkräften und Vertretern des britischen Auslandsgeheimdienstes MI6 (Secret Intelligence Service). Das Außenministerium schickte Anfang des Jahres eine Anfrage an alle Stellen mit der Bitte, »Informationen über Verhörmethoden des Feindes« zusammenzutragen.

Natürlich benötigte man Hintergrundinformationen, daher suchte der Unterausschuss nach geeigneten Experten, die sich mit Indoktrinations- und Verhörtechniken auskannten. Die Wahl fiel auf Mitarbeiter des MI19, jene Einheit der militärischen Aufklärung, die im Zweiten Weltkrieg für die Verhöre von Gefangenen zuständig gewesen war – unter ihnen der berühmte Vernehmungsoffizier Major Cyril Hay. Zur

Erfahrung des MI19 gesellte sich jene des MI9, einer Geheimdienstabteilung, die im Zweiten Weltkrieg mit der Schulung der eigenen Soldaten für den Fall der Kriegsgefangenschaft betraut gewesen war. Tatsächlich war das MI9 Anfang der 50er Jahre – unter Obhut des Luftfahrtministeriums und mit der neuen Bezeichnung A19 – bereits reaktiviert worden, um bei den britischen Soldaten in Korea solche Schulungen durchzuführen.

Im November 1952 wurde ein junger Arbeitspsychologe namens Cyril Cunningham telefonisch zu einem Gespräch mit hochrangigen Offizieren des geheimen A19 eingeladen. Damals versah Cunningham, der nie von der Organisation gehört und keine Ahnung hatte, weshalb man mit ihm sprechen wollte, einen langweiligen Schreibtischjob in der Wissenschaftsabteilung 4 des britischen Luftfahrtministeriums, wo er Auswahlverfahren für Wehrpflichtige evaluierte. In seiner Freizeit hatte er einen Bericht über den deutschen Einsatz versteckter Mikrofone beim Verhör abgeschossener britischer Royal Air Force-Piloten im Zweiten Weltkrieg verfasst und damit offenbar einen einflussreichen Vorgesetzten beeindruckt.

In dem Gespräch wurde Cunningham gefragt, wie er es geschafft habe, an das mutmaßlich streng geheime Material für seinen Bericht zu kommen. Er erwiderte, dass er es hinten in einem alten Aktenschrank auf einem Luftstützpunkt in Cornwall gefunden und den Rest in einer Bibliothek ausgegraben habe. »Ich glaube«, kicherte der Hauptvernehmer des A19, Geschwaderkommandeur Jim Marshall, »Sie sollten lieber hier bleiben und für mich arbeiten.« Einen Monat nach diesem Gespräch erhielt Cunningham seinen Auftrag: Er sollte herausfinden, was in Korea vor sich ging. Zur Geheimhaltung verpflichtet, durfte er, als er sich daran machte, der Sache nachzugehen, selbst seinen Kollegen im Luftfahrtministerium den Zweck seiner Arbeit nicht offenbaren.

Zunächst nahmen die Mitarbeiter des ehemaligen MI9 und des MI19 Cunningham unter ihre Fittiche und brachten ihm alle Methoden bei, die der britische Geheimdienst im Zweiten Weltkrieg angewandt hatte, um ausländische Agenten zu verhören und zu brechen. Als Nächstes spürte er ehemalige Kriegsgefangene aus Korea auf, um sie über das Leben in den Gefangenenlagern zu befragen. Mit einem Tonbandgerät reiste er – im Rang und mit der Uniform eines Leutnants des Zahnärztekorps, um der Aufmerksamkeit der Presse zu entgehen – durchs Land und sammelte die Erinnerungen der Freigelassenen. Cunningham war fassungslos, als er entdeckte, dass er nach Absolvierung seiner Schulung der einzige für die Befragung von ausländischen Agenten qualifizierte Mitarbeiter des Kriegsministeriums war. Er wurde der Regierungsexperte für kommunistische Indoktrination und sah sich bald mit Anfragen aus dem Kabinettsamt, dem Außenministerium, dem Inlandsgeheimdienst MI5 und dem Auslandsgeheimdienst MI6 überhäuft, die alle wissen wollten, was in Korea vor sich ging.

Natürlich interessierte sich das MI5 für Soldaten, die mit ihren nordkoreanischen und chinesischen Häschern zusammengearbeitet hatten. Aus gutem Grund bestanden erhebliche Zweifel an deren Loyalität. So gab etwa ein Soldat Cunningham gegenüber zu, von seinen kommunistischen Vernehmern 200 Dollar in bar erhalten zu haben, mit denen er eine Schreibmaschine kaufen und sich fünf Jahre lang unauffällig verhalten sollte, bis ein Vertreter der chinesischen Botschaft Kontakt zu ihm aufnehmen und ihm weitere Instruktionen über seine Zukunft als kommunistischer Maulwurf geben würde. Das MI5 wurde alarmiert und der chinesische Rekruteur, als er in der Tarnung eines »Botschaftsfahrers« schließlich in London auftauchte, zusammen mit zwei Rumänen abgeschoben. Das Problem von »Schläfern« im Vereinigten Königreich, die von Nordkoreanern und Chinesen indoktriniert worden waren, wurde immer dringlicher. »Wir wussten verdammt gut, dass sie es taten [d. h. Agenten zu rekrutieren]«, erzählte mir Cunningham. »Es gab solche Fälle. Und wenn sie es einmal getan hatten, konnten sie es wieder tun.«*

∽

In der Zwischenzeit begann in den Vereinigten Staaten auch die – damals erst zwei Jahre alte – CIA, Verhör- und Indoktrinationstechniken zu erforschen. Auch hier waren es die Moskauer Schauprozesse, die den Anstoß gegeben hatten. Es lag auf der Hand, dass man einer-

---

*Versuchten sie es erneut? Einer der ersten britischen Kriegsgefangenen in Korea war George Blake, der Stationschef des britischen Auslandsgeheimdienstes MI6 in Seoul. Nach dem Krieg in die Heimat zurückgekehrt, arbeitete Blake weiter für den MI6, verriet jedoch alle seine Operationen an den KGB und stellte damit »praktisch alle britischen Agenten hinter dem Eisernen Vorhang« bloß. Man machte Blake für den Tod von 42 von ihnen verantwortlich, wofür er 1961 zu 42 Jahren Gefängnis verurteilt wurde – ein Jahr für jeden toten Agenten. Seit sein Fall öffentlich wurde, gab es endlose Spekulationen darüber, er sei als Kriegsgefangener in Korea »umgedreht« worden. Blake hat dies immer bestritten: »Ich habe mich der kommunistischen Seite nicht angeschlossen, weil man mich gut oder schlecht behandelt hat«, schrieb er in seiner Autobiografie. »Das hat damit nichts zu tun. Ich habe sie ihrer Ideale wegen gewählt.« (*Keine andere Wahl*, Berlin 1995, S. 191)

seits die Geständnisse in Moskau und später in Ungarn erpresst und dabei andererseits keine Folter eingesetzt hatte. Kardinal Mindszenty war, so schwante es dem amerikanischen Auslandsgeheimdienst, »unter den Einfluss einer unbekannten Macht« geraten.

Die frühen CIA-Offiziere waren nicht naiv. Viele von ihnen hatten im Zweiten Weltkrieg beim Vorläufer des Dienstes, dem Office for Strategic Services (OSS), gedient und waren mit Verhören aus erster Hand vertraut. Doch etwas Ähnliches hatten sie nie zuvor erlebt. Die Brutalität der Deutschen mochte taktische Informationen erbracht haben, aber sie produzierte niemals Konvertiten. Je härter man Menschen schlug, desto stärker hassten sie einen für gewöhnlich. Sie machten nicht plötzlich eine Kehrtwende und boten einem ihre Freundschaft an. »Es gibt geeignete historische Belege«, schrieb ein CIA-Experte im Juni 1949, »die zeigen, dass grundlegende Veränderungen in der funktionalen Organisation des Hirns nicht allein durch psychischen Zwang oder körperliche Folter bewirkt werden können.« So waren die Geheimdienstler überzeugt, einem neuen, erschreckenden Phänomen gegenüberzustehen.

Um zu klären, was dahintersteckte, bildeten US-Armee und CIA ein Expertengremium, um die psychische Verfassung der aus Kriegsgefangenschaft heimkehrenden amerikanischen Soldaten zu untersuchen. An der Spitze dieser Expertengruppe standen der Psychiater Lawrence Hinkle und der Neurologe Harold Wolff von der Cornell University. Hinkles und Wolffs Analyse für die CIA ließ Berichte über den Einsatz von Drogen und Hypnose weitgehend außer Acht und konzentrierte sich stattdessen auf die körperliche und psychologische Behandlung der Kriegsgefangenen.

In der Sowjetunion, schrieben sie, ging den Verhören eine längere Isolationshaft voran, die den Gefangenen davon überzeugen sollte, dass er allein, ungeliebt und verlassen war. Nichts machte nach Ansicht des russischen Geheimdienstes KGB einen Häftling gefügiger, als ihn mit seiner Angst allein zu lassen. In der ersten, vier- bis sechswöchigen Phase in Einzelhaft wurde er zudem zerrüttenden Routinen unterworfen. Er musste stundenlang stehen, er wurde angeschrien und auch misshandelt, wenn er seine Haltung veränderte. Jeder Kontakt zur Außenwelt wurde unterbunden, seine Zelle vom Tageslicht abgeschottet, um ihm jedes Zeitgefühl zu nehmen. Mahlzeiten und andere Tagesrhythmen wurden willkürlich modifiziert, um seine Desorientiertheit zu steigern. Er erhielt zu wenig Nahrung und musste ständig frieren, was ihn körperlich und emotional schwächte. Sein Schlaf wurde gestört (häufig durfte er nur bei grellem Licht, manchmal tagelang überhaupt nicht schlafen), um seine Pein und seinen Realitätsverlust zu verstärken.

Hatte man den Gefangenen eine längere Weile auf diese Weise bearbeitet, war er ein nervliches Wrack, zutiefst verängstigt, isoliert und verwirrt. Er saß dann typischerweise weinend in seiner Zelle und murmelte Gebete vor sich hin. Er fing an zu halluzinieren. Erst mit Erreichen dieser Phase begannen die Verhöre.

Auch hier zielte die Behandlung besonders darauf ab, das Opfer zu desorientieren. Zu Beginn des Prozesses wurden keine Anschuldigungen erhoben, sondern der Gefangene sollte seine Verbrechen selbst zu Protokoll geben. Wiederholt wurde er aufgefordert, einen Bericht über sie zu schreiben, der dann lächerlich gemacht und jedes Mal vor seinen Augen zerrissen wurde. Seine Weigerung oder auch Widersprüche zwischen den einzelnen Versionen wurden bestraft, bis das Opfer nicht mehr sicher war, was es gestehen sollte und was genau es bereits gestanden hatte. In der Zwischenzeit wurde es abwechselnd erniedrigt und in die völlige Erschöpfung getrieben, indem man es bis zum Umfallen stehen ließ, und häufig wurde ihm verweigert, sich zu erleichtern, sodass es sich vor den Vernehmern selbst besudeln musste.

Willfähriges Verhalten wurde manchmal mit einer Zigarette, einer Tasse Kaffee, einem Toilettengang belohnt. Zu anderen Zeiten reagierten die Vernehmer unvorhersehbar, bestraften oder belohnten das Opfer aus keinem ersichtlichen Grund. Statt eine positive Aussage zu honorieren, zog der Vernehmer zum Beispiel eine Pistole und drohte dem Gefangenen mit Erschießung. Wieder steigerte die Unvorhersehbarkeit der Reaktion die Verwirrung des Opfers. Schließlich wurde die Situation so unerträglich, dass das Opfer alles zu sagen bereit war, um den Torturen ein Ende zu bereiten – selbst wenn dies den Tod bedeutete.

Da dem Opfer klar war, dass die Verhöre nicht enden würden, bis es sich völlig gebeugt hatte, fabrizierte es Geständnisse, um dann jämmerlich zu versuchen, sie vor dem Vernehmungsoffizier zu rechtfertigen. Auf diese Weise überzeugte es sich praktisch von der eigenen Schuld. Das Opfer, dermaßen demoralisiert, dass es nicht mehr zwischen wahr und falsch unterscheiden konnte, veränderte Hinkle und Wolff zufolge »nicht bewusst sein Wertesystem; vielmehr vollzieht sich dieser Wandel trotz seiner Anstrengungen. Es ist nicht in stärkerem Maße verantwortlich für die Veränderung als eine Person, die ›durchdreht‹ und psychotisch wird.«

Hinkle und Wolff fiel ein Unterschied zwischen der sowjetischen und chinesischen Verhörtechnik auf. Die Sowjets gaben sich gewöhnlich mit einem vollen Geständnis der imaginären Verbrechen zufrieden, die sie sich für das Opfer ausgedacht hatten. Die Chinesen waren hingegen stärker an der »Umerziehung« der Person und ihre Wiedereingliederung in die Gesellschaft interessiert. Gefangene wurden in Gruppen aufgeteilt und dann so lange unter Druck gesetzt, bis sie einlenkten. Ein Häftling konnte zum Beispiel an einem Tag zwölf Stunden lang verhört werden, um dann in seine Gemeinschaftszelle entlassen zu werden, wo seine gesamte Gruppe ihn die nächsten zwölf Stunden bearbeitete. Die Kombination des Drucks von Vernehmern und äußerstem Gruppendruck erwies sich bald als unerträglich – und brach den Willen des Opfers.

Die Schlussfolgerung von Hinkle und Wolff (und des Briten Cunningham), dass die Geständnisse und Konversionen in den kommunistischen Ländern das Ergebnis brutaler psychologischer Manipulation statt magischer pharmakologischer Mittel waren, deckte sich weitgehend mit den wissenschaftlichen Erkenntnissen der Zeit, namentlich denen auf dem Feld der aufstrebenden Psychologie. Seit Anfang der 20er Jahre hatte die Psychologie große Fortschritte bei der Enträtselung der verschiedenen seelischen und geistigen Faktoren gemacht, mit denen Menschen konditioniert werden. Wirkte man gezielt auf diese Faktoren ein, war beinahe alles möglich.

ॐ

In den USA war einer der bahnbrechenden Psychologen John B. Watson. Watson, der Vater des Behaviorismus – die Wissenschaft, die sich maßgeblich mit der Vorhersage und Kontrolle menschlichen Verhaltens befasst –, machte sich 1920 daran, die Auswirkung von Konditionierung auf die menschliche Persönlichkeit mit einem bizarren (und grausamen) Experiment an einem elfmonatigen Baby namens Albert unter Beweis zu stellen.

Bei dem Experiment erhielt Albert eine zahme weiße Ratte zum Spielen, und die beiden wurden sofort dicke Freunde. Dann fing Watson an, Alberts Wahrnehmung der Ratte künstlich zu verändern, sodass sie nicht mehr als Freund, sondern als Bedrohung erschien. Jedes Mal, wenn sie in Alberts Laufstall gelassen wurde, schlug Watson direkt hinter Alberts Kopf mit einem Hammer auf ein Metallstück, was einen ohrenbetäubenden Lärm verursachte. Der verdatterte kleine Albert brachte den Lärm rasch mit der Ratte in Verbindung, und bald reichte schon ihr Anblick aus, um ihn zum Weinen zu bringen. Schließlich kamen ihm auch bei anderen kleinen Tieren und allem, was Fell hatte, die Tränen; der Bart des Weihnachtsmannes oder Männer mit weißem Haar lösten bei ihm Wutanfälle aus.

Watson glaubte, auf eine Möglichkeit zur Veränderung der menschlichen Persönlichkeit gestoßen zu sein. Mit der richtigen Art von Konditionierung sollten Kinder von Geburt an programmiert werden können. »Geben Sie mir einen Säugling«, so Watsons berühmter Ausspruch, »und ich bringe ihm das Klettern bei oder lasse ihn Gebäude aus Stein oder Holz bauen. ... Ich mache einen Dieb aus ihm, einen Banditen oder einen Drogensüchtigen. ... Selbst wenn das Kind taubstumm ist, werde ich aus ihm noch eine Helen Keller* machen. ... Menschen werden gemacht, nicht geboren.«

Watson führte Fachtermini wie »hineinbilden«, »implantieren«, »zurückgewöhnen« ein, die George Orwell 28 Jahre später durchaus zur »Neusprache« seines Romans *1984* inspiriert haben könnten. Es klang alles sehr furchterregend. Wenn es, so spekulierte die CIA, gelingen konnte, den menschlichen Charakter in solcher Weise zu formen, warum sollte es dann nicht auch möglich sein, ihn in gleicher Weise umzubauen?

Was alles möglich sein könnte, zeichnete sich ab, als der ungarische Dissident Lajos Ruff 1956 in den Westen überlief. Ruff, 1953 in Budapest wegen Verteilung politischer Flugblätter verhaftet, war in derselben Geheimpolizeizentrale verhört worden wie Kardinal Mindszenty (er behauptete, Mindszenty einige Male im Gefängnis gesehen zu haben). Er schien damit bestens qualifiziert, Licht auf die Methoden in ungarischen Verhörzentren zu werfen.

Vor einem amerikanischen Senatsausschuss – und später in seinem Buch *The Brainwashing Machine* – schilderte Ruff detailliert die grauenhafte Behandlung, der er in den Händen der Geheimpolizei ausgesetzt gewesen war. Nach dem üblichen brutalen Beginn des Verhörs (zum Auftakt wurde er aufgefordert, zu gestehen; als er sich weigerte, schlug ihm der Vernehmer mit einem gusseisernen Aschenbecher ins Gesicht, wodurch er zwei Zähne verlor) wurde Ruff in einen Raum geführt, wo, wie man ihm sagte, Mindszenty »gebrochen« worden war. Ein Arzt nahm ihn beiseite und warnte ihn, dass er im »Zauberraum« entweder gestehen oder schizophren werden würde.

---

*Helen Keller (1880–1968) war eine taubblinde amerikanische Autorin. (A.d.Ü.)

Der Raum selbst und alles, was sich darin befand, hatten unregelmäßige Formen ohne rechte Winkel, um das Opfer visuell zu desorientieren. Die Tür war oval. Innen rotierten ständig Lichter, bewegte Bilder wurden auf die Wände projiziert. Die Möbel waren durchscheinend, und das Bett war schief, um Schlaf unmöglich zu machen. Über versteckte Lautsprecher wurden die unterschiedlichsten Klänge und Laute eingespielt; so konnte es passieren, dass Ruff mit Musik einschlief, aber zu den Schreien gefolterter Frauen aufwachte. Um ihn zu verwirren, wechselten die Essenszeiten nach Belieben – manchmal erhielt er im Abstand von fünf Minuten zwei Mahlzeiten, um ihn zu verwirren. Wiederholt unter Drogen gesetzt, ging er gelegentlich nackt schlafen und wachte angezogen wieder auf, oder umgekehrt. Einmal weckte ihn ein Arzt, der ihn fragte, warum er versucht habe, Selbstmord zu begehen. Tatsächlich fühlte er an seinem wunden Hals Würgemale, als hätte er sich zu erhängen versucht.

Der Zauberraum, schrieb Ruff, war »die furchterregendste Werkstatt sowjetischer Mentalvernichtung, ein psychologischer Atomreaktor, der den symbolischen Gipfel der kommunistischen Organisation darstellt – wie der Diamant an der Spitze eines Bohrkopfes«. Er wurde erst freigelassen, als er in den Hungerstreik trat und alles zertrümmerte, was nicht niet- und nagelfest war.

Ruffs Darstellung riecht nach journalistischer Übertreibung, doch es gab mehr als genug Anzeichen, die viele davon überzeugten, dass Experimente wie jene von John B. Watson im Ostblock tatsächlich Früchte getragen hatten. Unterdessen nährte das eigene Interesse der CIA am Behaviorismus weitere Spekulationen. Sehr viel verdankte Watson den Arbeiten des Physiologen Iwan Pawlow, der 20 Jahre zuvor bei Hunden mit Glocken und Lichtimpulsen Speichelfluss ausgelöst hatte. Pawlow, der für dieses Phänomen den Ausdruck »bedingter Reflex« prägte und seine Experimente weiter getrieben hatte als irgendjemand sonst auf der Welt, war Russe. Wenn sich die klassische Konditionierung in dieser Weise auf Menschen anwenden ließ, wurde das Geheimnis solcher Anwendungen wahrscheinlich in der Sowjetunion gehütet.

Die Idee, dass die Sowjets die pawlowsche Konditionierung zur politischen Indoktrinierung von Gefangenen nutzen könnten, stammte von einem amerikanischen Journalisten namens Edward Hunter. Nachdem ihm in den späten 40er Jahren Berichte zu Ohren gekommen waren, dass kommunistische Dissidenten in China gegen ihren Willen »umerzogen« wurden, fing Hunter an, der Sache nachzugehen. Er verbrachte einige Zeit in Hongkong, um ehemalige Gefangene der Kommunisten zu befragen, und kam auf einen Begriff für diesen Umerziehungsprozess, der die Spekulationen der Geheimdienste und der Presse elektrisierte.

Die Chinesen, so fand Hunter heraus, hatten erst versucht, abweichlerische Kommunisten durch Misshandlung zu »bessern«, und waren dann zu dosierten Belohnungen und Strafen übergegangen, um sie von den Vorzügen des Sozialismus zu überzeugen. Der chinesische Ausdruck für diesen Prozess war »xi-nao«, »Gedankensäuberung«. Am 24. September 1950 veröffentlichte Hunter in den *Miami Daily News* einen wegweisenden Artikel über diese Methode und wandelte »Gedankensäuberung« zu einem Ausdruck ab, der seiner Meinung nach bei westlichen Lesern einen stärkeren Eindruck machen würde: »Gehirnwäsche«.

Nach dem Erfolg seines Artikels über »Gehirnwäsche« in China widmete Hunter seine Aufmerksamkeit den Schauprozessen, Kardinal Mindszenty und den seltsamen Geständnissen der Kriegsgefangenen in Korea. War es nicht möglich, dass solche Opfer des Ostblocks einer »Gehirnwäsche« unterzogen worden waren? Er kam zu dem Schluss, dass dies der Fall sein musste. In zwei Büchern untersuchte er dieses Verfahren im Detail. »Die Absicht«, schrieb er, »ist es, ein Hirn radikal zu verändern, sodass sein Eigentümer eine lebendige Marionette wird – ein menschlicher Roboter –, ohne dass sich diese Gräueltat von außen erkennen lässt.« Gehirnwäsche verwandelte Menschen in hilflose Automaten, die Geständnisse »wie von einer Schallplatte« abspulten.

Hunter zufolge hatten die Bolschewisten rasch die Tragweite von Pawlows Arbeit erkannt. Tatsächlich hatte die Kommunistische Partei bald nach der Russischen Revolution um Pawlow gebuhlt und ihn öffentlich als größten lebenden Wissenschaftler der Sowjetunion bejubelt. Binnen kurzem erhielt er großzügige Forschungsmittel und in Koltuschi bei Leningrad ein beeindruckendes Forschungslabor. Anders als andere russische Akademiker konnte er uneingeschränkt die ganze Welt bereisen, um seine Forschung voranzutreiben. »Es kann kein Zweifel bestehen«, schrieb Hunter, »dass er [Pawlow] die bestgeschützte und privilegierteste Person in der Sowjetunion außerhalb des Kremls war.«

Hinter dieser Sonderbehandlung steckte Methode. Bei einem Besuch in London 1928, wo er zum Ehrenmitglied des Royal College of Physicians ernannt wurde, erzählte Pawlow einem ehemaligen Kollegen, Michail Korostewetz, dass er zu seiner Überraschung kurz nach der

Revolution eine persönliche Einladung von Lenin zu einem Besuch im Kreml erhalten hatte. Als Lenin ihn bei ihrer Begegnung nach seiner Arbeit fragte, gab ihm Pawlow einen Abriss seiner Forschung mit Hunden. »Ja, das ist alles sehr faszinierend«, unterbrach ihn Lenin ungeduldig – doch sei er an Menschen interessiert, nicht an Hunden. Was hatte Pawlow im Verlauf seiner Experimente denn über Menschen gelernt?

Hunter zufolge trug Lenin Pawlow daraufhin auf, eine Zusammenfassung seines Lebenswerks zu schreiben – doch sollte er dabei sein Wissen auf Menschen anwenden, nicht auf Tiere. Für die Zeit, die er für diesen Bericht brauchen würde, sollte er als »Gast« des Kremls in Moskau weilen.

Wie es schien, hatte Lenin begriffen, dass sich der neue Sowjetmensch unmöglich allein durch die Kraft der Überzeugung schaffen lassen würde. Wenn die Revolution erfolgreich sein sollte, brauchte man ein Mittel, um die russische Bevölkerung massenhaft zum Sozialismus zu bekehren.

Drei Monate nach ihrem Treffen übergab Pawlow Lenin ein 400-seitiges Manuskript. Lenin nahm es, las es und gab es einen Tag später strahlend zurück. Er schüttelte Pawlow heftig die Hand und versicherte ihm, mit seiner Arbeit die Zukunft der Revolution sichergestellt zu haben. »Pawlows Manuskript«, schrieb Hunter, »das zur Arbeitsgrundlage des gesamten kommunistischen Kontrollsystems wurde, hat den Kreml nie verlassen.«

Seit jener Zeit, so war Hunter überzeugt, waren Pawlows Techniken in der ganzen kommunistischen Welt angewandt worden, kurz zuvor erst wieder bei amerikanischen Soldaten im Koreakrieg. Marineoberst Frank Schwable galt ihm als Beweis. Als er Ende des Krieges in die Vereinigten Staaten zurückkehrte, hatte Schwable einem militärischen Untersuchungsgericht berichtet, er hätte zu Beginn der Verhöre gewusst, dass das 1. Marinegeschwader keine biologischen Waffen über Korea abgeworfen hatte. »Ich wusste, dass wir es nicht getan hatten«, sagte er, »aber der Rest war real für mich – die Konferenzen, die Flugzeuge und wie sie ihre Einsätze flogen. … Die Worte waren meine, aber die Gedanken waren ihre.« Die Technik schien wirklich zu funktionieren.

∽

Hunters Geschichte und die These, dass die pawlowsche Konditionierung im Sowjetblock gezielt bei Menschen angewandt wurde, fanden ein vernehmliches Echo. Ein Artikel vom März 1953 im *American Journal of Psychiatry* wies darauf hin, dass tatsächlich das sowjetische Interesse an Pawlows Arbeit Ende der 40er, Anfang der 50er Jahre stark gewachsen war. Die CIA griff die Sache sofort auf. »Ein Großteil der Sowjetpsychologie«, schrieb ein Experte 1958, »befasst sich mit Pawlows Konzept des bedingten Reflexes.« Der Geheimdienst wusste auch, dass die Techniken auf Menschen angewandt wurden. 1955 erzählte ein Informant, der kurz zuvor das Moskauer Hirnforschungsinstitut besucht hatte, seinem amerikanischen Führungsoffizier:

> Die sowjetische Regierung verlangt, dass alle physiologischen Labors Studien über bedingte Reflexreaktionen anstellen. … Er [der Informant] beobachtete zwei Versuchspersonen, bei denen Reflexe konditioniert worden waren. In einem dieser Fälle – dem eines Knaben – war eine Speichelfistel entstanden. Der Junge war so konditioniert, dass er Speichel produzierte, wenn er die Zahl 4 dachte oder aussprach. Als sie ihn [dem Informanten] vorführten, baten sie ihn, 8 durch 2 zu teilen, und bevor er noch die Zahl 4 ausgesprochen hatte, sonderte er Speichel ab.

Das wahre Wesen der pawlowschen Gehirnwäschemethoden kam erst mit der Veröffentlichung von William Sargants *Kampf um die Seele* 1956 ans Licht. Sargant, ein bekannter Psychiater des St Thomas' Hospital in London – auf den wir noch einige Male in diesem Buch zurückkommen werden –, formulierte eine Theorie, wie diese Methoden Menschen dazu bringen konnten, ihre innersten Überzeugungen aufzugeben.

Sargant zufolge verdankte Pawlow seine wichtigste Entdeckung nicht gewissenhaften Experimenten, sondern dem Zufall. 1924 gab es in Leningrad eine furchtbare Überschwemmung. Das Wasser stieg so rasch, dass Pawlows im Labor eingeschlossene Hunde zu ertrinken drohten. Sie schwammen bereits in ihren Käfigen umher und hielten ihre Nasen verzweifelt über Wasser, als glücklicherweise ein Assistent sie gerade noch rechtzeitig befreite.

Sobald die Flut zurückgegangen war, machte sich Pawlows Team wieder an die Arbeit. Sofort wurde jedoch klar, dass etwas Merkwürdiges geschehen war: Alle konditionierten Reflexe der Hunde – der Speichelfluss etc. – waren verschwunden. Für die Hunde war die Erfahrung des Beinahe-Ertrinkens so entsetzlich gewesen, dass ihr erlerntes Verhalten ausgelöscht worden war. Pawlows Hunde hatten durch ihre eigene Angst eine Gehirnwäsche durchgemacht.

Monate später, als die Hunde wieder trainiert waren, entschloss sich Pawlow zu einem Experiment. Er legte einen Schlauch unter die Tür des Labors und drehte das Wasser auf, um die Reaktion der Tiere zu testen. Als das Wasser in den Raum floss, gerieten die Hunde sofort in Panik, wie es bei der großen Überschwemmung geschehen war. Tatsächlich hatten sie nach diesem Experiment wieder alle ihre konditionierten Reize vergessen. Dies führte Pawlow dazu, seine Theorien zu überdenken – mit weitreichenden Konsequenzen.

Pawlow wusste bereits, dass es bei Hunden zwei Ebenen der Konditionierung gab. Wenn man wiederholt eine Glocke läutete, bevor man sie fütterte, setzte ihr Speichelfluss schließlich in Reaktion auf den Klang der Glocke ein. Dies nannte er die Äquivalenzphase. Wenn man die Hunde darauf trainierte, beim Läuten der Glocke Speichel abzusondern, und dann die Glocke läutete, ohne sie zu füttern, gerieten sie jedoch durcheinander und reagierten unvorhersehbar. Teils setzte ihr Speichelfluss ein oder eben nicht, teils reagierten sie stark auf einen schwachen Reiz, teils schwach auf einen starken. Dies nannte er »paradoxe Phase«.

Diesen beiden Ebenen fügte er nun eine dritte hinzu, die er als »ultraparadoxe Phase« bezeichnete. In diesem Fall, sagte er, verwandelte eine extreme Angst oder ein Trauma eine positive in eine negative Konditionierung. Wie bei der Überschwemmung geschehen, wurden die Hunde durch eine Extremerfahrung derart traumatisiert, dass sie das genaue Gegenteil dessen taten, was man ihnen beigebracht hatte. So konnte ein früher aggressiver Hund fügsam werden und ein ehedem freundlicher einen Labormitarbeiter beißen. In der ultraparadoxen Phase kehrten sich Charakterzüge um.

Aus Pawlows Arbeiten folgerte Sargant, dass eine Erfahrung, wenn sie gewaltsam oder traumatisch genug ist, einen Zustand bewirkt, in dem das Gehirn schlicht nicht mehr ordentlich funktionieren kann und »umgepolt« wird. Die Folge ist dann ein radikaler Persönlichkeitswandel.

Sargant, der im Zweiten Weltkrieg Patienten mit Bombentrauma behandelt hatte, kannte zahlreiche ähnliche Fälle: Tapfere Soldaten waren feige geworden, zaudernde plötzlich versessen auf das brenzligste Schlachtgetümmel. Solche Patienten neigten im Gefecht zu Gewichtsverlust, hatten einen entrückten Blick und ein seltsames, »bombenfrohes« Lächeln. Ihre physische Erscheinung ähnelte tatsächlich jener der Geständigen in den Moskauer Schauprozessen. Einer ausreichend hohen Dosis Druck und Angst ausgesetzt, würde jeder Mensch, so glaubte Sargant, schließlich zusammenbrechen.

Vor allem aber wiesen solche traumatisierten Patienten ein weiteres Merkmal auf: Sie waren ungeheuer leicht und in abnormer Weise beeinflussbar.

Sargant nahm an, dass Bombentraumata und brutale Verhörmethoden nicht die einzigen Ursachen solcher Verwandlungen sind, sondern dass etwa religiöse Erfahrungen dasselbe bewirken können. Fast immer gehen ja Zeremonien, bei denen Gläubige in Trance oder einen Zustand der Besessenheit verfallen, mit viel Getrommel, Tanz, Geschrei und Aufregung einher. In einigen Fällen – wie den in den 40er Jahren zu trauriger Berühmtheit gelangten christlichen Schlangenzeremonien der amerikanischen Südstaaten – wurden mutwillig heftige Schuld- oder Angstgefühle ausgelöst. Solche Stimuli dienen dazu, die menschliche Psyche in eine unnatürlich heftige Aufregung zu versetzen, die letztlich zu psychischer Entfesselung und irrationalem Verhalten führt: ekstatische Erfahrung und religiöse Bekehrung.

In der Atmosphäre der frühen 50er Jahre, als der Mindszenty-Prozess und die Geständnisse der Kriegsgefangenen in Korea die Menschen umtrieben, war es nicht schwer, zwischen Sargants Traumapatienten, religiösen Neubekehrten und Geständigen aus dem Ostblock Ähnlichkeiten zu sehen. Alle waren über ihre natürlichen Grenzen hinausgetrieben worden; alle hatten sie am Ende scheinbar unerklärliche Verwandlungen durchgemacht und ihre früheren Überzeugungen revidiert. Für Sargant war die Möglichkeit, dass die Sowjetunion diese Bekehrungssphänomene aufgegriffen und ihre Ursachen herausdestilliert hatte, um diese nun aggressiv als Waffe einzusetzen, nur noch mit der Drohung »der totalen physischen Vernichtung durch atomare Kriegführung« vergleichbar.*

---

*Wie so häufig verdankte Sargant seine revolutionäre Theorie (und, in diesem Fall, seine Analogie) zu einem nicht unerheblichen Teil der Arbeit anderer Forscher. Im März 1953 berichtete insbesondere das *American Journal of Psychiatry*, dass die Sowjets sich für Pawlows »experimentelle Neurose« interessierten: die Herbeiführung eines psychischen Zusammenbruchs durch gezielte Anwendung von unerträglichem Stress. Ein Jahr später prägte Joost Meerloo, ehemaliger Chefpsychiater der niederländischen Armee und sachverständiger Zeuge beim Schwable-Prozess, ein Wort dafür: »Mentizid«. Meerloo fand die gezielte Herbeiführung von Pawlows »experimenteller Neurose« furchterregend: »Vielleicht ist die pervertierte Konditionierung der Menschheit noch schlimmer als eine Atomexplosion. Der menschliche Geist könnte dadurch auf Jahre hin eingekerkert werden.«

Sargant war nicht der Einzige, der diese Gefahr sah. Aldous Huxley, der in der Gehirnwäschedebatte nach dem Koreakrieg selbst eine Rolle spielen sollte, tischte Sargants »höchst bemerkenswerte Theorie« jedem auf, der sie hören wollte. »Pawlows Forschungsergebnisse«, schrieb er 1958 in *Wiedersehen mit der Schönen neuen Welt*, »haben wichtige praktische Konsequenzen. Wenn das zentrale Nervensystem eines Hundes zum Zusammenbrechen gebracht werden kann, so auch das zentrale Nervensystem eines politischen Häftlings. Es handelt sich einfach darum, das richtige Maß von Stress während der richtigen Dauer anzuwenden.« Er fand die ganze Sache furchtbar deprimierend. »Was ich [in *Schöne neue Welt*] prophezeit habe«, schrieb er in einem Brief, »wird viel schneller wahr, als ich gedacht hätte.«

Doch die pawlowsche Theorie war nicht die einzige Erklärung für das, was in Korea und der Sowjetunion geschah. Hinter den Kulissen wartete noch eine Reihe anderer Theorien.

༄

Im Juli 1951 fasste die CIA in Deutschland zwei russische Agenten. Bei ihrer Durchsuchung fand man etwa zwölf Zentimeter lange Plastikzylinder. In diesen Zylindern steckten Röhrchen, die mit Injektionsnadeln versehen waren und eine zähe, gräulich-weiße Flüssigkeit enthielten. Beim Verhör erklärten die Agenten, dass es sich bei der Flüssigkeit um eine starke Droge handle, die einen Menschen in einen Zombie verwandeln könne. Widerstand dagegen sei zwecklos. Ein Mensch, dem man ohne sein Wissen diese Droge verabreiche, tue, was ihm befohlen werde, unabhängig von den Konsequenzen. Während die Droge wirkte, könne die Person außerdem normal gehen und zeige keine äußerlichen Anzeichen einer Narkose. Die CIA schickte die Röhrchen sofort zur Analyse in verschiedene Labors. Niemand in den USA konnte ihren Inhalt identifizieren.

Zwar waren die CIA-Ärzte Hinkle und Wolff zu dem Schluss gekommen, dass es keine »magische« Gehirnwäschedroge gebe, doch es hielt sich der Verdacht, dass sie sich irren könnten. Wie in der Boulevardpresse gab es auch im amerikanischen Auslandsgeheimdienst Spekulationen, dass sich schon die Nazis während des Zweiten Weltkriegs mit Wahrheitsseren, Gehirnwäschedrogen und Hypnose beschäftigt hätten und dass die neueren Geschehnisse in Korea und Ungarn nur mit Drogen oder Hypnose zu erklären wären. »Es gibt deutliche Hinweise«, so stand in einem Gutachten von 1949 zu lesen, dass die Ostblockländer bei der Gewinnung von Informationen durch den Einsatz von Amphetaminen wie Benzedrin und von Barbituraten wie Thiopental »weiter fortgeschritten sind, als wir gerne glauben möchten«. Außerdem wusste man, dass »neue« Drogen wie SHE (Scopolamin-Ephotamin-Hukatal, das eine »langsame mentale Erregung« bewirkte) hinter dem Eisernen Vorhang in Gebrauch waren.

1954 berichtete ein russischer Überläufer, Nikolai Khokhlow, dem Geheimdienst, dass die UdSSR seit einiger Zeit entsprechende Forschungen betrieb. Er musste es wissen, war er doch beim 13. Direktorium des KGB für »Exekutivaktionen« (d. h. Ermordungen) zuständig gewesen. Seiner Aussage nach unterhielt der KGB zwei Speziallabors, in denen alle möglichen Drogen und Gifte zum Einsatz gegen westliche Agenten zusammengebraut wurden.

Khokhlows Informationen deckten sich mit anderen, älteren Berichten. In den 30er Jahren hatte laut einer anderen Quelle Lawrenti Beria – damals Chef des KGB-Vorläufers NKWD – ein streng geheimes Labor in Moskau aufgebaut, in dem Ärzte und andere Wissenschaftler ein neues Gift entwickelten, um Staatsfeinde zu eliminieren. Die genaue Lage und Funktion dieses als »Kamera« (»die Kammer«) bekannten Sowjetlabors waren so geheim, dass selbst hochrangige Geheimdienstoffiziere nichts darüber wissen durften. Die Einheit arbeitete an »Pulvern, Getränken, Spirituosen und verschiedenen Injektionen« zur Erzwingung von Geständnissen.

Hypnose war ein weiteres Feld, das Antworten bereitzuhalten schien. Mindszentys Auftritt, befand eine CIA-Analyse 1949, demonstriere eine Regression in einen »für Hypnose charakteristischen« infantilen Zustand unterwürfiger Abhängigkeit. Drei Jahre später verwies ein Nachfolgebericht auf »ausgiebige Belege« für den Einsatz sowohl von Drogen wie Hypnose.

Während der 50er Jahre gab es immer wieder Berichte, dass die Sowjets Drogen benutzten, um ihren Opfern Informationen zu entlocken. »Es war ihnen [den britischen Geheimdienstlern] klar, dass man etwas Böses [mit Mindszenty] getan hatte«, erinnert sich Cyril Cunningham. »Man hatte ihm ein Mittel gespritzt, aber niemand fand je heraus, woraus es bestand.« Ein CIA-Informant kam beim Mindszenty-Fall zu dem gleichen Schluss:

> Der Kardinal wurde unter Drogen gesetzt. Sein Geständnis wurde durch die abwechselnde Gabe von Actedron und Scopolamin erzwungen, wobei Ersteres die physiologischen Reaktionen beschleu-

nigte und Letzteres sie verlangsamte. Man nahm an, dass diese Prozedur, wenn sie vier Tage durchgeführt würde, alle Hemmungen des Kardinals vollständig auslöschen würden.

Weitere Berichte deuteten darauf hin, dass auch die Chinesen im Besitz eines Wahrheitsserums waren. Einer von Edward Hunters Gesprächspartnern, der amerikanische Rechtsanwalt Robert T. Byran, der wegen »politischer Verbrechen« sechzehneinhalb Monate in einem Schanghaier Gefängnis gesessen hatte, erinnerte sich, dass man ihn mit heruntergezogenen Hosen über einen Tisch gelegt und eine Spritze in die untere Wirbelsäule verabreicht hatte. Einer seiner Vernehmer hatte den Inhalt der Injektion als »Wahrheitsserum« bezeichnet. Ein anderer, Leutnant John A. Ori, berichtete, dass er in einem koreanischen Kriegsgefangenenlager ein seltsames weißes Pulver in seinem Essen gefunden hatte. Zuerst hatte er es für Salz gehalten, doch es schmeckte süß. Ori bemerkte bald, dass er »redete und redete. Ich konnte kaum kontrollieren, was ich sagte, ich plapperte unablässig.«

Es gebe »überzeugende Beweise«, befand eine CIA-Analyse, dass einige dieser Informationen stichhaltig seien. Die Idee, bei Befragungen Drogen einzusetzen, war für den Geheimdienst nicht neu, erst recht nicht für die Russen und Chinesen. Im Laufe der 50er Jahre warnten zahllose Experten vor der Gefahr, von den Sowjets unter Drogen gesetzt zu werden. Ehemalige Insassen sowjetischer Gefängnisse sagten aus, dass bei Verhören häufig Kaffee zusammen mit Zigaretten von »eigenartigem Geruch« angeboten würden, welche die stimulierende Wirkung des Koffeins verstärkten. In der Zwischenzeit berichtete ein in Korea in Kriegsgefangenschaft geratener Soldat, dass er auf der Rückreise aus der Mandschurei im Zug unter Drogen gesetzt worden sei – anscheinend, um ihn für die Fahrt durch militärisches Sperrgebiet bewusstlos zu machen. Man bat um weitere Meldungen: Hatten die Chinesen noch anderen Soldaten Drogen verabreicht? Anscheinend ja:

> Die Gefangenen, die in jüngster Zeit aus Nordkorea über die Sowjetunion freikamen, haben bei der Fahrt durch eine spezielle Zone in der Mandschurei offenbar eine »Lücke« oder Desorientierungsphase erlebt. [Gelöscht] … wies darauf hin, dass dies bei allen Personen der Gruppe auftrat, nachdem sie auf dem Weg in die Freiheit ihre erste Mahlzeit und ihren ersten Kaffee zu sich genommen hatten.

Die Idee, dass in der Mandschurei etwas Geheimes vor sich ginge und die Soldaten betäubt wurden, bevor sie durch die »Sonderzone« kamen, schien weit hergeholt, aber welche andere Erklärung konnte es dafür geben? »Es deutet alles auf Drogeneinsatz hin«, folgerte ein CIA-Bericht.*

Weitere Berichte lieferten Einzelheiten über den Ursprung der geheimnisvollen Sowjetdrogen. Ein CIA-Informant, erst kurz zuvor aus Moskau zurückgekehrt, berichtete von subtropischen Gewächshäusern im Botanischen Garten von Nikita auf der Krim, wo seltsame, die Zunge lösende Arzneipflanzen kultiviert würden. Dort beschäftigten sich führende sowjetische Botaniker anscheinend mit der Züchtung von halluzinogenen und giftigen Pflanzenarten, um Hybride zu schaffen und aus ihnen Drogen zu erzeugen, die bislang unbekannte Wirkungen auf den menschlichen Körper und Geist entfalteten. Solche Drogen könnten amerikanischen Agenten heimlich verabreicht werden und alle möglichen Wirkungen haben, von Bewusstlosigkeit über forcierte Gesprächigkeit oder verminderten Widerstand gegenüber beharrlicher Befragung bis hin zum Tod. Weitere Pflanzungen sollte es in Bachtschissarai auf der Krim geben. Alles deutete darauf hin, dass die Sowjetunion Vorkehrungen für die »Massenproduktion« von Wahrheitsdrogen getroffen hatte. Solche Drogen könnten im Krieg, so warnte ein CIA-Dokument, »Schlachten entscheiden«.

Zusammen mit den Moskauer Schauprozessen, den Geständnissen von Kriegsgefangenen in Korea und der Arbeit von Edward Hunter und William Sargant traten solche Geheimdienstinformationen eine Lawine los. Bald erging sich die amerikanische Geheimdienstgemeinde in wilden Spekulationen darüber, was die Sowjets und Chinesen im Verborgenen trieben. Was immer es war, es musste äußerst finster sein. Die »perverse Wissenschaft« der Gedankenkontrolle, ein Bastard von Psychiatrie und Militärforschung, ließ Schreckliches befürchten. 1953 warnte der Strategische Rat für psychologische Kriegführung (Psychological Strategy Board) der CIA, sowjetische Drogenmanipulationen seien so wahrscheinlich, dass amerikanische Politiker streng auf »Anzeichen einer Persönlichkeitsänderung« überwacht werden sollten. Jeder verdächtige Amtsträger sollte festgehalten, isoliert und mindestens 24 Stunden unter Beobachtung gestellt werden. Wenn es so weit

---

* Wahrscheinlich das in diesem Dokument erwähnte Gerücht diente zusammen mit verschiedenen Informationen der unten in Kapitel 5 beschriebenen Experimente Richard Condon als Inspiration für die berühmteste Geschichte über Gehirnwäsche, *The Manchurian Candidate* (dt. *Der Botschafter der Angst/Der Manchurian-Kandidat*). Wir kommen darauf weiter unten noch zurück.

gekommen war, argumentierten Geheimdienstexperten, war es an der Zeit, die Welt zu warnen.

Im April jenes Jahres hielt CIA-Direktor Allen Dulles eine Vorlesung an der Universität Princeton, in der er auf die sowjetischen Entwicklungen auf dem Feld der Gedankenkontrolle einging. Die Sowjets, sagte Dulles,

> nehmen ausgewählte Personen, die sie vernichten wollen, und bringen sie dazu, unterwürfig Verbrechen zu gestehen, die sie nie begangen haben, oder sie verwandeln sie in Sprachrohre sowjetischer Propaganda. Neue Techniken löschen die Gedanken und geistigen Prozesse der Vergangenheit aus und schaffen möglicherweise durch die Verwendung einer Art von »Lügenserum« neue Gehirnprozesse und neue Gedanken, die das Opfer papageiartig wiederholt.

Ein solch »verabscheuungswürdiges« Experiment der »Gehirnperversion«, so Dulles, sei nie zuvor unternommen worden. Es ziele auf den Geist freier Menschen, sowohl kollektiv als auch individuell. Mit Gehirnwäsche, fügte er in Anlehnung an Edward Hunter hinzu, könnten die Sowjets das Bewusstsein wirkungsvoll beeinflussen, bis aus ihm ein »Grammofon« würde, das »eine Platte abspielt, aufgelegt von einem Geist außerhalb seiner selbst, über den es keine Kontrolle besitzt«. Mit dieser Technik trete der Kalte Krieg in eine neue Ära der psychologischen Kriegführung ein, die Dulles als Kampf um die Köpfe der Menschen charakterisierte. »Wir könnten ihn in seiner neuen Form«, schloss er, »Hirnkrieg nennen.«

Sechs Monate später hielt der amerikanische Vertreter in der UN-Abteilung für politische Angelegenheiten und Sicherheitspolitik, Charles W. Mayo, eine Tirade gegen den Einsatz von »Gehirnwäsche und Mentizidtechniken« durch die Kommunisten. Er führte den Einsatz von pawlowscher Konditionierung und Drogen bei Verhören an und erklärte, Gehirnwäsche sei schlimmer als die alten Foltergeräte wie Streckbänke und Daumenschrauben, denn statt einfach körperliche Schmerzen zu verursachen, mache sie aus den Opfern bereitwillige Komplizen der Zerstörung ihrer eigenen Identität.

Angesichts solcher Berichte aus dem Militär, den Geheimdiensten und den Zivilbehörden geriet die Presse – vielleicht verständlicherweise – in Panikmache. Obwohl noch niemand wusste, was sich dabei abspielte, erschien Gehirnwäsche wie ein furchteinflößendes Konglomerat von Methoden, die Aldous Huxley in *Schöne neue Welt*, Arthur

Koestler in *Sonnenfinsternis* und George Orwell in *1984* beschrieben hatten. (»Kein Mensch, den wir hierher bringen, hält je seinen Widerstand uns gegenüber aufrecht«, sagt Winston Smiths Vernehmer in *1984*. »Wir werden Sie leerpressen und dann mit unserem Gedankengut füllen.«) Es war ein geheimer Angriff auf den menschlichen Willen: eine schmutzige, heimtückische, entsetzliche Technik, die alle bekannten moralischen Standards verletzte. »Nichts weniger«, schrieb das *Journal of Social Issues*, »als eine Kombination der Theorien von Dr. Pawlow und der Schliche von Dr. Mabuse konnte solche Ergebnisse hervorbringen.« Es war eine Vergewaltigung der Seele.

Die Öffentlichkeit war 1955 über die weltweite Veröffentlichung eines Leitfadens für Gehirnwäsche alarmiert, der den Titel *Brainwashing: a Synthesis of the Communist Textbook on Psychopolitics* trug (»Gehirnwäsche: ein Abriss des kommunistischen Lehrbuches über Psychopolitik«). Das Büchlein, vorgeblich die Übersetzung eines geheimen Vortrags des KGB-Chefs Lawrenti Beria in Moskau, erläuterte sowjetische Pläne für den Einsatz der neuen Waffe. Es vertrat die Anwendung radikaler Verhörmethoden, darunter Drogen, Folter und »Schmerz-Drogen-Hypnose«, die bei dem Opfer alles Mögliche bewirken könnten, von Geständnissen bis hin zu sexueller Perversion. Mit den richtigen psychologischen Techniken, so Beria, ließen sich Familien zerbrechen, Verhöropfer in den Wahnsinn treiben und die Karrieren von Politikern zugrunde richten. Die Loyalität von Feinden ließ sich untergraben, ihr Geist zerstören, bis man sie zertreten hatte wie Insekten. »Es wird nie einen Atomkrieg geben«, sagte er voraus, »da Russland all seine Feinde unterworfen haben wird.«

Das Dokument wurde dem Nationalen Sicherheitsrat der USA und dem FBI zur Beurteilung geschickt. Keine der Organisationen konnte beweisen, dass es sich um einen Schwindel handelte. »Wenn das Büchlein eine Fälschung ist«, kommentierte ein Vertreter des Sicherheitsrates, »weiß oder wissen der oder die Autoren so viel über Gehirnwäschemethoden, dass ich sie als Experten betrachten würde, besser als alle, die ich bislang getroffen habe.«

Der größte Evangelist der Gehirnwäsche war jedoch der Mann, der den Ausdruck erfunden hatte: Edward Hunter. Hunter begriff es als Mission aller freien Menschen, diese finstere kommunistische Waffe niederzuringen, bei der »aus Schatten Gestalt und aus Gestalt Schatten wird«. 1958 sagte er vor dem Ausschuss für unamerikanische Umtriebe aus:

HUNTER: Ziel der kommunistischen Kriegführung ist es, Geist und Eigentum der Menschen intakt zu erobern, um sie einem Nutzen zuführen zu können. Dies ist das moderne Sklavereikonzept, das alle anderen zurück ins Kindergartenalter versetzt.
F: Sind die Vereinigten Staaten Teil dieses Schlachtfelds?
HUNTER: Die Vereinigten Staaten sind das Hauptschlachtfeld dieses roten Krieges.

Für die amerikanische Öffentlichkeit lag die Bedrohung der Gehirnwäsche nicht nur einfach darin, dass ihr Soldaten in Kriegen oder Schauprozessen in Übersee zum Opfer fallen konnten. Was die Kommunisten taten, bedrohte die Freiheit der ganzen Welt, bedrohte das freie Denken schlechthin. Hunter befürchtete vor dem Ausschuss, dass »unsere Kinder« für diese Art der psychologischen Kriegführung »einen herzzerreißend hohen Preis zu zahlen haben« werden. Dieser Meinung war auch der Psychiater Joost Meerloo. Für ihn verlief »die letzte Front des Kalten Krieges im Kopf eines jeden Bürgers«.

Angesichts einer solchen Bedrohung stand es außer Zweifel, dass dieses Phänomen erforscht werden musste. Im August 1954 rief der amerikanische Verteidigungsminister einen Sonderausschuss ins Leben, der prüfen sollte, wie alliierte Soldaten geschult werden könnten, um in Zukunft kommunistischer Indoktrination und Gehirnwäsche zu widerstehen. Der Ausschuss befand, dass die USA und Großbritannien die »Pflicht« hätten, Geld und Zeit in die Untersuchung der sowjetischen Methoden zu investieren, damit die Gefahr neutralisiert werden konnte.

Die CIA war ihm weit voraus. Schon im Sommer 1949 war die Entscheidung zur Bildung eines »Sonderverhör«-Teams gefallen, um sich mit allen künftigen Vorkommnissen zu befassen und nach den in Osteuropa eingesetzten Methoden zu forschen. Ein paar Monate später wurde eine abteilungsübergreifende Forschungseinheit gegründet und mit ihr der ehemalige Armeeoberst Sheffield Edwards betraut. Er klassifizierte das Projekt als streng geheim und gab ihm den Codenamen BLUEBIRD.

Am 20. April 1950 autorisierte CIA-Direktor Richard Hillenkoetter das Projekt. CIA-Dokumente aus der Zeit sind häufig lückenhaft und undatiert, und es wird für BLUEBIRD kein spezifisches Ziel genannt, doch eine spätere Zusammenfassung führte die Ziele des Programms in groben Zügen folgendermaßen auf:

a) Mittel zu suchen, um Mitarbeiter so zu konditionieren, dass sie mit den bekannten Methoden nicht vom Feind abgeschöpft werden können,

b) nach Möglichkeiten zur Anwendung besonderer Verhörtechniken zu forschen, mit denen sich die Kontrolle über eine Person erlangen lässt,

c) die Verbesserung der Gedächtnisleistung sowie

d) die Entwicklung defensiver Mittel, um die feindliche Kontrolle von Geheimdienstmitarbeitern zu verhindern.

»Die CIA«, so merkte ein Folgedokument an, werde »besondere oder unorthodoxe Methoden wie Hirnschädigung, Reizstimulation, Hypnose, sogenannte ›schwarze Psychiatrie‹, pawlowsche Konditionierung, ›Gehirnwäsche‹ und jede andere Methode prüfen, die für Verhöre, Subversion oder Verführung relevant sind.«

Verständlicherweise übte die Aussicht auf derart erfolgreiche Verhörtechniken und die Möglichkeit, womöglich Menschen mithilfe von Hypnose und Drogen kontrollieren zu können, eine enorme Faszination auf den Geheimdienst aus. Doch begab man sich auf Glatteis. Was scheinbar als defensives Programm seinen Anfang nahm – die Erforschung von Verhörtechniken als Mittel, um amerikanische Soldaten besser auf eine Gefangenschaft vorzubereiten –, wurde bald ein offensives. Die Erforschung der Möglichkeiten von Gedankenkontrolle unter der Ägide des Geheimdienstes sollte noch 23 Jahre lang fortgesetzt werden. Im August 1951 wurde BLUEBIRD in ARTICHOKE umbenannt und erhielt 1953 seinen berühmtesten Codenamen: MKULTRA.

Der Keim der Verwandlung war von Anfang an angelegt, wie der oben zitierte Punkt b erkennen lässt. Diese Techniken mochten zwar diabolisch sein, doch wenn die gegenwärtigen Informationen falsch waren und die Sowjets solche Methoden gar nicht einsetzten, so war es gewiss nur eine Frage der Zeit, bis sie es täten. Und warum sollten *wir* es in der Zwischenzeit nicht tun? Eine Sicherheitsstudie unter dem Expräsidenten Herbert Hoover formulierte das Problem bündig:

Wir sind mit einem unversöhnlichen Feind konfrontiert, dessen erklärtes Ziel die Erlangung der Weltherrschaft ist, durch welche Mittel und zu welchen Kosten auch immer. Es gibt keine Regeln in einem solchen Spiel. Altgediente und bislang akzeptable Begriffe des »Fair Play« müssen überdacht werden. Wir müssen … lernen, unsere Feinde mit geschickteren, raffinierteren und wirkungsvolleren Methoden zu unterwandern, zu sabotieren und zu vernichten als jene, die gegen uns eingesetzt werden.

Nach dem Schrecken, den die Geständnisse der späten 40er und frühen 50er Jahre verbreiteten, unternahm die CIA eine außerordentlich geheime Suche nach Techniken der Gehirnwäsche, in deren Verlauf sie in einen Morast ethischer Abgründe schlitterte. Ein ums andere Mal überschritt sie dabei straflos die Grenzen moralisch annehmbaren Verhaltens und untergrub die Menschenrechte im Namen der Freiheit.

Der Ausgangspunkt all dessen war die Suche nach dem Stein der Weisen bei den Verhörmethoden: ein Wahrheitsserum.

Kapitel 2 | Wahrheitsdrogen

Ex-CIA-Chef belebt Debatte um Wahrheitsdrogen
Washington. Der ehemalige Direktor von CIA und FBI, William Webster, schlug am Donnerstag vor, dass die Vereinigten Staaten unkooperativen Al-Qaida- und Taliban-Gefangenen in Guantánamo (Kuba) und anderswo »Wahrheitsdrogen« verabreichen sollten, um Details über geplante terroristische Operationen zu erfahren.
Vor einer kleinen Gruppe von Journalisten sagte Webster, die Verwendung von Drogen wie Thiopental oder anderer »invasiver« Methoden unterhalb der Folterschwelle könnte amerikanischen Beamten helfen, das weltweite Netzwerk von al-Qaida wirkungsvoller zu durchdringen. »Wir sollten uns anschauen, welche Optionen uns da draußen zu Gebote stehen«, sagte er.
USA Today, 26. April 2002

Als Susan Wall ihre Augen aufschlug, war sie verwirrt. Warum saß ihr Vater an ihrem Bett? Er sollte doch daheim in England sein. Und warum spürte sie ihre linke Körperhälfte nicht? Ach, dachte sie, es ist ja Papa! Dann wurde sie wieder bewusstlos.

Als Susan abermals erwachte, waren zwei spanische Polizisten im Zimmer. Sie fragten sie, ob sie sich an den Unfall erinnere. Sie hatte keine Ahnung, wovon sie sprachen. Die Männer holten einige zerrissene Kleider und ein paar goldene Schuhe hervor, die ihr bekannt vorkamen. Vielleicht waren es ihre Schuhe, dachte sie. Andererseits: Vielleicht gehörten sie Claire. Sie konnte sich nicht erinnern.

Dann schoss es ihr durch den Kopf: Claire! Wo war Claire?

Zum letzten Mal hatte Susan ihre Freundin Claire auf einer Party gesehen, die beide im Juni in ihrer gemeinsamen Wohnung im Londoner Stadtteil Notting Hill gegeben hatten. Susan hatte die Einladung gebastelt – eine Collage – und sie auf der Arbeit fotokopiert. Da die beiden am nächsten Tag nach Mallorca in den Urlaub fliegen wollten, hatten sie es ihre »Coming-Out«-Party genannt.

Der Abend war ein großer Erfolg gewesen. Es war der Sommer 1965, die Beatles führten die Charts an. Susan, Claire und ihre Freunde tanzten, bis das Kondenswasser an den Wänden herablief. Dann hatte Susan das Dachfenster geöffnet, damit alle auf das Dach klettern konnten. Claire tanzte lachend über die Nachbardächer. Es war eine magische Nacht.

Leider war dies das Letzte, woran sich Susan erinnern konnte. Und das war sechs Monate her.

Susan sagte ihrem Vater, dass sie Claire schreiben wolle. Schließlich war Claire ihre beste Freundin; sie würde wissen wollen, ob es ihr gut ginge. Ihr Vater hielt das für eine gute Idee und bot sich an, den Brief für sie aufzugeben. Als Claire nicht antwortete, schrieb ihr Susan erneut. Noch immer keine Antwort. Das alles war etwas seltsam, doch das galt schließlich auch für alles andere: das Krankenhaus, die Schwestern, die Polizei. Alle baten sie, sich nicht zu sorgen; so etwas könne dauern, aber bald würde sie wieder zu Hause sein.

Als sie 14 Tage später in England ankam, beklagte sie sich bei ihrer Mutter, dass Claire ihr während ihres Krankenhausaufenthalts nicht einmal geschrieben hatte. Das war doch sonst nicht ihre Art. »Ich glaube, wir sollten uns einmal unterhalten«, erwiderte Susans Mutter. »Trinken wir doch eine Tasse Tee.« Dann, im Wohnzimmer, eröffnete sie ihr, dass Claire tot war. Sie war bei einem Unfall auf Mallorca ums Leben gekommen.

Als sie von Claires Tod erfuhr, verschlechterte sich Susans Zustand. Sie erlangte die Beweglichkeit ihrer linken Körperhälfte nicht mehr zurück. Auch ihre Erinnerung kam nicht wieder. Nur eins war ihr von den Mallorcaferien in Erinnerung geblieben, dass sie sich nämlich mit Claire gestritten hatte. Überzeugt, am Tod ihrer Freundin schuld zu sein, wurde sie depressiv. Die Ärzte sagten ihr, dass sie keine ernsten Verletzungen habe und es ihr bald besser gehen würde. Doch die Zeit verstrich und nichts geschah. Ihre Amnesie beunruhigte sie: Sie konnte sich an ihren Namen erinnern, wo sie wohnte und wo sie zur Schule gegangen war, aber das war so ziemlich alles. Ihr Gedächtnis war zusammenhanglos und verwirrend. Es war, als schwebe sie im luftleeren Raum oder als würde sie ihr eigenes Leben im Fernsehen verfolgen.

Ende 1965 wurde Susan zur Behandlung ihrer Depression ins Belmont Hospital in der Grafschaft Surrey aufgenommen. Als die Medikamente nicht anschlugen, war klar, dass man neue Wege würde beschreiten müssen. Das war der Augenblick, in dem sie William Sargant kennen lernte.

Susan wusste, dass Sargant in der Psychiatrie einen großen Namen hatte. Er war Autor von *Der Kampf um die Seele*, ein Buch über Gehirnwäsche, das ihn berühmt gemacht hatte. Die Reaktionen des Pflegepersonals und der Patienten auf der Station bestärkten Susan in dem Eindruck, dass er ein schrecklich wichtiger Mann sein musste. Als er eintrat, schienen alle zu hauchen: »Ah, der große William Sargant!« Das lag nicht nur an seinem Ruf. Sargant war ein hochgewachsener Mann, der seinerzeit in der Rugby-Mannschaft von Cambridge gespielt hatte. Er hatte eine starke, gebieterische Persönlichkeit und die Angewohnheit, andere Menschen anzubellen. Etwas an ihm gebot Respekt. Er bat nicht, er erteilte Anweisungen. »Es war wirklich so ähnlich, als würde sich das Meer teilen, wenn er hereinmarschierte«, erinnert sich Susan. »Ehrfurchtgebietend. Eine ehrfurchtgebietende Persönlichkeit.« Sie fühlte sich geehrt, als er Interesse an ihrem Fall bekundete.

Sargant erklärte Susan, dass ihre Lähmung und ihre Amnesie nicht durch physische Verletzungen bedingt, sondern die Folge eines psychischen Traumas seien. Im Grunde habe ihre Seele den Vorfall als so furchtbar empfunden, dass sie sich abgeschaltet und sie wie in einem Schwebezustand zurückgelassen habe. Die einzige Möglichkeit, ihr Gedächtnis und damit ihre Gesundheit zurückzuerlangen, bestehe darin, ihre Erfahrung zurückzuholen, sodass sie sie bewältigen und schließlich loslassen könne. Er könne ihr helfen, das zu schaffen, indem er ihr ein Medikament gebe, das ihre Vergangenheit zurückbringe.

Eine Woche später wurde Susan in den Behandlungsraum geführt und erhielt Anweisung, sich auf die Liege zu legen. Ein Assistenzarzt und einige Krankenschwestern standen bereit und warteten auf die Ankunft von Sargant. Als er einige Minuten später hereinbrauste, erledigte er ein paar Präliminarien, ohne mit ihr zu plaudern. Dergleichen lag ihm nicht. Sargant gab Susan eine Injektion, und alle im Raum warteten schweigend. Dann, als das Medikament Wirkung zeigte, fing er an, ruhig mit ihr zu sprechen, stellte Fragen und führte sie zurück in die Vergangenheit.

Augenblicke später fing Susan an zu reden. Da waren Geranien, wie sie sich erinnerte, ... rote Geranien ... eine Party ... ein Sportwagen ...

Sargant wies Susan an, die Geschichte in der Gegenwart zu erzählen. Das Wichtigste sei, nicht an den Vorfall zu denken, sondern ihn erneut zu durchleben. »Sie sind in Mallorca«, sagte er. »Sie sind im Urlaub. Was sehen Sie?«

Kaum dass sie sich's versah, befand sie sich am Vorabend ihres Ferienendes. Sie und Claire stritten sich, doch weil sie am folgenden Tag nach Hause fliegen würden, beschlossen sie, trotzdem mit ein paar einheimischen Jungs in eine Bar zu gehen. Sie tranken Rum-Cola, vergaßen ihre Unstimmigkeit und amüsierten sich. Als die Bar um drei oder vier Uhr morgens schloss, boten die jungen Männer an, sie heimzufahren.

Auf dem Weg hielten sie vor dem Haus eines der Jungen. Der offene rote Sportwagen seines Vaters stand in der Einfahrt. »Hey«, sagte Susan, »nehmen wir doch *den* Wagen!« Die vier kletterten hinein, die Jungs vorne, die Mädchen auf den Rücksitz

Das Medikament entfaltete nun seine volle Wirkung und Susan verspürte ein übermächtiges Redebedürfnis. Wie ein Film kehrten die Bilder der Erinnerung zurück. Als der Unfall näher kam, wurde sie aufgeregt und wand sich und zappelte auf der Liege. Weil sie glaubte, dass ihr Morgenmantel die Schenkel hochgerutscht war, schämte sie sich und versuchte verzweifelt, ihn hinunterzuziehen. »Beruhigen Sie sich! Hören Sie auf, sich zu bewegen!«, befahl Sargant und gab ihr das Gefühl, ein kleines Mädchen zu sein. Er redete immer heftiger auf sie ein, um sie in jene Nacht auf Mallorca zurückzuversetzen. Dann kehrte die Erinnerung in einem Schwall zurück.

Während einer der Spanier den Wagen anließ, nahm Claire auf dem Rücksitz Platz. Susan wollte davon nichts wissen. »Nein!«, rief sie. »Hier, nach oben!« Sie setzte sich auf den Kofferraum, stellte ihre Füße auf den Rücksitz und saß nun über dem Fahrer. Dann forderte sie Claire auf, es ihr gleichzutun, damit sie den Wind in den Haaren spüren konnten. Claire lachte und stieg nach oben. Der Wagen bog aus der Einfahrt.

Als Nächstes erinnerte sie sich an die Blumen.

Susan lag auf dem Boden, ihr Kopf neben einem Geranientopf. Die Straße war nass und rutschig. Jemand hatte sie mit dem Gartenschlauch abgespritzt. Als der Wagen durch die Pfützen fuhr, verlor er die Bodenhaftung. Da die beiden Mädchen auf dem Kofferraum statt auf den Sitzen saßen, wurden sie aus dem Wagen geschleudert. Claire lag zwischen dem Wagen und einem Baum eingeklemmt. Susan, die es zur anderen Seite geschleudert hatte, lag auf der Straße neben den Blumen.

Sie erinnerte sich, dass sie nach einer Zeit der Bewusstlosigkeit zum Haus mit den Geranien ging. Claire sei in einem Taxi vorausgefahren, sagte man ihr. Der Krankenwagen sei auf dem Weg. Dann wieder Bewusstlosigkeit. Dann ihr Vater, der neben ihr am Krankenbett saß.

৸

Die Methode William Sargants, um Susans Erinnerung zurückzuholen, war nicht neu. Tatsächlich ging sie auf das späte 19. Jahrhundert zurück, als Sigmund Freud entdeckte, dass physische Leiden psychische Ursachen haben konnten. Freud zufolge löst die Erinnerung an unglückliche Ereignisse in der Vergangenheit emotionale Schmerzen aus. Da die Seele große Schmerzen schlecht verträgt, neigt sie dazu, traumatische Erinnerungen im Unterbewusstsein zu vergraben und sie zu »vergessen«. Nur leider rebellieren solche Erinnerungen häufig dagegen, begraben zu bleiben. Manchmal tauchen sie durch den Stress, den ihre Verdrängung verursacht, in Form scheinbar damit nicht in Verbindung stehender physischer Symptome wieder auf. Erst sobald verdrängte Erinnerungen hervorgeholt worden sind und man mit ihnen konfrontiert ist, können nach Freud die körperlichen Symptome zurückgehen. Dazu gibt es verschiedene Methoden. Intensive Psychotherapie ist eine, Hypnose eine andere. Freuds Kollege Josef Breuer nannte das Hervorholen solcher Gefühle »Abreaktion«, Freud bezeichnete die plötzliche Erleichterung des psychischen Drucks als »Katharsis«.

Die Abreaktion war in Großbritannien während des Ersten Weltkriegs zu ihrem Eigenrecht gekommen, als man sie einsetzte, um bei Soldaten mit Bombentrauma unverarbeitete Seeleneindrücke ans Licht zu holen. Nach dem Krieg geriet die Methode weitgehend in Vergessenheit, bis sie ein Jahrzehnt später einen unverhofften Aufschwung nahm. 1931 bemerkte ein Arzt namens J. Stephen Horsley am London Hospital, dass Frauen, die mit dem Barbiturat Pentobabital anästhesiert wurden, ihre Hemmungen zu verlieren schienen und ihrem Arzt häufig intime persönliche Details preisgaben. Ließ die Wirkung der Betäubung nach, hatten sie keine Erinnerung mehr an das, was sie gesagt hatten. Horsley wusste, dass es gewöhnlich Monate der Psychoanalyse brauchte, um Patienten in einen derart entspannten Zustand zu versetzen. Doch hier gab es nun einen Wirkstoff, der diese Hemmungen binnen Sekunden beseitigte. Vielleicht konnte Pentobabital in der Psychiatrie eine bedeutende Rolle spielen. Er fing an, mit anderen Barbituraten wie Amobarbital und Thiopental zu experimentieren, um zu sehen, ob auch sie sich einsetzen ließen, um persönliche Hemmungen zu lösen.

Horsleys Methode (die später von Geheimdiensten auf der ganzen Welt angewandt wurde) bestand darin, das Barbiturat sehr langsam intravenös zu spritzen. Das Ziel bestand darin, den Patienten in einen Zustand zwischen Schlaf und Wachsein zu versetzen, in dem er ungehemmt genug war, um persönliche Geheimnisse zu offenbaren, aber immer noch in der Lage, kohärent zu sprechen. Der Trick war, die Nadel in der Vene zu lassen: Wenn der Patient aufhörte zu reden oder ihm unbehaglich wurde, machte ihn eine weitere kleine Dosis des Barbiturats wieder gefügig; wurde er ohnmächtig, konnte man ihn wecken und den ganzen Prozess von vorn beginnen.

Durch die Barbiturate entspannten sich Horsleys Patienten unfehlbar und wurden liebenswürdig – und bereit, alle möglichen privaten Details preiszugeben. Längst vergessene Kindheiterinnerungen sprudelten aus ihnen hervor. Die Behandlung mit Barbituraten, folgerte Horsley, bot somit einen neuen Weg, Kontakt zum Unterbewusstsein aufzunehmen. Er taufte die Methode »Narkoanalyse«.

Um herauszufinden, wie wirksam sich durch die Narkose intime Informationen hervorlocken lassen, stellte Horsley ein Experiment mit 20 seiner Krankenschwestern an, indem er jeder von ihnen zwei Kubikzentimeter Thiopental verabreichte. Vor dem Experiment hatten die Krankenschwestern noch gelacht: Sie hielten es für völlig ausgeschlossen, dass sie irgendwelche privaten Geheimnisse offenbaren würden, selbst unter dem Einfluss einer Droge. Doch nach der Injektion taten sie genau das. 18 von 20 waren unfähig, seine Fragen zurückzuweisen.

Hatte Horsley ein Wahrheitsserum entdeckt? Er wollte es nicht ausschließen. Eine der Narkoanalyse ähnliche Methode könne, so spekulierte er, hinter den jüngsten Geständnissen bei den Moskauer Schauprozessen stehen. Mitte der 30er Jahre wurden die möglichen Anwendungen der Methode in Medizin, Psychotherapie und bei Gerichtsprozessen bereits in der Presse allgemein diskutiert.

∽

Allerdings kam Horsleys Methode kaum zum Einsatz und war weitgehend in Vergessenheit geraten, als der Zweite Weltkrieg ausbrach und ein ehrgeiziger junger Psychiater namens William Sargant zufällig darauf stieß.

Im Juni 1940 arbeitete Sargant im Belmont Hospital, wo einige aus Dünkirchen evakuierte Soldaten mit Bombentraumata eingeliefert wurden. Jeder dieser Männer brauchte dringend medizinische Versorgung, doch einer befand sich in einem ganz besonders elenden Zustand: stumm, zitternd, verängstigt, litt er offenkundig große Schmerzen. Niemand wusste, was mit ihm geschehen war, doch er war so traumatisiert, dass er schon seit drei Tagen kein Wasser lassen konnte. Als Folge war seine Blase furchtbar geschwollen, dick »wie ein Kürbis«, was ihm extreme Schmerzen bereitete. Sargant wusste nicht so recht, wie er ihn behandeln sollte, und verabreichte ihm schließlich eine Dosis des Barbiturats Amobarbital. Die Wirkung folgte auf dem Fuße. Der Mann fing an, darüber zu reden, was mit ihm geschehen war, und leerte seine Blase spontan auf der Couch. Auch als die Wirkung des Medikaments nachließ, sprach er weiterhin in zusammenhängenden Sätzen und zitterte nicht mehr.

Einige Tage später war Sargant mit einem Amnesiepatienten konfrontiert, der ebenfalls vor Angst zitterte und seine rechte Hand nicht bewegen konnte. Wieder spritzte er ihm intravenös Amobarbital, woraufhin das Zittern aufhörte und sich der Patient in lebhaften Einzelheiten daran erinnerte, wie er aus der Schlacht gekommen war und seinen durch einen Bauchschuss tödlich verwundeten Bruder am Straßenrand gefunden hatte. Auf dessen Flehen hin erlöste ihn der Soldat mit einem Gewehrschuss von seinen Qualen. »Es war die Hand, die den Abzug gedrückt hatte«, bemerkte Sargant, »die plötzlich gelähmt war.«

Immer mehr traumatisierte Soldaten trafen ein, immer öfter gab Sargant Amobarbital. Sobald sie sediert waren, redete er ihnen ein, sich wieder auf dem Schlachtfeld zu befinden und dem Tod ins Auge zu blicken. Dann liefen sie rot an und hyperventilierten, ihre verborgenen Erinnerungen sprudelten hervor. Doch die Soldaten erinnerten sich nicht nur an die Ereignisse, sie durchlebten sie neu. Immer wieder fand sich Sargant nun mit einem Patienten in seiner Praxis, der schreiend seinen Albtraum nacherlebte. Manchmal war die Abreaktion so gewalttätig, dass es notwendig wurde, den Kranken festzuhalten. »Ich erinnere mich«, scherzte er später, »dass mich der dritte oder vierte Patient fast durch den Raum scheuchte.«

Bald hatten sich auch andere Medikamente bewährt. Viele der Barbiturate schienen zu wirken. Äther, das Sargant von einem amerikanischen Kollegen empfohlen worden war, löste noch heftigere Abreaktionen aus. Und es waren nicht nur Beruhigungsmittel, die diese Wirkung taten, auch die Amphetamine schlugen an. Offenbar führten sie, intravenös verabreicht, zu einem derartigen Energieschub, dass die traumatisierten Patienten ein nicht zu bremsendes Redebedürfnis verspürten. Das Ergebnis war ein plötzliches Hervorsprudeln von Erinnerungen und Gefühlen, die sich von einem Therapeuten heilsam kanalisieren ließen. Mit Drogen hatte Sargant die kathartische Abreaktion wiederentdeckt, der Freud und Breuer in den 1890er Jahren den Weg bereitet hatten.

Dann geschah etwas Unerwartetes. Am 12. Juli 1940 – sechs Tage, nachdem Sargants Entdeckung im Medizinjournal *Lancet* erschienen war –, erhielt er einen Brief von Brigadegeneral John Rees, dem medizinischen Direktor der Travistock Clinic und späteren Vorsitzenden des Psychiatrischen Beirats der britischen Armee. Der Brief gratulierte ihm zum »Beginn, wie ich hoffe, einer Vielzahl erstklassiger Arbeiten«. Es war der Anfang einer Verbindung zwischen Sargant und der britischen Regierung, die fast 30 Jahre dauern und Sargant ins Herz der britischen Geheimdienste führen sollte: den Inlandsgeheimdienst MI5.

Sargants eigene Dokumente sind unvollständig, doch es scheint, dass er kurz davor stand, einen weiteren Fachaufsatz über den Einsatz von Amobarbital zu schreiben, als er einen »dringenden« Anruf von General Rees erhielt, der ihn aufforderte, von einer Veröffentlichung abzusehen, da es »nicht wünschbar« sei, dass die Arbeit in die Hand des Feindes geriete. Ein Brief von Sargant an das Kriegsministerium vom 1. Februar (ohne Jahr, vermutlich 1941) macht deutlich, dass seine Arbeit unter Geheimhaltung gestellt worden war. »Heute morgen«, schrieb Sargant, »habe ich mit Oberst Hargreaves [einem Mitarbeiter von General Rees] telefoniert. Sie haben offenbar endgültig beschlossen, dass sie es nicht veröffentlicht sehen wollen.«

Es ist vollkommen verständlich, dass im Krieg wissenschaftliche Aufsätze über neue Behandlungsmethoden von Kriegstraumata unterdrückt wurden, um dem Gegner keine nutzbringenden Informationen zukommen zu lassen. Es ist jedoch auch sehr wohl möglich, dass Sargants Arbeit aus einem anderen Grund geheim gehalten wurde, weil sein Aufsatz nämlich zufällig Licht auf noch weit geheimere Arbeiten zu werfen drohte: auf die Forschungen des britischen Militärs und der Geheimdienste über Wahrheitsdrogen.

Es gab allen Grund zu der Annahme, dass die Deutschen selbst nach einer solchen Droge suchten. Laut dem Historiker Michael R.D. Foot kursierten in den britischen Geheimdiensten jede Menge »Kneipengerüchte«, dass die Deutschen mithilfe von Drogen Menschen brachen. Unterdessen erteilte ein Handbuch für das britische Spionage- und Sabotage-Sonderkommando Special Operations Executive (SOE) vom September 1943 Ratschläge für das Verhalten bei Verhören unter Ätherbetäubung.

Konkrete Indizien, dass die Deutschen sich für ein Wahrheitsserum interessierten, waren am 24. Juli 1942 aufgetaucht, als die Experten des britischen Entschlüsselungszentrums in Bletchley Park in der Grafschaft Buckinghamshire ein mit der deutschen Chiffriermaschine Enigma kodiertes Telex knackten, in dem der SS-Führer im ukrainischen Dnipropetrowsk um die Sendung psychoaktiver Drogen bat:

STRENG GEHEIM

Experimente, bei denen Fallschirmspringern Scopolamin injiziert wurde, waren bis jetzt erfolgreich. Deshalb sollten Versuche mit Meskalin angestellt werden, da solche Injektionen stärkere toxische Wirkung entfalten.

Bei den Experimenten waren Fallschirmspringern alle halbe Stunde 0,4 bis 0,6 Gramm Scopolamin gespritzt worden (ein aus der Tollkirsche gewonnenes Alkaloid, das damals oft als Schmerzmittel benutzt wurde).* Nach britischen Aktenvermerken handelte es sich dabei um alliierte Gefangene, die große Zahl der Empfänger – zwischen 50 und 100 – macht es aber wahrscheinlicher, dass deutsche Soldaten die Versuchskaninchen waren. Der SS-Führer bat um 50 Gramm Meskalinhydrochlorid. »Die Wirkung«, merkte der Absender an, »dauert bis zu fünf Stunden.«

Die Einzelheiten der Meskalin- und Scopolamin-Versuche sind lange verschollen, doch bestehen 60 Jahre später keine Zweifel daran, dass die Nazis nach einem Wahrheitsserum suchten. Außer den ukrainischen Experimenten gab es noch Forschungen in Polen und Deutschland. Hier waren die Versuchspersonen jedoch keine Fallschirmspringer, sondern zivile Häftlinge.

Der Mann hinter den deutschen Wahrheitsdrogenversuchen war SS-Standartenführer Wolfram Sievers, Reichsgeschäftsführer der Forschungsgemeinschaft Deutsches Ahnenerbe, die 1940 dem Persönlichen Stab von Reichsführer SS Heinrich Himmler angegliedert wurde. Gegründet 1935, sollte sich die Forschungsgemeinschaft Ahnenerbe mit der wissenschaftlichen Erforschung der »arischen Rasse« und dem Nachweis ihrer Überlegenheit befassen. Anfänglich ein eher lächerlicher Verein, förderte das Ahnenerbe abstruse Projekte, die sich mit teutonischen Ritualen, Ausgrabungen von Wikingerschiffen und dem Studium der Tiroler Volksmusik befassten.

Als der Krieg voranschritt, gründete Himmler 1942 unter dem Dach der Forschungsgemeinschaft Ahnenerbe das Institut für wehrwissenschaftliche Zweckforschung, das sich der militärischen Forschung widmete. Die Organisation unterstützte und finanzierte nun eine Reihe barbarischer »medizinischer« Versuche an zivilen Häftlingen in Konzentrationslagern in ganz Osteuropa. Sievers, ein ehemaliger Buch-

---

*Scopolamin war als Droge im Gespräch, seit der texanische Gynäkologe Robert E. House in Dallas 1916 seine abreaktiven Eigenschaften entdeckt hatte. Wie Horsley stieß House auf die Wirkung, nachdem er das Medikament einer in den Wehen liegenden Frau verabreicht hatte. Als die Mutter betäubt im Bett lag, bat er den Ehemann um eine Waage, um das Kind zu wiegen. Der Mann wusste nicht, wo er suchen sollte, wohl aber seine Frau: »Sie hängt in der Küche an einem Nagel hinter dem Bild«, verkündete sie mit klarer Stimme. Nach diesem Vorfall kam in der Presse die Idee einer Wahrheitsdroge auf, für die der *Los Angeles Record* 1922 den Ausdruck »Wahrheitsserum« prägte.

händler, erhielt direkt von Himmler Listen mit geplanten Forschungs-projekten, sorgte dann für die Beschaffung der benötigten Ausrüstung und wählte die Einrichtungen und Versuchspersonen aus.

Die medizinischen Versuche in den Lagern sind gut dokumentiert. Die Gefangenen wurden gezwungen, unbehandeltes Meerwasser zu trinken, man steckte sie in Unterdruckkabinen, fügte ihnen schwere Schussverletzungen zu, um die Blutgerinnung zu untersuchen, und ließ sie in Eiswassertanks erfrieren, um zu bestimmen, wie lange über dem Meer abgeschossene Piloten überleben konnten. Ursprünglich fanden diese Experimente in Dachau statt, wurden aber bald nach Auschwitz verlegt, um sie besser verborgen zu halten: »Auschwitz«, schrieb der Luftwaffenarzt Sigmund Rascher an den Reichsführer SS, »ist für einen derartigen Reihenversuch in jeder Beziehung besser geeignet als Dachau, da es dort kälter ist und durch die Größe des Geländes im Lager selbst weniger Aufsehen erregt wird (die Versuchspersonen brüllen, wenn sie sehr frieren).«

Die von der Forschungsgemeinschaft Ahnenerbe finanzierten medi-zinischen Experimente haben zu Recht viel Aufmerksamkeit erregt. Ein Aspekt ihrer Arbeit wurde jedoch nie ausführlich untersucht: die Suche nach einer Wahrheitsdroge.

Einer Quelle zufolge begannen die Nazis mit den Experimenten zur Erforschung eines Wahrheitsserums, weil die Gestapo nicht in der Lage war, alliierte Soldaten mit physischer Gewalt zu brechen. Mitglieder des polnischen Widerstands erwiesen sich als besonders widerspenstig. Folter schien nicht zu wirken, »und dann kam immer wieder: Warum machen wir es nicht wie die Russen, die haben doch das fertiggebracht in ihren Schauprozessen ...?« Da allgemein angenommen wurde, dass die Russen dabei Drogen eingesetzt hatten, schien dies ein guter Aus-gangspunkt zu sein.

Die Versuche wurden in Block 10 angestellt, den Robert Jay Lifton in seinem Buch *Ärzte im Dritten Reich* als »Inbegriff für Auschwitz« be-zeichnete. Dort erprobten Mediziner Impfstoffe, indem sie die Insassen mit ansteckenden Krankheiten infizierten. Sie perfektionierten Metho-den zur Sterilisierung von Männern und Frauen mit Medikamenten und Röntgenstrahlen und führten Bluttransfusionen zwischen einem Opfer und einem anderen mit absichtlich unpassenden Blutgruppen durch, um zu sehen, was geschehen würde.

Selbst für Auschwitz hatte Block 10 einen schrecklichen Ruf. Es ging das Gerücht, dass Frauen, die zu Experimenten in den Block geschickt wurden, »mit Ungeheuern befruchtet« würden. Die Fenster blieben immer geschlossen und mit Bretterverschalungen vernagelt, und die »Forschungen« wurden rund um die Uhr von den regelmäßigen Erschießungen im Hof von Block 11 nebenan begleitet.

Die Versuche mit Wahrheitsseren, die einer der Ärzte im Gespräch mit Robert Jay Lifton später als »brainwashing mit Chemikalien« bezeichnete, standen unter der Aufsicht von Bruno Weber vom SS-Hygiene-Institut. Weber arbeitete dabei mit anderen SS-Ärzten und dem Lagerapotheker von Auschwitz, SS-Sturmbannführer Viktor Capesius zusammen. SS-Oberführer Professor Dr. Joachim Mrugowsky, Leiter des Hygiene-Instituts der Waffen-SS in Berlin, steckte hinter der Logistik der Versuche in den Lagern und war vermutlich der Mann, an den die Bitte um Meskalin für die ukrainischen Experimente weitergeleitet wurde. Ein weiterer SS-Offizier, mit dem Weber zusammenarbeitete, war der Arzt und SS-Obersturmführer Werner Rohde.

Capesius und Weber experimentierten eine Zeitlang mit Barbituraten und Morphinderivaten. Sie verabreichten den Insassen verschiedene Drogencocktails und überwachten die Resultate. Ein Zeuge dieser Versuche, Dr. Wolman, beobachtete, wie Gefangene unbekannte Drogen erhielten, bevor man sie verhörte. Ein anderer, Professor Jan Olbrycht, erinnerte sich, wie Capesius Insassen zwang, eine Substanz zu trinken, die so ähnlich wie Kaffee ausgesehen und gerochen habe. Das Ergebnis war ein heftiger manischer Erregungszustand.

Am nächsten Tag wiederholte Capesius das Experiment. Dieses Mal war die Dosis höher: Zwei der vier Empfänger der Drogen brachen zusammen und mussten aus dem Raum getragen werden. Binnen zwölf Stunden waren beide tot. Ein Lagerarzt sagte später entschuldigend: »Schauen Sie, unter dem Aspekt von Auschwitz, was sind da nun zwei, drei Leute, die sowieso in der Hand der SS waren, die also so oder so tot waren?« Werner Rohde hatte da noch weit geringere Bedenken. So wie er es sah, konnten sie sich glücklich schätzen, die Drogen überhaupt erhalten zu haben. »Da haben sie einen lustigen Tod gehabt«, fand er.

Unterdessen hatte in Block 5 in Dachau ein weiteres Wahrheitsdrogenprogramm begonnen. Häftlingspfleger Walter Neff berichtete amerikanischen Ermittlern später, dass die Versuche unter Aufsicht des Assistenzarztes Kurt Plötner von der Universität Leipzig durchgeführt wurden und ihr Ziel darin bestanden hätte, »den Willen der untersuchten Person auszuschalten«.

Die Empfehlungen für die Tests erhielt Plötner offenbar direkt von der SS; Wolfram Sievers' Arbeitstagebuch belegt, dass sich der Chef der Forschungsgemeinschaft Ahnenerbe einige Male mit Plötner traf. Vermutlich lieferte Sievers die Medikamente. Man testete eine Reihe von Verbindungen, aber die Substanz, an die sich Neff am lebhaftesten erinnerte, war Meskalin, eine »mexikanische Droge, von der berichtet worden war, dass sie Verdrängtes zurückholen konnte und redselig machte«, und die den Gefangenen etwa 30-mal verabreicht wurde. Die Versuchsanordnung war denkbar schlicht: Nichtsahnende Insassen erhielten die Droge, dann wurden sie befragt, um zu sehen, welche Informationen sie preisgaben.

> Die besten Ergebnisse wurden erzielt, wenn man ihnen [den Gefangenen] Meskalin mit Kaffee gab. Sie mussten sich danach ruhig verhalten. In einzelnen Fällen wurden sie wild, in anderen fröhlich oder melancholisch und zeigten die gleichen Symptome wie in einem Zustand der Intoxikation. ... Dem Versuchsleiter gelang es in jedem einzelnen Fall, noch die intimsten Geheimnisse [aus den Gefangenen] herauszuholen, wenn die Fragen klug gestellt wurden.

Obwohl einige Geheimnisse ans Licht kamen – alle Insassen äußerten zum Beispiel völlig offen ihren Hass auf die Vernehmer – kam Plötner zu dem Schluss, dass Meskalin als Wahrheitsserum zu unzuverlässig sei. Manchmal wirkte es, ein andermal nicht. Außerdem hatte es merkwürdige Nebenwirkungen: Es rief lebhafte Halluzinationen hervor, und steigerte man die Dosis, war das Ergebnis Übelkeit, Kopfschmerzen und Erbrechen.

᷄

Vermutlich hatten die Briten oder Amerikaner während des Krieges keine harten Beweise für irgendeines dieser Projekte, doch hegten sie zweifellos einen Verdacht, und es wäre dumm gewesen, unter solchen Umständen der Sache nicht selbst auf den Grund zu gehen.

In England begann 1942 eine eigene Geheimdiensteinheit mit der Arbeit an einem Projekt namens SACCHARINE. Diese Physiologieabteilung des Spionage- und Sabotagesonderkommandos Special Operations Executive (SOE) war stationiert in Porton Down in der Grafschaft Wiltshire, einer Forschungseinrichtung des britischen Militärs unter hoher Geheimhaltungsstufe. Es ging dabei um die Beschaffung von Giften und Drogen für die britischen Geheimdienste. Britische Agenten sollten eine Auswahl solcher, im Notfall womöglich lebensrettender Substanzen in kleinen Dosen an die Hand bekommen. Geliefert wurden die Wirkstoffe vom Imperial College in London und von der Universität Cambridge.

Das SACCHARINE-Projekt sollte schließlich zu so greifbaren Dingen wie Tränengasgranaten, Kontaktgiften und Nebelmaschinen führen. »Spezielle Anforderungen« waren »A-Tabletten« gegen Reisekrankheit; »B-Tabletten« mit Benzedrin für zusätzliche Energie im Notfall; »Mecodrin«, ein weiteres energiespendendes Amphetamin; »E-Kapseln« mit einem schnell wirkenden Anästhetikum; »K-Tabletten«, das heißt Substanzen auf Morphinbasis, die in Drinks aufgelöst feindliche Agenten außer Gefecht setzen sollten; sowie »L-Tabletten«, das heißt Selbstmordpillen.

Es besteht kein Zweifel, dass in Großbritannien an Wahrheitsseren geforscht wurde, und es spricht einiges dafür, dass William Sargant dafür Hintergrundinformationen, wenn nicht gar explizite Ratschläge über die Techniken der Narkoanalyse und Abreaktion lieferte, da er zu den führenden Ärzten gehörte, die sich damals dieser Methode bedienten. Anscheinend rückte man jedoch recht bald wieder von diesen Mitteln ab. »Der Einsatz von sogenannten ›Wahrheitsdrogen‹, berichtete ein Oberstabsarzt 1950 der britischen Regierung, »wurde in der Armee nach einer sehr kurzen Phase im letzten Krieg aufgegeben.« Offenbar hielt man die Ergebnisse ihres Einsatzes für »unzuverlässig«.

Weitere Belege für das Desinteresse der britischen Geheimdienste an Wahrheitsseren kommen aus dem MI5. Laut einem 2005 freigegebenen Dokument ermutigte ein amerikanischer Agent einen MI5-Offizier zum Einsatz der »Wahrheitsdroge« Benzedrinsulfat, um deutschen Gefangenen Informationen zu entlocken. Der betreffende Offizier testete die Droge an sich selbst und war nicht beeindruckt: »Ich habe eine Verbindung der Droge ausprobiert«, schrieb er, »aber sie hatte temporär abträgliche Wirkungen eher auf den Körper als auf den Geist.« Ein weiteres, im Januar 1999 deklassifiziertes Dokument enthält die Anregung des Kriegsministeriums, das MI5 solle das Barbiturat Hexobarbital (Evipan) benutzen, um Rudolf Hess »auf den Zahn zu fühlen«. Wieder war die Antwort ablehnend. Hess, so heißt es in der Erwiderung des MI5, sei »ein armseliger Bursche, völlig bar jeden intellektuellen (oder auch nur intelligenten) Interesses«.

Wie bei allem, was die Arbeit der Sicherheits- und Geheimdienste betrifft, sind Quellen rar gesät, doch ein CIA-Dokument vom 22. Juni 1948 bezieht sich auf »die kombinierte Operation der Vereinigten Staaten und Großbritanniens«, Wahrheitsdrogen einzusetzen, was nahelegt, dass die britischen Geheimdienste sie zuweilen benutzten. Amobarbital, so berichtet ein Dokument, »wurde nur in Fällen höchstrangiger Personen in Erwägung gezogen. Diese Verwendung war streng untersagt, und es wurden darüber keine schriftlichen Berichte angefertigt.«

Einzelheiten über die praktische Anwendung von Wahrheitsdrogen durch die Briten sind nie ans Licht gekommen. Es steht jedoch fest, dass, wenn auch planlos, bis in den Kalten Krieg hinein weiter an Barbituraten und Amphetaminen geforscht wurde. Ein Psychiater, der nach dem Krieg für den britischen Auslandsgeheimdienst MI6 arbeitete, bestätigt Forschungsarbeiten über ihre Wirksamkeit, doch seien die Experimente nie besonders gut organisiert oder durchdacht gewesen. »Die Versuche wurden auf recht vage Art und Weise durchgeführt«, erzählte er mir. »Ich meine, im [Londoner] Royal Waterloo Hospital, einem Teil des Thomas' Hospital, machten wir Versuche, ob wir damit von Leuten, die wir dieser oder jener Sache verdächtigten, Geständnisse bekämen oder nicht. Aber das geschah nicht in irgendeiner wissenschaftlichen Weise. ...Wir experimentierten mit einer großen Bandbreite von Leuten und Problemen.«

Nichts deutet darauf hin, dass MI5 oder MI6 diese Versuche in besonderer Weise gefördert hätten. Man kann allerdings davon ausgehen, dass sie auf dem Laufenden gehalten wurden, da einer der Versuchsleiter schließlich für sie arbeitete. Der betreffende Psychiater bekräftigt den Verdacht, dass die britischen Geheimdienstler von den Ergebnissen nicht sonderlich beeindruckt waren. »Wissen Sie«, sagte er mir, »man kann jemandem genauso gut eine Nadel in den Hoden stecken, um ihn zu einer Aussage zu bewegen, wie ihm ein Wahrheitsserum verabreichen. Ich sage Ihnen aus eigener Erfahrung, dass dies das Ergebnis war, das wir herausfanden, und das wurde allgemein akzeptiert.«

Ein anderer Geheimdienstler erinnert sich, dass seine Einheit zur selben Einsicht gelangte. »Ich glaube«, sagte er, »wenn das jemand in meiner aktiven Zeit vorgeschlagen hätte, wäre die Reaktion gewesen: ›Wie originell! Lassen Sie uns doch in Porton [Down] mit ein paar Komikern experimentieren!‹ Aber es wurde [für den praktischen Einsatz] nie auch nur in Erwägung gezogen. Eher hieß es: ›Tun wir's auf die altmodische Art, Schätzchen!‹«

⟋

Waren die Briten offenbar skeptisch, so waren die Amerikaner im Gegenteil begeistert. Am 31. Oktober 1942 setzte der amerikanische National Research Council, vom Militärgeheimdienst über die Möglichkeit informiert, dass sowohl die Russen als auch die Deutschen Wahrheitsseren benutzen könnten, einen Ausschuss ein, um ihre Anwendbarkeit bei der Vernehmung von Kriegsgefangenen zu untersuchen. Zuständig für den Ausschuss war der CIA-Vorläufer OSS (Office of Strategic Services).

Bevor das OSS seine Untersuchung beginnen konnte, brauchte es einen der Aufgabe gewachsenen Wissenschaftler. Zufällig hatte der Geheimdienst schon die passende Person an der Hand. Stanley P. Lovell, ein bebrillter Forschungschemiker von kleiner Statur aus Boston, war im Sommer 1942 zu dem legendären Chef des OSS, Oberst William (»Wild Bill«) Donovan gerufen worden, der ihm unmissverständlich klar machte, was von ihm verlangt wurde. »Ich brauche«, sagte Donovan, »jedes subtile Mittel und jeden Geheimtrick gegen die Deutschen und Japaner. ... Sie werden sie alle erfinden müssen, Lovell, weil Sie mein Mann sein werden. Kommen Sie mit!«

Nach der Überwindung seiner anfänglichen Gewissensbisse, dass die heimtückische Anwendung wissenschaftlicher Forschungsergebnisse zur Zerstörung menschlichen Lebens »unfair« sein könnte, kam Lovell schließlich doch noch auf den Geschmack. »Meine Aufgabe wird es also sein«, so fasste er selbst seinen Auftrag zusammen, »unter der Oberfläche jedes amerikanischen Wissenschaftlers den Lausebengel hervorzukitzeln und ihm zu sagen: ›Schmeißen Sie alle Ihre normalen, gesetzestreuen Vorstellungen über Bord. Hier ist Ihre Chance, sich einen tollen Spaß zu machen. Kommen Sie, lassen wir die Puppen tanzen.‹« Donovan schlug ihm auf die Schulter. »Stanley«, erwiderte er, »legen Sie los!«

Lovell machte sich mit Verve an die Arbeit und baute alles, womit man den Feind nur töten, verstümmeln, drangsalieren oder auch nur in Verlegenheit bringen konnte. Zu seinen Schöpfungen gehörten Fledermäuse und Katzen, die als Bombenträger präpariert waren, Stinkbomben, schallgedämpfte Pistolen ohne Mündungsfeuer für Ermordungen, Vorrichtungen, um Züge zum Entgleisen zu bringen, explodierende Kamelfladen, explodierende Kerzen, explodierender Plätzchenteig und alle möglichen Haushaltsgegenstände, die man vor der Nase der Deutschen in die Luft gehen lassen konnte. Bei einer Reihe von Gelegenheiten ersann Lovell chemische Substanzen speziell zur Verabreichung an Hitler, darunter einen berühmten Cocktail weiblicher Hormone, der das Bärtchen des Führers abfallen und ihm weibliche Brüste sprießen lassen sollte.

Tatsächlich wurde Lovell jedes Mal, wenn die Amerikaner jemanden gefunden hatten, der möglicherweise in die Nähe Hitlers kommen konnte, gebeten, ein neues Gift für »die Mohrrüben des Führers« zu liefern. Eine Reihe von tödlichen Giften wurde entwickelt, keines je angewandt. Einmal entwickelte Lovell ein winziges Mordwerkzeug, bestehend aus einem stecknadelgroßen Gelatinekügelchen mit dem tödlichen Botulinumgift. Es wurde nach Asien auf die Reise geschickt, wo es Prostituierte in die Drinks ihrer Freier geben sollten. Die Mordkügelchen kamen nie zum Einsatz: Offiziere auf dem Schiff beschlossen, sie auszuprobieren, um sicherzustellen, dass sie funktionierten, und gaben eine der Kugeln einem Esel zu fressen. Als nichts geschah, gaben sie dem Tier eine weitere. Nach einigen Minuten nahmen sie an, dass das Gift nicht wirkte, und warfen den Rest fort. Lovell tobte: Esel sind die einzigen Säugetiere der Erde, die gegen das Botulinumgift immun sind.

Angesichts dieses Hintergrunds war es nicht verwunderlich, dass Lovell, als ihn das OSS im Herbst 1942 bat, die Möglichkeit eines Wahrheitsserums zu untersuchen, begeistert war. »Die Mission«, erzählte er, »war äußerst dringlich. … Jeder wollte es, und zwar richtig.« Man gab der geheimnisvollen, schwer fasslichen Droge den durchsichtigen Codenamen »TD« (*truth drug*) – und machte sich auf die Jagd danach.

Winifred Overholser, Direktor des St Elizabeth's Hospital in Washington, D.C., leitete das Truth Drug Committee, dem aus Gründen, die weiter unten noch deutlich werden, auch der Leiter des Federal Bureau of Narcotics, Harry Anslinger, und einer seiner verlässlichsten Agenten, George Hunter White, angehörten.

Obwohl kein Mangel an Substanzen zum Testen herrschte, grenzte der Ausschuss die Wahl von Anfang an auf sechs ein. An der Spitze stand Meskalin, die Droge, mit denen die Nazis in Dachau experimentierten. Am Samstag und Sonntag, dem 30. und 31. Januar 1943, ließen sich zwei Mitglieder des Teams ins St Elizabeth's einweisen, wo man ihnen »experimentelle Dosen« der Droge verabreichte und sie dann befragte. Die Ergebnisse waren für die Wahrheitsdrogensucher alles andere als erfreulich. »Das Experiment verlief im Hinblick auf die Erzielung einer angemessenen Entspannung der Männer negativ«, heißt es im Versuchsbericht. Ihnen waren keine neuen Informationen zu entlocken, schlimmer noch, beide beschwerten sich bald, dass ihnen übel sei, und das Experiment musste abgebrochen werden. Ähnliche Ergebnisse ergab sodann ein Test mit Scopolamin, das zu Halluzinationen, Kopfschmerzen, verschwommener Sicht und einem »fantastisch, beinahe schmerzlich trockenen ›Wüsten‹-Mund« führte, was sich als Hindernis für jede Kommunikation erwies, ganz zu schweigen vom Erzählen der Wahrheit.

Das Team befand, dass Meskalin und Scopolamin für seine Zwecke nicht optimal waren, und begann von neuem. An ihrer Stelle beschaffte man sich Indischen Hanf (Marihuana) in verschiedenen Formen, darunter als Tetrahydrocannabinolacetat (THC-Acetat) und synthetische Cannabinoide. Unter diesen galt THC-Acetat – geschmacklos, farblos und geruchlos – als das vielversprechendste. Man traf Vorbereitungen für seine orale Verabreichung und suchte freiwillige Versuchskaninchen. Die ersten stammten, wie der Journalist John Marks in *The Search for the Manchurian Candidate* berichtet, aus Sicherheitsgründen aus dem Manhattan-Projekt, dem Geheimprojekt zum Bau einer Atombombe in Los Alamos in New Mexico. »Unsere Arbeit war so streng geheim«, erzählte eines der Teammitglieder Marks, »dass wir sicherer waren als irgendjemand sonst.« Man teilte den Personen bestimmte »Geheimnisse« zu und instruierte sie, sie unter keinen Umständen zu verraten. Dann erhielten sie eine konzentrierte Dosis THC-Acetat.

Die ersten Marihuanaexperimente im Mai 1943 verliefen so schlecht wie die Meskalintests vor ihnen. Die ersten vier Empfänger übergaben sich. Die Forscher folgerten, dass die Dosis zu hoch gewesen sein müsse, und versuchten es mit acht neuen Freiwilligen abermals. Wieder war jedoch das Marihuanapräparat zu stark. Den Empfängern wurde übel, einer musste im Krankenhaus bleiben. Sechs Wochen später war der Mann immer noch nicht in den aktiven Dienst zurückgekehrt. Die Forscher vermuteten, dass den Versuchspersonen schlecht wurde, weil kein Mensch oral eine so hohen Dosen aufnehmen kann, daher suchten sie nach einer besseren Darreichungsform und kamen bald auf die Inhalation. Man verdampfte Cannabis, indem man es auf glühende Kohlen schüttete, oder man versprühte es als gasförmigen Nebel in einem Raum mit Versuchspersonen. In beiden Fällen waren die Resultate unbefriedigend: Die Droge reizte Hals und Augen.

Der beste Weg, Cannabis aufzunehmen, ist, wie sich alsbald herausstellte, das Rauchen. So gelangt der Wirkstoff schnell genug in den Blutkreislauf, um wirksam zu werden, während sich die Dosis gleichzeitig leicht regulieren lässt. Die erste Versuchsperson dieser neuen Methode (zugleich auch das erste Versuchskaninchen für die meisten OSS-Drogen) war einer der eigenen Leute: George Hunter White, der bereits erwähnte FBN-Agent.

Selbst vor den Wahrheitsserentests eilte White ein gewisser Ruf voraus. »Es gab«, schrieb Stanley Lovell liebevoll, »nie einen Beamten in Uniform wie Major White. Er war pummelig, sein Hemd fiel in weiten Wölbungen vom Nacken zur Hose hinab, mit einer Spannung auf den Knöpfen, die mehr als erträglich schien. Hinter seinem unschuldigen runden Gesicht mit dem entwaffnenden Lächeln verbarg sich der tödlichste und engagierteste öffentliche Diener, den ich je getroffen habe.«

»Tödlich« traf es ganz gut. Seit seinem Eintritt in das FBN 1934 war White acht Jahre lang eine Zielscheibe für Drohungen, Messerstiche, Schläge und Schüsse gewesen. Es ging das Gerücht, dass er in Ausübung seiner Pflicht einen »Spion der Japse« umgelegt, sich den Weg aus einer Schießerei in einer Bar in Marseille freigeschossen und den berüchtigten Hip-Sing-Tong-Opiumring in Seattle zerschlagen habe. Mit 1,70 Meter Größe und 100 Kilo Lebendgewicht war der kahlgeschorene White zu Beginn des Krieges vom OSS rekrutiert und sofort zum Assistenten von William Donovan ernannt worden, eine Funktion, in der er weite Reisen unternahm, Kriegsgefangene verhörte und die britische Spionageschule Camp X in Kanada besuchte, wo er Freundschaft mit Ian Fleming schloss, dem Schöpfer von James Bond.

Whites Tagebuch verzeichnet den ersten Test mit der neuen Methode. »24. Mai 1943: Führen Experiment mit W-Drogen durch. Melde mich freiwillig als Testperson.« Als er ein Gramm THC-Acetat in einer Zigarette geraucht hatte, trat ohne Verzögerung die Wirkung ein: »Werde ohnmächtig.«

∽

Nach einigen weiteren Versuchen stand die optimale Dosis fest. White kam zu dem Schluss, dass Marihuana eine verheißungsvolle Wahrheitsdroge sei, und machte sich daran, Zigaretten so zu präparieren, dass man sie nichtsahnenden Versuchspersonen anbieten konnte, ohne Verdacht zu erregen. Der Trick der Operation bestand, wie er anmerkte, darin, eine Kanüle mit stumpfer Spitze zu verwenden:

> Die Nadel sollte entlang der Achse der Zigarette etwa zweieinhalb Zentimeter in sie hineingestochen werden und der Stempel der Spritze langsam gedrückt werden, damit die Droge gleichmäßig in diesem Teil der Zigarette verteilt wird. Es ist sorgfältig zu vermeiden, dass die Droge durchsickert und die Hülse befleckt.

Man ließ die auf diese Weise präparierten Zigaretten trocknen und steckte sie zurück in die Schachtel, die versiegelt wurde, um nicht den geringsten Verdacht auf eine mögliche Manipulation aufkommen zu lassen. Wurden sie angezündet, verriet kein Geruch, dass sie etwas anderes als Tabak enthielten.

Drei Tage nach dem ersten Experiment, das ihn hatte bewusstlos werden lassen, machte sich White an seine ersten Feldversuche. Der nichtsahnende Empfänger war ein »berüchtigter« New Yorker Gangster Mitte 40 namens August del Gracio. Unter dem Vorwand, die künftige Rolle der Mafia bei der Befreiung Italiens erörtern zu wollen, lud White ihn auf einen Drink in seine Wohnung ein. Del Gracio traf um zwei Uhr nachmittags ein und erklärte, dass er sich beeilen müsse, da ein Freund draußen im Wagen auf ihn warte. Um zehn nach zwei akzeptierte er eine Zigarette. Als nach 20 Minuten keine Wirkung eingetreten war, bot White ihm eine weitere an. Dieses Mal war der Effekt offenkundig: Kurz nachdem er sie geraucht hatte, wurde der Gangster »offensichtlich high und extrem redselig«. Dann fing er an zu plaudern.

In dem zweistündigen Monolog, der folgte, legte er White eingehend seine verschiedenen kriminellen Aktivitäten dar. Er schien seine Indiskretion zu bemerken, war jedoch unfähig, sich zu bremsen, daher bat er White (der schließlich ein Bundesbeamter war), es niemandem weiterzuerzählen. »Was immer Sie tun«, sagte er ihm zwischendurch, »nutzen Sie niemals irgendeine der Informationen, die ich Ihnen gebe.«

Del Gracio ahnte nicht, dass man ihn unter Drogen gesetzt hatte, und hatte offenbar jedes Zeitgefühl verloren. Seinen im Wagen auf ihn wartenden Freund hatte er zum Beispiel völlig vergessen. Tatsächlich schien er den ganzen Nachmittag reden zu wollen. Schließlich, um vier Uhr dreißig, komplimentierte White ihn hinaus, da er angeblich einen weiteren Besucher erwarte. Der erste Test war, so glaubte er, eindeutig ein Erfolg.

Zwei Tage später lud White del Gracio zu einer Partie Schach ein. Dieses Mal trieb er die Sache jedoch zu weit. Nach zwei Zigaretten schloss der Gangster die Augen, lehnte sich in seinem Stuhl zurück und klagte, dass sich der Raum drehe. Seine Hände und Füße, sagte er, kribbelten wie mit Nadeln gespickt. White gab ihm einen Brandy und riet ihm zu einem kurzen Nickerchen. Doch die Droge wirkte anscheinend weiter. Kurz bevor er sich hinlegte, bot del Gracio noch die Ermordung eines gemeinsamen Bekannten an, falls der OSS-Offizier »dies hilfreich fände«. »Es ist darauf zu achten«, berichtete White später, »keine unnötig große Menge der Droge zu verabreichen, da … er [der Befragte] dadurch wahrscheinlich das Bewusstsein verliert … und keine weitere

Befragung möglich ist.« Aber trotz dieses kleinen Mangels gab es für ihn »keinen Zweifel, dass die Verabreichung der Droge die Zunge der Versuchsperson löst. … Die Zigarettenexperimente weisen darauf hin, dass wir über eine verheißungsvolle Methode zur Entspannung von Gefangenen verfügen.«

Nach einem weiteren Test, bei dem White 30 als Kommunisten verdächtigte Personen mit seinen Spezialzigaretten benebelte, um sie zu einem Geständnis zu bewegen (alle bis auf einen, der nicht rauchte, offenbarten persönliche Informationen; fünf gaben zu, Sympathien für die Kommunisten zu hegen), hielt man die Methode für wirksam. Die Zigaretten zeigten, bemerkt ein OSS-Dokument, binnen einer Viertelstunde ihre Wirkung, die zwischen einer halben Stunde und 90 Minuten anhalte. Man solle aber darauf achten, dem Empfänger vorher Alkohol zu geben, damit man Schwindelgefühle auf den Drink schieben könne.

Dem Essen beigemischt (»Kartoffeln, Butter, … Mayonnaise, Würstchen oder Pralinen«), trat die Wirkung langsamer ein, dauerte aber länger. Geraucht oder gegessen, das Resultat war das gleiche: ein Zustand geschwätziger Sorglosigkeit, der häufig zur Preisgabe vertraulicher Informationen führte. Wie Marihuanakonsumenten 60 Jahre später an sich selber feststellen können, hatte das OSS auch entdeckt, dass das Rauschgift den Sinn für Humor beflügelt: »Das geht so weit, dass jede Aussage oder Situation für eine Testperson extrem lustig sein kann.« Es sorgte meist auch für eine recht einseitige Unterhaltung. Jemand, dem man die Droge zu rauchen gab, »fängt an, sich exzessiv für ein Gesprächsthema zu interessieren, bis zu dem Punkt, wo er dem Gegenüber seine Meinungen zu den erörterten Themen aufdrängt. … Die Versuchsperson wird wahrscheinlich das ganze Reden selbst übernehmen wollen.« In einem solchen Zustand war sie reif, auszuplaudern, was sie wusste.

OSS-Offiziere nahmen an sich und ihren Kollegen weitere Tests vor. Einer der damals mit White zusammenarbeitenden Probanden der »Wahrheitsdroge« sagte dem Journalisten John Marks, dass ihm die Zigarette ein behagliches Gefühl des Schwebens verlieh, als schreite er einige Meter über dem Boden. »Die Kollegen in meinem Büro«, scherzte er, »nahmen den Rest des Krieges über keine Zigarette mehr von mir an.«

Nachdem White seine Berichte eingereicht hatte, wollte das OSS wissen, ob die Methode wirklich funktionierte. Das erste Opfer war ein deutscher U-Boot-Kapitän in einem Kriegsgefangenenlager in Virginia. Das von Stanley Lovell aufgezeichnete Ergebnis war unfreiwillig komisch. Aus Tarnungsgründen schrieb Lovell später, dass die Drogen dem Deutschen in einem Glas Bier verabreicht worden seien. CIA-Dokumente offenbaren die Wahrheit: Er erhielt sie tatsächlich in einer Reihe von Zigaretten. Auf jeden Fall kam es dabei zu einem bösen Patzer.

Ein junger OSS-Vernehmer lud den Kapitän auf ein Bier in die Messe ein, wo er ihm eine Zigarette aus einem präparierten Päckchen anbot – während er selbst sorgsam darauf achtete, sich aus einem separaten Päckchen zu bedienen – und sich bemühte, ihn in ein Gespräch zu verstricken. Im Verlauf der nächsten Stunden pichelten die beiden einige Biere und rauchten, während Lovell nebenan lauschte. Der Vernehmer hatte den Auftrag, dem Deutschen Informationen über die maximale Tauchtiefe der deutschen U-Boote zu entlocken, doch der Kapitän zeigte deutlichen Argwohn und stellte sich dumm. Bei jeder Leugnung wuchs die Erregtheit des Vernehmers, bis es schließlich aus ihm herausplatzte: »Ich sag dir mal was, du Heini«, hub er an. »Mein Boss, Major Quinn, versucht mit meiner Frau anzubändeln. Wenn er damit nicht aufhört, bringe ich ihn um, darauf kannst du dich verlassen!«

Nebenan erkannte der Lagerkommandeur, was schiefgegangen war, und brach in Lachen aus: Der Vernehmer hatte die Drogenzigaretten mit den harmlosen vertauscht. »Unser Junge hat Ihre Wahrheitsdroge!«, sagte er Lovell. »Das muss richtig gut sein!«

Es gelang dann doch noch, die Situation zu retten, aber die Ergebnisse waren nicht beeindruckend. Obwohl der U-Boot-Kapitän insgesamt drei THC-Acetat-Zigaretten erhielt – mehr, als nötig gewesen waren, um den New Yorker Gangster völlig groggy zu machen –, blieb er reserviert. Schließlich ließ er sich freiwillig zu ein paar Hinweisen auf die Moral in der deutschen Marine herbei, doch über die U-Boote verriet er nichts.

Es gibt keinerlei Hinweise, dass diese »Wahrheitsdroge« während des restlichen Krieges noch einmal eingesetzt wurde.

Das bedeutet jedoch nicht, dass die Amerikaner ihre Suche nach einem Wahrheitsserum einstellten. Ganz im Gegenteil. Nach dem Krieg, 1946, war George White wieder voll bei der Sache und untersuchte die Wirkung einer Droge mit dem Codenamen SUGAR, die im Essen, in Alkohol oder, in kristalliner Form, in Zigaretten verabreicht werden konnte. Im selben Jahr schlug ein Memorandum vor, die notwendige Ausrüstung zur Verabreichung von Marihuana einschließlich der Kanüle mit der abgefeilten Spitze zur Präparierung von Zigaretten als Diabetikerbesteck zu tarnen, damit amerikanische Agenten sie über internationale Grenzen schmuggeln konnten, ohne Verdacht zu erregen. Geheimdienstmitarbeiter sollten laut einem anderen Memo informiert werden, dass der Einsatz des Wahrheitsserums in 50 bis 75 Prozent aller Fälle erfolgreich sei.

So köchelten in den USA kleine Wahrheitsdrogenprojekte weiter, aber erst das seltsame Geständnis von Kardinal Mindszenty ließ das Interesse wieder aufflammen. Ein Jahr nach seinem Prozess gab die CIA grünes Licht für BLUEBIRD, das Geheimprojekt zur Untersuchung der »Gehirnwäsche« und anderer Methoden zur Gedankenkontrolle. Ganz oben auf der Prioritätenliste von BLUEBIRD stand die Suche nach einer Wahrheitsdroge. Mittlerweile war die CIA allerdings nicht mehr die einzige interessierte Partei.

In der Phase zwischen der Abwicklung des OSS und der Gründung der CIA war auch bei anderen amerikanischen Stellen Interesse an einem Wahrheitsserum aufgekeimt. Am 23. Juli 1951 hielt die CIA, der dies nicht entgangen war, eine Konferenz mit Vertretern von Armee, Marine, Luftwaffe und FBI ab, um zu versuchen, die Forschung anderer (ohne Zweifel weniger qualifizierter) Organisationen zu kontrollieren. Klugerweise zog sich das FBI früh zurück, und die drei Teilstreitkräfte willigten ein, bei der Erforschung eines Wahrheitsserums mit dem Geheimdienst zusammenzuarbeiten. Da bei der Marine bereits eine Operation mit dem Codenamen BLUEBIRD lief, sollte das neue Projekt in ARTICHOKE umgetauft werden. Am 20. August jenes Jahres erfolgte die offizielle Umbenennung.

Eine ursprüngliche Zusammenfassung des Projekts listet die folgenden vier Hauptziele von ARTICHOKE auf:

a) Informationsgewinnung von widerstrebenden Personen;
b) Verhinderung der Abschöpfung unserer Agenten;
c) Kontrolle der Aktivitäten von Personen mit oder ohne ihren Willen;
d) Verhinderung der Kontrolle unserer Agenten durch andere.

Zu den vorgeschlagenen Forschungsgebieten gehörten Hypnose, Drogen und andere Methoden, darunter »Gase, Geräusche, Licht, Elektrizität, Hitze, Kälte usw. …, Erschöpfung [und] Lobotomie«. Ein späteres Memo verzeichnet »Elektrizität«, »Ultraschallvibrationen« und

»Betäubungsapparate«. Die Suche sollte nicht halbherzig sein: »Kein Gebiet menschlichen Wissens«, stellt das Memo von 1953 ausdrücklich fest, »soll in Verbindung mit dem ARTICHOKE-Programm unberücksichtigt bleiben.«

Bald, nachdem ARTICHOKE genehmigt worden war, stellte die CIA zwei oder drei Teams von »Spitzenvernehmern« aus je drei Mitgliedern zusammen, die sich bereithalten sollten, »von einem Moment zum anderen« an jeden Ort der Welt zu reisen, um potenzielle Quellen zu verhören. Eines der Ziele der Teams war die Gewinnung nützlicher Informationen, doch das andere war weit dubioser. Die Teams sollten laut einem CIA-Dokument von 1951 »auf den überseeischen Stützpunkten praktische Experimente mit Ausländern als Versuchspersonen anstellen«. Der Geheimdienst war offenbar vor allem an der Erforschung der Möglichkeiten von Drogen, Hypnose und Vernehmungsmethoden interessiert. Mögliche Ziele waren »potenzielle Agenten, Überläufer, Flüchtlinge, Kriegsgefangene und andere«.

Von Beginn an waren die ARTICHOKE-Verhörteams von Schwierigkeiten geplagt. Zunächst stellte sich die Frage, welche Eignungen, Kenntnisse und Fähigkeiten die Vernehmer überhaupt haben sollten, um solche Experimente durchzuführen. Wie Alan Scheflin in seinem Buch *The Mind Manipulators* belegt, waren die ersten Teams eklatant unterqualifiziert. Von den ursprünglichen Drei-Mann-Teams sprach keiner irgendeine Fremdsprache, hatte einen College-Abschluss oder irgendeine nützliche medizinische Qualifikation. Um ihre Ignoranz im Hinblick auf den Gegenstand zu lindern, erhielten die Teammitglieder zweimal wöchentlich Abendschulungen in Hypnose (s. für Einzelheiten ihrer Entdeckungen auf diesem Gebiet Kapitel 5). In der Zwischenzeit verbrachten sie ihre Tage damit, eindrucksvolle Berichte auszubrüten, um ihre Vorgesetzten von ihren großartigen Fortschritten zu überzeugen.

Die Mitarbeiter von ARTICHOKE betrachteten die während des Krieges geleistete Arbeit über Wahrheitsdrogen als veraltet. Die Wissenschaft hatte sich seit damals weiterentwickelt – zumindest aber, wo dies nicht der Fall war, die CIA. Man forschte über die Anwendung einzelner Substanzen wie Amobarbital, Scopolamin und Marihuana, doch die Spezialität der Teams waren Drogencocktails.

Eine bemerkenswerte Lieblingstechnik – und fester Bestandteil von Spionagethrillern seither – war die alte Barbituratmethode, die Horsley und Sargant entwickelt hatten (Horsleys Buch *Narco-Analysis* stand 1948 auf der Leseliste von CIA-Agenten), allerdings mit einer Abweichung. Statt die Verhörten einfach mit Barbituraten wie Amobarbital und Thiopental vollzupumpen, kombinierte man die Medikamente mit Amphetaminen wie Benzedrin (Amphetaminsulfat) oder Methedrin (N-Methamphetamin). Dieser Trick verstärkte die enthemmende Wirkung der beiden Drogen: Die Barbiturate lockerten die Selbstzensur der Befragten, wirkten aber schnell einschläfernd; die Amphetamine lösten bei ihnen rasch einen unaufhaltsamen Redeschwall aus und wirkten den Sedativen entgegen. Indem man auf diese Weise gleichzeitig aufs Gas und auf die Bremse trat, war es nach Ansicht der CIA möglich, jeden Menschen in einen »Dämmerzustand« zu versetzen, der weit über das hinausging, was jedes einzelne der Medikamente für sich allein leistete. Ein CIA-Dokument beschreibt die Methode recht detailliert:

> Dem Befragten wird eine Injektion von $2^1/2\%$ Thiopental verabreicht, bis er schläft. An diesem Punkt erhält er, abhängig von der Reaktion, intravenös fünf bis 20 Milligramm Desoxyn [N-Methylamphetamin]. Die erhoffte Reaktion ist Gesprächigkeit. Die Nadel der Thiopentalspritze sollte zur Kontrolle in der Vene bleiben, falls der Befragte vom Desoxyn zu stark erregt wird. Tritt die Erregung nicht binnen einiger Minuten ein, können beide Nadeln entfernt werden, und es ist eine 45 Minuten anhaltende Wirkung zu erwarten. Falls gewünscht, lässt sich das Verhör mit einer Wiederholung der beiden Injektionen fortsetzen.

Die CIA-Methode, Aufputsch- und Beruhigungsmittel zu mischen, war nichts Neues. Sie war zuerst in Großbritannien entwickelt worden, um während der Therapie zu verhindern, dass die Patienten einschliefen. William Sargant und andere hatten sie eingesetzt. Sie war auch nicht, da in medizinischen Zeitschriften weithin publiziert, geheim. Doch ganz gleich, den Leuten von ARTICHOKE schien die Barbiturat-Amphetamin-Kombination zu bieten, was keines der Betäubungsmittel allein vermochte: einen verlässlichen Weg, Menschen zu zwingen, die Wahrheit zu sagen. Und wenn es nicht sofort wirkte, war es immer noch möglich, ein oder zwei weitere Drogen hinzuzufügen und zu schauen, was passieren würde. In Verbindung mit den Drogen wollten die Agenten auch ihre neu erworbenen Hypnosefähigkeiten nutzen. Die Drogencocktails in Verbindung mit Hypnose sollten anscheinend eine heftige kathartische Reaktion auslösen: Man schläferte die Befragten abwechselnd ein und weckte sie auf, bis sie hinreichend verwirrt waren, um sie dann zu zwingen, eine Erfahrung aus ihrer Vergangenheit abermals zu durchleben.

Über die frühen CIA-Berichte verstreut finden sich immer wieder

Hinweise auf ARTICHOKE-Einsätze. Im Juli und Oktober 1950 reisten die Verhörteams (damals noch unter dem Schirm von BLUEBIRD) nach Fernost, um koreanische Kriegsgefangene mit Amobarbital, Amphetaminsulfat (Benzedrin) und anderen Betäubungsmitteln zu befragen, darunter Nikethamid und dem Stimulanzmittel Picrotoxin. Insgesamt 29 Personen wurden verhört, anscheinend erfolgreich. Bei einem Vernommenen hatte man so großen Erfolg, dass dieser glaubte, sich wieder auf einer Party zu befinden, und sogar meinte, von dem imaginären Alkohol, den die Amerikaner ihm gaben, betrunken zu werden. Eine Frau plauderte längere Zeit mit ihrem Vernehmer, überzeugt, er sei ihr Verlobter.

Bei einem späteren ARTICHOKE-Einsatz im Juni 1952 benutzten die Vernehmer Desoxyn in Verbindung mit Thiopental, um den Verhörten zum Reden zu bringen. Nachdem man ihn einmal überzeugt hatte, sich zu Hause zu befinden, war es nicht schwer, ihn glauben zu machen, dass einer der Agenten ein alter Freund von ihm sei, den er zuletzt 15 Jahre zuvor gesehen hatte. Der Vernehmer fragte ihn, was seither geschehen war, und die Geheimnisse sprudelten, wie es schien, nur so aus ihm heraus.

Im Lauf der folgenden Jahre kamen die ARTICHOKE-Teams in einer Reihe von Ländern zum Einsatz. Die Nachrichten von ihren Missionen sind dünn und bestehen gewöhnlich aus Telexen von einer Botschaft zur anderen, in denen angefragt wird, wie die Teams vorgehen sollen, doch eine Operation ist gut dokumentiert. Die Mission mit dem Codenamen CASTIGATE fand im August 1952 statt und wurde von der amerikanischen Marine im Rahmen ihres eigenen Wahrheitsdrogenprojekts (CHATTER) organisiert. Sie endete in einem Fiasko.

Seit einiger Zeit hatte die US-Marine Professor G. Richard Wendt finanziert, einen Mediziner von der New Yorker Rochester-Universität, um Betäubungsmittel zu untersuchen, die sich möglicherweise zur Unterstützung von Verhören eigneten. Anfang 1952, nach zweijährigen Versuchen mit Studenten und Gesamtkosten von 300 000 Dollar, teilte Wendt schließlich seinem Auftraggeber mit, dass seine Suche beendet sei und er eine wirksame Wahrheitsdroge gefunden habe.

Die Marine überredete den Geheimdienst, ihr ein paar mutmaßliche Doppelagenten zur Befragung zu überstellen – weit weg vom Schuss, in Frankfurt am Main. Man stattete ein geeignetes Bauernhaus mit Einwegspiegeln und Abhörgeräten aus. Als Wendt jedoch mit seiner attraktiven Sekretärin eintraf, weigerte er sich, den gespannten CIA-

Leuten zu verraten, welche Drogen er einzusetzen gedachte, und bezeichnete sie lediglich als »L«, »C« und »Q«.

Am Ende stellten sich die drei Mittel als ein Barbiturat, ein Amphetamin und ein Marihuanaextrakt heraus – genau das, womit die CIA bereits arbeitete und das OSS bereits ein Jahrzehnt zuvor experimentiert hatte. Die Geheimdienstler waren entsetzt, als Wendt darauf bestand, die Drogendosis mit der Klingenspitze eines Taschenmessers abzumessen. Genauso wenig beeindruckt waren sie darüber, dass er sie andauernd fragte, was ihrer Meinung nach als Nächstes zu geschehen habe. »Zu keinem Zeitpunkt«, heißt es in einem Bericht, »schien er [Wendt] selbstsicher oder Herr der Lage.«

Die Tests gingen trotzdem weiter: Es war zu spät, um sie aufzuhalten. Einige Tage lang wurden dem Professor fünf mögliche Doppelagenten vorgeführt, denen er verschiedene Dosen der drei Drogen verabreichte, aufgelöst in Kaffee oder Bier. Obwohl er den Agenten versichert hatte, dass sie geschmacklos seien, klagten einige der Befragten, dass die Getränke einen unangenehm bitteren Geschmack hätten.

Vor der Reise hatte Wendt der CIA erzählt, dass die Drogen die Verhörten »freundlich« und »redewillig« machen würden. Das Gegenteil war der Fall. Einige wurden extrem aggressiv. Von dieser Erfahrung verunsichert und eingeschüchtert durch die CIA-Leute, erklärte Wendt den Geheimdienstlern, dass die Befragten anders reagiert hätten als die Studenten, mit denen er in der Heimat experimentiert hatte. Er bot ihnen jedoch eine Erklärung an: Diese spezielle Drogenmischung sei nur bei von Natur aus ehrlichen Leuten wirksam. Wenn die Befragten dagegen von Natur aus Lügner seien, würden die Mittel sie veranlassen, »noch mehr und mit größerer Überzeugung zu lügen«. Man kann sich die Reaktion der CIA-Agenten angesichts von Wendts Offenbarung, seine Wahrheitsdroge wirke nur bei Leuten, die sowieso die Wahrheit sagten, lebhaft vorstellen.

Und die Lage wurde noch schlimmer. Nach dem Scheitern der Tests betrank sich Wendt, spielte Klavier und flirtete mit der Sekretärin – bis seine Frau auftauchte und das Pärchen in flagranti ertappte, woraufhin er sich umzubringen drohte. CIA-Berichte über diese Operation lassen kein gutes Haar an Wendt und werfen dann eine relevante Fragen auf: »Wie können wir diese Reise wegbügeln?« Morse Allen, damals verantwortlich für das ARTICHOKE-Programm, fragte sich in seiner Wut, ob es sich lohnen würde, Wendt wegen Betrugs zu verklagen – schließlich hatte der Mann »Hunderttausende von Dollar« verplempert –, war dann aber doch zu besorgt, dass eine Anklage schädliche Nebenwirkungen für den Geheimdienst haben würde, sollte Wendt »in Schwierigkeiten wie Scheidung oder Selbstmord« geraten.

Das ARTICHOKE-Team, das Wendt begleitet hatte, beschloss, das Beste aus der Bruchlandung zu machen. Man wollte die Versuchskaninchen nicht so einfach vom Haken lassen und versuchte ein paar eigene Methoden. Dazu gehörte, die Befragten mit Barbituraten und Amphetaminen vollzupumpen, bis sie völlig durcheinander waren, um sie dann zu hypnotisieren und sich als ihre Freunde, oder, in einem Fall, als Ehefrau eines der Agenten daheim in der Sowjetunion auszugeben.

Behält man in Erinnerung, dass keiner der Hypnotiseure ein Wort Russisch sprach, sodass alles erst von einem Übersetzer weitergegeben werden musste (und im letzteren Fall der Übersetzer – angeblich die Frau des russischen Agenten – auch noch ein Mann war), erwies sich diese Methode als überraschend effektiv. Laut den ARTICHOKE-Berichten gelang es, wertvolle Informationen zu gewinnen. Allerdings ist zu bedenken, dass die Verhörteams unter dem Druck standen, ihre Existenz zu rechtfertigen, daher mag hier der Ausdruck »Erfolg« recht subjektiv gewesen sein.

Obwohl der Geheimdienst die Operation als »insgesamt unbefriedigend« bezeichnete, gaben sich alle Beteiligten Mühe, das Positive zu sehen. »Kann man nicht doch sagen, dass der Test erfolgreich war?«, fragte Morse Allen. Man konnte nicht. Am Ende zog der Geheimdienst einen Schlussstrich unter die Operation. Wendt wurde gefeuert, die Finanzierung des Marineprojekts CHATTER abrupt eingestellt.

Doch hatte das Wahrheitsdrogenprogramm der CIA darunter nicht gelitten. Die ARTICHOKE-Teams starteten nun eine Charmeoffensive und überzeugten ihre Vorgesetzten, wie äußerst lohnend ihre Methoden waren. Die Taktik schien aufzugehen. »Wir sind nun überzeugt«, heißt es in einem Memo vom November 1952, »dass wir einen Befragten eine wesentlich längere Zeit in einem kontrollierten Zustand halten können, als bislang für möglich gehalten.« Durch den Einsatz der neuen Methoden sei der Geheimdienst zu einem »sehr hohen Prozentsatz der Fälle« in der Lage, nützliche Informationen abzuschöpfen.

Aber zum Leidwesen der ARTICHOKE-Teams erhoben sich eine Reihe von Fragen, die niemand beantworten zu können schien. Ein Vorteil von Verhören unter Drogeneinfluss – und der Grund, warum so große Anstrengungen unternommen wurden, geeignete Darreichungsformen in Nahrungsmitteln zu finden – war, dass der Befragte der Prozedur unterzogen werden konnte, ohne danach zu wissen, dass er unter Drogen gestanden hatte. Amobarbital, so entdeckte man zum Beispiel, ließ sich am unauffälligsten in Schokoladensirup verabreichen. Doch das führte zu Problemen: Wie viel Schokoladensirup würde die Zielperson zu sich nehmen? Amobarbital musste mehrfach gegeben werden, wenn die Wirkung anhalten sollte. Was, wenn die Person nicht genug von dem Sirup schluckte? »Es war verzwickt«, berichtet ein CIA-Mann, »die Leute dazu zu überreden, sich so oft mit Sirup zu bedienen.«

Auch andere Darreichungsformen führten zu Komplikationen: Wie viele präparierte Zigaretten würde eine Zielperson rauchen? Wie tief würde sie inhalieren? War die Dosis zu schwach, wäre die Operation Zeitverschwendung; war sie zu stark, würde das Opfer schlicht zusammenklappen. Die Methoden brauchten eindeutig weitere Praxistests. Doch die zu arrangieren erwies sich als schwierig.

Eins der Kernprobleme von ARTICHOKE war, geeignete Testpersonen für die überquellende Liste von Verhördrogen zu finden. Wendt hatte den Versuch in Frankfurt grandios in den Sand gesetzt, doch an seinem Einwand war etwas dran: Die Leute, die er unter Drogen setzen sollte, waren weder wie seine College-Studenten noch wie Freiwillige vom Geheimdienst oder traumatisierte Soldaten. Es waren erfahrene und feindselige Profis. Wie konnten die ARTICHOKE-Teams Methoden für Leute dieses Schlags testen? Keine Frage, sie brauchten zum Üben echte ausländische Agenten.

Doch als ARTICHOKE bei ausländischen CIA-Stationen geeignete Kandidaten anforderte, war das Ergebnis ein donnerndes Schweigen. Niemand wollte die eigenen wertvollen Informanten aufs Spiel setzen – besonders nicht für ein Team von Versagern, deren Methoden weithin als verrückt galten. Die ARTICHOKE-Teams mussten erkennen, dass sie feststeckten.

Wenn sie doch einmal einen Feldversuch unternehmen konnten, sahen sie sich einem noch größeren Problem gegenüber. Die einzige Möglichkeit für die Verhörteams, ihren eigenen Erfolg zu messen, bestand in der Anwendung eben jener Methoden, die ja bewertet werden sollten. Drogen konnten Menschen verwirren und gesprächig machen, aber sagten sie deshalb schon die Wahrheit, und wenn ja, wie viel davon? Alles, oder nur einen Teil? Wie stark sollte man sie bedrängen? Bei verschiedenen Gelegenheiten setzte der Geheimdienst die Verhörten so stark unter Drogen, dass sie zusammenbrachen und ins Krankenhaus eingeliefert werden mussten. Wurde der Prozess dadurch irgendwie authentischer? Sollte man die Dosis senken oder erhöhen? Wie ließ sich das feststellen?

∾

Die Frage, ob die behandelten Personen wirklich die Wahrheit sagten, hatte bereits die Erfinder der Narkoanalyse umgetrieben, die mit ihrer Methode die Suche nach einer Wahrheitsdroge erst richtig in Gang gebracht hatten. Sowohl William Sargant als auch Stephen Horsley war aufgefallen, dass Amobarbital und Thiopental zwar verborgene Erinnerungen ans Licht brachten, sehr häufig aber auch Fantasien. Tatsächlich war es selbst für einen Psychiater, der seinen Patienten gut kannte, schwierig, zwischen beidem zu unterscheiden.*

Der alleinige Zweck des Einsatzes von Barbituraten bei traumatisierten Patienten bestand ja darin, ihnen die Fähigkeit zur Selbstzensur zu rauben und sie zu veranlassen, offen darüber zu sprechen, was sie dachten und was mit ihnen geschehen war. Doch einmal in den »Dämmerzustand« zwischen Wachen und Schlafen eingetreten, konnten sie auch ihre Fantasien nicht mehr zensieren. Sobald sie zu sprechen begannen, wurde schlicht alles mögliche Treibgut psychischer Traumata nach oben gespült. Selbst die Patienten wussten nicht, was davon Wahrheit und was Einbildung war.

Die meisten Psychiater räumten ein, dass Offenbarungen unter Drogeneinfluss unzuverlässig sind. Edwin Weinstein, ein amerikanischer Armeearzt, erinnerte sich an den Fall eines Soldaten der 601. Sanitätskompanie, der offenbar aufgrund eines Traumas erblindet war. Unter Gabe von Barbituraten befragt, durchlebte der Mann eine furchtbare Schlacht, gefolgt von der rasenden Suche nach seinem Bruder, der, so war er überzeugt, gefallen war. Der Mann erinnerte sich, wie er über das Schlachtfeld stolperte und Leichen umdrehte, um ihn zu finden. Sobald er seine Erinnerung zurückgewonnen hatte, konnte er wieder sehen. Weinstein erfuhr später, dass der Bruder des Mannes gar nicht an der Schlacht teilgenommen hatte: Er befand sich zu dieser Zeit auf Heimaturlaub in den USA.

---

* Im späten 19. Jahrhundert war auch Sigmund Freud über dieses Problem gestolpert, als sich viele seiner Patientinnen unter Hypnose erinnerten, als Kind Opfer sexueller Belästigungen geworden zu sein. Zuerst zog er daraus den Schluss, auf der Spur einer Pädophilie-Epidemie zu sein. Schließlich wurde ihm klar, dass die Geschichten, die sie ihm erzählten, Fantasien waren. Dieser Irrtum wiederholte sich in den 1970er und 80er Jahren, als man bei Frauen und Kindern in den Vereinigten Staaten auf »verdrängte Erinnerungen« sexuellen Missbrauchs stieß. Auch hier erwiesen sich viele dieser Erinnerungen als reine Fantasien (vgl. Kapitel 9).

Ähnliche Fälle tauchten in zivilen Krankenhäusern auf. Das *Experimental Journal of Clinical and Experimental Psychopathology* listete 1948 einige Fälle auf, wo die Narkoanalyse Fantasien zutage gefördert hatte, die, zunächst, für wahr gehalten wurden. Ein Mann sagte, er habe an einem bewaffneten Raubüberfall teilgenommen, obwohl er nicht einmal in der Nähe des Tatorts war; eine Frau behauptete, ein Kind zu haben, obwohl sie kinderlos war. Selbst als die Drogen abgesetzt wurden und die Patienten aufwachten, waren sie verwirrt und der Wahrheit nicht sicher.

Die Tatsache, dass die »Erinnerungen« von Befragten unter dem Einfluss von Barbituraten höchst suspekt waren, vereitelte letztlich den Einsatz dieser Methode bei Kriminalermittlungen in Europa und den USA. Schon 1945 hatte die französische Gesellschaft für Medizinrecht (Société Française de Médecine Légale) befunden, dass Geständnisse unter dem Einfluss von Thiopental vor Gericht keine Beweiskraft haben dürften, da sie zu unzuverlässig seien. Diesem Urteil schloss sich die Rechtsprechung überall auf der Welt an.

Und mit Recht. Jean Rolin, Autor von *Drogue du police*, in den 50er Jahren die einzige zeitgenössische Untersuchung über Wahrheitsdrogen, kam zu dem Schluss, es könne unter Drogeneinfluss genauso gut passieren, dass Unschuldige sich zu Verbrechen bekennen, wie dass hartgesottene Kriminelle Verbrechen leugnen, die sie eindeutig begangen hatten. »Nicht jedes abgelegte Geständnis ist notwendigerweise wahr«, schrieb er, »und wo kein Geständnis abgelegt wird, muss das nicht zwingend bedeuten, dass der Vernommene kein Verbrechen begangen hat.« Das *American Journal of Psychiatry* war, wie auch das britische Wissenschaftsjournal *Lancet*, derselben Meinung.

Außerdem konnte es vorkommen, dass Narkoanalyse-Patienten einfach schwiegen. Henry Beecher (dem wir in Kapitel 3 wiederbegegnen werden) musste bei einer Studie 1957 feststellen, dass Versuchspersonen, die instruiert wurden, ein bestimmtes Geheimnis keinesfalls zu verraten, und denen dann (einzeln oder in Kombination) eine Reihe von »Wahrheitsdrogen« der CIA verabreicht wurde – darunter Atropin, Thiopental, Amphetamine, Alkohol, Scopolamin, Morphium, Koffein und Meskalin –, sich weigerten, überhaupt zu reden.

Die Schlussfolgerung aller staatlichen Stellen war, dass abreaktive »Erinnerungen« zwangsläufig Widersprüche, bedeutungslose Bilder und Fantasien enthielten. Offenbarungen aus der Narkoanalyse konnten wahr oder falsch oder irgendetwas dazwischen sein. Zwei der Hauptvertreter abreaktiver Therapien während des Zweiten Weltkriegs, die Amerikaner Roy Grinker und John Spiegel, waren sich einig, dass Drogentherapien zwar eine Abkürzung auf dem Weg zu üblichen therapeutischen Zielen darstellten – und eine Menge psychiatrisch interessantes Material ans Licht beförderten –, jedoch auch ernste Risiken bargen. »In mancher Hinsicht«, so bemerkten sie, »werden die Anforderungen [an den Psychiater] durch die verwirrende Mischung aus Wahrheit und Fantasie bei Aussagen unter Drogeneinfluss steigen.«

Für William Sargant war die Tatsache, dass die Erinnerungen, die er aus seinen Patienten hervorlockte, häufig falsch waren, kein Problem. Das Entscheidende war der emotionale Ausbruch, der sie begleitete, nicht die Wahrhaftigkeit der Geschichten. Tatsächlich argumentierte er, dass es manchmal hilfreich sein könne, einem Patienten, den man zu einer Abreaktion führe, emotional aufgeladene und gewalttätige Geschichten zu erzählen, die nicht wahr waren – alles, was den Prozess noch dramatischer machte. Was sich da für Sargant abspielte, war nicht so sehr die Erinnerung eines Ereignisses, sondern sein Vergessen: zu ermöglichen, dass es in die Vergangenheit entglitt, sodass der Patient mit seinem Leben fortfahren konnte. Es ging darum, dem Patienten Besserung zu verschaffen. Wen interessierte es da, was wirklich passiert war?

Die CIA sah das anders. Sie scherte sich nicht um die Abreaktion; sie wollte eine Droge, mit der man die Wahrheit aufdecken konnte. Eine chemische Substanz, die Wahrheit, Fantasien, Lügen oder – schlimmer noch – eine Kombination aus allen dreien erzeugte, nützte ihr nicht das Geringste. Tatsächlich befand sich der Geheimdienst bei abreaktiven Drogen in einem Labyrinth mit beweglichen Wänden. Statt Vernehmer, die ihrem Opfer kurzerhand einen Drogencocktail spritzten, brauchte er nun Analytiker und Psychiater, die in der Lage wären, anstelle des Vernommenen die Realität von seinen Fantasien zu scheiden. Das erforderte eine äußerst gründliche Vorbereitung und Hintergrundinformationen. Es war eine Aufgabe, für welche seine Teams von Verhör-»Assen« hoffnungslos unterqualifiziert waren.

☙

Geheimdienstoperationen stützen sich auf die Auswertung von Informationen. Sagt ein Informant die Wahrheit? Kann man dem, was man gehört hat, trauen, und, wenn ja, inwieweit? Traditionell trafen Geheimdienstler solche Entscheidungen mit einer Mischung aus Erfahrung, Nachforschung und Intuition. Mit der Jagd nach einer Wahrheitsdroge versuchte die CIA, die Ungewissheit in dieser Gleichung zu eliminieren. Doch die Agentenführung ist, wie der Geheimdiensthistoriker Thomas Powers schreibt, eine Kunst, keine Wissenschaft. Die ARTICHOKE-Teams waren nicht gewillt, diese Tatsache zu akzeptieren.

Keine der Wahrheitsdrogen des Geheimdienstes erwies sich offenbar als wesentlich effizienter als das älteste »Wahrheitsserum« von allen: Alkohol. Dies war eine Schlussfolgerung, zu der das OSS bereits 1946 nach der Erprobung der zungenlösenden Eigenschaften von Scopolamin, Koffein, Benzedrin, Alkohol und Marihuana gelangt war. Nach 132 Experimenten an 44 Testpersonen erwies sich Marihuana als wirkungsvollste Droge, dicht gefolgt jedoch von einer Kombination aus Alkohol und Koffein – Bier und Kaffee.

Alkohol und Kaffee hatten natürlich den Vorteil, dass die meisten Leute beides tranken, während nicht alle rauchten. Darüber hinaus war Marihuana illegal, daher wurde die Bier/Kaffee-Kombination »für den gewöhnlichen Verhöreinsatz« empfohlen. Versuche hatten ein Jahr zuvor offenbart, dass Marihuana auf einer Effizienzskala von 1 bis 10 einen Wert von 1 bis 2 erzielte. Mit anderen Worten, der Einsatz von Wahrheitsdrogen war ungefähr so hilfreich wie der Verzicht auf sie. »Alles deutet darauf hin«, hieß es in einem anderen Bericht, »dass sich ungehemmte Ehrlichkeit mit dieser Methode nicht erreichen lässt.«

Was Barbiturate anging, hatte die CIA offenbar erkannt, dass sie für den praktischen Einsatz nicht verlässlich genug waren. »Selbst unter den für den Vernehmer günstigsten Bedingungen«, berichtete ein Offizier 1961, »wird das Ergebnis durch Fantasien, Verzerrungen und Unwahrheiten kontaminiert.«

In jenem Jahr kam noch ein anderer CIA-Offizier zu dem Schluss, dass die Suche weitgehend Zeitverschwendung gewesen war. »Es gibt kein ›Wahrheitsserum‹«, schrieb der von der CIA bezahlte Psychiater Louis A. Gottschalk, »der jeden Informanten zur völligen Preisgabe seiner Informationen zwingen kann.« Ein anderer CIA-Mann, George Bimmerle, pflichtete ihm bei: »Ein solches Zaubergebräu, wie es die populäre Vorstellung eines Wahrheitsserums nahelegt, gibt es nicht.«

Statt jedoch die Suche aufzugeben, drängte das ARTICHOKE-Programm mit immer ausgefeilteren Methoden voran – auf einer zunehmend finsteren Jagd nach wirksamen Kontrollmechanismen und dem »Zaubertrank«, der den Geheimdienst in die Lage versetzen würde, Menschen das tun zu lassen, was er wollte.

76

Kapitel 3 | Das Fleisch Gottes

Allan war kalt, und er wickelte sich in eine Decke. Einige
Minuten später beugte er sich über mich und flüsterte: »Gordon,
ich fange an, Dinge zu sehen!« Ich bat ihn, sich keine Sorgen
zu machen, mir ginge es genauso. Die Visionen setzten ein.
»The Discovery of Mushrooms that Cause Strange Visions«,
Life, 10. Juni 1957

Turn on, tune in, drop out!
Timothy Leary

María Sabina wusste, dass die Fremden kommen würden, schon
lange bevor sie eintrafen. Sie hatte sie in ihren Träumen heran-
nahen sehen. Anfänglich dadurch verwirrt, hatte sie Guadalupe García
aufgesucht, die Frau des Dorfvorstehers. »Ich sehe seltsame Leute«, erzählte sie ihr. »Ich weiß nicht, was vor sich geht.« Nachts, wenn sie
schlief, sah sie die Männer die Berge im Süden von Huautla de Jimínez
überqueren. In ihren Visionen waren ihre Umrisse schattenhaft und
undeutlich, doch es war klar, dass sie weiße Gesichter und sogar noch
weißeres Haar hatten.

Als die Männer am 29. Juni 1955 im Dorf ankamen, wusste María
Sabina, dass ihre Vorhersage richtig gewesen war. Es waren tatsächlich
Ausländer. Einer war mittleren Alters, ein würdiger Herr mit ergrau-
endem Haar; der andere, jüngere, war Fotograf. Sie waren eindeutig von
weit her gekommen: Hinter ihnen her trottete eine Karawane von sack-
bepackten Maultieren. Die Männer sprachen gutes Spanisch, doch kaum
ein Wort Mazatekisch, was es den Dorfkindern leicht machte, sich un-
bemerkt über sie lustig zu machen.

Sobald die Männer eine Unterkunft gefunden hatten, bat der ältere
um ein Gespräch mit dem Dorfvorsteher, Cayetano García. Die beiden
trafen sich im Gemeindeamt und setzten sich gegenüber an einen hölzernen Tisch. Sie stellten sich einander vor, dann fragte der weiße Mann,
ob er mit dem Dorfvorsteher vertraulich sprechen dürfe, wozu García
ihn ermutigte. Der Mann lehnte sich vor und flüsterte ihm eine Bitte ins
Ohr, die den Mexikaner sichtlich überraschte. Er dachte einen Augenblick nach und fragte den Amerikaner dann, ob er sein Ansinnen
recht verstanden habe. Der weiße Mann bejahte dies. »Nun«, erwiderte
García, »wenn Sie sich wirklich sicher sind…« Die Herren verabschie-
deten sich mit einem Händedruck.

Ein paar Stunden später hatte García María Sabina ausfindig gemacht. »Zwei blonde Männer sind ins Gemeindehaus gekommen«, sagte er ihr. »Sie kommen von weit her und suchen einen Weisen.«

María Sabina nickte. Huautla de Jimínez lag mitten im Nirgendwo; kein Gringo war je auf der Suche nach einem Schamanen hierher gekommen. Doch das war noch nicht alles. »Die Sache ist die«, fuhr García fort, »dass mir einer von ihnen mit sehr ernster Miene ins Ohr geflüstert hat, er suche nach den Kleinen Vorspringenden. Ich konnte es nicht glauben, als ich das hörte.« Er schüttelte den Kopf. »Einen Augenblick lang hatte ich Zweifel, doch der blonde Mann schien viel von der Sache zu verstehen.«

Was auch immer der blonde Mann von der Sache verstehen mochte – niemand wusste so viel darüber wie María Sabina. Seit ihrer Jugend, seit gut 50 Jahren, war sie die Weise des Dorfes, und während dieser ganzen Zeit waren die Kleinen Vorspringenden die Hauptwaffe ihres heiligen Medizinarsenals. Wenn etwas im Dorf im Argen lag, zog sie sie zu Rate, und bald fand sich eine Lösung.

Wenn María Sabina die Kleinen Vorspringenden aß, wurde sie ins Reich der Hauptsächlichen gezogen, die ihr sagten, wie sie Probleme lösen und Krankheiten heilen sollte. Manchmal hoben sie die Kleinen Vorspringenden hoch hinauf in die Berge, wo sie mit Gott wandelte. Gelegentlich zeigten sie ihr das Jesuskind, aber sie durfte es immer nur ansehen, nie berühren. »Ich trete ein in eine andere Welt«, erklärte sie später, »die anders ist als diejenige, die wir bei Tag kennen.« Wollte sie diese andere Welt mit den beiden Gringos teilen?

Als García fragte, ob sie die beiden Ausländer empfangen würde, war sie sich nicht sicher, was sie erwidern sollte. »Der Mann war aufrichtig und gut«, versicherte er ihr. »Ich habe versprochen, sie zu deinem Haus zu bringen.«

»Wenn du es wünschst«, antwortete sie. »Ich kann nicht nein sagen. Du bist eine Amtsperson, und wir sind Freunde.«

Später am Nachmittag, als García den beiden Fremden die Nachricht überbrachte, dass María sie empfangen würde, jubilierten die Männer. Gordon Wasson und sein Fotograf Allan Richardson näherten sich dem Ende einer sechsjährigen Suche.

∽

Wassons Reise hatte im Januar 1949 begonnen, als seine Frau Valentina einen Brief an den britischen Kriegsdichter und Romancier

Robert von Ranke-Graves geschrieben hatte. Dessen Antwort und die Ereignisse, die ihr folgten, sollten in der Populärkultur des folgenden halben Jahrhunderts unerwartet eine bizarre Rolle spielen. Ohne dass Graves oder Wasson es wussten, beeinflussten sie auch Geheimdienstoperationen auf beiden Seiten des Atlantiks.

Wasson und seine Frau waren Amateurpilzforscher (sie war Kinderärztin, er Vizepräsident von J. P. Morgan) und schrieben an einem Buch über Pilze. Sie hatten kürzlich Graves' historischen Roman *Ich, Claudius, Kaiser und Gott* gelesen, in dem der gleichnamige Held von seiner Frau Agrippina vergiftet wird. Nach Graves' Darstellung war das tödliche Gift aus einem Pilz gewonnen worden. Wusste der Dichter zufällig, fragte Valentina Wasson in ihrem Brief, welchen Pilz Agrippina benutzt hatte?

Zufällig wusste es Graves. Pilze hatten ihn fasziniert, seit er als Kind eines Herbstes am Hut eines giftigen Fliegenschwamms geleckt hatte, wodurch er sich den Mund verbrannte und seine Zunge anschwoll. Der für Claudius' Tod verantwortliche Pilz, teilte er Wasson mit, sei beinahe sicher *Amanita phalloides* gewesen, der Grüne Knollenblätterpilz.

Im September 1952 schickte Graves den Wassons, die von Pilzen mit seltsamen pharmakologischen Wirkungen fasziniert waren, einen Bericht über Pilze, die angeblich bei religiösen Zeremonien im alten Mexiko benutzt worden waren. Die Pilze, von denen zuletzt die Annalen der Konquistadoren berichteten, waren den Botanikern und Entdeckern beinahe 500 Jahre lang entgangen und galten daher im Allgemeinen als mythische Erfindungen. Doch waren in akademischen Kreisen Hinweise aufgetaucht, dass sie wirklich existierten. Es bestand sogar die Möglichkeit, dass die Zeremonien noch praktiziert wurden. Doch der Pilz war ein Mysterium. Das Einzige, was man von ihm wusste, schrieb Graves, sei der Name, mit dem ihn die Chronisten des 16. Jahrhunderts bezeichnet hatten: *teonanácatl*, »Fleisch Gottes«.

Gordon und Valentina Wasson beschlossen, der Sache nachzugehen. Sie wussten, dass der Pilz, sollte es ihn wirklich geben, in der bergigen Region von Oaxaca 150 Kilometer südöstlich von Mexiko-Stadt heimisch sein musste. In den Sommern 1953 und 1954 machten sie sich gemeinsam daran, die Region zu erkunden und trafen sich mit Robert von Ranke-Graves in seinem Haus auf Mallorca, um von ihren Abenteuern zu berichten und ihn um Rat zu bitten. Erst jetzt, 1955, stand ihre Suche kurz vor ihrem Ende.

In Huautla de Jimínez führten Cayetano García und seine beiden Brüder Wasson in eine weite Schlucht, wo sie einen Haufen alten Zuckerrohrlaubs fanden, in dessen Mitte eine große Kolonie von Pilzen spross. García zeigte mit seinem schmutzigen Finger auf sie. »Nti-sheeto«, sagte er. Die Kleinen Vorspringenden. Wasson hatte das Fleisch Gottes gefunden.

Der Fotograf Richardson hielt die Szene für die Nachwelt fest, während Wasson eine Handvoll Pilze pflückte und sie sorgsam in einer eigens angefertigten Pappschachtel verstaute.

Um acht Uhr abends trafen sich die Männer in Garcías Haus, wo María Sabina sie erwartete. Als Wasson ihr seine Pilze zeigte, nahm die Schamanin einen nach dem anderen in die Hand, streichelte sie und sprach leise auf Mazatekisch zu ihnen.

Die Zeremonie begann sofort. María Sabina saß mit gekreuzten Beinen auf der Matte vor einem provisorischen Altar, der mit einem Blumenstrauß und einem Bild Jesu geschmückt war. Heiße Schokolade wurde serviert. Sie nahm die Pilze aus der Schachtel, säuberte sie von Erde, hielt sie in Kopalharzweihrauch und sang leise dazu. Dann gab sie je ein Paar von ihnen jedem, der es wünschte.

Wasson, der wusste, dass er kurz davorstand, als erster Weißer an einem Ritual teilzunehmen, das so geheim war, dass die meisten Fachleute seine Existenz leugneten, war »bis zum Äußersten gespannt«. Richardson war weniger aufgeregt. Bevor er nach Mexiko abgereist war, hatte er seiner Frau versprochen, nichts Dummes zu tun – wie zum Beispiel, an Zeremonien teilzunehmen, zu denen der Verzehr giftiger Pilze 150 Kilometer vom nächsten Krankenhaus entfernt gehörte. »Mein Gott!«, murmelte er nun, als er das erste Paar erhielt. »Was wird Mary dazu sagen?« Richardson nahm die Pilze, steckte sie in den Mund und begann zu kauen.

Sie hatten einen bitteren, scharfen Geschmack und einen fauligen Geruch, der wie die Kohlensäure einer Brause in der Nase hängen blieb. Jeder Anwesende aß sie still, mit Ausnahme von Garcías Vater Emilio, der dabei laut schmatzte und seinen Kopf heftig hin und her warf. Nachdem sie sechs Paar Pilze verzehrt hatten, wurden Wasson und Richardson aufgefordert, sich still in die Ecke zu setzen. María Sabina und ihre Tochter aßen weiter ihre Pilze – jede 26 Stück – und bekreuzigten sich, bevor sie das letzte Paar hinunterschluckten.

Um Mitternacht blies María Sabina die einzige Kerze aus und ließ den Raum in Dunkelheit versinken. Das einzige Geräusch war ihr leiser, rhythmischer Gesang, begleitet vom Zirpen der Grillen vor der Tür.

Etwa eine Stunde später wurde den beiden Amerikanern furchtbar übel. Im Lauf der nächsten Stunden musste Richardson dreimal den Raum verlassen, um sich zu übergeben, Wasson zweimal. In der Dunkelheit waren ab und zu die anderen Männer zu hören, auch ihnen war schlecht. Hin und wieder streckte María Sabina in der Dunkelheit den Arm aus, suchte Wassons Hand und ergriff sie. Etwa um halb eins begann Richardson heftig zu zittern. Er erhielt eine Decke und wickelte sich darin ein. Ein paar Minuten später beugte er sich über Watson. »Gordon«, flüsterte er, »ich sehe Dinge!«

Wasson wandte sich ihm in der Dunkelheit zu. »Keine Sorge«, versicherte er seinem Freund. »Ich auch.« Die Visionen hatten begonnen.

Bevor sie die Pilze genommen hatten, waren Wasson und Richardson übereingekommen, dass sie zum Wohle der wissenschaftlichen Untersuchung die Symptome zu bekämpfen versuchen würden, um herauszufinden, wie stark die Droge war. Doch sobald sich die Wirkung zeigte, erwies sich dies als unmöglich.

Egal, ob sie ihre Augen öffneten oder schlossen, tauchten Bilder aus dem Zentrum ihres Sehfeldes auf. Manchmal kamen sie schnell, manchmal langsam; die beiden hatten keine Macht darüber. Nachdem sie mit intensiven, knallbunten geometrischen Motiven angefangen hatten, entwickelten sich die Bilder bald zu lebhaften dreidimensionalen Halluzinationen – in Wassons Fall reich geschmückte Paläste mit Kreuzgängen und wunderschönen Gärten, die Wände mit Onyx- und Edelsteinintarsien verziert. Einmal blickte er auf ein Blumenbouquet auf dem Altar, nur um sich Auge in Auge mit einer mythologischen Bestie wiederzufinden, die eine Königskutsche zog.

Doch die Bilder waren erst der Anfang. Bald sahen Richardson und Wasson nicht nur Dinge, sie fühlten sie auch. Als wären ihre Sinne außer Rand und Band, fingen sie an, Farben zu hören und Stimmen zu sehen. María Sabinas Gesang nahm physische Formen an und flog durch den Raum, als wäre er für Wasson und Richardson mit Händen zu greifen. Die Bilder waren so gestochen scharf, dass es den beiden Männern so schien, als sei alles, was sie zuvor gesehen hatten, verschwommen oder unvollkommen gewesen. Wiederholt streckten die beiden ihre Arme nach den Halluzinationen aus, um zu greifen, was sie sahen, nur um zu erleben, dass sich die Bilder in der Dunkelheit auflösten und sich neu bildeten, als sie ihre Hände zurückzogen.

Wasson wurde plötzlich klar, dass die Wände des Hauses gesprengt waren oder sich aufgelöst hatten und der Geist der Männer aus ihm hinauskatapultiert worden war und mit großer Geschwindigkeit über den Dschungel Südmexikos in die Berge reiste, Schicht um Schicht in den Himmel hinauf.

Durchaus ein eloquenter Mann, fand er sich doch außerstande, die Erfahrung angemessen zu beschreiben, als er heimkam. »Wenn ein Geisteszustand völlig anders, gänzlich neu ist«, schrieb er später, »scheitern unsere Worte. Wie kann man einem blindgeborenem Menschen schildern, wie es ist, zu sehen?« Die Erfahrung sei, so sagte er, »seelenerschütternd« gewesen.

Natürlich war Wassons und Richardsons Erfahrung nicht einzigartig. Weiße hatten schon vor ihnen durch chemische Substanzen ausgelöste Halluzinationen erlebt. Tatsächlich hatte Albert Hofmann in der Schweiz zwölf Jahre zuvor die pharmakologischen Eigenschaften eines chemischen Derivats des Mutterkornpilzes entdeckt, als er im Labor aus Versehen etwas davon verschluckte und sodann vor den Toren Basels eine höchst merkwürdige Fahrradfahrt zu sich nach Hause erlebte. »Eine furchtbare Angst, wahnsinnig geworden zu sein, packte mich. Ich war in eine andere Welt geraten, in andere Räume mit anderer Zeit. Mein Körper erschien mir gefühllos, leblos, fremd. Lag ich im Sterben?« Er nannte die Substanz Lysergsäure-Diethylamid-25: LSD.

Die Nachricht von dieser Entdeckung war seltsam verstummt. Hofmann arbeitete damals für das Pharmaunternehmen Sandoz in Basel und suchte nach einem kreislaufanregenden Mittel, das sich bei der Geburtshilfe als nützlich erweisen könnte. Nach seinem ersten bestürzenden Trip war ihm klar geworden, dass LSD nicht die Anforderungen erfüllte, und er hatte die Droge beiseite gelegt – bis 1948.

Es wurde dem Schweizer Chemiker bald klar, dass seine neue Droge außerordentlich stark war. Tatsächlich war die einzige bekannte Substanz mit ähnlichen Eigenschaften, Meskalin, irgendwo zwischen 5000- und 10000-mal schwächer. Jede Droge, die in so geringen Mengen aktiv war, ließ weitere Forschung lohnend erscheinen, und so begann man bei Sandoz damit, herauszufinden, was LSD war und was es anstellte.

Für die Handvoll Wissenschaftler auf der Welt, die Ende der 40er, Anfang der 50er Jahre an LSD arbeitete, lag das Hauptinteresse in der Art der Halluzinationen, die es hervorrief. Viele meinten, LSD verursache einen zeitweiligen Zustand des Wahnsinns und löse Täuschungen aus, die jenen von chronisch Schizophrenen ähnelten. Wenn das stimmte, bot es Forschern eine einzigartige Gelegenheit, in die Welt der Geisteskrankheiten vorzudringen. Es schien zum Beispiel möglich, dass Schizophrene einen genetischen Fehler hatten, der dazu führte, dass ihr Körper winzige Mengen LSD produzierte und so die Halluzinationen und Symptome auslöste, die seit Generationen dazu geführt hatten, dass man sie in geschlossene Heime steckte. Wenn dies der Fall war und es den Chemikern gelänge, ein Gegenmittel zu finden, würde die Schizophrenie der Geschichte angehören. Das war eine reichlich kühne Idee, aber es war die deutlichste Spur zur möglichen Erklärung solcher Krankheiten in der Geschichte der Psychiatrie.

Doch die Psychiater waren nicht die Einzigen, die sich für die zeitweilige Geisteskrankheit durch LSD interessierten. Auch obskurere Forscher verfolgten das Geschehen.

∽

Mit den Programmen BLUEBIRD und ARTICHOKE hatte die CIA zum ersten Mal mit der bewussten Erzeugung instabiler Geisteszustände als Verhörmittel experimentiert. Als die Nachricht von einer magischen Droge die USA erreichte, die Menschen verrückt machte, war es nur natürlich, dass der Geheimdienst sich dafür interessierte. Verglichen mit LSD waren Meskalin, Amobarbital, Thiopental und andere Drogen, die man bislang erforscht hatte, Kleinigkeiten.

Die treibende Kraft hinter den meisten CIA-Versuchen zur Gedankenkontrolle seit den frühen 50er Jahren war der Leiter des Technischen Dienstes (Technical Services Staff, TSS), Sidney Gottlieb, ein 33-jähriger promovierter Chemiker und brillanter Kopf, dessen Verschrobenheit ihn zu einem unplausiblen Charakter in einem Spionageroman gemacht hätte. Er lebte auf einem Bauernhof bei Washington, D.C., wo er sein eigenes Vieh züchtete, Käse herstellte und ausschließlich Ziegenmilch trank. Er hatte einen angeborenen Klumpfuß und litt unter einem ausgeprägten Stottern. Als besessener Freund von Volkstänzen verbrachte er offenbar einen erheblichen Teil seiner von der CIA finanzierten Auslandseinsätze mit der Suche nach neuen Schrittfolgen. Diese Absonderlichkeiten sorgten zusammen mit seinem teutonischen Nachnamen dafür, dass er seither zum Dreh- und Angelpunkt aller Verschwörungstheorien über CIA-Gehirnwäsche wurde.

Nicht, wie gesagt werden muss, ohne guten Grund. Zu den Glanzpunkten von Gottliebs Karriere gehört die Produktion von tödlichen Krankheitserregern für verschiedene Mordkomplotte des Geheimdienstes auf der ganzen Welt, darunter ein geplanter Mordversuch an dem kongolesischen Führer Patrice Lumumba im Jahr 1960. (Gottlieb wählte ein passendes afrikanisches Bakterium, das er persönlich in den Kongo brachte. Am Ende wurde die Ermordung abgeblasen, allerdings im Januar 1961 auf andere Weise nachgeholt.) Er war auch verantwortlich für ein speziell präpariertes Taschentuch, das seinen Empfänger außer Gefecht setzen konnte und für einen mutmaßlichen sowjetischen Spion in der irakischen Armee bestimmt war. Ferner sorgte er 1973, als es so schien, dass die Gehirnwäscheversuche der CIA an die Öffentlichkeit gelangen könnten, für die gezielte Vernichtung der gesamten diesbezüglichen Akten und hatte 1975 einen lachhaften Auftritt vor dem Geheimdienstausschuss des Senats (Church Committee), wo er behauptete, praktisch alles vergessen zu haben, woran er die vorangehenden 25 Jahre geforscht hatte. Es sollte also nicht überraschen, dass es Sidney Gottlieb war, der die Aufmerksamkeit der CIA auf LSD richtete.

Die Kunde von der neuen Droge scheint den Geheimdienst im November 1951 erreicht zu haben, als ein außenstehender Berater einen CIA-Offizier informierte, dass die Arbeit an LSD, die er betreibe, »von großer Bedeutung für die nationale Sicherheit« sei. Man bemühte sich sofort um Proben, und ein Memo mit einer kleinen Ampulle der Droge – mit nicht nachzuverfolgenden Mitteln über Schweizer »Mittelsmänner« im Namen von ARTICHOKE erworben – traf kurz darauf ein. Mit Staunen erinnerte der Verfasser den Empfänger daran, dass die beigefügte Droge geschmacks- und geruchlos sei und sich »leicht in einem heißen oder kalten Getränk verbergen« lasse. Eine »starke Dosis«, bemerkte er, passe leicht auf einen Stecknadelkopf.

Nun musste die CIA die neue Droge erst einmal gründlich testen. Der Geheimdienst rief deshalb eine Reihe wohltätiger Tarnorganisationen ins Leben, um über sie pharmakologische Forschungsaufträge an zivile Forscher, Krankenhäuser und Universitäten zu vergeben. Die Society for the Investigation of Human Ecology, The Geschickter Fund for Medical Research und die Josiah Macy, Jr, Foundation boten Wissenschaftlern Stipendien und andere Ressourcen auf einer Reihe von Gebieten, die der Geheimdienst für nützlich hielt. Im Tausch gegen Finanzmittel erwartete man von den Instituten, ihre Ergebnisse dem Geheimdienst zur Verfügung zu stellen.

Unter dem Schirm des neuen (und berüchtigtsten) Gehirnwäscheprogramms der CIA, MKULTRA*, das CIA-Direktor Allen Dulles im

---

*Auf der Suche nach Mitteln und Methoden, mit denen sich schließlich »Verhaltenskontrolle [und] anormales Verhalten« erzielen ließen, finanzierte MKULTRA 149

April 1953 mit seiner Unterschrift aus der Taufe gehoben hatte, boten die Tarnorganisationen dem Geheimdienst bei der Suche nach neuen Methoden der Gedankenkontrolle sowohl Glaubwürdigkeit als auch Sicherheit. »Wenn wir eines Morgens *Newsweek* aufschlugen«, erklärte CIA-Offizier David Rhodes, der eine dieser Gesellschaften führte, »und entdeckten, dass Der-und-der auf dem-und-dem Gebiet über etwas Aufregendes forschte, griff ich zum Telefon ... und sagte: ›Ich bin ein Vertreter des Human Ecology Fund und finde das, was Sie da machen, aufregend. Kann ich zum Lunch vorbeikommen?‹ – was damals weit einfacher war als zu sagen: ›Ich bin von der CIA ...‹«

Einige Forscher waren sich der Quelle ihrer Gelder zwar voll bewusst, doch die Mehrheit der Empfänger von CIA-Subsidien hatte keine Ahnung, dass der Geheimdienst die Rechnungen bezahlte, und kannte die eigentlichen Ziele ihrer Forschung nicht. »In ganz vielen Fällen«, heißt es in einem frühen Memo, »muss die Arbeit von Personen geleistet werden, die das Interesse des Geheimdienstes nicht kennen und nicht kennen sollten.« Indem er unwissenden Empfängern Gelder zukommen ließ, schützte der Geheimdienst sich selbst und die Forscher. Warum sollte man ihnen sagen, dass sie für die CIA arbeiteten, wenn sie es nicht zu wissen brauchten?

Am Ende der Gehirnwäscheprogramme hatte die CIA Absprachen mit 80 verschiedenen Institutionen getroffen, darunter 44 Colleges und Universitäten, 15 Forschungseinrichtungen und Privatunternehmen, zwölf Krankenhäuser und Kliniken sowie drei Strafvollzugsanstalten. Das berüchtigtste Institut auf dem Feld der LSD-Forschung war das Addiction Research Center in Lexington, Kentucky. Lexington, ein riesiges Drogenrehabilitationszentrum, beschrieb Harry Anslinger, der Chef des Federal Bureau of Narcotics, als einen »Ort der Rettung«, wo die Insassen gezwungen wurden, sich ihrer Sucht zu stellen und sie zu besiegen, bevor man sie zurück in die Gemeinschaft entließ. Unter dem von der CIA finanzierten Psychiater Harris Isbell wurde daraus jedoch etwas ganz anderes.

»Unterprojekte«, erforschte halluzinogene Drogen, Reizentzug (s. Kapitel 4), hypnotische Agentenprogrammierung (s. Kapitel 5) und unbewusste Wahrnehmung (s. Kapitel 6). Andere Vorhaben, die Forschungsgelder erhielten, befassten sich mit Handschriftenanalyse, Taschenspielertricks (um ausländischen Agenten Drogen in den Drink zu träufeln), Lippenlesen, die Erzeugung von Stress durch chemische Substanzen, die Stimulierung von Affenhirnen durch Funkwellen, Gehirnerschütterung (die Versuche wurden an Toten in einem eigens präparierten Kollisionsstand durchgeführt, s. Kapitel 7) und viele andere Methoden der sogenannten »schwarzen Psychiatrie«.

Die Abmachung war ziemlich einfach. Die CIA brauchte einen Ort, um gefährliche und möglicherweise suchterzeugende Drogen zu testen; Isbell therapierte eine große Anzahl von Drogenkonsumenten, die in keiner Position waren, sich zu beschweren. Von den frühen 50er Jahren an schickte die CIA LSD und alle möglichen anderen gefährlichen Drogen nach Kentucky, um sie an menschlichen Versuchskaninchen zu testen. Um die Insassen zu ermutigen, sich »freiwillig« zu den Drogenversuchen zu melden, bot Isbell ihnen zusätzlich Dosen ihrer jeweils bevorzugten Droge an. So wurden Süchtige, die aufgrund ihres Drogenkonsums eingesperrt waren, bezahlt, um Drogen zu konsumieren – mit anderen Drogen.

Deklassifizierte MKULTRA-Dokumente enthalten zahllose Seiten von Isbell, die detailliert die verschiedenen Gebräue beschreiben, die er seinen Insassen in Lexington verabreichte. Um was für eine Droge es sich auch jeweils handeln mochte, er war offenbar willens, sie an seinen Patienten auszuprobieren. In einem berühmten Memo an die CIA vom Februar 1963 erwähnt er seine Unsicherheit im Hinblick auf die Wirkung einer neuen Mischung: »Ich schreibe Ihnen«, berichtet er, »sobald ich die Gelegenheit hatte, ein oder zwei Männern das Zeug zu verabreichen.«

LSD war ein klarer Favorit. Isbell bot an, seinen Insassen die Drogen in wechselnden Dosen zu geben, in einigen Fällen in Verbindung mit anderen Drogen, von denen man dachte, dass sie als Gegenmittel wirken könnten. Ein Bericht vom 14. Juli 1954 schildert die Resultate eines seiner berüchtigteren Experimente, mit dem herausgefunden werden sollte, wieviel LSD ein Mensch physisch aushalten kann:

> Unsere Experimente über die LSD-25-Toleranz sind gut vorangekommen, obwohl ich von den Ergebnissen, die für mich die verblüffendste Demonstration von Drogentoleranz sind, die ich je gesehen habe, weiterhin etwas überrascht bin. Ich habe sieben Patienten, die nun die Droge seit über 42 Tagen nehmen …, alle sieben zeigen eine ausgeprägte Toleranz sowohl gegenüber den physiologischen als auch den mentalen Wirkungen der Substanz.
> Wir haben versucht, diese Toleranz durch Verabreichung der doppelten, dreifachen und vierfachen Dosis zu durchbrechen.

Am Ende nahmen die sieben Männer 77 Tage lang LSD, eine Glanzleistung, die sicher zu den makabersten und bizarrsten Experimenten gehörte, die zur damaligen Zeit mit der Droge durchgeführt wurden.

Diese zweifelhafte Ehre wurde nur noch 1962 übertrumpft, als der von der CIA bezahlte Forscher Louis Jolyon West im Zoo von Oklahoma City mit einem Pfeilgewehr 300000 Mikrogramm der Droge in einen dreieinhalb Tonnen schweren Elefantenbullen namens Tusko schoss, um dessen jährliche »Brunftraserei« zu verstärken. Wests Schilderung zufolge »trompetete« Tusko fünf Minuten nach dem Schuss, »brach zusammen, stürzte schwer auf die rechte Seite, entleerte seinen Darm und fiel in einen *Status epilepticus*«. West leistete rasch Erste Hilfe mit einer 2800-Gramm-Injektion Chlorpromazin, gefolgt von einer weiteren mit dem Barbiturat Pentobarbital, doch es half nichts. Tusko starb anderthalb Stunden später.

Abgesehen von Elefantenversuchen war das Hauptresultat der ausgedehnten Finanzierung von Drogenforschung durch die CIA in den 50er Jahren, dass LSD und andere möglicherweise nützliche Drogen bald überall in den USA getestet wurden. Der Geheimdienst stand nun in Verbindung mit einigen der führenden Pharmakologen der Welt, die ihre Resultate alle direkt in seine verschiedenen Büros in der Innenstadt von Washington, D.C., schickten. Als die CIA 1949 ihr Hauptquartier nach Langley, Virginia, verlegte, wurde das Gebäude zum Epizentrum einer beispiellosen Forschungsanstrengung, um die Geheimnisse von Halluzinogenen zu lüften.

Da die ordentliche wissenschaftliche Erforschung von LSD begonnen hatte und man einiges Zutrauen haben konnte, dass die Droge nicht tödlich war, fingen die MKULTRA-Leute nun an, sie an sich selbst auszuprobieren. Manchmal beruhten diese Selbstversuche auf einem Mangel an freiwilligen Versuchspersonen in Krankenhäusern, wo die Droge analysiert wurde; häufiger jedoch waren sie offenbar schlicht von Neugier getrieben. Die Resultate waren vorhersehbar: Die Agenten, von der Droge umgehauen, kamen zu dem Schluss, dass sie unbedingt einen Platz in ihrem Arsenal verdiente.

Der nächste Schritt war der Test der Droge an nichtsahnenden Opfern. Laut dem Journalisten John Marks willigten die CIA-Mitarbeiter in ihren Büros ein, dass jeder jedem jederzeit eine Dosis in den Drink träufeln durfte. Das lief jedoch nicht so gut, wie man hätte hoffen können. Während einige Offiziere merkten, dass ihr Getränk aufgeputscht worden war, und sich erfolgreich beherrschten, drehten andere durch. Einmal geriet ein CIA-Mann in Panik und rannte hinaus in den Washingtoner Verkehr. Die MKULTRA-Mitarbeiter starteten eine verzweifelte Suche nach ihm und durchkämmten die Stadt, bis man ihn schließlich unter einem Brunnen hockend auf der anderen Seite des Potamac fand. Da der unglückliche LSD-Empfänger fest überzeugt war, dass jedes vorbeifahrende Auto ein schreckliches Ungeheuer mit fantastischen, funkelnden Augen war, hatten seine Kollegen ihre liebe Mühe, ihn zum Herauskommen zu bewegen. »Es war enorm schwer«, erinnerte sich ein MKULTRA-Veteran, »ihn zu überreden, dass seine Freunde wirklich seine Freunde waren. … Er war vollständig paranoid geworden.«

Gelegentliche Unfälle taten dem Enthusiasmus des Geheimdienstes für die Droge keinen Abbruch. Andernorts liefen die Experimente gut. Im Juli 1954 wurden einem Offizier einige »Geheimnisse«, die er für sich behalten sollte, und eine Dosis LSD zugeteilt. Blitzschnell »verriet er alle Einzelheiten«. Die CIA kam zu dem Schluss, dass die Droge auf dem Gebiet »der Entlockung von wahren und genauen Erklärungen von Befragten«, die beim Verhör unter ihrem Einfluss stünden, echtes Potenzial habe. So groß war die Experimentierbegeisterung beim Geheimdienst, dass im Dezember 1954 ein Sicherheitsmemo die Mitarbeiter eigens vor »Tests mit den Weihnachtspunschs« warnte, »die bei den Weihnachtspartys gewöhnlich in den Büros stehen«. Von Weihnachtsstreichen abgesehen, ging die Verabreichung von LSD an Nichtsahnende in (und außerhalb) der CIA aber noch eine Weile weiter – mit desaströsen Folgen.

In der Zwischenzeit unternahmen die Amerikaner auch eine konzertierte Anstrengung, um die Briten für LSD zu interessieren.

∾

Die britische Geheimdienstgemeinde erfuhr zuerst Anfang 1952 durch Henry Beecher, einen Anästhesieprofessor der Universität Harvard, von der neuen Droge. Beecher, medizinischer Berater der US-Armee seit dem Ende des Zweiten Weltkriegs, war offenbar der Erste, der das OSS auf die Experimente der Nazis mit Wahrheitsdrogen in Dachau aufmerksam gemacht hatte – Einzelheiten der Meskalintests finden sich unter seinen persönlichen Unterlagen in Harvard.

Im Frühjahr 1952 unternahm Beecher eine Arbeitsreise durch Europa mit Zwischenstopp in Berlin, wo er als Berater der amerikanischen Streitkräfte »in Fragen der nationalen Sicherheit« tätig war. Seine nächste Anlaufstation war Basel, die Heimat des Pharmaunternehmens Sandoz und dessen LSD. Danach fuhr er nach England, wo er für »Dienste an der Wissenschaft« zum Ehrenmitglied der Royal Society of Medicine ernannt wurde. In London machte er auch Bekanntschaft mit Vertretern des geheimdienstlichen Koordinierungsbüros der Briten (Joint Intelligence Bureau, JIB) – und gab die Kunde von LSD an sie weiter.

Da sie nicht wussten, was sie von der Droge halten sollten, wandten sich die britischen Geheimdienstler an jemanden, den sie für einen Experten hielten: Professor Joel Elkes, Leiter der Abteilung für Experimentelle Psychiatrie an der Universität von Birmingham. Elkes, ein Flüchtling aus Litauen, hatte die Abteilung 1951 gegründet und erforschte die Wirkung verschiedener Drogen auf das Gehirn. 1954 führte er den ersten Blindversuch mit dem Antipsychotikum Chlorpromazine durch und schrieb damit Geschichte. Heute gilt er als einer der Begründer der Psychopharmakologie.

Während des Krieges hatten Elkes und seine Kollegen in Birmingham über Reizleitungen im menschlichen Nervensystem geforscht, was sie auf das Gebiet der Cholinesterasen führte – Enzyme, die Muskelentspannung nach Kontraktion bewirken. Bald war seine Arbeit mehr als nur von wissenschaftlichem Interesse: Angesichts der Entdeckung einer neuen Generation von Nervengiften der Nazis weckten die Studien über Cholinesterasen die Aufmerksamkeit höchster Ebenen, und Elkes erhielt einen Anruf der Regierung.

Elkes ist heute 92 Jahre und lebt in Florida. »Unser Militärgeheimdienst gab uns Einblick in die geheimen Arbeiten der Deutschen über chemische Kriegführung«, erinnert er sich an seine Arbeit. »Man bat uns, mit den Anticholinesterasen – DFP, TEPP und dergleichen – zu arbeiten.« Die britische Versuchsanstalt für Chemische Verteidigung (British Chemical Defence Experimental Establishment, CDEE) in Porton Down in Wiltshire schickte Elkes verschiedene Chemikalien. Der untersuchte ihre Wirkung auf das menschliche Gehirn und reichte regelmäßige Berichte ein. Die Arbeit, sagt er, war »eintönig«, doch die Versuchsanstalt bezahlte ihm über das Beschaffungsministerium ein »erkleckliches Stipendium«.

Im Winter 1952 hütete Elkes mit einer Grippe das Bett und arbeitete medizinische Fachliteratur auf, als er auf einen der ersten Aufsätze über LSD stieß. Was er las, schockierte ihn: »Als ich die Dosierungsmengen sah, war ich völlig entgeistert!« Laut dem Bericht war LSD potenter, und zwar in kleineren Dosen, als Strychnin und Zyanid. Er war der Ansicht, dass es sich um einen Druckfehler handeln musste: Keine bekannte Droge in so kleinen Mengen hatte so gravierende Wirkungen. Er rief den Gutachter des Artikels an und berichtete ihm von dem Fehler.

Doch es gab keinen. Der Gutachter ließ keinen Zweifel daran, dass LSD tatsächlich so potent war. »Ich erwiderte: ›Sie meinen, es gibt jetzt eine Droge mit einem so tiefgreifenden Einfluss auf die Gehirnfunktion, die schon bei einem Millionstel Gramm wirkt?‹ Und er antwortete: ›Ja.‹ Und das interessierte mich.« Nach dieser Entdeckung rief er Sandoz an und bestellte eine Lieferung.

Als das LSD in Birmingham eintraf, waren Elkes und sein Team versessen darauf zu erfahren, wie sie wirkte. Den ersten Test unternahm er am Heiligen Abend mit sich selbst als Versuchskaninchen. Er schluckte ein halbes Mikrogramm pro Kilo Körpergewicht und wartete auf eine Wirkung. Er musste sich nicht lange gedulden. »Man tritt in eine andere Welt ein«, sagt er heute. »So einfach ist das – als ginge man durch ein Fernglas. Die Sicht ist getrübt und zittrig …, die Farben sind viel intensiver …, die Welt sah sehr merkwürdig und anders aus. … Es ist sehr einleuchtend, wie solche Drogen zum Ursprung religiöser Praktiken führten.«

Nach und nach nahmen 15 Mitglieder von Elkes' Abteilung die Droge ein, unter ganz unterschiedlichen Umständen. Bald entdeckte man, dass die Wirkung von LSD von flackerndem Licht stark gesteigert wurde. Elkes fand, dass sie einem »massiven Reizentzug« ähnelte – eine Bemerkung, die noch interessante Folgen haben sollte (s. Kapitel 4).

Nicht lange nach den Experimenten meldete sich der Geheimdienst MI6 bei Elkes' Geldgeber in Porton Down mit dem Auftrag, eigene LSD-Experimente anzustellen, besonders im Hinblick auf einen möglichen Einsatz als Verhördroge. Don Webb, ein 19-jähriger Unteroffizier der Royal Air Force, war damals eines der Versuchskaninchen. Im Frühjahr 1953 war er zufällig einem Kameraden über den Weg gelaufen, der kurz zuvor an einem anderen Experiment in Porton Down teilgenommen hatte. Man hatte ihn ins Bett gesteckt, und das Militär hatte versucht, ihn mit einer Erkältung anzustecken. Die ganze Sache sei der reinste Erholungsurlaub, versicherte er und ermutigte Webb, sich freiwillig zu melden.

Webb bewarb sich und erhielt einen Bahnfahrschein von Southampton nach Salisbury, wo er eine Gruppe von elf anderen Freiwilligen antraf. Es war Sonntag und die Atmosphäre entspannt »wie in einem Ferienlager. Es war ziemlich lustig.« In Porton Down eingetroffen, wurde die Gruppe aufgeteilt. Zehn Männern sollten verschiedene Arten von Militärkleidung testen. Webb und ein anderer Mann, Logan Marr, wurden für eine Spezialbehandlung ausgesondert.

Während die übrigen Männer ihre Kleidertests absolvierten, wurden Marr und Webb am nächsten Tag einem höflichen Psychologen in Zivil vorgeführt, der ihre räumliche Wahrnehmung, ihre sprachlichen Fähigkeiten und ihr Zahlenverständnis untersuchte. Dann mussten sie eine Reihe persönlicher Fragen beantworten, mit denen ihre Ziele und ihr Ehrgeiz ermittelt werden sollte. Die letzte Frage, an die Webb sich erinnert, lautete: »Haben Sie je Zweifel gehegt an Ihrer Fähigkeit zu normaler Liebe?« Er musste lauthals lachen.

Webb und Marr wurden daraufhin gebeten, sich zu entkleiden: Sie sollten fotografiert werden. Die Fotografin – ja, seltsamerweise eine Frau – bat sie, sich auf eine kleine rotierende Scheibe zu stellen, um sie von allen Seiten abzulichten. Als die Männer abends in die Kantine kamen, »war das Unvermeidliche geschehen«: Man hatte die Fotos den Barmädchen und Kellnerinnen gezeigt. Beim Abendbrot wurden sie an alle Anwesenden herumgereicht. Das Ganze war ein Spaß. »Es gab ein großes Gejohle! Die Stimmung war wirklich ausgelassen.«

Am nächsten Morgen, einem Dienstag, wurden die beiden Männer in ein Labor mit Bunsenbrennern und Bänken gebracht. Zwei Herren in Zivil mit weißen Kitteln erwarteten sie mit zwei Gläsern Wasser, die sie trinken sollten. »Sie teilten uns mit, dass etwas [im Wasser] drin war«, erinnert sich Webb, »und sagten: ›Wollen wir doch mal sehen, wie Sie auf dieses Zeug reagieren.‹« Pflichtschuldigst nahmen Marr und Webb die Gläser und schluckten ihren Inhalt hinunter.

Kurz darauf fingen die weißbekittelten Männer an, sie mit Fragen zu löchern: »Wie fühlen Sie sich jetzt?«; »Wie geht es Ihnen und was fühlen Sie?« Webb sagte, er fühle gar nichts. Dann, plötzlich, platzte er vor Lachen. Marr genauso. Unfähig, aufzuhören oder herauszufinden, was denn so lustig war, wurden sie in einen anderen Raum geführt und befragt, doch nichts geschah außer ihrem weiteren haltlosen Gelächter. Schließlich forderte man sie auf, in ihre Unterkünfte zurückzukehren.

Zurück in der Kaserne bemerkten die beiden Männer am Abend, dass ihre Augen blutunterlaufen waren, was sie zum Kringeln komisch fanden. Als die anderen zehn Männer, die den ganzen Tag von einer Kleiderprobe zur nächsten gescheucht worden waren, fragten, was los sei, wussten Webb und Marr keine Antwort. Sie lachten nur. Schließlich wurde es ihren Kameraden zu viel, und sie gingen in die Kantine, was die beiden Männer noch komischer fanden.

Da Webb und Marr an jenem Dienstag keine Halluzinationen hatten, scheinen sie nur eine niedrige Dosis LSD erhalten zu haben, um zu sehen, was passieren würde. Am nächsten Tag wurde Webb allein abgeholt und musste wiederum ein Glas Wasser trinken. Das Ergebnis war verblüffend. »Wirklich irre Dinge passierten an den Wänden und auf dem Fußboden«, erinnert er sich. »Alles sah aus wie mit einer klaren Flüssigkeit von 15 Zentimeter Stärke überzogen. … Dann fingen die Gesichter der Leute an, aufzupellen. Das war verrückt! Das Fleisch ihrer Gesichter platzte auf, und ein Schädel starrte einen an, und man wusste ganz genau, dass der Kerl mit einem redete, weil man ihn hören konnte, aber man kam damit nicht zurande. Es war schrecklich.«

Die Ärzte, die den Versuch beaufsichtigten, forderten Webb auf, ihnen einen Absatz aus einem Buch vorzulesen, doch als er auf die Wörter auf der Seite blickte, verwandelten sie sich in Fischschuppen und Fischaugen. Webb versuchte verzweifelt, sich zusammenzureißen, aber er war unfähig, seine Fassung zurückzugewinnen. »Ich war mit meinem Latein völlig am Ende. Ich kriegte es einfach nicht auf die Reihe.«

Während Webb versuchte, seine Panik in den Griff zu bekommen, folgten die Ärzte fasziniert dem Geschehen und waren bemüht, ihm die Angst zu nehmen. Sie dankten ihm wiederholt dafür, am Experiment teilzunehmen. Jedes Mal, wenn Webb sich beruhigte, legten ihm die Ärzte einen psychologischen Test vor: Rorschach-Klecksografien, Bilder, die er interpretieren sollte. Unter anderem wurde ihm eines der vertrackten Maschinenbilder des Zeichners Heath Robinson gezeigt, um die Geschwindigkeit seiner Reaktionen zu messen. »Verstehen Sie das?«, wurde er gefragt. »Um was handelt es sich hier?«

Die folgenden drei Tage durfte er sich erholen und konnte auf einem der Rasenstücke von Porton Down sonnenbaden. Als die Zeit der Abreise kam, untersagte man ihm, mit irgendjemandem über das Vorgefallene zu sprechen, und übergab ihm einen Briefumschlag. Daheim in Southampton öffnete er ihn und fand darin nicht, wie angekündigt, einen, sondern zwei Wochenlöhne.*

Die LSD-Experimente des MI6 dauerten von 1953 bis 1954. Sie dürften allesamt dem mit Webb entsprochen und zu ähnlichen Ergebnissen

---

*Webbs Erfahrung verfolgte ihn. Zwei Wochen nach seinem Experiment in Porton Down ging er mit seiner Freundin zu einem Eishockeyspiel. Als er auf seine Füße hinabblickte, sah er ein riesiges aufgerissenes Maul am Boden, als wäre es drauf und dran, ihn zu verschlucken. Unfähig zu schlafen und von Echogeräuschen (Flashbacks) heimgesucht, ging er einige Wochen später zum Arzt des Stützpunktes und schilderte ihm seine Beschwerden, die ihn seit dem seltsamen Experiment plagten. »Ich kann da nichts machen, mein Sohn«, erwiderte der Arzt. »Man hat mich gewarnt, ich soll mich da raushalten.« Webb wurde mit einem Döschen Schlaftabletten fortgeschickt.

geführt haben. Im Juni 1953 erhielt ein anderes Versuchskaninchen, ein 23-jähriger Matrose der Royal Navy namens Derek Channon, einen mit der Droge imprägnierten Zuckerwürfel. Er wurde aufgefordert, sich vor eine Wand zu setzen, an die bunte Lichter projiziert wurden. Überzeugt, dass er kurz davor stand, von einem Tiger verschlungen zu werden, der aus der Wand gesprungen kam, erlitt Channon einen Schock, und die Ärzte in Porton Down hatten ihre liebe Last, ihn zu den häufigen Blutproben zu überreden, die sie ihm abnehmen wollten.

Die Resultate der Tests waren unbefriedigend. Bill Ladell, der an den Versuchen mitarbeitete, berichtete 1965 dem Ausschuss für angewandte Biologie in Porton Down, dass die Experimente »tentativ und unzureichend kontrolliert« gewesen seien. Vielleicht wegen dieser Nachlässigkeit begann die zweite Welle von Versuchen in dem Moment, als die erste abgeschlossen war. Diese Zeitvorgaben kamen nicht vom MI6, sondern vom Joint Intelligence Committee.

Der Psychiatriebeirat des Joint Intelligence Bureau befand am 7. Juli 1955 auf einer Sitzung seiner Medizinabteilung, dass LSD weitere Aufmerksamkeit verdiene. Vier Monate später, am 23. November, traf sich die Gruppe wieder. Teilnehmer waren unter anderem Harry Cullumbine, der als verantwortlicher Arzt die Tests des MI6 in Porton Down überwacht hatte, und Professor Joel Elkes von der Universität Birmingham. Das Protokoll dieser Sitzung macht klar, dass sich der Ausschuss, wie die CIA, nun für die heimliche Verabreichung von LSD bei Verhören interessierte. Es finden sich ein paar Hinweise, dass solche Tests bereits stattgefunden hatten. Cullumbine sagte dem Ausschuss, dass

> Personen, denen die Droge ohne ihr Wissen verabreicht worden war, so stark in Mitleidenschaft gezogen waren, dass sie ihre Reaktionen nicht mehr kontrollieren konnten, wenn sie von einem in der Anwendung der Droge erfahrenen Vernehmer befragt wurden.

Auch Elkes äußerte sich zur Verabreichung von LSD in Dosen zwischen »50 und 100 Mikrogramm« an Personen, »die nicht im Mindestens ahnen, dass ihnen etwas gegeben wurde«. Im Jahr 2004 zu diesem Punkt befragt, antwortete Elkes emphatisch: »O, nein! Nein! Absolut nicht! Alle Versuchspersonen wussten Bescheid! Es waren Freiwillige! Absolut nicht!« Wenn Elkes' Versuchspersonen jedoch Freiwillige waren, fragt sich, auf wen sich Harry Cullumbine bezog, als er von LSD-Tests an Personen »ohne ihr Wissen« sprach. Die Sitzung schloss mit der Empfehlung, dass »die weitere Erforschung möglicher Anwendungen von LSD-25 und seiner Analoga erforderlich« und »Forschung über den Einsatz von LSD-25 als möglicherweise bei Verhören wirksames Mittel wünschenswert ist«.

Diese »weitere Erforschung« ging weit über die ursprünglichen LSD-Versuche des MI6 hinaus. Einzelheiten der Versuche, die ein halbes Jahrhundert später noch immer geheim sind, tauchten nur sporadisch auf, so im Jahr 2004 bei der Untersuchung des Todes von Ronald Madison, einem Piloten, der 1953 bei einem Experiment in Porton Down aus Versehen mit dem Nervengift Sarin in Kontakt gekommen und gestorben war. In einer dem Gericht übergebenen schriftlichen Aussage erinnerte sich der Artilleriehauptmann Ronald Wilkerson daran, an einem Experiment über ein »Wahrheitsserum« teilgenommen zu haben. Wilkerson, verantwortlich für das Armeepersonal in Porton Down, war irgendwann zwischen Mai 1953 und August 1955 von einem der wissenschaftlichen Offiziere der Versuchsanstalt, einem »Dr. Silver« (tatsächlich Alfred Leigh-Silver), gebeten worden, sich freiwillig zu den Tests zu melden. Am nächsten Tag wurden Wilkerson, Leigh-Silver, der selbst an dem Experiment teilnahm, und ein anderer Mann in ein Labor geführt, wo drei Glas Wasser auf sie warteten. Leigh-Silver erklärte, dass eines der Gläser eine Wahrheitsdroge enthalte, jedoch niemand wisse, welches. Er erklärte den anderen nicht, um welche Droge es sich handelte oder was sie bei ihnen bewirken würde, sondern forderte sie auf, ein Glas zu wählen und es zu trinken. Wilkerson hatte ein mulmiges Gefühl bei diesem Experiment, sagte sich aber, dass schon nichts Schlimmes passieren würde, und leerte sein Glas. Leigh-Silver und die dritte Versuchsperson taten es ihm gleich.

Eine halbe Stunde später wurde Wilkerson in einen Raum geführt, in dem zwei Männer in Zivil saßen, die ihn aufklärten, dass man ihn vernehmen werde. Eine Stunde lang wurde er »aggressiv« befragt und aufgefordert, Details über seine Pflichten in Porton preiszugeben. »Meiner Meinung nach«, sagte Wilkerson in seiner Aussage vor Gericht, »war die Form der Befragung tatsächlich ein intensives Verhör.« Als er sich weigerte, dem Druck nachzugeben, beglückwünschten ihn die Vernehmer und teilten ihm mit, die Befragung sei zu Ende. Dann stellten sie ihm eine Fußangel. »Ach übrigens«, fragte einer von ihnen, »was genau ist eigentlich Ihre Aufgabe hier?«

Wilkerson erkannte die Falle und verweigerte die Antwort. Die Vernehmer gaben schließlich auf, ließen ihn jedoch wissen, sie seien vom »militärischen Abschirmdienst«.

Danach wurde Wilkerson, obwohl klar war, dass er nicht das mit LSD präparierte Wasser getrunken hatte, zur Untersuchung in die Sanitätsstelle gebracht. Dort stieß er auf Leigh-Silver, der sich ebenfalls normal benahm. Das dritte Versuchskaninchen fehlte.*

Die Versuche scheinen im Sommer 1956 ausgeweitet worden zu sein. Im März des Jahres ersuchte das Joint Intelligence Committee den Ausschuss für Verteidigungsforschung (Defense Research Policy Committee, DRP), zu erwägen, ob über abreaktive Medikamente für »militärische Zwecke« geforscht werden solle. Das DRP gab daraufhin grünes Licht für ein begrenztes Forschungsprogramm in der Versuchsanstalt in Porton Down und stellte dessen Umfang dem Ermessen des Chefwissenschaftlers, des Beschaffungsministeriums, des Kabinetts und des Direktors der Versuchsanstalt anheim.**

An den Versuchen beteiligt war anscheinend Cyril Cunningham, der Gehirnwäsche- und Verhörexperte des britischen Luftfahrtministeriums, der nun natürlich für die geheime Abteilung A19 arbeitete, um herauszufinden, welche Methoden die Sowjets in Korea anwandten. Zweifellos wurde Cunningham über jüngste amerikanische Entwicklungen in der LSD-Forschung auf dem Laufenden gehalten. Damals, sagt er, waren die Amerikaner sehr daran interessiert, dass die Briten weitere Forschungen über LSD und andere sogenannte Wahrheitsdrogen betrieben. »Sie waren sehr gespannt«, erinnert er sich. »Ich wurde ständig über Drogen alarmiert, die aus Amerika kamen. ... Ich bekam lange Listen mit Drogen – aber ich werde Ihnen nicht auf die Nase binden, was wir mit ihnen anstellten!«

Als ich Cunningham fragte, was er damit meinte, zögerte er mit der Antwort. »Ich stecke in einer sehr schwierigen Lage«, erwiderte er, »und ich habe Angst, dass man mir [nach dem britischen Geheim-

---

* Eine weitere Testperson in dieser Versuchsreihe scheint Geoffrey Baker gewesen zu sein, später Feldmarschall Sir Geoffrey Baker, der 1964 in einem vertraulichen Memo über Aufstandsbekämpfung und Sicherheitsoperationen anmerkte, dass er »vor einigen Jahren an Versuchen mit einer ›Wahrheitsdroge‹« teilgenommen habe. »Ich frage mich, wie die heutige Form aussieht.« Eine handschriftliche Erwiderung lautet: »Position sehr zweifelhaft – kein lohnendes Projekt. MI5 verfügt über die Fakten.«

**Auf Antrag von Alan Care, der die Versuchspersonen von Porton Down heute anwaltlich vertritt, wurden die Einzelheiten einiger dieser Tests nach dem britischen Offenlegungsgesetz (Disclosure Act) für die Gerichtsverhandlung deklassifiziert. Die Dokumente verbleiben jedoch beim Gericht, und trotz meiner schriftlichen Anfrage hielt das Verteidigungsministerium es nicht für angemessen, mir Akteneinsicht zu gewähren. Andere Unterlagen des psychiatrischen Beratungsausschusses wurden offenbar vernichtet.

haltungsgesetz Official Secrets Acts] die Hölle heiß machen könnte.« Er gab allerdings zu, dass er bei einer Reihe von Gelegenheiten Porton Down besucht hatte, dass ihm die Möglichkeit angeboten wurde, LSD zu nehmen (er lehnte ab) und dass er Basil Clarke kannte – der, wie das MI6 zugegeben hatte, 1953 verantwortlich für den LSD-Versuch mit Derek Channon war.

Bei unserem Treffen konfrontierte ich Cunningham mit der Tatsache, dass nach Abschluss der anfänglichen LSD-Tests des MI6 weitere Experimente in Porton Down durchgeführt worden waren, dieses Mal mit Offizieren als Versuchspersonen und aktiven Verhören nach Verabreichung der Drogen. Cunningham, heute Ende 70, gab ansatzweise nach. »Ich habe Angst, gegrillt zu werden«, wiederholte er, »[aber] es wird noch eine ganze Menge mehr herauskommen.«

∽

Zum Teil verdankte sich die Dringlichkeit der britischen Drogentests einem Schreckgespenst der CIA. Der amerikanische Geheimdienst hatte 1951 und erneut 1953 Informationen erhalten, dass es der Sowjetunion gelungen war, einen eigenen LSD-Bestand anzulegen. Natürlich nahm man an, dass die Russen an einer solchen Droge interessiert wären, aber so früh hätten sie von der Geschichte kaum Wind bekommen können, schließlich hatten sich CIA und MI6 bemüht, LSD unter der Decke zu halten. Obwohl die Droge nur an einem Ort hergestellt wurde – bei Sandoz in der Schweiz –, wurde der CIA berichtet, dass die Kommunisten genug für 50 Millionen Dosen hätten. Keine Frage, etwas musste unternommen werden.

Cyril Cunningham erinnert sich an die britische Reaktion auf das LSD-Schreckgespenst: »Ich glaube, niemand zollte [LSD] große Aufmerksamkeit, bis man herausfand, dass die Schweizer ein synthetisches Derivat davon herstellten und es dann an die Russen verhökerten. ... 90 Prozent von diesem Zeug wurde an Russland exportiert, was überall die Alarmglocken schrillen ließ. ... Unsere Geheimdienste machten sich daran, herauszufinden, was da vor sich ging.«

Was der britische Auslandsgeheimdienst MI6 im Einzelnen unternahm, um den mutmaßlichen Strom von LSD in die Sowjetunion zu unterbinden, dürfte (so es denn überhaupt solche Anstrengungen gab) wohl nie deklassifiziert werden. Doch die CIA-Operationen sind gut dokumentiert. Am 4. September 1953 machte sich ein CIA-Vertreter zur Firma Sandoz auf, um den Gerüchten nachzugehen, und berichtete zurück, dass die Firma zehn Kilo der Droge gehortet habe – genug, um jeden Bürger des Großraums New York auf einen dreieinhalbtägigen psychedelischen Trip zu schicken. »Dies«, kommentierte ein Agent, »ist eine fantastisch große Menge.« Um Sandoz daran zu hindern, LSD an die Sowjets zu verkaufen, beschloss CIA-Direktor Allen Dulles am 22. Oktober, dass der Geheimdienst den gesamten Vorrat kaufen solle. Als Preis wurden 240000 Dollar vorgeschlagen. Am 2. Dezember wurden zwei CIA-Offiziere in die Schweiz entsandt, um alles verfügbare LSD der Welt aufzukaufen.

Als sie nach Basel kamen, entdeckten sie, dass jemand, der mit metrischen Maßen nicht vertraut war, ein Milligramm mit einem Kilogramm verwechselt hatte. Sandoz hatte nie auch nur annähernd zehn Kilo LSD hergestellt; tatsächlich hatte das Unternehmen weniger als 40 Gramm produziert. Von diesen 40 Gramm waren zehn noch auf Lager, weitere zehn in den Vereinigten Staaten.

Um ein solches Missverständnis in Zukunft auszuschließen, handelten die CIA-Agenten eine Abmachung mit Sandoz aus. Die Firma stimmte zu, LSD nicht an die Sowjets zu verkaufen. Es mag merkwürdig erscheinen, dass Sandoz ferner einwilligte, LSD von nun an gratis abzugeben, um anderen Unternehmen jeden finanziellen Anreiz zu nehmen, die Droge zu synthetisieren. Aber die Manager der Pharmafirma störte das weiter nicht: Die Droge brachte ihnen kein Geld ein, und die Firma »bedauerte«, wie einer der amerikanischen Offiziere berichtete, »dass sie dieses Material entdeckt hatte, da es zu großen Kopfschmerzen und Sorgen Anlass gegeben habe«. Ihre Geldtasche im Klammergriff, machten sich die CIA-Agenten schleunigst aus dem Staub.

Zurück in den USA, versuchte der Geheimdienst, Sandoz aus dem LSD-Geschäft zu drängen. In Reaktion auf wiederholte Berichte, dass die Russen in Bulgarien, der Tschechoslowakei und der DDR, in Polen und auf ihrem eigenen Territorium riesige Mengen Mutterkorn kultivierten – die ohne Zweifel zur Synthese von LSD für ihre Gehirnwäscheprojekte vorgesehen waren –, beschloss die CIA, dass sie selbst weit größere Mengen der Droge benötigte. Ein paar Agenten wurden beim amerikanischen Pharmakonzern Eli Lilly in Indianapolis vorstellig, um die Möglichkeit der Synthese von LSD in den USA zu erörtern. Im Oktober 1954 entdeckte das Unternehmen schließlich eine Methode, bei der »leicht verfügbares Rohmaterial« eingesetzt werden konnte. Dadurch, so ein Bericht, könne »LSD binnen weniger Monate in der Größenordnung von Tonnen verfügbar gemacht werden«.

LSD war nicht die einzige halluzinogene Droge, die der Geheimdienst beobachtete. Schon seit 1952 durchforstete die CIA botanische Zeitschriften nach natürlich vorkommenden Drogen, die von Nutzen sein konnten. Die Initiative ging anscheinend von einer ARTICHOKE-Sitzung im Oktober 1952 aus, wo ein Forscher den Projektchef Morse Allen informierte, dass eine mexikanische Pflanze namens *piule* von den Indios als »eine Art Wahrheitsserum« benutzt werde. Allen beschloss, dass diese mysteriöse Pflanze »eindeutig eine ausgiebige Erforschung verdiene«, und ein neues Projekt war aus der Taufe gehoben.

»Forschungen haben gezeigt«, folgerte Allen einen Monat später, »dass diese Pflanzen starke narkotoxische Eigenschaften besitzen, die für ARTICHOKE von außerordentlichem Interesse sind.« So wurde denn ein Offizier sofort nach Mexiko entsandt, um *piule*-Samen und alle anderen narkotischen Pflanzen zu sammeln, die für das ARTICHOKE-Programm von Nutzen sein konnten. Er kannte Mexiko gut, sprach fließend Spanisch und reiste in geheimer Mission. Falls man ihn über seine Reise befragte, sollte er erklären, dass er einheimische Pflanzen mit anästhetischen Eigenschaften für den medizinischen Einsatz untersuche.

Zwei Monate lang sammelte der Offizier Anfang 1953 zehn Kilo *piule*-Samen, die eilig zur Analyse geschickt wurden. In der Zwischenzeit stellte die CIA Listen mit anderen Pflanzen und Tieren auf, die möglicherweise interessante Narkotika produzierten. 1956 rühmte sich der Geheimdienst, Botaniker auf der Jagd nach »verborgenen Schätzen potenzieller pflanzlicher Ressourcen« in zwölf verschiedene Länder ausgeschickt zu haben, darunter Puerto Rico, Tobago, Jamaika, Haiti und Kuba. Zu den nützlichen Pflanzen und Tieren gehörten Korallenbaumblüten, Guatemalarhabarber (Flaschenpflanze), Samen von Ololiuqui (*Rivea corymbosa*), Fischrinde (*Cortex piscidiae erythrinae*), *Stipa robusta* (»Schlafgras«) aus New Mexiko, Bufotenin aus Pflanzen und den Warzen giftiger Kröten, Harmin aus Ayahuasca (*Banisteriopsis caapi*) und Ibogain aus *Tabernanthe iboga*. So groß waren die Mengen neu eintreffenden organischen Materials, dass sich der Geheimdienst im August 1954 beklagte, mit »Lieferungen überschwemmt« zu werden, und um eine Pause bat, damit die Wissenschaftler erst einmal ihre Bestände ordnen konnten.

In den folgenden zehn Jahren stellte die CIA eine außerordentlich umfassende Liste potenziell nützlicher tierischer und pflanzlicher Gifte zusammen. Im Juli 1962 erreichten die Anfragen nach toxischen Substanzen einen wunderbar exzentrischen Höhepunkt, als der Geheimdienst es für wichtig erachtete, ein Gift aus der Gallenblase des Tanganjika-Krokodils zu untersuchen. Eine Weile erörterte die CIA, wie es sich am besten beschaffen ließe: »Wir haben uns dem Problem der Beschaffung einer Gallenblase des Tanganjika-Krokodils auf zweierlei Weise genähert. Die erste ist, unsere [gelöscht] Kumpel in Tanganjika ein einheimisches Krokodil suchen, fangen und ausweiden zu lassen …, die Alternative wäre, vor Ort in Tanganjika ein Krokodil zu erwerben … und das lebende Tier in die Vereinigten Staaten zu transportieren.«

Schließlich hielt man den zweiten Plan für besser, da »Dr. [gelöscht] meint, dass die einzige Möglichkeit, in den USA eine intakte Gallenblase zu untersuchen, darin bestehe, ein lebendes Krokodil zu erhalten«. Der Geheimdienst mutmaßte, dass etwa 200 Dollar die Kosten eines mittelgroßen Krokos decken würden. Es ist nicht bekannt, was aus diesem speziellen Projekt geworden ist – oder aus dem unglückseligen Krokodil.

Unter all den Pflanzen und Tieren, die für die CIA von Interesse waren, maß man Pilzen die unmittelbarste Relevanz zu. Projektchef Morse Allen teilte seinen Mitarbeitern auf einer ARTICHOKE-Sitzung mit, es gebe »sehr starke Hinweise«, dass einige Pilze eine potente Wirkung auf den menschlichen Geist hätten, was sie zu idealen Kandidaten für ein Wahrheitsserum mache. Aus irgendeinem Grund kamen die verheißungsvollsten Pilze aus Mexiko. Eine Woche später, nach Sichtung der verfügbaren Literatur, bestätigte er, dass mexikanische Medizinmänner Pilze bei speziellen Zeremonien einsetzten, um gestohlene Gegenstände zu finden oder die Zukunft vorauszusagen. Es sei nun »essenziell«, bemerkte Allen, dass der Geheimdienst ein Projekt auf den Weg bringe, um dieser Frage auf den Grund zu gehen.

An diesem Punkt lag es mehr oder weniger auf der Hand, dass das Interesse der CIA an exotischer Flora mit jenem von Robert Ranke-Graves, Gordon Wasson und María Sabina, der Schamanin von Huautla de Jiménez, kollidieren würde.

⸎

Nach dem Erlebnis der Pilzzeremonie am 29. Juni 1955 hatten sich Wasson und sein Fotograf Allen Richardson geschworen, nie wieder die Kleinen Vorspringenden zu essen. Drei Tage später erlag Wasson dann doch der Versuchung, und wieder sprengte das Resultat jede Vorstellung. Die Visionen, von denen er später berichtete, waren

»so scharf, dass sie realer schienen als alles, was ich mit meinen eigenen Augen gesehen hatte. Ich fühlte, dass ich nun klar sah, während die normale Sicht uns einen unvollkommenen Eindruck gibt; ich sah Archetypen, platonische Ideale, die den unvollkommenen Bildern des täglichen Lebens zugrunde liegen.«

Kaum in New York zurück, erzählte Wasson allen vom Fleisch Gottes. Einer der Ersten, die von der Entdeckung erfuhren, war der Mann, der ihn erst auf die Spur der Pilze gebracht hatte: Robert von Ranke-Graves. »Mein Gewährsmann ist in Hochstimmung«, schrieb Graves 1956 an einen Freund, »da er wirklich das Pilzorakel gefunden hat, auf dessen Fährte ich ihn in Mexiko geschickt habe, und die heiligen Pilze gegessen hat. … Und da kommt die nächste Wunderdroge, auf die man achten sollte.«

Wasson verständigte auch einen Freund von Graves – ausgerechnet William Sargant. Es war eine bizarre Wendung, dass sich der Schriftsteller und der Psychiater angefreundet hatten und übereingekommen waren, gemeinsam ein Buch über Gehirnwäsche zu schreiben. Zwei Jahre später wurde *Der Kampf um die Seele* ein Bestseller und zementierte Sargants Ruhm. Sargant lieferte die Lehrmeinungen, von Ranke-Graves Gliederung und Aufmachung, um »den Speichel fließen zu lassen«, wie er sich ausdrückte.

Als Wasson Sargant von seiner Entdeckung berichtete, verglich er die Droge in den Pilzen mit LSD. Sargant stimmte zu, dass sich die Substanzen wahrscheinlich als ähnlich erweisen würden, und blieb eine Zeitlang an Wassons Arbeit interessiert, mit gelegentlichen Briefen, die sich nach seinen neuesten Entdeckungen erkundigten. Trotz dieser allgemein offenen Haltung hielt sich der Psychiater jedoch im Hinblick auf die britische Forschung über Halluzinogene bedeckt. »Eine Menge interessanter Arbeiten«, berichtete er kryptisch, »laufen hier in Bezug auf Lysergsäure.« Zum Teil mag Sargants Zurückhaltung an seiner Beziehung zum MI5 gelegen haben (s. Kapitel 7).*

---

* Merkwürdig auch, dass von Ranke-Graves einen Kontakt Sargants zum britischen Verteidigungsministerium vermittelte, indem er persönlich ein Treffen von Sargant mit einer Kollegin von Cyril Cunningham, der Psychologin Mary Allen, empfahl, das am 17. Juni 1964 stattfand. »Lieber Robert«, schrieb Sargant an den Schriftsteller. »Natürlich will ich mich mit Mary Allen treffen.« Sargant schrieb ihr am selben Tag einen Brief mit dem Einverständnis, mit ihr alles zu besprechen, »was ich über das von Ihnen erwähnte Thema weiß«. Dieses Treffen könnte mit dem Interesse an der Verwendung abreaktiver Drogen bei Verhören des britischen Militärs in Zusammenhang stehen. Zwei Tage später begann Sir Geoffrey Baker, der spätere Oberbefehlshaber der britischen Armee, die An-

Da Gordon Wasson vor aller Welt über seine Pilzentdeckung froh-lockte, dauerte es nicht lange, bis die CIA, nun selbst auf der Suche nach dem Fleisch Gottes, von seinen Aktivitäten Wind bekam. Im Dezember 1955, fünf Monate nach Wassons Mexikoreise, informierte ein CIA-Telex aus Mexiko-Stadt das ARTICHOKE-Team, dass ein »Amateur-pilzkundler« drei Expeditionen ins Land unternommen habe, in deren Verlauf er die betreffenden Pilze lokalisiert und konsumiert habe. »Soweit ich weiß«, berichtete die Quelle weiter, »plant dieser Mann für den Sommer 1956 eine weitere Reise nach Mexiko, um mehr über diese mexikanischen Pilze zu erfahren.«

Für Morse Allen gab es kein Vertun: Wenn Wasson im folgenden Sommer nach Mexiko zurückkehren würde, um weitere Pilze zu sammeln, sollte er nicht allein sein, dieses Mal wäre auch die CIA dabei. Die Mission, Wassons Expeditionsteam zu infiltrieren, wurde nun zum Unterprojekt 58 von MKULTRA. Der Agent, der für diese Operation ausgewählt wurde, war ein 29-jähriger Forschungschemiker der Universität von Delaware. Dieser James Moore war 1953 von der CIA rekrutiert worden, um Substanzen von Pflanzen aus der ganzen Welt zu analysieren. Als man erfuhr, dass Wasson auf dem Weg zurück nach Mexiko war, wurde Moore instruiert, diesen ausfindig zu machen und Kontakt zu ihm aufzunehmen.

Wasson aufzuspüren erwies sich nicht als allzu schwierig, schließlich war der Mann Vizepräsident von J. P. Morgan. Moore rief ihn »aus heiterem Himmel« an und fragte ihn, ob er daran interessiert sei, die Reise von der »gemeinnützigen« Organisation, die er vertrete, dem Geschickter Fund for Medical Research, finanzieren zu lassen. Das war Wasson in der Tat, weshalb 2000 Dollar den Besitzer wechselten. Die einzige Bedingung für die Finanzierung war, dass Moore ihn begleiten dürfe. Die CIA-Dokumente machen deutlich, dass die anderen Mitglieder von Wassons Gruppe genauso wenig wie er selbst eine Ahnung hatten, dass ihr neuer Freund ein Maulwurf der CIA war: Wasson »weiß und ahnt nichts vom Interesse der US-Regierung an seinem Projekt«.

Es hätte eine klassische Infiltrationsoperation werden können, doch so kam es nicht. Kaum, dass die Reisegesellschaft im Juni 1956 in Mexiko eingetroffen war, begann Moore das Land sofort zu hassen.

gelegenheit formell im Ministerium zu erörtern. Trotz Sargants wiederholter Versicherung, sein Wissen falle nicht unter das Geheimhaltungsgesetz, finden sich in seinen persönlichen Unterlagen keine Einzelheiten über seine Gespräche mit dem Verteidigungsministerium.

Dem reichlich biederen Mann war das Abenteuerliche an der Reise ein Graus. Am ersten Tag stürzte das zweisitzige Passagierflugzeug, das ihn nach Huautla de Jimínez bringen sollte, beim Start fast ab, was ihm eine Heidenangst einjagte. Einmal in der Ortschaft angelangt, musste er angewidert entdecken, dass man von ihm erwartete, auf dem Boden einer strohgedeckten Hütte zu schlafen. Er zog sich sofort eine Lebensmittelvergiftung zu und verlor fünf Kilo Gewicht. Während Wasson und seine Freunde die Zurück-zu-den-Ursprüngen-Erfahrung genossen, war Moore ein Mann der zivilisatorischen Annehmlichkeiten: »Ich hatte eine schreckliche Erkältung«, erinnerte er sich später, »wir wären beinahe verhungert, und es juckte mich am ganzen Leib.«

Unvermeidlich galt der CIA-Spitzel in der Gruppe bald als Nörgler und wurde von allem ausgeschlossen. Selbst als die Zeit der Zeremonie kam, lief es nicht gut für ihn: María Sabina gab ihm eine geringe Dosis. »Ich habe zwar eine halluzinogene Wirkung gespürt«, sagte er, »aber die lässt sich am besten als ›Desorientierung‹ beschreiben.« Die ganze Sache wäre fast ein Reinfall geworden, doch immerhin besorgte er seinen Bossen bei der CIA einen großen Sack Pilze.

Daheim in den Vereinigten Staaten wartete eine noch größere Enttäuschung auf ihn. Die CIA wollte, dass er die Wirksubstanzen aus dem Fleisch Gottes extrahierte und isolierte, damit man sie bei Vernehmungen einsetzen konnte. Unglücklicherweise war die Extraktion des Wirkstoffes vertrackter als gedacht. In seinem Labor fütterte er Katzen, Hunde und Esel mit den Pilzen, doch es war schwer, etwas anderes daraus zu folgern, als dass sie relativ ungiftig waren.

Schlimmer noch, während sich Moore mit seinem streng geheimen Pilzprojekt an der Universität von Delaware abmühte, gelang es einem von Wassons Pilzfreunden in Paris, sie zu züchten und 100 Gramm davon zu trocknen. Er steckte sie in einen Umschlag und schickte sie Albert Hofmann von Sandoz. Hofmann verfütterte Proben davon an Labormäuse und -hunde, doch da sich nicht feststellen ließ, ob sie auf einen Trip kamen, nahm er schließlich zu einer altehrwürdigen Methode Zuflucht: Er aß sie selbst.

Selbst für den Mann, der LSD entdeckt hatte, war das Resultat beeindruckend. Eine halbe Stunde, nachdem er 32 Pilze verspeist hatte, verwandelte sich Hofmanns Welt. Alles wurde mexikanisch. Als er seine Augen schloss, bestand alles, was er sah, aus mazatekischen Mustern und Motiven. Einmal maß ein Kollege seinen Blutdruck und verwandelte sich sofort in einen aztekischen Priester. Schließlich wurde ihm die Flut der Bilder zu viel: »Ich fürchtete, in diesen Wirbel von Formen und Farben hineingerissen zu werden und mich darin aufzulösen«, schrieb er.

Für Hofmann war dies eindeutig eine Droge, die weitere Aufmerksamkeit verdiente. Er machte sich sofort an die chemische Analyse und veröffentlichte sein Ergebnis schließlich 1958. Die Pilze enthielten zwei neue Wirkstoffe, die er Psilocin und Psilocybin nannte. Die Firma Sandoz, immer noch Herrin über LSD, die Nummer eins unter den Gehirnwäschedrogen, ging nun in Produktion und vermarktete den geheimen Wirkstoff seiner Droge Nummer zwei, Psilocybin, unter dem Markennamen Indocybin.

James Moore muss es furchtbar getroffen haben, derart übertrumpft worden zu sein, doch es gab wenig, was er tun konnte, außer eine Lieferung bei Sandoz zu ordern. Auch die CIA dürfte nicht allzu glücklich gewesen sein und tröstete sich damit, dass es immer noch möglich sein könnte, die wahre Quelle der Droge geheim zu halten. Doch hier lief nun wirklich alles schief.

Im Juni 1957 veröffentlichte Wasson eine 17-seitige Story im Magazin *Life*, verschwenderisch illustriert mit Richardsons Fotos. Sie beschrieb detailliert, wie sie in der Nacht des 29. Juni 1955 eine Form der heiligen Kommunion in Mexiko erlebt hatten, bei der von den Teilnehmern nicht Brot, sondern heilige Pilze verspeist wurden. »Die Pilze dieser Art haben halluzinogene Eigenschaften «, schrieb er. »Das heißt, sie lassen den Esser Visionen sehen.«

Nun war die Katze wirklich aus dem Sack und drauf und dran, alle möglichen Probleme zu machen.

∽

Unterdessen war die CIA auch bei den LSD-Versuchen auf ein Problem gestoßen. Zwar hatte der Geheimdienst genug Krankenhäuser und Universitäten, die halluzinogene Drogen testeten, dass es für 100 Doktorarbeiten gereicht hätte. Dem an sich interessanten Thema fehlte allerdings der letzte Kick, konnte die CIA doch von Krankenhauspatienten oder Freiwilligen, denen LSD verabreicht wurde, nichts über den Einsatz im Feld lernen. Was Sidney Gottlieb brauchte, waren echte Tests mit Menschen, die nicht wussten, dass man sie unter Drogen gesetzt hatte.

Natürlich wollte die CIA ihre Drogen nicht einfach irgendwem in den Tee träufeln, die Operation sollte ja geheim bleiben. Was würde geschehen, wenn die Sowjets davon hörten? Die Droge im Ausland zu testen galt zunehmend als zu riskant. Ein Memo des Geheimdienstes von 1963 mahnte, Drogen seien schon so unterschiedslos an Ausländern getestet worden, dass eine »übermäßige Zahl ihrer Landsleute von unserer Rolle bei dieser sensiblen Tätigkeit erfahren« hätte. Aus Gründen der nationalen Sicherheit, folgerte Gottlieb, müssten die Drogen an amerikanischen Bürgern in den Vereinigten Staaten erprobt werden.

Gottlieb brauchte eine Gruppe von Versuchskaninchen, die unfähig oder zumindest unwillens waren, die Sache auszuplaudern, oder denen – falls sich das nicht verhindern ließ – niemand glauben würde. In seinen Augen passten Kriminelle am besten in diese Kategorie. Schließlich würden sie niemals zur Polizei gehen und sich beklagen, dass man sie widerrechtlich unter Drogen gesetzt hatte.

Natürlich gab es, was die praktische Umsetzbarkeit von Drogentests an Unterweltfiguren anging, nur einen Mann, der dafür infrage kam: George Hunter White. »Agent der Drogenbehörde«, heißt es in einem CIA-Memo, »hat guten Zugang zu Kriminellen in New York.« Im Juni 1952 nahm Gottlieb Kontakt zu dem ehemaligen OSS-Offizier auf und bat ihn um seine Mithilfe.

In den Augen vieler CIA-Leute war die Rekrutierung von White ein Fehler: Es gab im Geheimdienst einigen Widerwillen dagegen, einen Mann in ihre Reihen aufzunehmen, der weithin als Neandertaler ohne jegliche Manieren galt. White selbst war sich dieser Opposition bewusst. So wie er es sah, wurde er von »pfeiferauchenden Rüpeln mit Bürstenhaarschnitt« ausgeschlossen. »Erst als meine Geldgeber die Wurzel des Problems entdeckten«, schrieb er später an einen Freund, »konnten sie die Blockade umgehen. Schließlich, Jungs, bin ich nicht in Princeton gewesen…«

Die »Rüpel« von der CIA waren zu Recht über White besorgt. Nicht nur waren seine Methoden arrogant, er schien auch alarmierend indiskret zu sein. Am 9. Juni 1952, an eben jenem Tag, als Gottlieb Kontakt zu ihm aufnahm, verletzte White sämtliche Sicherheitsvorschriften, als er in sein Tagebuch notierte: »Gottlieb schlug vor, dass ich CIA-Berater werde. Ich willige ein.«

Eingesetzt bei den MKULTRA-Unterprojekten 3, 14, 16 und 149, war es Whites Aufgabe, Experimente durchzuführen, bei denen »nichtsahnenden Versuchspersonen heimlich physiologisch aktive Substanzen verabreicht« werden sollten – mit anderen Worten: Er sollte die Tests wiederholen, die er 1943 mit dem New Yorker Gangster August del

Gracio durchgeführt hatte, allerdings mit anderen Drogen. Unter dem Pseudonym Morgan Hall mietete er einige »sichere Häuser« in verschiedenen Landesteilen an, lud nichtsahnende Gauner zu einem Besuch ein und verabreichte ihnen wechselnde Kombinationen von CIA-Drogen, um zu sehen, wie sie darauf reagierten. Die Zielpersonen stammten aus der »Halbwelt«, wie sich ein CIA-Offizier erinnerte, der an den Versuchen beteiligt war. »Prostituierte, Drogensüchtige und andere Kleinkriminelle, die keine Macht hatten, in irgendeiner Weise Rache zu nehmen, falls sie es herausfanden.«

Das erste sichere Haus in der Bedford Street 81 in Greenwich Village, New York, wurde im Juni 1953 angemietet. Es bestand aus zwei angrenzenden Wohnungen: eine für die Leute, die überwacht wurden, die andere für ihre Überwacher. White beauftragte Handwerker, ein »Fenster« in die Schlafzimmerwand zu stemmen, das mit Spiegelglas versehen wurde, sodass die MKULTRA-Leute die Vorgänge von der Nachbarwohnung aus verfolgen konnten. Er gab Tausende von Dollar aus, um die Wohnung in einem angemessen protzigen Stil einzurichten, und installierte neueste Überwachungsgeräte, um das Geschehen zu filmen, auf Tonband aufzuzeichnen und zu fotografieren. Als das Apartment fertig war, fing er an, Kriminelle anzulocken und ihre Drinks zu frisieren.

1955 wurde White ins Bureau of Narcotics in San Francisco versetzt, wo er in der Chestnut Street 225 ein weiteres sicheres CIA-Haus mit Blick auf die Golden Gate Bridge einrichtete. Wieder beauftragte er Maurer mit dem Einbau von Einwegspiegeln und eine Elektronikfirma mit der Verkabelung für die Ton- und Filmaufnahmen. Ein Agent, der die Wohnung nach ihrer Fertigstellung besuchte, meinte, dass sie »so verdrahtet war, dass man beim Verschütten eines Glas Wassers wahrscheinlich einen tödlichen Stromschlag bekommen hätte«.

White heuerte ein paar Prostituierte an, um deren Kunden in seine Wohnung zu locken. Mit ihren Freiern gingen die leichten Mädchen ihren üblichen Geschäften nach, außer dass sie den Gaunern unter ihnen einen Drink anboten, der mit der jeweils von der CIA getesteten Droge versetzt war. Sie wurden für ihre Arbeitszeit entweder in 50-Dollar-Raten bezahlt (das höchste Einzelhonorar betrug 300 Dollar) oder mit Gutscheinen, mit denen sie nach ihrer nächsten Verhaftung aus dem Gefängnis freikamen. Rechnungsbelege in seinen CIA-Akten listen Whites Zahlungen an die Prostituierten als »Bargeld – verdeckter Agent für Operationen (s. Autorisierung)« auf. Gottliebs Versuchsprotokolle sind ebenso euphemistisch. Er beschreibt die Prostituierten als »gewisse Personen«, die »äußerst unorthodoxen Aktivitäten nachgehen«.

Natürlich mussten die Aktionen von jemandem überwacht werden. Dafür war niemand besser geeignet als White selbst. Er goss sich dann einen Drink ein, setzte sich auf die andere Seite des getürkten Spiegels und sah zu, was sich im Schlafzimmer abspielte.

1955, als ihm klar geworden war, dass sich die Beobachtungssitzungen häufig in die Länge zogen, beschloss White, sich lieber gegen unvermeidliche natürliche Bedürfnisse zu wappnen: Eine Rechnung in seinen Akten vom 3. August belegt den Kauf einer tragbaren Toilette (25 Dollar) und 15 Einwegbeuteln (zu je 15 Cent) für den Notfallbedarf im Überwachungsraum (passenderweise von der »Ausrüstungsstelle für Kriminaluntersuchungen, geheimdienstliche Aufklärung und Strafverfolgung«).

Die Toilette wurde zu einem Schlüsselelement von Whites Legende. Einer Quelle zufolge, die ihn damals besuchte, verbrachte White seine Dienstabende sitzend auf dieser Toilette, während er Martinis schlürfte und die Handlung im Nebenzimmer genoss.

∽

Whites sicheres Haus diente einer Reihe von Zwecken. Es war allgemein bekannt, dass der KGB Prostituierte einsetzte, um nichtsahnende Westler in kompromittierende Situationen zu locken, sie zu fotografieren und sie mit den Bildern zu erpressen. Bei anderen Gelegenheiten wurden Westler betäubt und neben nackte »Partner« ins Bett gelegt.

Für solche hinterhältigen Methoden war sich auch die CIA nicht zu schade, doch wenn man sie einsetzen wollte, musste man Erfahrungen sammeln, mit welchen Methoden man solche »Honigfallen« am besten aufstellte. Whites sicheres Haus bot das perfekte Testfeld für solche Operationen, ebenso wie für die Überwachungsausrüstung des Geheimdienstes.

Die CIA war auch daran interessiert, Informationen durch Sex zu gewinnen. Einem Offizier zufolge glaubte man eine Zeitlang, es sei das Beste, wenn die Frauen die Zielpersonen sexuell provozieren und Redseligkeit mit Gefälligkeiten belohnen würden. Nachdem sie die Geschehnisse in Whites sicherem Haus ausgewertet hatten, stellten CIA-Psychologen jedoch fest, dass die überwachten Männer eher in der entspannten Phase nach dem Sex gesprächig wurden. Wenn eine Prostituierte gleich zu Beginn ein Gespräch anfing, wusste ihr Freier in der Regel nicht, was er sagen sollte, und fühlte sich deutlich unbehaglich. »Worüber, zum Teufel, soll er reden?«, erklärte ein Agent dem Journalisten John Marks. »Nicht über den Sex jedenfalls. Also wird er anfangen, von seinem Beruf zu erzählen. Hier, in dieser Phase, kann sie ihn sachte lenken. Aber man muss Prostituierte ausbilden, damit sie das hinkriegen.«

Das Hauptziel von Whites Operation (Codename »Mitternachtsklimax«…) bestand darin, die Eigenschaften der Droge herauszufinden, die beim Dienst jeweils in Mode war. Doch White, dieser übergewichtige Drogenagent, der auf einer tragbaren Toilette hinter einem Spiegelglas hockte, war nicht wirklich qualifiziert, um das zu beurteilen. Er konnte nicht mehr berichten als das, was die Versuchspersonen körperlich taten. Natürlich benahmen sie sich nach einer Dosis LSD merkwürdig – doch damit war ja schon vorher zu rechnen. Trotzdem wurden weitere Drogen zum Test nach Kalifornien geschickt. BLUE-BIRD-Leiter Sheffield Edwards hatte zuvor entschieden, dass halluzinogene Drogen »extrem gefährlich« seien und »unter keinen Umständen bei Mitarbeitern des Geheimdienstes angewandt werden« durften. »Wenn wir also so viel Angst vor einer Drogen hatten, dass wir sie lieber nicht an uns selbst ausprobierten«, erzählte ein Agent John Marks, »schickten wir sie nach San Francisco.«

Bis Ende 1957 konnte sich die CIA rühmen, sechs neue chemische Substanzen entdeckt zu haben, die für den Einsatz verfügbar waren. Drei von ihnen, P 1, C 1 und C 9, waren LSD-Varianten, mit denen Zielpersonen dazu gebracht werden sollten, in der Öffentlichkeit durchzudrehen und sich lächerlich zu machen (laut einer Aktennotiz waren die drei Substanzen bereits bei sechs verschiedenen Auslandsoperationen an 33 Personen ausprobiert worden). Ferner gab es K 2, ein Betäubungsmittel, K 3, das die Wirkung von Alkohol verstärkte, und A 2, ein Stimulanzmittel wie Benzedrin, »aber ohne seine unerwünschten Nebenwirkungen«.

Nach diesen Erfolgen wurden in Marin County, Kalifornien, und in New York weitere sichere Häuser eingerichtet. In Marin County testete man verschiedene Substanzen, darunter Stinkbomben, Juckpulver und High-Tech-Methoden, um Drogen in Getränke zu injizieren. 1959 plante man ein bizarres Experiment zum Test einer Methode, mit der ein gesamter Raum von Personen außer Gefecht gesetzt werden sollte, indem man ein LSD-Aerosol über ihren Köpfen versprühte. David

Rhodes, einer der MKULTRA-Mitarbeiter, die diesen Plan ausgeheckt hatten, gab später vor einem Senatsauschuss zu, dass der Versuch ein Fiasko war. Er und ein Kollege, John Gittinger, luden eine Gruppe Fremder in das sichere Haus ein und bereiteten dann das Aussprühen der Droge vor. Zu ihrem Unglück war es ein heißer Tag, und die Nacht-schwärmer öffneten andauernd Fenster und Türen, um durchzulüften. Frustriert nahm Gittinger die Dose mit dem Gasgemisch mit ins Bade-zimmer und ließ ihren Inhalt in die Luft entweichen. Nichts geschah. Das Experiment und die Party kamen abrupt zum Ende.

So nützlich die Versuche in sicheren Häusern sein mochten, war sich die CIA doch darüber im Klaren, dass sie moralische und ethische Grenzen überschritt. Ein Memo von 1957 über die »Beeinflussung menschlichen Verhaltens« räumt ein, dass »einige der Aktivitäten als un-ethisch angesehen werden und in manchen Fällen an Rechtsbruch gren-zen«. Selbst die an den Operationen beteiligten Agenten erkannten, dass sie eine Linie überschritten. »Ich glaube, auch der Letzte von uns bedauerte, dass wir so etwas anstellten«, erinnert sich ein Teilnehmer. »Wir wussten, dass wir zu weit gingen. Jeder anständige Junge weiß, dass er nicht stehlen sollte, und tut es manchmal doch. Wir wussten verdammt gut, dass es uns lieber war, wenn bloß niemand etwas davon erfuhr.«

Die ethische Problematik der Versuche wurde jedoch erst wirklich zum Thema, als der Generalinspekteur der CIA, John Earman, sechs Jahre später, 1963, bei einer Prüfung des MKULTRA-Programms darüber stolperte. In seinem 24-seitigen Bericht stellte er fest, dass verschiedene Aspekte des Versuchsprogramms »unethisch« seien und ernste »Fragen über die Rechtmäßigkeit« eines solchen Vorgehens aufwürfen. Unter allen Projekten seien »die heikelsten« sicherlich die Aktivitäten in den sicheren Häusern, die »die Rechte und Interessen amerikanischer Bürger aufs Spiel setzen«.

Earman war allerdings weniger über die Ethik der Versuche als über die Risiken besorgt, die sie bargen. Was würde passieren, fragte er, wenn George Hunter White über die Experimente redete oder jemand ande-res zur Presse ging? Er wies darauf hin, dass manchen Versuchsperso-nen von CIA-Narkotika speiübel geworden war und mindestens eine ins Krankenhaus eingeliefert werden musste. »Bei einer künftigen Ge-legenheit«, schrieb er, »könnte eine Versuchsperson den Grund ihrer Reaktion womöglich richtig erkennen und ärztlichen Rat suchen, um die Art der verwendeten Substanz zu identifizieren, und von wem sie verabreicht wurde.« Mit anderen Worten, die CIA könnte erwischt werden.

Earman sympathisierte mit der schwierigen Lage des Geheimdienstes. Als man ihm die Ziele der Drogentests erläuterte, stimmte er zu, dass sie notwendig seien, war aber der Meinung, dass solche Versuche in Zukunft bloß außerhalb amerikanischen Bodens »an Ausländern« durchgeführt werden sollten – keinesfalls mehr an amerikanischen Bürgern. Doch das geschah nicht. In den sicheren Häusern der CIA wurden nichtsahnenden Personen weiterhin LSD und andere Drogen untergejubelt – in San Francisco bis 1965 und in New York bis 1966.

Wie viele Menschen wurden wohl während des Jahrzehnts, in dem die sicheren Häuser betrieben wurden, unter Drogen gesetzt? Vermutlich aus Angst vor Klagen hat die CIA die klammheimliche »Behandlung« auch nur eines einzigen Zivilisten mit LSD nie zugegeben. Und heute, wo die wichtigsten Beteiligten seit langem tot sind, wird das wahre Ausmaß ihrer Drogentests niemals mehr ans Licht kommen.

Die Angst vor Klagen scheint George White nicht gekümmert zu haben, für den die ganze Operation zweifellos ein gewaltiger Jux war. »Ich mühte mich von ganzem Herzen auf dem Weinberg ab, weil es Spaß, Spaß und nochmals Spaß machte!«, schrieb er an Sidney Gottlieb einige Zeit später. »Wo sonst«, fragte er, »konnte ein feuriger amerikanischer Junge mit der Erlaubnis und dem Segen des Allerhöchsten lügen, betrügen, plündern und Unzucht treiben?«

∽

Vielleicht waren LSD-Versuche an nichtsahnenden Zivilisten der Alternative vorzuziehen, die Droge bei echten Verhören einzusetzen. CIA-Akten über dieses Thema sind dünn gesät. Ein dokumentierter Fall fand jedoch im Frühjahr 1961 in Europa statt. Die Operation wurde unter Federführung des Nachrichtendienstzentrums der amerikanischen Armee durchgeführt und trug den Codenamen THIRD CHANCE. Elf Männer wurden dabei verhört, zehn von ihnen Ausländer, der elfte Amerikaner.

Es ging um einen schwarzen Soldaten namens James R. Thornwell, der verdächtigt wurde, geheime Dokumente gestohlen zu haben. Bevor das Experiment stattfand, war Thornwell periodisch sechs Wochen lang vernommen worden. Seine Vernehmer hielten ihn wach und setzten ihn wechselweise Hitze und Kälte aus; sie ließen ihn hungern und dursten, beleidigten ihn und ließen ihn in schmerzhaften Positionen stehen.

Dann erklärten sie ihm, sie wollten ihm Thiopental spritzen, weil sie es »vorher noch nicht an Negern« ausprobiert hätten. Ohne ihn zu informieren, was die Droge anrichten konnte, setzte man ihm einen Schuss »EA1729«, der Codename der Armee für LSD. Damit war anscheinend nicht beabsichtigt, einen bestimmten Geisteszustand herbeizuführen, sondern ihm eine Todesangst einzujagen. In dieser Hinsicht war der Test ein voller Erfolg. Thornwell drehte durch – besonders, als seine Vernehmer ihm offenbarten, dass er von der Droge geisteskrank werden würde. Obwohl er bereit zu sein schien, beinahe alles zu gestehen, um die Verhöre zu beenden, waren keine neuen Informationen aus ihm herauszukriegen. So wurde er schließlich aus der Untersuchungshaft entlassen.

Nicht, dass die Angelegenheit für den unglücklichen Soldaten damit zu Ende gewesen wäre. Seiner medizinischen Akte zufolge war Thornwell noch einen Monat vor der Befragung unter LSD kerngesund. Zwei Monate später diagnostizierte ihn ein Armeearzt als »chronisch schwer schizoide Persönlichkeit«, woraufhin er wegen mangelnder »Eignung« aus der Armee entlassen wurde. Thornwell legte Widerspruch ein, die Sache kam vors Militärgericht, aber das Verfahren wurde eingestellt, als sein Anwalt forderte, die Vernehmer vorzuladen, damit sie erklären konnten, was sie mit ihm angestellt hatten. Aus irgendwelchen Gründen hielt das niemand für eine gute Idee. Stattdessen wurde Thornwell endgültig unehrenhaft entlassen, obwohl es noch immer keinen Beweis dafür gab, dass er Dokumente gestohlen hatte.

Die Armee schien mit ihrer Entdeckung, dass LSD keine wirkungsvolle Wahrheitsdroge war, der CIA etwas hinterherzuhinken. Anfänglich bestand der größte Reiz der Droge in der Hoffnung, dass Menschen unter ihrem Einfluss wahrheitsgemäße Aussagen machen würden. Es ging außerdem das Gerücht, dass die Substanz für die Zeit ihrer Wirkung eine Amnesie hervorriefe – ein enormer Vorzug, denn so könnten sich die Verhörten nicht sicher sein, was genau sie gestanden hätten. Tatsächlich aber erwies es sich als genauso wahrscheinlich, dass die Vernehmer statt etwas Sinnvollem einen Haufen krauses Zeug zu hören bekamen. LSD war unvorhersehbar: Manchmal genossen es die Leute, dann wieder gerieten sie in Panik. Wie immer sie aber reagierten, sie erinnerten sich unweigerlich lebhaft an die Erfahrung.

In Großbritannien war die Reaktion ganz ähnlich. »Das Problem mit diesem verdammten Zeug ist«, so erinnert sich Cyril Cunningham, »dass manche Menschen davon einen psychotischen Anfall bekommen.

Und wenn jemand einen psychotischen Anfall hat, möge ihm und den anderen Anwesenden der Herrgott beistehen!«

Mitte der 50er Jahre vollzog die CIA tatsächlich eine rasante Kehrtwende. Statt als Wahrheitsdroge, fand sie, könnte man LSD doch als Anti-Wahrheitsdroge einsetzen. Wer sie einnahm, verlor doch jeden Zusammenhang und jede Kontrolle. Wäre es da nicht eine gute Idee, den eigenen Agenten eine kleine Ration davon mitzugeben für den Fall, dass sie verhaftet werden würden? Sowjetische Vernehmer könnten mit ihren Opfern nicht das Geringste anfangen und würden die Verhöre hoffentlich bald abbrechen, wenn ihnen lange genug zusammenhangloses Zeug vorgebrabbelt worden wäre.

Anfang der 60er Jahre war jedoch unterdessen etwas Größeres im Gange als die Frage, ob LSD als Wahrheitsdroge taugte. Die Öffentlichkeit entdeckte die Wunder der geheimdienstlichen Gehirnwäschedrogen, und in den USA begann sich die Haltung gegenüber Halluzinogenen zu wandeln.

Am Anfang dieses Wandels stand jene schicksalhafte Kette von Ereignissen, die ihrerseits im September 1952 begann, als Robert von Ranke-Graves den Amateurpilzforscher Gordon Wasson auf die Existenz des Gottesfleisches *teonanácatl* aufmerksam machte. Diese Phase erreichte 1957 mit der Veröffentlichung von Wassons *Life*-Artikel über die »Entdeckung von Pilzen, die seltsame Visionen hervorrufen«, ihren Höhepunkt. In jenem Jahr besuchte Graves Wasson in New York, und die beiden Männer verbrachten den Abend damit, einer Aufzeichnung von María Sabinas Pilzzeremonie zu lauschen. Dies, schrieb von Ranke-Graves, sei »das aufregendste Ereignis« seines Aufenthalts in den Vereinigten Staaten gewesen.

Am 31. Januar 1960 hörten sich die beiden die Aufnahme abermals an, dieses Mal, nachdem sie einige Pilze verspeist hatten. Für Graves war die Erfahrung eine Offenbarung. Eine Woche später schrieb er an Wasson, dieser Tag sei für ihn im Kalender »nicht nur rot angestrichen«, sondern »in allen Regenbogenfarben«. Die heiligen Pilze hätten die Barrieren in seinem Bewusstsein eingerissen, mit dem Ergebnis, dass »ich in meinem Kopf nun weit klarere Bilder sehe als zuvor«, und er sei der Ansicht, dass diese Pilze in Europa und Amerika verteilt werden sollten. »Warum solche Drogen den Geisteskranken vorbehalten?«, schrieb er. »Sie sollten auch den geistig Gesunden zukommen. Besonders Dichtern und Künstlern.«

Vier Monate später frönte er wieder dem Rausch, dieses Mal mit einer synthetischen Psilocybin-Tablette, die Albert Hofmann vom Schweizer Pharmaunternehmen Sandoz hergestellt hatte. Am 8. Juli 1960 berichtete er seinem Freund William Sargant, die synthetische Droge halte dem Vergleich mit der echten nicht stand. »Lass Dich nicht täuschen«, riet er dem Psychiater. »Sie lässt das magische Prinzip aus und schickt Dich nach Coney Island, nicht in den Garten Eden (wie die andere).«

Während Robert von Ranke-Graves mit der Droge spielte, tauchte Gordon Wasson ganz in sie ein. Zwei Monate, nachdem er Graves Psilocybin gegeben hatte, lud Wasson Albert Hofmann und dessen Frau nach Mexiko ein, um dort María Sabina kennen zu lernen und an einer Pilzzeremonie teilzunehmen. Hofmann bot María Sabina eine Probe seines Psilocybin an, das sie fast so gut wie die Pilze fand.

Während Wasson und seine Freunde das Potenzial von Psilocybin erkundeten, stellte die CIA unter Harris Isbell im Suchtforschungszentrum von Lexington heimlich ihre eigenen Experimente mit der Droge an. Im November 1958 erhielt Isbell die erste Charge von 500 Milligramm Psilocybin. Er richtete sofort eine Station für 28 »männliche Neger« ein und gab ihnen die Droge, aufgelöst in Himbeersirup, zu trinken. Kurz nach der Einnahme war allen Männern übel, eine halbe Stunde später waren sie überzeugt, dass »etwas Schlimmes geschehen wird«. Einige klagten über das Gefühl, verrückt zu werden oder zu sterben – oder beides. Dann halluzinierten sie, sahen Farben und kaleidoskopische Muster, die bald wundersame Formen annahmen. »Manche Patienten«, berichtete Isbell, »hatten das Gefühl, sehr groß geworden, andere, auf Kindergröße geschrumpft zu sein. Ihre Hände oder Füße schienen nicht ihre eigenen zu sein, und manchmal nahmen sie das Aussehen von Tierpranken an.« Einige Probanden berichteten auch von detaillierten Fantasien, zum Beispiel, zum Mond zu fliegen.

Doch die Pläne der CIA, Psilocybin und LSD geheim zu halten, schlugen fehl. Da Isbell die Drogen an Süchtigen testete und Wasson seinen Freunden davon erzählte, dauerte es nicht lange, bis andere sich für die neuen Wunderdrogen interessierten. Und sie sollten schließlich die Tore aufstoßen.

Im Sommer 1959 las ein junger Harvardprofessor Wassons Artikel in *Life* und beschloss, der Sache nachzugehen. Im nächsten Jahr unternahm er eine Reise nach Mexiko und mietete eine Villa mit Swimmingpool außerhalb von Cuernavaca an. Im August erhielt er Besuch von einem mexikanischen Anthropologieprofessor namens Gerhardt Braun,

112   *Kapitel 3*

der den Artikel ebenfalls gelesen hatte. Als sie am Pool saßen, erzählte Braun dem Amerikaner, dass an der Pilzgeschichte wirklich etwas dran sei. Er habe vor kurzem eine Frau, die »alte Juana«, in einem kleinen Dorf namens Toluca aufgesucht und von ihr einen Sack »magischer Pilze« gekauft. Ob er nicht ein paar davon versuchen wolle? Das wollte der junge Professor sehr wohl und aß am 9. August sieben Pilze. Ihr Geschmack, klagte er, sei bitter – aber ihre Wirkung war explosiv. »Wow!«, schrieb er seinem Freund Arthur Koestler. »Ich habe in sechs Stunden mehr gelernt als in den letzten 16 Jahren!«

Bei jedem anderen Harvardprofessor wäre aus dieser Erfahrung eine amüsante Dinnergeschichte geworden. Nicht so bei diesem: Sein Name war Timothy Leary.

Was er erlebte, beschrieb er als klassische visionäre Reise. »Wie beinahe jeder, für den der Schleier gelüftet wurde, kam ich als veränderter Mensch zurück«, schrieb Leary in seinem Resümee *Denn sie wussten, was sie tun*.

Daheim in den USA orderte Leary 100 Psilocybin-Tabletten von Sandoz. Am Tag, als sie eintrafen, gab er für ein paar Freunde eine Party und öffnete das Fläschchen. Am nächsten Morgen waren alle 100 Tabletten weg, und er gab eine neue Bestellung auf. Als die Lieferung eintraf, gründete er das Harvard Psilocybin Project und verabreichte die Droge 34 Gefängnisinsassen in Concord, Massachusetts. Er hoffte, sie auf diese Weise rehabilitieren zu können. »Schauen wir, ob wir die Kriminellen nicht in Buddhas verwandeln können!«, rief er seinen studentischen Mitarbeitern zu.

Leary verteilte die Droge an Freunde und Kollegen, die sie an andere weitergaben. Er ließ die Schriftsteller Jack Kerouac und Robert Lowell daran teilhaben, dann die Beatpoeten Allen Ginsberg und David Orlovsky. (Eine halbe Stunde, nachdem Ginsberg sie genommen hatte, stürmte er nackt ins Zimmer. »Ich bin der Messias! Ich bin hinabgestiegen, um der Welt die Liebe zu predigen!«, verkündete er und beschloss, Präsident Kennedy und den sowjetischen Premier Chruschtschow anzurufen, »um die Sache mit der Bombe ein für allemal beizulegen«.) Ginsberg machte den Pianisten Thelonious Monk und den Trompeter Dizzy Gillespie mit der Droge bekannt. Gillespie war so begeistert von der Erfahrung, dass er genug Tabletten mit nach Hause nahm, um seine ganze Band damit zu verköstigen. Und so zog das seine Kreise.

Die Psilocybin-Proben, die Leary und Wasson verteilten, verstärkten den Schwall des Interesses für mystische Erfahrungen, den Aldous

Huxley ein paar Jahre zuvor angefacht hatte. Huxley war im Frühjahr 1953 von einem britischen Arzt, Humphrey Osmond, Meskalin angeboten worden. Danach von Osmond durch die Stadt geführt, war Huxley am meisten von seinen Hosenfalten beeindruckt gewesen, als er sich hinsetzte, sie anstarrte und wiederholte: »So sollte man sehen; so sind die Dinge wirklich.«

Nun galt Meskalin als Droge zur Bewusstseinserweiterung, nicht als Wahrheitsserum. 1954 schilderte Huxley seine Erfahrung mit der Droge in *Die Pforten der Wahrnehmung* – er entlieh sich für den Titel eine Zeile William Blakes. Das Buch wurde bald zu einem Schlüsseltext der aufkeimenden Gegenkultur.

Nachdem sie Berichte über Psilocybin in *Life* gelesen hatten, besuchten Huxley und Osmond Wasson, um von ihm mehr darüber zu erfahren. Bald fand Huxley einen neuen »lieben Freund« in Timothy Leary, und die beiden nahmen die Droge gemeinsam ein.

Die Neuigkeit von Wassons Wunderdroge verbreitete sich auch nach England. 1961 hielt Robert von Ranke-Graves vor Mitgliedern der Oxforder Humanist Society eine Vorlesung über seine Erfahrungen mit den Pilzen. Nach dem Verzehr, sagte er, sei er auf lodernden Juwelenpfaden durch die dunkelblauesten Grotten des Meeres ins Paradies gereist. Eine veröffentlichte Fassung des Vortrags (»The Universal Paradise«) vermittelt einen Eindruck, mit welcher Begeisterung er sich dem Thema zuwandte: »In diesem Berggipfelparadies«, schrieb er, »sah man die Musiknoten des Lieds der Heilerin, wie sie sich langsam niedersenkten und sich in Blätter, Blumen und gewundene Goldketten verwandelten … Ein Gefühl völligen Friedens und tiefer Weisheit ergriff von mir Besitz.« Die Erfahrung, sagte er, sei »gänzlich gut, eine Erleuchtung des Geistes«. Der Vortrag, bemerkte Graves' Biografin Miranda Seymour, war für viele junge Leute in seinem Publikum »deren erster maßgeblicher Bericht eines Drogentrips«.

Auch dem britischen Militär war die neue Droge nicht entgangen. Dokumente aus der Versuchsanstalt Porton Down vom Dezember 1959 belegen, dass man Untersuchungen an einer Reihe pflanzlicher Drogen auf den Weg gebracht hatte, die von der CIA erforscht wurden, darunter Reserpin, Yohimbin und Harmin. Sie erwähnen auch die Entdeckung einer nützlichen Substanz aus dem Mexikanischen Kahlkopf, *Psilocybe mexicana*, eben jenem Pilz, den Wasson vier Jahre zuvor entdeckt hatte. Die Droge war natürlich Psilocybin.

Zivile Forscher griffen ebenfalls die Möglichkeiten halluzinogener

Drogen auf. 1951 besuchte der Psychiater Ronald Sandison Albert Hofmann bei Sandoz und kehrte mit einer Gratispackung von 100 LSD-Mikrogramm-Ampullen zurück. Nachdem er die Droge im Powick Hospital in Worcestershire auf ihre abreaktiven Eigenschaften getestet und positive Resultate verzeichnet hatte, veröffentlichte er einen Aufsatz über den Einsatz von LSD bei der Behandlung von Geisteskrankheiten. Dann wurde es verrückt. »Innerhalb von fünf Minuten nach Veröffentlichung des ersten Aufsatzes«, erinnert sich Sandison, »stand jemand vom *News Chronicle* vor meiner Tür, der wissen wollte, worum es bei alldem gehe. ... Es löste eine Sensation aus. Ich hätte niemals etwas Derartiges erwartet.« Sandison wurde zur Schlüsselfigur der britischen Halluzinogenforschung. Auf Hofmanns Empfehlung hin begann er Versuchsreihen mit Psilocybin, das er an seine Patienten verteilte.

Sandisons Forschung blieb im kleinen Rahmen, bis sich ein Freund einschaltete: Joel Elkes, Direktor der Abteilung für Experimentelle Psychiatrie an der Universität von Birmingham, der damals die Versuchsanstalt in Porton Down (und somit das MI6) über die Eigenschaften von LSD bei Verhören beriet. Elkes ermutigte Sandison zu der Arbeit und stellte schließlich sicher, dass er Forschungsgelder in Höhe von 50 000 Pfund vom Regional Hospital Board erhielt, um einen eigenen LSD-Flügel in Powick aufzubauen. Die Therapie breitete sich in ganz Großbritannien aus.

Elkes wählte dann Sandison als Vertreter der britischen Ärzteschaft für LSD-Kongresse der Weltgesundheitsorganisation (WHO) aus, wo dieser mit Aldous Huxley und Harold Abramson, einer Leuchte der amerikanischen LSD-Forschung, zusammentraf. Was weder Elkes und Sandison noch Huxley wussten, war, dass Abramson für die CIA arbeitete, und viele der Treffen, an denen sie teilnahmen, wurden von der CIA-Tarnorganisation Josiah Macy, Jr, Foundation finanziert. Auf diese Weise flossen Elkes' und Sandisons Arbeiten auf direktem Wege in das MKULTRA-Projekt der CIA ein.

Die Rolle von Elkes und Sandison in der LSD-Geschichte hat noch eine weitere wichtige Seite. 1951 schloss Sandison Bekanntschaft mit einem exzentrischen amerikanischen Millionär namens Alfred M. Hubbard, einem ehemaligen OSS-Offizier. Er war fasziniert von LSD, versuchte es und wurde anscheinend Zeuge seiner eigenen Empfängnis. »Es war das Tiefste, was ich je gesehen habe«, erinnerte er sich später. »Ich erblickte mich selbst als kleines Würmchen in einem großen Sumpf mit einem Funken Intelligenz. Ich sah meine Mutter und meinen Vater, die miteinander schliefen. Es erschien alles klar vor meinen Augen.« Gebührend beeindruckt, nahm Hubbard Kontakt zu Sandoz auf, orderte 43 Kartons der Droge und ließ sie nach Amerika verschiffen. »Hat mich ein paar hunderttausend Dollar gekostet«, sagte er später. Dort spürte er Aldous Huxley und Humphrey Osmond auf und ließ sie die Droge 1955 probieren. Osmond, überzeugt vom Wert dieser Erfahrung, prägte zu ihrer Beschreibung den Ausdruck »psychedelisch«.

Da Hubbard einen Haufen Geld und eine Menge LSD hatte – 6000 Ampullen in der ersten Lieferung –, taten sich Huxley und der ehemalige Spion zu einem Bündnis zusammen. Das Ziel war offenbar, den amerikanischen Künstlern und Intellektuellen schnellstmöglich die Schönheit halluzinogener Drogen ans Herz zu legen. Hubbard, der sich weigerte, Geld für seine Lieferungen zu nehmen, flog durchs ganze Land, sammelte interessante Pharmazeutika und verteilte sie an einen stetig wachsenden Zirkel von Fans.

Einer der Leute, die er mit LSD in Berührung brachte, war ein Psychiater der feinen Gesellschaft aus Los Angeles, Oscar Janiger, der sich später erinnerte, auf Hubbards Ankunft gewartet zu haben »wie eine kleine alte Lady in der Prärie auf ihr Exemplar des Sears-Roebuck-Katalogs«. Er und seine Freunde fingen an, LSD und Psilocybin in Gesellschaft zu nehmen. Janiger reichte LSD an Schriftsteller, Schauspieler und Musiker weiter, darunter Anaïs Nin, André Previn, Jack Nicholson, James Coburn und Cary Grant – der 1959 ein freimütiges Interview gab, in dem er die Vorzüge des Stoffes pries. Nun, da Berühmtheiten der ersten Garde mit der Droge experimentierten, war ihre Ausbreitung unausweichlich.

In der Zwischenzeit schickte die CIA natürlich weiterhin LSD zu Tests in ihre Universitäten und Krankenhäuser, wo ihre Versuchspersonen plötzlich weniger zufällig ausgewählt wurden. Freunde von Freunden, die von LSD gehört oder es ausprobiert hatten, tauchten auf und boten sich als Freiwillige an. 1959 gab Harold Abramson dem Anthropologen Gregory Bateson LSD, der Allan Ginsberg ermutigte, an einem LSD-Experiment im Mental Research Institute in Palo Alto, Kalifornien, teilzunehmen. Ginsberg wurde paranoid, überzeugt, dass er drauf und dran war, »in das Stromnetz der ganzen Nation absorbiert zu werden«, gab aber die Kunde von der Droge danach weiter.

Im folgenden Jahr erhielt Ken Kesey, der an der Universität Stanford gerade ein Aufbaustudium in Kreativem Schreiben absolvierte, 75 Dollar, um an einer Versuchsreihe der CIA im kalifornischen Menlo Park

Veterans' Hospital teilzunehmen. Elektrisiert von der Wirkung des LSD, verließ er die Uni, suchte sich einen Job als Pfleger in der Psychiatrie und fing an, für einen Roman zu recherchieren, der »sowohl von den Zuständen in einer psychiatrischen Station als auch von Drogen« handeln sollte. Aus dem Projekt wurde *Einer flog über das Kuckucksnest*. Nach dem Erfolg des Buches verlor Kesey keine Zeit, sammelte eine Gruppe Gleichgesinnter um sich, steckte sie in einen knallbunt bemalten »Zauberbus«, fuhr damit kreuz und quer durch die USA und organisierte »Acid-Test«-Partys, bei denen Tausende von Teilnehmern LSD erhielten.

Mit Kesey an der West- und Leary an der Ostküste der Vereinigten Staaten lief der Konsum der magischen Droge bald völlig aus dem Ruder. Leary, mittlerweile auf dem besten Weg, sich zum »Hohen Priester des LSD« aufzuschwingen, prägte den Slogan »Turn on, tune in, drop out«[*], der die folgende Dekade durchs ganze Land hallte und ihm (von niemand Geringerem als Richard Nixon) den beeindruckenden Beinamen »gefährlichster Mann Amerikas« eintrug.

Die Folge war, dass LSD und Psilocybin in das öffentliche Bewusstsein katapultiert wurden. Für die CIA war das eine Überraschung. Es war dem Geheimdienst nie eingefallen, dass Menschen Gehirnwäschedrogen zum Spaß nehmen könnten. 1963 erkannte er, dass etwas schieflief: »Es gibt Informationen, dass einige nichtgeheimdienstliche Gruppen besonders an der Westküste dazu übergegangen sind, diese Drogen zu einer Art religiösem Experimentieren zu nehmen. … Jede Information über den Konsum dieser Art von Droge aus experimentellen oder persönlichen Gründen sollte sofort gemeldet werden.«

Das Memorandum warnte, dass Timothy Learys LSD-Forschungsgruppe »Ortsvereine« in Mexiko-Stadt, Cambridge, Massachusetts, Los Angeles und New York gegründet habe. Die Drogen, die sie verwendeten, darunter Meskalin, Psilocybin, LSD und »einige auf das Hirn wirkende Pilze«, seien »extrem gefährlich«. Es waren im Übrigen genau

---

[*] Mitte der 60er Jahre fing Leary auf Empfehlung von Marshall McLuhan an, Werbung für »die Taktiken der Intelligenzsteigerung« zu machen. Der Slogan *Turn on, tune in, drop out*, der ihm unter der Dusche dazu einfiel, soll so viel heißen wie: Besinnung auf und Aktivierung der eigenen physischen Anlagen und »Bewusstseinsebenen« u. a. durch Drogenerfahrungen (*turn on*), harmonische Interaktion mit der Umwelt und Einbringen der neugewonnenen Perspektiven (*tune in*) sowie Selbstbefreiung »von unfreiwilligen oder unbewussten Verpflichtungen« und Hinwendung zur »eigenen Einmaligkeit« (*drop out*). (Vgl. Timothy Leary, *Denn sie wussten, was sie tun. Eine Rückblende*, Basel 1986, S. 289 f., A. d. Ü.)

dieselben Drogen, mit denen der Geheimdienst seit einem Jahrzehnt unbeholfen herumexperimentierte – was er tunlichst geheim zu halten versucht hatte.

Die CIA mag von der Bewegung, die sie unabsichtlich ins Rollen brachte, geschockt gewesen sein, doch nirgendwo waren die Auswirkungen der Entdeckung halluzinogener Drogen einschneidender als in einem kleinen Dorf 150 Kilometer südöstlich von Mexiko-Stadt.

༄

María Sabina, die Schamanin von Huautla de Jiménez, hätte erkennen müssen, dass von Anfang an etwas nicht stimmte. Wenn sie sonst die Kleinen Vorspringenden aß, fühlte sie sich in die Berge um Oaxaca hinaufgetragen, doch 1955, als sie zum ersten Mal Wasson und Richardson davon gab, änderte sich dies. »Ich hatte andere Visionen als gewöhnlich«, erinnerte sie sich später. »Ich sah Orte, von deren Existenz ich nie eine Vorstellung gehabt hatte. Ich erreichte den Ort, aus dem die Ausländer gekommen waren. Ich sah Städte. Große Städte. Viele, große Häuser.«

Zuerst freute sie sich sehr über die Aufmerksamkeit von Wasson, Leary, Hofmann und ihren Freunden. Sie genoss es besonders, Kopien der Artikel zu erhalten, die sie über sie schrieben; da sie nicht lesen konnte, betrachtete sie die Bilder. Sie und Wasson wurden dicke Freunde, und einmal überreichte er ihr eine LP, die er von ihrem Gesang produziert hatte, und einen Plattenspieler, um sie abzuspielen. Am aufregendsten war, dass der Gouverneur der Provinz zu Besuch kam, als bekannt wurde, was sie für den Ruf Oaxacas geleistet hatte, und ihr ein paar Matratzen schenkte, sodass sie zum ersten Mal in ihrem Leben auf einem Bett schlafen konnte.

Wasson hatte sich sehr bemüht, María Sabinas Identität zu schützen und ihren Namen, den Ort und sogar ihre Muttersprache geändert, als er in *Life* über sie schrieb. Doch es dauerte nicht lange, bis Hinweise auf ihre wahre Identität ans Licht kamen – und Pilger aus dem Norden sie fanden. Als immer mehr Leute auftauchten, die erwarteten, den Kleinen Vorspringenden vorgestellt zu werden, wurde sie unzufrieden: »Vor Wasson«, sagte sie, »wurden die Pilze immer genommen, um die Kranken gesund zu machen. Nach den ersten Besuchen baten mich die ausländischen Leute, Nachtwachen für sie zu halten. Ich fragte sie, ob sie krank seien, doch sie sagten nein – dass sie nur gekommen seien, um ›Gott kennen zu lernen‹.«

Und eigentlich unterlagen doch die Pilze einem Geheimnis. »Es ist wahr«, erzählte sie später einem Forscher, »dass vor Wasson niemand so offen über die Heiligen Kinder gesprochen hatte. Wenn wir Mazateken von den Nachtwachen sprechen, tun wir es mit gesenkter Stimme.« Die Amerikaner sprachen nicht mit gesenkter Stimme. Die jungen, langhaarigen Leute mit den bunten Kleidern verstanden nicht, dass dies ein altes Ritual war und Respekt verdiente. »Es war schwer für mich, ihnen zu erklären, dass die Nachtwachen nicht aus dem schlichten Wunsch abgehalten wurden, Gott zu finden, sondern aus dem einzigen Grund, die Krankheiten zu heilen, unter denen unsere Leute leiden.«

Mit der Zeit kamen immer jüngere und ungepflegtere Leute, die sich schlecht benahmen. Wenn María Sabina sich weigerte, das Ritual für sie zu zelebrieren, kauften sie die Pilze von jemand anderem im Dorf und berauschten sich damit. Ohne ordentliche Aufsicht aßen sie zu viele Pilze und wurden krank. Oder sie machten Ärger. Einer der Ausländer stürzte in einen derartigen Vollrausch, dass er »wie ein Löwe brüllte«. Ein anderer rannte mitten in der Nacht mit einem lebenden Truthahn zwischen den Zähnen durchs Dorf. »Diese jungen Leute«, sagte sie, »blond und hellhäutig, respektierten unsere Sitten nicht. Nie, soweit ich mich erinnere, wurden die Heiligen Kinder mit einem solchen Mangel an Achtung gegessen.«

Andere boten ihr an, für das Ritual zu zahlen, hatten aber kein Geld. Ein junger Mann in Sandalen bot ihr einen Hund als Bezahlung an. »Was soll er zu fressen kriegen?«, fragte sie ihn. »Kacke?«

Der Strom von jungen Leuten, die auf der Suche nach Drogen nach Huautla de Jiménez kamen, rief bald die mexikanischen Bundesbehörden auf den Plan. Schließlich geschah das Unvermeidliche: María Sabina wurde verhaftet und in Gewahrsam genommen. Als sie bald darauf wieder freikam, entdeckte sie, dass die Beamten ihr Heim geplündert und alles Wertvolle gestohlen hatten, einschließlich des Plattenspielers, den ihr Gordon Wasson geschenkt hatte. 1967 musste ein Kontingent mexikanischer Soldaten im Dorf stationiert werden, um die Tripsucher, die dabei waren, den Ort in eine Kommune zu verwandeln, aus dem Dorf zu scheuchen.

Schlimmer als die Polizeipräsenz war jedoch die Art, wie María Sabina von ihrer eigenen Gemeinde behandelt wurde. Mit der Invasion junger Leute hatte sie bald nicht mehr den Status einer Weisen oder Schamanin, sondern einer Hure, die Geheimnisse, Mysterien und Magie gegen Bares verhökerte. Eines Nachts brannten Einheimische ihr

Haus ab und vernichteten den Rest ihrer Habe. Sie und ihre Familie waren gezwungen, in den Wald zu ziehen und wie Tiere nach Nahrung zu wühlen.

Der tragischste Aspekt der Geschichte war jedoch der Verlust der Kleinen Vorspringenden. »Vor Wasson«, sagte sie später, »fühlte ich, dass die Kleinen Vorspringenden mich emporhoben. Ich spüre das nicht mehr. … Von dem Moment an, wo die Ausländer kamen, verloren die Heiligen Kinder ihre Reinheit. Sie verloren ihre Kraft. Die Ausländer haben sie verdorben. Von jetzt an werden sie nicht mehr gut sein. Es gibt keine Abhilfe dafür.«

Jahre später, bereits in fortgeschrittenem Alter, gab María Sabina einem französischen Magazin ein Interview. Darin heißt es: »Ich hätte nein sagen sollen« – an jenem Tag im Juni 1955, als Cayetano García zu ihr kam und sie bat, Gordon Wasson und Alan Richardson zu treffen.

Wasson entging die Tragödie nicht. »Diese Worte«, sagte er 1976, »geben mir einen Stich. Ich, Gordon Wasson, werde für das Ende einer religiösen Praxis in Mittelamerika verantwortlich gemacht, die 1000 Jahre zurückreicht. Ich fürchte, dass sie die Wahrheit gesagt hat. … Eine Praxis, die im Geheimen jahrhundertelang fortgeführt wurde, ist nun der Luft ausgesetzt, und das bedeutet ihr Ende.«

María Sabina, die »alte Weise« von Huautla de Jiménez, starb 1985 im hohen Alter von 91. In den Bahnhöfen und Busstationen von Oaxaca kann man bis heute Poster und Postkarten von ihr kaufen. Es ist auch möglich, die Pilze, die sie berühmt gemacht haben, zu erwerben und zu essen.

Nicht länger möglich ist es, die Zeremonie der Kleinen Vorspringenden zu beobachten oder an ihr teilzunehmen.

Kapitel 4 | # Im schwarzen Raum

Soldaten verletzten Kapuzenverbot für Kriegsgefangene
Von George Jones und Michael Smith

Britische Soldaten im Irak haben ein 33 Jahre altes Verbot gebrochen, Gefangene mit übergezogenen Kapuzen zu verhören, räumte Verteidigungsminister Geoffrey Hoon gestern im Parlament ein und bot allen misshandelten Irakern seine »vorbehaltlose« Entschuldigung an.
… Mr. Hoon berichtete dem Parlament, dass die Praxis in britischen Einrichtungen letzten September beendet wurde und betonte die fortdauernde Gültigkeit des Kapuzenverbots in der Armee. Nach Klagen über Misshandlungen von Katholiken in Nordirland hatte die Heath-Regierung der Armee 1971 untersagt, bei Verhören Kapuzen zu benutzen.
Daily Telegraph, 11. Mai 2004

»Ich stehe acht bis zehn Stunden am Tag. Warum wird das Stehen auf vier Stunden begrenzt?«
Donald Rumsfeld

Die Soldaten trafen am 9. August 1971 um 4.30 Uhr auf der Hauptstraße der kleinen Ortschaft Beragh in der Grafschaft Tyrone ein. Sie parkten ihren gepanzerten Truppentransporter vor dem Haus mit der Nummer 76. Vorsichtig stieg ein kleiner Suchtrupp aus dem Vehikel, näherte sich dem Haus und hämmerte gegen die Tür.

Im Inneren des Hauses hatte sich Paddy Joe McClean gerade zu Bett gelegt. Der 38-jährige Sonderschullehrer und Vater von acht Kindern war kürzlich aus einem Urlaub an der Küste zurückgekehrt. Mit seiner im achten Monat schwangeren Frau Annie hatte McClean seine Familie in einem zerbeulten Minibus ans Meer kutschiert und dort ein Haus gemietet. »Es war«, wie er sich erinnerte, »das tollste Erlebnis, das wir je zusammen hatten.« Sie hatten ihren Aufenthalt jedoch vorzeitig abbrechen müssen, als die Nachricht eintraf, dass Annies Mutter ernstlich erkrankt war. In der Nacht, als die Soldaten eintrafen, hatte McClean bis zwei Uhr morgens an ihrem Krankenhausbett gewacht. Zuhause war er sofort erschöpft ins Bett gefallen.

Geweckt vom Klopfen, rief McClean aus dem Fenster, dass er gleich nach unten käme, und ging die Treppe hinunter, um nachzusehen, was der Rabatz zu bedeuten hatte. Als er im Schlafanzug die Tür öffnete, sah er sich einem Trupp bewaffneter Fallschirmjäger gegenüber, die ihn mit schlechten Nachrichten begrüßten. »Sie sagten: ›Sie kommen mit uns‹«, entsann sich McClean, als ich im November 2004 in seiner Küche mit ihm sprach. »So etwas in der Art. ›Sie sind verhaftet. Wir nehmen Sie mit.‹ Ich habe sinngemäß geantwortet: ›Ich muss mich erst anziehen.‹«

Die Fallschirmjäger folgten McClean nach oben. Auf dem Treppenabsatz fragte die hochschwangere Annie, was los sei. Ein Offizier erwiderte ihr, dass ihr Ehemann verhaftet sei. Während McClean sich anzog, protestierte seine Frau bei den Soldaten. Das Baby in ihrem Schlafzimmer fing an zu schreien. Dann zogen sie McClean aus dem Zimmer. Annie klammerte sich an ihren Ehemann und versuchte, ihn auf der Treppe festzuhalten, doch die Soldaten ließen nicht von ihm ab und zerrten ihn hinunter. Sie begann zu schreien und forderte, man solle ihr sagen, wo man ihren Mann hinbringe. Ihre Schreie weckten die anderen Kinder, die ebenfalls zu weinen begannen. Unter dem anschwellenden Lärm führte man Paddy Joe McClean aus dem Haus, verstaute ihn im hinteren Teil des wartenden Transporters und verschwand mit ihm in die Nacht.

100 Kilometer entfernt, im Iris Drive 88 ein paar hundert Meter von der Falls Road entfernt, der zentralen Verkehrsader im katholisch dominierten Westen von Belfast, spielte sich ein ähnliches Szenario ab. Hier war die Zielperson der 19-jährige Mechaniker Joe Clarke. Er hatte mit Formel-2-Rennen zu tun und arbeitete in der örtlichen Werkstatt an zwei Lotus-Wagen. Einen davon hatte der britische Rennfahrer John Watson kürzlich abgeschrieben; Clarke reparierte ihn. Er hoffte, eines Tages selbst Rennfahrer zu werden. In jenem heißen Sommer 1971 war er im Ausland bei Rennen gewesen und dann nach Irland zurückgekehrt, um in Donegal eine Woche Urlaub mit seiner Verlobten zu verleben. Das Paar hatte dort in einem kleinen Gästehaus gewohnt und war dann zur Arbeit nach Belfast zurückgekehrt.

In jener Nacht hatte es Krawalle auf der Falls Road gegeben. Clarke war hinausgegangen, um zuzuschauen und, wie er es ausdrückt, »ein bisschen rumzuschnüffeln«. Er hatte seine Verlobte besucht und war um Mitternacht zum Haus seiner Eltern zurückgekehrt. Wie Paddy Joe McClean schlief auch er tief und fest, als die Soldaten um 4.30 Uhr eintrafen. Vom Lärm ihrer Ankunft geweckt, zog er sich an und ging die Treppe hinunter, wo sein Vater bereits die Tür geöffnet hatte. Vier Fallschirmjäger betraten das Haus und fingen an, es zu durchsuchen. Clarke folgte ihnen, um sicherzugehen, dass sie ihm und den Seinen nicht heimlich Belastungsmaterial unterschoben.

Nach der Durchsuchung versammelten die Soldaten die Clarke-Familie im Flur, wo einer von ihnen nach Joes Namen fragte. »Das bin ich«, gab Joe zu. »Nun«, erwiderte der Einsatzleiter, »wir verhaften Sie nach dem Sonderermächtigungsgesetz [Special Powers Act*].«

Als man Clarke sagte, dass man im Falle eines Fluchtversuchs von der Schusswaffe Gebrauch machen würde, schaltete sich sein Vater ein. »Er wird nicht fliehen«, versicherte er dem Offizier. »Tun Sie ihm nichts.« Joe bat seinen Vater, sich keine Sorgen zu machen, und wurde aus dem Haus zu einem Armeelaster geführt, wo man ihm seine Schuhe auszog und seine Handgelenke mit einem Plastikband fesselte. Vier weitere Fallschirmjäger bugsierten ihn zusammen mit einem anderen verhafteten Mann auf die Ladefläche. Ein Soldat holte eine lange, dünne Stahlstange hervor und schlug sich damit theatralisch auf die Handfläche. »Bringt mich nicht dazu, das Ding zu benutzen«, warnte er.

Anfänglich hatte Clarke keine Angst. Doch als der Lkw das katholische Viertel verlassen hatte und durch Girdwood fuhr, keimten Befürchtungen in ihm auf. Entlang der Straße traten Familien vor die Tür, um zu sehen, was los war. Girdwood war ein hauptsächlich protestantisches Viertel nicht weit von der Crumlin Road, und die Einwohner brauchten nicht lange, um herauszufinden, was vor sich ging. »An dem Punkt fingen sie an zu trommeln«, erinnert sich Clarke. »Die Frauen schlugen auf die Deckel der Mülltonnen. Sie hatten gehört, was in unserem Viertel los war, und dachten sich: ›Jetzt reicht's aber!‹ Als sie die Lkw dort hineinfahren sahen, wussten sie, was lief.«

Der Anblick der Menge auf der Straße, die den britischen Soldaten zujubelte, überzeugte Clarke, dass seine Lage misslicher war, als er gedacht hatte. »Oh, Mist!«, dachte er. »Jetzt gibt's Ärger!«

∽

McClean und Clarke waren im Rahmen von Demetrius verhaftet worden, einer Operation der britischen Armee zur Internierung von mutmaßlichen IRA-Mitgliedern auf Verdacht. Der nordirische

* Ein ursprünglich nach dem anglo-irischen Vertrag 1921 verabschiedetes und an jenem 9. August 1971 bekräftigtes Notstandsgesetz, das die Sicherheitskräfte ermächtigte, Verdächtige bis zu einem Jahr ohne Anklage, Anwalt oder Gerichtsverfahren festzuhalten. (A.d.Ü.)

Premierminister Brian Faulkner hatte sich dafür am 5. August 1971 die Zustimmung der britischen Regierung geholt. Zwei Wochen zuvor, am 23. Juli, waren annähernd 2000 Soldaten quer durch die ganze Provinz in Häuser eingedrungen, hatten sie durchsucht und dabei Dokumente und Adressbücher konfisziert. Nachdem man die Informationen aus diesen Razzien miteinander abgeglichen hatte, kam die Armee mithilfe der nordirischen Polizei auf eine Liste von 500 katholischen Verdächtigen. Faulkner wollte 450 von ihnen verhaften lassen, die Armee hielt 150 für eine vernünftigere Zahl. Am Ende nahm man am Morgen des 9. August 342 Verdächtige fest. Nun war die Frage, was mit ihnen geschehen sollte.

Im Truppentransporter wurde Paddy Joe McClean ohne ein weiteres Wort zu einem Sammelpunkt nach Omagh, der Hauptstadt der nordirischen Grafschaft Tyrone, gefahren. Dort verfrachtete man ihn in einen anderen Armeelaster, in dem schon weitere Gefangene saßen. Jetzt ging McClean das wahre Ausmaß der Operation auf. Als Lkw aus ganz Fermanagh und Tyrone mit weiteren Festgenommenen eintrafen, wurden immer neue Bekannte von McClean in seinen Transporter gehievt und angewiesen, sich neben ihn zu setzen. »Das Witzige war«, erzählte er mir, »dass mich ehemalige Schüler von mir erkannten, die mich dann mit ›Herr Lehrer‹ anredeten!«

Als sich der Laster in Bewegung setzte, mutmaßten die Gefangenen, wohin man sie wohl bringen würde. McCleans ehemalige Schüler wussten, dass er schon einmal interniert worden war, weshalb sie ihn fragten, wohin die Fahrt ginge. Da es seines Wissens in der Richtung, in der sie unterwegs waren, kein Gefängnis gab, hielt er es für möglich, dass man sie auf dem britischen Festland internieren würde. Er irrte sich.

Tatsächlich bestand der Plan der Armee darin, die erste Welle von Gefangenen in drei regionalen Gewahrsamszentren unterzubringen: im Magilligan Weekend Training Centre in der Grafschaft Derry, im Ballykinler Weekend Training Center in der Grafschaft Down und in den Girdwood Barracks in Belfast. Dort sollten die Internierten überprüft und entweder entlassen oder in ein Gefängnis überstellt werden.

McCleans Lkw traf um 10.15 Uhr im Magilligan Centre ein, aber erst um ein Uhr wurden er und seine Mitgefangenen aus dem Laster geholt. Man führte 68 Männer in das Trainingscenter – dann begann das Warten. Sie erhielten eine angemessene Verpflegung und Feldbetten für die Nacht. Nicht, dass sie viel Schlaf bekommen hätten. Die Wachsoldaten legten es den Internierten zufolge gezielt darauf an, sie wach zu halten, indem sie mit ihren Knüppeln an den Außenwänden der rostigen Wellblechhütten entlangratterten, Steine darauf warfen und lauthals herumbrüllten.

Am nächsten Tag wurde McClean zur Überprüfung vorgeführt. Zu seiner Überraschung war der zuständige Polizist ein alter Bekannter, den es genauso schockierte, ihn dort zu sehen, wie ihn selbst. »Er sah mich entgeistert an … und fragte: ›Warum bist du denn hier?‹ Ich antwortete: ›Das musst du mir schon sagen, ich wüsste es nämlich auch gerne.‹ Er erwiderte: ›Keine Ahnung … Aber ich glaube, ich weiß, was wir machen können.‹«

McCleans Freund überreichte ihm eine farbige Karte und wies ihn an, sich in einer bestimmten Hütte zu melden. Auf dem Weg dahin wurde er jedoch von einem Soldaten angehalten, der seinen Namen auf einem Klemmbrett überprüfte. »Nein«, sagte der Soldat kopfschüttelnd. »Das ist falsch. Da gehen Sie nicht hin. Sie gehen zu einer anderen.«

Es war eine schicksalhafte Entscheidung. Die Internierten in der Hütte, der McClean ursprünglich zugewiesen worden war, wurden später am Tag entlassen; jene in der Hütte, in der er sich jetzt einfinden musste, hingegen nicht. Dort traf er drei Männer, von denen er einen, Patrick Shivers, kannte. Die anderen beiden, Micky Montgomery und Micky Donnelly, waren ihm unbekannt.

Keiner von den vieren wurde an diesem Tag verhört. Sich selbst überlassen, während alle anderen aufgerufen wurden, fingen sie an, unruhig zu werden. Sie erhielten Porridge, Würstchen und Bohnen, später auch ein Fischbrötchen. In der Nacht hielten die Soldaten sie wieder wach, bevor sie um vier Uhr morgens in die Hütte stürmten: »O.k., ihr Hunde!«, rief ein schottischer Soldat. »Ich bin auf! Raus aus den Betten!« Benommen von der frühen Stunde, wurden sie in die Kantine geführt, wo sie Bohnen, Würstchen und Brot bekamen. Es sollte ihre letzte anständige Mahlzeit für beinahe eine Woche sein.

Nach dem Frühstück wurden die Männer in Handschellen aneinander gekettet und in einem Korridor in einer Linie aufgestellt. Einer fragte, ob man sie auf die Insel Rathlin vor der Nordostküste bringen werde, doch das wurde verneint. »Wo ihr hingeht«, erwiderte ein Polizist, »ist es viel schlimmer als in Rathlin.« Dann, ohne Vorwarnung, tauchten Männer vom Special Branch, dem Staatsschutz, auf, zogen den Verdächtigen schwere Baumwollsäcke über den Kopf und zerrten sie aus dem Gebäude in einen wartenden Hubschrauber. Paddy Joe McCleans wahres Martyrium sollte jetzt erst beginnen.

80 Kilometer entfernt, in den Girdwood Barracks, durchlief Joe Clarke eine ähnliche Prozedur. Er wurde in einer großen Turnhalle mit 184 anderen Verdächtigen festgehalten – alle schweigend auf dem Boden sitzend. Nach und nach rief man die Männer einzeln zum Verhör heraus. Obwohl sie still sein sollten, flüsterten sie untereinander. Ab und zu wurden sie erwischt und mussten zur Strafe Liegestützen machen. Manchmal schienen die Soldaten sie grundlos zu piesacken. Einer trat auf Clarke zu: »Du grinst ja, Junge«, sagte er. »Hör bloß auf damit, oder ich sorge dafür, dass es aufhört!«

Nach zwei Tagen dieser Behandlung – wieder ließ man die Internierten nicht zum Schlafen kommen – waren alle überprüft, mit Ausnahme von Clarke und einem anderen Verdächtigen, Francis McGuigan. Die beiden saßen am Mittwoch um zwei Uhr morgens in der leeren Turnhalle, als sie von der Ankunft des berüchtigtsten aller Staatsschutzoffiziere von Belfast, Harry Taylor, überrascht wurden. Er kam zu ihnen herüber, um Hallo zu sagen. »Tja, Jungs!«, rief er aus. »Für euch beide ist kein Platz mehr frei. Ihr kommt nach Hause.« Clarkes Herz machte einen Freudensprung. Dann brach Taylor in Gelächter aus. »Ach, nein«, korrigierte er sich. »Für euch hab ich ja was anderes in petto.«

Drei Stunden später, um fünf Uhr morgens, ließ man Clarke und McGuigan in einem der Flure von Girdwood aufmarschieren, wo Kevin Hannaway und Jim Auld zu ihnen stießen, die ein paar Straßen weiter wohnten. Hannaway war eindeutig geschlagen worden und blutete aus einer Platzwunde über dem Auge; McGuigan zitterte sichtlich. Ein Soldat teilte den vier Gefangenen mit, dass sie verlegt würden und deshalb Kapuzen übergestülpt bekämen.

McGuigan, der unter Klaustrophobie litt, rief aus, dass er es unter einer Kapuze nicht aushalten würde. Die Soldaten ignorierten seine Rufe, zogen allen Kapuzen über, banden sie mit Handschellen aneinander und verfrachteten sie auf einen Lkw. Sie wurden auf ein Feld gefahren und dort in einen wartenden Wessex-Hubschrauber der Royal Air Force gescheucht. Die Rotoren heulten auf, der Helikopter erhob sich vom Boden.

‹⁀›

In der Luft über Magilligan versuchte Paddy Joe McClean festzustellen, wohin man sie flog. Überzeugt, dass sie auf dem Weg nach Schottland seien, meinte er einmal, Seeluft zu riechen. Doch mit einer Kapuze über dem Kopf in einem Schlenker und Kurven fliegenden

Hubschrauber verlor er bald jede Orientierung. Keiner sagte auch nur ein Wort.

Während man McClean mit Schweigen strafte, machten sich die Soldaten, die Clarke begleiteten, einen grausamen Spaß daraus, ihm ihre Pläne mit ihm auszumalen. »Hast du die Bilder aus Vietnam gesehen, wo Gefangene aus Hubschraubern geworfen werden?«, fragte ihn einer. Clarke nickte unter seiner Kapuze. »Das machen wir auch gleich mit dir.«

Clarke glaubte keine Sekunde daran, dass britische Soldaten wirklich einen Gefangenen aus einem fliegenden Helikopter stoßen würden. Doch nach einem Flug von etwa einer Stunde machten sie es tatsächlich. Sie sagten ihm: »Du kannst jetzt gehen, Junge, du wirst rausgeschmissen!« Dann ein kräftiger Stoß, Clarke fiel – und entdeckte, dass der Helikopter nur wenige Fuß über dem Boden schwebte. »Mir blieb keine Zeit zum Überlegen«, erinnert er sich. »Millisekunden vor dem Aufprall auf dem Boden und beim Aufprall selbst denkt man: Scheiße! Tausend Dank dafür!«

Die Geschichten von McClean und Clarke laufen hier zusammen. Gemeinsam mit zehn anderen verhafteten Männern aus ganz Nordirland wurden sie in dasselbe Verhörzentrum gebracht. Möglicherweise handelte es sich um die Palace Barracks in Holywood, aber beinahe 35 Jahre danach ist das anscheinend immer noch ein Staatsgeheimnis. Genauso wenig wurde jemals die Identität der Vernehmer vom britischen Militär und der nordirischen Polizei (Royal Ulster Constabulary, RUC) preisgegeben; keiner von ihnen war bereit, offen oder verdeckt bei der Recherche dieses Buches zu helfen. Die Darstellung dessen, was dann geschah, beruht daher auf den Aussagen der Verhörten, den späteren offiziellen Untersuchungen und den Akten der Europäischen Menschenrechtskommission in Straßburg von 1974, wo das, was die britische Regierung euphemistisch als »vertiefte Vernehmung« bezeichnete, schließlich zwar nicht als Folter, wohl aber als »unmenschliche und entwürdigende Behandlung ... in Verletzung von Artikel 3 der [Genfer] Konvention« bezeichnet wurde.

Die zwölf Verdächtigen wurden unter Schlägen in das Verhörzentrum gescheucht, wo sie sich – bis auf die Kapuzen – nackt ausziehen mussten. Auf ihre Handrücken wurden Nummern gemalt (Paddy Joe McClean bekam die 1, Joe Clarke war die Nummer 4). Sie wurden erkennungsdienstlich behandelt und medizinisch untersucht. Zuletzt steckte man sie in dunkelblaue Overalls – ohne ihnen zu sagen, dass sie diese Kleidung bis zum Ende der Verhöre nicht wechseln durften. Ihnen war auch nicht erlaubt, sie auszuziehen, selbst nicht auf der Toilette. »Großes Geschäft oder kleines Geschäft: ganz einerlei«, erzählt McClean. »Man musste in den Overall machen.«

Die Verhörprozedur konnte beginnen. Jeder Verdächtige wurde nun gezwungen, die Arme über den Kopf zu heben, sich mit so weit wie möglich gespreizten Armen und Beinen einen Meter vor die Wand zu stellen und sich dann mit den ebenfalls gespreizten Fingerspitzen daran abzustützen. »Folgte man dem Befehl nicht«, erinnert sich McClean, »traten sie einem an die Innenseite der Beine, bis man sie ganz nach außen gestellt hatte. Dann lautete der Befehl: ›Das ist die Position. Genauso stehen bleiben. Nicht bewegen.‹« Und Clarke ergänzt: »Jedes Mal, wenn man ein Glied regte, schlugen sie darauf, bis man es wieder in Position gebracht hatte. Kam man nicht so hoch wie vorher, setzte es ein paar Knüppelhiebe, damit man sich wieder so weit oben an der Wand abstützte wie möglich.«

Dreißig Jahre später schüttelt McClean den Kopf. »Versuchen Sie selbst mal, sich so gegen die Wand zu stützen. Mit dem weitestmöglichen Abstand von der Wand, nur auf die Fingerspitzen gestützt und voll ausgestreckt. Und Ihre Füße so weit auseinander, wie Sie es gerade noch aushalten. Und dann stehen und stehen Sie da und stehen. So wurde das gemacht.«

Hinzu kam noch der »weiße Lärm«: ein hohes, brausendes Dröhnen, das die Verhörzentrale durchdrang und alle ihre Insassen umhüllte. »Ich kann es nur als Geräusch einer Flugzeugdüse beschreiben«, sagt McClean. »Als ob ich unter einer Flugzeugdüse gelegen hätte, diese Art von schrillem Kreischen war das die ganze Zeit.« Genauso erinnert sich Clarke daran: »Es war sehr laut. Wie Dampf, der durch eine Pfeife zischt. Diese Art von Geräusch..., ununterbrochen, und es änderte sich nie – weder im Ton noch sonstwie.«

Da alle Kapuzen trugen, wusste zu diesem Zeitpunkt keiner der zwölf Verdächtigen von der Anwesenheit der anderen im Raum. Sie wussten nicht, wo sie waren und warum. Sie hatten keine Ahnung, wie lange die Tortur dauern konnte oder ob sie sie überleben würden. Hungrig, müde, gestresst, verängstigt, durch die Kapuzen wirkungsvoll vom Licht abgeschnitten und von der Lärmfolter betäubt, fühlte sich ein jeder von ihnen völlig allein.

Was die zwölf Männer nicht ahnten: Völlig allein waren sie nicht. Tatsächlich liefen bereits Anstrengungen, sie zu lokalisieren. Am Mittwoch, den 11. August, zwei Tage nach den Verhaftungen, erhielt ein katholischer Priester und Lehrer, Pater Denis Faul, Besuch von einem Gemeindemitglied. Der Mann erzählte ihm, dass er verhaftet, zum britischen Armeestützpunkt in Ballykinler gebracht und dort geschlagen worden sei. Faul rief einen Amtsbruder in Belfast an, Pater Brian Brady, und fand heraus, dass viele der Freigelassenen von Schlägen berichteten. Die beiden Priester richteten ein Büro am Ende der Falls Road ein und nahmen dort die Aussagen von Männern auf, die aus den Internierungslagern zurückkehrten. Nach und nach stellten sie ein Dossier zusammen, das genau beschrieb, was mit jedem der 342 in jener Woche verhafteten Männern geschehen war. Es sprach sich schnell herum, dass Fauls und Bradys Büro eine gute Anlaufstelle für Informationen war, und bald meldeten sich zahlreiche weitere Betroffene.

Es dauerte nicht lange, bis beunruhigende Nachrichten eintrafen. Von den 342 Verhafteten konnten die Priester nur den Verbleib von 330 klären. Zwölf Männer blieben verschwunden. Einer war zufällig ein Bekannter von Pater Faul: Paddy Joe McClean.

Seinem Verbleib galt besondere Sorge, da seine Frau Annie kurz vor der Entbindung stand. Tragischerweise war auch noch ihre Mutter am Tag seiner Verhaftung gestorben. Unfähig, zur Beerdigung zu gehen, saß sie zu Hause und wartete auf das Klingeln des Telefons, für den Fall, dass sich jemand mit Neuigkeiten melden würde. Sie rief Freunde und Rechtsanwälte an, doch niemand hatte eine Ahnung, wo ihr Ehemann stecken mochte.

Bewaffnet mit den Namen der zwölf vermissten Männer, machten sich die beiden Priester auf die Suche. Faul rief wiederholt beim Nordirlandamt der britischen Regierung (Northern Ireland Office) an, doch die Beamten dort schienen nicht zu wissen, was vor sich ging. Jedes Mal, wenn er anrief, kam die gleiche Antwort: »Wir bemühen uns, das für Sie herauszufinden.« – »Ich muss sagen«, kommentierte Faul, »einigermaßen höflich waren sie.«

Andere Anrufer wurden weniger rücksichtsvoll behandelt. Als sie versuchte, ihren Ehemann Patrick Shivers ausfindig zu machen, der unter den zwölf vermissten Männern war, schickte man seine Frau von einem Gefängnis zum anderen und gab ihr schließlich eine Telefonnummer, bei der es sich, wie sie feststellen musste, um die »Wähl ein Gebet«-Nummer des Protestantenführers und Pfarrers Ian Paisley handelte. Einer (möglicherweise falschen) Geschichte zufolge wurde sogar Pater Faul rüde abgewimmelt: Als er im Oktober 1971 ein anderes Opfer der »vertieften Vernehmung« aufzuspüren versuchte und in den Palace Barracks in Holywood anrief, soll der Soldat, der den Anruf entgegennahm, zu seinem Kameraden gesagt haben: »Das ist wieder der Scheißer Faul. Er will wissen, wen wir hier haben.«

»Sag ihm, er soll sich verpissen«, antwortete dieser.

Was weder Pater Faul noch die Verhöropfer und nicht einmal die Soldaten ahnten, war, dass die Ereignisse in Nordirland die Folge eines streng geheimen Treffens waren, eines Treffens, das vor langer Zeit in einem anderen Land stattgefunden hatte – in Kanada, beinahe 20 Jahre zuvor.

Das Treffen fand zu Ehren von Sir Henry Tizard statt, dem Vorsitzenden des britischen Ausschusses für Verteidigungsforschung (Defense Research Policy Committee). Tizard war ein »brillanter und vielseitiger Wissenschaftler«, der im Zweiten Weltkrieg im britischen Luftfahrtministerium gedient hatte und in Kreisen der Royal Air Force liebevoll »Tizard the Wizard« (»Tizard der Zauberer«) genannt wurde. 1940 war er zwischenzeitlich in Ungnade gefallen, weil er angenommen hatte, dass die deutsche Radartechnik es nicht mit der britischen aufnehmen konnte und die Deutschen daher nicht in der Lage wären, Bomber per Radarleitstrahl vom Kontinent zu Zielen in London zu dirigieren. Er trat zurück, als die ersten Bomben ihre Ziele mit alarmierender Genauigkeit trafen. Nach Dünkirchen, als er in Anbahnung des Kriegseintritts der Vereinigten Staaten die Weitergabe der geheimen militärtechnologischen Entwicklungen der Briten an die USA arrangierte, stieg sein Stern wieder. Tizard, ein recht freimütiger Mann, stellte sich dem British Joint Intelligence Bureau zu Verfügung und hielt immer ein Auge auf Neuerungen, die der künftigen Geheimdienstarbeit von Nutzen sein könnten.

Im Mai 1951 erhielt er vom Vorsitzenden des kanadischen Amtes für Verteidigungsforschung, Ormond W. Solandt, eine Einladung, um vorgeblich militärtechnologische Innovationen etwa bei der Funktechnik, der Nervengasproduktion, Tragflügelbooten und Flammenwerfern zu erörtern. Doch es stand noch ein weiterer Punkt auf der Tagesordnung – ein Echo der Ereignisse in Korea.

»Wie Sie sich vielleicht erinnern werden«, schrieb Solandt am 2. Mai, »haben Sie einmal vorgeschlagen, in Kanada eine Konferenz zu veranstalten, um das Forschungspotenzial hinsichtlich des Einsatzes und des Missbrauchs von Drogen, Hypnose usw. im Krieg zu erörtern. Uns kam die Idee, dass es von Nutzen sein könnte, ein solches Treffen in Montreal abzuhalten, während Sie dort sind.«

Tizard, ein passionierter Fliegenfischer, der die exzellenten Fangaussichten für Lachs in Kanada zu schätzen wusste, verlor mit seiner Antwort keine Zeit und erwiderte, er nähme »gerne an dem vorgeschlagenen Treffen« teil. Schließlich, so merkte er an, »hatten wir hier kürzlich eine Expertenrunde, sodass ich Ihnen deren Meinung weitergeben kann«.

Das Treffen fand am 1. Juni 1951 im Ritz Carlton Hotel in Montreal statt. Acht Experten, darunter Tizard, waren anwesend, zwei davon Vertreter der CIA. Aus der Zusammenfassung, die Solandt später Tizard mit den Protokollen der Kanadier und der CIA schickte, lassen sich die Diskussionen rekonstruieren.

Die Konferenz, von Solandt als »äußerst informell und inoffiziell« eingestuft, begann in Tizards Abwesenheit und behandelte zunächst »Forschungen über die allgemeinen Phänomene, die sich hinter Ausdrücken wie ›Geständnis‹ [und] ›Mentizid‹ verbergen«. Die Gruppe sprach über das Thema Gehirnwäsche und die Moskauer Schauprozesse und kam zu dem Schluss, dass es eine gute Idee wäre, Flüchtlinge zu befragen, um mehr über die Verhörmethoden im Sowjetblock herauszufinden. Da Kardinal Mindszentys Schwester im kanadischen Halifax lebte, konnte man vielleicht bei ihr beginnen.

An diesem Punkt erschienen Sir Henry Tizard und Ormond Solandt. Tizard war laut CIA-Protokoll nicht beeindruckt. »Er erklärte zu Beginn, dass es an der Sache im Vergleich zu den Praktiken der Inquisition nichts Neues gäbe und wenig Hoffnung bestünde, durch Forschung zu irgendwelchen bedeutsamen Resultaten zu gelangen.«

So wenig versessen Tizard darauf sein mochte, die Schauprozesse zu diskutieren, alle anderen waren es. Die Amerikaner waren daran interessiert, um, wie spätere Dokumente verraten, über die »Aktivitäten der Briten und Kanadier« auf diesem Gebiet auf dem Laufenden zu bleiben. Die CIA hatte beschlossen, nichts von ihren eigenen Gehirnwäscheprogrammen zu verraten (die damals unter dem Codenamen BLUEBIRD liefen), besonders nicht die Versuche mit Wahrheitsdrogen an vermeintlichen Doppelagenten auf der ganzen Welt. Doch gleichzeitig wollte sie mitspielen, um herauszufinden, was ihre Alliierten zu bieten hatten.

Die Kanadier ihrerseits waren von dem Thema fasziniert, vor allem Dank der Anwesenheit ihres führenden Wissenschaftlers, des brillanten

Donald W. Hebb, Leiter der Psychologischen Fakultät an der McGill-Universität in Montreal. Hebb war bemüht, die Debatte fortzuführen, und äußerte die Ansicht, »sensorische Deprivation« (Reizentzug) könne ein lohnendes Forschungsthema sein. »Er schlug vor«, berichtet das kanadische Protokoll, »dass eine Person in eine Situation gebracht werden könnte …, in der sie durch Ausschaltung sämtlicher Reizstimulation … und den Einsatz ›weißen Rauschens‹ empfänglich für die Implantierung von Ideen usw. werde.«

Hebbs Vorstellungen über das Einpflanzen von Ideen mithilfe von »sensorischer Deprivation« oder »sensorischer Isolation«, also durch Reizentzug, erinnerte deutlich an Gehirnwäsche, hatte jedoch ursprünglich nichts mit Geheimdienstarbeit zu tun. Seit Jahren arbeitete er an einer Theorie zur Erklärung der Hirnentwicklung. An der McGill-Universität hatte er Schottische Terrier für unterschiedliche Zeitspannen in Isolation gehalten. In die wirkliche Welt entlassen, waren sie verängstigt und in ihrem Verhalten zurückgeblieben. Sie hielten etwa ihre Nasen an Flammen oder glühende Zigaretten, um sie zu beschnüffeln, und verbrannten sich. Hebb glaubte, dass Reizentzug Aufschluss über die Struktur und Entwicklung des Säugetiergehirns geben könnte. Tizard war von der Theorie fasziniert.

»Er war von der Idee offensichtlich beeindruckt«, heißt es im CIA-Protokoll, »und stimmte ihrer Bedeutung aus wissenschaftlicher Sicht zu. Die anderen Anwesenden waren bereits vor dem Treffen davon überzeugt, daher fiel es ihnen nicht schwer, sich darauf zu einigen, dass dies ein wichtiges Gebiet für die Verteidigung der Westmächte ist.« Tizard sei sogar »höchst begeistert« über Hebbs Reizentzugsversuche gewesen. Er wollte einige britische Wissenschaftler mit den Kanadiern »zusammenbringen, und die Teilnehmer gehen davon aus, dass daraus koordinierte … Programme resultieren werden«.

Laut späterer Dokumente wollte die CIA die amerikanischen Programme über William Webster, ihren späteren Direktor, mit den britischen und kanadischen koordinieren:

> Man einigte sich darauf, dass wir die Gespräche entlang derselben, von [gelöscht] vorgegebenen Linien fortführen: namentlich, dass in jedem der drei Länder Forschungen erforderlich sind und wir einen Austausch von Informationen und die Aufrechterhaltung der Kontakte brauchen.

Die Frage, was mit politischen Häftlingen im Sowjetblock geschah und ob man durch Reizentzug Geständnisse und »Gehirnwäsche« erreichen könne, interessierte aus geheimdienstlicher Sicht nicht nur Tizard. Seit einigen Jahren kursierten Geschichten von Menschen, die durch Isolation Schaden genommen und Fähigkeiten eingebüßt hatten: Alleinsegler berichteten häufig von Halluzinationen, ebenso wie Seeleute, die lange in Rettungsbooten ausgeharrt hatten, einsame Mystiker, Entdecker und Leute, die in dunklen Höhlen eingeschlossen waren. Man sagte, dass Eskimos nie alleine jagten oder fischten: In Ermangelung menschlicher Kontakte und ohne herausragende Orientierungspunkte auf dem Packeis verlören sie die Orientierung und neigten dazu, mit ihren Kanus auf die offene See hinauszupaddeln und verloren zu gehen.

Es gab in den 50er Jahren noch einen dringlicheren Grund für dieses Interesse. Mit der Erfindung der Düsentriebwerke und von Flugzeugen, die über lange Zeiträume in großer Höhe fliegen konnten, war das Problem der Isolation erneut bedrohlich auf den Plan getreten. In den frühen 50er Jahren waren die Militärs über Piloten besorgt, die aus keinem erkennbaren Grund in großer Höhe plötzlich die Kontrolle über ihre Flugzeuge verloren und das Leben ihrer Besatzungen in Gefahr brachten. Am Institut für Luftfahrtmedizin der Royal Air Force (RAF) stellte Alfred M. Hastin Bennett eine Studie über das Phänomen an: Eine Reihe von RAF-Piloten hatte in großen Höhen über 20 000 Fuß den Kompass- und Kartenkurs ihrer Flugzeuge geändert, ohne es zu bemerken. Der Grund? Isolation.

»Wenn das Flugzeug geradeaus und auf gleichbleibender Höhe fliegt, hat der Pilot wenig zu tun«, schrieb Hastin Bennett. »Der Pilot ist an seinen Sitz gefesselt und kann sich nicht bewegen; häufig kann er weder die Flügel hinter sich noch die sich vor ihm nach unten biegende Nase des Flugzeugs sehen. Der Hintergrundlärm der Maschinen und des Sauerstoffsystems ist monoton und unveränderlich. Die Sicht draußen bleibt sich immer gleich.« Das Resultat war Desorientierung und, gelegentlich, völliger Kontrollverlust.

Solche Vorfälle wurden als »Ablösungsphänomen« bezeichnet, und möglicherweise konnten Hebbs Experimente über Reizentzug Licht darauf werfen. Dies erklärt zum Teil, warum sich Kanadier, Briten und Amerikaner für den Vorschlag interessierten. In jedem Fall lieferte es ihnen einen bequemen Vorwand.

Hebbs Experimente über sensorische Isolation trugen den Codenamen »X-38« und wurden im September 1951 vom Canadian Defense Research Board mit 21 250 Dollar auf zwei Jahre finanziert. Alle Beteiligten wurden instruiert, nicht den wahren Zweck der Arbeit – Gehirnwäsche – zu verraten. Falls doch etwas an die Öffentlichkeit gelangen sollte, handelte es sich um eine Studie über die Wirkung von Monotonie auf die menschliche Leistungskraft, die letztlich das Leben von Piloten, Langstreckenfahrern und allen retten würde, die lange Stunden mit schwerem Gerät arbeiteten.

Ron Melzack, damals studentischer Mitarbeiter Hebbs, erinnert sich jedoch, dass die Geheimhaltung nachlässig war. »Hebb sagte: ›Das wird vom Defence Research Board unterstützt, und die befassen sich mit diesem Problem [der Gehirnwäsche]. Es wird mit amerikanischen Partnern durchgeführt und soll geheim bleiben, also erzählen Sie es nicht Ihrer Mutter oder Ihrem Vater oder Ihren besten Freunden. Behalten Sie es einfach für sich.‹ ... Es war nicht völlig geheim. Es war halbgeheim. Alle studentischen Hilfskräfte wussten genau, was vor sich ging und warum.«

Hebb begann das Projekt X-38 mit dem Bau einer Reihe von Isolationszellen mit Klimaanlage. Sie hatten die Abmessungen 120 mal 180 mal 240 Zentimeter und lagen im Obergeschoss des Psychologiegebäudes der McGill-Universität. Jede Zelle war schalldicht. Studenten bekamen 20 Dollar am Tag dafür, dass sie sich in die Zellen legten. Sie hatten Anweisung, sich dort so lange aufzuhalten, wie sie nur konnten. Wie Hebb schrieb, nachdem das Projekt teilweise von der Geheimhaltung entbunden worden war:

> Die Versuchsperson wird dafür bezahlt, 24 Stunden am Tag nichts zu tun. Sie liegt auf einem komfortablen Bett in einer kleinen, geschlossenen Zelle, erhält Essen auf Anfrage und wird auf Anfrage zur Toilette gebracht. Sonst tut sie nichts. Sie trägt eine Milchglasbrille, die Licht, jedoch keine Muster erkennen lässt. Die Ohren sind mit einem Gummischwamm mit eingefügten kleinen Lautsprechern bedeckt. ... Ihre Hände stecken in Handschuhen, und Pappmanschetten hüllen sie vom oberen Unterarm abwärts bis über die Fingerkuppen hinaus ein, was die freie Bewegung der Glieder, aber kaum taktile Wahrnehmungen ermöglicht.

Diese Experimente waren nicht so finster, wie es klingen mag. Hebbs Versuchspersonen waren Freiwillige; sie waren über das, was ihnen bevorstand, voll aufgeklärt und wurden gut bezahlt. Die Zellen waren mit Sprechanlagen ausgerüstet, sodass sie mit den Versuchsleitern in Kontakt treten konnten, und hatten Beobachtungsfenster zu ihrer Überwachung. Sie konnten die Beendigung des Experiments verlangen, wann immer sie wollten. Es wurde gewitzelt, dass für die Versuchspersonen das Schlimmste am Aufenthalt in den Isolationszellen nicht die merkwürdigen psychischen Effekte waren, die sie hervorriefen, sondern die Mahlzeiten, die Hebbs Kollege Woodburn Heron kochte. Auch Hebb nahm es mit Humor. »Dieses Experiment ist zu grausam, um es mit Tieren durchzuführen«, scherzte er, »aber nicht mit Studenten.«

Obwohl man die Versuche auf die leichte Schulter nahm, war Hebb geschockt, als die Daten ausgewertet wurden. Er hatte keine Ahnung gehabt, wie sehr die Versuchspersonen unter dem Reizentzug der Isolation leiden würden. Am ersten Tag weigerten sich sechs seiner ursprünglichen Freiwilligen, in die Zellen zu gehen. Nur elf von 22 schafften das Minimum von 24 Stunden Isolation. Wenige hielten es länger als zwei Tage aus, und der Härteste von allen brachte es nur auf 139 Stunden. Viele der Teilnehmer gaben an, dass sie die Erfahrung als entnervend und zuweilen quälend empfanden. Nach Ansicht mindestens eines Teilnehmers war Reizentzug eine »Form der Folter«. Nachdem einer auf dem Nachhauseweg beinahe seinen Wagen zu Schrott gefahren hatte, erkannte man, dass Reizentzug die Fähigkeit zur Abschätzung von Entfernungen und Entfernungsrelationen beeinträchtigte. Einige Versuchspersonen waren so desorientiert, dass sie einen der Forscher zu Hilfe rufen mussten, weil sie nach einem Toilettengang nicht mehr allein aus dem Klo fanden.

Dann war da die Sache mit der »Gehirnwäsche«. Um es interessanter zu machen, hatte Hebb den Versuchspersonen in den Isolationszellen bewusst eintöniges und sich stets wiederholendes Hörmaterial zur Auswahl gegeben. Er hatte ihnen die Wahl zwischen dem wiederholten Refrain des Cowboysongs »Home on the Range«, einer langen Liste von Börsenberichten und einer religiösen Botschaft für Sechsjährige gegeben. Die Versuchspersonen konnten wählen, ob sie die Bänder hören wollten oder nicht. Die meisten entschieden sich dafür: Alles, wie monoton auch immer, zogen sie dem weißen Lärm vor.

Hebb versuchte dann einen neuen Weg: Wenn die Probanden sinnlose, endlos wiederholte Bänder der lärmenden Stille des weißen Rauschens vorzogen, würden sie dann auch Propaganda hören? Er ersetzte »Home on the Range« durch eine Reihe von Vorträgen, welche die Zuhörer von der Realität verschiedener paranormaler Phänomene überzeugen sollten. Vor ihrem Eintritt in die Zellen befragt, gaben die Freiwilligen an, nicht an Übernatürliches zu glauben; kamen sie wieder heraus, hatten sich ihre Ansichten darüber geändert. Einige Versuchspersonen gaben später zu, nach dem Experiment die örtliche Bücherei aufgesucht zu haben, um sich eingehender über außersinnliche Wahrnehmung zu informieren; eine Handvoll berichtete von ihrer neu entdeckten Angst vor Gespenstern. Im Juni 1951 vor dem Defence Research Board hatte Hebb dargelegt, dass er mit seinen Experimenten feststellen wollte, ob Isolation und weißer Lärm die »Implantierung« neuer Überzeugungen erleichtern könne. Die Antwort darauf lautete, wie es schien, ja.

Doch ein noch weit beunruhigenderes Phänomen tauchte auf. Nach nur wenigen Stunden in den Zellen sahen einige Probanden Dinge, die gar nicht da waren. Die Halluzinationen setzten irgendwann zwischen 20 Minuten und 70 Stunden nach Versuchsbeginn ein. Gewöhnlich traten zuerst schlichte visuelle Anomalien auf: farbige Punkte vor den Augen und geometrische Muster. Diese entwickelten sich bald zu flüchtigen Bildern, die sich häufig aus verschiedenen Richtungen übereinanderschoben. Schließlich wuchsen sich die Halluzinationen zu konkreten, zusammenhängenden Szenen aus, die den Testpersonen wie »Wachträume« vorkamen.

Einige waren eindeutig amüsant. Eine Versuchsperson sah eine rollende Badewanne auf einem Feld, auf dem ein alter Mann mit einem alten, zinnernen Kriegshelm stand. Ein anderer Proband berichtete von Eichhörnchen, die in Reih und Glied mit Schneeschuhen und Rucksäcken über ein schneebedecktes Feld marschierten. Ein dritter genoss eine lebhafte Szene nackter Frauen, die in einem Waldsee schwammen und tauchten. Die Halluzinationen wurden zwar zunächst als komische Ablenkung erlebt, doch ihr Neuigkeitswert schliff sich rasch ab. Einige Testpersonen berichteten von Anfällen von Verfolgungswahn, wie eines der männlichen Versuchskaninchen, das bald davon überzeugt war, dass Hebb und seine Kollegen von außen Bilder auf seine Milchglasbrille projizierten. Auch von paranoiden Halluzinationen wurde berichtet. »Ein Mann«, schrieb Hebb, »sah eine Brille ohne Träger, zu der sich dann ein Dutzend weiterer hinzugesellte, alle eindringlich auf ihn gerichtet; zuweilen erschienen Gesichter hinter den Gläsern, aber ohne sichtbare Augen. Die Gläser bewegten sich manchmal im Gleichtakt wie in einer Prozession.«

Testpersonen, die besorgt über das waren, was sie sahen, konnten nicht mehr schlafen und zweifelten an ihrem Geisteszustand. Einige berichteten von langen, lebhaften Träumen, die anscheinend weitergingen, obwohl sie wach waren; andere waren unfähig, zwischen Wachen und Schlafen zu unterscheiden. Einer geriet in Panik, überzeugt, dass sich noch jemand anderes in der Zelle befand. Die beiden »Personen« begannen sich zu überlappen, und es wollte ihm nicht mehr gelingen, zu entscheiden, wer von beiden er selbst war.

Hebb, merklich überrascht, räumte ein, dass eine Person, die das Alleinsein nicht gewohnt war, in der Zelle sehr wohl »verrückt werden« könne, und fand seine Ergebnisse selbst »sehr beängstigend«:

> Eine Sache ist es, davon zu hören, dass die Chinesen auf der anderen Seite der Erde ihre Gefangenen einer Gehirnwäsche unterziehen; eine andere, im eigenen Labor herauszufinden, dass es ausreicht, einem gesunden Studenten einige Tage lang die gewohnten Anblicke, Geräusche und Körperkontakte vorzuenthalten, um ihn bis ins Mark zu erschüttern und seine persönliche Identität ins Wanken zu bringen.

Paranoia, Verwirrung, Angst, Halluzinationen: Es gab hier interessanteres Material, als Hebb es sich 1951 bei seinem Vorschlag für das Defence Board hatte träumen lassen. 20 Jahre später sollten seine Entdeckungen in Nordirland praktische Folgen von erheblicher Tragweite zeitigen.

∽

An einem geheimen Ort irgendwo in der Provinz, mit einer Kapuze über dem Kopf, allen vieren von sich gespreizt und, mit dem Gewicht auf seinen Fingerspitzen, schräg gegen die Wand gestützt, litt Paddy Joe McClean unter seinen Haftbedingungen. Doch nach neun Stunden hörte es auf. Er wurde wiederum in einen Helikopter verfrachtet und in das Crumlin Road-Gefängnis gebracht, wo man ihm einen Haftbefehl vorlegte. Mit der Kapuze über dem Kopf war es ihm unmöglich, ihn zu lesen; ein Beamter der nordirischen Polizei las ihm das Dokument laut vor. »Ich unterschrieb es und dachte: Jetzt ist das alles vorbei. Ich komme nach Hause«, erinnert sich McClean. »Aber dann wurden wir wieder in den Hubschrauber gesetzt und schnurstracks zurückgebracht … Stellen Sie sich vor, wie enttäuscht, entmutigt, hoffnungslos man ist, wenn man geradewegs in diesen Lärm zurückmuss.«

Joe Clarke war ebenso verzweifelt, wieder an den Ort zurückzukommen, den die Soldaten nun das »Musikzimmer« nannten. Nach drei Nächten ohne Schlaf waren beide Männer so erschöpft, dass sie an der Wand körperlich zusammenbrachen. Ein anderer Häftling, Micky Donnelly, erinnerte sich später, dass er an der Wand alle 20 bis 30 Minuten kollabierte. Kaum war er zu Boden gesackt, zwangen ihn die Soldaten wieder auf. Als Paddy Joe McClean nicht mehr stehen konnte, wurde er von vier Männern gepackt, die ihn an Armen und Beinen ergriffen, ihn in die Luft warfen und herumwirbelten, um ihn dann zu Boden fallen zu lassen. Joe Clarke hielt es nicht mehr aus, rannte durch den Verhörraum, bis er mit einer Wache zusammenstieß und mit ihr zu ringen begann. Er wurde von mehreren Soldaten überwältigt, geschlagen, an Handgelenken und Knöcheln gefesselt und »eine Treppe runtergestoßen. Dann zogen sie mir die Beine am Rücken hoch und ließen mich auf den Boden fallen – sie packten mich an den Fußgelenken, zwei von ihnen hielten mich an den Schultern, und so war man ein oder anderthalb Meter über dem Boden, dann ließen sie einen fallen – auf die Knie.«

In unregelmäßigen Abständen schnappten die Soldaten einen Verdächtigen und bugsierten ihn in einen anderen Raum, wo sie ihn hinsetzten und ihm die Kapuze abnahmen. Ein Hagel von Fragen prasselte auf ihn nieder. Clarke erinnert sich, dass er von einem Offizier mit englischem Akzent befragt wurde: »›Waren Sie in der IRA? Wen kennen Sie in der IRA?‹ Solche Sachen. ›Es gab Bombenexplosionen in Ihrem Bezirk. Waren Sie daran beteiligt?‹ Sie erwähnten verschiedene Dinge, die damals liefen. Sie bedrängten einen, aber sie schrien einen nicht an … ›Sie fangen besser an zu reden, oder Sie kommen wieder nach draußen.‹ ›Hören Sie, ich weiß doch nichts.‹ Also warfen sie einen wieder raus.«

Manchmal führten die Vernehmer die Gefangenen bewusst in die Irre. Micky Montgomery fragte, wo man ihn gefangen hielte. Auf den Kanalinseln, war die Antwort. Anderen erzählte man Lügen, um ihnen Angst zu machen. Fancis McGuigan wurde nach seiner Adresse gefragt. Als er sie nannte, sagte man ihm, dass dort am Morgen eine Bombe detoniert sei und über 70 Zivilisten umgekommen seien. Vielleicht sei seine Familie unter den Toten.

Im Allgemeinen wurden Fragen zu IRA-Waffenverstecken gestellt, zu Namen von Terroristen und zu subversiven Aktivitäten. Paddy Joe McClean wurde jedoch nicht zur IRA befragt. »Das waren ganz allgemeine Gespräche. Irgendwann befragte man mich über den Unterschied der Programme der Republikaner und der Demokraten in den USA. Das hatte nichts mit dem zu tun, was hier in Nordirland lief.«

Wenn die Häftlinge sich weigerten, die Fragen zu beantworten, oder wenn die Antworten nicht dem entsprachen, was die Vernehmer wollten, war die Reaktion immer dieselbe: »Bringt ihn zurück ins Musikzimmer.«

Im »Musikzimmer« machte Paddy Joe McClean nun eine Entdeckung: In regelmäßigen Abständen trat im Lärm eine Pause auf, bevor er sich wiederholte. Er folgerte, dass er von einem Band kam und Teil der Taktik war, ihn zu brechen und zum Reden zu bringen. »Ich weiß, was ihr vorhabt«, sagte er einem Soldaten. »Das ist Folter, das ist systematische Folter.« Der Soldat hinter ihm schrie: »Der Junge hier will das System zerstören!« Dann wurde er zusammengeschlagen. Dieses Vorgehen brachte ihn zu einem Entschluss: Wenn das hier Folter war, würde er nicht kooperieren. Er setzte sich hin und weigerte sich, aufzustehen. Die Soldaten ergriffen ihn, stellten ihn gegen die Wand und klemmten seine Arme hinter einen Heizkörper. Er fiel wieder zu Boden. Man fesselte ihn und hängte ihn an den Handgelenken an einem Haken an der Wand auf.

Mit der Kapuze, dem Lärm, dem Verlust des Zeitgefühls und der Erschöpfung dauerte es nicht lange, bis Joe Clarke bemerkte, dass seltsame Dinge vor sich gingen – Dinge, die Donald Hebb hätte vorhersagen können. »Ich dachte, ich wäre der Leibwächter von James Callaghan [dem späteren britischen Labor-Premier]«, sagt Clarke, »und jemand hätte versucht, ihn zu erschießen. Ich fing tatsächlich an, einen Namen zu rufen. Sie sagten: ›Erzählen Sie uns davon! Erzählen Sie von ihm!‹, und da wurde mir klar, dass ich halluzinierte.«

In einer anderen Halluzination träumte Clarke davon, dass er und der Bruder seiner Verlobten zusammen einen Schrottplatz gekauft hätten; bei einem Verhör war er überzeugt, dass der Vernehmer sein Bruder war. Auch Paddy Joe McClean geriet in Verwirrung. Irgendwann war er sicher, dass der weiße Lärm verborgene Mitteilungen und Klänge enthielte: Er hörte einen Trauermarsch und die Geräusche eines Erschießungskommandos, das sich auf seine Hinrichtung vorbereitete. Dann wohnte er in allen Einzelheiten seiner eigenen Beerdigung bei: »Ich sehe es noch vor mir«, sagt er. »Ich habe noch den Leichenwagen vor meiner eigenen Haustür vor Augen und sehe meine Kinder, wie sie damals waren, dem Trauerzug folgen.«

Einem Wissenschaftler wie Hebb wären diese Phänomene verständlich gewesen. Der Unterschied war, dass sich Hebb durch Reizentzug wissenschaftliche Aufschlüsse über die Mechanismen des menschlichen Gehirns versprach, das Interesse anderer aber weit eher in ihrer praktischen Anwendung lag. An der Spitze dieser Letzteren standen das amerikanische Militär und die CIA.

ಬ

Für die CIA lieferte Reizentzug die Lösung der Frage, wie die Sowjets Verhöre durchführten. Der in CIA-Diensten stehende Wissenschaftler Lawrence E. Hinkle berichtete später in einem Fachaufsatz, den die CIA-Tarnorganisation Society for the Investigation of Human Ecology finanziert hatte, dass die Sowjets bei ihren Verhören ein, wie er es nannte, »Hirnsyndrom« auslösten. Verursacht werde es, indem man dem menschlichen Gehirn vorenthalte, was es für den geregelten Betrieb benötige. Übermäßiges Schwitzen, Wasserentzug, Hyperventilation, langes Stehen und verminderte Sauerstoffaufnahme: All dies beeinträchtige die gesunde Arbeitsweise des Gehirns und verursache Anomalien. »Die Gehirnfunktion«, schrieb er, »wird leicht durch Störungen der Selbstregulation beeinträchtigt.«

Unter solchen Umständen erlebe ein Gefangener Schmerz, Erschöpfung, Durst, Hunger und Schläfrigkeit. Über einen längeren Zeitraum verliere er die Fähigkeit, komplexe Aufgaben auszuführen. Er werde reizbar, niedergeschlagen, schreckhaft und angespannt. Schließlich werde er unsicher über das, was er zuvor gewusst habe, und zweifele sogar an seiner eigenen Identität. Eine Möglichkeit, einen solchen Zustand herbeizuführen, bestehe darin, das Hirn auf Informationsentzug zu setzen:

> Unter Informationsentzug funktioniert das Gehirn nicht ›normal‹. … Das Gehirn hat eine speziell eigene Verwundbarkeit; es kann nicht ›normal‹ funktionieren, es sei denn, es erhält eine gewisse Menge an Informationen, mit denen es arbeiten kann, und es ist nicht in der Lage, ein einziges Aktivitätsmuster beharrlich und auf unbestimmte Zeit auszuführen. … Es besteht kein Zweifel, dass Isolation, Erschöpfung und Schlafentzug Störungen der Hirnfunktion auslösen. … Man darf wohl mit Sicherheit annehmen, dass die Gehirnfunktionen eines jeden zerrüttet werden, wenn irgendeine dieser Maßnahmen lange genug angewendet wird.

Donald Hebb stellte seine Experimente an der McGill-Universität nach dreieinhalb Jahren ein. Ironischerweise wurde das Projekt X-38 zum Teil deshalb beendet, weil die mit der Aufsicht betrauten Wissenschaftler das Warten vor einer Camera silens, einer schweigenden Zelle, zu monoton fanden. Doch als sich seine Ergebnisse herumsprachen, wurden andere Wissenschaftler neugierig. 1955 erhielt Jack Vernon vom Generalstabsarzt der amerikanischen Armee die Mittel zum Bau einer Isolationszelle im Keller der Eno Hall der Universität von Princeton. Er heuerte eine Reihe von studentischen Mitarbeitern an und bot ihnen wie Hebb 20 Dollar für jeden Tag, den sie in der Zelle blieben. Obwohl er nicht denselben hohen Prozentsatz von Halluzinationen verzeichnete, fanden seine Testpersonen das Experiment im Allgemeinen beklemmend. Die Hälfte klagte über Konzentrationsschwierigkeiten. »Es war«, schrieb Vernon, »als ob sie die disziplinarische Kontrolle über ihre Denkprozesse verloren hätten.« 20 Prozent drückten den Notfallknopf und baten vorzeitig um Abbruch des Versuchs.

Ein Kollege wiederholte die Versuche und schaffte es, die Ansichten der Versuchspersonen über einen willkürlich gewählten ausländischen Staat zu ändern, indem er ihnen Propaganda vorspielte. Verglichen mit einer Kontrollgruppe hatten die Testpersonen, die aus der Isolation kamen, achtfach positivere Ansichten über die Türkei – über die sie sich zuvor ambivalent geäußert hatten –, nachdem sie den Bändern gelauscht hatten. Vernon stellte die Hypothese auf, dass es möglich sein könnte, einen Christen zum Islam zu konvertieren, indem man die Testperson vor die Wahl stelle, entweder einer öden Faktensammlung über das Christentum zuzuhören oder einer Reihe packender Geschichten über den Islam. Um der Monotonie zu entkommen, würde die Versuchsperson ohne Zweifel lieber den islamischen als den christlichen Bändern lauschen. Gleichzeitig würde sie aufgrund des Entzugsprozesses empfänglicher für Propaganda. »Wir dürfen den Schluss ziehen«, schrieb Vernon, »dass die Wirkungen des Reizentzugs der Gehirnwäsche ähneln. Das heißt, die Abschottung machte Versuchspersonen empfänglicher für Propaganda und führte zu einer stärkeren Änderung ihrer Meinungen. … Obwohl die USA eine solche Technik niemals eingesetzt haben und vermutlich niemals einsetzen werden, besteht kein Zweifel, dass wir eine sehr wirkungsvolle Methode der Gehirnwäsche schaffen könnten.«

Zugegebenermaßen hassten nicht alle Probanden das Experiment. Einige genossen es. Außerdem boten ein paar weitere Teilnehmer, die zuvor ihren Versuch abgebrochen hatten, an, wieder hineinzugehen – sobald man ihnen versichert hatte, dass sie nichts zu befürchten hätten. Es schälten sich einige Schlüsselfaktoren heraus, anhand deren Beobachter vorhersagen konnten, wie lange eine Testperson die Prozedur ertragen würde. Teilte man ihr nicht mit, dass sie von Experten überwacht wurde, setzte die Paranoia früher ein; war sie sich nicht sicher, ob das Experiment gefahrlos war, stieg sie früher aus. (Eines Sommers heuerte Vernon Studenten an, die nicht in Princeton studierten und ihn nicht kannten. 90 Prozent von ihnen brachen den Versuch vorzeitig ab.) Vor allem war es weit schwerer zu ertragen, wenn keine zeitliche Obergrenze gesetzt wurde.

Hebbs und Vernons Arbeiten weckten allenthalben Interesse, und bald fanden an Universitäten überall in Amerika Versuche mit Reizentzug statt. Viele dieser Studien erfolgten im Auftrag entweder der US-Armee oder der CIA. Die Fragen, die sie interessierten, waren: »Wie können wir das einsetzen?«, und »Wie lässt sich die Intensität erhöhen?«

Eine Antwort kam von John Lilly, Professor beim nationalen Gesundheitsamt (National Institutes of Health, NIH) in Bethesda, Maryland. 1954 führte er den Reizentzug einen Schritt weiter mit dem Versuch, *jegliche* Stimulation von außen zu unterbinden. Nach einer Reihe von Diskussionen mit Hebb an der McGill-Universität entwarf er einen Tank, der mit exakt auf Körpertemperatur erwärmtem Wasser gefüllt werden sollte. Darin sollte die Testperson mit einem Helm und Atemgerät eintauchen. Nun gab es kein Geräusch außer ihrem Atem und überhaupt keine anderen Sinneseindrücke mehr. Der Tank wurde für sehr kurze Isolationsphasen benutzt. Lilly erinnerte sich später an einen langen Versuch von zweieinhalb Stunden, dem er sich selber unterworfen und an dessen Ende er zu halluzinieren begonnen hatte. Die CIA nahm kurz Kontakt zu ihm auf und fragte an, wie sich der Tank praktisch einsetzen ließe. Er verweigerte die Zusammenarbeit und zog sich, gehetzt von diversen Geheimdienstorganisationen, schließlich ganz aus der Reizentzugsforschung zurück.

Im Büro nebenan plagten einen Kollegen von Lilly namens Maitland Baldwin keine solchen Skrupel. Baldwin, ein Leutnant der US-Marine und ehemaliger Student Hebbs, wurde 1955 von dem CIA-Offizier Morse Allen angeheuert. Er stellte in der Folge alle möglichen bizarren Experimente für den Geheimdienst an: Bestrahlung von Affenhirnen, Implantierung von Elektroden in Menschen und Transplantationsversuche mit ganzen Tierköpfen. 1955 bat er Hebb um Durchsicht der Protokolle für ein neues Isolationsexperiment, das er ersonnen hatte. Der Plan bestand darin, eine gepolsterte Kiste von 2,5 mal 1,5 mal 1,5 Meter zu bauen, die von außen beschallt und mit Flüssignahrung versorgt werden sollte.

Baldwin ging davon aus, dass der Test, sobald die Versuchsperson jedes Zeitgefühl verloren hätte, rasch unerträglich werden würde. Ein Proband, den man in eine Umgebung ohne Sinnesreize steckte, ohne eine Ahnung davon, wie lange er dort ausharren musste – und ohne Alarmknopf –, würde schneller und vollständiger zusammenbrechen, als bis dato angenommen. Baldwin wollte Leute in die Kammer schicken, ohne ihnen zu sagen, wie lange sie dort bleiben müssten.

Um seine Theorie zu beweisen, steckte er einen Freiwilligen der US-Armee 40 Stunden lang in seine schwarze Kiste. Nach »einer Stunde lauten Weinens«, schrieb er, »und herzzerreißendstem Schluchzen« trat der Soldat schließlich ein Loch in die Kiste und bahnte sich den Weg ins Freie. Baldwin folgerte, dass verschärfter Reizentzug zu einem »vollständigen psychischen Zusammenbruch« und möglicherweise dauerhafter Hirnschädigung führe. Doch wie lange würde es dauern, und was wäre das Endresultat?

1955 erbot er sich, diese Fragen durch ein außerordentlich makabres Experiment zu beantworten.

> Er [Baldwin] räumt offen ein, dass es ihm, sofern er keine »Experimente bis zum Endstadium« durchführen könne, nicht möglich sei, die wirklichen Antworten auf totale Isolation zu finden. … Der [CIA-Führungsagent] fragte ihn [Baldwin], ob er, falls man Testpersonen und ein absolut sicheres Gebiet bekäme, bereit sei, seine gegenwärtige Arbeit für etwa 30 Tage ruhen zu lassen und an einem solchen Experiment teilzunehmen. Er [Baldwin] erklärte, dass er nicht nur begeistert sei, sondern seine Dienste auch umsonst anbiete (sofern sich ein offizieller Deckmantel arrangieren lasse).

Der Wissenschaftler fügte eine Bedingung hinzu: »Er erklärte, er wolle nicht, dass irgendeine andere Behörde davon erfahre, falls das Experiment nicht erfolgreich ausfalle.«

Maitland Baldwins Plan, einen Versuch mit Reizentzug bis zum »Endstadium« zu führen, stufte die CIA als »unmoralisch und unmenschlich« ein und lehnte ihn ab. So weit sich feststellen lässt, fand das Experiment nie statt.

ᴂ

Die Forschungen über Reizentzug blieben natürlich nicht auf die USA und Kanada beschränkt. Belege der geheimen Arbeiten in Großbritannien sind schwer zu finden, aber auch hier wurde ohne Zweifel über das Thema geforscht. Ein Arzt, der offen über seine Beteiligung an Versuchen mit Reizentzug in Großbritannien spricht, ist Stanley Smith, der in den 50er Jahren am Moor Hospital in Lancaster arbeitete. Smith war an der Behandlung von Patienten interessiert, die ihr Gehör verloren hatten. Insbesondere wollte er herausfinden, warum sie zuweilen Anfälle von Verfolgungswahn bekamen. Nachdem er von Hebbs Ergebnissen an der McGill-Universität gehört hatte, fragte er sich, ob bei seinen Patienten Taubheit wie eine Art Reizentzug wirkte, der sie orientierungslos machte. 1958 erhielt er die Genehmigung, drei Räume im Obergeschoss eines isolierten Klinikgebäudes zu nutzen, und beauftragte den Krankenhausingenieur, eine Isolationskammer zu bauen. Sie wurde in einem der drei Räume an Nylonseilen an der Decke aufgehängt, um eine bessere Vibrations- und Schallisolierung zu erzielen. Die Kammer war vollständig gegen Außengeräusche isoliert. Sie wurde mit einer Latexmatratze und einem Beobachtungsfenster aus Spiegelglas ausgestattet. Innen trugen die Testpersonen Milchglasbrillen, die ihre Sicht einschränkten. Sie mussten Baumwollhandschuhe und dicke Wollsocken tragen, ihre Arme wurden mit Fell umkleidet. Freiwillige aus dem Pflegepersonal des Krankenhauses erhielten einen freien Tag für jeden Tag, den sie in der Kammer blieben. Einige waren von dem Erlebnis begeistert, besonders eine Schwester, die vier oder fünf Tage in der Kammer blieb und beim Herauskommen frohlockte, es sei der schönste Urlaub gewesen, den sie je erlebt habe. Anderen erging es nicht so gut.

Smith selbst verbrachte 38 Stunden in der Kammer, für ihn eine grässliche Erfahrung. »Ich fand es wirklich äußerst unangenehm. Sehr unangenehm«, sagt er. »Tatsächlich hätte ich, wenn man mich gebeten hätte [wieder hineinzugehen], mit allem Nachdruck gesagt: ›Um nichts in der Welt, andernfalls würde es mir dreckig gehen.‹ Ich kam zu der Überzeugung, dass ich da drin nichts Sinnvolles tat, weder für mich noch für irgendeine Wahrheit oder Information, nach der wir suchen mochten. Ich wollte nur noch raus. In der Kammer war ich alles andere als eine gute Testperson.«

Es tauchten andere Probleme auf. Viele von Smiths Versuchspersonen hatten Alpträume, häufig von ihrem eigenen Tod. Alle berichteten von Konzentrationsschwierigkeiten. Es gab mentale Störungen und obsessive Gedanken. Bei zwölf der ursprünglich 20 Probanden führten diese Gedanken schnell zu Angst, dann Panik. »Ich dachte, ich werde verrückt«, kommentierte eine Krankenschwester später. Eine andere brach in Tränen aus und hatte Anfälle hysterischer Depression. Als Gründe für den Abbruch des Experiments wurden angegeben: »unerträgliche Angst«, »Anspannung« oder »Panikattacken«. Häufig kamen Testpersonen schweißüberströmt, zitternd, mit trockenem Mund und Herzrasen aus der Kammer. Interessanterweise waren die einzigen Freiwilligen, denen es wirklich gut ging, vier Patienten mit chronischer Schizophrenie, die alle glücklich darüber schienen, unbeschränkte Zeit in dem Raum verbringen zu dürfen. »Sie genossen es!«, erinnert sich Smith.

Er veröffentlichte die Ergebnisse seiner Studie 1959 in *Lancet*. Kurz darauf erhielt er einen Anruf. »Ich hatte das übliche Problem mit – wer war es noch? – jemandem vom Kriegsministerium«, erzählte er mir seufzend. »Man wollte wissen, ob das irgendeinen militärischen Nutzen hätte. … Man bat mich nicht um Hilfe, sondern fragte nur: ›Haben Sie noch andere Versuche gemacht?‹ Was denn der Zweck von alldem gewesen sei? Sie waren ziemlich überrascht, als ich ihnen von Gehörverlust und sensorischen Schäden dieser Art erzählte.«

Obwohl die Belege rar sind, darf als sicher gelten, dass auch das britische Militär geheime Versuche mit Reizentzug unternahm. In einem Vortrag vor der Royal Institution of Great Britain mit dem Titel »The Scientific Lessons of Interrogation« berichtete Alexander Kennedy, Professor für Psychologische Medizin der Universität von Edinburgh, 1960 über eine verblüffende Palette von Verhörmethoden, die man offenbar während des Zweiten Weltkriegs gelernt hatte. Kennedy, ein ehemaliger Oberstleutnant des britischen Geheimdienstes, war während des Krieges in einem der gemeinsamen Verhörzentren von Armee und MI5 (CSDIC)* in Kairo tätig, dürfte also wohl gewusst haben, wovon er sprach. Er zitierte die Resultate von Hebbs Arbeit und erwähnte eine Phase, in der er mit einem Kollegen, einem Dr. Bethune, »auf den Bau einer Reizentzugskammer« wartete. In der Kammer, sagte er, seien die Versuchspersonen taub, blind und ohne taktile Empfindung gewesen. Nach 18 Stunden führe dies zu »einem ernsten Verwirrungszustand«. Eine von Kennedys Versuchspersonen scheint ein junger Arzt der Royal Air Force gewesen zu sein, Peter Roper, der sich erinnert, dass man ihn in einen Edelstahlzylinder sperrte und anwies, dort so lange zu bleiben, bis es unerträglich würde (wir werden ihm in Kapitel 7 wieder begegnen).

»Natürlich wusste ich«, sagt ein Psychiater des MI 6, der Experimente über die Wirksamkeit von Wahrheitsdrogen durchführte, »dass eine Menge [Forschung über Reizentzug] lief. … Ich glaube, es gab einen Versuch an der Uniklinik St George's [in London], und man hörte natürlich davon. Es gab hier und dort Labors. Ich war nicht persönlich daran beteiligt, weil ich nicht viel darüber wusste.«

Ein weiterer Aufsatz von 1960/61 offenbart, dass sich das britische Militär für noch radikalere Methoden des Reizentzugs interessierte –

---

*Combined Services Detailed Interrogation Centre. Solche britischen Verhörzentren gab es im Nahen Osten, Südasien und nach dem Krieg bis 1947 auch in Belgien und Deutschland (Bad Nenndorf). (A.d.Ü.)

wenn es nicht gar aktiv Versuche darüber anstellte. Alfred M. Hastin Bennett vom Flugmedizinischen Institut der Royal Air Force berichtete im Hinblick auf das »Ablösungsphänomen«:

> Es ist nicht die Absicht dieses Kapitels, die vom Autor durchgeführten Experimente detailliert zu schildern, doch verdient es Erwähnung, dass mehrere Testpersonen, die mit verdunkeltem Gesichtsfeld anderthalb Meter unter Wasser schwebten, im Lauf der ersten Stunde des Experiments von Gefühlen der Unwirklichkeit oder Losgelöstheit berichteten. Die Illusion, sich zu drehen oder sich auf andere Weise zu bewegen, kam in der ersten Stunde ebenfalls häufig vor.

Der Bericht des Parker-Untersuchungsausschusses über die Verhöre der zwölf IRA-Verdächtigen liefert weitere Belege für die Forschung des britischen Militärs über Reizentzug. Im März 1972 erwähnte Lord Gardiner, Autor des Minderheitsberichts, dass »in England einige Experimente [über Reizentzug] mit freiwilligen Soldaten und Zivilisten angestellt wurden«. Davon finden sich in den Annalen der britischen Wissenschaft keine weiteren Hinweise, allerdings offenbaren verschiedene Quellen, dass Reizentzug beim britischen Militär und den britischen Geheimdiensten allenthalben auf großes Interesse stieß. Der Ausgangspunkt waren die seltsamen Geständnisse während des Koreakrieges.

⟳

Am Ende des Krieges war man sich darüber klar, dass Mitglieder der britischen Spezialkräfte und andere »für Gefangennahmen anfällige« Agenten wahrscheinlich sensible Informationen preisgeben würden, falls sie in die Hand des Feindes fielen. Da man den Verdacht hegte, dass die Russen, Chinesen und Nordkoreaner extreme Verhörtechniken und möglicherweise sogar Methoden der »Gehirnwäsche« anwandten, beschloss man, diese gefährdeten Personengruppen dagegen zu »impfen«. Damit beauftragt wurde der bereits erwähnte Unterausschuss zur Aufklärung von Flucht und Kriegsgefangenschaft (Evasion, Escape and Prisoner-of-War Intelligence Sub-committee). Cyril Cunningham vom A19, der Psychologe und »Gehirnwäsche«-Experte des Kriegsministeriums, machte sich auf die Socken, um ehemalige Kriegsgefangene in Korea zu befragen und herauszufinden, welcher Art von Behandlung sie dort unterworfen worden waren. Er schrieb eine Reihe von Berichten, die an die Verhörschule der Streitkräfte in Maresfield in Sussex (Joint Services Interrogation Wing, JSIW) und andere weitergeleitet wurden.

Maresfield, das Hauptquartier des militärischen Nachrichtendienstes, übernahm nun eine entscheidende Rolle bei der Ausbildung der britischen Spezialkräfte, die damals neue Marschbefehle bekamen.

Diese Spezialkräfte (Special Air Service, SAS) waren aufgrund des Guerillakrieges auf der Malaysischen Halbinsel (1948–1960) reaktiviert worden und spielten fortan eine immer wichtigere Rolle. »Der SAS ... war damals eine Einheit nur für diesen Krieg«, erinnert sich ein Veteran. »Doch sobald der vorbei war und die Geschichten im Nahen Osten anfingen, sah man das Potenzial, das darin steckte, und wir mussten alle möglichen Ausbildungskurse absolvieren, einschließlich dieser Sache aus dem Kalten Krieg: Widerstand gegen Verhöre. ... Wir kamen etwa im Februar oder März 1959 [nach Großbritannien] zurück, und von da an wurde wie verrückt trainiert.«

Als sich die Trainingsprogramme der Spezialkräfte vervielfachten, wurde für Bewerber ein Selektionskurs eingeführt, der sie auf das Schlimmste vorbereiten sollte. Dazu gehörte auch »Verhörresistenz«. John Hughes-Wilson, ein ehemaliger Oberst des militärischen Nachrichtendienstes, erklärt: »Man muss unseren Leuten die Möglichkeit geben, dem Druck standzuhalten, den Leute auf der anderen Seite auf sie ausüben könnten, die nicht an die Genfer Konvention glauben – oder die von der verdammten Konvention noch nicht mal was gehört haben.«

SAS-Soldaten wurden zu Übungen verdonnert, bei denen sie, ganz allein auf sich gestellt, quer durch Europa »fliehen« und sich verborgen halten mussten. Andere Kommandos verfolgten sie, und wenn sie gefangen wurden, unterzog man sie den Methoden, die nach Überzeugung des militärischen Nachrichtendienstes von den Russen angewandt wurden. Dazu gehörten Wandstehen, körperliche Erschöpfung, Täuschung, ein gewisses Maß an Brutalität, Schlaf- und Reizentzug. Verständlicherweise war das Verhörresistenz-Training nicht beliebt.

Der SAS-Veteran schüttelt den Kopf. »Das ist die Sache, die mir immer nahe ging: Reizentzug. 1961/62 war das üblich. Es war ein lichtloser Raum, irgendwo, wo man kein Gefühl hatte, ob es Tag oder Nacht war, meistens war es stockduster. Gelegentlich wurde das [die Stille] von lauter, sehr lauter Musik und blitzenden Lichtern durchbrochen. – Genau wie heute in diesen verdammten Diskos! ... Das war ein großer Anreiz, sich nicht fangen zu lassen.«

In der Zwischenzeit sammelte man in der Verhörschule der Streitkräfte mehr Informationen über die sowjetischen »Gehirnwäsche«-

Praktiken. Oberst Roy Giles vom Gloucestershire Regiment nahm 1966 an einem Verhörresistenz-Kurs der Verhörschule der Streitkräfte in Aden teil. Dabei wurde ein Film gezeigt, der seiner Einschätzung nach das Verhörresistenz-Training des SAS zeigte. Darin wurden Soldaten mit übergezogenen Kapuzen in einer Reihe aufgestellt und »vermöbelt«.*

Giles hörte auch Vorträge über Reizentzug, insbesondere über die von John Lilly vom amerikanischen Gesundheitsamt 1954 erfundene Technik, die Alfred M. Hastin Bennett von der Royal Air Force acht Jahre früher erwähnt hatte. »Die Methode, von der wir alle in Aden mit offenem Mund hörten«, erzählte er, »war die mutmaßlich erst kurz zuvor entwickelte Technik, den Gefangenen in einen Tank mit einer Art flüssiger Gelatine bei 34,9 Grad Celsius zu tauchen. Nackt. Mit gefesselten Armen und Beinen und den Kopf in einer Art Taucherhelm, durch den man atmete. Man wurde in dieses Becken gehängt, so dass alles, was man hörte, der eigene Atem war. Der Theorie nach wurde man dadurch verrückt.«

In Maresfield (später im neuen Hauptquartier des militärischen Nachrichtendienstes in Ashford, Kent) forschte man bis in die 80er Jahre weiter an Konditionierungstechniken einschließlich Desorientierung und Lärmfolter. John Hughes-Wilson, der eine Zeitlang das Verhörresistenz-Programm leitete, erinnert sich: »Man brachte uns bei, dass Reizentzug eine Abkürzung zur Konditionierung einer Person ist. … Wir führten kontrollierte Experimente durch – es gibt kein besseres Wort dafür – an Leuten, die sie aufgrund der Art ihrer Jobs im Geheimdienst oder den Spezialkräften brauchten. Man kann einfach weißes Rauschen nehmen: schschsch … Das verwirrt die Leute sehr. Oder auch eine chinesische Oper in Endlosschleife: Ping-pong! Ping-pong!«

All diese Techniken wurden vermeintlich von den Russen und Chinesen angewandt, weshalb die Spezialkräfte im Fall einer Gefangen-

---

* Bei dem Film handelte es sich wahrscheinlich um *I Cant't Answer That Question*, der 1966 im »Fort« des MI6 in der Nähe von Southsea entstand. Darin werden Gefangenen Kapuzen aufgesetzt, sie werden bis zur Erschöpfung getriezt, geschlagen, belogen, beleidigt und müssen frieren. Die Opfer werden weißem Lärm ausgesetzt. Zu den Aufnahmen von Männern, die mit verbundenen Augen an Wände gekettet sind, erläutert ein Sprecher mit nachgeahmtem russischen Akzent: »Einen Mann all seiner Kontakte mit der Realität zu berauben, bringt ihn in einen äußerst empfänglichen Geisteszustand. Nur jene, die mit ihrem Verstand fest in der ihnen bekannten Welt verwurzelt sind, können widerstehen.«

schaft mit einer solchen Behandlung rechnen mussten. Doch die Verlässlichkeit der Informationen der Verhörschule über die sowjetischen Verhörmethoden war nicht unstrittig. Nicht jeder glaubte an die Theorie von den Ostblockmethoden. Cyril Cunningham besuchte Maresfield in den 60er Jahren einige Male und konnte kaum glauben, was dort getrieben wurde. »Ich war absolut entsetzt darüber«, erinnert er sich, »dass die Vernehmer und ein oder zwei der Spätankömmlinge bei AI9, bei denen es sich um RAF- und Armeeoffiziere handelte, die Leute prügelten, weil sie sagten: ›So haben es die Russen gemacht.‹ Ich fragte: ›Woher wissen Sie das denn? Wie wollen Sie wissen, was die Russen gemacht haben?‹ Die Antwort war: ›Tja, das haben wir in der Zeitung gelesen.‹« Cunningham – der an der Spitze des AI9-Projektes gestanden hatte, um herauszufinden, was man mit den Kriegsgefangenen in Korea angestellt hatte – hielt den Einsatz dieser Methoden für verantwortungslos. »Sie machten das einfach auf eigene Faust«, sagt er heute. »Nichts davon war von weiter oben autorisiert. Verhöre und Verhörtraining: Niemand hatte das genehmigt. Es geschah einfach.«

Welche Methoden es genau waren, mit denen britische Spezialkräfte trainiert wurden, um Verhören standzuhalten, wäre der breiteren Öffentlichkeit vielleicht verborgen geblieben, hätten sie nicht 1971 plötzlich eine praktische Anwendung in Nordirland gefunden. Als immer mehr Leute die Verhörresistenz-Kurse durchliefen, machte das Wort die Runde, dass diese Methoden in Verhörsituationen eingesetzt werden sollten. So wurde, wie Oberst Hughes-Wilson einräumt, die Grenze zwischen Verhör und Verhör*resistenz* »verwischt«: »Sie hatten so lange Widerstandstechniken gegen Verhöre trainiert – es gab ja zuvor keine realen Verhöre –, dass sie da [nach Nordirland] reingingen und die Verhöre als eine weitere Übung mit den bei der Verhörabwehr gelernten Methoden betrachteten.«

Doch tatsächlich waren die vermeintlichen Übungen nun bitterer Ernst. Die entsprechenden Planungen hatten nach dem Besuch von MI5-Direktor Sir Dick White in Belfast im März 1971 begonnen. Im April veranstalteten Offiziere aus dem »englischen Verhörzentrum«, vermutlich aus der Verhörschule der britischen Streitkräfte in Maresfield, ein spezielles Seminar für Angehörige der nordirischen Polizei, um ihnen die Verhörmethoden beizubringen, die sie anwenden sollten, wenn es zu Internierungen auf Verdacht käme. Bei diesem Seminar wurde die Polizei insbesondere instruiert, die, wie es die Armee nannte, »fünf Methoden« einzusetzen: Kapuzen, Wandstehen, Lärmfolter, Schlafentzug und Wasser-und-Brot-Diät. Ihre Anwendung in Nordirland 1971 hatte gravierende politische Nachwirkungen. Aber zunächst hatte sie vor allem gravierende körperliche und seelische Wirkungen auf die zwölf internierten IRA-Verdächtigen.

⁐

Paddy Joe McClean und Joe Clarke wurden wie die anderen zehn Männer sechs Tage lang verhört. Während dieser Zeit erhielten sie nur gelegentlich eine Tasse Wasser oder eine Brotkruste. Sie durften sich nicht waschen oder aufs Klo gehen. Spätere Untersuchungen ergaben, dass die zwölf Männer bis zu 43 Stunden hintereinander an der Wand stehen mussten. Doch die tatsächliche Zeit, die sie an der Wand verbrachten, ist wahrscheinlich weniger bedeutsam als die *Atmosphäre*, in der sie festgehalten wurden. Wie Hebb und Vernon vermutet (und Maitland Baldwin der CIA bewiesen) hatten, ist Reizentzug besonders unerträglich, wenn er ohne oberes Zeitlimit erzwungen wird. In Verbindung mit Angst, Schlafentzug, Brutalität, Lärmfolter sowie Essens- und Wasserentzug machte die Tatsache, dass keiner der Internierten eine Ahnung hatte, wie lange die Tortur noch dauern würde, daraus ein einzigartiges, grauenvolles Erlebnis.

Es ist also wohl nicht überraschend, dass sich viele der Opfer an irgendeinem Punkt den Tod wünschten. Einer der Männer berichtete später, dass er versucht habe, allem ein Ende zu machen, indem er seinen Kopf gegen die Wand rammte. Paddy Joe McClean kam zu der Überzeugung, dass die britische Armee nicht erlauben würde, dass diese Folter je an die Öffentlichkeit gelangte, und die Beweise vernichten würde, indem sie die zwölf Männer tötete, sobald die Befragung beendet war. Seines Todes gewiss, bereitete er sich auf sein Ende vor.

Dann, plötzlich, am 17. August, war alles vorbei. Die Internierten wurden in ihre Zellen gebracht, mussten sich dort mit dem Gesicht zur Wand stellen und durften ihre Kapuzen abnehmen. Man teilte ihnen mit, dass sie ins Crumlin Road-Gefängnis zurückgebracht würden. Auf einmal, erinnert sich Clarke, wurden ihre Häscher wieder menschlich. »Hoffentlich«, sagte ihm ein Polizeioffizier, »wirst du den Rest deines Lebens glücklich.«

Zu diesem Zeitpunkt war Clarke in einem Zustand, in dem er sich kaum noch aufrecht halten konnte. Ein Offizier half ihm. »Ich ging zur Toilette«, erinnert er sich. »Ich konnte mir nicht mal meinen eigenen Hintern abwischen, weil meine Arme vom Lehnen gegen die Wand so schmerzten. Und der Staatsschützer oder Polizist oder MI5-Typ – wer immer es war – wischte mir doch tatsächlich den Hintern ab.«

Die zwölf Männer wurden in Hubschrauber gebracht. Wiederum erinnert sich Clarke an einen Augenblick der Menschlichkeit. Bevor sie in den Helikopter stiegen, sagte ihm ein Mann vom Staatsschutz, dass er für die Dauer des Fluges eine Kapuze tragen müsse. Clarke, der aus dem letzten Hubschrauber, in dem er gesessen hatte, gestoßen worden war, bat ihn, die Kapuze wegzulassen. Der Mann erwiderte, es täte ihm leid, aber so lauteten seine Befehle. »Aber«, fügte er hinzu, »ich bleibe bei dir, bis du aus dem Helikopter gestiegen bist. Dann nehme ich dir die Kapuze ab – und dann blick dich nicht um.« Der Polizist stellte ihm dann eine bizarre Frage: »Wenn ich dich je auf der Straße treffe, gibst du mir dann einen Halben aus?« Clarke, erlöst, ins Gefängnis zurückzukehren und perplex von dieser plötzlichen Liebenswürdigkeit, bejahte die Frage. »Er war ein guter Kerl«, urteilt er heute.

Die Männer wurden auf den Hof des St Malachy's College in Belfast geflogen. Durch eine Öffnung in der Mauer gelangte man ins Crumlin Road-Gefängnis. Als sie hindurchgeführt wurden, durften sie ihre Kapuzen abnehmen.

McClean, der ein blaues Auge hatte, erinnert sich, wie die Gefängniswärter auf den körperlichen Zustand der zwölf Männer reagierten: »Ich sah den Ausdruck des Entsetzens in ihren Gesichtern. Wenn ich es also noch nicht gewusst hätte – doch ich wusste es ja schon wegen meines Gewichtsverlusts und der blauen Flecken am ganzen Körper –, hätte ich es spätestens daran gemerkt.«

Da ihnen während der Befragungen jedes Zeitgefühl abhanden gekommen war, fragten Clarke und McClean nach dem Wochentag. Es sei Mittwoch, erfuhren sie. Beide erwiderten, dass das unmöglich sei: Sie waren an einem Montag verhaftet worden und in den Gewahrsamszentren bis Mittwoch geblieben. Es konnte nicht immer noch Mittwoch sein. Nein, erklärten die Wachen, das sei vor einer Woche gewesen. Ein Wärter namens Dickie Elder trat an Clarke heran. »Wo warst du die ganze Zeit?«, fragte Elder. »Keine Ahnung, ich weiß es nicht«, erwiderte er. »Was soll das heißen, du weißt es nicht?« Als Clarke ihm erklärte, dass sie eine Woche lang eine Kapuze tragen mussten, gab er ihm einen Klaps auf den Kopf. »›Mach dir keine Sorgen‹, sagte er, ›du bist jetzt bei anständigen Leuten. Dir wird nichts mehr passieren.‹ Die Tränen kullerten mir nur so runter.«

Clarke, McClean und die anderen zehn wurden auf die Sanitätsstation gebracht, wo sie sich waschen durften und ihre erste ordentliche Mahlzeit seit sechs Tagen erhielten. Beim Wiegen stellte sich heraus, dass sie in der einwöchigen Haft bis zu sieben Kilo verloren hatten.

Dann bot sich eine unverhoffte Gelegenheit. Der wachhabende Wärter von McCleans Flügel, zufällig ein weiterer alter Bekannter, fragte, ob er etwas für ihn tun könne. McClean bat um Stift und Papier. Obwohl er wegen der tagelang übergestülpten Kapuze noch nicht wieder richtig sehen konnte, brachte er es fertig, 22 Zeilen zu kritzeln, in denen er auflistete, was mit ihm geschehen war. Er gab die Liste dem Wärter und bat ihn, sie Kardinal Conway, dem Erzbischof von Armagh, zu übergeben.

Was der Wärter, ein Protestant, auch prompt tat. Noch in der Nacht nahm er ein Taxi von Belfast nach Armagh, händigte dem Kardinal die Nachricht aus und erklärte ihm, sie sei wichtig und stamme von Paddy Joe McClean im Crumlin Road-Gefängnis.

Der Kardinal flog nach London, um sich mit dem britischen Premierminister Edward Heath in der Downing Street 10 zu treffen. Was genau bei der Unterredung gesagt wurde, ist nicht bekannt, doch Heath ordnete sofort an, den Einsatz der »fünf Methoden« auszusetzen. Das verschaffte sieben weiteren Verdächtigen im Crumlin Road-Gefängnis, die schon isoliert, erkennungsdienstlich behandelt worden und ebenfalls für »die Horrorbehandlung« vorgesehen waren, eine Gnadenfrist.

Die Behörden erkannten, dass es Ärger geben würde, wenn die Presse davon erfuhr. Vorsorglich nahmen sie Kontakt zu Pater Denis Faul auf, der gerade dabei war, sein Dossier zu aktualisieren und fertigzustellen. »Sie erhoben lauthals Protest«, erinnert er sich. »Einer von ihnen rief mich an und fragte: ›Wollen Sie damit etwa zur Presse gehen?‹ Ich antwortete: ›Natürlich gehe ich damit zur Presse! Diese Leute haben keinen Schutz, es gibt niemanden, der sich für sie verwendet, und sie brauchen jemanden, der das tut.‹«

Offiziell wurde der Vorfall heruntergespielt. Der nordirische Premierminister Brian Faulkner erklärte: »Wenn irgendetwas von diesen Dingen geschehen wäre, dann wäre es doch binnen 24 Stunden publik geworden.« Doch am 31. August gab der britische Innenminister Reginald Maudling die Ernennung eines Untersuchungsausschusses unter Vorsitz von Sir Edmund Compton bekannt, dem Ombudsmann der Regierung in London, um den Anschuldigungen nachzugehen.

Der Compton-Bericht ist ein außerordentliches Dokument. Im Laufe ihrer Untersuchung nahmen Compton und sein Team die Aussagen von 95 britischen Soldaten, 26 nordirischen Polizisten, elf Gefängniswärtern, zwei Regimentsärzten, zwei zivilen Ärzten und zwei weiteren medizinischen Spezialisten auf. Doch von den 342 Männern, die interniert und anscheinend misshandelt worden waren, befragten sie nur einen einzigen (allerdings hatten sich manche Internierte geweigert, mit jemandem zu sprechen, den sie als britischen Lakai betrachteten). Eine Untersuchung mit bloß einem Zeugen auf Seiten der Anklage, aber 138 auf Seiten der Verteidigung kam Compton offenbar nicht parteiisch vor. Er war's zufrieden, sich auf die Darstellung der Polizei und der Armee zu verlassen – und die Beweise der Bürgerrechtsbewegungen Association for Legal Justice und Amnesty International zu ignorieren.

Trotz aller eindrucksvollen Quellen beging Compton gleich zu Anfang den Fehler, nur elf statt zwölf Verhörte aufzulisten. Micky Montgomery wurde vergessen. Es war eine böse Ironie, dass unterdessen – trotz der ausdrücklichen Anordnung von Edward Heath, dass dergleichen nie wieder geschehen sollte – zwei weitere IRA-Verdächtige die Behandlung der »vertieften Vernehmung« erleiden mussten, kaum acht Kilometer von dem Ort entfernt, an dem Compton im Oktober 1971 seinen Bericht zusammenstellte. Während dieser Verhöre trat irgendwann ein nordirischer Polizist mit einer Injektionsspritze auf einen der beiden Neuinternierten, William Shannon, zu und drohte ihm mit der Verabreichung einer Wahrheitsdroge. Shannon trug die Nummer 21 auf der Hand.

Die Schlussfolgerungen von Comptons Bericht, veröffentlicht am 3. November 1971, waren widersprüchlich. An der Wand zu stehen, behauptete er, sei keine »Stresssituation«; ihr Zweck sei es nicht gewesen, die Männer in einen Zustand der Erschöpfung zu bringen, sondern ihnen »Disziplin« aufzuerlegen und »Sicherheit« zu gewährleisten. Wenn sich die Verdächtigen geweigert hatten, korrekt zu stehen, habe man ihre Beine oder Arme nicht auseinander getreten oder geschlagen, sondern *sanft auseinander gedrückt*. Niemand habe je länger als vier bis sechs Stunden hintereinander an der Wand stehen müssen. Mahlzeiten seien in sechsstündigen Intervallen angeboten worden – doch die meisten Männer hätten sich zu essen geweigert. Ebenso habe man Toiletten zur Verfügung gestellt, doch die Soldaten hätten es schwierig gefunden, in Erfahrung zu bringen, wann die Verhörten austreten wollten. Paddy Joe McClean, so wurde behauptet, habe sich wiederholt »aus eigenem

Willen« beschmutzt. Schläge wurden rundweg geleugnet, McCleans blaues Auge mit einem Unfall beim »Transport« erklärt. Der Einsatz von Kapuzen sei zum Schutz der Verdächtigen erfolgt. Tatsächlich hätten bei manchen Gelegenheiten »einige der Beschwerdeführer ihre Kapuzen aufgelassen, obwohl sie sie hätten abnehmen dürfen, wenn sie es gewünscht hätten«. Der weiße Lärm hätte ebenfalls dem Schutz der Verdächtigen gedient. Die Tatsache, dass Kapuzen in Verbindung mit Lärm zu Desorientierung führen könnten, wurde eingeräumt, aber heruntergespielt.

Natürlich gab (und gibt) es praktische Gründe, Verdächtigen bei Verhören Kapuzen überzuziehen und sie weißem Lärm auszusetzen. Wenn die Verdächtigen nichts sehen können, ist es einfacher, sie im Griff zu behalten; sie sind nicht in der Lage, ihre Vernehmer später wiederzuerkennen; wenn sie nichts hören können, bekommen sie nicht mit, wenn andere Verhörte im Raum Informationen preisgeben.

Doch zu behaupten, der Verwirrungszustand der zwölf Männer sei lediglich eine unglückliche Nebenwirkung gewesen, war einfach falsch. Niemand, der die kanadischen Experimente über Reizentzug Anfang der 50er Jahre kannte, hatte irgendwelche Zweifel, dass die Vorfälle in Nordirland das Resultat dieser Forschung waren. Ron Melzack von der McGill-Universität erinnert sich, dass Donald Hebb »wirklich unglücklich« war, als die Nachricht von der »vertieften Vernehmung« in Kanada publik wurde. »Er dachte, was als vollkommen vernünftiges Experiment begonnen hatte … Das Resultat war doch entsetzlich!«

Schließlich war sogar Compton gezwungen, zu dem Schluss zu kommen, dass die fünf Methoden eine »Misshandlung« darstellten. Aber seinen Auftrag hatte er erfüllt: Er konnte keine »körperliche Brutalität« ausmachen, und erst recht keine »Folter«.

Comptons Bericht bezeichnete der *Observer* mit einer berühmt gewordenen Schlagzeile als »Sechs Körnchen Wahrheit und ein Eimer Tünche«. Roy Hattersley, heute Lord Hattersley of Sparkbrook, damals als Labour-Abgeordneter stellvertretender Sprecher des außenpolitischen Ausschusses, stimmt zu: »Das war es ja auch, oder nicht? Ich möchte nicht zynisch klingen, aber es lag doch in der Natur der Sache, dass die Sympathie der Ermittler bei der Armee liegen würde. … Es ist leicht, Helden zu verteidigen – aber es ist sehr schwer, sich für die Rechte von Kriminellen oder mutmaßlichen Kriminellen einzusetzen. Beim Compton-Bericht konnte von vornherein nichts anderes herauskommen.«

Vier Wochen später, am 3. Dezember 1971, trat unter Lord Parker ein anderer Ausschuss zusammen, um zu entscheiden, wie IRA-Verdächtige in Zukunft behandelt werden sollten. In seinem Bericht bemerkte der Lord, dass die Entzugsmethoden seit einiger Zeit ohne Schaden bei den Spezialkräften des SAS angewandt worden seien. »Die tatsächliche Anwendung [der Foltermethoden]«, so räumte er immerhin ein, »ist offensichtlich etwas ganz anderes als das Experiment.« Aber umstandslos vollzog er dann eine völlige Kehrtwendung und kam zu dem Schluss, dass es wahrscheinlich für SAS-Rekruten schwerer sei, ein 48-stündiges Verhörresistenz-Training zu durchlaufen, als für IRA-Verdächtige, eine Woche derselben Behandlung auszuhalten, da sich die IRA durch einen starken »Corpsgeist« auszeichne, der ihren Mitgliedern durch die Prozedur helfe. Dabei ist ja der SAS – möglicherweise die beste Spezialeinheit der Welt – nicht gerade für seinen Mangel an Moral bekannt.

Als Beweis für die Wirksamkeit der Verhörmethoden zitierte Parker Statistiken: Über 700 IRA-Mitglieder seien verhaftet, über 85 Verbrechen aufgeklärt worden und entscheidende Details über Organisation, Operationen, Waffenlager, sichere Häuser, Kommunikationswege und Nachschubrouten ans Licht gekommen. »Es besteht kein Zweifel«, schrieb er, »dass … diese Methoden sehr wertvolle Ergebnisse erbracht haben.« Parkers Empfehlung zufolge waren sie, wenn sie gewissen Richtlinien unterworfen wurden, für das Verhör potenzieller Terroristen durchaus akzeptabel.

Selbst ihm fiel jedoch auf, dass Verhöre ein trübes Geschäft waren: Es gab nicht ein einziges offizielles Handbuch, das beschrieb, wie dabei vorzugehen war. Die verwendeten Methoden wurden anscheinend an der Verhörschule der Streitkräfte mündlich weitergegeben. Entsprechend waren die »fünf Methoden« nie von der Regierung überprüft und deshalb auch nie eigens autorisiert worden.

Auch dies war für Roy Hattersley keine Überraschung. »So, wie ich die Armee kenne«, sagt er, »wird irgendjemand – ich weiß nicht, wer – gesagt haben: ›Nun, es ist einfach besser, sie nicht wissen zu lassen, dass wir es tun‹, und die Minister werden gesagt haben: ›Es ist einfach besser, nicht danach zu fragen, wie sie solche Sachen machen.‹ Meine Vermutung ist, dass es eine bewusste Entscheidung gab, einen Puffer zwischen Armee und Minister zu schieben.«

Trotz fehlender Dokumentation über die fünf Methoden befand Parker, dass sie nicht gefährlich seien: Es mochte zwar »ein gewisses Maß«

an geistiger Desorientierung gegeben haben, doch diese würde binnen zweier Monate verschwinden. Woher er seine Weisheit hatte, da es doch offenbar nichts Gedrucktes über das Thema gab, mag sich jeder selbst denken. In jedem Fall stand seine Meinung in heftigem Widerspruch zum Befund der Ärzte, die die 14 Männer danach untersuchten. Pearse O'Malley, der drei von ihnen im Crumlin Road-Gefängnis untersuchte, vermutete, dass alle drei innerhalb von 24 Stunden nach ihrer Ankunft im Verhörzentrum eine Psychose entwickelt hatten. Sie hatten allesamt heftige visuelle und akustische Halluzinationen gehabt. Ein Mann zitterte ständig, fand es schwer, ganze Sätze zu bilden und hatte panische Angst davor, auch nur für eine einzige Minute allein gelassen zu werden. Ein anderer »bebt krampfartig und klagt über Kopfschmerzen, Schlaflosigkeit und Alpträume, wenn er sich schlafen legt«. Zwei der drei Männer würden sich nach seiner Einschätzung wahrscheinlich schließlich erholen, bei einem dagegen bestehe Verdacht auf eine »dauerhafte mentale Schädigung«.

Professor Robert Daly von der Cork University untersuchte die Männer ebenfalls. Er diagnostizierte Beklemmung, Angst und Furcht, Schlaflosigkeit und wiederkehrende Alpträume. Einige waren so depressiv, dass es ihnen »gleichgültig war, ob sie lebten oder tot waren«. »Ob man es vertiefte Vernehmung oder Gehirnwäsche nennt, ist eine akademische Frage«, schrieb er 1973. »Ziel der Behandlung war es, eine temporäre Psychose – temporären Wahnsinn – hervorzurufen. Es war dies eine schwere seelische Verletzung, die wahrscheinlich dauerhafte Folgen hat.«

Am Ende gab es neben Lord Parkers Mehrheitsbericht einen Minderheitsbericht von Lord Gardiner, in dem einige Fakten berücksichtigt wurden, über die sich die Ausschussmehrheit hinweggesetzt hatte. Der Bericht führte zudem Donald Hebbs Experimente an der Montrealer McGill-Universität und Stanley Smiths Versuche am Moor Hospital in Lancaster an. Gardiner kam zu dem Schluss: »Vertiefte Vernehmung, wie sie im ersten Compton-Bericht beschrieben wird, ist eine Form der sensorischen Deprivation, die zu geistiger Verwirrung führt.«

Gardiner bestritt ferner Lord Parkers Behauptung, dass in solchen Verhören entscheidende Informationen gewonnen werden könnten. Es hatte ja Hunderte von Verhaftungen gegeben, allein in der ersten Nacht der Internierungen hatte man 343 Verdächtige kassiert – da wäre es überraschend gewesen, wenn dabei nicht die geringsten Informationen etwa über geheime Waffenlager ans Licht gekommen wären. Der gesamte Vorfall war seiner Meinung nach eine »traurige Geschichte«: »Dem Kopf eines Menschen gewaltsam eine Kapuze überzustülpen und ihn zu fesseln, wenn er sie zu entfernen versucht«, schrieb er, »ist ein tätlicher Angriff und sowohl ein Zivildelikt als auch eine Straftat. Das Gleiche gilt für das Wandstehen in der hier geschilderten Weise. ... Kein Armeebefehl und kein Minister hätte legal und rechtsgültig den Einsatz dieser Methoden autorisieren können. ... Diese Vorgehensweisen waren und sind illegal.«

Am 2. März 1972 akzeptierte die britische Regierung Lord Gardiners Minderheitsbericht anstelle von Lord Parkers Mehrheitsbericht. An jenem Tag erklärte Premierminister Edward Heath vor dem Unterhaus, dass die fünf Methoden »als Verhörhilfe in Zukunft nicht mehr verwendet werden«, auch wenn es natürlich weiterhin vertiefte Vernehmungen gebe.

Zwei Jahre später wurden die Briten vor den Europäischen Menschenrechtsgerichtshof in Straßburg zitiert. Als der Fall verhandelt wurde, hatte es zwischenzeitlich einen Regierungswechsel gegeben. Im Außenministerium wurde darüber gestritten, wie der Schaden am besten zu begrenzen wäre. Roy Hattersley, damals als Staatssekretär die Nummer zwei im Ministerium, argumentierte, dass die Regierung reinen Tisch machen, sich entschuldigen und alles ihrer Vorgängerin anlasten solle. Er wurde schnell zum Schweigen gebracht. »Ich erinnere mich«, erzählt Hattersley, »dass Harold Wilson, der Premierminister, mich wegen meiner Entscheidung, uns schuldig zu bekennen und es hinter uns zu bringen, vernichtend anfuhr – peinlich für einen jungen Staatssekretär. Er meinte, dass wir den britischen Ruf verteidigen sollten, indem wir uns selbst verteidigten. Und das taten wir 1974/75 dann auch.«

Am Ende hatte Hattersley doch Recht. Das Verfahren zog sich eine Weile hin, und schließlich wurde Großbritannien, was niemanden groß überraschte, wegen »unmenschlicher und erniedrigender Behandlung« schuldig gesprochen. Den Opfern wurde finanzielle Entschädigung zugestanden.

∽

Doch es gab noch gravierendere Folgen als das Straßburger Urteil. Einen Monat nach seinem Besuch bei Edward Heath im August 1971 nahm Kardinal Conway an einer Senatssitzung im Vatikan teil. Dort teilte er das, was er über »vertiefte Vernehmungen« gehört hatte, Kardinal Cooke mit, dem Erzbischof von New York. Der Amerikaner kehrte mit einer Mission heim.

In New York versandte Cooke, dessen Gemeinde zu einem hohen Prozentsatz irischer Abstammung war, eine Erklärung an seine katholischen Amtsbrüder. Es war die heftigste außenpolitische Verurteilung, seit Kardinal Spellman im Zweiten Weltkrieg Hitlers Behandlung der Juden gebrandmarkt hatte. Cooke rief zur Einrichtung von Hilfsfonds für nordirische Katholiken auf und erwähnte dabei besonders »Verhörlager, in denen katholische Dissidenten ohne Prozess interniert und während der Verhöre an den Rand physischer und mentaler Erschöpfung gebracht werden«.

Was in Nordirland geschehen war, sprach sich in Windeseile in den ganzen Vereinigten Staaten herum. Der renommierte britisch-amerikanische BBC-Journalist Alistair Cooke, berühmt für seine wöchentlichen »Letters from America« und normalerweise ein unaufgeregter Korrespondent, ließ seinen Sender wissen: »Als Journalist wäre es unverantwortlich und würde an Abgestumpftheit grenzen, wenn ich Ihnen nicht die in diesem Land weit verbreitete Beunruhigung – um es milde zu formulieren – über das Gerücht oder auch die zu vermutende Tatsache mitteilen würde, dass Folter unter dem für das 20. Jahrhundert typischen Euphemismus ›vertiefte Vernehmung‹ praktiziert wird.«

Die Wut der Amerikaner über das britische Vorgehen in Nordirland wurde im Januar 1972 noch durch den »Blutsonntag« in Londonderry angefacht, bei dem 14 katholische Demonstranten von britischen Soldaten erschossen wurden. Sinn Fein, der politische Arm der IRA, verlor keine Zeit, politisches Kapital aus dieser Tragödie zu schlagen, und flog die Verhöropfer, unter ihnen Paddy Joe McClean, in die USA, um den Amerikanern zu berichten, was die Briten ihnen angetan hatten. »Vertiefte Vernehmungen« und der Blutsonntag mobilisierten die riesige irisch-amerikanische Gemeinde. NORAID, der amerikanische Fonds zur Förderung der republikanischen Sache in Nordirland, sprang in die Bresche. Plötzlich flossen der IRA große Geldmengen von irischen Amerikanern zu.

Auch in der nordirischen Provinz erregte der »Blutsonntag« großes Aufsehen. Paddy Joe McClean, 2005 noch immer in Menschenrechtskreisen aktiv, erinnert sich an die überwiegende Reaktion der nordirischen Katholiken: »›Ihr denkt, *wir* sind die Terroristen? Aber wir doch nicht, *sie* sind es, *sie* sind die Terroristen! Sie machen den Terror, sie verstecken sich hinter dem Rechtsstaat!‹ Und das löste Aufruhr aus. Und das führte zu noch mehr Toten.«

McClean macht sich keine Illusionen über die Konsequenzen. »Das war die beste Rekrutenwerbung, die die IRA je hatte«, sagte er mir. »Die Internierungspolitik, die Verhöre, der Blutsonntag. August, September, Oktober, November, Dezember, Januar: Diese fünf Monate *schufen* die Provisorische IRA erst.«

∽

Ich traf den heutigen Monsignore Denis Faul in seinem Heim in Sixmilecross, County Tyrone, im November 2004. Ich war ziemlich eingeschüchtert. Am Telefon hatte er mir gesagt, England sei eine »Nation von Ladenbesitzern«, was mir den Eindruck vermittelte, dass er die Engländer nicht sonderlich mochte. Doch nach einem gemeinsamen Frühstück mit Äpfeln und Marmelade stimmte er mir zu: »Oh, ja. Rekruten und Geld. Es war wunderbar [für die IRA], wissen Sie.« Ebenso Joe Clarke, der zugibt, damals in republikanischen Zirkeln aktiv gewesen zu sein. Die »vertieften Vernehmungen«, sagt er, seien ein kolossaler Irrtum gewesen: »Damit haben sie einen großen Fehler gemacht. Einen *Riesen*fehler.«

Ein Teil des Fehlers war, dass die nordirische Polizei und die Armee die falschen Leute verhört hatten. Von den zwölf ursprünglichen Verdächtigen hatten mindestens sieben keinerlei Verbindung zur IRA. Das war die Schuld der Polizei: Sie war es, die der Armee die Verdächtigenliste übergeben hatte. Ihre Informationen waren ungenau.

»Das Problem«, sagt John Hughes-Wilson vom militärischen Nachrichtendienst, »war, dass die Vernehmer, die da reingingen, um die Internierten zu verhören, keine Mitsprache darüber hatten, welche Personen vernommen wurden. Sie bekamen diese Leute einfach von der nordirischen Polizei. ... Die Ironie war, dass die Vernehmer der Armee die falschen Leute bekamen und ausquetschten.« Paddy Hillyard, Professor für Sozialverwaltung und -politik an der Universität von Ulster – normalerweise nicht der Mann, der den Ansichten von Obersten des militärischen Nachrichtendienstes beipflichtet – stimmt zu:

> Sie mögen zwei oder drei Leute gehabt haben – ich kenne die Einzelheiten nicht –, die damals in der IRA waren, aber die Mehrheit war es nicht. Das war schlicht ein Zeichen für die Katholiken, zusammenzustehen und zu sagen: »So, dagegen wehren wir uns.« Es war völlig kontraproduktiv, weil über Nacht buchstäblich Tausende junger Männer zu den Fahnen eilten. ... Wissen Sie, wenn Sie auf die breiteren Auswirkungen dessen schauen, was infolge der Internierungspolitik und besonders der Verhöre geschah, dann kriegen Sie

einen bewaffneten Konflikt auf drei Jahrzehnte hin. Und denken Sie an die Zahl der Leute, die dabei umkamen. Unglaublich.

Ironischerweise gab es noch eine Nebenwirkung des Vorfalls. »Eine sehr interessante Tatsache«, sagte Monsignore Faul mit einem resignierten Lächeln, bevor ich mich im November 2004 von ihm verabschiedete, »ist, dass in den 70er und 80er Jahren die IRA Folterhäuser einrichtete, um Leute zu verhören, die sie als Informanten verdächtigte. Es gab eins in Dundirk, eins in Andersonstown. … Sie bedienten sich fast aller Methoden der nordirischen Polizei. Aber das Erste, was sie machten, war: Sie setzten einem eine Kapuze auf. Sie haben *Kapuzen* benutzt! Das war eine der Methoden, die wir 1971 der Heath-Regierung angezeigt hatten! Sie haben es nachgeahmt! Das war wirklich widerwärtig von der IRA.«

Faul begleitete mich zur Tür. »Die Folter geht immer weiter. Sie hört niemals auf.« Wir gaben uns die Hand. »Und die Sache mit der Kapuze, das finden sie alle einfach *unwiderstehlich*.«

160

Kapitel 5 | Der programmierte Schläfer

Es war etwa neun Uhr zwanzig, als das Telefon neben seinem
Sessel klingelte. Er nahm den Hörer ab.
»Ich möchte bitte Raymond Shaw sprechen.« Es war eine an-
genehme Stimme mit einem undefinierbaren Akzent.
»Am Apparat.«
»Wollen Sie nicht zum Zeitvertreib eine kleine Patience legen?«
Richard Condon, *Botschafter der Angst*, 1959

Palle Hardrup radelte am Donnerstag, dem 29. März 1951, um sieben
Uhr morgens zur Arbeit. Der 29-jährige Werkzeugschlosser sollte
an diesem Tag einen Auftrag bei der Danish Oil Burning Company erledigen. Stattdessen trat er mit einer Bitte an seinen Vorgesetzten heran.
Er habe persönliche Probleme zu Hause: Wenn er verspreche, die Zeit
nachzuarbeiten, wäre es dann wohl möglich, sich den Morgen über
freizunehmen? Der Vorgesetzte, der keinen Grund hatte, Hardrup der
Lüge zu verdächtigen, willigte ein.

Hardrup warf einen Blick über seine Schulter, ging zu seinem Spind
und nahm einen Metallgegenstand heraus, der in einem Tuch versteckt
war, dann einen ähnlich verpackten kleineren Gegenstand. Er steckte
beides in seine Aktentasche, machte sie zu und schloss die Spindtür.
Dann verabschiedete er sich von seinem Chef, stieg aufs Fahrrad und
fuhr davon.

In jenem Jahr war es in Kopenhagen für die Jahreszeit ungewöhnlich
kalt. Alles wartete auf den Frühling, doch es war nun schon beinahe
April, und die Luft war noch immer eisig. Eine dicke Schicht Schnee-
matsch bedeckte die Straßen. Während er von seiner Firma davonfuhr,
beschäftigten Hardrup indessen andere Dinge. Drei Monate zuvor hatte
Gott ihm aufgetragen, die Welt zu retten. Die Aktentasche im Korb
seines Fahrrads enthielt eine Pistole und eine Handvoll Patronen. Palle
Hardrup stand kurz davor, eine Bank auszurauben.

Er radelte zu einem Haus, in dem die Tante eines Freundes ihre
Wohnung hatte. Die Tante, eine schwere Trinkerin, sollte ihm für den
Banküberfall das Alibi liefern. Auf dem Weg dorthin hielt er an einem
Spirituosengeschäft und kaufte ein paar Flaschen Bier, um seiner Tarn-
geschichte Plausibilität zu verleihen. Gemeinsam leerten die beiden das
Bier. Um 10.30 Uhr befand er, dass die alte Dame hinreichend betrun-
ken war, um sich an nichts mehr deutlich zu erinnern, und machte sich

Der programmierte Schläfer 161

auf, um vorgeblich noch schnell ein paar weitere Biere zu holen. In ein paar Minuten sei er wieder da, versicherte er. Sie war einverstanden.

Hardrup kam nie dazu, noch mehr Bier zu besorgen. Er legte die Aktentasche in den Fahrradkorb zurück und fuhr zur Landsmandsbanken in der Norrenboro-Straße 58, stellte das Fahrrad auf dem Bürgersteig ab und hielt inne. Er hatte Angst; sein Körper wollte ihm nicht gehorchen. Als er sich schließlich um 10.45 Uhr ins Gedächtnis rief, dass der Bankraub Gottes Wille war, atmete er tief durch, setzte eine Sonnenbrille auf und ging durch die Doppeltür hinein.

Hardrup schritt durch die Eingangshalle, zog die Pistole heraus und schoss in die Decke. »Mach die Aktentasche voll!«, rief er dem nächsten Kassierer zu. Vor lauter Schreck reagierte der Mann nicht schnell genug. Hardrup erschoss ihn. Er wandte sich dem nächsten Kassierer zu. »Jetzt bist du dran«, sagte er. »Mach die Tasche voll!«

Der Bankraub dauerte zu lange. Beim Knallen der Schüsse gerieten die Kunden der Bank in Panik. Draußen auf der Straße näherten sich Passanten der Eingangstür und schnitten Hardrup den Fluchtweg ab. Dann löste jemand die Alarmanlage aus. Hardrup, überzeugt, dass man ihn schnappen würde, hob wieder die Pistole. Der zweite Kassierer versuchte zu flüchten, doch es war zu spät. Hardrup erschoss auch ihn. Mit leeren Händen flüchtete er aus der Bank, sprang auf sein Fahrrad und trat wie verrückt in die Pedalen. Als er vom Bordstein losfuhr, näherte sich ihm ein anderer Fahrradfahrer und versuchte, ihm den Weg abzuschneiden. Kurz bevor die beiden Männer zusammenprallten, streckte Hardrup sein Bein aus und wehrte den Angreifer mit einem Tritt ab. Der andere Mann versuchte abermals, ihn aufzuhalten, da hielt ihm Hardrup seine Pistole vor die Nase. Der Mann wich zurück und machte den Weg frei. Während er davonfuhr, beglückwünschte sich Hardrup zu seiner Kaltblütigkeit. Als ihn ein Fußgänger fragte, was los sei, hielt er an und sagte, er wisse es nicht. »Gehen Sie doch hinüber und schauen Sie selbst«, schlug er ihm vor. Dann machte er sich aus dem Staub.

Zurück in der Wohnung sagte Hardrup der alten Dame, dass jemand die örtliche Bank ausgeraubt habe, doch das interessierte sie nicht. Wo war das Bier? Ihm wurde klar, dass er sich jetzt besser um sein Alibi kümmern sollte, wechselte den Mantel, um sicherzugehen, dass ihn niemand erkannte, und ging die Treppe hinunter. In dem Moment, wo er unten ankam, bemerkte er jedoch, dass etwas nicht stimmte. Die Straße draußen war leer – und still. Dann traf die Polizei ein. Hardrup, immer noch bewaffnet, war hoffnungslos in der Minderzahl. Schweigend hob er die Hände und ergab sich.

Anfänglich sagte Hardrup der Polizei nicht, dass Gott ihm aufgetragen hatte, die Bank auszurauben. Die Beamten, die ihn verhaftet hatten, frohlockten: Sie hatten nicht nur ihren Mann geschnappt, er hatte das Verbrechen auch noch gestanden. Doch schon bald machten sie sich Sorgen. Befragt, warum er die Bank ausgeraubt habe, gab er zur Antwort, dass er Geld für eine politische Partei sammle, die er gegründet habe, die Nationalkommunistische Partei Dänemarks, deren Ziel es sei, den Dritten Weltkrieg vorzubereiten. Sobald der Krieg erklärt sei, habe er das Geld aus dem Bankraub dazu verwenden wollen, um eine Flotte zu chartern, Dänemarks intellektuelle Elite in einen sicheren schwedischen Hafen auszuschiffen und so das kulturelle Erbe des Landes zu bewahren. Am Ende, erklärte er, würde die Partei den Weltfrieden bringen, doch in der Zwischenzeit häufe er Waffen an. Unverzüglich durchsuchte die Polizei Hardrups Wohnung, wo sie Uniformen, Propagandamaterial, Abzeichen und Dokumente fand, die sich auf die Partei bezogen.

Der Polizei fiel auf, dass Hardrup für jemanden, der gerade einen erfolglosen Banküberfall mit zwei Raubmorden verübt hatte und danach gefasst worden war, ungewöhnlich ruhig wirkte. Sie fragte ihn, ob er sich wegen des Doppelmords nicht schuldig fühle. Nein, Hardrup fühlte sich nicht schuldig. Warum sollte er? Gott, sagte er, habe ihm aufgetragen, es zu tun. Die Beamten blickten sich mit hochgezogenen Augenbrauen an. »Sagen Sie das noch einmal?« Gott, erwiderte Hardrup, habe ihm *alles* befohlen. Er habe ihn angewiesen, die Partei zu gründen, er habe das Verbrechen und die Bank ausgewählt und ihm gesagt, er solle sich danach verstecken. Gott begleite ihn auf Schritt und Tritt. Doch keine Sorge, beruhigte er die Beamten, am Ende werde alles gut: Dafür werde Gott schon sorgen.

Am 21. Juni 1951 wurde Hardrup dem Chefpsychiater der Kopenhagener Polizei, Max Schmidt, vorgeführt. Er wiederholte vor Schmidt alles, was er der Polizei gesagt hatte. Er sei, verkündete er, wie die Jungfrau von Orleans. Schmidts Neugier war geweckt. Morde passierten selten in Kopenhagen, Fälle wie dieser waren noch unendlich viel seltener. Am nächsten Tag spritzte er Hardrup in der Hoffnung, damit sein religiös-politisches Gefasel zu durchdringen, intravenös die »Wahrheitsdroge« Narcodon. Sofort ließ Hardrup eine verworrene Erläuterung seiner zugleich antisemitischen und antifaschistischen Philosophie vom Stapel: Es müsse einen Dritten Weltkrieg geben; Dänemark müsse gerettet werden; ein »nördliches Königreich« werde errichtet werden. Als die Droge ihre volle Wirkung entfaltete und der Patient völlig entspannt war, stellte Schmidt die einzige Frage, auf deren Antwort es ihm ankam: »Von wem haben Sie die Idee, die Bank auszurauben?«

»Von ›ihm‹«, erwiderte der Kriminelle.

»Und wer *ist* ›er‹?«, fragte Schmidt.

»›Er‹ ist mein Schutzengel.«

Schmidt war argwöhnisch. Es musste noch mehr dahinterstecken. Zunächst einmal war es wahrscheinlich, dass Hardrup einen beinahe identischen Bankraub begangen hatte, der sieben Monate zuvor in dem Kopenhagener Vorort Hvidovre verübt worden war. Es gab auch Hinweise, dass er nicht allein gehandelt hatte. Am Tag nach dem jetzigen Bankraub hatte sich ein bekannter Krimineller namens Bjørn Nielsen gemeldet und zugegeben, der Besitzer des bei dem Verbrechen benutzten Fahrrades zu sein. Es war Nielsens Tante gewesen, mit der Hardrup an jenem Morgen getrunken hatte, und ihre Wohnung, vor der er verhaftet worden war. Routine-Nachforschungen ergaben, dass Hardrup drei Jahre im dänischen Statsfengslet i Horsens, dem staatlichen Gefängnis von Horsens, eingesessen hatte – als Nielsens Zellengenosse. Ehemalige Mithäftlinge berichteten, dass Nielsen dort einen unnatürlichen Einfluss auf Hardrup ausgeübt hatte: Hardrup habe immer das getan, was Nielsen ihm befahl.

Am 30. März knöpfte sich die Polizei Nielsen vor, doch es ergab sich nichts Verwertbares. Ja, gab er zu, er und Hardrup hatten zusammen eine Zeitlang dieselbe Zelle geteilt. Nielsen wusste von Hardrups neuer politischer Partei und war in der Anfangsphase sogar daran beteiligt gewesen – hauptsächlich mit Plakatkleben in der ganzen Stadt –, war aber vor langer Zeit ausgestiegen. Bis auf den Umstand, dass er ihm sein Fahrrad geliehen hatte, erklärte er, habe er mit dem Bankraub nichts zu tun.

Doch es gab Widersprüche in der Geschichte der beiden Männer. Hardrup gab an, er habe das Fahrrad gestohlen; Nielsen behauptete, er habe es ihm geliehen. Hardrup hatte erklärt, dass Nielsen nichts mit seiner Partei zu tun habe; Nielsen dagegen hatte seine ursprüngliche Beteiligung zugegeben. Nielsen hatte auch angedeutet, dass er mehr über das Verbrechen wusste, da er bei einem Verhör die Vermutung äußerte, dass Hardrups Frau Bente hinter der ganzen Sache stünde. Die beiden hätten schon früher Bankraube geplant, behauptete Nielsen, doch jedes

164 *Kapitel 5*

Mal habe er es ihnen ausgeredet. Es schien fast, als wolle Nielsen Hardrup noch tiefer reinreiten. Nielsen, ein Gewohnheitsganove, hatte seit 1933 mehr oder weniger ständig hinter Gittern gesessen. Hardrup, mit seiner naiven messianischen Neigung und seinem »Schutzengel«, schien nicht mehr als ein Lakai zu sein.

Schmidt verabreichte Hardrup wiederholt Barbiturate und drängte ihn, zuzugeben, dass Nielsen hinter dem Verbrechen stünde. Hardrup bestritt dies. Als der Psychiater versuchte, ihn mit einem Trick zu dem Geständnis zu überreden, dass Nielsen und der »Schutzengel« ein und dieselbe Person waren, erklärte Hardrup rundheraus, dass dies unmöglich der Fall sein könne: Er habe seine erste »Gotteserfahrung« 1947 gehabt, sechs Monate, bevor sich die beiden kennen gelernt hatten. Der Schutzengel war *nicht* Nielsen, sagte er kategorisch. Nielsen wurde freigelassen. Es gab nicht genug Beweise gegen ihn.

Max Schmidt schloss seinen Bericht über das Verbrechen Mitte Dezember 1951 ab. Darin kam er zu dem Schluss, dass Hardrup ein paranoider Schizophrener mit psychopathischen Tendenzen war, dass jedoch »die Einzelheiten dessen, was Hardrup glaubt, durch sein Zusammensein mit Nielsen beeinflusst« seien. Es gab für Schmidt keinen Zweifel, dass Nielsen Hardrup irgendwie überredet hatte, das Verbrechen zu begehen, aber noch so viel Kontrolle über ihn ausübte, dass dieser es nicht zugeben konnte oder wollte. Was die Art von Nielsens Macht über Hardrup anging, war Schmidt auf Mutmaßungen angewiesen: Nielsen leugnete, Hardrup leugnete, damit wurde die Spur kalt.

Nachdem man ihm die Ergebnisse von Schmidts Bericht mitgeteilt und ihm klar gemacht hatte, dass er lebenslang in eine Anstalt eingewiesen werden würde, änderte Hardrup jedoch zu Weihnachten seine Meinung. Er nahm Stift und Papier und schrieb einen Brief an den Leiter der Ermittlungen, Roland Olsen. Olsens »ständige Bombardierungen« seines Geistes hätten ihn, so schrieb er, schließlich gebrochen. Es sei Zeit, reinen Tisch zu machen. Der Brief umfasste schließlich 18 Seiten eines Übungsheftes und wurde als »Kladdengeständnis« bekannt. Wie Geständnisse manchmal so sein können, war auch dieses sonderbar.

Hardrup erzählte, wie er während der deutschen Besatzung Dänemarks als Kollaborateur für die Nazis gearbeitet hatte und nach dem Krieg zu 14 Jahren Haft verurteilt worden war. Als er in das staatliche Gefängnis von Horsens eingeliefert wurde, sei er höchst niedergeschlagen gewesen, bis man ihn zur Arbeit in der Metallwerkstatt abgestellt hatte. Einer der Ersten, die er dort kennen lernte, war Nielsen, der bereits zuvor wegen Raub gesessen hatte und nun zu zwölf Jahren Haft wegen Kollaboration verurteilt worden war. Nielsen betrachtete seine Haftstrafe nur als weitere Spanne, die es abzusitzen galt. Hardrup dagegen, der keine Gefängniserfahrung hatte, traf das Urteil schwer. Er war ein idealistischer junger Mann aus ordentlichem Elternhaus, der einen dummen Fehler gemacht hatte und nun den Preis zu zahlen hatte. Er war verletzlich.

Nielsen beeindruckte Hardrup bald damit, dass er ihm von seinen Erlebnissen als Kämpfer im Spanischen Bürgerkrieg erzählte. So lange beglückte Nielsen ihn mit seinen Heldengeschichten, bis er in ihm einen Anhänger gefunden hatte. Als sich die beiden näherkamen, sprach er ein wichtigeres Thema an: Religion. Hardrup hatte immer eine religiöse Ader gehabt. Nielsen machte sich das zunutze und präsentierte sich selbst als Kenner des östlichen Mystizismus. Er führte Hardrup in Meditation und Yoga ein; des Nachts übten sich die beiden in ihren getrennten Zellen darin. Schließlich schlug Nielsen Hardrup vor, einen Antrag auf Zusammenlegung in eine gemeinsame Zelle zu stellen. Das tat er. Nielsen fing dann an, seinen Jünger zu bearbeiten. Unter seiner Anleitung begann Hardrup mit Atemübungen. Nielsen legte ihm nahe, bei der Meditation zu üben, »eins mit der Gottheit zu werden«. Das machtvolle Gefühl, das daraus folgte, versicherte er, würde bei jeder Übung der Technik stärker werden und ihn zu ekstatischer religiöser Erfahrung führen – und zu Gott.

Dann kam die Offenbarung, die eine Lösung des Falls versprach. In seinem Kladdengeständnis verriet Hardrup, dass Hypnose eine der Techniken war, mit denen die beiden Männer experimentiert hatten. Nielsen hatte die Versuche angeregt und zunächst vorgeschlagen, dass Hardrup ihn hypnotisieren solle, aber die Ergebnisse waren nicht überzeugend. Die beiden fanden bald, dass Hardrup der empfänglichere und daher bessere Hypnosekandidat war. Es dauerte nicht lange, und er wurde von Nielsen jede Nacht hypnotisiert. Häufig endeten die Sitzungen damit, dass Hardrup aus einem hypnotischen Zustand direkt in den Schlaf fiel. »Von Anfang an«, schrieb Hardrup, »hat er [Nielsen] mit meinem Geist gespielt. Er hat die Kontrolle über mich übernommen.«

Als das publik wurde, schnappte die dänische Presse über. »Bankmorde unter Hypnose begangen?«, fragte *Politiken*. »Schutzengel ließ ihn Morde begehen«, titelte *Berlingske Tidende* und ließ dieser Offenbarung Hardrups Bekräftigung folgen: »Nielsen trieb mich mit Yoga in den Wahnsinn!« In der Zeitung *Information* behauptete ein Psychiater: »Selbst harmlose Leute können zum Töten hypnotisiert werden.«

Wer etwas von Journalismus verstand, den konnte die Reaktion der Presse nicht allzu sehr überraschen. Ein Doppelmord als Folge eines verpfuschten Bankraubs war schon eine lohnende Meldung, aber dass der Mörder das Verbrechen auch noch in hypnotischer Trance begangen haben sollte, war eine Nachricht der besonderen Art. Die Berichterstattung ging vom Sensationellen bald zum Gespenstischen über. Als herauskam, dass Nielsen Hardrup eine Weihnachtskarte ins Gefängnis geschickt hatte, folgerten die Zeitungen, dies sei ein Versuch des Hypnotiseurs, seinen Büttel an der Aussage zu hindern. »Weihnachtskarte von Freund beendete beinahe Hardrups Geständnis«, titelte *Politiken* am 9. Januar 1952. Nielsen, so wurde berichtet, hatte Hardrup eine Wurst geschenkt, deren Anblick beim Empfänger eine Art Programm auslöste, das zum mentalen Zusammenbruch führte: »Nach Wurst Geständnis widerrufen!«, wusste *Information*.

∽

Das öffentliche Interesse an einer Methode, mit der Menschen womöglich zu einem ihnen fremden Verhalten veranlasst werden können, hält sich bis zum heutigen Tag. Der Grund unserer Faszination an Hypnose liegt in der verwirrenden, bis heute ungelösten Frage: Ist es möglich, mit hypnotischen Techniken Menschen gegen ihren eigenen Willen handeln zu lassen? Selbst zur Zeit des Banküberfalls war diese Frage bereits 200 Jahre alt.

Von Anfang an wurde die Hypnose beargwöhnt. Die Technik kam im späten 18. Jahrhundert durch den deutschen Arzt Franz Anton Mesmer auf. Überzeugt, dass eine hypnotische Trance herbeigeführt werde, wenn man die Hände um den Körper des Patienten kreisen lasse, nannte er es »animalischen Magnetismus«. Schon 1784 war die französische Regierung so besorgt über die Macht der geheimnisvollen Technik, dass sie eine Kommission einsetzte, um das Phänomen zu untersuchen. Sie kam zu dem Schluss, dass der Magnetismus in »erstaunlichem Maße« Wirkung zeige. Es handele sich um eine »große Kraft«, die »dem Magnetisten zu Gebote stehe« und zweifellos geeignet sei, Menschen zu kontrollieren.

Menschen im Trancezustand Anweisungen zu erteilen, war das eine, aber konnte man gewöhnliche Leute hypnotisch darauf programmieren, Verbrechen zu begehen? Die Kommission der Académie française zum tierischen Magnetismus bejahte diese Frage 1787. Ein Jahrhundert später hielt der Streit noch immer an. 1884 gab der französische Rechtsprofessor Jules Liégeois ihm neue Nahrung, indem er Versuchspersonen hypnotisch »eine Reihe herrlicher Verbrechen« suggerierte und sie mit hölzernen Dolchen und Pappmachépistolen vor einer Gruppe von Zeugen »Morde« begehen ließ. Liégeois brachte seine Testpersonen dazu, zu töten, meineidig zu werden, zu lügen, unmöglich hohe Schecks auf ihn auszustellen und große Summen für wohltätige Zwecke zu spenden – alles auf sein Kommando.

Doch nicht alle waren davon überzeugt, dass man hypnotisierte Personen zu Gesetzesbrüchen verleiten konnte. In einem maßgeblichen Experiment im Pariser Hôpital de la Salpêtrière, wo die Hypnose Ende des 19. Jahrhunderts wiederbelebt wurde, versetzte der Neurologe Georges Gilles de la Tourette eine Frau namens Witt in hypnotische Trance und instruierte sie dann, vor einem Publikum aus Medizinprofessoren und Richtern »Verbrechen« zu begehen. Unter den Anweisungen des Nervenarztes machte sich Witt daran, die anwesenden Personen zu »erschießen«, zu »erstechen« und zu »vergiften«, bis, wie ein Beobachter bemerkte, »der Boden mit Leichen übersät war«. Als sich jedoch das Publikum zerstreut hatte, versuchten de la Tourettes Studenten ein eigenes Experiment. Sie ließen die immer noch unter Hypnose stehende Witt vortreten und erklärten ihr, sie sei nun allein im Raum und es sei an der Zeit, ein Bad zu nehmen. Dann befahlen sie ihr, sich auszuziehen. Witt, die scheinbar eben noch einen ganzen Raum voller Menschen ermordet hatte, packte plötzlich die Scham, sie hatte »einen heftigen hysterischen Anfall« und wachte auf – was de la Tourette überzeugte, dass sich Hypnose *nicht* einsetzen ließ, um Menschen zu unmoralischen Handlungen zu zwingen. Das klang ziemlich plausibel, war es doch auch nach landläufiger Auffassung unmöglich, Menschen zu Handlungen gegen ihren Willen zu zwingen. Doch niemand konnte es beweisen.

Während man in der wissenschaftlichen Diskussion am Hôpital de la Salpêtrière das Für und Wider der Hypnose abwog, hatte die Methode längst ein breiteres Publikum erobert. In den 1860er Jahren war die Hypnose zu einem festen Bestandteil von Zirkusvorstellungen und Theaterrevuen geworden, wo das Publikum damals wie heute über die Macht geheimnisvoller Phänomene staunte. Aus solchen Aufführungen hatte sie auch rasch den Weg in die Schauerliteratur gefunden, über die sie eine große Ausstrahlung auf die populäre Vorstellungswelt ausübte. Es konnte wohl nicht ausbleiben, dass der – fast unweigerlich männliche – Hypnotiseur als dunkler, böser Manipulator dargestellt wurde, der unschuldigen Opfern – nahezu unweigerlich Frauen – seinen Willen aufzwang.

In *Dracula* porträtierte Bram Stoker den Vampir mit bösen, blitzenden, seine Opfer hypnotisierenden Augen; auch Alexandre Dumas schrieb später eine Reihe von Geschichten über das Thema. Doch es war der Roman *Trilby* des franko-britischen Zeichners und Schriftstellers George du Maurier, der 1894 die Hypnose nachhaltig ins öffentliche Bewusstsein rückte. In dem Buch bringt ein böser österreichischer Musiker namens Svengali durch Hypnose ein schönes englisches Mädchen ohne musikalisches Gehör namens Trilby O'Ferrall in seine Macht. Svengali programmiert sie zu einer Operndiva und führt sie auf eine bejubelte Tournee durch die europäischen Opernhäuser. Ihre Freunde versuchen, dagegen einzuschreiten, doch Trilby weist sie – Svengali hat sie darauf konditioniert – zurück. Die Botschaft ist nicht schwer auszumachen: »Die Leute [d. h. die Hypnotiseure] bekommen Gewalt über einen«, warnt Sandy, ein Freund der Heldin, »und man muss alles tun, was sie wollen – lügen, morden, stehlen; man kann nicht anders. Das Ende vom Liede aber ist, dass sie einen umbringen, wenn sie ihren Zweck erreicht haben.«

Trilby ist so programmiert, dass sie verkümmert und stirbt, sollte sie je von Svengali getrennt werden, und genau das geschieht, als dieser einem Herzanfall erliegt. Ignorieren wir den alles andere als subtilen Antisemitismus des Romans – das tragische Ableben seiner Protagonistin katapultierte die Hypnose ins öffentliche Bewusstsein. *Trilby* war einer der erfolgreichsten Romane aller Zeiten: In den USA wurden allein im ersten Jahr 200 000 Exemplare verkauft. So groß war seine Popularität, dass sich George du Maurier zeitweise in die Anonymität flüchten musste. In der Zwischenzeit wurden Seifen, Lieder, Zahnpasta und sogar eine Stadt in Florida nach seiner Heldin benannt. Der weiche Filzhut, der bei der ersten Bühnenfassung des Romans in London zu den Requisiten gehörte, ist immer noch als Trilby bekannt. Der Roman inspirierte 1910 Gaston Leroux zu *Das Phantom der Oper*, und »Svengali« ging in den englischen Sprachgebrauch als Synonym für einen finsteren Manipulator ein. Bis zu einem gewissen Grad ist *Trilby* bis heute für die öffentliche Wahrnehmung der Hypnose als einer hinterlistigen Form der Gedankenkontrolle verantwortlich.

Als Palle Hardrups »Hypnosemorde« 1951 Schlagzeilen in den dänischen Zeitungen machten, war die Hypnose aus einem anderen Grund wieder im Gespräch. Das Aufsehen, das die seltsamen Geständnisse von Kardinal Josef Mindszenty 1949 erregt hatten, gab dem heimlichen Argwohn gegen diese Methode neue Nahrung und warf die Frage auf, ob die Sowjets sie nicht für ihre eigenen, »svengalischen« Zwecke einspannten.

Die CIA gehörte zu jenen, die sich am brennendsten für das Phänomen interessierten. »Es lässt sich«, heißt es in einem frühen Dokument des Geheimdienstes über den Mindszenty-Fall, »mit ausreichender Bestimmtheit sagen..., dass geständige Angeklagte in Prozessen auf höchster Ebene mit politischer oder propagandistischer Bedeutung in russisch dominierten Gebieten durch Hypnose vorbereitet werden.« Ein deutscher Professor namens Orsós sei zusammen mit Ferenc Völgyesi (»der beste Hypnotiseur Ungarns«) beauftragt worden, Kardinal Mindszenty den unwiderstehlichen Drang einzupflanzen, Verbrechen zu gestehen, die er gar nicht begangen hatte. Ein anderes Dokument kommt einen Monat später zu dem Schluss: »Man kann mit Sicherheit sagen, dass die Russen und mehrere russisch dominierte Länder ... in besonderen und wichtigen Fällen Hypnose einsetzen.«

Für die Geheimdienste sind Methoden, mit denen sich Menschen zwingen lassen, gegen ihr eigenes Interesse zu handeln, immer reizvoll, weil bestimmte Handlungen, auf die die Dienste angewiesen sind – zum Beispiel Verrat zu begehen – häufig zutiefst verwerflich sind. Hypnose schien da enorme Möglichkeiten zu bergen. Tatsächlich hatte deren Erprobung für die Geheimdienstarbeit schon vor Gründung der CIA bereits während des Zweiten Weltkriegs begonnen. Laut Stanley Lovell, Chefwissenschaftler des Office of Strategic Services (OSS), spielte der amerikanische Geheimdienst zu dieser Zeit einmal ernsthaft mit der Idee, einen deutschen Staatsangehörigen zu programmieren, um ihn zu veranlassen, »im posthypnotischen Stadium ... Hitler zu ermorden«. Aber Lovell und einige Hypnoseexperten kamen zu dem Schluss, dass der Plan kaum funktionieren konnte: Wenn die hypnotisierte Person kein eigenes Motiv für den Mord hätte, würde sie sich unmöglich dazu überreden lassen. Erfolgsaussichten hätte der Plan dagegen, wenn man eine Person dafür gewänne, deren Hass auf die Nazis ausreichend wäre. Doch wenn man einen solchen Mann fände, wäre es da nicht besser, ihn einfach zu *bitten*, es zu tun?

Dann tauchte ein anderer Hypnotiseur aus South Carolina auf, der Lovell erklärte, das Problem möglicherweise lösen zu können. Um die Macht seiner Technik unter Beweis zu stellen, hypnotisierte er zwei

Soldaten mit dem posthypnotischen Befehl, in einer Stunde in sein Büro zurückzukehren, woraufhin ihre Füße unkontrollierbar zu jucken begännen. Lovell bat den stellvertretenden Direktor des OSS, Brigadegeneral John Magruder, in sein Büro, um das Ergebnis zu bezeugen. Man nahm an, dass die Soldaten es nicht wagen würden, in dessen Gegenwart die Schuhe auszuziehen und sich an den Füßen zu kratzen. Eine Stunde, nachdem sie fortgeschickt worden waren, kamen die beiden Männer herein, setzten sich, fingen an, unbehaglich dreinzuschauen, und zogen ihre Schuhe aus, um sich an den Füßen zu kratzen. Befragt, warum sie das getan hatten, waren sie ratlos. Magruder war beeindruckt. Nicht so Lovell. »Unsinn«, rief er in seiner gewohnt barschen Art. »Welcher Soldat in der gesamten amerikanischen Armee würde es nicht genießen, seine Schuhe und Socken vor einem General auszuziehen, wenn er im Voraus sicher sein könnte, dafür nicht diszipliniert zu werden? Es ist ein Wunder, dass sie ihre Hosen anbehalten haben!«

Stanley Lovell war nicht der Einzige, der während des Krieges die kriegerischen Anwendungsmöglichkeiten der Hypnose erkundete. Ein amerikanischer Armeearzt, John G. Watkins, war ebenfalls neugierig geworden. Er ersann eine Versuchsreihe, um den Nutzen der Methode im Kampfeinsatz unter Beweis zu stellen. Bei einem Versuch hypnotisierte er einen Soldaten und versuchte, ihn zu überzeugen, dass er wieder an der Front läge. »In einer Minute«, sagte Watkins ihm, »werden Sie langsam Ihre Augen öffnen. Vor sich werden Sie einen schmutzigen Soldaten der Japse sehen. Er hat ein Bajonett und wird Sie töten, wenn Sie ihm nicht zuvorkommen. Sie werden ihn mit Ihren bloßen Händen erwürgen müssen.«

Fünf Meter vor den Soldaten postierte Watkins den Direktor der Neurologisch-Psychiatrischen Abteilung seines Krankenhauses, einen Oberstleutnant. Als er überzeugt war, dass der Soldat die Fantasie verinnerlicht hatte, gab er ihm die Anweisung, aufzuwachen. »Die Testperson öffnete die Augen«, berichtete er später, »blickte dann schräg auf und begann, vorsichtig vorwärts zu schleichen. Plötzlich machte der Mann einen Satz auf den Oberstleutnant zu, warf ihn gegen die Wand und fing an (er war ein kräftiger, stämmiger Kerl), ihn zu würgen.« Nur mit Unterstützung dreier weiterer Mitarbeiter gelang es, den Soldaten von seinem Opfer loszureißen.

Bei einer Wiederholung des Versuchs mit einem anderen Soldaten tötete der fast einen Kameraden. Er trug zufällig ein Taschenmesser bei sich, zog es heraus und versuchte, sein Gegenüber zu erstechen.

Watkins, nun überzeugt, dass Hypnose sich gut zum Kriegseinsatz eignete, ersann einige weitere Experimente, die die CIA-Auswerter, die später von ihnen lasen, zweifellos beeindruckten. Darunter waren auch Verhöre mit, offen gesagt, grandiosen Resultaten.

Beim ersten Versuch erhielt ein Unteroffizier der US-Armee den posthypnotischen Befehl, jedes Mal in Trance zu fallen, wenn man ihm einen gelben Stift gab. Ihm wurde dann aufgetragen, ein »Geheimnis«, das ein Hauptmann S. ihm verraten hatte, nicht an Watkins weiterzugeben. Watkins erinnerte den Soldaten daran, dass er, täte er es dennoch, den ausdrücklichen Befehl eines hohen Offiziers missachten würde. Der Soldat, offenkundig überzeugt, dass dies ein Kinderspiel werden würde, gelobte, zu schweigen wie ein Grab. Dann steckten er und Hauptmann S. die Köpfe zusammen. Schließlich warf er Watkins einen trotzigen Blick zu und setzte sich. Watkins überreichte dem Soldaten den gelben Stift, woraufhin er in tiefe Trance fiel. Nun sprach er den Mann an:

> Watkins: Ich bin Hauptmann S. Ich habe Ihnen gerade eine Information mitgeteilt, die Sie nicht weitergeben sollen. Ich möchte sehen, ob Sie sich daran erinnern, Unteroffizier. Wie lautet sie?
> Testperson: Kompanie B wird um zwölf Uhr abrücken.
> Watkins: [weckt Testperson aus der Trance] Haben Sie die Information weitergegeben?
> Testperson: Nein, und Sie bekommen sie auch nicht aus mir heraus.

Watkins wiederholte den Versuch mit einem zusätzlichen Anreiz:

> Watkins: Was ist das, was ich hier vor Sie hinlege?
> Testperson: Ein Zehndollarschein!
> Watkins: Ich möchte, dass Sie es noch einmal versuchen. Ich werde Hauptmann S. bitten, Ihnen eine andere Mitteilung zu geben. Der Zehndollarschein gehört Ihnen, wenn Sie mir seine Nachricht nicht weitererzählen. Verstehen Sie?
> Testperson: Jawoll!

Hauptmann S. vermittelte dem Unteroffizier ein weiteres »Geheimnis«. Dieser kehrte auf seinen Stuhl zurück und blickte gespannt auf den Zehndollarschein auf dem Tisch. Watkins überreichte ihm den gelben Stift. Er fiel in Trance und verriet das Geheimnis. Als er geweckt wurde, frohlockte er: »Der Zehndollarschein gehört mir, oder?«

> Watkins: Lassen Sie es uns noch einmal probieren. Dieses Mal können Sie sich die zehn Dollar verdienen, wenn Sie wach bleiben.

Schlafen Sie nicht ein. Wehren Sie sich und weigern Sie sich, in Trance zu fallen.

Testperson: [angriffslustig] Das ist leicht. Versuchen Sie es nur, mich zum Einschlafen zu bringen.

Watkins: [gibt Testperson den gelben Stift. Testperson starrt ein, zwei Momente vor sich hin und fällt dann in tiefe Trance.]

Watkins' größter Coup war eine wunderbare Demonstration der Macht der Hypnose bei Vernehmungen. Das Experiment fand in einem Armeetheater vor 200 Armeeangehörigen statt. Dieses Mal war das Opfer ein Mitglied des Frauencorps:

Watkins: Wenn Sie von den Deutschen gefangen werden, wie würden Sie Fragen beantworten, die man Ihnen stellt?

Testperson: Mit meinem Rang und meiner Dienstnummer, sonst nichts.

Watkins: Sind Sie sich da sicher?

Testperson: Ja.

Watkins: Tun wir so, als wäre ich ein deutscher Geheimdienstoffizier und Sie eine Kriegsgefangene. Vergessen Sie nicht, Sie werden mir nur Ihren Namen und Ihre Dienstnummer verraten.

Watkins versetzte die Soldatin in Trance und begann mit der Befragung.

Watkins: Ich bin Ihr Hauptfeldwebel. Ich muss Ihnen ein paar Fragen stellen. Wie heißt der Stützpunkt, auf dem Sie stationiert sind?

Testperson: Aberdeen Proving Grounds.

Watkins: Zu welcher Einheit gehören Sie?

Testperson: Zum Frauencorps.

Watkins: Wie viele Soldatinnen gibt es im Frauencorps?

Testperson: Oh, etwa 1500.

Watkins: Was ist Ihre Aufgabe?

Testperson: Ich bin Assistentin bei einem Forschungsprojekt.

Watkins: Was für ein Forschungsprojekt?

Testperson: Wir entwickeln einen geheimen Treibstoff für den Raketenantrieb.

Watkins: Wissen Sie, wie dieser Treibstoff hergestellt wird?

Testperson: Natürlich, ich habe dabei zugeschaut.

An diesem Punkt rannte ein hoher Offizier auf die Bühne und griff sich das Mikrofon: »Ich glaube, wir sind weit genug gegangen«, verkündete er. »Im Interesse der militärischen Geheimhaltung müssen wir an dieser Stelle aufhören.« Watkins zog daraus den Schluss, dass es bei Vernehmungen mithilfe von Hypnose in der Tat möglich war, die Befragten zur Preisgabe sensibler Informationen zu bewegen. Tatsächlich war es, sobald sie einmal angefangen hatten, schwer, sie zu stoppen.

$\backsim$

Der Hardrup-Fall löste in Dänemark Bestürzung aus. Ganz abgesehen von der Behauptung der Presse, Hardrup sei durch eine Wurst hypnotisch zum Schweigen gebracht worden, gab es da die Sache mit seinem Kladdengeständnis, in dem er kategorisch erklärte, von seinem ehemaligen Zellengenossen gezwungen worden zu sein, die Bank auszurauben und die beiden Kassierer zu erschießen.

Bjørn Nielsen wurde erneut verhaftet, und die Polizei setzte ihm zu, um zu beweisen, dass er hinter dem Bankraub stand. Doch sie war sich uneins, ob das wirklich stimmen konnte. Nielsen weigerte sich, zu gestehen, und Hardrup faselte wie ein Wahnsinniger. Als man Nielsen und Hardrup in einem Raum allein ließ, warf ihre Unterhaltung so viele Fragen auf, wie sie Antworten gab. In seinem Geständnis hatte Hardrup bekannt, im August 1950 auch die Folkebanken in Hvidovre ausgeraubt und das erbeutete Geld Nielsen gegeben zu haben. Nielsen bestritt diese Aussage:

Hardrup: Ich habe dir das Geld gegeben.

Nielsen: Ich setze diese Unterhaltung nicht fort, wenn du mich weiter anlügst. Du musst sagen, dass du das nicht getan hast – dass ich das Geld nicht erhalten habe und du die Bank nicht ausgeraubt hast.

Hardrup: O. k., ich ziehe diese Aussage zurück. Ich habe die Bank nicht ausgeraubt.

War das nun ein Beweis, dass Nielsen weiterhin Macht über Hardrup ausübte? Oder versuchte Hardrup nur, seinem Freund die Schuld in die Schuhe zu schieben? Andere Wortwechsel demonstrierten, dass Hardrup – in direktem Widerspruch zur Theorie der Polizei – beileibe kein so großes Unschuldslamm war, wie er vorgab. Tatsächlich erweist sich Nielsen auf dem Band als der weniger Gebildete von beiden; er hatte eine Lesestörung und konnte seine Meinung nicht so gut vertreten. Hardrup dagegen argumentierte flüssig. An einem Punkt brachte die Unterhaltung Nielsen derart durcheinander, dass er nahelegte, er selbst habe vielleicht eine gespaltene Persönlichkeit und sei es womöglich gewesen, der Hardrup zu dem Bankraub überredet hatte, ohne sich nun daran erinnern zu können. Das war nicht ganz der Svengali, als den die Presse ihn hinstellte.

Die dänische Polizei scheint den Widerspruch nicht bemerkt zu haben.

Nielsen wurde ebenfalls Max Schmidt vorgeführt, der eine Batterie psychologischer Tests an ihm durchführte und zu dem Schluss kam, dass er ein krimineller Psychopath sei, »der andere blufft und täuscht«, der es aber schaffe, dass ihm andere grenzenlos vertrauten. Nielsen stritt alles ab und erklärte Schmidt, Hardrups Kladdengeständnis enthalte nur »das Gebrabbel eines Verrückten«.

Hardrup war in der Zwischenzeit in die Psychiatrieabteilung des Kopenhagener Kommunehospitalet eingewiesen worden. Dort machte sich Paul Reiter, ein Hypnoseexperte, daran, in Hardrups Konditionierung einzubrechen, um herauszufinden, wie genau es Nielsen angestellt hatte, ihn zur Verübung des Verbrechens zu programmieren. Doch das war vertrackter als erwartet.

Reiters erste Versuche, Hardrup zu hypnotisieren, blieben erfolglos. Zwei Monate lang, von Mai bis Juni 1952, geschah nichts. Tests offenbarten, dass Hardrup ungewöhnlich empfänglich war, er hätte also ein idealer Hypnosekandidat sein müssen, aber er verweigerte sich. Wenn er zuvor schon einmal in Trance versetzt worden war, hätte er aber leicht zu hypnotisieren sein müssen. Je mehr Reiter es jedoch versuchte, desto flacher wurde die Trance. Wenn Reiter den Druck erhöhte, wachte Hardrup auf. Nach dem Grund befragt, erklärte er, dass er, je tiefer er sinke, umso entspannter würde, bis zu einem Punkt, an dem er spüre, dass er einschlafe. Plötzlich reiße ihn dann ein Sturm schmerzlicher Gefühle wach.

Für Reiter ergaben sich daraus zwei mögliche Schlussfolgerungen. Erstens: Sein Patient war für Hypnose nicht empfänglich, was unwahrscheinlich erschien. Nicht nur waren alle Empfänglichkeitstests positiv, Hardrup gab auch zu, im Gefängnis wiederholt hypnotisiert worden zu sein. Die zweite Möglichkeit war beunruhigender: dass Hardrup tatsächlich hochgradig hypnotisierbar war – aber jemand anderes Reiter zuvorgekommen war.

∽

Dass ein Hypnotiseur den Zugang eines anderen zu einem Patienten blockieren konnte – diese Idee war nicht neu. Theoretisch kann man einem Hypnosekandidaten den Befehl geben, einer hypnotischen Beeinflussung durch andere nicht nachzugeben. Und dies war auch einer der Gründe, warum die CIA auf die Technik aufmerksam geworden war.

Der programmierte Schläfer 175

Das Verdienst, Hypnose beim Geheimdienst eingeführt zu haben, wird im Allgemeinen George H. Estabrooks angerechnet, Psychologieprofessor an der Colgate University in New York. In seinem grundlegenden Werk *Hypnotism* (1943) wies er auf die vielfältigen geheimdienstlichen Anwendungsmöglichkeiten der Methode hin. Die meisten seien zwar geheim, doch er erläuterte immerhin einige davon.

Da war zum Beispiel der Einsatz von »hypnotischen Boten«. Dabei wurde ein Geheimdienstagent hypnotisiert und erhielt eine geheime Botschaft. Er wurde dann aufgeweckt, ohne sich an die Hypnose oder die zu überbringende Botschaft erinnern zu können, und auf einen Einsatz geschickt. Einmal am Bestimmungsort eingetroffen, wurde er erneut hypnotisiert und gab nun die geheime Botschaft preis. Diese Technik hatte den Vorteil, dass der Agent im Fall seiner Gefangennahme die Botschaft nicht verraten konnte, da er keine bewusste Erinnerung daran hatte. Es war auch möglich, einen Blockademechanismus in der Psyche des Boten zu verankern, sodass er sich, sollte er gefangen werden und der Feind ihn zu hypnotisieren versuchen, als unempfänglich erweisen würde, wie es Reiter in Dänemark mit Hardrup erlebte.

1971 fasste Estabrooks seine Theorie der hypnotischen Boten in einem Artikel in *Science Digest* zusammen und verriet, dass er die Technik im Zweiten Weltkrieg persönlich bei einem Hauptmann namens George Smith angewandt hatte: Estabrooks hypnotisierte ihn in Washington, D.C., und gab ihm eine geheime Botschaft für einen Oberst Brown in Tokio. Er instruierte Smith, zu vergessen, dass er hypnotisiert worden war. Sobald er jedoch von Estabrooks oder von Oberst Brown ein Codewort erhielt, sollte er in Trance fallen und die Botschaft preisgeben:

> Ich versetzte ihn in tiefe Hypnose und gab ihm – mündlich – eine wichtige Botschaft. … Außer mir war Oberst Brown die einzige Person, die Smith hypnotisieren konnte. Dies nennt man »verschließen«. Ich erreichte es, indem ich dem hypnotisierten Hauptmann sagte: »Bis auf weitere Befehle von mir können nur Oberst Brown und ich Sie hypnotisieren. Wir werden das Losungswort ›Der Mond ist hell‹ benutzen. Wann immer Sie diesen Satz von Brown oder von mir hören, werden Sie sofort in tiefe Hypnose fallen.«

Für Estabrooks war dieses System »praktisch narrensicher«. Aber bis auf seine eigene Darstellung gibt es nicht den Hauch eines Beweises, dass diese Operation wirklich stattgefunden hat. Tatsächlich betrachteten die Geheimdienstler Estabrooks anscheinend als Witzfigur. Von Mitte der

30er Jahre an bombardierte er Politiker, Militär- und Geheimdienst-mitarbeiter mit Plänen, Hypnose als Waffe einzusetzen. Zu jenen, denen er seine Überlegungen zu diesem Thema mitteilte, gehörten OSS-Chef William Donovan, FBI-Direktor J. Edgar Hoover, das amerikanische Marineinfanteriekorps und der Marinegeheimdienst, die britische Botschaft in Washington, D.C., und Winston Churchill. Zumindest Churchill scheint ihm keine große Aufmerksamkeit geschenkt zu haben. In *Hypnotism* klagt Estabrooks: »Die Briten zahlen einen schrecklichen Preis für die Weigerung, der Realität ins Auge zu blicken.«

30 Jahre nach seinem Tod lässt sich unmöglich beweisen, ob Esta-brooks ein Fantast war, doch äußern sich CIA-Memos unverhohlen verächtlich über seine wiederholten Hilfsangebote. Dass er sich in der Öffentlichkeit derart mit seinen Künsten brüstete (»Ich kann einen Mann – ohne sein Wissen und seine Zustimmung – durch Hypnose dazu bringen, Hochverrat an seiner Regierung zu begehen!«) und ein-deutige Lügengeschichten über hypnotische Heldentaten hinter feind-lichen Linien erzählte, deutet darauf hin, dass er bei den Geheimdienst-lern nicht weit kam.

Das heißt indes nicht, dass seine Methoden von der CIA nicht untersucht worden wären. Ein von der Geheimhaltung entbundenes Dokument offenbart, dass sich der Geheimdienst beinahe seit seiner Gründung 1947 für Hypnose interessierte. Seine Quelle war nicht ge-rade geheim:

> In der *Reader's Digest*-Ausgabe vom September 1947 gibt es einen Artikel mit dem Titel »Tu was man dir sagt«, der das Verhör eines U-Boot-Kapitäns unter Einsatz von Hypnose beschreibt. … Eines der herausragenden Merkmale dieser Methode besteht darin, dass sie, richtig angewandt, bei der hypnotisierten Person keine Erinnerung daran zurücklässt, irgendetwas anderes getan zu haben als einzu-schlafen. Es ist nahezu unmöglich zu beweisen, dass sie angewandt wurde …, daher wären wir meiner Meinung nach auf der sicheren Seite, wenn wir sie in diesem Land einsetzten.

Seit den 50er Jahren benutzten die BLUEBIRD-Teams der CIA Hypnose als zusätzliche Methode bei ihren Drogenvernehmungen. Es handelte sich im Wesentlichen um eine offensive Form dessen, was J. Stephen Horsley 1936 in Großbritannien »Narkoanalyse« genannt hatte. Es war zwar klar, dass Drogen und Hypnose zusammen nützliche Wirkungen entfalteten, aber es gab keinerlei Möglichkeit herauszufin-den, ob die Verhörten nun aufgrund der Drogen oder der Hypnose redeten oder ob beides zusammen sie zum Sprechen brachte. Während die Versuche mit Wahrheitsdrogen weitergingen, verlagerte sich der Schwerpunkt des Geheimdienstes daher auf die Hypnose als einer Methode, deren Erforschung vielversprechend aussah.

Der erste Hypnoseguru der CIA war der Chef des BLUEBIRD-Programms selbst, Morse Allen. Er fand sofort Gefallen an der Technik. Da er sie unbedingt selbst ausprobieren wollte, suchte er sich einen geeigneten Lehrer und entschied sich schließlich für »einen berühmten Bühnenhypnotiseur« aus New York. Dieser Experte beglückte Allen mit Geschichten, die ihn sofort beeindruckten.

> Er [der Hypnotiseur] erklärte, dass er beständig Hypnose benutzt habe, um junge Mädchen zum Geschlechtsverkehr mit ihm zu verführen. [Gelöscht], ein Mitglied des [gelöscht] Orchesters, wurde unter dem Einfluss von Hypnose gezwungen, Geschlechtsverkehr mit ihm [dem Hypnotiseur] zu haben. Er [der Hypnotiseur] erklärte, dass er sie zuerst in eine hypnotische Trance versetzte und ihr dann suggerierte, dass er ihr Ehemann sei und sie Geschlechtsverkehr mit ihm wünsche. … Viele Male auf dem Heimweg nutzte er die hypnotische Suggestion, um ein Mädchen zu veranlassen, sich umzudrehen und mit ihm zu sprechen. … Als Folge solcher Suggestionen verbringe er annähernd fünf Nächte in der Woche außer Haus beim Geschlechtsverkehr.

Aber hallo! Wenn das nicht vielversprechend klang! Allen nahm bei dem Experten einen viertägigen Hypnosekurs. Die Aufzeichnungen über seine folgenden Experimente geben Aufschluss darüber, wie sich das ursprüngliche Interesse der CIA an der Methode als Mittel der Vernehmung langsam auf andere, esoterischere Ziele richtete.

Allen griff auf die Sekretärinnen des Geheimdienstes als Versuchskaninchen zurück. Er begann vorsichtig und begnügte sich zunächst damit, dass sie ein Taubheitsgefühl im Arm verspürten oder »mit komischen Bewegungen« durchs Zimmer liefen. Er übte sich darin, die Frauen unter Hypnose zu instruieren, beim Erwachen zu vergessen, dass sie hypnotisiert worden waren. Er ließ sie sofort nach dem Aufwachen um ein Glas Wasser bitten. Im Juli 1951 weckte er bei einer CIA-Sekretärin die Erinnerung an ihre Sommerferien am Golf von Mexiko einen Monat zuvor. Das klappte so gut, dass sie nacherlebte, wie sie von einem Surfbrett fiel und keuchend erwachte, nachdem sie einen Mundvoll imaginäres Seewasser verschluckt hatte. Allen bemühte sich, die Sekretärinnen immer schneller zu hypnotisieren, bis er in der Lage war, sie in fünf Sekunden in Trance zu versetzen. Schließlich wurden einige so empfänglich, dass er nur mit dem Finger zu schnippen brauchte, wenn sie im Zimmer waren, und schon fielen sie in tiefe Trance.

In den folgenden Jahren erkundete die CIA sehr wohl das Potenzial des »hypnotischen Boten«. In einem Memorandum von 1955 werden 10 000 Dollar beantragt, um 20 solcher Boten zu programmieren. Der Idee nach war eine hypnotisierte Person, wie Allen berichtete, wie eine »Tafel, an der die Botschaft stehen bleibt, bis die Zeit sie verwischt oder auslöscht«. Es könnte möglich sein, regte ein CIA-Berater an, die Botschaft noch stärker zu schützen, indem man sie im Unterbewusstsein des Hypnotisierten an einem bestimmten Zeitpunkt in seiner Vergangenheit begrub. Auf diese Weise konnte der Hypnotiseur, wenn er das Geheimnis hervorholen wolle, mit dem Hypnotisierten zu diesem spezifischen Datum zurückkehren. Jeder feindselige Vernehmer, selbst wenn er ein versierter Hypnotiseur war, würde nicht wissen, nach welchem Datum er suchen sollte. Aber würden Personen Geheimnisse wirklich auf diese Weise bewahren?

Ebenfalls 1955 fand ein Versuch mit einem männlichen CIA-Offizier statt, der wie folgt protokolliert worden ist:

> Bei der Demonstration mit einer exzellenten Testperson, bis heute Mitglied des festen Mitarbeiterstamms des Geheimdienstes, sagte der Hypnotiseur: »Jedes Mal, wenn Ihnen jemand eine Frage stellt, deren Beantwortung die Geheimhaltung brechen würde, werden Sie sofort in ein tiefes Koma fallen.« Als der Proband aufgeweckt wurde, begann ich, ihn über seinen Hintergrund und seine Ausbildung zu befragen, wo er beschäftigt war und was seine Pflichten waren (»Schreibtischarbeit«). Ich fragte ihn schließlich: »Wie lautet die Kombination Ihres Bürosafes?« Die Augen der Testperson rollten nach oben, ihr Kopf sackte nach vorne und sie fiel in einen tiefen Schlaf.

Bei einem späteren Versuch erhielt eine CIA-Agentin unter Hypnose einen falschen Namen und den Auftrag, ihn keinesfalls preiszugeben, dann wurde sie geweckt und befragt. Sie weigerte sich rundweg, ihren Decknamen zu nennen, und als man ihn ihr vorsagte, leugnete sie ihre falsche Identität in völliger Unschuld ab: »Na, das ist ja ein falscher Name wie aus dem Bilderbuch!« Die Technik schien zu wirken.

Eine weitere Möglichkeit, die schon früh erwogen wurde, war die Idee, Hypnose als Lernhilfe zu benutzen. Hypnotisierte schienen in der Lage zu sein, größere Mengen und komplexere technische Daten beinahe mühelos zu memorieren. Wenn sich, wie man damals weithin annahm, die Erinnerungsfähigkeit hypnotisch stärken ließe, würde es womöglich gelingen, Agenten so zu programmieren, dass sie im Trancezustand riesige Informationsmengen auswendig lernen konnten. Solche Informationen würden dann im unterbewussten Gedächtnis gespeichert – unerreichbar für feindliche Vernehmer, sofern sie nicht den korrekten hypnotischen Zugangscode kannten. Auch eine hübsche Idee, aber würde sie funktionieren?

Im Juli 1951 wurde eine Gruppe von Männern hypnotisiert und jeder instruiert, ein bestimmtes Stück eines angeblich geheimen Textes auswendig zu lernen. Sie erhielten Befehl, den Text nur bei Erhalt des korrekten Losungswortes preiszugeben. Die Testpersonen wurden in einen anderen Raum geführt und zu dem Dokument befragt. Keiner der Männer konnte sich an Einzelheiten des Textes erinnern, bis das Codewort genannt wurde, woraufhin sie das gesamte Dokument mündlich herunterleierten.

Die Idee, durch Hypnose den Lernprozess zu unterstützen und geheime Informationen zu schützen, wurde rasch von einem ehrgeizigeren Ziel überlagert. Bald nach Beginn seiner Experimente bemerkte Morse Allen, dass einige außergewöhnliche Kandidaten unter Hypnose normal mit anderen im Raum interagieren konnten, sodass niemand außer ihm wusste, dass sie in Trance waren. Wenn das der Fall war, könnte es vielleicht gelingen, Agenten in unbewusste »menschliche Kameras« zu verwandeln: Hypnotisiere eine CIA-Sekretärin und schicke sie in eine ausländische Botschaft, wo sie, ohne dass ihre Gastgeber (oder sogar sie selbst) es merken, alles memoriert, was sie sieht und hört, und wo niemand ihr anmerkt, dass sie sich in Trance befindet. »Dieser Test«, schrieb er, »ist wichtig, insofern er darauf hinzudeuten scheint, dass gute Kandidaten unter voller [Hypnose] auf Cocktailpartys, bei Versammlungen etc. eingeführt werden und weiterhin normal reden und handeln könnten, sich aber dennoch die ganze Zeit in einem Trancezustand befänden.«

Wenn sich die Hypnose für die Geheimdienstarbeit als nützlich erweisen sollte, so wäre die CIA, wie Allen erkannte, durch den Umstand behindert, dass sie nur über wenige qualifizierte Hypnotiseure verfügte. Doch es gab eine einfache und elegante Lösung dieses Problems, wie er im August 1951 erfuhr, als es ihm gelang, eine Sekretärin so zu hypnotisieren, dass sie auf ein Losungswort hin, das ihr ein anderer, ungeübter CIA-Offizier zuflüsterte, direkt in Trance fiel und dann umstandslos seine Instruktionen befolgte. Der Versuch, schrieb er, sei insofern bedeutsam, als er »demonstrierte, dass eine Person, die keine Fähigkeit oder Kenntnisse der … Hypnosetechnik hat, die Kontrolle und Führung einer Person durch ein Codewort übernehmen kann«.

Als das Experiment aus der Distanz wiederholt wurde, wobei die Sekretärin das Codewort durch einen Fremden per Telefon erhielt, erwies es sich als ebenso wirkungsvoll. Alle waren aus dem Häuschen: Auf Grundlage der bisherigen Arbeit wäre es einem völlig Fremden möglich, ein indoktriniertes Individuum an einem sensiblen Ort anzurufen, ihm ein spezifisches Losungswort durchzugeben, es direkt in Trance zu versetzen und buchstabengenau seine Instruktionen befolgen zu lassen! Darüber hinaus wäre der Trancezustand bei einem geeigneten Medium von seinen Kollegen gar nicht zu erkennen.

CIA-Sekretärinnen Informationen auswendig lernen und geheim halten zu lassen, schien einfach. Das Problem war, dass diese Frauen Angestellte waren: Man konnte ihnen einfach befehlen, diese Dinge auch ohne Hypnose zu tun. Die wirkliche Frage war, ob es möglich wäre, mittels Hypnose ausländische Agenten – *widerstrebende* ausländische Agenten – zur Ausführung von Handlungen zu veranlassen, die sie nicht tun wollten. Oder, wie ein CIA-Memo fragt: »Können wir durch posthypnotische Kontrolle eine Handlung auslösen, die den grundlegenden moralischen Prinzipien eines Individuums widerspricht?«

Genau das wollte Allen herausfinden. Bis Ende September 1951 hatte er Sekretärinnen dazu gebracht, auf Cocktailpartys der CIA mit Fremden zu flirten und zuvor benannte Personen zum Tanzen aufzufordern. Eine ging sogar auf einen völlig Fremden zu und setzte sich auf seinen Schoß. Die Schlussfolgerung lag auf der Hand: »Wenn man über jeden Teilnehmer einer Geheimoperation hypnotische Kontrolle ausüben kann, wird ihr Führer anscheinend außerordentlich großen Einfluss auf sie ausüben, eine Kontrolle von einem Ausmaß, das jenseits von allem liegt, was wir je für machbar hielten.«

Für jemanden mit weniger als sechs Monaten Erfahrung als Hypnotiseur machte Allen große Fortschritte. Doch während er sich seinen Weg durch den Sekretärinnenpool der CIA bahnte, ahnte er nicht, dass ihn ein gewöhnlicher Krimineller in Dänemark bereits übertrumpft hatte. Bjørn Nielsen, so schien es, hatte Palle Hardrup darauf programmiert, die Landsmandsbanken auszurauben und jeden zu töten, der sich ihm in den Weg stellte. Doch wie hatte er das geschafft? Niemand wusste es. Das war das Problem.

~

Der programmierte Schläfer 181

In der psychiatrischen Abteilung des Kopenhagener Kommunehospitalet kam Paul Reiter, der mit dem Gutachten über Hardrup betraut war, nicht vom Fleck. Dass Nielsen hinter dem Verbrechen steckte, ließ sich nur beweisen, wenn Hardrup offenbarte, was mit ihm geschehen war, bevor er die Tat begangen hatte. Doch nach zwei Monaten schien alle Arbeit vergebens: Hardrup war immer noch »neurotisch angespannt« und sträubte sich dagegen, in Trance zu fallen. Reiter war überzeugt davon, dass Nielsen ihm eine »Blockade«-Suggestion eingeflüstert hatte, um sicherzustellen, dass sich ein forensischer Polizeihypnotiseur im Fall von Hardrups Festnahme keinen Zugang zu ihren vergangenen hypnotischen Sitzungen verschaffen konnte. Reiter griff nun zu schwerem Geschütz.

Am 4. Juli 1952 bat er Hardrup, in eine Augenarztlampe zu starren, und sedierte ihn mit drei Kubikzentimetern Hexobarbital. Dann begann die hypnotische Induktion. Das Ergebnis war eine »tiefe emotionale Krise«. Hardrups Atmung beschleunigte sich und wurde flach, sein Puls sprang auf 120 Schläge pro Minute. Er biss die Zähne aufeinander und verzog sein Gesicht zu einem Ausdruck des Schreckens. »Nein! Nein! Nein!«, schrie er. »Ich darf es nicht tun!« Reiter instruierte Hardrup, weiter in die Lampe zu starren. Plötzlich erschlaffte er und fiel in eine tiefe Trance.

Reiter hatte Hardrups Geist gebrochen; nun musste er herausfinden, was darin steckte.

Im Lauf des folgenden Monats hypnotisierte Reiter Hardrup wiederholt, während er gleichzeitig die Dosis des verabreichten Sedativs senkte, bis Hardrup schon bei der Injektion von destilliertem Wasser in tiefe Trance fiel. Nach und nach setzte er die Wasserinjektionen ab. Bald fiel Hardrup allein durch das Starren in Reiters Augenarztlampe in Trance, ein Prozess, der schließlich weniger als drei Sekunden dauerte.

Um die Hypnose angenehmer für ihn zu gestalten, sollte sich Hardrup kleine Pelztiere im Zimmer vorstellen, die zu ihm kamen und sich wärmesuchend an ihn kuschelten. Er schien es zu genießen, die imaginären Haustiere zu streicheln. Reiter wies ihn dann an, sich alte Freunde und Verwandte vorzustellen, die auf einen Plausch hereinkamen. Sobald Hardrup mit dem hypnotischen Prozess glücklich war, schlug Reiter vor, gemeinsam in die Vergangenheit zurückzugehen und zu erkunden, wie Nielsen ihn programmiert hatte.

Bevor er mit der Regression begann, instruierte Reiter Hardrup unter Hypnose, dass ihn, sollte er lügen, ein Gefühl des Schreckens, unkontrolliertes Schwitzen und Pulsrasen überkäme. Zur Probe veranlasste Reiter ihn bewusst, etwas Unwahres zu sagen. Hardrups Puls sprang auf 132 Schläge pro Minute, und er schnappte atemlos nach Luft. Es schien zu funktionieren. Sobald es sich beide bequem gemacht hatten, versetzte Reiter Hardrup in tiefe Trance, führte ihn in die Vergangenheit zurück und fragte ihn, was wirklich passiert war.

Jetzt erzählte Hardrup Reiter, dass Nielsen nie von Hypnose gesprochen habe. Er nannte es »magnetisches Streicheln«. Nachdem er Hardrup überzeugt hatte, dass die Methode ein Zugang zu allen möglichen nützlichen Techniken war, darunter die Fähigkeit, durch Schlüssellöcher zu kriechen, durch Wände zu gehen, im Nu ungeheure Distanzen zurückzulegen und sogar an zwei verschiedenen Orten gleichzeitig zu sein, begann Nielsen mit den Experimenten, indem er Hardrup aufforderte, sich vorzustellen, dass sein Arm steif werde und sich nicht mehr beugen lasse. Bald vollführte der Arm, scheinbar außerhalb seiner Kontrolle, seltsame Kunststücke. Ohne Vorwarnung hob er sich in die Luft, wurde heiß, kalt und schmerzunempfindlich. Nielsen erklärte, dass diese Empfindungen von einer uralten Lebensenergie hervorgerufen würden, die von indischen Mystikern *Prana* genannt werde. Hardrup kaufte es ihm ab.

Dann, Anfang Juni 1947, kam es zu einem Durchbruch. Eines Nachts, als Hardrup in Trance war, nahm Nielsen scheinbar Kontakt zu einer »höheren Ebene« auf. Er zuckte zusammen wie durch einen elektrischen Schlag und nahm eine neue Stimme an. »Ich bin dein Schutzengel«, verkündete er. »Du hältst das, was dir geschehen ist, für ein Unglück. Aber das ist es nicht. Es ist alles nur passiert, um dich zu stärken und auf die Probe zu stellen, damit du die Mission ausführen kannst, deren Erfüllung deine Schicksalsbestimmung ist.«

Nielsen gelang es, noch eine weitere Ebene in Hardrup einzuführen. Er sei, sagte er Hardrup, gar nicht der »Schutzengel«, sondern »X«, das Sprachrohr, dessen sich der Schutzengel bediente. (Es gab kaum einen Zweifel, dass Nielsen X war: Vor Gericht legte die Verteidigung eine Reihe handschriftlicher Mitteilungen von X vor, die alle in Nielsens Schriftzügen verfasst waren.)

Durch X instruierte der Schutzengel Hardrup, seine wahre messianische Rolle zu erfüllen. Er beauftragte ihn, sein Leben mit mehr Meditation, mehr Yoga und mehr »magnetischem Streicheln« in Ordnung zu bringen. Er wurde gewarnt, dass die Beziehung sofort enden würde, falls er X oder den Schutzengel gegenüber irgendjemandem im Gefängnis erwähnte. »Von diesem Augenblick an«, sagte X ihm, »wirst du nicht mehr mit deinen früheren Kameraden reden oder sie ansprechen. Sie werden Luft für dich sein. ... *Du darfst und wirst* keinen Kontakt zu ihnen haben. Du weißt selbst, dass es von höchster Wichtigkeit ist, dass du meinen Instruktionen im Verborgenen folgst.«

X wies Hardrup auch an, andere spirituelle Übungen zu unternehmen. Er sollte Vegetarier werden und Fastenzeiten von jeweils bis zu drei Tagen einhalten – und sein unerwünschtes Essen Nielsen geben. Er sollte all seine irdische Habe einschließlich seiner Uhr aufgeben (»Du fühlst instinktiv, wie sie dich an diese Welt bindet. Du fühlst es wie einen körperlichen Gedanken.«). Hardrup entledigte sich seiner Uhr, später auch eines wertvollen Akkordeons, und händigte beides seinem Zellengenossen aus. Geld war ebenfalls gefährlich und sollte abgegeben werden.

X redete Hardrup nun ein, dass die Vorstellung imaginärer Verbrechen ein guter Weg sei, seine Loslösung von der physischen Welt unter Beweis zu stellen. Zuerst waren die Verbrechen klein, der Raub von Spendenkästchen in der Kirche, aber bald eskalierten sie. X instruierte ihn, in Häuser in ganz Kopenhagen einzubrechen, dann sich vorzustellen, willkürlich Zivilisten zu erschießen. Schließlich wurde ihm befohlen, sich vorzustellen, seine Mutter zu ermorden, ein Verbrechen, das als wohltätiger Akt ihr gegenüber gerechtfertigt sei. »Dein Körper fühlt nichts«, sagte X zu Hardrup. »Du bist absolut frei. Du schießt und schießt wieder..., du wirst die Aufgabe ausführen. Ich weiß, dass es dir gelingen wird. ... Du weißt, dass du einer höheren Sphäre angehörst. Du kannst mich unmöglich enttäuschen.«

Als das Datum ihrer Entlassung aus dem Gefängnis näher rückte, bereitete Nielsen Hardrup darauf vor, indem er ihm auftrug, stets über ihn den Kontakt zu X zu halten. X würde in der Zwischenzeit per Post zu ihm sprechen.

Als sie beide im Oktober 1949 entlassen wurden, meldete sich Hardrup auch wirklich bei Nielsen. Für den Meister war nun die Zeit gekommen, herauszufinden, ob seine Lektionen auf fruchtbaren Boden gefallen waren. Bei ihrem ersten Treffen sagte X zu Hardrup, dass zur Rettung der Welt Geld für die Gründung einer neuen politischen Partei benötigt werde. Er selbst wolle sich darum kümmern, weshalb Hardrup ihm 700 Kronen geben solle – das entsprach verdächtigerweise genau der Summe, die Hardrup bei seiner Entlassung aus dem Gefängnis erhalten hatte. Hardrup händigte Nielsen das Geld aus. Anfang 1950 bekam Hardrup eine Arbeit, bei der er 200 Kronen in der Woche verdiente; X sagte ihm, dass auch dieses Geld ausgehändigt werden solle. Als Hardrups Eltern einschritten, sagte X ihm, er solle sie fallen lassen: Im Himmelreich gelte die leibliche Familie nichts.

X befahl dann Hardrup zu heiraten und wählte eine Frau für ihn aus, ein Mädchen aus der Nachbarschaft namens Bente. Kurz vor der Hochzeit sagte X, Hardrup solle seine Gottergebenheit beweisen, indem er Nielsen erlaube, mit ihr zu schlafen. Hardrup sträubte sich zunächst, ließ sich aber nach einigen Tagen »magnetischen Streichelns« überreden. Nach der Hochzeit, als Bente Hardrup sagte, dass sie Nielsen für einen schlechten Einfluss halte, befahl X ihm, sie zu ignorieren. Wenn sie frage, wohin er gehe, solle er antworten, er treffe sich mit seinen neuen politischen Freunden – nicht mit Nielsen. Es gab häufige Zusammenkünfte mit reichlich Alkohol, bei denen immer X auftauchte und Hardrup anwies, die Getränke zu bezahlen.

In jenem Sommer bereitete Nielsen Hardrup auf den Bankraub auf die Folkebanken im Kopenhagener Vorort Hvidovre vor. Hardrup sträubte sich dagegen, daher verordnete ihm Nielsen Yoga, Meditation und magnetisches Streicheln. Als Hardrups Besorgnis anhielt, betäubte Nielsen ihn mit Chloroform. Gott wolle, dass er die Bank ausraube, genauso wie sein Schutzengel: Wo sei da das Problem? Hardrup willigte ein. Nielsen zeigte Hardrup eine Stelle in den Wäldern, wo er das Geld aus dem Bankraub verstecken sollte. Das Datum wurde auf den 21. August festgelegt.

Als der Tag kam, nahm sich Hardrup frei und radelte in Panik durch Kopenhagen. Er brachte es nicht fertig. Am Abend traf er sich mit Nielsen. X tauchte auf und trug ihm auf, es erneut zu versuchen. Zwei Tage später tat er es. Um sicherzugehen, dass keine Fehler unterliefen, traf sich Nielsen am Morgen des Raubs mit Hardrup zur gemeinsamen Meditation. Dann gab er Hardrup ein großes Glas Schnaps und wünschte ihm viel Glück. Ein paar Stunden später erleichterte Hardrup die Folkebanken von Hvidovre um 21000 Kronen. Wie befohlen, nahm er ein Taxi in den Wald und deponierte das Geld.

Sechs Monate später war die Beute aufgebraucht. X wies Hardrup an, mit seiner Frau in eine kleinere Wohnung zu ziehen, um die Kosten zu senken – damit Hardrup Nielsen mehr Geld geben konnte. Als Bente protestierte, verlangte X von Hardrup, ihr mit der Scheidung zu drohen. Als ob das noch nicht genug war, beschloss X dann, Hardrup erneut auf die Probe zu stellen: Der sollte Nielsen erneut erlauben, mit seiner Frau zu schlafen. Bente weigerte sich, woraufhin Nielsen sie schlug. Hardrup stand daneben und sah zu.

Kurz nach Neujahr 1951 befahl X Hardrup, die Landsmandsbanken auszurauben und Bente zu überreden, eine Zeichnung von der Straße und der betreffenden Filiale anzufertigen: Wenn man ihn erwischte, würde es so aussehen, als habe sie den Bankraub geplant. Schließlich sollte er im Fall seiner Verhaftung der Polizei von seinem Plan erzählen, mithilfe seiner Nationalkommunistischen Partei Dänemarks die skandinavischen Nationen zu vereinigen. Wenn er wolle, könne er auch über seinen Schutzengel sprechen, aber von den Namen »X« und »Nielsen« dürfe niemals die Rede sein. Dann ging alles schief. Am 29. März 1951 wurde Hardrup gefasst, nachdem er bei dem Versuch, die Bank auszurauben, beide Kassierer erschossen hatte.

Paul Reiter, baff vor Staunen, war überzeugt, der Wahrheit auf der Spur zu sein. Aber war es wirklich möglich, jemanden so vollständig durch Hypnose zu programmieren? Unglücklicherweise hüllten sich die einzigen Leute, die ihm einen Rat hätten geben können, in Schweigen. Sie arbeiteten für die CIA.

∾

Als die amerikanischen Geheimdienstler das A und O der Hypnose lernten, entdeckten sie immer neue mögliche Anwendungsgebiete. Im Mai 1953 wurde Hypnose unter Alden Sears an den Universitäten von Minnesota und Denver als Unterprojekt 5 in das MKULTRA-Programm eingegliedert (das später in den Unterprojekten 25, 29 und 49 fortgesetzt wurde). Laut der geheimen Akten dieses Unterprojekts war die CIA zu diesem Zeitpunkt an fünf Hauptgebieten interessiert:

EXPERIMENT 1: N-18 hypnotisch herbeigeführte Angstzustände, abzuschließen bis 1. September;

EXPERIMENT 2: N-24 hypnotische Steigerung der Fähigkeit, komplexe Schriftstücke auswendig zu lernen und zu erinnern, abzuschließen bis 1. September;

EXPERIMENT 3: N-30 Lügendetektor-Reaktionen unter Hypnose, abzuschließen bis 15. Juni;

EXPERIMENT 4: N-24 hypnotische Steigerung der Fähigkeit, komplexe Arrangements physischer Objekte zu beobachten und zu memorieren;

EXPERIMENT 5: N-100 Beziehung von Persönlichkeit und Hypnoseempfänglichkeit.

Unter allen CIA-Arbeiten über Hypnose war die faszinierendste das Bestreben, Menschen hypnotisch so zu programmieren, dass sie das Gesetz brechen und illegale Dinge tun würden. Klappten die Versuche, böte eine solche Fähigkeit »Agenten unbeschränkte Möglichkeiten«. Aber, und das bezeichnete der Geheimdienst als »die 64 000 Dollar-Frage«: Konnte es gelingen?

Morse Allens erste behutsame Experimente ähnelten eher raffinierten Partytricks. Doch dann ging er dazu über, Möglichkeiten zu erkunden, wie er per Hypnose Menschen zu Handlungen zwingen könnte, die ihnen widerstrebten. Im September 1951 programmierte er wiederum zwei CIA-Mitarbeiterinnen darauf, beim telefonischen Empfang eines Codewortes in Trance zu fallen und den Befehlen eines Fremden zu folgen. Aber diesmal war es ein ungleich schärferer Befehl:

> Ihr [der Testperson] wurde gesagt, sie solle in einen kleinen Raum gehen, wo sich der Safe von [gelöscht] befand, und sich an den Schreibtisch von [gelöscht] setzen. Sie erhielt die Safekombination. Ihr wurde gesagt, dass sie einen Anruf von einer Person erhalten würde …, die ihr während der Unterhaltung ein Codewort nennen würde, und sie wurde instruiert …, daraufhin zum Safe zu gehen, ihn zu öffnen und den Safe nach einem bestimmten, streng geheimen Dokument zu durchsuchen …, es an ihrem Körper zu verstecken und auf die Damentoilette zu gehen, wo sie darauf warten sollte, dass eine andere Frau an sie heranträte.

Die erste Sekretärin wartete auf den Anruf, erhielt das Codewort und fiel in Trance. Sie öffnete den Safe, stahl das Dokument und nahm es mit auf die Toilette, wo sie es, wie befohlen, einer anderen CIA-Sekretärin übergab, die sich ebenfalls in Trance befand. Beide Frauen kehrten dann in ihre jeweiligen Büros zurück und schliefen ein. Als man sie nach dem Experiment weckte, konnte sich keine von ihnen an irgendetwas erinnern. Der Geheimdienst befand, dass sich solche Operationen nicht nur für den Diebstahl von Geheimdokumenten eignen könnten, sondern dass man sie auch an Ausländern einsetzen konnte, um sie »zu kompromittieren und zu erpressen«.

Später wurde der experimentelle Diebstahl von geheimen Dokumenten unter Hypnose für die CIA fast schon zur Routine. Einen Großteil seines Forschungsbudgets gab Morse Allen 1953 für die Produktion eines CIA-Lehrfilms für Geheimdienstmitarbeiter aus: *The Black Art* (»Die schwarze Kunst«). Ein amerikanischer Agent setzt darin einen orientalischen Diplomaten unter Drogen und hypnotisiert ihn.

Der Diplomat geht in seine eigene Botschaft, öffnet einen Safe, stiehlt einen Stapel geheimer Dokumente und übergibt sie dem Amerikaner. »Kann man das, was Sie gerade gesehen haben, erreichen, ohne dass die betreffende Person davon weiß?«, fragt eine Stimme aus dem Off.

»Ja!«

»Gegen den Willen der Person?«

»Ja!«

»Wie ist das möglich?«

»Durch die Macht von Suggestion und Hypnose!«

Eine Woche nach dem Experiment mit dem gestohlenen Dokument erhöhte Allen den Einsatz und hypnotisierte abermals eine seiner Musterschülerinnen:

> Sie [die Testperson] wurde angewiesen, ihre Augen zu öffnen, und ihr wurde ein elektrischer Zeitschalter gezeigt. Man erklärte ihr, dass es sich bei dem Zeitschalter um eine Brandbombe handele, dann erhielt sie Instruktionen, wie sie ihn anbringen und einstellen sollte. ... Der Zeitschalter sollte in einer Aktentasche in das Zimmer von [gelöscht] gebracht, in der nächstgelegenen Steckdose platziert, auf 82 Sekunden gestellt und aktiviert werden. ... Sie sollte sofort zum Einsatzraum zurückkehren, sich auf die Couch setzen und einschlafen. Die Anweisungen wurden ohne Schwierigkeiten oder Zögern perfekt ausgeführt. ... Der gesamte Versuch von der ersten Instruktion bis zur Ausführung dauerte 27 Minuten.

Noch am selben Tag programmierte er zwei Sekretärinnen, einen Raum zu betreten, in dem sie, wie man ihnen sagte, einen bewusstlosen Mann vorfinden würden. Sie sollten sich ihm still nähern, seine Taschen durchsuchen, seine Brieftasche stehlen und wegrennen. Wieder taten die beiden Frauen genau wie befohlen.

Doch wenn man CIA-Sekretärinnen schon dazu bringen konnte, zu stehlen und Bomben zu legen, wozu konnte man sie *noch* alles bringen? »Können wir«, heißt es in einem Memo, »bei einer widerstrebenden Person einen so starken hypnotischen Zustand herbeiführen, dass sie eine Handlung zu unseren Gunsten ausführt? Könnten wir uns einer Person bemächtigen und sie binnen etwa einer Stunde dazu bringen, unter posthypnotischer Kontrolle ein Flugzeug abstürzen oder einen Zug verunglücken zu lassen etc.?« Obwohl sie intern zugaben, dass die Idee »beängstigend« war, »eine Art Orwellsche Welt des Doppeldenkens«, wuchs bei Experten des Geheimdienstes nun das Interesse an der Möglichkeit, Agenten darauf zu programmieren, entweder sich selbst oder andere unter Hypnose zu töten.

Die Idee eines hypnotisierten Attentäters war nicht deshalb interessant, weil es in den 50er Jahren eine Knappheit an Auftragsmördern gegeben hätte – die Bilanz der CIA in der ersten Hälfte des Kalten Krieges belegt, dass der Geheimdienst mehr als fähig war, Killer zu finden. Der wahre Vorteil, einen Mörder zu hypnotisieren, lag darin, dass er im Fall seiner Gefangennahme keine Ahnung haben würde, warum er das Verbrechen begangen oder wer ihn dazu beauftragt hatte. Wenn die Methode wirklich funktionierte, gäbe es keine Möglichkeit, den wahren Auftraggeber des Mordes zu finden. Ein Attentäter ohne Gedächtnis war der perfekte Mörder.

Tatsächlich jedoch ist es erheblich schwieriger, Menschen unter Hypnose zu unmoralischen Handlungen zu veranlassen, als uns die Boulevardpresse wohl gerne glauben machen möchte. Wie Gilles de la Tourettes Experiment demonstrierte, ist es notorisch schwer, Menschen zu etwas zu bewegen, das ihnen zutiefst zuwider ist (so zum Beispiel die Versuchsperson Witt, sich vor einer Schar von Männern auszuziehen). Doch vielleicht gab es, so meinten die Experten, eine saubere Lösung für dieses Problem.

Lloyd Rowland, ein Forscher an der Universität von Tulsa in Oklahoma, hatte 13 Jahre zuvor den Beweis dafür angetreten. 1939 hatte er eine Holzkiste mit einer geschwungenen Glasfront gebaut und diese so beleuchtet, dass das Glas für einen Beobachter unsichtbar war. Er legte eine große Klapperschlange hinein, schob die Glasscheibe davor und schüttelte die Kiste heftig, bis die Schlange wirklich böse wurde. Er hypnotisierte eine Reihe von Versuchspersonen, erklärte ihnen, dass in der Kiste ein Stück Gummischlauch liege, und wies sie an, hineinzufassen und es herauszunehmen. Alle Testpersonen versuchten, die Schlange zu ergreifen, eine von ihnen schickte sich sogar an, das Glas zu zerbrechen, um an sie heranzukommen. Im Folgeversuch überredete Rowland sie, ein Glas Schwefelsäure ins Gesicht eines Labortechnikers zu schütten, der ebenfalls von der Glaswand geschützt war, indem er behauptete, das Glas enthalte nur destilliertes Wasser.

Rowland ging davon aus, dass sich die Testpersonen, wenn man ihnen unter Hypnose etwas Gefährliches oder Illegales abverlangte, weigern würden. Versetzte man sie dagegen in ein imaginäres Szenario, in dem die verlangte Handlung akzeptabel wäre, würden sie sie vielleicht ausführen. Die Idee hat einiges für sich. Wenn eine Testperson unter Hypnose instruiert wird, sich aus dem zehnten Stock zu stürzen, wird sie sich voraussichtlich weigern. Wenn sie jedoch dazu gebracht wird, zu glauben, dass sie sich im Erdgeschoss befindet und das Gebäude brennt, wird sie es vielleicht einfach tun.

Es ist diese Idee, eine »Pseudorealität« zu schaffen, auf die Morse Allen bei seinem nächsten Experiment zurückgriff. Am 10. Februar 1954 hypnotisierte er in Gebäude 13 zwei CIA-Sekretärinnen. Einer wurde gesagt, sie solle einschlafen und nicht wieder aufwachen, bis sie das passende Codewort erhielte. Die andere wurde instruiert, sie aufzuwecken. Wollte die schlafende Sekretärin nicht aufwachen, sollte die zweite Sekretärin wütend werden – so wütend, dass sie eine Pistole vom nahen Schreibtisch nehmen und die schlafende Frau erschießen sollte. Die Schützin, die zuvor Angst vor Feuerwaffen geäußert und sich geweigert hatte, die Pistole anzufassen, führte den »Mord« aus, ohne zu wissen, dass die Pistole nicht geladen war.

∽

Im Völlegefühl ihrer eigenen Hypnoseversuche war die CIA von einiger Arroganz. 1955 analysierte der Geheimdienst den Fall von Palle Hardrup in Dänemark, um zu klären, ob man etwas daraus lernen könne. Anscheinend nicht: Der zuständige Offizier tat den Hypnotiseur Bjørn Nielsen als »widerlichen Amateur« ab, schon allein deshalb, weil er sich hatte schnappen lassen, besonders aber, weil er die Einzelheiten des Verbrechens nicht tiefer in Hardrups Unterbewusstsein vergraben hatte, wie es jeder erfahrene Agent getan hätte.

Für einen »Amateur« hatte Nielsen allerdings eine ziemlich gute Arbeit geleistet. Hardrup war in seine Macht geraten, hatte ihm all seine Habe vermacht, sogar sein Essen abgetreten, hatte auf Kommando geheiratet, hatte zwei Banken ausgeraubt und dabei zwei Menschen erschossen. Und als wäre das alles noch nicht genug, hatte Nielsen seine Spuren verwischt, indem er Hardrup glauben machte, Gott habe ihm die Verbrechen durch seinen Schutzengel diktiert. Nielsen war nur der Botenjunge: »X«.

Paul Reiter war beeindruckt. Um herauszufinden, ob sich Hardrup wirklich in einem solchen Ausmaß manipulieren ließ, versuchte er ihn nun selbst zu programmieren. Er sagte ihm, dass der Buchstabe P bedeutsam sei und er in tiefe Trance fallen würde, wann immer er ihn ausspräche. Es funktionierte. Um herauszufinden, wie stark die Wirkung der Programmierung war, rief Reiter im Gefängnis an und ließ einen

Wärter Hardrup aus seiner Zelle holen. Am Telefon sagte Reiter einfach »P«. Sein Assistent, der das Experiment im Gefängnis verfolgte, berichtete, dass in Hardrups Augen sofort »ein weit entrückter Blick« erschien. Er ließ den Hörer los, sackte zu Boden, fiel in Tiefschlaf und ließ sich nicht wecken, bis Reiter ihm befahl, wieder aufzuwachen. Bei einem weiteren Test erhielt Hardrup einen verschlossenen Umschlag. Darin befand sich eine handschriftliche Nachricht: »Grüße von P – Reiter.« Hardrup fiel in Trance.

Bis Oktober 1952 hatte Reiter ausreichende Fortschritte gemacht, um seine Programmierung den Polizeibeamten und Rechtsanwälten zu demonstrieren, die sich auf den Prozess vorbereiteten. Er vermittelte Hardrup die posthypnotische Suggestion, beim nächsten Erwachen den erstbesten Menschen nach seinem Namen und Alter zu fragen, wann er die Schule abgeschlossen und was ihn zur Wahl seines Berufes bewogen habe. Vor allen Anwälten, darunter auch Nielsens Verteidiger, stellte Hardrup dem ihn verhörenden Polizeikommissar nur diese Fragen. Er wurde wieder in Trance versetzt und instruiert, keinen Schmerz zu empfinden. Reiter stieß dann angespitzte Streichhölzer unter seine Fingernägel. Hardrup blieb völlig ungerührt.

Um die Macht seiner »Blockade«-Suggestion unter Beweis zu stellen, bot Reiter einem Sachverständigen der Verteidigung, dem Hypnotiseur E. Geert Jørgensen, die Gelegenheit, Hardrup zu hypnotisieren. Jørgensen gelang es nicht, die Konditionierung zu durchbrechen. Reiter erlaubte sogar Nielsen, es auszuprobieren. Nichts geschah.

Vier Monate später war Reiters Programmierung beinahe abgeschlossen. Er bewies es, indem er Hardrup veranlasste, posthypnotische Suggestionen eine volle Woche später auszuführen. Einmal instruierte er Hardrup, den Wärter zu rufen und sich laut über das Essen zu beschweren, es auf den Boden zu werfen und dann in tiefen Schlaf zu fallen. Hardrup, berichtete Reiter, agierte »wie ein Automat«. Vielleicht hätte die CIA am Ende doch etwas aus dem dänischen Fall lernen können.

∽

Unterdessen stieß die CIA auf Probleme. Die Geheimdienstler, die darauf brannten, mittels Hypnose ausländische Agenten zum Geheimnisverrat – oder Schlimmerem – zu bewegen, mussten zur Kenntnis nehmen, dass es ein gewaltiger Unterschied ist, ob man jemanden unter Laborbedingungen veranlasst, einen »Gesetzesbruch« zu begehen, oder ihn dazu bringt, wirklich das Gesetz zu brechen. Solange die

Erforschung dieses Phänomens in Als-ob-Situationen erfolgte, ließ sich unmöglich klären, ob sich irgendeiner ihrer Pläne im tatsächlichen Einsatz bewähren würde. Dieser Fallstrick war dem Geheimdienst offenbar schon früh bewusst. Ein Memo vom Januar 1954 bittet um Überlegungen, wie sich Techniken zur Veranlassung illegaler Handlungen praktisch erproben ließen: »Kurz, wie weit können wir damit kommen, und ich meine hier nicht die Experimente nach ›Collegeart‹?« Einen Monat später beschloss man, es herauszufinden.

Als Pilotversuch eines größeren Projekts wurde vorgeschlagen, dass eine Person *** Abstammung, ungefähr 35 Jahre alt, gut ausgebildet, des Englischen mächtig sowie sozial und politisch in guter Position, im Rahmen von ARTICHOKE dazu veranlasst wird, unfreiwillig einen Attentatsversuch auf einen prominenten Politiker oder, falls nötig, auf einen amerikanischen Amtsträger zu verüben.

Die betreffende Person war ein ehemaliger CIA-Aktivposten, der vor kurzem unkooperativ geworden war. Der als »hypothetisch« bezeichnete Plan bestand darin, ihn auf einer Cocktailparty unter Drogen zu setzen, ihn zu entführen und zu instruieren, das Attentat auszuführen. Man ging davon aus, dass das Individuum nach dem Mord von der »*** Regierung in Gewahrsam genommen wird und damit ›beseitigt‹ ist«.

Das ARTICHOKE-Team fürchtete schließlich ein Scheitern der Operation, da sich die Person sträuben und eine Sitzung nicht ausreichen würde, um sie angemessen zu programmieren. Zudem könnte sich der Mann im Falle des Scheiterns absetzen und die Sache ausplaudern. Den Memo-Verlautbarungen nach war man bereit, es zu riskieren: »Unter ›Crash-Bedingungen‹ und mit grundsätzlicher Genehmigung aus dem Hauptquartier *würde* das ARTICHOKE-Team das Problem trotz der Einsatzbeschränkungen in Angriff nehmen.« Aber ein Jahr später debattierte der betreffende Ausschuss noch immer über diesen kniffligen Praxistest.

Die CIA, sonst kaum zurückhaltend, wo es um die Erprobung neuer Techniken »in Einsatzsituationen« ging, hatte in diesem Fall noch mit einer weiteren, ganz handfesten Komplikation zu kämpfen. Das Opfer eines Hypnoseangriffs war mit aller Wahrscheinlichkeit feindselig. Natürlich war es unwahrscheinlich, dass es still dasitzen und die übliche Hypnoseprozedur über sich ergehen lassen würde. Wie ließ sich eine solche Person hypnotisieren?

Da drängte sich vor allem die Idee der »rapiden Induktion« auf – eine Technik, die so schnell einen Trancezustand herbeizuführen versprach, dass dem Hypnotisierten keine Zeit bliebe, seine Verteidigung zu mobilisieren. Bei dieser »speziellen und etwas gefährlichen« Technik musste der Hypnotiseur den Nacken der betreffenden Person mit der linken Hand packen und deren Kopf mit der rechten so weit nach hinten pressen wie möglich. Dann fing der Spaß an:

> Der Hypnotiseur drückt dann seinen rechten Daumen und Zeigefinger gegen den Vagusnerv und die Halsschlagader zu beiden Seiten des Adamsapfels und übt mit beiden Fingern Druck aus. …Während die rechte Hand wie beschrieben verfährt, werden der linke Daumen und der Mittelfinger fest gegen den Nacken gleich unterhalb des Warzenfortsatzes hinter jedem Ohr gepresst. Dies geschieht auch, um ein leicht entrücktes Gefühl hervorzurufen. Während der Druck ausgeübt wird, lässt der Hypnotiseur dann seine Suggestionen auf die Person »einströmen«.

Das Ergebnis war unmittelbare Bewusstlosigkeit durch Blutmangel im Gehirn, hoffentlich gefolgt von einem Trancezustand. Wenn es aber schief ging, dann richtig: Eine mögliche Nebenwirkung war »sofortiger Exitus«. Der Arzt, der die Technik empfahl, berichtete, dass er sie erfolgreich eingesetzt habe, um Fälle von Stottern, Alkoholismus, Rauchen und Masturbation zu heilen.

1963 bekam der Geheimdienst endlich eine Chance für einen echten Test. Im Juni schickte die Spionageabwehr ein Telex nach Mexiko-Stadt mit der Frage, ob es dort potenzielle Kandidaten »unter den Aktivposten der [CIA-]Station« gebe. Im Monat darauf bot die Station in Mexiko einen Aktivposten unterer Ebene an, der im Verdacht stand, für den KGB zu arbeiten. Zwei CIA-Männer lockten ihn in ein örtliches Hotel, wo der Hypnotiseur, der eben aus Kalifornien eingeflogen war, auf sie wartete. Auf ein Signal hin packten die beiden den Stuhl und warfen ihn mitsamt ihrem Opfer zu Boden, bereit für den großen Auftritt des Hypnotiseurs. Doch der große Auftritt fand nicht statt: Der Hypnotiseur hatte kalte Füße bekommen und kauerte im Nebenzimmer.

Ein späteres Memo berichtet bedauernd, dass die Technik der rapiden Induktion zur weiteren Untersuchung ins Labor zurückverwiesen werden müsse. »Viel Arbeit und Anstrengung von [gelöscht] Büropersonal und Agenten wurde vergeudet und viel emotionale Energie nutzlos verausgabt.«

Was zufällig auch eine ziemlich gute Zusammenfassung des gesamten CIA-Programms zur Erzeugung hypnotisch ferngesteuerter Attentäter ist. Aus den verfügbaren Dokumenten wird nicht deutlich, ob die Forschung über Hypnose eingestellt wurde. Laut einem Dokument von 1975 wurde das Phänomen zwar in den 50er und 60er Jahren ausgiebig erforscht, es gebe aber »keine Belege für den Einsatz von Hypnose auf diesem Gebiet«. Nach all der Forschung, die sie betrieben hatte, behauptet die CIA, das Projekt sei aufgegeben worden, bevor die Technik zur Anwendung kam.

Ist das wahr?

Das lässt sich unmöglich feststellen. Die CIA ist, wie ein Beobachter in den 70er Jahren schrieb, nun einmal »im Lügengeschäft« tätig: Wenn es dem Geheimdienst gelungen sein sollte, einen Schläfer zu programmieren, gab es auf der ganzen weiten Welt keinen Grund, warum er es an die große Glocke hängen sollte. Doch es spricht viel für die Annahme, dass die CIA die Wahrheit sagte. So sind sich heutige Experten vor allem darin einig, dass es nicht möglich ist, Menschen mittels Hypnose zu einem so schwer wiegenden Verbrechen wie Mord zu bewegen.

Ja, in Laborexperimenten haben Versuchspersonen unter Hypnose tatsächlich »gestohlen«, »gelogen«, wurden »gewalttätig« und »mordeten« sogar. Doch was beweist das schon? Zahlreiche wissenschaftliche Arbeiten belegen, dass Menschen unter Hypnose ungewöhnlich empfänglich für Suggestionen sind: Das ist der Grund, warum sie der Methode erliegen.

Bei Hypnoseversuchen sind die Hypnotiseure gewöhnlich Ärzte, Lehrer oder, im Falle der CIA oder der Militärforschung, hohe Offiziere: Autoritätspersonen. Man muss sich nur Stanley Milgrams berühmte Experimente über Gehorsam in Erinnerung rufen (Milgram hatte Freiwillige überredet, Versuchspersonen »tödliche« Elektroschocks zu verabreichen, indem er ihnen einfach sagte, dass sie notwendig seien), um zu entdecken, dass die meisten Menschen tun, was man ihnen sagt, solange der Befehlsgeber Autorität besitzt und zu wissen scheint, was er oder sie tut.

Außerdem wurden die Kandidaten solcher Versuche vor dem eigentlichen Test vom Hypnotiseur ausnahmslos einige Male hypnotisiert. Im Laufe der vorangehenden Sitzungen hatten sie gelernt, dass ihnen dabei nichts Schlimmes widerfuhr. In den Experimenten von Rowland, wo die Testpersonen eine Klapperschlange aufheben sollten, wussten die Kandidaten also tief im Innersten, dass sie keiner Gefahr ausgesetzt waren. Sie vertrauten dem Versuchsleiter.

Um zu testen, ob jemand unter Hypnose wirklich einen gravierenderen Gesetzesverstoß begeht, müsste ein unbekannter Hypnotiseur die Versuchsperson etwas Illegales tun und dann auch die Konsequenzen tragen lassen. Die Chancen, dass sich irgendein angesehener Hypnotiseur auf ein solches Experiment einlassen würde, sind jedoch verschwindend gering. Außerdem gäbe es selbst für den Fall, dass ein solches Experiment einmal erfolgreich durchgeführt werden würde, keine Garantie, dass es auch ein zweites Mal funktionieren würde oder dass dieselbe Technik auch bei einer anderen Testperson erfolgreich wäre.

Das dürfte der Hauptgrund gewesen sein, warum die CIA faktisch nicht auf Hypnose setzte. Wenn es zum Geschäft gehört, heimlich Menschen zu töten, dann muss man zweierlei sicherstellen: erstens, dass der Mord auch wirklich ausgeführt wird, und zweitens, dass der Mörder nicht verrät, wer ihn damit beauftragt hat. Wenn diese beiden Faktoren nicht mit einiger Sicherheit gewährleistet werden können, wird eine ohnehin hochriskante Operation inakzeptabel gefährlich. Vielleicht war es ja möglich, einen ferngesteuerten Schläfer, einen willenlosen Attentäter zu schaffen, um jemanden zu ermorden – aber was, wenn es schiefging? Was, wenn die hypnotische Programmierung nachließ? Was, wenn ein von der CIA programmierter Attentäter gefasst wurde? Die Folgen waren unausdenkbar.

Es gab noch einen prosaischeren Grund, warum das CIA-Programm zur Erzeugung hypnotisch ferngesteuerter Attentäter nie in die aktive Anwendung ging. Der Hauptvorteil eines hypnotisierten Attentäters war, dass er alles vergessen würde und daher seine Auftraggeber nicht verraten konnte. Doch zur Zeit der Hypnoseprogramme war, wie ein MKULTRA-Offizieller in den 70er Jahren bemerkte, Fidel Castro der erste Kandidat für ein Attentat. Selbst in den 60er Jahren wusste jeder informierte Zeitgenosse auf der Welt einschließlich Castro selbst, dass ihm der amerikanische Auslandsgeheimdienst nach dem Leben trachtete. Eine Reihe von CIA-Attentätern hatte den Job bereits verpatzt, einige von ihnen waren an die Öffentlichkeit getreten. Was wäre also der Sinn eines verratsimmunen Quasi-Automaten gewesen?

Seit die Hypnoseprogramme der CIA vor über 50 Jahren begannen, sind keine stichhaltigen Beweise für die hypnotische Programmierung von Individuen außer den in diesem Kapitel erwähnten Experimenten aufgetaucht, weder aus der CIA selbst noch von außerhalb. David Rhodes, der lange Zeit an MKULTRA mitarbeitete, sagte später einem

Journalisten: »Einen hypnotisch ferngesteuerten Attentäter zu schaffen, ist psychologisch eine absolute Unmöglichkeit, aber es ist faszinierend – und ein Riesenspaß.«

∽

Spaß« mag nicht das Wort der Wahl gewesen sein, mit dem Palle Hardrup und Bjørn Nielsen ihre Erfahrungen in Dänemark beschrieben hätten. Als ihr Fall im Juni 1954 zur Verhandlung kam, kampierte das gesamte Pressekorps des Landes vor dem Gerichtsgebäude. Hinter seinen Mauern gaben Hardrups Anwälte ihr Bestes, um zu beweisen, dass er das Verbrechen unter dem Einfluss von Nielsens hypnotischer Programmierung begangen habe. Nielsens Verteidiger behaupteten das Gegenteil. Mitten durch die Polizei und die Zunft der Psychiater ging ein tiefer Riss. Paul Reiter, der an Hardrup Gefallen gefunden hatte, machte eine siebenstündige Sachverständigenaussage, in der er den Schluss zog, dass Hardrup tatsächlich der Mörder sei, ihn aber keine Schuld treffe: Er habe das Verbrechen begangen, ohne dass ihm bewusst gewesen sei, was er tue. Hardrups Verteidiger beschrieb Nielsen als »schrankenlos zynischen und tödlichen Kriminellen«. »Mit seinen Augen«, schloss er, »dirigierte Nielsen seinen ›Freund‹, der wie eine mechanische Puppe agierte.«

Einen Monat später bat der Richter die Geschworenen, drei Kernpunkte zu erwägen: ob Nielsen die Raube geplant und angestiftet hatte; ob Nielsen der Planer und Anstifter der Morde gewesen war; und ob er Hypnose eingesetzt oder eine andere Art exzessiven Einflusses auf Hardrup ausgeübt hatte. In seiner Zusammenfassung räumte der Richter ein, dass Nielsen tatsächlich einen »systematischen Einfluss« auf seinen Protegé ausgeübt habe, der so etwas *Ähnliches* wie Hypnose gewesen sei, ohne ausdrücklich festzustellen, dass es Hypnose *war* oder diese auf besondere Weise für die Verbrechen verantwortlich war.

Die Geschworenen waren weniger zwiespältig. Im Juli wurde Nielsen in allen drei Anklagepunkten schuldig gesprochen. Beide Männer erhielten lebenslänglich: Hardrup in einer psychiatrischen Anstalt, Nielsen in einem Hochsicherheitsgefängnis. Die Berufungen zogen sich über die nächsten zehn Jahre hin, in denen der Fall bis vor die Europäische Menschenrechtskommission in Straßburg kam. 1965 reichten beide Männer ein Gnadengesuch ein, das in beiden Fällen abgelehnt wurde. Am 24. Dezember des folgenden Jahres wurde Hardrup jedoch aus der Haft entlassen. Sechs Monate später folgte ihm Nielsen.

In einer linden Nacht des Jahres 1975 rief Nielsen seine Exfrau Titte an und klagte über Niedergeschlagenheit. Die Zeit im Gefängnis, seine zweifelhafte Berühmtheit und die Tatsache, dass es ihm mehr oder weniger unmöglich war, einen Job zu bekommen, hätten ihn zur Verzweiflung getrieben. Er halte es nicht mehr aus. Es ist von gewisser Ironie, dass ein Mann, der mutmaßlich fähig war, einen anderen zu einem Bankraub und damit auch zu einem Doppelmord zu überreden, nicht in der Lage war, seine eigene Exfrau davon zu überzeugen, dass er sich ernsthaft mit dem Gedanken an Selbstmord trug. Titte erwiderte, er solle sich bemühen, darüber hinwegzukommen. Am nächsten Tag fand man Bjørn Nielsen tot in seiner Wohnung. Er hatte in der Nacht eine tödliche Dosis Zyankali genommen.

Am 5. August 1972 gab Palle Hardrup Søren Petersen von der dänischen Boulevardzeitung *B. T.* ein Interview. Darin gab er zu, nicht hypnotisch darauf programmiert worden zu sein, die Raube und Morde zu begehen. Tatsächlich sei ihm, als die Polizei erwähnte, dass Hypnose die Verbrechen ausgelöst haben könnte, klar geworden, dass er dadurch vielleicht »seinen Kopf aus der Schlinge« ziehen konnte. In einem anderen Interview wurde Hardrup gefragt, warum er Nielsen die Verbrechen in die Schuhe geschoben habe. Was habe Nielsen getan, um so ein schreckliches Schicksal zu verdienen? »Nichts«, sagte Hardrup, »er hat mich nur schlecht behandelt.«

Kapitel 6 | »Tu es«: James, Ray und die Tiefenmanipulatoren

Wie oft wurden Sie heute schon verführt?
Wahrscheinlich kennen Sie die Antwort darauf nicht.
Aus Sicht der Werbeleute sollen Sie das auch gar nicht,
denn deren Aufgabe ist es ja, Sie in Erregung zu versetzen,
ohne dass Sie davon etwas ahnen.
Genau am heutigen Tag wurden Sie jedes Mal, wenn Sie eine
TV-Werbung oder eine gedruckte Anzeige gesehen haben,
sehr wahrscheinlich sexuell attackiert, durch Mittel,
die Ihr bewusster Geist nicht entdecken kann.
Nachdem Sie dieses Buch gelesen haben, werden Sie in jeder
Anzeige, die Sie betrachten, Dinge erkennen, die Sie zuvor
niemals gesehen haben.
  Wilson Bryan Key, *Subliminal Seduction*, 1973

Weihnachten 1985 fand für James Vance einen Tag früher statt. Er und sein Freund Raymond Belknap hörten am 23. Dezember Musik in Rays Schlafzimmer, als dieser ihm eine Überraschung bereitete. Wortlos langte Ray, ein sommersprossiger 18-Jähriger, hinter die Stereoanlage, holte eine LP hervor und überreichte sie lächelnd seinem Freund. James drehte sie um, musterte das Cover und fing wie sein Freund an zu lächeln. Dann runzelte er die Stirn: Die Zellophanhülle der LP war zerrissen. Die Platte war schon gespielt worden. »Ach«, sagte Ray, »du kannst dir doch denken, dass ich sie mir anhören würde, bevor ich sie dir schenke!« Dann lachte er. »Frohe Weihnachten, Kumpel!«

Die LP, die James sofort auf den Plattenteller legte, war der Judas Priest-Klassiker *Stained Class*. James kannte sie gut. Ein paar Jahre zuvor hatte er alle Judas Priest-LPs besessen, aber in einem Anfall von Liebeswahn (er ging damals mit einem sehr christlichen Mädchen aus, das Heavy Metal ablehnte) seine Sammlung verkauft. Nach der Trennung von ihr hatte er, wie sein Freund Ray wusste, die Entscheidung bereut. Nach und nach hatte er seither Judas Priest-LPs wiederbesorgt; *Stained Class* war das letzte Album, das den beiden zur Vervollständigung ihrer Sammlung noch fehlte. James war von dem Geschenk beglückt, Judas Priest waren schließlich »Hardrockgötter«.

Als das erste Lied einsetzte, schob James den Lautstärkeregler hoch. Die Musik wummerte durch den Raum.

Ray hatte einen schönen Tag verlebt. Am Morgen hatten er und seine Mutter Aunetta seine vierjährige Halbschwester Christie Lynn mitgenommen, um den Weihnachtstruthahn zu kaufen. Sie waren dann in einen örtlichen Schönheitssalon namens Happy Looker gegangen, wo Christie ihren ersten richtigen Haarschnitt bekam. Auf dem Stuhl hatte sie so süß ausgesehen, dass Ray darauf bestand, den Augenblick für die Nachwelt festzuhalten, und nach Hause gerannt war, um den Fotoapparat zu holen. Von diesem Augenblicksgefühl übermannt, hatte er sich entschlossen, auch sich selbst die Haare schneiden zu lassen. Danach hatte das Trio James von dessen Elternhaus im Glen Meadow Drive 934 abgeholt. Bevor er in den Wagen stieg, hinterließ James seiner Mutter eine Nachricht, dass er den Nachmittag bei Ray verbringen würde, wohin sich die vier nun aufmachten. Dort angekommen, ging Aunetta noch einmal aus und überließ die Jungs sich selbst.

Nicht dass sie ganz allein gewesen wären. Im Wohnzimmer auf dem Sofa saß Rays schwangere Schwester Rita und hütete ihre Kinder. Die beiden Jungs holten sich ein paar Flaschen Bier aus der Garage und zogen sich in Rays Schlafzimmer zurück. Rita hörte bald einen Heidenlärm aus dem Zimmer kommen, wo die beiden nun *Stained Class* mit voller Lautstärke hörten und inbrünstig mitsangen. Als die Platte zu Ende war, arbeiteten sie sich durch die Altbestände von Judas Priest-LPs. Gelegentlich tauchte einer der Jungs aus dem Schlafzimmer auf, begleitet von einem Schwall Marihuanarauch, um noch mehr Bier aus der Garage zu holen.

Etwa anderthalb Stunden, nachdem sie angefangen hatten, Musik zu hören, verließen James und Ray das Haus. Als sie nach einer Dreiviertelstunde zurückkehrten, bemerkte Rita, dass irgendetwas in sie gefahren war. James fragte sie, ob sie, »falls irgendetwas passierte«, ihr Kind nach ihm benennen würde. Sie tat die Bemerkung mit einem Lachen ab: »Nur dann, wenn es ein verdammter Rotschopf wird!« Ray umarmte sie und sagte ihr scherzend, dass er sie lieb habe, dass er das jedoch abstreiten würde, falls sie es jemals jemandem erzählte.

Dann wandte sich James zu Ray und sagte: »Bringen wir's hinter uns.« Rita war nicht sicher, was das bedeutete, nahm aber an, es bezöge sich auf das Marihuana.

In Rays Zimmer stritten sich die beiden jungen Männer. James wollte noch einmal *Stained Class* hören, Ray lieber Lynyrd Skynyrd. Schließlich einigten sie sich auf James' Lieblingslied aus *Stained Class*, auf »Beyond the Realms of Death« (»Jenseits des Totenreichs«), eine bittere

Antihymne von Ablehnung und jugendlicher Entfremdung. In dem Song zieht sich ein unzufriedener Jugendlicher aus dem Alltagsleben in die Unverletzlichkeit seines Inneren zurück. Freunde versuchen wiederholt, aber erfolglos, ihn aus seiner Apathie zu reißen. Die Zeit vergeht, und der Junge beginnt, vollständig aus der realen Welt zu verschwinden. Schließlich erreicht er einen nirvanaartigen Zustand, in dem der Schmerz und das Leid der sterblichen Existenz bedeutungslos werden. In diesem Augenblick lächelt er und stirbt, wodurch er den Tod transzendiert.

Textlich ist das Lied nicht so unendlich weit von dem Beatles-Song »The Fool on the Hill« entfernt, wo sich ein weiser Narr von den angeblich normalen Menschen abkapselt und auf einen Hügel zurückzieht, um Erleuchtung zu finden. Auf dem Papier könnte man »Beyond the Realms of Death« als eine Ode an den Buddhismus lesen. Im Lichte dessen, was als Nächstes geschah, gewann das Lied jedoch eine neue, beunruhigende Bedeutung.

Mittlerweile hatten die beiden einen Großteil des Zwölferpacks Budweiser geleert und kamen in Stimmung. Sie diskutierten über Songtexte, spielten »Knuckles«, wobei man sich gegenseitig mit einem Kartenspiel auf die Handknöchel schlägt, rauchten einen weiteren Joint und diskutierten über die Zukunft – und die Vergangenheit.

∽

J ames Vance und Ray Belknap hatten sich sechs Jahre zuvor in der Dilworth Middle School in Sparks kennen gelernt, einem Vorort von Reno, Nevada. James, nun 20, war in der Schule zweimal sitzen geblieben und zwei Jahre älter als Ray. Die Jungs kamen schließlich in dieselbe Klasse. Seither waren sie unzertrennlich. Der Schule überdrüssig, hatten sie sie nach ihrem zweiten Highschooljahr abgebrochen und seitdem diverse Gelegenheitsjobs angenommen. Auch das lief nicht so gut. Ray arbeitete zur Zeit für einen Bauunternehmer, auf den er gerade sauer war, weil sein Boss in der Nacht zuvor 50 Dollar beim Poolbillard von ihm gewonnen hatte. Er und James fanden, dass es das Beste wäre, den Kerl aufzuspüren, ihn zusammenzuschlagen und ihm das Geld wieder abzunehmen. James hatte einen Teilzeitjob in einer örtlichen Druckerei, wo die Arbeit öde und der Lohn noch übler war. Die Druckerfarbe war ein Dreckszeug, das überall hingelangte und kleben blieb, sodass die Angestellten aussahen, »als hätten sie Lepra«. Beide Jungs waren völlig pleite, keiner von ihnen hatte ein Auto, keiner von ihnen eine Freundin.

Zu allem Überfluss musste James an diesem Tag vor Heiligabend um drei Uhr nachmittags auf der Arbeit sein – doch so, wie die Dinge liefen, wurde das zunehmend unwahrscheinlicher.

Um 15 Uhr traf James' Mutter, Phyllis, die ihn im Auto zur Arbeit mitnehmen wollte, zu Hause ein und fand seinen Zettel mit der Nachricht, er sei bei Ray. Sie rief Ray an, um sich nach James' Verbleib zu erkundigen. Der sei vor einiger Zeit zu Fuß zur Arbeit gegangen, log Ray; sie brauche ihn nicht zur Arbeit zu bringen. Besorgt, dass er blaumachen könnte, fuhren Phyllis und ihr Ehemann James' Weg zur Arbeit ab. Als sie ihn nicht fanden, fragten sie bei seinem Arbeitgeber nach und erfuhren wie erwartet, dass er dort nicht aufgetaucht war. Sie fuhren zu Rays Elternhaus, wo Rita sie vor dessen verschlossene Schlafzimmertür führte.

Nachdem sich James herausbequemt hatte, folgte ein Schreiduell. Seine Eltern riefen ihm zornig zu, dass er seinen Job verlieren werde, wenn er nicht zur Arbeit gehe; James erwiderte, das sei ihm egal, er wolle kündigen und mit Ray zusammen auf dem Bau arbeiten. Schließlich brüllte er sie an, sie sollten ihn in Ruhe lassen, lief in Rays Schlafzimmer zurück, knallte die Tür zu und verrammelte sie mit einem Holzklotz.

Als James' Eltern unverrichteter Dinge wieder abgezogen waren, begannen James und Ray, eine alternative Zukunft zu planen. Gegen 16.30 Uhr waren sie sich einig geworden. Sie drehten abermals die Musik auf und fingen an, das Schlafzimmer zu zertrümmern. Rays Sammlung von Gläsern und Basketballkappen auf den Regalen über seinem Bett landete auf dem Fußboden. Sie schrien und johlten und traten Löcher in die Wände und die Tür. Sie zerdepperten den Fernseher und den Spiegel und alles andere außer der Stereoanlage, auf der ja gerade ihre Platten liefen.

Schon beim ersten Klang berstenden Glases hatte Rays Schwester ihre Mutter angerufen und sie gebeten, doch bitte sofort nach Hause zu kommen, da die Jungs high und gerade dabei seien, das Haus zu zertrümmern. Aunetta traf um fünf Uhr ein und lief wutentbrannt zu Rays Schlafzimmer, wo sie schrie, dass die beiden gefälligst die Tür öffnen sollten.

Die Jungs hielten einen Augenblick schweigend inne. Dann griff Ray neben die Stereoanlage und zog eine Schrotflinte der Marke Harrington-Richardson, Kaliber 12, hervor, die er zum 14. Geburtstag geschenkt bekommen und durch Absägen des Laufs modifiziert hatte. In einer Hand die Waffe, zog er mit der anderen eine Nachttischschublade auf und nahm zwei Patronen heraus. Er und James umarmten sich, öffneten wortlos das Fenster, sprangen hinaus, liefen auf die Straße und verschwanden in die Dunkelheit.

Überzeugt, dass Rays Mutter die Polizei rufen oder sie jemand dabei beobachten würde, wie sie mit einem Gewehr die Straße hinunterliefen, suchten sie in der nächsten Seitengasse Deckung, die auf einen Kinderspielplatz hinter der Community first Church of God am Richards Way führte. Ray, der immer noch das Gewehr bei sich trug, erreichte den Spielplatz als Erster und ging, schwer atmend, zum Karussell an der Südwestseite des Platzes. James blieb am Zaun stehen und blickte sich um, um sicherzugehen, dass ihnen niemand folgte.

Ray stellte sich auf das Karussell. »Ich hab' mein Leben versaut!«, rief er. Ray Belknap – der 18-jährige sommersprossige Junge, der noch am Morgen dieses Tages nach Hause geflitzt war, um den Fotoapparat zu holen und damit den ersten Haarschnitt seiner Schwester aufzunehmen – setzte sich, hielt sich den Gewehrlauf unter das Kinn und drückte den Abzug.

Geschockt von der Detonation, wandte sich James um und sah seinen Freund gerade noch zu Boden sacken. Dann geriet er in Panik. Was, wenn jemand die Polizei riefe? Was, wenn man annähme, dass *er* Ray erschossen hätte? Was sollte er jetzt nur machen? Was immer es war, ihm blieb nicht viel Zeit. Er ging zu Rays Leichnam hinüber, hob das Gewehr auf und lud es. Ursprünglich hatte er vorgehabt, sich den Lauf in den Mund zu stecken, doch der war nun mit Blut beschmiert. So hielt er sich das Gewehr ebenfalls unter das Kinn. Er zitterte. Dann blickte James Vance hinauf zu den Wolken und erschoss sich.

Um 17.13 Uhr ging bei der Notrufzentrale von Sparks die Meldung ein, dass es an der Kirche an der Ecke First und Richards eine Schießerei gegeben hatte. Schon drei Minuten später war eine zweiköpfige Polizeistreife vor Ort. Als sie die reglosen Körper sahen, zogen beide Beamten ihre Dienstwaffen und suchten den Spielplatz nach dem verantwortlichen Schützen ab. Nachdem sie das Areal gesichert hatten, wandten sie ihre Aufmerksamkeit den Leichen zu. Sie näherten sich dem Karussell und hörten ein Stöhnen. Einer der Jungs war noch am Leben.

Eine Stunde, nachdem die Polizei am Tatort eingetroffen war, erhielt Phyllis Vance einen Anruf vom Washoe County Medical Center. Ob sie die Mutter eines James Matthew Vance sei, geboren am 10. Dezember 1965. Der Anrufer bat sie, sofort zu kommen, ihr Sohn sei angeschossen worden.

Im Krankenhaus erfuhr Phyllis, dass der Zustand ihres Sohnes kritisch war. James lag auf der Intensivstation; er würde kaum durchkommen. Im Warteraum informierte sie Detective Sergeant Dave Zarubi, dass die Polizei von Sparks nicht wisse, was geschehen war, weder wer auf die Jungs geschossen hatte noch um wen es sich bei dem zweiten Jungen handelte. Phyllis sagte dem Beamten, dass es Ray Belknap sei, James' bester Freund, und dass dessen Mutter im Richards Way 330 wohne.

Um 19.30 Uhr trafen ein Polizist und ein Polizeipsychologe bei Aunetta ein und überbrachten ihr die Todesnachricht. Die Beamten erklärten ihr, dass Ray und James allem Anschein nach Selbstmord begangen hatten. Ob sie irgendeine Idee habe, warum sie so etwas hätten tun sollen? Unter Schock war Aunetta nur dazu in der Lage, den Beamten ein ums andere Mal stammelnd zu erzählen, wie die beiden Jungs das Haus verlassen hatten: »Sie sind aus dem Fenster gestiegen, aus dem Fenster!«

An jenem Abend durchsuchte die Polizei Rays Zimmer nach Anhaltspunkten für das Rätsel. Das Einzige, was sie noch heil vorfanden, war seine Stereoanlage und auf dem Plattenteller James' vorzeitiges Weihnachtsgeschenk, ein jungfräuliches Exemplar des Judas Priest-Klassikers *Stained Class* von 1978.

᙮

Am ersten Weihnachtsfeiertag wurden die Ermittlungsbeamten David Zarubi und Robert Cowman im Washoe County Medical Center zu James vorgelassen, dessen Gesicht fast vollständig durch Verbände verdeckt war. Er willigte ein, Fragen durch Nicken oder Kopfschütteln zu beantworten. Befragt, ob er Ray erschossen habe, schüttelte er heftig den Kopf. Nein. Sie hätten selbst auf sich geschossen. Nach dem Grund befragt, geriet er in Erregung und gestikulierte heftig mit einem Arm. Schließlich wurde den Beamten klar, dass er etwas in die Luft schrieb. Sie baten ihn, die Nachricht noch einmal von Anfang an zu schreiben: Warum hatten sie versucht, sich umzubringen? Buchstabe für Buchstabe entzifferten sie seine Antwort: »D-A-S L-E-B-E-N I-S-T S-C-H-E-I-S-S-E.«

Vor dem Krankenzimmer erstatteten die Ärzte den Kriminalbeamten Bericht. Jeder der Jungs hatte sich die Schrotflinte unters Kinn gehalten und dann den Abzug gedrückt. Ray war sofort tot, doch James schien seinen Kopf im letzten Moment in den Nacken geworfen zu haben. Als der Schuss losging, verfehlte der das Gehirn. Stattdessen wurden Unterkiefer, Mund, Zunge und Nase zerfetzt.

Noch vor dem Jahreswechsel erhielt der Rechtsanwalt Ken McKenna in Reno einen Anruf von Rays Mutter Aunetta. Sie bat um einen Termin. In der Annahme, es ginge um ein Beratungsgespräch über rechtliche Fragen zum Tod ihres Sohnes, stimmte er bereitwillig zu: Er wolle alles tun, um ihr zu helfen. Als sie kam, wurde jedoch schnell klar, dass sie mehr als Beratung suchte. Aunetta erklärte, dass einer der Polizeibeamten, die Rays Zimmer durchsucht hatten, ein Exemplar von *Stained Class* auf der Stereoanlage bemerkt und ihr gesagt habe, es sei bekannt, dass diese Art von Musik – Heavy Metal – bei Teenagern schon Selbstmorde ausgelöst habe. Rays Mutter hielt ihm die LP hin. »Was wissen Sie darüber?«, fragte sie.

McKenna wusste überhaupt nichts darüber. Hardrock war nicht sein Ding. Was er allerdings wusste, war, dass er eine trauernde Mutter vor sich hatte, die Unterstützung brauchte. Er nahm das Album. »Lassen Sie mich das prüfen«, sagte er.

McKenna legte die LP auf seinen Schreibtisch und führte, wie versprochen, in der folgenden Woche einige Telefongespräche. Ursprünglich hatte er beabsichtigt, ein paar oberflächliche Nachforschungen anzustellen, dann Aunetta zurückzurufen und ihr zu berichten, dass nichts an der Sache dran sei und sie es auf sich beruhen lassen solle. Doch bald erfuhr er, dass in Kalifornien ein Verfahren gegen den Rocksänger Ozzy Osbourne anhängig war. Osbourne war von den Eltern eines 19-jährigen Jungen verklagt worden, der sich erschossen hatte, während er gerade Osbournes LP *Blizzard of Oz* hörte. Als der Gerichtsmediziner eintraf, trug der Tote noch Kopfhörer. *Blizzard of Oz* enthielt einen Song mit dem Titel »Suicide Solution« – »Selbstmordlösung«.

Interessant, dachte McKenna. Er rief den Anwalt an, der den Osbourne-Fall bearbeitete, und dieser schickte ihm einen Stapel Informationen über Heavy Metal, jugendliche Fans und Selbstmord. McKenna ging dann in die örtliche Universitätsbibliothek, um weitere Nachforschungen anzustellen. »Ich hatte keine Ahnung, was für eine Epidemie Teenagerselbstmorde in diesem Land sind«, erinnert er sich heute. »Man will etwas über die Selbstmorde Jugendlicher erfahren und stößt auf Bände über Bände von Material. Es ist schrecklich, dass Teenager an Selbstmord denken. Es gibt einen ganzen Haufen Fachleute, die herauszufinden versuchen, warum.« McKenna wurde einer von ihnen.

»Tu es«: James, Ray und die Tiefenmanipulatoren

Der Rechtsanwalt aus Reno machte sich daran, einer These nachzugehen, wonach von Hardrock eine Gefährdung ausgehen könnte. Der Lärm, der Rhythmus, das projizierte Image: Wäre es nicht möglich, dass all dies zusammengenommen im Zuhörer ein Wechselbad der Gefühle verursachte? 18 Monate vor den Schüssen hatten James und Ray Judas Priest live in Reno gesehen. Danach gingen sie, mit James' Worten, »raus und terrorisierten die Stadt«. Die beiden hatten alles kurz und klein geschlagen, was ihnen zwischen die Finger kam. Konnte das nicht die Folge der Musik sein?

McKenna recherchierte andere Musikarten, die seltsames Verhalten bewirken konnten, etwa afrikanische Trommelzeremonien und Voodoorituale, und suchte nach deren gemeinsamen Zügen. Zweifellos benutzten Teenager Musik als Mittel der Flucht, indem sie sie häufig allein über längere Zeiträume hörten. Vielleicht konnte eine längere Beschallung mit Hardrock eine psychisch destabilisierende Wirkung haben. Im Laufe seiner Nachforschungen stieß er auf ein tschechisches Lied aus den 40er Jahren über Selbstmord, das eine Reihe von Selbsttötungen ausgelöst hatte. Die Platte war verboten worden. Es war nicht der einzige Präzedenzfall. Beinahe 200 Jahre zuvor hatte Goethes *Werther* eine rapide Zunahme von Suiziden ausgelöst. Tatsächlich nennt man den Anstieg der Selbstmordrate durch solche Nachahmungstaten heute Werther-Effekt.

In der Zwischenzeit hörte sich McKenna wiederholt *Stained Class* an, um zu ermitteln, wovon die Texte handelten. Das Problem war, dass er sie gar nicht heraushören konnte. Wie alle Hardrockalben ist *Stained Class* extrem laut und durchdrungen von E-Gitarren-Soli und Geschrei. McKenna, aufgewachsen mit den Beatles und den Rolling Stones, fand es ärgerlich, dass er den Text einer Rock 'n' Roll-Platte nicht entschlüsseln konnte. Er war kein Spießer, aber er fing langsam an, sich wie einer zu fühlen.

∽

Unterdessen erhielt Tim Post, ein anderer Rechtsanwalt aus Reno, einen Anruf von James' Mutter Phyllis. Sie bat ihn, den Fall für die Vance-Familie zu übernehmen. Post, der die Zeitung nur flüchtig gelesen hatte, lehnte zunächst ab: Welchen Zweck sollte das haben, wo doch beide Jungs tot waren. Phyllis korrigierte ihn: James sei sehr lebendig und nun aus dem Krankenhaus entlassen – und er sei voller Wut. Post bat sie, ihn mitzubringen.

Tim Post traf seinen neuen Klienten im April 1986, als James vier

Monate rekonstruktive Chirurgie hinter sich hatte. Sie hatte wenig bewirkt: Die untere Hälfte seines Gesichtes fehlte, und der Junge trug ein Handtuch um seinen Hals, damit der Speichel, den er beständig absonderte, nicht auf die Möbel tropfte. Es dauerte etwas, sich an sein Aussehen zu gewöhnen. »Als er in mein Büro kam«, erinnert sich Post, »erzählten mir Klienten, die ihn beim Kommen oder Gehen gesehen hatte, durchweg, dass sie in jener Nacht schreckliche Alpträume hatten. Wenn er in einen Lebensmittelladen ging, nahmen die Kinder schreiend vor ihm Reißaus. … Meine Tochter geriet in Panik, wenn sie ihn sah. ›Der Mann! Der Mann!‹, rief sie dann und begrub ihr Gesicht an meiner Brust. … James war wie der Elefantenmensch. Es war ziemlich schockierend, ihn leibhaftig vor sich zu sehen.«

Als James und Phyllis an jenem Tag zu ihm kamen, wusste Post nicht, wohin er blicken sollte, doch er fragte Phyllis, wie er ihr helfen könne. Sie sagte, dass die Jungs vor den Schüssen getrunken und geraucht hatten – aber dass dies nicht der Grund gewesen sei, warum sie es getan hatten. Die Musik, sagte sie, sei der Auslöser gewesen.

Skeptisch fragte sich der Anwalt, ob das stimmen konnte. »James«, fragte er, »hättest du dich nicht auch ohne die Musik umzubringen versucht?« James, der große Probleme mit dem Sprechen hatte, erregte sich sofort und gestikulierte mit den Armen. »Nein! Nein! Etwas in der Musik! Etwas in der Musik! Ich wollte mich nicht umbringen!« Er fing an, Liedtexte von Judas Priest zu zitieren, »als seien sie die Heilige Schrift«. Einer der beiden Songs, die er gehört hatte, bevor er auf sich schoss, sagte er, sei »Beyond the Realms of Death« gewesen. Der andere, »Heroes End«, fragte wiederholt, warum Teenageridole jung sterben mussten. Wieder hatte das Lied eine scheinbar harmlose Botschaft: die tragische Wahrheit, dass Popstars wie Jimi Hendrix und Jim Morrison ausbrannten, ohne das Versprechen ihrer frühen Karriere einzulösen. Im Licht der beiden Schüsse gewann der Liedtext – zusammen mit »Beyond the Realms of Death« – jedoch eine neue und finstere Bedeutung. War es nicht möglich, dass leicht zu beeindruckende Fans die Lieder als Plädoyer für einen frühen Tod interpretierten, um Unsterblichkeit zu erlangen?

Post ließ sich überzeugen und übernahm den Fall. Jetzt gab es zwei Gläubige: Post auf Seiten der Vance-Familie und Ken McKenna auf Seiten der Belknaps. McKenna tat sich umgehend mit einer weiteren Anwältin zusammen, mit Vivian Lynch, die als einer der besten juristischen Köpfe von Nevada galt, und die Klage kam in Fahrt.

Die Judas Priest-Klage wurde im Verlauf des Jahres 1986 eingereicht und erhielt die Nummer 86–3939. Die Beschuldigten waren das Unternehmen CBS Records, das die Band produziert hatte, und die Mitglieder der Gruppe Judas Priest. Die Klageschrift erhob den Vorwurf, dass suggestive Liedtexte, begleitet von den lauten, sich wiederholenden Beats der Musik, eine hypnotisierende Wirkung auf empfängliche Individuen habe, besonders das zumeist jugendliche Publikum, auf das die Musik offenbar ziele. Judas Priest habe eine »kultartige« Anhängerschaft, daher sei das Publikum der Gruppe besonders empfänglich für antisoziale Suggestionen. Die Kombination all dieser Faktoren bedeute, dass das Album *Stained Class* – besonders die Lieder »Heroes End« und »Beyond the Realms of Death« – »einen unkontrollierbaren Drang« auslöse, »dem suggerierten Verhalten zu folgen, indem man Selbstmord begeht«.

Natürlich wollte CBS Records das nicht auf sich sitzen lassen. Die Vorstellung, dass eine führende Plattenfirma LPs herausbrachte, die amerikanische Teenager zum Selbstmord ermutigten, war zu schrecklich, um sie auch nur in Erwägung zu ziehen. Das Unternehmen verlor keine Zeit und verpflichtete eine der ältesten und angesehensten Kanzleien Renos, Woodburn and Wedge, als Rechtsbeistand. Die Anwälte Bill Peterson und Suellen Fulstone übernahmen den Fall.

Peterson machte sich keine Illusionen darüber, was die Konsequenzen für CBS wären, sollte die Firma unterliegen: »Oh, äh, die Entschädigung hätte im Zigmillionenbereich gelegen«, sagt er heute. »Ich glaube, die Haftungssumme bei dieser Art von Schäden – besonders im Vance-Fall, denn es bestand kein Zweifel, dass seine Schmerzen und sein Leid erheblich und dauerhaft waren – hätte viele, viele Millionen betragen, wäre das Gericht zu diesem Schluss gekommen [dass CBS verantwortlich war].«

Die Rechtsanwälte von CBS starteten ihren Gegenangriff aus zwei Richtungen. Erstens berge, so sagten sie, die Musik von Judas Priest nicht das Geringste in sich, das irgendjemanden dazu ermutigen könne, Selbstmord zu begehen. Und, zweitens: Selbst wenn es Liedtexte geben sollte, die sich ausdrücklich für Selbstmord aussprächen, wäre das durch den ersten Verfassungszusatz, der die Freiheit der Kunst garantiert, geschützt. Außerdem sei Judas Priest eine britische Band, die in Nevada weder arbeite noch lebe noch Steuern zahle. Die Klage sei daher ohne Belang und müsse abgewiesen werden.

Fulstone und Peterson reichten Anträge gegen jeden auch nur irgend strittigen Punkt der Anklage ein. »Sie haben uns mit Anträgen zugepflastert!«, erinnert sich McKenna. »So läuft das Spiel eben. Wenn man es mit Konzernanwälten zu tun hat, versuchen sie einen mit schierer Masse zu erschlagen. Deshalb war es von Anfang an eine Papierschlacht. Sie fuhren einfach alles gegen uns auf, was sie hatten.«

∾

Im September 1987 nahm das Verfahren eine seltsame Wendung. Eine Zufallsbegegnung mit einem Kollegen brachte Ken McKenna auf eine Person, die ihm womöglich helfen konnte. Es handelte sich um Wilson Bryan Key, einen ehemaligen Marketingprofessor, der in den 70er und 80er Jahren drei riesige Bestseller geschrieben hatte, in denen es um die geheimen Manipulationstechniken ging, mit denen die Werbeindustrie Konsumenten zum Kauf von Waren bewog, die sie gar nicht haben wollten. Wenn es jemanden gebe, der wisse, wie über die Medien das Publikum beeinflusst werden könne, so sei es, sagte ihm der Kollege, dieser Key. Als McKenna ihn anrief, war der sofort bereit zu helfen.

Wilson Keys erste Aufgabe bestand darin, eine Gruppe Studenten zu versammeln, sie das Album hören und die Liedtexte aufschreiben zu lassen. Als er von dem Ergebnis erfuhr, war McKenna erleichtert: Nicht nur er selbst verstand sie nicht, auch die Studenten hatten sie nicht herausgekriegt. Er verlangte von CBS die Vorlage der Texte.

Dann unternahm Key zwei Schritte, die dem Fall eine neue Wendung gaben. Erstens untersuchte er den Umschlag des Albums minutiös. Er fand eine Reihe seltsamer Anomalien. Auf der Plattenhülle ist ein metallfarbener menschlicher Kopf abgebildet, bei dem anscheinend eine Kugel oder ein Laserstrahl in die linke Augenhöhle ein- und an der rechten Schläfe wieder austritt. Eine dunkelrote Substanz fließt aus dem rechten Auge. Key hielt das für verdächtig: Dieses Album hatte offenbar zwei Teenager ermutigt, sich in den Kopf zu schießen, und seine Hülle trug die Nachbildung eines menschlichen Kopfes, durch den ein Projektil rast. Wochen später erkannte er noch etwas anderes, woraufhin er aufgeregt Ken McKenna anrief. Der Nasenrücken des Kopfes, erläuterte er, sei das Miniaturbild einer menschlichen Silhouette mit gesenktem Kopf. Der Laserstrahl (oder das Projektil) drang direkt in die Stirn dieses Kopfes. Der Hinterkopf war weggesprengt und ganz mit etwas bedeckt, das wie Feuer oder Blut aussah. Wenn das ein Zufall war, dann ein großer. McKenna zeigte das verborgene Bild Tim Post, dem ein Zusammenhang auffiel.

Kurz zuvor, am 19. November 1987, war James nämlich hypnotisiert und ermutigt worden, den Selbstmord nachzuerleben. Dabei war es zu folgendem Wortwechsel gekommen:

Hypnotiseur: [Belknap] sagte, »Ich hab' mein Leben versaut«?
Vance: Ja. Und dann hat er sich erschossen.
Hypnotiseur: Was ist passiert?
Vance: Feuer kam aus seinem Hinterkopf.
Hypnotiseur: Sein Gehirn flog aus seinem Hinterkopf?
Vance: Feuer.

James hatte bereits in zwei früheren Gesprächen angegeben, dass er Rays Gehirn – oder »Feuer« – aus seinem Kopf sprühen sah. Tim Post grub den Autopsiebericht aus und verglich ihn mit James' Darstellung. Doch die beiden passten nicht zusammen. Dem Gerichtsmediziner zufolge war Rays Kopf eine geschlossene Wunde. Da waren weder Feuer, Blut noch Gehirnmasse aus dem Hinterkopf ausgetreten, überhaupt nichts war dort herausgekommen. Warum hatte James es dann gesagt?

Wilson Key äußerte die Vermutung, dass James sich nicht an das erinnern würde, was er an jenem Tag gesehen hatte, sondern an ein zuvor durch die Plattenhülle in sein Gehirn eingepflanztes Bild. Als man ihm das Bild zeigte, gab James an, es zuvor nicht bemerkt zu haben. Wenn das der Fall sei, erklärte Key, sei es ein *unterschwelliges* Bild, das James' Gehirn unbewusst aufgenommen habe. Key mochte keine Autorität in Sachen Hardrock oder Teenagerselbstmorden sein, wohl aber sei er, wie er betonte, eine Autorität von Weltrang auf dem Gebiet des Einsatzes von subliminalen Bildern. Und das sei es, war sie hier vor sich hätten.

Die beiden Anwälte waren fasziniert, verfolgten den Gedanken jedoch zunächst nicht weiter, bis Key sie auf eine weitere Quelle unterschwelliger Botschaften hinwies. Ob sie wüssten, fragte er, dass unterschwellige Reize nicht notwendigerweise visuell, sondern auch akustisch vermittelt werden könnten? Es sei möglich, dass es irgendwo auf dem Album Botschaften gebe. »Was für Botschaften?«, wollten die Rechtsanwälte wissen. »*Versteckte* Botschaften«, erwiderte Key, »*geheime* Botschaften.« »Verborgene Botschaften, die erklären könnten, warum diese beiden Jungs sich umbringen wollten?« »Absolut.«

Key gab ihnen den Namen eines Mannes, der ihnen womöglich weiterhelfen konnte. William Nickloff war Chef einer Firma namens Secret Sounds Inc. in Sacramento, Kalifornien, die sich auf die Produktion von Selbsthilfe-Kassetten spezialisiert hatte. Wenn Nickloff, so argumentierte er, geheime Töne in Tonbänder *hinein*schmuggeln könne, dann könne er sie wahrscheinlich auch aus ihnen *heraus*lesen. Post und McKenna riefen Nickloff an und fragten, was er brauchen würde, um auf einer Rock'n'Roll-LP unterschwellige Botschaften zu entdecken. Er erwiderte, dass sich dazu am besten die 24-spurigen Mastertapes des Albums eignen würden, bei denen sich jede Spur isoliert durchleuchten lasse. Prompt verlangten die Rechtsanwälte die Mastertapes von CBS. In der Zwischenzeit erteilten sie Nickloff den Auftrag und schickten ihm eine Kopie von *Stained Class*.

Im Oktober 1988 gerieten die Kläger unter Druck. CBS stellte einen Antrag auf Urteil ohne streitige Verhandlung. Wenn das Gericht dem Antrag stattgeben würde, wäre das Klagebegehren wegen mangelnder Rechtsgrundlage hinfällig, weil dann der Inhalt der Platte durch den ersten Verfassungszusatz geschützt bliebe – was das Ende des Prozesses bedeuten würde. Der für die Anhörung des Falles zuständige Richter, Jerry Carr Whitehead, begutachtete die Eingaben und bestellte für Freitag, den 7. Oktober, alle Anwälte in sein Amtszimmer ein. Niemand hegte den geringsten Zweifel, dass Whitehead dem Antrag auf Urteil ohne streitige Verhandlung stattgeben würde, und das wäre es dann gewesen.

Nur für den Fall rief McKenna zwei Tage vorher in Kalifornien an und fragte Nickloff, ob sich zwischenzeitlich etwas ergeben hätte: »Ich sage: ›Wir treten am Freitag vor den Richter. Haben Sie irgendwas für mich?‹ Er antwortet: ›Ja, ich habe ein paar unterschwellige Botschaften entdeckt.‹ Und ich: ›*Wirklich*? Was haben Sie gefunden?‹ Und er erzählt es mir. Ich sage: ›Schreiben Sie das auf! Schicken Sie mir das sofort zu!‹«

Als sich an jenem Freitag die Anwälte beider Seiten im Amtszimmer des Richters versammelt hatten und Jerry Whitehead anfing, seine vorbereitete Rede zu verlesen, in der er die Klage abweisen wollte, stand McKenna auf. »Herr Richter«, sagte er, »entschuldigen Sie, die Sachlage hat sich geändert.« Er teilte Kopien von Nickloffs Brief aus. »Es geht nicht mehr um die Liedtexte. Wir sprechen auch nicht mehr vom Rhythmus oder dem ersten Verfassungszusatz. Es geht jetzt um unterschwellige Botschaften.«

In seinem Schreiben erklärte Nickloff, dass er im sechsten Lied von *Stained Class*, »Better By You, Better Than Me«, Audiobotschaften »unterhalb der Wahrnehmungsschwelle« entdeckt habe. Die Klänge »ähneln der menschlichen Sprache und sind am ehesten in einer mittleren Frequenz von etwa 50 Hz, nominelle Bandbreite +/-2 KHz, zu bemerken«. Sie traten bei 1:30, 1:35, 1:40, 2:29, 2:34, 2:39 und 2:44 Minuten des Liedes auf und waren isoliert und gereinigt leicht zu entziffern. Die Botschaft war jedes Mal dieselbe. Es handelte sich anscheinend um eine Instruktion: »Tu es.«

～

Die Idee unterschwelliger Botschaften und der Möglichkeit, dadurch Menschen zu beeinflussen, war nichts Neues. Die Theorie war schon 1957 aufgekommen, als ein Artikel in einem amerikanischen Werbejournal, *Printer's Ink*, eine revolutionäre Entdeckung verkündete:

UNSICHTBARE ANZEIGEN GETESTET:
Neues Verfahren für TV- und Film-Werbesendungen
steigerte Absatz bei erstem Versuch

Der Artikel folgte einer acht Tage zuvor abgehaltenen Pressekonferenz, die ein »Motivationsforschungsberater« namens James McDonald Vicary abgehalten hatte. Vicary hatte mit dem Versprechen, ihnen eine Story zu liefern, 50 Journalisten in ein Kino in New York geladen. Bei der Pressekonferenz zeigte er den Journalisten einen kurzen Film, schaltete dann das Licht an und eröffnete ihnen eine Sensation. Der Film, erklärte er, enthalte geheime Botschaften. Hatte irgendeiner der Journalisten sie bemerkt? Die Reporter warfen sich irritierte Blicke zu. Nein, sie hatten nichts bemerkt.

Vicary erläuterte, dass er ein Tachistoskop modifiziert habe – ein Gerät mit einer mechanischen, im Wesentlichen wie ein Kameraverschluss arbeitenden Blende zur Vorführung optischer Reize, das in den Psychologielabors jener Zeit weit verbreitet war –, um Bilder mit sehr hoher Geschwindigkeit auf die Leinwand zu werfen. Die Blitze, die nur Tausendstelsekunden dauerten, waren für das Auge nicht wahrnehmbar, würden vom Unterbewusstsein jedoch aufgenommen. Die Journalisten hatten also Vicarys Botschaften aufgenommen, ohne sich dessen bewusst zu werden. Das Experiment, behauptete er, habe weitreichende Folgen für die modernen Medien.

Er verteilte dann eine Pressemitteilung mit Einzelheiten eines ähnlichen Experiments, das er vor kurzem abgeschlossen habe. Es hätte über einen Zeitraum von 16 Wochen in einem Kino in New Jersey stattgefunden. In dieser Zeit seien 45 699 Zuschauer wiederholt den blitzartig eingeblendeten Aufforderungen »Iss Popcorn« und »Trink Cola« ausgesetzt worden, während sie sich den Film *Picknick* anschauten. Die

Blitze hätten nur eine Dreitausendstelsekunde gedauert. Im Verlauf des Experiments sei der Verkauf von Popcorn, so berichtete Vicary, im Kino um 57,7 Prozent nach oben geschnellt, der Verkauf von Coca Cola um 18,1 Prozent.

Vicary hatte anscheinend einen Weg gefunden, um den bewussten, rationalen Verstand zu umgehen und sich direkt in das Unterbewusstsein des Publikums einzustöpseln, wo er künstlich den Wunsch nach Popcorn und Cola erzeugte. Er nannte die Technik »subliminale (unterschwellige) Wahrnehmung«, weil sie unterhalb des Radarsystems des Gehirns hindurchhuschte. Unterschwellige Wahrnehmung, erläuterte er, sei »eine neue Frequenz der menschlichen Wahrnehmung wie UKW«, das neue Radiofrequenzband, das sich damals durchsetzte. Außerdem führe er bereits Forschungen für eine Reihe großer amerikanischer Unternehmen, darunter AT&T, Time Inc. und Ford Motor Company, über den Einsatz von unterschwelligen Anzeigen durch. »Mit dieser kleinen Technik«, verkündete Vicary, »werden sich verteufelt viele Waren verkaufen lassen.«

Natürlich wollten die Medien Einzelheiten. Wo waren die Ergebnisse? Wo war das Tachistoskop? Durfte man es sehen? Vicary hielt sich bedeckt. Er entschuldigte sich vielmals und sagte, die vollen Einzelheiten des Versuchs und sein Apparat seien gegenwärtig Gegenstand eines Patentantrags. Da das Patent noch nicht bewilligt sei, müsse er mit dem, was er sage, vorsichtig sein. Das Tachistoskop und die genauen Details des Versuchs müssten vorerst geheim bleiben. Doch, so versicherte er ihnen, er habe sich »solider statistischer Überprüfungsmethoden« bedient.

Vicarys Pressekonferenz kam genau zur rechten Zeit, traf sie doch mit einer Welle der Paranoia über die damals in Amerika gebräuchlichen Werbetechniken zusammen. Im selben Jahr hatte das Buch *Die geheimen Verführer* des investigativen Journalisten Vance Packard die amerikanische Öffentlichkeit aufgerüttelt. In diesem Enthüllungsbuch über die Werbeindustrie erläuterte Packard, dass sich die Branche der neuesten Entwicklungen der Psychologie bemächtigt habe. Die Einsichten der Sozialwissenschaften würden von Werbespezialisten, die als »Tiefenmanipulatoren« bekannt seien, angewandt, nicht um mehr über den menschlichen Geist zu lernen, sondern um Konsumwaren zu verkaufen. Die Tiefenmanipulatoren, schrieb er, verbrächten ihre Zeit damit, psychologische Schwächen der Menschen zu identifizieren und dann herauszufinden, wie sie sich ausbeuten lassen, um mehr Waren an den Mann oder die Frau zu bringen. Als Folge des Einsatzes der neuen Techniken, so merkte Packard in der britischen Ausgabe seines Buches an, seien »die Amerikaner das am stärksten manipulierte Volk außerhalb des Eisernen Vorhangs« – und niemand würde etwas davon ahnen.

Packard zufolge benutzten zwei Drittel der amerikanischen Werbeagenturen aktiv Tiefenmanipulatoren, um in die Psyche der Konsumenten einzudringen und ihnen mehr Waren zu verkaufen. Diese Tiefenmanipulatoren (unter denen Vicary vielleicht der »leutseligste und gewinnendste« sei) bedienten sich solcher Themen wie Sex, Tod und Selbstbewusstsein, um Wünsche und Bedürfnisse zu erzeugen, die die Öffentlichkeit zuvor nie gehabt hatte, und dann diese neuen Wünsche und Bedürfnisse mit entsprechenden Produkten zu befriedigen. Das Ziel, schrieb er, sei es, die inneren Widerstände der Konsumenten auszumanövrieren: durch ständige heimliche Angriffe auf ihre bessere Einsicht.

In einer Zeit, in der das Thema Gehirnwäsche hohe Wellen schlug, war dies ein explosiver Stoff. Packards Buch stand fast das ganze Jahr 1957 hindurch auf der Bestsellerliste. So war es keine Überraschung, dass die Presse die Geschichte kaufte, als James Vicary seine Entdeckung präsentierte. Zu Vicarys Erstaunen fand seine Erfindung jedoch nicht die positive Berichterstattung, die er beabsichtigt hatte. Als er gegenüber *Printer's Ink* verkündete, dass sich durch ihre Anwendung bei einem Sender »die Werbung eines ganzen Tages auf eine fünfminütige Präsentation einkochen lasse«, hatte er angenommen, dass die Zuschauer beglückt darüber wären, da sie dadurch den Rest des Tages über ein werbefreies Programm bekommen hätten.

Doch so entwickelte sich die Sache nicht. *Newsday* nannte seine Technik »die alarmierendste Erfindung seit der Atombombe«, und der *New Yorker* erklärte, damit könne man »Köpfe und nicht nur Häuser aufbrechen und in sie eindringen«. Ein Artikel im *Saturday Evening Review* von Norman Cousins malte die weiteren Anwendungsgebiete von Vicarys Erfindung aus: »Wenn das Gerät erfolgreich Popcorn an den Mann bringt, warum nicht auch Politiker oder alles Mögliche andere?« Das Tachistoskop schien in der Lage zu sein, »in die tiefsten und privatesten Teile der menschlichen Seele einzubrechen und dort alle möglichen Scharten zu hinterlassen«. Am besten, empfahl Cousins, kassiere man Vicarys Maschine ein, binde sie auf eine Atombombe und jage sie in die Luft.

Es war nicht nur die Boulevardpresse, die sich besorgt zeigte. Aldous

Huxley, Autor von *Schöne neue Welt*, sah mit diesem neuen »Schrecken« seine Alpträume wahr werden und sagte voraus, dass es im Falle einer breiten Anwendung von Vicarys Technik bald unmöglich werden würde, *keine* Coca Cola oder Camel-Zigaretten zu kaufen oder *nicht* die Republikaner zu wählen. Zwei Jahre später ergänzte er: »In meiner Fabel [*Schöne neue Welt*] findet sich keine Anspielung auf subliminale Projektion. Das ist eine Unterlassungssünde, die ich, wollte ich das Buch heute überarbeiten, ganz gewiss berichtigen würde.«

Huxley mochte vor der neuen Technik warnen – sein neuer Freund hingegen, der Meskalin-, LSD- und Hypnoseexperte Louis Jolyon West (»ein äußerst fähiger junger Mann, glaube ich«), der ein paar Jahre später den uns schon bekannten Elefantenbullen Tusko in eine letztlich tödliche Raserei versetzen sollte, zeigte sich höchst interessiert, ebenso wie seine Finanziers von der Central Intelligence Agency. Könnte man die Technik nicht zur Verstärkung von Zwangshypnose einsetzen?

> Möglicherweise sollte zur Verminderung des Widerstands eines Individuums gegen den Prozess der hypnotischen Induktion die Verwendung unterschwelliger Projektion erwogen werden. Diese Technik hatte in der kommerziellen Werbung Erfolg, als in bestimmten Kinos »Iss Popcorn«- oder »Trink Cola«-Botschaften auf eine Leinwand für Intervalle von 1/3000stel Sekunden projiziert wurden. Es könnte sein, dass sich subliminale Projektion – mit ähnlichem Erfolg – auch in einer solchen Weise einsetzen ließe, dass sie eine visuelle Suggestion wie »Gehorche [gelöscht]« oder »Gehorche [gelöscht]« vermittelt.

Der Geheimdienst unternahm einen kleinen Versuch, um die Möglichkeiten von unterschwelliger Wahrnehmung zu ergründen, eine Tatsache, die Vizepräsident Richard Nixon bald aufgriff, der zu dem Schluss kam, dass die Technik »politisch nützlich« sein könne, und Berichterstattung verlangte. Laut dem ehemaligen CIA-Offizier William R. Corson erläuterten die Geheimdienstler Nixon das Phänomen und kehrten dann in ihre Labors zurück, »zufrieden in ihrer Überzeugung, dass ihre Anstrengungen gewürdigt wurden«.

Während die CIA heimliche Versuche durchführte, mühten sich die amerikanischen Werbeagenturen, das Phänomen der unterschwelligen Werbung nach Kräften auszuschlachten. Im Oktober berichtete *Newsweek*, dass »etwa 250 Werbeleute daran interessiert sind, Testläufe im Kino oder TV zu unternehmen«. In der Zwischenzeit experimentierten verschiedene Sender selbst mit der Technik. »Trink 7-Up« oder »Kauf Oklahoma Oil« lauteten unterschwellige Werbebotschaften, die WAAF Radio in Chicago schaltete, um seine Zuhörer zum Kauf zu animieren, während WCCO in Minneapolis mit subliminalen Botschaften vor vereisten Straßen warnte, an das rechtzeitige Versenden von Weihnachtskarten erinnerte und kommende Sendungen ankündigte. Als Präsident »Ike« Eisenhower eine Rede an die Nation halten sollte, ließ der Sender einen unterschwelligen Spot mit der Botschaft laufen: »Heute Abend Ike!« Bald sprangen andere Unternehmen auf den Zug auf und verkauften die Technik im ganzen Land. Eine davon war Precon Process and Equipment, die einem Reporter des *Wall Street Journal* verriet, dass sie an einer neuen Technik arbeite: Sie sollte in der Lage sein, Kindern ihre Multiplikationstabellen beizubringen, während sie fernsahen.

Einigen bot die Technik Anlass zur Satire. Der amerikanische Komiker Stan Freberg leitete 1959 eine TV-Werbung für die Firma Butternut Coffee mit der Warnung ein, der Werbespot enthalte unterschwellige Botschaften. Dann, während Elefanten auf einer Bühne unter einem Feuerwerk tanzten, blinkte auf dem Bildschirm in großen Lettern das Wort »subliminal«. Die Werbung erhielt eine Reihe von Preisen. Die Idee wurde in unterschiedlichen Formaten bis heute immer wieder aufgegriffen.

Die extensive Berichterstattung katapultierte James Vicarys »Experiment« ins breite öffentliche Bewusstsein. 1958 – nur neun Monate nach seiner Pressemitteilung – gaben 41 Prozent der befragten Amerikaner an, etwas über unterschwellige Werbung zu wissen. Seither ist uns die Idee unterschwelliger Beeinflussung präsent geblieben, und die Chancen stehen gut, dass sich jemand, den man in den Vereinigten Staaten nach unterschwelliger Werbung fragt, an die ersten Botschaften »Iss Popcorn«, »Trink Cola« erinnert. So nachhaltig verbreitete sich das Gerücht über die Technik, dass die Zahl der Amerikaner, die davon gehört hatten, in den 80er Jahren, als die Umfrage von 1958 wiederholt wurde, auf 81 Prozent gestiegen war.

So war die Bestürzung auch nicht weiter verwunderlich, als Anwalt Ken McKenna an jenem 7. Oktober 1988 erklärte, er könne beweisen, dass der Song »Better By You, Better Than Me« von Judas Priest die unterschwellige Botschaft »Tu es« enthalte. Richter Whitehead, der mit dem »Iss Popcorn«-Experiment vertraut war, studierte das neue Dokument des Anwalts und warf das Ruder herum. »Ich möchte genaue Informationen darüber haben«, erklärte er den Anwälten. »Ich erwarte

Ihre Stellungnahmen und die Ergebnisse Ihrer Nachforschungen. Wir werden eine Anhörung ansetzen und sehen, was hier vor sich geht.«

⁓

Es war für das Gericht und die Kläger nun von entscheidender Bedeutung, die originalen 24-spurigen CBS-Masterbänder des Judas Priest-Albums in die Hand zu bekommen, um klären zu können, ob sie wirklich unterschwellige Botschaften enthielten. Nach McKennas spektakulärer Bekanntmachung ordnete Richter Whitehead am folgenden Montagmorgen, dem 10. Oktober 1988 um neun Uhr, die Herausgabe der Bänder binnen 30 Tagen an. Doch CBS konnte sie nicht finden. McKenna und sein Team, die bereits im November 1987 die Herausgabe der Bänder beantragt hatten, hatten von CBS bloß eine zweispurige Kopie der LP erhalten, doch die reichte den Klägern und dem Richter nun nicht mehr aus. Wo waren die Bänder?

Für CBS war das Anlass zu echter Sorge. Das Unternehmen hatte versucht, sie zu finden und sogar einen britischen Privatdetektiv angeheuert, doch ohne Erfolg. Niemand konnte sich erinnern, wo man sie abgelegt hatte. »Das«, erinnert sich Bill Peterson von der Kanzlei Woodburn and Wedge, »war schrecklich für uns.«

Die Anwälte von James Vances und Ray Belknaps Familien waren anderer Meinung. Mehrspurige Masterbänder von großen Bands sind äußerst kostbar. Einmal fertig gestellt, werden sie in Tresorräumen aufbewahrt, falls das Album einmal neu gemischt werden muss oder die Band irgendwann ihre größten Hits gesammelt herausbringen will. So etwas geht nicht einfach so verloren. Kein Zweifel: CBS *hatte* die Masterbänder, doch die Firma *wollte* sie nicht herausrücken, weil sie den Beweis liefern konnten, dass es da etwas gab.

»Ich *weiß*, dass sie die Bänder versteckt haben!«, lacht McKenna heute. »Wir haben sie nicht gekriegt! Wo waren sie? Sie haben die Masterbänder einer Multimillionendollar-Band verloren? Ach, kommen Sie! Alles ist möglich, ich meine, es ist auch möglich, dass eine Fee zum Fenster hereingeflogen kommt und 50 Millionen Dollar auf meinen Schreibtisch fallen lässt! Das ist ja lächerlich! Es ist lächerlich, dass sie Mastertapes einer aktiven Band verlieren sollten, die sie noch produzieren. Lächerlich. Niemand hat ihnen das abgekauft.«

Ein multinationaler Konzern war von den Familien zweier jugendlicher Selbstmörder verklagt worden und hatte das einzige Beweisstück verloren, das den Fall lösen konnte? Gute 20 Jahre später erscheint das immer noch als unwahrscheinlich. Bei Frühstückspfannkuchen in Marie Callender's Restaurant and Bakery in Reno sagte ich Richter Whitehead, dass mir, wäre ich der Anwalt der Belknaps oder Vances gewesen, das Verschwinden der Bänder auch verdächtig vorgekommen wäre. »Ja«, stimmte er mir zu. »Und auch als Richter hätte Sie das argwöhnisch gemacht.«

Während die Mitarbeiter von CBS überlegten, wie sie innerhalb von 30 Tagen die Mastertapes finden könnten, untersuchten Tim Post und Ken McKenna eifrig die unterschwelligen Inhalte, die sie bereits gefunden hatten. Anscheinend war das Lied »Better By You, Better Than Me« nicht das Einzige, das Merkwürdiges enthielt. In dem Versuch, weitere verborgene Botschaften zu finden, wurde die Platte rückwärts gespielt – und man wurde fündig.

Dafür gab es Vorbilder. Seit den Beatles haben Bands für ihre Fans gelegentlich kleine Botschaften auf ihren Platten versteckt; einige davon wurden rückwärts eingespielt. Das Lied »Empty Spaces« auf Pink Floyds Album *The Wall* enthält eine eindeutig rückwärts eingespielte menschliche Stimme, die, wenn man sie vorwärts hört, die Botschaft verkündet: »Herzlichen Glückwunsch! Du hast die verborgene Botschaft entdeckt! Schick deine Antwort bitte an Old Pink auf der Funny Farm, Chalfont.« In Ozzy Osbournes »Bloodbath in Paradise« gibt es eine Anspielung auf eine anstößige Zeile in *Der Exorzist*: »Your mother sucks cocks in hell« (»Deine Mutter lutscht Schwänze in der Hölle«). Ozzys Version lautet: »Your mother sells whelks in Hull« (»Deine Mutter verkauft Schnecken in Hull«).

Nicht alle fanden das witzig. Es dauerte nicht lange, bis verschiedene religiöse Autoritäten überzeugt waren, dass da etwas Finsteres vor sich ging. In den 70er Jahren hatten Fans LPs rückwärts gespielt, um etwas Lustiges zu finden. In den 80er Jahren spielten christliche Pfarrer sie rückwärts, um etwas Illegales oder Anstößiges zu entdecken. Die wahre Bedrohung, so glaubten sie, waren verborgene Botschaften, die zu Gewalt oder, schlimmer noch, Satanismus aufriefen. Bei Hardrockmusik gab es das offenbar auch. 1982 brachte der Republikaner Robert K. Dornan im amerikanischen Repräsentantenhaus die Vorlage für ein Gesetz ein, das für alle LPs mit rückwärts eingespielten Botschaften einen Warnaufkleber verlangte. Im folgenden Jahr veröffentlichte ein amerikanischer Pastor, Jacob Aranza, mit *Backwards Masking Unmasked* ein Buch über verborgene Hardrock-Botschaften, in dem er enthüllte, dass Led Zeppelins Song »Stairway to Heaven«, das berüchtigtste aller »satanischen« Lieder, rückwärts eingespielte Botschaften mit dem Wortlaut enthalte: »Es gibt kein Entkommen. Es ist mein süßer Satan. Der eine wird der Pfad sein, der mich traurig macht, dessen Macht Satan ist«, und: »Ach, ich werde singen, weil ich mit Satan lebe.«

So war es auch bei Judas Priest. In dem Lied »Stained Class« ergab die Zeile »Faithless continuum, into the abyss« rückwärts gespielt die Botschaft: »Sing, mein böser Geist.« In »White Heat, Red Hot« wurde aus der Zeile »Deliver us from all the fuss« (»Erlöse uns von all dem Ärger«) anscheinend die Botschaft: »Scheiß auf den Herrn! Scheiß auf euch alle.«

Einen Monat nach Entdeckung dieser Botschaften fiel James Vance in tiefe Depressionen. Als der dritte Jahrestag der Schüsse näher rückte, wurde er wegen Selbstmordgefahr in eine Klinik eingewiesen und unter Beobachtung gestellt. Am 24. November 1988 fand man ihn mit einer Überdosis bewusstlos in seinem Bett. Fünf Tage später, kurz vor Mitternacht, starb er. Er war 23 Jahre alt.*

Hätte er noch gelebt, hätte James jenen Tag neun Monate später, an dem Richter Whitehead über den Antrag von CBS entschied, genossen. Am 23. August 1989 legte Jerry Whitehead einen 54-seitigen Beschluss vor, in dem er die Redefreiheit, die Freiheit des künstlerischen Ausdrucks und den ersten Verfassungszusatz erörterte. Ja, argumentierte er, die Redefreiheit in den Vereinigten Staaten sei geschützt, doch gebe es Ausnahmen von dieser Regel, etwa bei Aufrufen zur Gewalt oder bei eklatanten Verleumdungen. Er habe nun zu entscheiden, ob unterschwellige Botschaften in eine dieser Kategorien fielen.

Whitehead urteilte, dass unterschwellige Botschaften, die ohne Wissen oder Zustimmung der Empfänger vermittelt werden, das Recht auf Privatsphäre verletzten. Sie verletzten außerdem das Recht der Bürger, nicht von freien Redeäußerungen anderer behelligt zu werden, wenn sie dies nicht wünschten. Vor allem aber ermutige unterschwellige Kommunikation nicht das Denken, die Diskussion oder den freien Austausch der Ideen – die ja schließlich der eigentliche Zweck der freien Rede seien; vielmehr sei sie überhaupt keine »Rede«. Und wenn sie

---

* James' Rechtsanwalt, Tim Post, glaubt, dass es dabei nicht mit rechten Dingen zuging. Am 29. Juni 2005 sagte er mir: »Er wurde umgebracht. ... Ich bin absolut sicher, dass es Mord war. ... Sie waren clever genug, um ihn aus dem Weg zu schaffen, bevor er vor einem Geschworenengericht stehen konnte. Wenn ich James vor eine Geschworenenbank bekommen hätte, hätten wir die Geschworenen leicht hinter uns gebracht. Wir hätten es geschafft, sie zum Weinen zu bringen.« Die Vorstellung, dass CBS aus lauter Sorge, James könnte vor Gericht einen glaubwürdigen Zeugen abgeben, ihn umbringen ließ, mag Verschwörungstheoretiker ansprechen, doch gibt es darauf nicht auch nur den geringsten Hinweis.

keine freie Rede war, dann war sie auch nicht durch den ersten Verfassungszusatz geschützt. Der Antrag von CBS auf Urteil ohne streitige Verhandlung wurde abgelehnt.

James hätte es gefreut: Der Fall würde vor Gericht gehen.

༄

Als die Nachricht publik wurde, dass eine britische Hardrockband dafür verklagt wurde, unterschwellige Botschaften in ihre LPs zu schleusen, hatte die Presse einen Festtag. Das Washoe County Courthouse wurde belagert. Vor der Tür standen Kleintransporter voller Judas Priest-Fans, die die Einstellung des Verfahrens forderten. Drinnen rangelten die Zeitungsjournalisten um die besten Plätze und versuchten, an die Hauptakteure des Prozesses heranzukommen. Einmal wurde Tim Post auf der Herrentoilette von einem volltönenden Ausländer gegen ein Urinal gedrängt. Es stellte sich heraus, dass er Korrespondent der *Times* war. »Während ich aufs Klo wollte, quetschte dieser Kerl mich aus!« Er lacht. »Es war unglaublich!«

Kurz vor Prozessbeginn schlugen die Anwälte von CBS vor, dass es einfacher wäre, den Fall vor einem Richter statt vor einer Jury zu verhandeln. James Vance hätte in seinem grauenhaft verstümmelten Zustand ungeheure Sympathien geweckt, daher hatten Post und McKenna ursprünglich auf einem Geschworenenprozess bestanden, doch nun, da er tot war, gab es dafür kaum noch einen Grund. Außerdem hatte der Richter im Vorverfahren zu ihren Gunsten entschieden und schien auf ihrer Seite zu stehen, daher stimmten sie zu.

Die Abwesenheit einer Jury eröffnete neue Möglichkeiten. Das Geschworenenzimmer war nun mit TV-Übertragungsgerät gefüllt, sodass das gesamte Verfahren live im Fernsehen gesendet werden konnte: Der Judas Priest-Prozess war die erste Übertragung des Gerichtssenders Court TV überhaupt. Das machte den Prozess für die Medien noch leichter zugänglich. Als er im Sommer 1990 begann, schaute die Welt zu.

༄

Bald nachdem sie den Fall übernommen hatten, kamen die Anwälte von CBS zu dem Schluss, dass sich das Unternehmen am besten verteidigen ließe, indem man sich einerseits auf wissenschaftliche Informationen über unterschwellige Wahrnehmung stützte und andererseits zu beweisen versuchte, dass James und Ray gestörte Persönlichkeiten gewesen waren, die sich sowieso umgebracht hätten. Peterson und Fulstone heuerten Privatdetektive an, die den Hintergrund der Jungs ausleuchten sollten. Trotz der Bekräftigung von Ray Belknaps Mutter vor Gericht, dass ihr Sohn »sehr gut angepasst« gewesen sei, dauerte es nicht lange, bis Hinweise auftauchten, dass die Geschichte der beiden ihre Schattenseiten hatte.

Ray war in der Schule wegen »ungehörigen, sexuell aggressiven Verhaltens« gemaßregelt und bei einem Ladendiebstahl ertappt worden. Er hatte 450 Dollar von einem Arbeitgeber gestohlen, war aus dem Bundesstaat geflohen und hatte eine 30-tägige Bewährungsstrafe erhalten. Des Weiteren war er bei der Polizei wegen Schulschwänzens, Verletzung des Alkoholverbots für Jugendliche und einmal, noch in seinem Todesjahr 1985, wegen Tierquälerei aktenkundig. Er hatte mit einem Luftgewehr auf die Katze seines Nachbarn geschossen.

Vor seinem Tod hatte auch James Vance seinen Freund kaum in einem vorteilhaften Licht dargestellt. Er erzählte der Polizei, sie hätten darüber gesprochen, sich automatische Waffen zu besorgen und »einen Massenmord zu begehen«. Einmal hatte er seiner Mutter gesagt: »Ray und ich werden ein paar Leute erschießen.« Zweifellos dachte er, dass Ray die Idee wörtlich genommen hatte. In seinem Krankenhausbett drei Tage nach den Schüssen schrieb James: »Gott sei Dank hat er sich selbst getötet, bevor er jemand anderes umbringen konnte.«

Auch Vance selbst war kaum ein Tugendbold. Er war von der Schule geflogen, weil er einem anderen Jungen den Kiefer gebrochen hatte, und seine Mutter räumte ein, dass er manchmal gewalttätig gegen sie geworden war. Einmal hatte er sie an der Kehle gepackt und zu erwürgen versucht. Ein andermal war sie in sein Zimmer gegangen, wo er auf dem Bett lag und Musik hörte. Er stand auf, hielt ihr eine Pistole vors Gesicht und sagte: »Ich werde dich erschießen.« Er hatte sie mit der Faust auf die Lippe geschlagen, sodass sie im Krankenhaus genäht werden musste. Ein paar Jahre zuvor hatte er ihr die Nase gebrochen. »Er war ernsthaft verrückt«, erinnerte sich seine Exfreundin Lisa Davis. »Er sprach viel davon, andere Leute umzubringen.«

Vor seinem Tod hatte Vance außerdem extensiven Drogenkonsum zugegeben; schon mit dreizehn hatte er angefangen, Marihuana zu rauchen. Einmal sagte er, dass er jeden Tag anderthalb Gramm Kokain nehme, außerdem LSD, Crack, Crank (Methamphetamin), Barbiturate, Angel Dust (Phencyclidin), Amphetamine und Heroin. Fünf Monate vor seinem Selbstmordversuch war er in ein Drogenrehabilitations-Zentrum gegangen, wo er über Blackouts und Flashbacks klagte. Von einem Psychologen gefragt, ob er ein besonders Hobby habe, hatte er geantwortet: »Drogen einschmeißen.«

Im Reha-Zentrum hatte James den Eindruck hinterlassen, sich aufgegeben zu haben. Auf die Frage nach seinem größten Berufswunsch hatte er »Hausmeister« angegeben, was nicht ganz stimmte. Tatsächlich hatte er sich zweimal bei der Armee beworben und war abgelehnt worden; seither hatte er beschlossen, Söldner zu werden. Als ihn ein anderer Psychologe bat, etwas zu nennen, was für ihn schön am Leben sei, fiel ihm nichts ein.

Das alles war Musik in den Ohren der CBS-Verteidiger. Sie konnten sich jetzt in Ruhe der Frage der unterschwelligen Botschaften zuwenden. Gab es solche Botschaften überhaupt?

Seit das Unternehmen aufgefordert worden war, die Mastertapes auszuhändigen, war es CBS lediglich gelungen, das Band eines Songs zu finden. Zufällig handelte es sich um »Better By You, Better Than Me«. Es wurde in eine Reihe von Tonstudios gebracht, wo Techniker beider Seiten es auseinandernahmen, um die versteckte Botschaft zu finden. Doch der Klang ließ sich nicht aus einer Spur isolieren, was nahelegte, dass, was immer man da hörte, sich aus Geräuschen zusammensetzte, die in Kombination *so klangen wie* »Tu es«, statt eine bewusst untergeschobene Botschaft zu sein.

Doch egal, ein Geräusch, das sich so anhörte wie »Tu es«, war eindeutig auf der LP zu hören. Selbst wenn es keine Absicht gewesen war, zeichnete CBS für das Album verantwortlich und musste der Tatsache ins Auge sehen, dass selbst eine zufällige unterschwellige Botschaft den Selbstmord der Jungen ausgelöst haben konnte. Jetzt begann die echte Auseinandersetzung.

Wie von Anfang an vermutet, hing das Ergebnis des Verfahrens nun davon ab, wer die überzeugendsten wissenschaftlichen Beweise im Hinblick auf die Wirksamkeit unterschwelliger Reize liefern konnte. Es wurde notwendig, in die Geschichte des Phänomens zurückzugehen und Tatsachen von Fiktion zu trennen. Bald wurde klar, dass die Wirksamkeit unterschwelliger Botschaften nicht annähernd so schlüssig bewiesen war, wie es schien.

ﻌ

1957 hatte James Vicary vor der amerikanischen Presse erklärt, dass es ihm gelungen sei, den Verkauf von Popcorn und Coca Cola in einem Kino in New Jersey mithilfe von blitzartig eingeblendeten Bildern zu steigern. Mitten in der Medienhysterie, die darauf folgte, wurde er von der maßgeblichen Forschungsinstitution der Werbewirtschaft, dem Copy Research Council der Advertising Research Foundation, aufgefordert, ihm seine Technik in New York unter Aufsicht der amerikanischen Psychological Corporation zu zeigen. Die Demonstration war ein Reinfall.

Nicht lange danach wurde Vicary abermals um eine Demonstration seiner Technik gebeten, dieses Mal von der Federal Communications Commission in Washington, D.C. Im Januar 1958 saßen im Publikum etliche Kongressabgeordnete, Vertreter von Regulierungsbehörden und Journalisten. Die Botschaft »Iss Popcorn« wurde unterschwellig in einer Sendung eingeblendet, aber am Ende der Vorführung geschah nichts. Niemand war sich sicher, was er essen sollte. Der Einzige, der etwas gesehen haben wollte, war Senator Charles E. Potter, der hilfreich kommentierte: »Ich glaube, ich will einen Hot Dog.«

Vicary kam vom Regen in die Traufe. Nach seinem Experiment trat ein Magazin namens *Motion Picture Daily* an ihn heran und fragte ihn, in welchem Kino er sein ursprüngliches Popcorn-Experiment durchgeführt habe. Vicary nannte ein Kino in Fort Lee, New Jersey. Doch als ein Reporter von *Motion Picture Daily* den Geschäftsführer des Lichtspielhauses anrief, erfuhr er, dass es dort im ganzen letzten Jahr keine Zunahme der Popcorn- oder Cola-Verkäufe gegeben habe. Offenbar dümpelten die Umsätze vor sich hin wie eh und je.

Im Frühjahr 1958 beschloss der Psychologiestudent Stuart Rogers vom Hofstra College auf Long Island, der Sache nachzugehen. Nachdem er den Ort des »Iss Popcorn«-Experiments aus *Motion Picture Daily* erfahren hatte, sprang er in seinen Plymouth Sedan Baujahr 1949 und fuhr die 50 Kilometer über den Hudson River nach Fort Lee. Bald hatte er das Kino gefunden und klopfte an die Tür. Rogers, der später Marketingprofessor an der Universität von Denver wurde, roch den Braten sofort. Vicary hatte behauptet, die Botschaft im Laufe von sechs Wochen 45699 Personen vorgespielt zu haben. Aber das Kino war nicht groß genug, um in diesem Zeitraum so viele Zuschauer unterzubringen. Rogers knöpfte sich den Geschäftsführer vor. »Was war denn nun mit dem Experiment?«, wollte er wissen. Der Manager zuckte mit den Achseln, er wusste nichts davon.*

---

* Eine Reihe von Forschern hat seither beim amerikanischen Patentamt nach Vicarys Patentantrag für sein Tachistoskop gesucht. Es fand sich weder ein Patent noch auch nur ein Antrag dafür.

»Iss Popcorn«, so schien es, war ein Schwindel.

Weitere Tests mit unterschwelliger Werbung ergaben bald, dass die Technik wirkungslos war. Bei einem berühmten Versuch blendete das kanadische Fernsehen während der sonntäglichen TV-Show *Close-Up* 352 Mal die Botschaft »Jetzt anrufen« ein. Fast 500 Zuschauer schrieben hinterher, dass sie entweder hungrig oder durstig waren. Niemand rief an.

Mitte 1958 berichteten die Zeitungen bereits offen, dass es keine Beweise dafür gebe, dass unterschwellige Werbung überhaupt irgendeine Wirkung habe.* Dann wurde rätselhafterweise plötzlich alles still. Im Juni jenes Jahres gab James Vicary seine Firma und seinen Wohnsitz auf und schien wie vom Erdboden verschluckt.

Vier Jahre später spürte *Advertising Age* Vicary auf und überredete ihn, über das »Popcorn-Experiment« zu sprechen. In dem Interview sagte er, es habe 1957 ein Leck gegeben, und die vorzeitige Berichterstattung der Presse habe ihn überrumpelt und seine Schlussfolgerungen vorweggenommen. Dann machte er ein verblüffendes Eingeständnis: »Schlimmer als der verfrühte Zeitpunkt war allerdings die Tatsache, dass wir keine Forschung angestellt hatten, außer was notwendig war, um einen Patentantrag zu stellen. Ich hatte nur … wenige Daten – zu wenige, um triftige Aussagen machen zu können. Und was wir hatten, hätte nicht zu Promotionszwecken eingesetzt werden dürfen.«

Die Offenbarung, dass »wir keine Forschung angestellt hatten«, hätte die Geschichte ein für allemal beerdigen müssen. Doch sie tat es nicht. Vicarys Experiment hatte einen Nerv getroffen. Es sprach die Leute an. Die Folge war, dass die Debatte zwar in Fachzeitschriften aufhörte, aber in der öffentlichen Sphäre, in farbigen Sonntagsbeilagen, populären Wissenschaftsmagazinen und letztlich im alltäglichen Hörensagen weiterlebte. Doch auch hier hätte die unterschwellige Werbung einen langsamen, unbetrauerten Tod sterben können, wäre zehn Jahre später

---

* Die CIA kam nach einer Reihe von eigenen Versuchen in einem Kino in Alexandria, Virginia, zur gleichen Auffassung. Die Botschaft »Kauf Popcorn« wurde laut CIA-Offizier William R. Corson einige Abende lang vor dem Publikum eingeblendet. Statt die Anweisung zu befolgen, stand das Publikum jedes Mal Schlange vor dem Wasserspender. Im Frühjahr 1958 kam der Geheimdienst zu dem Schluss: »Es gibt mehrere riesige Sprünge in der Logik [Vicarys].« Manchmal, so räumte man ein, funktioniere es, bei anderen Gelegenheiten bringe es die Leute dazu, das genaue Gegenteil dessen zu tun, was man von ihnen wollte. Letztlich gebe es bei dieser Technik so viele Unbekannte, dass »ihre Einsatzfähigkeit äußerst beschränkt« sei.

nicht ein anderer wissenschaftlicher Außenseiter aufgetaucht, der sie wiederbelebte – mit einer faszinierenden neuen Wendung.

౼

Ich traf Wilson Bryan Key im Juli 2005 in seinem Haus unmittelbar südlich von Reno. Es hatte mich einige Zeit gekostet, ihn aufzuspüren. Von seinen vier Büchern über unterschwellige Werbung waren drei vergriffen, und der Verlag des vierten hatte angeblich keine Ahnung, wo ihr Autor zu finden war. Ein Verlagsangestellter versicherte mir, dass er tot sei. Als sich das als falsch erwies, rief ich Key an, und wir verabredeten ein Treffen.

Wilson Key ist eine imposante Erscheinung mit deutlichen O-Beinen – die Folge, wie er sagt, von lebenslangem Fallschirmspringen. Seinen Ledergürtel ziert eine beeindruckende Schnalle mit dem Logo der Marke Mensa. Er hat riesige Hände und einen kahl geschorenen Kanonenkugelkopf und misst wohl 1,85 Meter – selbst in seinen 80ern kein Mann, mit dem man leichthin in Streit geraten möchte. Leider hatte ich den Verdacht, dass mir an irgendeinem Punkt unseres Gespräches nichts anderes übrig bleiben würde.

Wir gingen in ein örtliches Restaurant, das er vorschlug und das sich als einer der vielen immergleichen Schnellimbisse von Kentucky Fried Chicken erwies. Während er mich in seinem Auto von der Größe einiger zusammengenieteter Konzertflügel dorthin kutschierte, fing er an, vom Judas Priest-Fall zu sprechen. In dem Moment, wo er *Stained Class* hörte, habe er gewusst, dass da etwas Eigenartiges vor sich ging. Das ganze Thema des Albums sei Selbstmord. Alle Hardrockmusik handle von Selbstmord. »Die Bands spielten damit«, erklärte er. »Die Jungs wussten davon. Ihre Eltern todsicher nicht!«

1988 hatte Key extra Konzerte von Judas Priest in Sacramento und an der Universität von Texas besucht, um mehr über Hardrock zu lernen. Er war vom Ausmaß der satanischen Bilder fasziniert. Das ganze Ereignis mutete ihn an wie eine »Passionsfeier«. Der Leadsänger sprach zu seinen »Anhängern« in engen Lederhosen, von denen ein Schwanz baumelte: »Natürlich weiß jeder, dass der Teufel einen Schwanz hat.« Das jugendliche Publikum begrüßte die Musik mit erhobenen Fäusten, Zeige- und kleiner Finger wie Hörner abgespreizt: das Zeichen des Teufels. Bandmitglieder versammelten sich um ein Motorrad und peitschten es, und es gab Totenschädel in Hülle und Fülle.

Während Key den Aufwand des Spektakels würdigte, kalkulierte er, wie viel es gekostet haben mochte. Nach ein wenig Recherche kam er in den Bereich von einer halben Million Dollar. CBS hatte zwölf Gruppen dieser Größe unter Vertrag, und »niemand«, versicherte er mir, habe »in der Weltgeschichte je so viel Geld mit Musik gemacht wie CBS Records mit Hardrock«.

Ließ man die Übertreibung beiseite, war etwas Wahres dran an dem, was Key sagte. Judas Priest wird von CBS aus einem einzigen Grund produziert: um Geld zu verdienen. Viel Geld. Wo es um Abermillionen von Dollar geht, ist es einleuchtend, dass ein Konzern fast alles zur Maximierung seiner Investitionsrendite tut. Wenn sich der Absatz einer derart lukrativen Band durch unterschwellige Botschaften in ihren Songs steigern ließe – würde CBS es da etwa *nicht* tun? Doch Key trägt dieses Argument in seinen Büchern seit über 30 Jahren vor. Für ihn ist es gewöhnlich bloß der Ausgangspunkt für sein nächstes, äußerst spekulatives Argument.

Key glaubt, dass James Vicarys »Iss Popcorn«-Experiment nur an der Oberfläche des Phänomens unterschwelliger Wahrnehmung kratzte. Seiner Meinung nach hätte Vicary beinahe eine der größten Verschwörungen unserer Zeit verraten: die Verwendung von unterschwelliger Werbung, mit denen Marketingunternehmen auf der ganzen Welt unerhörte Mengen Geld verdienen. Er hat seine Theorie in vier Büchern dargelegt, von denen mindestens drei internationale Bestseller waren. Er ist der Grund, warum die meisten von uns schon einmal von unterschwelliger Werbung gehört haben – und warum ein großer Prozentsatz der Menschen weltweit noch immer daran glaubt.

૭

Wilson Key stieß zuerst auf unterschwellige Werbung, als er Anfang der 70er Jahre Professor für Massenkommunikation an der Universität von Ontario in Kanada war. Dort hielt er Vorlesungen über alle möglichen Themen, darunter Journalismus, Kunst und, gelegentlich, Psychologie. Eines Tages kam ihm inmitten einer Vorlesung eine Offenbarung. »Die erste war, glaube ich, eine Illustration im Magazin *Esquire*«, erzählt er. »Ich referierte den Studenten gerade, was in diesem Artikel stand – er handelte von einem der damaligen Beatnik-Poeten. Ich blickte auf das Bild, ich glaube, es war von ihm selbst, ein Gemälde von ihm, das auf dem Kopf stand. Und dort auf dem Bücherregal hinter ihm stand ein erigierter Penis. Ich ging um das Pult herum. ›Mein Gott! Das sollte nicht da sein!‹«

Key begann nun, Werbung in Zeitungen und Magazinen zu durchforsten, indem er sie seitlich, auf dem Kopf oder gegen das Licht betrachtete. Er suchte sie mit unfokussiertem Blick ab. Er wusste, dass es noch etwas anderes darin gab. Wo steckte es? Je intensiver er nach unterschwelligen Bildern Ausschau hielt, desto mehr davon fand er. Innerhalb von drei Monaten hatte er einen meterhohen Stapel von Magazinen in seinem Büro. Er holte sich seine Studenten zu Hilfe. »Ich habe ihr Interesse geweckt«, erinnert er sich. »Es war fast wie die Teilnahme an einer Revolution!« Dann machte er eine entscheidende Entdeckung: »die S-E-X-Sache«.

Die S-E-X-Sache war so einfach wie schön. Indem sie verborgene sexuelle Bilder einfügten, machten die Werber potenzielle Kunden auf ihre Produkte aufmerksam. Ein erigierter Penis hier, eine keck vorspringende Brust dort. Wenn sie klug genug maskiert waren, merkten die Magazinleser nicht, dass etwas nicht stimmte. Doch ihr Unterbewusstsein, das auf solche unterschwelligen Bilder getrimmt war, bemerkte es *sehr wohl*. Subliminale sexuelle Bilder zogen die unbewusste Aufmerksamkeit an, so wie Mädchen in Miniröcken den Männern auf der Straße den Kopf verdrehten. Die Leser waren biologisch programmiert, darauf zu reagieren.

Doch die Werbeleute setzten nicht nur Bilder von Sexualorganen ein: Sie hatten auch entdeckt, dass die Buchstaben S-E-X, in der Werbung versteckt, dieselbe Reaktion auslösten. Mochte es den Lesern auch nicht bewusst sein, ihr Unterbewusstsein las die Buchstaben und alarmierte sie, dass etwas Erregendes vonstattenging. Besser, man kaufte das Produkt.

Key räumt ein, dass James Vicary und Vance Packard dieselbe Entdeckung hätten machen können, doch hätten sie nicht den notwendigen Hintergrund gehabt. Er selbst sei dagegen von der amerikanischen Armee ausgebildet worden, wo er »eine Zeitlang beim Nachrichtendienst« war. Bei der Interpretation von Aufklärungsluftbildern während des Zweiten Weltkriegs habe er gelernt, dass »jemand dich foppt«, wenn etwas zu normal, zu perfekt aussieht. Man musste allem misstrauen.

Die Werbeagenturen hatten die Rechnung ohne Leute wie Key und seine Aufklärungsausbildung gemacht, daher war es eine Überraschung für sie, als er 1973 sein erstes Buch *Subliminal Seduction* (»Subliminale Verführung«) veröffentlichte. Darin schrieb er, dass jedes Jahr in den USA 20 Milliarden Dollar allein für Werbung ausgegeben wurden. Von diesem Geld flösse »ein enormer Anteil« in unterschwellige Botschaften. Jeder war ein Opfer unterschwelliger Manipulation.

Keys Präsentation war äußerst wirkungsvoll. Er war Professor an einer angesehenen Universität und konnte überzeugend schreiben. Er hatte, sagte er, Inserate an Hunderten von Studenten unter Laborbedingungen getestet und bewiesen, dass unterschwellige Werbung wirke. Eine Anzeige für Gilbey's Gin zum Beispiel, ursprünglich im Magazin *Time* abgebildet, löste bei nichtsahnenden Studenten Gefühle aus, die von »unbehaglich« über »etwas eklig« bis hin zu »hässlich, wie ein Monster« reichten. Erst nach dem Experiment wurden sie aufgefordert, die Eiswürfel im Ginglas genauer zu betrachten, wo geschickt eine ausgewachsene Orgie mit drei Frauen und zwei Männern versteckt war. Auf jedem Eiswürfel in der Anzeige kam das Wort S-E-X vor.

Doch Keys wahres Meisterstück waren die in seinem Buch abgebildeten Fotos. Leser, die ein Exemplar kauften, konnten echte Anzeigen von Cinzano, *Playboy*, Sprite, Chivas Regal, Bacardi und Camel-Zigaretten betrachten und sich selbst auf die Suche nach den Brüsten, Penissen und S-E-X-Buchstaben machen. Wenn sie es nicht schafften, sagte er ihnen, wo sie suchen mussten.

Subliminal Seduction wurde sofort ein Bestseller. Das, so sagt er, rief auf dem Campus der Universität außerordentlichen Neid hervor. Man habe von den Professoren erwartet, gewichtige Schinken zu schreiben, die niemand las. Kurz nach Erscheinen des Buches teilte man ihm mit, dass der Fachbereich sich von ihm trennen wollte. Doch das war nicht so einfach: Key hatte kurz zuvor einen eigenen Lehrstuhl erhalten, was praktisch bedeutete, dass man ihn nicht feuern konnte.

Es ist schwer zu sagen, was genau sich damals hinter den Kulissen der Universität von Western Ontario abspielte. Vielleicht hat Key Recht, und seine Kollegen waren neidisch. Es ist jedoch auch sehr gut möglich, dass eine angesehene wissenschaftliche Institution ihren Ruf nicht von einem Mann beschmutzt sehen wollte, der mittlerweile in allem, was er sah, pornografische Bilder entdeckte. Wie er selbst zugibt, gehörte zu einem seiner Seminare eine Exkursion, bei der sich die Studenten draußen auf den Rasen legen und die Wolken nach anstößigen Bildern absuchen sollten. »Sie wären überrascht«, lacht er heute, »über den Schmutz, der da oben vorbeizieht!« Key erhielt schließlich 64 000 Dollar, steuerfrei, für seine Einwilligung, die Universität zu verlassen.

Seinem ersten Enthüllungsbuch folgten die Werke *Media Sexploitation*, *The Age of Manipulation* und schließlich *The Clam-Plate Orgy* – dieser wunderbare Titel stammte von einer Werbung in Howard Johnson's Restaurant, auf dem ein Teller frittierter Venusmuscheln zu sehen war. Key kam zu dem Schluss, dass dieses Bild neun menschliche Figuren enthielt, die – mit einem Esel – eine Orgie feierten. Alle Bücher erzählten dieselbe Geschichte, aber von Mal zu Mal führte Key seine Argumentation weiter. Kent-Zigaretten zum Beispiel seien erfolgreich, weil man nur das E im Markennamen durch ein U ersetzen müsse, schon bekomme man ein anderes Wort: Kunt = *cunt* = Möse; männliche Jugendliche würden vom Magazin *Playboy* erregt, nicht weil es Fotos von kurvigen Nackten enthalte, sondern weil es mit unterschwelligen Bildern durchsetzt sei; und der Katalog des Versandhauses Sears enthalte »faszinierende Perversitäten«.

Wie Key im Laufe seiner Forschung entdeckte – und das war wirklich eine Sensation –, waren subliminale Bilder weder etwas Neues noch die alleinige Domäne der Werbeagenturen. Michelangelo hatte sie benutzt, ebenso wie Picasso, Rembrandt und Tizian. Der amerikanische Fünfdollarschein enthielt das Wort SEX eingebettet in Abraham Lincolns Bart. Berühmt wurde Keys Entdeckung, dass bei den Ritz-Crackern von Nabisco das Wort SEX auf jeder Seite zwölfmal eingebacken war. All dies waren selbstverständlich wissenschaftliche Entdeckungen.

❦

Im Judas Priest-Prozess war Key der erste Sachverständige, den die Verteidigung für die Mitarbeit gewonnen hatte. Es war Key, der die unterschwelligen Botschaften auf der Plattenhülle entdeckte, und Key, der empfahl, die LP nach subliminalen akustischen Botschaften zu durchsuchen. Vor Gericht zeigte er ein Video eines der Judas Priest-Konzerte, die er besucht hatte. Er führte vor, wie die Musiker mit ihren Gitarren masturbierten, während sich ihnen das verzückte Publikum mit satanischen Zeichen »unterwarf«; und er präsentierte zudem einige seiner Beispiele für unterschwellige Werbung, in denen er Totenköpfe, Fellatio, Christusfiguren, schreiende Männer, Hoden und den Penis auf der Camel-Zigarettenpackung Revue passieren ließ. Der Richter war nicht überzeugt.

Für Wilson Key war Richter Whiteheads Skepsis der Beweis, dass das Gericht gegen ihn eingenommen war. »Der Richter war fast vom ersten Tag an gegen uns«, sagt er mir beim Lunch. »Besonders gegen mich! Ich war schon so einige Mal als sachverständiger Zeuge vor Gericht, von den Leuten lasse ich mir nichts gefallen. Sie … wollten ständig, dass ich mit ja oder nein antworte, und ich sagte: ›Schauen Sie, ich bin Psychologe, so arbeite ich nicht. Ich kenne keine Frage über menschliches Verhalten, die man mit einem einfachen Ja oder Nein beantworten kann. So einfach ist das nicht.‹ Also rasselten wir verschiedentlich aneinander, und er rügte mich wegen Missachtung des Gerichts.«

Es stellte sich ziemlich schnell heraus, dass die Familien Vance und Belknap zusätzliche wissenschaftliche Schützenhilfe brauchten. Ihr zweiter Experte war alles, was Wilson Key nicht war. Howard Shevrin, ein Psychologieprofessor der Michigan State University, war einer der weltweit führenden Experten auf dem Gebiet der unterschwelligen Wahrnehmung. Vor Gericht erklärte Shevrin, dass zwar ein Haufen Unsinn über das Phänomen durch die Presse geistere, unterschwellige Reize jedoch *tatsächlich* eine Wirkung haben könnten und eine umfangreiche und anerkannte Literatur dies auch belege.

Shevrin argumentierte, dass unterschwellige Befehle deshalb wirkungsvoll seien, weil der Empfänger nicht herausfinden könne, woher sie kommen. Wenn wir einen offenen Befehl erhalten, so Shevrin, können wir ermessen, ob er sinnvoll ist oder nicht, ob seine Befolgung ratsam ist, und somit entscheiden, ob wir ihn befolgen sollen. Wenn ein Befehl jedoch aus dem Nichts komme, schleiche er sich ins Unterbewusstsein ein und umgehe unsere logischen Denkmechanismen. Dem Zuhörer erschienen unterschwellige Suggestionen wie das Ergebnis von Entscheidungen, die er (oder sie) selbst getroffen hätten.

Die Anwälte von CBS erkannten zwar Shevrins Qualifikationen unumwunden an, boten jedoch ein Triumvirat angesehener Psychologen auf, das die meisten seiner Aussagen zerpflückte. Tim Moore von der Universität von Toronto sagte aus, dass viele Experimente, die angeblich die Macht unterschwelliger Suggestionen belegten, wissenschaftlich fehlerhaft seien. Die meisten anderen zeigten, dass der Impetus solcher Suggestionen nicht groß genug sei, um jemanden zu veranlassen, irgendetwas Konkretes zu tun. Anthony Pratkanis von der Universität von Kalifornien hielt unterschwellige Suggestionen ebenfalls für äußerst fragwürdig. Zum Beweis führte er eigene Experimente an, bei denen er im Labor Selbsthilfe-Kassetten mit unterschwelligen Botschaften abgespielt und die Testpersonen über deren Inhalt getäuscht hatte. Die Probanden, denen gesagt worden war, sie hätten einer Selbsthilfe-Kassette zur Steigerung ihres Selbstvertrauens gelauscht, fühlten sich anschließend wirklich selbstbewusster, obwohl die Kassette, die sie gehört hatten, voller Geheimbotschaften zur Stärkung des Gedächtnisses steckte. Anschließende Tests belegten, dass sich weder Selbstbewusstsein noch Gedächtnis der Kandidaten gebessert hatten. Schließlich äußerte sich

Don Read von der Universität von Lethbridge zur Frage rückwärts ab-gespielter Äußerungen. Er beschrieb ein Experiment, bei dem er seinen Studenten Botschaften rückwärts vorgespielt hatte. Keine davon wurde erkannt. Tatsächlich konnten die Freiwilligen nicht sagen, ob es sich um Aussagesätze oder Fragen handelte oder ob ein Satz echte Wörter oder nur Unsinn enthielt. In einem anderen Experiment, bei dem er ihnen einen Multiple-Choice-Test vorlegte, der ihre Chancen doch hätte er-höhen müssen, waren sie nicht in der Lage, anzugeben, ob es sich bei den rückwärts abgespielten Äußerungen um christliche, satanische oder pornografische Botschaften oder um Kinderreime handelte.

Unter allen Sachverständigen war Shevrin indes derjenige, der den Richter am meisten beeindruckte. An seiner Aussage schien etwas dran zu sein. Schön, unterschwellige Suggestionen mochten vielleicht nur eine schwache Wirkung haben – möglicherweise unvorhersagbar und womöglich winzig. Auf keinen Fall konnten sie Menschen dazu veran-lassen, sich umzubringen. Aber diese beiden Jungs *waren* bereits selbst-mordgefährdet gewesen. Was, wenn der kleine Schubs des »Tu es« aus-gereicht hatte, um sie über die Klippe zu stoßen? Das sei, so sagte er, im Prinzip möglich.*

Tim Post erklärt Shevrins Theorie im Rückblick so: Beide Jugend-lichen waren eindeutig psychisch tief gestört. Das war nicht die Schuld von Judas Priest – wohl aber das, was dann geschah. »James und Ray standen auf der Brücke und überlegten, ob sie springen sollten«, er-läutert er. »Sie waren in der ›Selbstmordzone‹. Und an diesem Punkt kommt hoffentlich der Pfarrer, der Rabbi, die Mutter, ein Polizist oder sonstwer vorbei und sagt: ›Nein. Tut es nicht. Es gibt so viel, wofür es sich zu leben lohnt. Kommt da runter. Springt nicht.‹ Das *Letzte*, was sie brauchten, war jemand, der von hinten kam und sagte: ›Tut es.‹«

Klingt das, so formuliert, nicht plausibel? Obwohl Vicarys Popcorn-Experiment bekanntermaßen ein Schwindel war, und trotz der Exper-tenmeinung von Read, Moore und Pratkanis bestand das Problem für

---

* Vor Gericht sagte Shevrin aus, es gebe »Hunderte« von Experimenten, die bewiesen, dass unterschwellige Befehle konkrete Handlungen auslösen konnten, und zitierte zur Untermauerung seiner Aussage eine Reihe wissenschaftlicher Arbeiten. Andere Experten waren nicht überzeugt. »Keine [der wissenschaftlichen Arbeiten] hat auch nur entfernt bewiesen, dass unterschwellige Befehle Handlungsmotive beeinflussen können«, sagt Tim Moore heute. Tatsächlich habe Shevrins Aussage damals in der akademischen Welt Verwunderung ausgelöst, weil sie »nicht mit dem übereinstimmte, was wir über den potenziellen Einfluss unterschwelliger Stimulation wussten«. Er lehnte ein Interview für dieses Buch ab.

CBS darin, dass der Fall auf den ersten Blick äußerst glaubwürdig klang.

〜

Eine weitere Aussage vor Gericht stützte diese These. Unmittelbar nach seiner Entlassung aus dem Krankenhaus 1986 hatte James mit einer Vertrauenslehrerin seiner ehemaligen Schule namens Susan Rusk gesprochen. Vor Gericht offenbarte Rusk, dass die beiden Jungs, wie sie von James wüsste, kurz vor den Schüssen *Stained Class* gehört und gesungen hatten: »Tu es einfach.« »Ich erinnere mich sehr gut daran, dass er das gesagt hat, weil er es ständig wiederholte. Es war eines der Themen, das wir mehrfach ansprachen. ... Ich fragte: ›Warum, warum habt ihr euch entschlossen, Selbstmord zu begehen?‹ Und er beschrieb jenen Tag: ›Und dann bekamen wir eine Botschaft. Sie sagte uns, es einfach zu tun.‹«

Rusks Gespräch mit James hatte wohlgemerkt 1986 stattgefunden, zwei Jahre, bevor die Frage unterschwelliger Botschaften aufgetaucht war. Zu dieser Zeit konnte James unmöglich wissen, dass es auf der LP anscheinend eine unterschwellige Botschaft gab, doch hier war offenbar der Beleg, dass er sie gehört hatte.

Für die Familien Vance und Belknap und ihre Anwälte war dies ein Beweis, dass die Botschaft da war und die Jungs sie gehört hatten. Es klang überzeugend, doch leider gab es in ihrer Argumentation einen entscheidenden Fehler. Ihr eigener Sachverständiger Howard Shevrin hatte bezeugt, dass unterschwellige Suggestionen wirksam seien, gerade weil sie unterschwellig waren: Man sollte sie nicht bewusst hören. Doch wenn, wie es Susan Rusk wiedergab, James die Botschaft *gehört* hatte, war sie eben nicht unterschwellig. Sein Verstand hätte in der Lage sein müssen, sie in der gleichen Weise zu beurteilen, in der er normale Botschaften beurteilte.

Die Aussage von Susan Rusk klang überzeugend und verstärkte den Eindruck, dass CBS im Begriff stand, den Public-Relations-Krieg zu verlieren, und die Chancen schienen gut zu stehen, dass es dem Unternehmen mit dem Prozess genauso ergehen würde. CBS hatte jedoch noch eine Geheimwaffe in petto, und zwar in Gestalt des Sachverständigen der Kläger: Wilson Bryan Key.

Als die Hauptverhandlung näher rückte, schwand McKennas und Posts Neigung zunehmend, Key in den Zeugenstand zu rufen. Es war offensichtlich, dass ihn der Richter nicht mochte. Post wollte nichts mit ihm zu tun haben. »Key«, erinnert er sich, sei eindeutig »jenseits der

Linie« gewesen: CBS hätte Hackfleisch aus ihm gemacht. McKenna sah es genauso, wusste aber, dass er tief in Keys Schuld stand. Es war Key, der ihn in diesem Fall auf die richtige Fährte gebracht hatte. Er traf die Entscheidung, ihn in den Zeugenstand zu rufen.

Davon unbeeindruckt, bestellte Richter Whitehead die Anwälte der Kläger ein und verkündete ihnen, dass er nicht bereit sei, den Prozess zu einem Zirkus verkommen zu lassen. Was immer Key als sachverständiger Zeuge sage, würde außer Acht gelassen werden. Er bestellte dann die Anwälte von CBS zu sich und informierte sie, dass Key vor Gericht erscheinen würde, sie sich aber nicht bemühen müssten, ihn ins Kreuzverhör zu nehmen: Alles, was er sagte, würde ignoriert werden. Doch Bill Peterson, der die Verteidigung für CBS führte, wollte sich die Gelegenheit, ein paar Punkte zu machen, nicht entgehen lassen. Er lacht, als ich ihn darauf anspreche: »Die Regierung zu beschuldigen, Dollarnoten mit den Lettern S-E-X darauf zu vermarkten? Und den Cracker-Hersteller Ritz, die Lettern S-E-X in seine Cracker zu backen? Das war so abgedreht, dass wir ihn ins Kreuzverhör nehmen *wollten*, um die negative Publicity wettzumachen. Und um der Welt zu zeigen: Das ist ein verrückter Prozess! Wir haben es hier mit einem Haufen Irrer zu tun!«

Key selbst brannte auf einen Kampf, da er zu dem Schluss gekommen war, dass der Richter und das Gericht gegen ihn voreingenommen waren – er hatte außerdem gerade ein neues Buch herausgebracht. Man teilte ihm mit, dass Whitehead seine Aussage missachten würde: »Ich sagte: ›Verflucht! Das ist Unterdrückung von Beweismaterial!‹« Aber wirklich überrascht war er nicht. Key hatte es sein ganzes Leben mit engstirnigen Dummköpfen zu tun gehabt.

Am 29. März 1990 war er ganz wild darauf, in den Zeugenstand zu treten, denn da gab es so einiges, was er zu dem Prozess äußern wollte. Er bekam nie die Gelegenheit dazu. Bill Peterson nahm ihn ins Kreuzverhör, und bevor Key seinerseits überhaupt loslegen konnte, war es zu Ende. Hier das nahezu vollständige Transkript:

> Peterson: Sie, Dr. Key, haben unterschwellige Botschaften in den Gemälden Michelangelos in der Sixtinischen Kapelle erkannt, nicht wahr?
>
> Key: Ja.
>
> Peterson: Sie haben unterschwellige Botschaften, insbesondere die Buchstaben »S-E-X«, gemalt von Rembrandt, im [Rembrandt-] Museum in Amsterdam gesehen?
>
> Key: Ja.

Peterson: Das Gleiche gilt für den Künstler Tizian?

Key: Ja.

Peterson: Sie haben ›S-E-X‹ eingebettet in Lincolns Bart auf einer Fünfdollarnote entdeckt?

Key: Ja.

Peterson: Und Sie glauben, dies lag in der Absicht der US-Regierung, der Münze, des Münzamtes?

Key: Ja.

Peterson: Das Gleiche ist in Kanada mit dem kanadischen Geld geschehen?

Key: Oh, ja.

Peterson: Wissen Sie, dass das Wort »SEX« von den Bäckern bei Nabisco in Ritz-Cracker eingebacken wird, sowohl auf die Vorder- als auch auf die Rückseite?

Key: Ja.

Peterson: Sie glauben, dass die Titelseiten des Magazins *Time* – dass die Herausgeber dort unterschwellige Botschaften benutzen?

Key: Ja, ja.

Peterson: Die Speisekarten der Hilton-Hotels?

Key: Ja.

Peterson: Die Speisekarten der Restaurant- und Hotelkette Howard Johnson?

Key: Ja.

Peterson: Grundschulbücher?

Key: Ja, ja.

Peterson: Kataloge des Versandhauses Sears?

Key: Ja, gewiss.

Peterson: …die NBC-Abendnachrichten…?

Key: Ja, vor einiger Zeit.

Peterson: …und auch auf dem Umschlag Ihres eigenen Buches, *Subliminal Seduction*, gibt es das, was Sie für subliminale Botschaften halten?

Key: Oh, ja, sicher.

Miss Lynch [für die Kläger]: Euer Ehren, ich glaube, wir schweifen nun ein bisschen sehr weit ab…

Das Gericht: Ich halte das für ein angemessenes Kreuzverhör, Miss Lynch.

Peterson: Das ist alles, Euer Ehren.

Womöglich gibt es für Petersons Vorgehensweise einen juristischen Fachausdruck. Wie wäre es mit »filetieren«?

ᕲ

Am 24. August 1990 fällte Richter Whitehead sein Urteil. Er räumte zwar ein, dass er in dem Song »Better By You, Better Than Me« selbst anfänglich irgendwas gehört hatte, was dem Befehl »Tu es« ähnelte, dass diese Lautfolge jedoch, da sie im Studio nicht isoliert werden konnte, wahrscheinlich zufällig sei. Er räumte ebenfalls ein, dass unterschwellige Reize in einigen Fällen eine Wirkung haben mochten, hielt es jedoch nicht für wissenschaftlich erwiesen, dass sie einen so konkreten Effekt haben konnten, wie etwa den, jemanden in den Selbstmord zu treiben. Daher könne er nicht akzeptieren, dass die »Botschaft« in diesem Fall eine bedeutsame Ursache des Selbstmordpaktes der beiden Jungen gewesen sei. »Das war ein Schritt«, sagte er mir beim Frühstück, »den ich nicht tun konnte.«

Ein Schritt, den er hingegen sehr wohl tun konnte, war die Bestrafung von CBS für das ungehörige Verhalten des Konzerns während des Prozesses. Das Unternehmen war angewiesen worden, die mehrspurigen Mastertapes des Albums herauszugeben und hatte das Gericht jahrelang hingehalten. Schließlich hatte es das Mastertape nur eines einzigen Liedes vorgelegt. Dies war inakzeptabel. Richter Whitehead verhängte daher gegen CBS eine Strafe wegen Unterdrückung von Beweismaterial in Höhe von 40 000 Dollar.

Beim Lunch im Kentucky Fried Chicken nahm Wilson Key kein Blatt vor den Mund. Whitehead, sagte er, sei »taub, stumm und blind« und »von CBS geschmiert« gewesen (es gibt nicht den geringsten Beweis dafür, dass dies der Fall war). Aber nicht nur sein Urteil über den Richter war herabsetzend, er ließ auch an allen übrigen Prozessbeteiligten kaum ein gutes Haar. Tim Post, Anwalt der Vance-Familie, war seiner Meinung nach »schlecht ausgebildet«. Die Gerichte von Reno waren korrupt. Ken McKenna, der Anwalt der Belknap-Familie, war »nicht sehr intelligent oder nicht sehr scharfsinnig … und faul«. Tim Moore, der Sachverständige von CBS, war ein »Witz! Ein kompletter Spinner! Ein Schwindler!« Was die Bandmitglieder anging – also wirklich! Key hatte im Gericht hinter ihnen gesessen und ihr Herumalbern beobachtet. Er hatte den starken Verdacht, dass der Leadsänger, Rob Halford, Drogen nahm. »Sie machten«, sagte er, »aus dem Ganzen eine Farce.«* Tatsächlich gab es in diesem Fall kaum jemanden, dem Key keinen Seitenhieb verpassen wollte.

∽

* Keys Erinnerung an das Verhalten von Judas Priest kontrastiert mit der des Richters, der sie »charmant« fand. Hardrock war zwar nicht sein Bier, aber er war von ihrem Be-

20 Jahre später tragen es die Anwälte Post und McKenna mit Fassung. McKenna glaubt, sie hätten die Schlacht gewonnen. Es *gab* eine Botschaft, so ist er überzeugt. Und solche Botschaften *können* eine Wirkung haben – mochte die Wissenschaft auch nicht beweisen können, dass James und Ray sich umbrachten, weil sie Judas Priest hörten. Doch, so fragt er, wie sollte man denn auch »testen, ob Menschen, denen man unterschwellige Botschaften zukommen lässt, sich umbringen? Ein paar von ihnen in einen Raum stecken, sie unterschwelligen Botschaften aussetzen und dann abwarten, wer von ihnen Selbstmord begeht? Das ist ein undurchführbares Experiment! Deshalb werden wir nie wissenschaftlich beweisen können, dass man jemanden mit einer unterschwelligen Botschaft dazu bringen kann, sich umzubringen. Es lässt sich einfach nicht beweisen. An dem Punkt sind wir gescheitert.«

McKenna hat natürlich Recht: Es wäre gewissenlos, eine Gruppe von selbstmordgefährdeten Teenagern zu nehmen und ihnen unterschwellige Botschaften vorzuspielen, um zu schauen, ob sie sich umbringen. Aber es gibt einen Fehler in seiner Argumentation. Anzunehmen, dass etwas wahr ist, weil man nicht beweisen kann, dass es *unwahr* ist, stellt einen logischen Sprung dar. Die große Mehrzahl wissenschaftlicher Arbeiten über unterschwellige Stimulation deutet darauf hin, dass sie schlicht nicht stark genug ist, um eine messbare Wirkung hervorzurufen. Warum sollten wir annehmen, dass nur deshalb, weil ein einziges Experiment noch nicht unternommen wurde, dadurch etwas bewiesen würde, was allem widerspricht, was wir über das Phänomen wissen?

Fehlende wissenschaftliche Beweise, dass unterschwellige Botschaften eine nachhaltige Wirkung auf unser Handeln haben, scheinen dem Handel mit subliminalen Produkten keinen Abbruch zu tun. Anfang der 90er Jahre wurde der Markt für Selbsthilfe-Kassetten mit unterschwelligen Botschaften auf 50 Millionen Dollar pro Jahr geschätzt. Die Bänder sollten wirken »wie eine Hundepfeife«: Sie »dringen direkt in Ihr Gehirn«. Ihnen zu lauschen würde Menschen angeblich helfen, ihr Selbstbewusstsein zurückzuerlangen, ihr Gedächtnis zu verbessern, Akne zu besiegen und Frauen zu erobern. Eine Firma bot sogar subliminale Selbsthilfe für Föten an, vorgespielt durch die Bauchdecke der

---

nehmen und der Tatsache, dass die Bandmitglieder dem ganzen Prozess beiwohnten, enorm beeindruckt. Ein würdiger Rob Halford erklärte damals auf einer Pressekonferenz, dass alle Bandmitglieder »fassungslos und besorgt« seien. »Sie müssen verstehen«, sagte er, »wir haben alle Familie.«

Mutter. Die Babys, so berichtete ein »Experte«, »kommen intelligenter zur Welt und lernen schneller gehen«.

1992 veröffentlichte die British Psychological Society in Reaktion auf die populäre Berichterstattung über diese Produkte eine Studie, um die Dinge geradezurücken: »Sie funktionieren schlicht nicht. Es gibt keinen Beleg, dass im Handel erhältliche subliminale Audiokassetten irgendeinen echten Nutzen bei der Verbesserung menschlicher Leistungen haben. … Wir empfehlen, sie nicht zu kaufen.«

Ein Jahrzehnt später scheint der Markt für solche Selbsthilfe-Kassetten geschwunden zu sein, nur um von einem moderneren Phänomen ersetzt zu werden: subliminale Computersoftware. Subliminale Programme lassen auf dem Computerbildschirm Botschaften aufblitzen, die »Fachleuten« zufolge alles Mögliche erzeugen können: ein fotografisches Gedächtnis, höchstes Selbstbewusstsein, geschäftlichen Erfolg, ein fantastisches Liebesleben oder »das messerscharfe Gedächtnis, die schnelle Auffassungsgabe und das Selbstvertrauen von 007«. Botschaften, die Achtmillionen Mal pro Tag aufblitzen, lassen sich sogar auf Ihr Gehirnwellenmuster abstimmen. Die Software, verspricht eine Anzeige, ist »28 Mal wirksamer als subliminale Kassetten«.

Das klingt alles schrecklich beeindruckend. Aber ist nicht 28 mal null immer noch null? 50 Jahre, nachdem ein Schwindelexperiment eine leichtgläubige amerikanische Öffentlichkeit überzeugte, dass unterschwellige Werbung eine wundersame Wirkung hat, scheinen wir immer noch daran zu glauben, dass es funktioniert.

Gelegentlich wendet jemand die Technik an, um zu sehen, was passiert. Warner Brothers gab zu, dass *Der Exorzist* an verschiedenen Stellen das subliminale Bild einer Totenmaske enthält, und bei *Mad Max* kam eine ähnliche Technik zum Einsatz; in beiden Fällen sollten die verborgenen Bilder offenbar die Spannung heben. Das Wahlkampfkomitee der Republikaner strahlte im Jahr 2000 einen subliminalen Werbespot in den USA aus: Über Bilder demokratischer Politiker wurde blitzartig das Wort »Ratten« eingeblendet. Es gibt keine Belege dafür, dass die unterschwellige Werbung irgendjemand in seiner Wahlentscheidung beeinflusste, aber das Ergebnis war eine Publizitätswelle, die sicherstellte, dass die republikanische Wahlkampagne eine erstklassige Reklame in den Zeitungen erhielt.

Mittlerweile gibt es für jedes echte unterschwellige Bild zehn Beispiele für subliminale Botschaften, die angeblich entdeckt werden, aber gar nicht vorhanden sind. In *Falsches Spiel mit Roger Rabbit* erscheint

Jessica Rabbit drei Einzelbilder lang ohne Unterwäsche; am Himmel über einer Szene in *Der König der Löwen* formen die Wolken das Wort »S-E-X«; und in Disneys *Aladin* gibt es eine Zeile, die, spielt man sie rückwärts, die geheime Botschaft enthält: »Alle guten Kinder ziehen ihre Kleidung aus.«

Ist das wirklich wahr? Oder ist es nur die Ausgeburt einer überspannten, paranoiden Vorstellungskraft? Wie Psychologieprofessor Tim Moore in einem maßgeblichen Artikel über den Judas Priest-Fall erwähnt, erkannte eine Frau im amerikanischen Bundesstaat Georgia 1991 das Gesicht von Jesus auf einer Spaghettischüssel in einer Pizza Hut-Werbung. Bald sahen Dutzende andere Leute das Bild ebenfalls. War dies ein Wunder? Hatte jemand absichtlich das Gesicht dort platziert? Oder war es womöglich nur eine Schüssel Spaghetti?

‿

B lickt man auf den Judas Priest-Fall zurück, lassen sich unschwer die Ursprünge des Schreckgespenstes ausmachen. 1985 war Hardrockmusik abstoßend, laut und angsteinflößend. In den USA gab es gleichzeitig eine Panik religiös geprägter Menschen, dass die Kinder immer gottloser würden, was bald in den unbegründeten Verdacht mündete, sie beteten Satan an. Viele Eltern trieb die Angst um. Dann begingen zwei Jungs einen traurigen Selbstmord. An diesem Punkt trat die Pseudowissenschaft der unterschwelligen Wahrnehmung auf den Plan und bot eine scheinbar plausible Erklärung. Es klang alles so überzeugend. Das war es bloß nicht.

Natürlich erwartete ich nicht, dass Wilson Key dieser Sicht zustimmen würde. Während wir zu seinem Haus zurückfuhren, kamen mir immer größere Zweifel an dem, was er mir erzählt hatte. Er hatte behauptet, 1990 im Auftrag der amerikanischen Spezialkräfte Bänder mit unterschwelligen Botschaften produziert zu haben, mit denen die päpstliche Nuntiatur in Panama-Stadt beschallt wurde, um den Diktator Manuel Noriega zum Herauskommen zu bewegen, der dort vor den amerikanischen Truppen Schutz gesucht hatte. Dieselbe Technik sei 1993 während der Belagerung von Waco eingesetzt worden, wo sich eine Gruppe religiöser Fanatiker vor dem Anmarsch der Strafverfolgungsbehörden verschanzt hatte – er wusste das, weil er seine Kontakte bei der Delta Force in der Verkleidung von Agenten der Drug Enforcement Administration (DEA) über das Gelände streifen sah, bevor der Ort in die Luft flog. Die unterschwellige Botschaft in Waco enthielt anscheinend den Befehl zur Aufgabe, vorgelesen von dem Schauspieler Charlton Heston, da seine Stimme der Stimme Gottes ähnele. Ich bat Key um die Namen seiner Kontakte bei den Spezialkräften, um seine Geschichte zu überprüfen. Er weigerte sich, sie mir zu geben.

Key war ein umgänglicher Mann und ein wirklich netter Kerl, aber ich hatte das Gefühl, dass seine Paranoia über subliminale Botschaften außer Kontrolle geraten war. Außerdem war er nicht ganz ehrlich zu mir. Er hatte mir gesagt, dass er von der Armee ausgebildet worden war, genau gesagt von der amerikanischen Luftwaffe. Er sagte, er sei »beim Nachrichtendienst« gewesen, doch seinem offiziellen Lebenslauf zufolge war er Fachmann für »Öffentlichkeitsarbeit«. Derselbe Lebenslauf gab an, dass er Qualifikationen im Flugzeugbau besaß und ein »Elektrizitäts- und Kraftwerksexperte« war; keine Rede dagegen von fotografischer Luftaufklärung. Er sagte mir ferner – zwei Mal – dass er einen Doktorgrad in Psychologie erworben hätte; tatsächlich aber hatte er in Journalismus und Massenkommunikation promoviert.

Zurück bei ihm zu Hause, fragte ich Key, ob die Leute ihn manchmal als verrückt bezeichneten. Ja, täten sie, räumte er ein, doch sie täten das aus der Angst heraus, der Wahrheit ins Auge zu sehen. Ich konfrontierte ihn damit, dass James Vicarys »Iss Popcorn«-Experiment – das Key in seinen Büchern häufig anführt – erfunden sei. »Quatsch!«, erwiderte er. Er bat mich dann, ein Poster von Picassos *Le Rêve* (*Der Traum*) an der Wohnzimmerwand zu betrachten und wies darauf hin, dass die dort dargestellte Frau sechs Finger hat (was anscheinend darauf hindeutete, dass sie masturbierte) und die obere Hälfte ihres Kopfes ein großer Penis sei. Ich antwortete ihm, dass ich das nicht als eine unterschwellige Botschaft ansehen könne, und fragte, was er Leuten entgegenhalten würde, die – wie ich – skeptisch blieben. Wieder zeigte er auf den Picasso. »Sie können einfach nicht leugnen «, bellte er, »dass das da ein Schwanz auf ihrem Kopf ist und dass sie masturbiert! Es ist eindeutig! Und Sie wussten nicht, dass es da war, bevor ich es Ihnen gesagt habe! In 30 Jahren werden Sie dieses Bild ansehen und Ihre Augen werden direkt zu ihrem Kopfende wandern.«

Da bin ich mir nicht so sicher.

Kapitel 7 | Schlaf

> »...wer schläft, fühlt kein Zahnweh...«
> Shakespeare, *Cymbelin*

Es gibt eine großartige Geistergeschichte über Ravenscrag. Ich weiß das, weil Paul, mein Führer, sie mir erzählte, als ich im Juni 2005 dort war. Paul, Sicherheitchef des Gebäudes, trug einen Pferdeschwanz und ein breites Lächeln und hatte an dem Tag, als ich dort eintraf, einen furchtbaren Kater. Flüsternd schlug er vor: »Wir reden einfach leise, einverstanden?« Wo immer er mich mit seinem unmöglich großen, rasselnden Schlüsselbund hinführte, erzählte er den Leuten mit gedämpfter Stimme: »Hey, ich komme hier mit einem Burschen aus England, der ein Buch über diesen Ort schreiben will.« Dann drehten sich alle zu mir um und fragten mich: »Haben Sie schon die Geistergeschichte gehört? Warten Sie, bis Sie die gehört haben! Paul erzählt sie wirklich gut!«

Natürlich kamen wir am Ende zur Geistergeschichte. In dem Gebäudeflügel, in dem Lady Marguerite Allans Schlafgemächer lagen, spukte es: Der schwere Riegel an der Außentür am Ende des Flurs, erzählte mir Paul, habe die Eigenart, sich zu entriegeln, wenn niemand zusah. Selbst die Wachleute weigerten sich, dort nachts allein hineinzugehen. Wenn sie, zu zweit, ihre Runde machten und die Lichtkegel ihrer Taschenlampen die Dunkelheit durchstreiften, verschlossen und sicherten sie die Tür, dann flüchteten sie den Korridor hinunter in Sicherheit. Kaum dass sie um die Ecke gebogen waren, vernahmen sie ein unheilvolles »Klick«. Kehrten sie zurück, um nachzuschauen, fanden sie den Riegel unweigerlich zurückgeschoben, während die Tür träge in der Zugluft schwang. Paul lehnte sich vor und senkte die Stimme: »Es ist beinahe so, als will da jemand heraus. Jemand – oder *etwas*.«

Eines Nachts vor ein paar Jahren patrouillierten zwei von Pauls Kollegen durch den Flügel, als sie zufällig Lady Marguerite vor ihrem Schlafzimmer im Morgenmantel überraschten. Das war ein kleiner Schock, da die Lady doch bereits seit 50 Jahren tot ist. »Das ist mein Haus«, rief sie den beiden zu. »Verschwinden Sie.« Das Erste, was die beiden Männer am nächsten Morgen taten, war, ihre Kündigung einzureichen. »Einer von ihnen war ein ehemaliger Fallschirmspringer«, fügte Paul hinzu, »gebaut wie ein verdammter Kleiderschrank!«

Ich saß im Keller von Ravenscrag und stellte mir amüsiert die beiden entsetzten Wachmänner vor. Meine Gedanken wanderten zu einer Geschichte zurück, die ich am Morgen davor gehört hatte, und ich sann darüber nach, welche Verbindung es zwischen den beiden geben mochte.

꙰

Ich traf Janine Huard in der Kanzlei ihres Anwalts in Montreal gleich um die Ecke vom Ritz Carlton Hotel, wo Sir Henry Tizard mit kanadischen und amerikanischen Geheimdienstkollegen im Juni 1951 Techniken der Gehirnwäsche erörtert hatte. Irgendwie schien mir der Ort angemessen zu sein, schließlich stand Janines Geschichte mit jenem Treffen in Beziehung. Bei einer Tasse Tee erzählte sie mir, was mit ihr in Ravenscrag geschehen war. Es war bei weitem gruseliger als der Geist von Lady Marguerite Allan.

Die Geschichte fing damit an, dass Janine 1947 eine Tanzveranstaltung in der Victoria Hall in Montreal besuchte. Sie war erst 17, liebte Jazz und kam regelmäßig. Dieser Abend sollte sich wegen der beiden Männer, denen sie begegnete, als denkwürdig erweisen. Der erste war die Jazzlegende Oscar Peterson: »Ich schüttelte ihm die Hand! Können Sie sich das vorstellen? Oscar *Peterson*!«. Der zweite war sogar noch wichtiger: Es war der Mann, den Janine später heiraten sollte. Er hieß Bob, lebte in Ottawa, wo er eine Fabrik für Reinigungsprodukte hatte, und war der Bekannte einer Freundin. »Er sah *sehr* gut aus«, erzählte sie mir, »und hatte sehr gute Manieren: Ein sehr netter Mann.« Sie lehnte sich vor und flüsterte verschwörerisch: »Ich habe mich sofort in ihn verliebt!«

Fünf Jahre später, im Winter 1952, heirateten Janine und Bob in einer kleinen Kirche im Norden Montreals. Am Lake Placid verlebte das Paar kurze Flitterwochen: »Ja, es war kalt. Aber wenn man verliebt ist, macht einem das nichts aus!« Zweifellos fanden die Frischverheirateten einen Weg, um sich die Kälte vom Leib zu halten, denn sofort nach den Flitterwochen entdeckte Janine, dass sie schwanger war. Eins folgte auf das andere, sie wurde Hausfrau mit drei kleinen Kindern: Michelle, Pierre und François. Doch hier fand das Märchen sein Ende.

Nach Pierres Geburt ertaubte Janine auf einem Ohr. Ihr Arzt diagnostizierte Otosklerose – eine Erkrankung der Labyrinthkapsel im Innenohr – und verschrieb ihr ein lästiges Hörgerät. Aus Angst, ihr Baby nicht schreien zu hören, trug sie es auch nachts im Bett. Das war unbequem. Deswegen und ihrer notorischen Unruhe wegen litt sie an

Schlafmangel. Bald schlief sie überhaupt nicht mehr, verlor den Appetit und wurde depressiv.

Im März 1958 ermutigte Bob Janine, einen Arzt am Royal Victoria Hospital zu konsultieren, der sie seinerseits an den Oberarzt der Psychiatrischen Abteilung, Ewen D. Cameron, überwies.

Cameron war eine gewichtige Person in der kanadischen Psychiatrie. Von Geburt Schotte, war er 1929 emigriert und im September 1943 dem Ruf des berühmten Neurochirurgen Wilder Penfield an die McGill-Universität von Montreal gefolgt. Seine Aufgabe bestand darin, eine Psychiatrieabteilung in Ravenscrag aufzubauen, dem beeindruckenden Familiensitz der reichen Familie Allan, den Lady Marguerite Allan 1940 dem Royal Victoria Hospital vermacht hatte.

In den folgenden drei Jahren wurden die schönen Mosaikfußböden überdeckt, die Pfeiler eingerissen, die hohen, stuckgerahmten Decken tiefer eingezogen und das Gebäude in ein psychiatrisches Hospital verwandelt. Als es im Juli 1944 für den Betrieb öffnete, war das größte und opulenteste Privathaus des Landes dem Allan Memorial Institute gewichen.

Janines Depression wurde erfolgreich behandelt, und sie wurde im Mai 1958 nach Hause entlassen. Dann warfen sie etliche tragische Ereignisse wieder aus der Bahn. 1960 hatte sie eine Fehlgeburt, dann gebar sie ein viertes, gesundes Kind, Martine. Erschöpft von der Geburt, verordnete man ihr eine Woche Ruhe, während Martine zeitweilig auf eine Kinderstation kam. Dort zog sich der Säugling jedoch eine Virusinfektion zu. Janine war überzeugt, dass es ihre Schuld war.

Dieses Mal war die Depression ernster. Wieder ging sie ins Royal Victoria Hospital und wieder wurde sie ans Allan Memorial Institute überwiesen. Am 30. Oktober 1961, sechs Wochen nach Martines Geburt, begann Janines Behandlung, ab Februar 1962 wurde sie dort stationär behandelt. Abermals war Ewen Cameron ihr Arzt. Dieses Mal jedoch verlief ihre Behandlung weniger befriedigend.

∽

Cameron war ein ehrgeiziger Mann, der davon träumte, in der Psychiatrie eine Generalkur entwickeln zu können und dafür den Nobelpreis einzuheimsen. Zu diesem Zweck behandelte er seit seiner Ankunft am Allan Memorial Institut 1944 psychische Krankheiten mit neuen und häufig kontrovers diskutierten Methoden. Er praktizierte Medizin mit evangelikalem Eifer: Es gab wenig, was er nicht versucht hätte, um seine Patienten zu heilen. Bedauerlicherweise wurden seine Kuren mit der Zeit genauso schrecklich wie die Krankheiten, die sie heilen sollten.

Mit besonderem Enthusiasmus blickte er auf die Elektrokrampftherapie (EKT), auch Elektrokonvulsions- oder Elektroschocktherapie genannt. Bei dieser damals weit verbreiteten Methode zur Bekämpfung von Depressionen wurden dem Gehirn Elektroschocks verabreicht, die zu epilepsieartigen Krämpfen und zu Bewusstlosigkeit führten. Man kannte zwar den Wirkmechanismus von Elektroschocks nicht, doch wenn die Patienten wieder zu sich kamen, ging es ihnen danach manchmal besser. Es war so ungefähr wie bei einem Computer, den man nach einem Absturz ausschaltet, damit er wieder ordentlich hochfahren kann.

Unglücklicherweise war jedes Mal, wenn das Gehirn aus- und dann wieder angeschaltet wurde, dafür ein Preis zu entrichten: Gedächtnisverlust. Aus diesem Grund wurden Elektroschocks im Allgemeinen nicht häufig angewandt, und wenn, dann in möglichst niedriger Dosierung. Dann hatten die Patienten Zeit, sich von jedem Schock zu erholen, und die Ärzte konnten überwachen, wie viel von ihrem Gedächtnis verloren gegangen war. Niemand wollte den Menschen ihre Vergangenheit rauben.

Niemand – das heißt: außer Ewen Cameron. Schon früh während seiner Zeit am Allan Memorial Institut gelangte Cameron zu der Überzeugung, dass die Nebenwirkungen, die alle anderen Nervenärzte zu vermeiden suchten, der wichtigste Aspekt der Behandlung waren. Wenn es, so seine These, möglich war, das Gedächtnis mit Elektrizität auszulöschen, war es auch möglich, die ungesunden, sich wiederholenden Denkmuster der psychisch Kranken zu beseitigen. Chemotherapie zielte auf kranke Zellen; Cameron nahm krankes Denken aufs Korn. Das Ziel, schrieb er, sei es, »pathologische, im Gedächtnisspeichersystem aufbewahrte Verhaltensmuster zu zerstören«.

Um einen maximalen Gedächtnisverlust zu erreichen, wandte Cameron Elektroschocks in einer Weise an wie niemand sonst auf der Welt. Statt seinen Patienten einzelne Schocks zu verabreichen, um einen einzelnen Anfall herbeizuführen, wurden bei der sogenannten Page-Russell-Technik sechs Schocks in Folge gegeben, einer direkt nach dem anderen. Cameron hatte die Dosis erhöht: Die meisten Ärzte hielten eine Höchstdosis von etwa zwölf Schocks über vier Wochen für vertretbar; Cameron gab zwei Page-Russell-Folgen pro Tag, jeden Tag, über einen anfänglichen Zeitraum von 30 Tagen – und, in vielen Fällen, weit länger.

Die Folge war ein beträchtlicher, manchmal vollständiger Gedächtnisverlust. Camerons Patienten wurden so lange mit Schocks traktiert, bis sie nicht mehr wussten, wer sie waren, wo sie waren und warum sie dort waren. In dieser »dritten Phase«, der Amnesie nach der Elektroschockbehandlung, verloren die Patienten, wie er seinen Studenten sagte, jedes Gefühl für das »Raum-Zeit-Bild« – erst danach könne die »Reorganisation einsetzen«. Die Patienten, desorientiert und verwirrt, in den Zustand von Vorschulkindern zurückgeworfen, machten ins Bett, lutschten am Daumen, weinten und mussten gefüttert werden. Cameron, dem bewusst war, dass diese intensive Elektroschockbehandlung ihr Gedächtnis und ihre Persönlichkeitszüge auslöschte, nannte die Technik »Annihilation«.

Diesem Regime musste sich auch Janine Huard, die depressive Mutter von vier Kindern, im Oktober 1961 unterwerfen.

Niemand erklärte ihr, was es mit den Elektroschocks auf sich hatte. Man nannte es »Therapie«. Alles, was sie wusste, war, dass sie eines Morgens nichts essen durfte, auf eine Trage gelegt und in einen seltsamen Raum gerollt wurde. Man schob ihr einen Gummikeil zwischen die Zähne, um zu verhindern, dass sie sich während der Konvulsionen auf die Zunge biss. Um die Trage versammelten sich Männer, die sie festhielten. Sie dachte, dass man sie umbringen wollte. »Es war, als würden sie mich auf den elektrischen Stuhl setzen, wissen Sie. Das schoss mir durch den Kopf.«

Janine fühlte den Schock nicht. Niemand fühlte ihn. Doch als sie Stunden später wieder zu sich kam, spürte sie die Wirkung und schwor sich, das nie wieder über sich ergehen zu lassen. Am nächsten Tag tat sie es doch. Als sie sich beklagen wollte, hörte ihr niemand zu. »Ich war eine Kämpferin«, sagte sie mir und ballte die Faust, »und ich war es gewohnt, mich zu wehren! Widerstand zu leisten! Sehr!« Für Cameron war die Tatsache, dass Janine nicht kooperierte, unerheblich – wenn nicht gar ein Beleg dafür, dass ihr Geist nicht richtig arbeitete und ihre kranken Gedankenmuster zerstört werden mussten. Sie schaute einen Augenblick schweigend in ihre leere Teetasse. »Also haben sie mich nach unten gedrückt.«

So schrecklich es heute klingen mag, war »Annihilation« nicht das wahre Ziel der Prozedur. Cameron wusste, dass man Menschen nicht einfach in Stumpfsinnige verwandeln und nach Hause schicken konnte.

Der eigentliche Trick lag darin, die kranken Gedankenmuster durch gesunde zu *ersetzen*. Und hier wurde seine Behandlung wirklich revolutionär.

Ewen Cameron, ein von Natur aus ungeduldiger Mann, betrachtete die konventionelle Psychotherapie als zeitaufwändig und häufig unproduktiv. Warum mussten Psychiater so viele Stunden damit verbringen, dem zusammenhanglosen Gerede ihrer Patienten zu lauschen? Da musste es doch einen besseren Weg geben. Dann kam ihm ein Geistesblitz. Warum konnte nicht ein Tonbandgerät das Zuhören übernehmen? In der Meinung, dass ihn jede Methode zur Beschleunigung des Prozesses schneller voranbringen würde, kaufte er ein frühes, schrankgroßes Tonbandgerät und fing an, die Therapiesitzungen seiner Patienten mitzuschneiden. Tonbandgeräte, beschloss er, würden die Psychiatrie revolutionieren. Wenn sich die Idee bezahlt machte, mussten die Psychiater bei den Therapiesitzungen womöglich nicht einmal mehr anwesend sein: Er könnte schlicht einige Standardinstruktionen aufnehmen und die Patienten Bänder hören lassen. Die automatisierte Psychotherapie schien in Reichweite zu sein.

Der erste Patient, der in den Genuss der neuen Technik kam, war eine 40-jährige Frankokanadierin. 1953 nahm Cameron von ihr während einer Therapiesitzung die Aussage auf, dass ihre Mutter damit gedroht hatte, sie als Kind zu verlassen. Dann schnitt er die relevante Passage heraus und machte eine Endlosschleife daraus. Er bat die Patientin, Platz zu nehmen und sich anzuhören, was sie gesagt hatte.

Nach 19 Wiederholungen geriet die Frau außer sich. »Geht das jetzt die ganze Zeit so weiter?«, fragte sie ihn. »Ich will das nicht mehr hören. Es raubt mir den Nerv. Schauen Sie, wie ich zittere.« 20 Wiederholungen später versuchte sie es mit Überredung und bat inständig darum, das Band zu stoppen. Er weigerte sich. Nach 45 Wiederholungen brach sie völlig zusammen, und all ihre Probleme strömten nur so aus ihr heraus. Weitere Experimente offenbarten, dass Patienten des Instituts »Unbehagen, Widerwillen und Abscheu« empfanden, wenn man ihnen wiederholt ihre eigenen Stimmen vorspielte.

Als ein anderer Patient, den Cameron gezwungen hatte, seiner eigenen Stimme zu lauschen, ihm sagte, dass er nur mit Mühe aufhören könne, darüber nachzudenken, schrieb der Psychiater aufgeregt, er habe endlich »etwas gefunden, das *wirklich* etwas bewirkt«. Was genau es bewirkte, wusste er nicht. Aber er war entschlossen, es herauszufinden. Sicher, dachte er, hatte es etwas mit der Anzahl der Wiederholungen zu tun. Patienten, die ihre eigene Stimme nur einmal hörten, reagierten kaum; die Dosis musste erhöht werden, um bedeutsame Ergebnisse zu erzielen. »Wenn diese Sache nach 30 Wiederholungen wirkte«, schrieb Cameron, »war es nur gesunder Menschenverstand, zu überprüfen, was geschehen würde, wenn die Wiederholungen um das Zehnfache, Hundertfache oder mehr gesteigert würden.«

Er kam zu dem Schluss, dass die Wiederholungen zwar ins Unterbewusstsein vordrangen, die Patienten den Klang ihrer eigenen endlos abgespielten Stimme aber nicht mochten – und an diesem Punkt eilte ihm das Glück zu Hilfe. Im März 1948 stieß er auf eine Anzeige über »Lernen im Schlaf«. Der Anzeige zufolge war es möglich, Schlafenden wiederholt Botschaften vorzuspielen, um ihr Unterbewusstsein zu zwingen, neue Informationen aufzunehmen.

⁖

Die Vorstellung stammte aus der Welt der Science Fiction und hatte 1911 ihr Debut in einem kurzen Roman von Hugo Gernsback mit dem Titel *Ralph 124C 41+* gefeiert. Darin erhielten Individuen ein Stirnband, das elektrische Impulse direkt in ihr Gehirn übertrug. Die betreffende Maschine hieß Hypnobioskop. In passivem Zustand, schrieb Gernsback, nehme das Gehirn die Eindrücke sehr rasch und mechanisch auf.

Andere Schriftsteller griffen die fiktive Technik bald auf. Der berühmteste von ihnen war Aldous Huxley, der sie in *Schöne neue Welt* als einen Weg porträtierte, menschliche Babys zu indoktrinieren. Bald würden, spekulierte er, alle Kopfkissen in Krankenhäusern mit Lautsprechern zur Übertragung von Botschaften ausgerüstet sein, die vom Gehirn während des Schlafes aufgenommen würden. Die Technik, die er Hypnopädie nannte, würde möglicherweise zur »größten moralisierenden und sozialisierenden Kraft aller Zeiten« werden.

Kurz nach dem Erscheinen von *Schöne neue Welt* 1932 meldete sich ein amerikanischer Geschäftsmann namens Max Sherover bei dem Unternehmen British Linguaphone – und aus der Wissenschaftsfiktion wurde ein Wissenschaftsfaktum. Linguaphone verkaufte Schallplatten mit Fremdsprachenkursen, doch Sherover hatte anderes damit im Sinn. Was würde passieren, fragte er sich, wenn man Linguaphone-Platten über Nacht abspielte, während der Lernende schlief? Er kaufte die amerikanischen Rechte an der Firma und machte sich daran, einen Apparat für nächtliches Lernen zu bauen, indem er ein herkömmliches

Grammophon mit einer Zeitschaltuhr ausrüstete, damit es sich selbst bei Nacht ohne menschliches Zutun an und ausschalten konnte.

Sherovers Gerät wurde 1942 in einem Sommercamp für New Yorker Jungen getestet. Einen Monat lang wurde 20 zwanghaften Nägelkauern der Satz »Meine Fingernägel sind schrecklich bitter« vorgespielt – 600 Mal pro Nacht. Am Ende des Sommers, berichtete Sherover, hatten acht von den 20 die Angewohnheit aufgegeben.

Für ihn stand es nun außer Frage, einen Durchbruch auf dem Gebiet des menschlichen Lernens erzielt zu haben. Hurtig benannte er seine Erfindung in »Cerebrophone« um und brachte sie auf den amerikanischen Markt, begleitet von einer Werbekampagne, in der die wundersame Wirkung des Lernens im Schlaf, »Dormiphonics« genannt, angepriesen wurde. Laut Werbung hatte ein spanischer Opernsänger sich mit dem Apparat fließend Italienisch beigebracht und war später auf der ganzen Welt aufgetreten, ohne dass ein einziger Zuhörer seinen spanischen Akzent bemerkt hätte. Einer Deutschen war es angeblich geglückt, ihren Akzent beim Englischsprechen zu beseitigen, indem sie im Schlaf dem Lied »The White Cliffs of Dover« lauschte. Lernen, so die Glücksverheißung, war von nun an keine Frage der Selbstdisziplin und Anstrengung mehr. »Die Lektion wird automatisch wiederholt«, verkündete Sherover, sie wiege den Zuhörer in den Schlaf und »sinke tiefer und tiefer in das Unterbewusstsein«.

॰⁓

Da Ewen Cameron Science Fiction liebte, ist es durchaus möglich, dass die Idee des Lernens im Schlaf nicht neu für ihn war, doch erst Sherovers Cerebrophone-Anzeige weckte seine Neugier. Er bat einen seiner Mitarbeiter, Lloyd Hisey, der Sache nachzugehen. Hisey nahm Kontakt zu Sherover auf, der bestätigte, dass man im Schlaf alles lernen könne, von Musik über Sprachen bis hin zum Morse-Alphabet. Für den Schlaflernapparat verlangte er 120 Dollar.

Die Idee traf offensichtlich einen Nerv. Vielleicht, räsonierte Cameron, wäre es besser, die Tonbandaufzeichnungen der Patienten endlos zu wiederholen, während diese schliefen. Auf diese Weise würde er zwei Fliegen mit einer Klappe schlagen: Die schlafenden Patienten benötigten während der Wiederholungen keine Aufsicht, und die Plackerei wäre vorüber, bevor sie zum Frühstück aufstünden.

Statt 120 Dollar für ein Cerebrophone lockerzumachen, bat Cameron einen seiner technischen Assistenten, einen britischen Ingenieur namens Leonard Rubenstein, ihm in der Werkstatt, die in den ehemaligen Stallungen von Ravenscrag untergebracht war, ein Tonbandgerät zu modifizieren. Es war eine sehr schlichte Prozedur: Cameron suchte Sätze heraus, die er den Patienten wiederholt vorspielen wollte, und Rubenstein schnitt sie aus den Bändern und fertigte daraus Endlosschleifen an, die ununterbrochen im Kreis liefen.

Maurice Dongier, der Anfang der 50er Jahre am Allan Memorial Institute arbeitete, erinnert sich an die frühen Experimente mit automatisierter Psychotherapie: »Er ließ Lautsprecher in den Kopfkissen der Patienten unterbringen. Während sie schliefen, wurden Suggestionen vom Band abgespielt. So ließ er einen Patienten etwa sagen: ›Nein, es stimmt nicht, dass meine Schwiegermutter mich vergiften will. Sie ist eine sehr nette Frau.‹ Das ging dann die ganze Nacht ständig so weiter.«

Um herauszufinden, ob die wiederholten Suggestionen irgendeine Wirkung hatten, ersannen Cameron und seine Kollegen ein Experiment. Peter Roper zufolge, der damals ebenfalls mit Cameron zusammenarbeitete, wurde einem Patienten wiederholt eine warnende Suggestion vorgespielt: »Ihre Hand wird immer heißer und heißer.« Währenddessen maß ein Fühler an der Hand die physiologische Wirkung. Es wurde kein Anstieg der Temperatur verzeichnet. Doch dann, plötzlich, geschah etwas. »Ich erinnere mich, dass der Patient [der Botschaft] lauschte, dass er sich den Kopfhörer vom Kopf riss und aus dem Krankenhaus rannte«, erzählt Roper lachend. »Wir begriffen nicht, warum, doch er rief: ›Das Haus brennt!‹ *Einen* Effekt also hatte es.«

Cameron war nun überzeugt, an etwas dran zu sein, und machte sich daran, eine wirksame Behandlungsmethode zu ersinnen. Erstens sollten, wie er glaubte, die Gedanken durch Elektroschockbehandlung »annihiliert« werden, bevor das Gehirn mit den Botschaften des Therapeuten gesättigt wurde, um die ausgelöschten kranken Denkprozesse zu ersetzen. Die Botschaften sollten sowohl bei Tage abgespielt werden, wenn die Patienten wach waren, als auch bei Nacht, wenn sie schliefen. Er taufte die Methode *psychic driving*, »psychische Steuerung«.

Die Botschaften wechselten. Anfänglich hielt man es für das Beste, den Patienten ihre eigenen Stimmen vorzuspielen (»autopsychische Steuerung«), doch zogen Cameron und seine Mitarbeiter es alsbald vor, selber die passenden Botschaften für sie aufzunehmen (»heteropsychische Steuerung«). »Er hatte ein ›Negativband‹, wie er es nannte«, erinnert sich Roper, »das ging so: ›Mit Ihnen stimmt etwas nicht, niemand mag Sie. Sie haben ernste Probleme.‹ Dann gab es auch ein positives:

›Die Menschen mögen Sie. Sie mögen die Menschen.‹ Er hatte ein Programm, bei dem er manchmal zuerst das Negativ- und dann das Positivband spielte.«

Die Beispiele für die Botschaften sind etwas verwirrend. Val Orlikow, Frau des kanadischen Parlamentsabgeordneten David Orlikow, kam Ende 1956 mit postnataler Depression ins Allan Memorial Institute und erhielt die Steuerungsbotschaft: »Ist Ihnen klar, dass Sie eine sehr feindselige Person sind? Wissen Sie, dass Sie feindselig zu den Schwestern sind? Wissen Sie, dass Sie feindselig zu den Patienten sind? Warum, glauben Sie, sind Sie so feindselig? Haben Sie Ihre Mutter gehasst? Haben Sie Ihren Vater gehasst?«

Lou Weinstein, ein Geschäftsmann aus Montreal, der sich 1954 wegen Panikattacken und Kurzatmigkeit einliefern ließ, wurde mit einer positiven Steuerungsbotschaft therapiert: »Sie begegnen den Menschen mit Freundlichkeit. Es gefällt Ihnen, anderen nahe zu sein. Sie fühlen sich sauber und ordentlich. Wenn Sie Papier auf dem Boden sehen, heben Sie es auf.«

Für Cameron war klar, dass die Wirkung umso heilsamer sein musste, je häufiger die Botschaft wiederholt wurde. Bald wurden die Botschaften bis zu 20 Stunden am Tag pausenlos abgespielt. Krankenakten belegen, dass manche Patienten bis zu einer halben Million Wiederholungen derselben Botschaft ertragen mussten. Das Resultat war nach Camerons Ansicht eine Sättigung des Gehirns mit Information, die zu einer Katharsis führte. »Wenn sie [die Sinne] beständig überfrachtet werden«, schrieb Cameron, »ist ihr Zusammenbruch zu erwarten – so wie analog dazu der Zusammenbruch eines Individuums unter ständiger Befragung.«

Lou Weinstein schien ein Beweis dieser These zu sein. Ihm wurde seine Steuerungsbotschaft 54 Tage lang vorgespielt. Am Ende hatte er wilde Halluzinationen, schaute unter seine Bettdecke und forderte imaginäre Tiere auf, sie sollten »dort herauskommen«. Als ihn die Krankenschwester fragte, mit wem er spreche, antwortete er, dass er mit den Hunden und Vögeln rede, die in seinem Zimmer lebten. Dann verstummte er, wandte sich von der Schwester ab und den Tieren zu. »Beobachtet ihr sie?«, fragte er sie argwöhnisch.

Als die Methode erste Wirkung zeigte, wurden die Versuche intensiviert. In den Stallungen von Ravenscrag entwickelte Leonard Rubenstein ein System, das simultan acht verschiedene Bandschleifen gleichzeitig acht Patienten vorspielen konnte, jedem in einem anderen

Zimmer. 1955 kniete sich Cameron vollauf in seine neue Technik und brüstete sich, in den vorangehenden zwei Jahren »über 100 Patienten auf diese Weise erfolgreich einer Gehirnwäsche – nach kanadischer Art – unterzogen« zu haben.

Zugegebenermaßen hatte die Methode ein paar Kinderkrankheiten. Es fing damit an, wie man Patienten überreden sollte, öden, sich ewig wiederholenden Botschaften zuzuhören, während sie wach waren. Zuerst sagte man ihnen, sie sollten still sitzen und den Bändern in ihren Zimmern lauschen, doch wenn jeder eine andere Botschaft hörte, wurde es laut auf dem Flur. Vor allem neigten sie dazu, sich zu langweilen und nach ein paar Stunden wegzugehen.

Vielleicht, fragte sich Cameron, waren Kopfhörer die Antwort. Sie waren nicht nur leiser, sondern hatten auch den Vorteil, dass sie den Patienten den Eindruck vermittelten, die Botschaften kämen aus ihrem Kopf. Die Idee bewährte sich – bis zu einem gewissen Grad. Es blieb das Problem, dass Patienten sie irgendwann abnahmen und sich weigerten, den Botschaften weiterhin zuzuhören. Um dem zu begegnen, baute Rubenstein Kopfhörer in lederne American Football-Helme ein, die dann am Kopf des Patienten festgebunden wurden. Bald waren die Flügel des Allan Memorial Institute von dem bizarren Spektakel der Patienten erfüllt, die, ihrer Erinnerung durch Elektroschocks beraubt, aufgeschnallte Lederhelme trugen, unter denen sie dem Klang ihrer eigenen Stimmen nicht mehr entfliehen konnten.

Einige Patienten sträubten sich noch immer gegen ihre Medizin und rissen sich ihre Helme gewaltsam vom Kopf. Cameron beschloss, dass die einzige Möglichkeit, wie man sie zum Hören ihrer psychischen Steuerungsbotschaften bringen konnte, darin bestand, sie zwangsweise zu immobilisieren. Das beste Mittel dazu waren Drogen.

In den folgenden 15 Jahren immobilisierte er Patienten mit einer Unzahl von Medikamenten, darunter den »Wahrheitsdrogen« Amobarbital und Thiopental, LSD, Meskalin, Phencyclidin (Angel Dust), Chlorpromazin, Psilocybin und so ziemlich allem anderen, was ihm in die Hand fiel. Val Orlikow, die Abgeordnetengattin mit postnataler Depression, deren negative Steuerungsbotschaft sie fragte, warum sie ihre Eltern hasste, erhielt im Laufe von zwei Monaten 14 Mal einen Cocktail von Amphetaminen gemischt mit LSD. Kein einziges Mal teilte man ihr mit, welche Wirkung diese Drogen hatten. Nach den Injektionen unbeaufsichtigt gelassen, glaubte sie bald, dass ihre Knochen schmelzen würden, und sie versuchte, die Wände ihres Zimmers hochzuklettern. »Es

Schlaf 251

war entsetzlich«, sagte sie später dem investigativen Journalisten John Marks. »Man hat Angst, irgendwo hingelangt zu sein, von wo man nie mehr zurückkommen kann.« Eine weitere Komponente, die Cameron mit seiner psychischen Steuerung kombinierte, war das südamerikanische Gift Curare. In der richtigen Dosis lähmte Curare den Körper der Patienten, während ihr Geist wach blieb – sodass sie der aufgezeichneten Botschaft nicht mehr entgehen konnten.

∽

Janine Huard befand sich in ihrem Zimmer, als ihre psychische Steuerung begann. »Da stand so ein Apparat neben meinem Bett, und ich fragte: ›Was ist das?‹«, erinnert sie sich. »Die Krankenschwester sagte: ›Das müssen Sie sich anhören.‹ Ich antwortete ihr: ›Nein, nein, nein! Wir sind doch nicht in Russland! Ich muss mir gar nichts anhören!‹«

Sie tat es dann doch. 50 Jahre später kann sie noch immer nicht ihre negative Steuerungsbotschaft vergessen: »Janine«, ermahnte sie die Stimme, »du läufst vor der Verantwortung davon! Warum? Du willst dich nicht um deinen Ehemann kümmern! Warum? Du willst dich nicht um deine Kinder kümmern! Warum? Warum, Janine? Warum?« Nach einigen Wochen erhielt sie ihre positive Steuerungsbotschaft, praktisch die Umkehrung der negativen, doch mit der hinzugefügten Instruktion: »Wenn du Papier auf dem Boden liegen siehst, hebst du es auf.«

Um sie zum Zuhören zu zwingen, wurde sie mit Drogen immobilisiert, einschließlich – zumindest bei einer Gelegenheit – Curare. Mehrfach wurden die Medikamente, die man bei ihr einsetzte, nicht namentlich, sondern nur mit Nummern benannt. Akten belegen, dass sie RO-41038 und G-2235 erhielt, Chlorpromazin und Amobarbital – aber das beliebteste Mittel scheint Distickstoffmonoxid (Lachgas) gewesen zu sein, das mithilfe einer Maske verabreicht wurde, die auf ihrem Gesicht festgebunden war, sodass sie sie nicht abnehmen konnte.

»Ich versuchte, nicht zuzuhören, aber es war so schwer«, sagt sie heute. »Wenn man etwas in den Ohren hat … Es war so laut! Ich weiß nicht, ob ich von den Pillen schlief, aber man kann an nichts anderes denken, selbst wenn man es möchte. Ich versuchte, nicht zu denken. In meinem Inneren sagte ich mir: ›Ich werde mir das nicht anhören.‹ Aber wie schafft man das?«

Janine hörte die Botschaft auch unter Einfluss von LSD. Überzeugt, dass sie dabei war, wahnsinnig zu werden, kroch sie in ihrem Zimmer herum und versuchte, sich in den Ecken zu verstecken. Als die Krankenschwestern hereinkamen, um nach ihr zu schauen, nahmen sie grässliche Ausmaße an, und sie kauerte sich wie ein verängstigtes Kind in die Ecke. Irgendwann, erinnert sie sich, ließ ihr eine Schwester ein Sandwich da, dann verschloss sie die Tür. Das Sandwich löste bei ihr Verfolgungswahn aus: Da sie es nicht essen wollte und es nicht ertrug, es anzuschauen, hob sie die Matratze hoch und verbarg es. Und die ganze Zeit hörte sie die Botschaft: »Du kümmerst dich *gerne* um deine Kinder, Janine! Du kümmerst dich *gerne* um deinen Ehemann! Wenn du Papier auf dem Boden liegen siehst, hebst du es auf!«

»Ich dachte, dass sie mich in den Wahnsinn treiben wollten«, erinnert sie sich. »Ich ertappte mich, wie ich nach Papier auf dem Boden suchte, ohne zu wissen, warum.«

Manchmal versuchte Janine, aus dem Zimmer zu entkommen, aber in der Regel war die Tür verschlossen. Nur ein einziges Mal konnte sie fliehen; sie schaffte es bis hinunter in die Cafeteria im Erdgeschoss, um einen Kaffee zu trinken. Cameron fand sie in der Eingangshalle. »Janine!«, sagte er. »Gehen Sie doch zurück! Gehen Sie und hören Sie zu!« Als sie Einspruch erhob, legte er ihr den Arm um die Schulter und wurde väterlich. »Janine!«, seufzte er. »*Wollen* Sie denn nicht gesund werden?«

~

Weil er es immer wieder mit unnachgiebigen, unkooperativen Patienten zu tun hatte, verfiel Cameron bald auf die Idee, dass man sie am besten zum Zuhören bringen könnte, wenn man sie in einen tiefen, chemischen Schlaf versetzte. Der Schlaf immobilisierte die Patienten nachhaltig, und er schien sie noch empfänglicher für die Programmierung zu machen. Wonach er strebe, schrieb er, sei die Auslöschung der Gedanken und ihre Ersetzung durch neue, gesunde Denkmuster, die er als »dynamisches Implantat« bezeichnete. Camerons Versuch, seine Ansichten seinen bewegungsunfähigen Patienten einzuflößen, resultierte in einer Kernversion von Max Sherovers Lernen-im-Schlaf-Methode.

Er richtete Schlafsäle ein, in denen Gruppen von Patienten wochen- oder sogar monatelang sediert wurden, um ohne Unterbrechung ihrer Steuerungsbotschaft zu lauschen. Die Patienten wurden mit einem Cocktail starker Sedative für Phasen von 15 bis 30 Tagen betäubt, während deren ihnen ihre Steuerungsbotschaften beständig über kleine Lautsprecher unter den Kissen vorgespielt wurden. Sie wurden nur für ein paar Stunden pro Tag geweckt, um Elektroschocks zu erhalten, zur Toilette gebracht zu werden und zu essen. Andere wurden noch länger schlafen gelegt. Charles Pagé kam für 36 Tage in einen Schlafsaal und musste sich 31 Tage lang seine Steuerungsbotschaften anhören.

Wachten die Patienten bei falscher Dosierung auf, stiegen sie manchmal aus dem Bett und versuchten, zu türmen, wie Janine es getan hatte. Regelmäßig brach im Allan Memorial Institute Panik aus, weil ein Patient verschwunden war, den man schließlich irgendwo fand, durch die Flure stolpernd, inkontinent, auf der Suche nach einem Weg nach draußen. Man brachte ihn zurück ins Bett, sedierte ihn und packte ihn wieder schön ein.

An ein paar Unglücklichen wurden andere experimentelle Techniken ausprobiert. Mindestens einem Mann band man Kupferdrähte um die Beine, die mit einer Batterie verbunden waren und ihm am Ende einer jeden Steuerungsbotschaft einen Stromstoß versetzten. Das stellte sicher, dass er, obwohl ruhig gestellt, nie schlafen und somit den Botschaften nie entgehen konnte.

In seinen ersten diesbezüglichen Aufzeichnungen hatte Cameron noch dafür plädiert, die Steuerungsbotschaften für eine Dauer von 15 Minuten pro Tag vorzuspielen. Diesen Zeitraum weitete er bald auf 15 Stunden pro Tag aus. Negative Botschaften wurden bis zu 60 Tage lang endlos wiederholt, und manche Akten berichten davon, dass einigen Patienten positive Steuerungsbotschaften bis zu drei Monate lang vorgespielt wurden. Im Fall von Mary C., einer 52-jährigen Depressiven, die der Behandlung 101 Tage ausgesetzt war, notierte Cameron: »Es konnten keine positiven Resultate erzielt werden.«

Doch die Behandlungen gingen weiter. Schließlich demonstrierte die Methode, wie Cameron im Juli 1959 berichtete, eindeutig, »dass sich die Reorganisation der Persönlichkeit bewerkstelligen lässt, ohne dass es notwendig wäre, Konflikte zu lösen, Abreaktionen herbeizuführen oder vergangene Erfahrungen erneut zu durchleben.« Es war ein Durchbruch.

Das Finsterste an dieser ganzen Affäre waren jedoch nicht Camerons Vorstellungen, sondern der Preis, den die Patienten für seine Behandlungsmethoden zahlen mussten.

~

Ewen Cameron war ein emsiger Mann, wenn es darum ging, die Presse für sich einzuspannen. Er hatte Hunderte von wissenschaftlichen Artikeln für verschiedene akademische Zeitschriften verfasst und verpasste keine Gelegenheit, sich selbst, sein Krankenhaus und seine neuen Theorien in Magazinen und Zeitungen ins rechte Licht zu rücken – er heuerte sogar einen PR-Mann an, Fred Poland, um sicherzustellen, dass über das Allan Memorial Institute ausgiebig berichtet wurde. 1955 gab er dem kanadischen Magazin *Weekend* ein Interview, in dem er zugab, dass er mit seinen Patienten im Wesentlichen dasselbe anstellte wie die Sowjets mit ihrer neuen Methode der »Gehirnwäsche«. Die Ärzte an seinem Institut, sagte er dem Reporter, »sehen sich vielfach denselben Problemen gegenüber wie professionelle Gehirnwäscher. Kriegsgefangene sträuben sich gegen Vernehmungen – und fast jeder Patient versucht, sich durch bewusstes Weghören gegen die unangenehme Wirkung seiner eigenen Stimme zu wehren.«

»Gehirnwäsche« und »Psychiatrie«, das war eine interessante Analogie, und Cameron benutzte sie für den Rest seines Lebens. Sie rief das Interesse aller möglichen, üblicherweise nicht mit psychischen Krankheiten befassten Leute wach. Es war vielleicht vorhersehbar, dass die Central Intelligence Agency ganz vorne in der Schlange stand.

Seit einige Zeit hegte die CIA Interesse an Arbeiten, wie sie Cameron betrieb. Von besonderem Interesse war die Amnesie. Es wäre doch bequem, dachte sich der Geheimdienst, wenn man ein Mittel fände, um Menschen Geheimnisse vergessen zu lassen. Die CIA hatte ein ewiges Problem mit Agenten, die sie nicht mehr brauchte. Diese Leute konnten nicht einfach entlassen werden – sie wussten zu viel. Leider war die einzige Alternative zu ihrer Entlassung ihre Einkerkerung. Aber wohin sollte man sie wegsperren? Und für wie lange? Und wie viel würde das kosten?

Im März 1951 bat ein Memorandum um Vorschläge, wie dieses vertrackte Problem gelöst werden könnte. Das Memo mit dem Titel »Entsorgung« warnte, dass gewisse Kategorien von Leuten – darunter »verbrannte Agenten, abgeschöpfte Agenten [und] schwierige Überläufer, die womöglich wieder zurückwollen« – für den Geheimdienst eine große Bedrohung darstellten. Es bestehe ein klarer Bedarf »für eine Methode, solche Leute so zu behandeln, dass bei ihnen eine zeitweilige Amnesie von ungefähr einem Jahr ausgelöst wird«. Die Anfrage wurde mit der Bitte um Kommentare in den ARTICHOKE-Verteiler eingespeist.

Eine kurze Zeitlang hatten Mitarbeiter des Geheimdienstes die Idee erörtert, ehemalige Agenten einer Lobotomie zu unterziehen, doch die

Methode wurde bald als zu kompliziert und unpraktisch verworfen: »Jede Operation erfordert umständliche Ausrüstung …, neurochirurgisches Fachwissen …, einen Anästhesisten und eine Schwester.« Kam hinzu, dass sich auch in Geheimdienstkreisen Stimmen regten, die die Lobotomie für unmoralisch hielten. »Krieg ist ein grausames Geschäft«, erklärte ein Offizier, aber »es sollten und können andere Mittel gefunden werden.«

Im Juli 1953, als ein ehemaliger CIA-Offizier, ein chronischer Alkoholiker, sich in Texas einer Gehirnoperation unterziehen musste, wurde das Thema dringlicher. Der Mann befürchtete selber, dass er unter Narkose sensible Informationen preisgeben könnte, und bat daher um die Anwesenheit eines CIA-Agenten. Wie befürchtet sprach er während der Anästhesie »ausgiebig« und offenbarte eine Reihe von »internen Problemen des Geheimdienstes«. Glücklicherweise war die CIA vorbereitet und hatte Ärzte und Schwestern im Voraus durchleuchtet, aber der Vorfall warf eine Frage auf: Was, wenn CIA-Mitarbeiter – selbst verlässliche – unter Narkose plauderten? Man konnte sie schlecht alle für den Rest ihres Lebens überwachen.

»Einige Beschäftigte des Geheimdienstes«, erklärte ein Offizier bei einer ARTICHOKE-Sitzung am 15. Juli, »müssen eine enorme Menge geheimen Wissens haben.« Vielleicht wäre es möglich, einen Weg zu finden, sie dieses Wissen vergessen zu lassen, sobald sie die CIA verlassen hatten. »Wenn sich irgendein Weg finden ließe, um für diese Art von Information eine Amnesie zu erzeugen«, schloss der Offizier, »wäre das ein beachtlicher Fortschritt.«

Man erinnerte daran, dass eine Möglichkeit, Menschen die Erinnerung zu nehmen, darin bestand, ihnen heftig auf den Kopf zu schlagen. Im Januar 1956 rief die CIA in dem Versuch, diese Entdeckung bestmöglich zu verwerten, das MKULTRA-Unterprojekt 54 ins Leben. Es sollte die Möglichkeiten ergründen, wie man Zielpersonen am besten Gehirnerschütterungen beibringen konnte, und führte zu ein paar einschlägigen Erfindungen, darunter »ein bratpfannenförmiger [mit Leder umkleideter, bleierner] Totschläger mit einer hohen Aufprallwucht« und »verborgene oder getarnte Springvorrichtungen, die bei Berührung mit dem Kopf ausgelöst werden«. Es tat sich jedoch eine entscheidende Hürde auf, als diese Erfindungen erprobt werden sollten: Seltsamerweise meldeten sich dafür keine Freiwilligen aus dem Geheimdienst. Schließlich wurden die Systeme an mit Flüssigkeit gefüllten Schädeln auf einem »Prügelprüfstand« getestet. Als diese Experimente abgeschlossen waren, erprobte man die Ausrüstung an menschlichen Leichen.

Das Problem war, dass die Trennlinie zwischen einem Schlag auf den Kopf, durch den jemand sein Gedächtnis verliert, und einem Schlag auf den Kopf, durch den jemand tot umfällt, einfach zu schmal ist. Selbst die skrupellosesten Optimisten mussten einräumen, dass die Technik in grauenhafter Weise fehlschlagen konnte. Man forschte in der Folge nach technisch höherstehenden Lösungen, aber auch sie hatten ihre Mängel. Man untersuchte den Einsatz von Überschalldruck und Radarwellen. So berichtete 1977 Charles Geschickter von der Georgetown Universitätsklinik in Washington, D.C., einem Senatsausschuss, wie die Idee funktionierte:

> Geschickter: Die andere [Methode] war ... der Einsatz von Radar, um Affen in Schlaf zu versetzen. Man wollte sehen, ob sie, wie soll ich sagen, statt den K.O.-Schlägen, ob man sie mit Radar, mit dem man auf das Gehirn der Affen zielte, umhauen konnte.
> Senator Schweiker: Und, gelang das?
> Geschickter: Ja, Sir. Aber, Senator, es zeigte sich, dass, wenn man einen zu tiefen Schlaf erzeugte, das Wärmezentrum im Gehirn beschädigt wurde, so wie beim Kochen von Fleisch.

Da die Ermordung von CIA-Offizieren oder das Kochen ihrer Hirne nicht zum geheimdienstlichen Auftrag gehörte, dauerte es nicht lange, bis ein Beratergremium zu dem Schluss kam, es lieber bleiben zu lassen. »Unsere Berater stützen nachdrücklich die Auffassung von ARTI-CHOKE«, resümiert ein Dokument von 1956, »dass eine echte Amnesie nicht garantiert werden kann, wenn man dem Individuum nicht gerade den Hals durchschneidet.«

Doch es gab noch eine weitere Möglichkeit: Elektrizität. Im Dezember 1951 schlug ein Experte des Geheimdienstes Elektroschocks als Mittel bei Verhören vor. Er schrieb seinen Führungsagenten, dass geringe Schocks in niedriger Dosierung, die nicht ausreichen, um einen Kollaps zu verursachen, marternde Schmerzen verursachen, als »stünde der ganze Kopf in Flammen«. Die Prozedur habe anscheinend »den Effekt, einen Mann zum Reden zu bringen«, und es gebe, wie der Experte hilfreich anmerkte, einen tragbaren Elektroschock-Apparat auf dem Markt, der sich für solche Zwecke eignen könne.

Der Experte warnte seinen Führungsagenten im Laufe der weiteren Erörterung aber auch unmissverständlich, dass bei der Elektroschock-Behandlung des Gehirns Vorsicht angezeigt sei. Ein kleiner Schock mochte dem Verhör auf die Sprünge helfen; wenn man aber hohe Dosen anwende, habe man es am Ende mit einem Menschen auf dem »Niveau bloßen Vegetierens« zu tun. Diese Information, verbunden mit einer weiteren Anfrage von 1956, die darauf hinwies, dass die Erzeugung von Amnesie von »äußerst großer Bedeutung« sei, scheint CIA-Offiziere elektrisiert zu haben. Sie fingen an, die Idee zu verfolgen, wie man mithilfe von Elektrizität Menschen dazu zwingen könne, zu vergessen – und nicht, sich zu erinnern.

Es dauerte nicht lange, bis die CIA-Leute entdeckten, dass jemand in Kanada die Elektroschockbehandlung gezielt einsetzte, um Amnesien zu erzeugen. Anfang 1956, in dem Jahr nach Erscheinen des Interviews von Ewen Cameron über die »heilsame Gehirnwäsche« in *Weekend*, las CIA-Offizier John Gittinger im *American Journal of Psychiatry* einen Aufsatz über psychische Steuerung. Fasziniert beauftragte er einen Kollegen, Oberst James Monroe, Kontakt zu Cameron aufzunehmen und sich bei ihm klug zu machen. Monroe rief das Allan Memorial Institute an, gab sich als Vertreter der Society for the Investigation of Human Ecology aus und schlug ein Treffen vor. Nach einer Konferenz im Frühjahr berichtete er dem Geheimdienst zurück, dass dieser Kerl Hand und Fuß habe. Cameron wurde ermutigt, einen Forschungsantrag zu stellen und der Gesellschaft zu unterbreiten.

Die Nachricht, dass man sich außerhalb seines Institutes für seine Methoden interessierte, war Musik in Camerons Ohren. Seit er mit psychischer Steuerung angefangen hatte, waren die Drittmittel mehr oder weniger versiegt. Ursprünglich hatte er Unterstützung vom Canadian Mental-Health-Programm erhalten, aber sie war eingestellt worden, als dessen Vertreter herausfanden, welche Art von Versuchen dazugehörten. Er hatte sich um Mittel vom Defence Research Board of Canada unter dessen Direktor Ormond Solandt beworben (der damals die Arbeit von Donald Hebb an der McGill-Universität über Reizentzug finanzierte), doch sein Antrag wurde abgelehnt – vielleicht deshalb, weil Cameron die Frau eines Freundes von Solandt von »schlechten Denkmustern« befreit hatte, wovon sie sich nie wieder ganz erholte. Je mehr er und seine Kollegen sich mit psychischer Steuerung befassten, desto fruchtloser erschien sie: Nicht nur galt das Projekt als wissenschaftlich wertlos, man hielt es auch für ethisch zweifelhaft.

Andererseits: Stresstoleranz, Desensibilisierung, Drogen, die menschliche Verhaltensmuster brachen – all das lag genau auf der Linie der CIA. In Cameron hatte der Geheimdienst jemanden gefunden, der viele der Methoden erforschte, für die er sich selbst interessierte, und der sichtlich glücklich damit war, seine Studien in Bereiche zu führen, von denen sich andere Wissenschaftler lieber fernhielten. Er schien bereits dabei zu sein, die Gehirne seiner Patienten zu »waschen« und zu versuchen, sie neu zu programmieren. Wer konnte wissen, wozu er noch fähig sein würde, wenn man ihm nur die nötigen finanziellen Mittel gab? Über die Society for the Investigation of Human Ecology bot ihm die CIA an, Geld in sein Projekt zu pumpen. Cameron akzeptierte, aus seinen Forschungsvorhaben wurde MKULTRA-Unterprojekt 68. In den folgenden drei Jahren, von April 1957 bis Juni 1960, erhielt der kanadische Nervenarzt beinahe 75000 Dollar vom US-amerikanischen Geheimdienst.

Es besteht kaum ein Zweifel, dass er seine Forschungen auch ohne die Hilfe der CIA fortgesetzt hätte, doch Geld und Rückhalt des Geheimdienstes gaben ihm sicherlich zusätzlichen Schwung, seine Experimente noch eine Ebene höher zu treiben. Und nicht nur auf den Gebieten des Schlafes und der psychischen Steuerung.

∽

Cameron hielt ständig Ausschau nach neuen Techniken, die ihm helfen könnten, die Denkmuster seiner Patienten auszulöschen. Eines Tages wurde Janine Huard aus ihrem Bett geholt und zu den Stallungen geführt, wo Leonard Rubenstein – der Ingenieur, der die Endlosschleifen der Patientenbänder anfertigte und sich um die Geräte für die psychische Steuerung kümmerte – sie in seiner Werkstatt erwartete. Er schloss sie mit Kabeln an einen aufwändigen Lügendetektor an, dann erschien Cameron und befragte sie. Sie erfuhr nie, warum das geschah oder welchen Gewinn sie aus dieser Erfahrung ziehen sollte.

Bei einer anderen Gelegenheit wurde sie wieder zur Werkstatt gebracht, wo sie eine Injektion und eine große, mit Scheuklappen versehene Plastikbrille erhielt. In der Dunkelheit hatte sie keine Ahnung, was vor sich ging, bis der Arzt eine ihrer Scheuklappen hob und offenbar eine Pistole auf sie richtete. Er feuerte einen Strahl Hochdruckluft direkt auf ihren Augapfel. Janine schrie und versuchte, sich loszureißen. »Wie viel halten Sie aus?«, fragte er sie. »Sagen Sie einfach, wenn Sie es nicht mehr aushalten.« Als er einen weiteren Luftstrahl auf ihr Auge schoss, flehte sie ihn an, damit aufzuhören. Er zog die Pistole weg und schloss die Scheuklappe, sodass sie wieder im Dunkeln war. »Gut«, sagte er, »jetzt das andere Auge.«

»Es tat so weh!«, sagt Janine heute. »Ich weiß nicht, warum sie das getan haben. Sie sagten: ›Es ist ein Test.‹ Für mich war es ein Experiment.«

Ein Gebiet, das Cameron stark interessierte, war Reizentzug. Das Allan Memorial Institute war Teil der McGill-Universität, wo Donald Hebb Anfang der 50er Jahre seine Experimente über die physiologischen Auswirkungen von Isolation auf den menschlichen Verstand angestellt hatte. Gemäß diesem Vorbild sperrte Cameron seine Patienten bald tagelang in dunkle Räume. Hebb hatte entdeckt, dass gesunde Studenten nicht in der Lage waren, Isolation über längere Zeiträume zu ertragen. 50 Prozent waren nach nur einem Tag ausgestiegen, und die längste Spanne, die jemand ausgehalten hatte, betrug 139 Stunden. Doch das scherte Cameron nicht: Er schloss seine Patienten bis zu 35 Tage lang in die Dunkelkammern ein.

Eine der ersten Patientinnen, die er diesem Reizentzug aussetzte, war Mary C., die unter Depressionen und Angstattacken litt. Man sagte ihr, dass sie eine »Ruhepause« brauche, fesselte ihre Hände, setzte ihr eine Schutzbrille auf und steckte sie in eine Deprivationskammer in den Stallungen. Die täglichen »Fortschrittsberichte« offenbaren, dass sie bereits am Ende des ersten Tages halluzinierte: Sie erzählte einem Pfleger, dass sie höre, wie ihre Schwestern sie riefen. Aus akustischen Halluzinationen wurden bald visuelle, und am dritten Tag schien sie in einen infantilen Zustand zurückgefallen zu sein, bat um Bonbons und wimmerte wie ein Kleinkind. Am nächsten Tag riss sie sich die Schutzbrille ab, spülte sie die Toilette hinunter und versuchte zu fliehen.

Sie wurde in die Kammer zurückgeführt, die Behandlung fortgesetzt. Am Ende des folgenden Tages hatte Mary C. offenbar das Gehen verlernt und nahm nur noch kleine Portionen des Essens zu sich, das für sie klein gehackt worden war. Schließlich weigerte sie sich, etwas anderes als Puffreis zu essen. Bei zwei Mahlzeiten wurde ihr Milch mit einer Babyflasche eingeflößt. Sie machte nachts ins Bett. Das Ergebnis dieser Behandlung, berichtete ein Arzt, war, dass sie »viel ruhiger« wurde.

Als Donald Hebb hörte, was Cameron mit seiner Methode anstellte, war er entsetzt. Seit einiger Zeit schon war Hebb unglücklich mit dem, was am Allan Memorial Institute vor sich ging. Nun weigerte er sich, an Konferenzen teilzunehmen, bei denen der Psychiater den Vorsitz führte. »Cameron war unverantwortlich«, sagte er später einem Journalisten. »Wer auch nur die geringste Vorstellung von der Komplexität des menschlichen Geistes hat, wird nicht erwarten, dass man die Gedanken eines erwachsenen Gehirns auslöschen kann, um ihm dann mit dieser dummen psychischen Steuerung wieder etwas hinzuzufügen.« Camerons Arbeit, sagte er, sei »auf kriminelle Weise dumm«.

Hebb fürchtete auch, dass Cameron, der sich vor der Presse gerne in die Brust warf, seine Experimente über Reizentzug an der McGill-Universität publik machen und die Arbeit der Universität über Gehirnwäsche ausplaudern könnte. Im Dezember 1952, kurz nachdem Cameron begonnen hatte, die Methode anzuwenden, schrieb Hebb seinen Geldgebern vom Defence Research Board (DRB) und warnte, dass die Geschichte kurz davor sei, an die Öffentlichkeit zu gelangen. »Vergessen wir nicht«, sagte er Whit Morton, dem Leiter der Abteilung D des DRB, »dass Cameron nun einige Arbeiten mit dieser Methode anstellt, und er wird frei darüber reden.«

Die Auseinandersetzung ging bis Ende 1953 hin und her. Hebb schrieb Morton schließlich einen Brief, in dem er formell darum bat, die Katze aus dem Sack lassen zu dürfen, um die Wirkung der Bombe nach Kräften zu entschärfen. »Ich habe hart für Sie gearbeitet«, umschmeichelte er ihn und schloss mit einer kleinen Zeichnung, die ihn bettelnd auf Knien zeigte. Morton lehnte ab.

Weniger als zwei Monate nach diesem Austausch berichtete die Presse tatsächlich von Camerons Reizentzugsversuchen. Trotz aller Bemühungen, die Berichterstattung im Zaum zu halten, wurde jedoch der Ursprung der Methode sofort auf Hebb und die McGill-Universität zurückverfolgt. Es kam schließlich zu Protesten vor der Universität, und einige seiner Kollegen wurden von ihren Studenten heftig kritisiert, weil sie sich an einer Arbeit beteiligt hatten, die zu Verhören und »Folter« führte. Einer von ihnen beging später Selbstmord.

〜

Janine Huard blieb der Reizentzug erspart, doch binnen kurzem war ihr klar, dass sie nur noch raus aus dem Allan Memorial Institute und nach Hause wollte. »Es war, als wollten sie mir alles nehmen«, sagt sie, »und eine Stumpfsinnige aus mir machen.« Doch als sie das Cameron sagte, wollte der davon nichts hören. »Kommen Sie, Janine! Sie wollen doch, dass es Ihnen besser geht, nicht wahr?« Als sie nickte, sedierte er sie und schickte sie zurück zum Anhören ihrer Steuerungsbotschaften.

Jeden zweiten Tag verließ Janines Ehemann Bob die Fabrik vorzeitig und kam sie besuchen. »Ich erinnere mich, dass er sehr traurig war«, sagt sie. »Er blieb nicht lange. Wenn ich wach war, sprach er ein paar Minuten mit mir. Mich in diesem Zustand zu sehen, war auch für ihn sehr schlimm – es muss schrecklich gewesen sein.« Immer häufiger war sie bewusstlos, wenn Bob kam. Er hinterließ gewöhnlich eine Nachricht: »Ich hab' dich besucht, aber du hast geschlafen ...«

Manchmal wurde Janine erlaubt, am Wochenende ihre Kinder und ihre Mutter zu besuchen, die zu ihnen gezogen war, um sich um sie zu kümmern, solange Janine in der Anstalt war. An einem Wochenende erzählte sie Bob in einem klaren Moment, was man am Allan Memorial Institute mit ihr anstellte, und drang in ihn, sie nicht dorthin zurückzubringen.

Obwohl er keine Vorstellung hatte, welcher Behandlung Janine ausgesetzt war, nahm Bob ihr offensichtliches Elend ernst und rief das Krankenhaus an, um die Mitarbeiter zu verständigen, dass sie am Sonntagabend nicht zurückkehren würde. Er wurde gebeten, zu warten. Schließlich kam Ewen Cameron ans Telefon und sagte ihm, wenn er sie nicht freiwillig zurückbringe, hätte das Allan Memorial Institute keine Alternative, als die Polizei darum zu bitten, sie abzuliefern. Bob kapitulierte. Am Abend setzte er sie ins Auto und fuhr sie unter Tränen zurück.

Im März 1962 hielt man Janines Behandlung für beendet und entließ sie. Doch es schien ihr schlechter zu gehen als zuvor. Ihre Kinder jagten ihr schreckliche Angst ein, sie war unsicher, wie sie sie halten oder was sie ihnen sagen sollte und war überzeugt, dass sie ihnen nur Schaden zufügen würde. Das war verständlich: Dank ihrer Behandlung am Allan Memorial Institute war sie selbst zum Kind geworden.

»Ich fühlte mich so verloren«, erzählt sie in der Kanzlei ihres Anwalts in der Innenstadt von Montreal. »Ich hatte vor allem Angst: Angst, die Straße zu überqueren, Angst dass meine Mutter nicht bei mir bleiben würde. Meine Mutter musste die ganze Zeit bei mir sein. Ich konnte nicht mehr kochen. Ich saß nur da und sah ihr zu. Ich musste sogar bei meiner Mutter schlafen. Ich musste meinem Ehemann sagen: ›Bitte, geh und schlaf in einem anderen Bett.‹ Sie durfte mich nicht allein lassen, oder ich geriet in Panik. Das war *nach* der Behandlung«, erinnert sie mich, »nicht vorher.«

Unfähig zu kochen, sauber zu machen oder die Kinder zur Schule zu bringen, saß sie daheim und sah zu, wie ihr Leben verstrich. Eines Tages ging sie mit aufgespanntem Regenschirm spazieren. Als jemand sie darauf aufmerksam machte, dass es nicht regnete, geriet sie in Verwirrung darüber, was sie tat und wo sie war. Am Ende blieb Janines Mutter ein ganzes Jahrzehnt bei der Familie.

Janine fühlte sich schuldig, ihre Familie im Stich gelassen zu haben. Sie fühlte sich noch schlechter, wenn ihre Kinder sie danach fragten, was ihr fehle. »Ich erinnere mich an meine Tochter, sie war klug und kam immer zu mir und sagte: ›Mami, warum lächelst du nicht mehr?‹ Ich war immer so. Ich lächelte nicht. Ich lachte nicht. Ich konnte nicht mit ihnen spielen. Das machte mich sehr traurig. Ich wusste – es war mir bewusst, was ich ihnen antat.« Jahre später stellte sie ihrer ältesten Tochter, Michelle, die Frage, wie die Familie das alles durchgestanden hatte. »Wir dachten, dir liegt nicht viel an uns«, erwiderte Michelle.

Natürlich waren die Kinder nicht die Einzigen, die litten. Auch Janines Ehemann Bob fand die Belastung unerträglich, er blieb abends lange weg und betrank sich immer öfter. Zu allem Unglück war Janine am Allan Memorial Institute in Privatbehandlung gewesen, was bedeutete, dass die Familie für die Kosten hatte aufkommen müssen und nun mittellos war. Nach einiger Zeit machte die Fabrik, in der Bob arbeitete, pleite. Er bekam keinen neuen Job und verbrachte noch mehr Zeit mit Trinken – und die Familie brach langsam auseinander.

Das Scheitern ihrer Ehe bleibt für Janine eine Quelle großer Trauer. »Obwohl da viel Liebe war, kann ein Mann nicht viele Jahre die ganze Zeit allein sein. Jetzt verstehe ich das. Mein armer Mann! Ich liebte ihn bis zum Schluss, aber er verlor die Firma, er verlor alles und war am Ende sehr allein.«

So unglaublich es klingt, gehörte Janine noch zu den Glücklichen. Ihre »Denkmuster« wurden durch die Elektroschocks nicht völlig »annihiliert«, und ein Großteil ihrer Erinnerung kehrte zurück. Für andere wurde die Vergangenheit zu einem Rätsel, die Gegenwart zu einem Traum.

Linda McDonald, die über 100 Elektroschock-Behandlungen und 68 Tage Schlaftherapie erhielt, konnte sich an keine Geschehnisse mehr erinnern, die sich vor ihrer Aufnahme im Allan Memorial Institute ereignet hatten. Sie war unfähig, ihren Ehemann und ihre Kinder wiederzuerkennen. Robert Logie, der zunächst wegen einer einfachen Beinentzündung in stationäre Behandlung gekommen war, verirrte sich nach seiner Entlassung aus dem Institut. Als man ihn schließlich schlafend unter einer Brücke in Vancouver fand – er stammte aus Toronto –, musste die Polizei sein Foto in der Zeitung veröffentlichen, um herauszufinden, wer er war, denn er selbst wusste es nicht. Als man Lou Weinstein, den Geschäftsmann aus Montreal, aus dem Allan Memorial Institute entließ, war er nach zwei verschiedenen Medikamenten süchtig, hatte jedes Gefühl für Körperhygiene und die Wahrnehmung anderer verloren, konnte sich an nichts mehr aus der Dekade vor seiner Aufnahme erinnern und summte zwanghaft in einem fort vor sich hin. Er verbrachte den Rest seines Lebens damit, sich in seinem eigenen Haus zu verirren und nach seiner Mutter zu fragen, die seit etlichen Jahren tot war.

൸

Wenn man den MKULTRA-Dokumenten glauben will, waren sich Ewen Cameron und seine Mitarbeiter nie bewusst, dass ihre Forschung von der CIA finanziert wurde. Das darf bezweifelt werden. Cameron selbst schien sich ziemlich gut darüber im Klaren zu sein, dass seine Arbeit mit den Ereignissen in Korea und den seltsamen Vorgängen hinter dem Eisernen Vorhang zu tun hatte. »Es hatte eindeutig mit Gehirnwäsche zu tun«, sagte Leonard Rubenstein später der *New York Times*. »Man hatte Gehirnwäsche bei Soldaten untersucht, die in Korea waren. Wir in Montreal fingen an, einige der Methoden einzusetzen und Patienten einer Gehirnwäsche zu unterziehen, statt Medikamente zu benutzen.« Laughlin Taylor, der Hauspsychologe des Allan Memorial Institute, erinnerte sich auch, dass niemand Zweifel hegte, warum diese Methoden angewandt wurden: »Man sagte uns, das diene zur Vorbereitung eines möglichen Krieges. Er [Cameron] war mit Gehirnwäsche befasst und hielt damit nicht hinter dem Berg.«

Die Vorstellung, dass die politische Bedeutung der Arbeit niemandem aufgefallen wäre, ist lachhaft. Das Institut erhielt mehrfach Besuch von Militärs, die den Mitarbeitern Vorträge über das A und O der Gehirnwäsche hielten. Wie häufig kommt so etwas in zivilen Krankenhäusern vor? Bei einem Abendessen in einem schicken chinesischen Restaurant in Montreal erzählte mir Peter Roper von einem geheimnisvollen Oberst, offenbar der US-Armee, der 1959 am Allan Memorial Institute eintraf, alle Ärzte zusammenrief und ihnen einen Vortrag über die Geständnisse der Kriegsgefangenen in Korea hielt. »Es war aus psychologischer Sicht interessant«, sagte er. »Wie ließen sich Verhalten und Einstellungen einer Person verändern? Das war sehr spannend.« Dann ließ Roper eine Bombe platzen: »Und dann hatten wir natürlich auch William Sargant bei uns. Kennen Sie ihn?«

Mir fielen fast die Essstäbchen aus der Hand. William Sargant? Was hatte der britische Gehirnwäscheexperte am Allan Memorial Institute getrieben?

Er hatte einen Vortrag gehalten. Laut Roper hatte Sargant, den er ganz gut kannte, das Institut 1964 besucht und einen Vortrag über Gehirnwäsche und moderne psychiatrische Methoden gehalten. Aber es gab noch ein weiteres Motiv: Der Besuch, verriet mir Roper, »diente in Wirklichkeit dazu, Sargant zu zeigen, was es mit dem Allan Memorial Institute auf sich hatte, und auch, ihm selbst auf den Zahn zu fühlen, weil man nach einem Nachfolger für Cameron Ausschau hielt.«

Sich William Sargant als Chefpsychiater des Allan Memorial Institute vorzustellen, war faszinierend, es warf jedoch auch eine Frage auf: Warum sollte Sargant – damals wahrscheinlich der berühmteste Psychiater Großbritanniens – je erwogen haben, sich mit einem Mann wie Ewen Cameron abzugeben, dessen Theorien so unkontrolliert aus dem Ruder liefen?

Die Antwort ist, dass die beiden Männer sehr viel gemeinsam hatten. Beide waren bedeutende Vertreter der damaligen Psychiatrie. Cameron war ehedem Vorsitzender der American Psychiatric Association gewesen, während Sargant die Abteilung für Psychologische Medizin am St Thomas' Hospital in London leitete – eines der bedeutendsten Krankenhäuser der Welt. Beide Männer waren einflussreich und rechthaberisch und teilten eine gesunde Abneigung gegen die Psychoanalyse. Sargant wie Cameron waren fest davon überzeugt, dass sich Geisteskrankheiten nicht durch Reden heilen ließen, sondern nur durch aggressive medikamentöse Eingriffe. Unschön manchmal, aber da lag die Lösung.

Außerdem waren die beiden Freunde. Einer meiner Gesprächspartner erinnerte sich, dass sich die beiden auf einer wissenschaftlichen Tagung Anfang der 60er Jahre wie »lange verschollene Brüder« begrüßten. 1961 hatten sie gemeinsam die World Psychiatric Association gegründet (Cameron war ihr Präsident, Sargant beigeordneter Sekretär).

Sargant und Cameron sprachen dieselbe Sprache: Sie führte sie beide zur Gehirnwäsche und den therapeutischen Möglichkeiten, die in der Auslöschung und Neuprogrammierung des menschlichen Geistes liegen mochten. Für Sargant wie für Cameron waren die entscheidenden Waffen im Krieg gegen die Geisteskrankheit Elektroschocks, Medikamente und chemisch induzierter Schlaf.

William Sargant war selbst eine faszinierende Persönlichkeit. Geboren 1907, besuchte er die Leys School und das St John's College in Cambridge, wo er im Rugby-Team spielte. Ungeheuer begabt und mit einem enormen Selbstbewusstsein gesegnet, stellte das Knüpfen sozialer Netzwerke für den jungen Sargant, der einen Großteil seines Medizinstudiums damit verbracht zu haben scheint, herumzureisen und sich den berühmten Medizinern seiner Zeit vorzustellen, kein Hindernis dar. Bei den Andenken unter seinen persönlichen Hinterlassenschaften finden sich zwei Lobotomiepickel, die ihr Erfinder, Walter Freeman, dem jungen Doktor geschenkt hatte, und eine Speisekarte mit der Unterschrift von Ugo Cerletti, der die Elektroschockbehandlung entwickelt hatte. Im Dezember 1938, im Alter von 31 Jahren, brachte es Sargant fertig, von den Roosevelts zum Dinner ins Weiße Haus eingeladen zu werden.

Einige schrieben Sargants enormen Antrieb seiner methodistischen Erziehung zu: ein klassisches Beispiel des protestantischen Arbeitsethos in Aktion. Vielleicht war ein Teil davon Prahlerei: Seine Energie, sein gewaltiges Selbstvertrauen und seine Angewohnheit, Patienten anzubellen, machten ihn körperlich größer und einschüchternder, als er in Wirklichkeit war. David Owen, heute Lord Owen, der in den 60er Jahren mit ihm zusammenarbeitete, hat Sargant als »einen menschlichen Dynamo« in Erinnerung, der »sowohl physisch als auch klinisch ein Gigant« gewesen sei. Henry Oakeley, sein Archivar in den späten 60ern, betrachtet ihn als »großen Mann – mit einem großen Kopf! Ein echtes Alphamännchen. Wäre er ein Gorilla gewesen, dann einer von diesen riesigen Silberrücken.«

Wenn er kein Arzt gewesen wäre, hätte Sargant einen hervorragenden Abenteurer oder Soldaten abgegeben, immer drauf und dran, für das britische Empire große Territorien zu vereinnahmen oder auf völlig verlorenem Posten einem Kavallerieangriff durch schiere Entschlossenheit zu trotzen. Es war diese Art von Energie, die er in die britische Psychiatrie einbrachte, als er in den 30er Jahren zu ihr stieß.

Die beste Illustration von Sargants außergewöhnlichem Antrieb bieten vielleicht seine Visiten. Henry Rollin, emeritierter Psychiaterrat am Horton Hospital in Epsom in der Grafschaft London, entsinnt sich: »Er war ein Showman. Es war eine Lust, ihm bei der Vorstellung zuzusehen. Er sagte: ›Es geht Ihnen *besser*! Verflucht, ich werde Ihnen *nicht erlauben*, mir jetzt zu sagen, dass es Ihnen *nicht* besser geht! *Es geht Ihnen besser*! *Nicht wahr?*‹ Er drosch solange auf sie ein, bis sie nachgaben und sagten: ›Gut, es geht mir besser.‹«

David Owen zufolge war Sargants Vertrauen in seine Methoden dermaßen groß, dass er den Geisteszustand eines Patienten diagnostizieren konnte, noch bevor er ihn untersucht hatte. »Man saß im Sprechzimmer mit ihm, die Türklinke ging nach unten, und Sargant sagte: ›*Es geht ihm besser!*‹ Und ich wendete ein: ›Er ist ja noch nicht einmal zur Tür herein!‹« Owen lachte. »Worauf er erwiderte: ›Aaah, aber haben Sie denn nicht gesehen, wie er die Türklinke heruntergedrückt hat? Das wäre vor ein oder zwei Wochen sehr langsam gegangen. *Es geht ihm besser!*‹«

Obwohl Sargants Elan, sein Selbstvertrauen und sein Antrieb ihn von jung auf als Führungspersönlichkeit auswiesen, trafen viele die Entscheidung, ihm nicht zu folgen. 1977 sagte er der *Sunday Times*: »Manche Leute halten mich für einen wunderbaren Arzt, andere glauben, ich sei ein Werk des Teufels.« Nachdem ich mit über 40 seiner ehemaligen Kollegen gesprochen habe, kann ich bezeugen, wie gut diese Aussage den Sachverhalt trifft. So hält Owen etwa Sargant für »die Art von Mensch, aus der Legenden gemacht sind«, während mir ein anderer Gesprächspartner – ein bedeutender Mediziner – sagte: »Ich glaube nicht, dass er angesichts des ganzen Schadens, den er angerichtet hat, dem Höllenfeuer entgeht.«

Die Wurzel der erstaunlichen Antipathie, die Sargant hervorrief, liegt in seiner Ablehnung der psychoanalytischen Standardmethoden. Für ihn war das Gespräch mit dem Patienten schön und gut, aber die Wahrscheinlichkeit, dass es jemanden heilte, gering. Zur Behandlung komplexer, lähmender Krankheiten wie Schizophrenie oder Depression war für ihn der physische Eingriff unerlässlich. Jeder, der anders dachte, galt ihm als »Couch-Krämer«.

Im Verlauf seines Kreuzzugs gegen die Geisteskrankheiten griff Sargant eifrig nach allen möglichen neuen physischen Behandlungen, die andere für unsicher, unerprobt oder gefährlich hielten. Ganz oben auf der Liste war die Praxis der Leukotomie (Lobotomie), die er mit einer Häufigkeit verschrieb, die andere Psychiater entsetzte. Henry Rollin erinnert sich, dass er selber seine Doktoranden bei der Vorbereitung auf ihre Psychologieprüfungen instruierte, auf Sargants Fragen, wie man chronische psychische Krankheiten behandele, mit »Leukotomie« zu antworten. Diese Taktik funktionierte bei etlichen seiner Kandidaten. »Chronische Depression, chronische Schizophrenie, chronisches Was-weiß-ich, wenn er fragte: ›Welche Behandlung sollten Sie anwenden?‹, sollten sie antworten: ›Leukotomie.‹ – ›*Gut!*‹, erwiderte Sargant dann. ›*Gut! Gut!* Und was, wenn sie einen *Rückfall* haben? Was sollten

Sie dann tun?‹ Sie sollten antworten: ›Eine weitere Leukotomie.‹ – ›*Gut!*‹.«

Sargants Enthusiasmus für physische Therapien mochte sich seiner eigenen Erfahrung mit einer lang währenden Depression verdanken: Er ging psychische Krankheiten frontal an, ohne jede Schonung; tatsächlich glaubten viele Kollegen, dass er die Psychiatrie als Karriereweg aufgrund seiner eigenen Depressionserfahrung eingeschlagen hatte.

David Owen erinnert sich, wie Sargant erklärte, dass all die Schmerzen, die er als Neurologe erlebt habe, nichts seien im Vergleich zu chronischer Depression. »Wie oft haben Sie gesehen, dass jemand wegen Schmerzen Selbstmord begeht?«, fragte Sargant Owen eines Tages auf der Station und beantwortete seine Frage selbst: »Antwort: praktisch nie. Gelegentlich, aber sehr, sehr selten. Doch wie oft haben Sie jemanden erlebt, der sich wegen seiner Depression umgebracht hat? Häufig.« Owen erläutert: »Nach Sargant stellten sich die Folgen von selbst ein. Das erklärt, warum Depression so eine verfluchte Krankheit ist. Das ist es, was die Leute vergessen – was sie nicht verstehen. Das ist eine durch und durch schreckliche Sache.«

Um diesem Leid zu begegnen, war Sargant bereit, die Behandlung über das Maß hinaus zu treiben, bei dem andere Psychiater sich geschlagen geben würden. Wenn eine niedrige Dosis eines Antidepressivums nicht anschlug, musste sie verdoppelt werden. Wenn das auch nichts half, wurde sie eben wieder verdoppelt. Und wenn das immer noch nicht wirkte, musste das Medikament mit anderen Therapien kombiniert werden. Zum Markenzeichen von Sargants Eifer wurde die Kombination verschiedener physischer Behandlungen und die stete Steigerung von Drogendosen und Elektroschocks.

Seine sonderbaren Methoden sorgten dafür, dass Sargant der Mann wurde, dem andere Psychiater in Großbritannien ihre nicht mehr behandlungsfähigen Patienten überwiesen. Mit solchen Fällen konfrontiert, war er gezwungen, die Dosen noch weiter zu erhöhen. Dies, zusammen mit der vollständigen Ablehnung psychoanalytischer Methoden, war es, was seine Kollegen, die solche hohen Dosierungen häufig für unverantwortlich oder geradezu gefährlich hielten, alarmierte.

Ein Arzt, der in den 70er Jahren als junger Anästhesist am St Thomas' Hospital arbeitete, erinnert sich, dass eine Patientin, die einen Monoaminoxidase-Hemmer (MAOI) gegen Depression nahm, einmal vor einem chirurgischen Eingriff eine Narkose brauchte. Da die Kombination von MAOI mit den damaligen Anästhetika als potenziell tödlich galt, rief der Narkosearzt Sargant an, damit er das Medikament vor der Operation absetzte. Davon wollte Sargant aber nichts hören. »Sie muss es weiter nehmen«, bellte er ins Telefon. »Ich werde keinerlei Kompromisse eingehen.« Und was, fragte der Anästhesist zurück, wenn die Patientin auf der Bahre stürbe? »Sagen Sie ihr einfach, Dr. Sargant hat gesagt, das ginge in Ordnung«, erwiderte er. Der Anästhesist war der Meinung, dass »Menschen zu töten nicht sein Geschäft« sei, hängte auf, setzte das Antidepressivum bei der Patientin ab, und der Operation stand nichts mehr im Weg.

Anne Dally, die kurz nach Sargants Tod an einer Biografie zu arbeiten begann, wundern solche Geschichten gar nicht. »Er gab gewöhnlich hohe Dosen, dafür war er bekannt. ... Er hatte sehr viel Glück – er war ein richtiger Glückspilz. ... Er stellte eine Menge sehr gefährlicher Dinge mit seinen Patienten an, doch sie schienen ihm nie wegzusterben oder dergleichen. Wären sie gestorben, wäre er in echte Schwierigkeiten geraten. Aber das taten sie nie!«

Malcolm Lader, heute Professor für Klinische Psychopharmakologie am Londoner Institute for Psychiatry, verdanke ich die beste Charakterisierung Sargants: »Ihm haftete ein Hauch von Schwefelgeruch an.« Alle meine Gesprächspartner, denen gegenüber ich dieses Urteil erwähnte, fanden es passend; ich habe den Verdacht, dass Sargant selbst womöglich gekichert hätte.

୭

Anne White litt seit langem unter Depressionen. Im Winter 1969 durchlebte sie ihren Tiefpunkt. In den vorangehenden drei Jahren hatte sie drei Kinder bekommen. Nach der Geburt eines jeden war sie depressiv geworden, aber jedes Mal war die Schwermut mit der neuen Schwangerschaft verschwunden. Nach der Geburt ihres letzten Kindes gab es jedoch kein Entkommen.

White und ihre Familie lebten in Sambia, wo die Ärzte nicht wussten, was sie mit ihr tun sollten. Sie wurde ins südafrikanische Johannesburg überwiesen, wo sie ohne Erfolg Elektroschocks erhielt. »Es ging immer weiter«, erinnert sie sich. »Ich konnte tagelang dasitzen, ohne den geringsten Wunsch, irgendetwas zu tun. Sie hätten mir sagen können, dass eines meiner Kinder von einem Bus überfahren worden sei ... oder dass ich in der Lotterie gewonnen hätte – da war kein Gefühl. Nichts. Fast wie in einem Winterschlaf.«

Schlaf   269

Ihres Lebens überdrüssig, versuchte Anne, sich umzubringen, indem sie sich die Pulsadern öffnete. Nun, da die Situation kritisch war, nahm die Krankenkasse des Ehemanns das Heft in die Hand. Sylvester 1969 wurden sie und ihre Kinder nach Großbritannien zu ihren Eltern geflogen. Am 9. März 1970 ließ sie sich ins St Thomas' Hospital einweisen. Man hatte ihr gesagt, dass sie dort auf eine Tagesstation kommen würde, doch als sie eintraf, erfuhr sie, dass sie sich stattdessen im Royal Waterloo Hospital für Women and Children melden sollte. Im Waterloo Hospital, von dem aus man die Royal Festival Hall sah, wurde sie untersucht, erhielt ein Nachthemd und kam auf Station 5 im Obergeschoss.

Station 5 mit ihren 22 Betten, die meisten in Einzel- oder Doppelzimmern, war Sargants Reich. Hier wurden die gravierendsten psychiatrischen Fälle behandelt. Die Station bestand praktisch aus einem langen Flur mit Türen zu beiden Seiten. Es gab ein Gemeinschaftsareal, einen Speisesaal und in der Nähe der Eingangstür das Schwesternzimmer. Hier, auf Station 5, wurde Anne Whites Behandlung zu einem Streitfall.

༄

Laut seinen eigenen Unterlagen kam Sargant 1964 die Idee für seine neue Behandlung. Nach der Lobotomie von Patienten mit chronischen Angstzuständen bemerkte er, dass sie dazu neigten, depressiv zu werden, und fragte sich, ob ihr Problem nicht von Anfang an Depression gewesen war. Um solche Fehler in Zukunft zu vermeiden, erhielten die Patienten vor einer Lobotomie »eine lange Vollbehandlung mit einer Kombination aus Antidepressiva und Elektroschocks«.

Da die Verbindung von Medikamenten und Elektroschocks die Patienten ängstigte, hielt es Sargant für humaner, sie für die Dauer der Prozedur in Schlaf zu versetzen, sodass sie die Behandlung nicht bewusst miterlebten. Das unerwartete Ergebnis war, dass die Patienten sich merklich besser fühlten, wenn sie aufgeweckt wurden. Viele brauchten keine Lobotomie mehr. »Wir hatten durch Zufall einen Weg gefunden«, berichtete er, »einem Patienten, der eine lange, schmerzliche psychiatrische Behandlung durchmachte, eine dauerhafte Narkose zu geben, genau wie man ein Anästhetikum für eine chirurgische Operation verabreicht.« Die »modifizierte Narkose« war geboren. Die Basisprozedur war einfach. Die Patienten wurden mit einem Cocktail von Barbituraten betäubt. Während sie schliefen, bekamen sie Antidepressiva per Infusion. Zwei oder dreimal in der Woche wurden sie geweckt und erhielten Elektroschocks.

Die Narkose, ursprünglich eine Prozedur, um Patienten zu betäuben, damit ihr Geist sich beruhigen konnte, dauerte zunächst ein paar Tage, wurde aber schließlich auf maximal drei Monate erhöht. »Zweifellos«, so referierte Sargant 1968 vor dem fünften Weltkongress für Psychiatrie, »war das, was wir damit bewirkten, das Aufbrechen lang währender, fester Verhaltensmuster, die nicht auf sozusagen ›schnelle‹ Behandlungen ansprechen.«

Natürlich war Sargant bestrebt, seine Patienten zu heilen, natürlich wollte er nur das Beste für sie. Doch seine Kommentare über das »Aufbrechen« von Verhaltensmustern und den Einsatz von Elektroschocks, Medikamenten und ausgedehnten Schlafphasen erinnerten recht deutlich an das, was jenseits des Atlantiks vor sich ging. In Kanada hatte Ewen Cameron selbstverständlich einen Ausdruck für diese Methode. Er nannte sie *depatterning*, die »Annihilierung« krankhafter Denkmuster.

Anne White hatte keine Ahnung von alledem. Als sie auf Station 5 kam, wurde sie von dem Psychiater John Pollitt untersucht, der ihr sagte, dass ihr Gehirn Ruhe brauche und die Gefühle, die sie depressiv machten, verschwinden würden, sobald sie schliefe. Dann pumpte man sie mit Medikamenten voll und verlegte sie zu drei anderen Frauen in den Narkoseraum. Wie Camerons Schlafsäle war die Station immer halb in Dunkel getaucht, mit heruntergelassenen Rollläden und ausgeschalteten Lichtern. Am Fuß ihres Bettes stand ein kleiner Tisch, an dem ständig eine der Schwesternschülerinnen aus der Nightingale-Schwesternschule von St Thomas saß. Alle 15 Minuten mussten sie das Schlafmuster der Patienten protokollieren: wie tief sie schliefen, ob sie Alpträume hatten oder ruhig lagen. Dazu lag ein dickes Heft mit Millimeterpapier bereit, in das sie in verschiedenen Farben die Schlafphasen eintragen mussten: weiß hieß wach, grau Halbschlaf, schwarz Tiefschlaf.

Die Schwestern mussten die Patienten außerdem alle sechs Stunden wecken, füttern, waschen, ihren Blutdruck messen und sie zur Toilette führen. Da die Wirkung der starken Medikamente fortdauerte, waren sie nur mit Mühe wach zu bekommen und aßen und tranken häufig nur widerwillig.

30 Jahre später haben die Schwestern unterschiedliche Erinnerungen an ihre Arbeit auf Station 5. Für einige war es eine faszinierende Erfahrung, und sie betrachten die Arbeit für den großen William Sargant heute noch als große Ehre. Die Patienten, so sagen sie, seien glücklich

gewesen, dass sie schliefen, und hätten sich nie beklagt. Anderen Schwestern dagegen war der Narkoseraum zuwider.

»Ich hätte die Krankenpflege deswegen beinahe aufgegeben«, erinnert sich Jane, die zu den Letzteren zählt. Drei Monate lang saß sie immer wieder in diesem abgedunkelten Raum und lauschte auf den Atem der Patienten. »Es war grässlich, einfach grässlich!«, sagt sie. »Mit diesen armen Leuten vier Stunden am Stück eingesperrt zu sein und sie vegetieren zu sehen … Man brauchte nicht viel Grips, um zu kapieren, dass das nicht normal sein konnte.«

Am Morgen, wenn die jungen Schwestern zur Arbeit kamen, wurden die Aufgaben verteilt: »Wir alle haben es gehasst. … Wenn man morgens zu hören bekam: ›Du bist im Narkoseraum‹, wurde einem ganz mulmig und man dachte: ›Oh, nein, nicht schon wieder!‹« Jane mochte es nicht, die Patienten zu wecken und zu versuchen, ihnen etwas mitzuteilen, besonders nicht, ihnen ihre Pillen zu geben, wogegen sie sich, wie sie sagt, häufig sträubten.

Für Mo Harvey hingegen, vier Jahre lang Schwester auf Station 5, war die Arbeit auf Station 5 höchst lohnend, da hier die Therapie von Geisteskrankheiten führend gewesen sei. Im Gegensatz zu den unglücklichen, verschlafenen Patienten, von denen Jane erzählt, erinnert sich Harvey daran, dass sie froh waren, wenn man ihnen half, und dass sie ihre Medikamente sehr gern nahmen. »Man machte das nicht einfach schweigend«, sagte sie. »Man redete ständig mit den Patienten, und manchmal gab es zur Mittagszeit im Narkoseraum ganz schön was zu lachen. Sie waren keine Zombies.«

Doch »Zombies« ist exakt das Wort, mit dem die meisten anderen der 19 Krankenschwestern, die ich befragte, sie beschrieben. Nach dem Wecken musste man den Patienten beim Gehen helfen, sie erkannten die Schwestern nicht wieder, die sie erst am Vortag gesehen hatten, und erinnerten sich häufig nicht daran, wo sie waren und warum.

Jane, die sagt, dass sie immer noch von ihrer Zeit auf Station 5 traumatisiert sei, hatte den Eindruck, dass die Ärzte »versuchten, diese Leute in ihre Macht zu bringen, beinahe, sie zu infiltrieren und ihre Persönlichkeit zu verändern – zu verändern, wer sie waren. Beinahe wie ein Gott … Die Art von Sachen, die man unter Hitler erwartet hätte.«

Bei Anne White war es noch schlimmer. Da sie natürlicherweise eine höhere Toleranz gegen die Medikamente hatte, die man ihr zum Schlafen gab, brauchte sie höhere Dosen, durch die ihr Blutdruck drastisch sank. Sobald man sie weckte, fühlte sie sich unwohl. »Sie weckten einen auf und trichterten einem einen Becher Wasser ein«, erinnert sie sich, »und sobald ich mich aufsetzte, wurde ich ohnmächtig, weil mein Blutdruck im Keller war. … Wenn ich aufstand, wurde ich ohnmächtig.«

Schlimmer noch, White gewöhnte sich an die Drogen und konnte im Narkoseraum keinen Schlaf finden. So lag sie in sediertem Zustand wach. »Tagelang, ohne dass die Sinne gereizt wurden – und ohne Schlaf!« Wie bei Patienten zu erwarten, die in einem stillen, abgedunkelten Raum immobilisiert werden, erlebte White eine Form des Reizentzugs. »Alles verschwamm«, erklärt sie. »Man ist verzweifelt müde und will schlafen, aber aus irgendeinem Grund ist man wach, kann nicht einschlafen und sieht die Stunden verstreichen. Aber man kann nichts tun. Man kann das Licht nicht anmachen, kann nichts machen und liegt einfach nur so da. … Das ging einfach so Tag für Tag weiter. Es war beinahe, als würde ich misshandelt oder gefoltert.«

Natürlich bestand die Behandlung nur zu zwei Dritteln aus Schlaf und Medikamenten. Dreimal in der Woche erhielten die Patienten im Narkoseraum Elektroschocks. Für viele war das der schlimmste Teil der Prozedur.

Ein Anästhesist, der solche Elektroschockbehandlungen durchführen musste und damals noch im Praktikum war, fand den Narkoseraum »sehr gruselig«. Die Einteilung zur Elektrokrampftherapie galt in der Anästhesieabteilung als »Strafturnus«. »Man durfte die Sekretärin nicht vergraulen«, sagt er, »weil irgendjemand ja gehen musste – und wenn sie sauer auf einen war, dann war das der Ort, wo sie einen hinschickte.« Die jungen Anästhesisten gaben Station 5 den Spitznamen »das schwarze Loch von Kalkutta«.

»Schließlich musste man sie wecken«, erzählt der Arzt. »›Hallo, ich bin Dr. So-und-so, ich bin hier, um Ihnen zu helfen.‹ Man sprach höflich mit ihnen – sie wurden nicht misshandelt wie dereinst in der Irrenanstalt von Bedlam* – und schob ihnen eine Nadel in die Vene. Das machte man immer, um ihnen das Narkosemittel zu geben. Dann verabreichte man ihnen die Elektroschocks. Dann musste man sie aufwecken, weil man einen Patienten nicht in der Narkose liegen lassen

---

* Bedlam (Kurzform von: Bethlem Royal Hospital) war, in wechselnden Gebäuden, von etwa 1550 bis 1930 ein berühmt-berüchtigtes Londoner Irrenhaus. Die Patienten vegetierten dort ursprünglich auf Stroh vor sich hin und durften im 17. und 18. Jahrhundert von Schaulustigen gegen eine Eintrittsgebühr besichtigt werden; diese Gebühr trug wesentlich zur Deckung der Unterhaltskosten bei. (A. d. Ü.)

durfte. ... Es war einfach grässlich, in diesen Raum schläfriger Leute zu gehen, sie aufzuwecken, sie wieder in Schlaf zu versetzen, ihrem Hirn einen Schlag zu verpassen, sie dann wieder aufzuwecken und wieder schlafen zu legen.«

Schließlich, sobald die Patienten wieder im Bett waren und fest schliefen, »schaltete man das Licht aus – und ging, um etwas weniger Gespenstisches zu tun«.

Weil keiner der Narkoseärzte glücklich über die Prozedur war, sagt der Anästhesist, gaben sich alle redlich Mühe, sich vor den Elektroschockbehandlungen zu drücken. »Keiner von uns wollte damit etwas zu tun haben. Es war leichte Arbeit ..., und es war vollkommen sicher in einem physischen Sinn, es wurde perfekt durchgeführt. ... Aber wir hassten es. Und man hatte das Gefühl, dass das – seltsam war.«

Für Anne White war die Methode schlimmer als »seltsam«, bald begann sie sich zu beklagen und verlangte, die Behandlung zu beenden. Zuerst ermutigten sie die Ärzte freundlich, bei der Stange zu bleiben, aber als sie insistierte, wurden sie böse. Schließlich nahmen sie sie aus dem Narkoseraum und verlegten sie in ein Einzelzimmer, wo sie, wie sie erzählt, einfach aufhörten, ihr die Medikamente zu geben.

Normalerweise wurden Patienten, die aus dem Dauerschlaf erwachten, zuvorkommend behandelt. Man gab ihnen Tageszeitungen, um ihnen damit zu veranschaulichen, wie lange sie geschlafen hatten. Vor allem aber wurden ihre Medikamente nicht einfach abgesetzt: Aufgrund der hohen Dosen von Barbituraten über zwei oder drei Monate hatte sich ihr Körper an die Medikamente gewöhnt; sie einfach abzusetzen wäre gefährlich gewesen.

Doch White zufolge geschah genau dies. Als Folge kam sie auf eine Art kalten Entzug. Die Erfahrung war, wie sie sagt, entsetzlich. »Auf dem Bett zu liegen und niemanden zu haben, der sich wirklich um einen kümmert, und zu sehen, wie das Bett vom Zittern der Muskeln bebt ...«, schildert sie ihren Zustand. »Es ist wie der Schüttelfrost bei Malariakranken: Das ganze Bett zittert. Plus die Tatsache, dass man verwirrt ist, weil man erst die Folgen der Drogenbehandlung überwinden muss.« White hatte das Gefühl, dass sie bestraft wurde, weil sie ihrer Narkotisierung nicht länger zugestimmt hatte. Um das Zittern zu behandeln, verabreichte ihr John Pollitt Artane – ein Medikament zur Behandlung von Parkinson.

Da alle Krankenakten von Station 5 vernichtet worden sind, ist es unmöglich, ihre Geschichte zu überprüfen. Verständlicherweise kann sich

Anne White, nachdem sie einige Wochen lang stark sediert worden war, nicht an alles erinnern, was auf Station 5 mit ihr geschah und wie lange das dauerte, daher könnte ihr Gedächtnis sie manchmal trügen. Was sie jedoch weiß, ist, dass sie am 9. März 1970 aufgenommen und am 11. Mai entlassen wurde.

Sie weiß außerdem, dass nach ihrer Entlassung ihr Gedächtnis nicht zurückkehrte. Als sie deswegen noch einmal den Psychiater John Pollitt aufsuchte, teilte er ihr mit, dass sie 26 zweiseitige Elektroschocks erhalten hatte – das Zwei- bis Fünffache der üblichen Dosis. Das Resultat war ein erheblicher Gedächtnisverlust. »Ein Teil meines Gedächtnisses funktioniert noch ziemlich gut, aber ich kann mich nicht an meine Teenagerzeit erinnern. Ich weiß überhaupt nicht mehr, wie meine Kinder im Säuglingsalter waren. Wissen Sie, ich erinnere mich nicht an das, worüber man sich freut: die ersten Schritte und all das. Ich weiß nichts mehr von alledem. Die ersten Wörter. Nichts. Alles weg.«

White hat keine prinzipiellen Vorbehalte gegenüber Elektroschocks (»Es ist wirklich eine sehr gute Behandlung«), aber wenn sie an ihre Zeit auf Station 5 zurückdenkt, überkommt sie immer noch ein Schauder. Da es jedoch keine Aufzeichnungen mehr gibt und John Pollitt sich weigerte, später mit ihr über ihre Behandlung zu sprechen (er ist mittlerweile gestorben), gibt es offenbar keine Möglichkeit, genau herauszufinden, was mit ihr während ihrer Zeit dort geschah.*

～

30 Jahre später neigen Psychiater dazu, bei der Erwähnung von Sargants »modifiziertem Narkoseregime« zusammenzuzucken. Er wird heute von vielen seiner Zunftgenossen als Kurpfuscher angesehen.

Von allem anderen abgesehen ist es gefährlich, Menschen über lange Zeiträume zu betäuben – Sargant gab zu, dass vier seiner Patienten als Folge dieser Behandlung gestorben waren. Und dann ist da noch die Sache mit den Elektroschocks. Wie allgemein bekannt, können Elektroschocks zu Gedächtnisverlust führen. Sie werden aus diesem Grund nur

---

* So schmerzlich für sie der Verlust ihrer Erinnerungen sein mag, muss man doch anerkennen, dass Anne White seit ihrer Behandlung einige Musikinstrumente gelernt hat und Ärztin und Medizinprofessorin geworden ist. Wenn man diese beeindruckenden Leistungen berücksichtigt, lässt sich nur schwer argumentieren, dass ihre Fähigkeit, normal zu funktionieren, beschädigt wurde. Ich habe den Verdacht, dass Sargant und Pollitt in diesem Fall sogar stolz auf das Ergebnis ihrer Narkosebehandlung wären.

in niedrigen Dosen angewandt, um die Wirkung auf die Patienten danach überprüfen zu können. Doch wie auf Station 5, wo die Patienten die ganze Zeit schliefen, diese Überprüfung vor sich gegangen sein soll, ist schwer zu erkennen.

Auch Desmond Kelly, einer der damaligen Assistenzärzte von Sargant, erinnert sich, dass die Prozedur »ein bisschen haarig« war. »Wenn die Leute eine Behandlungsfolge mit Elektroschocks bekamen«, erläutert er, »hörte man damit auf, wenn ihr Gedächtnis wirklich schlecht wurde. Aber wegen der Narkose konnten sie einem das nicht sagen, und daher gab es Leute, deren Gedächtnis als Folge schlechter wurde, als es hätte sein müssen.«

Zwischen William Sargants Dauernarkose und Ewen Camerons Methoden zum »Aufbrechen von Denkmustern« lassen sich einige Ähnlichkeiten ausmachen. Allerdings war die Behandlung unter Dauernarkose nicht im Mindesten so intensiv wie Camerons psychische Steuerung. Welche Beziehung verband diese beiden Männer miteinander?

Als in den 70er Jahren herauskam, was Cameron am Allan Memorial Institute getrieben hatte – und ehemalige Patienten anfingen, mit Klagen vor Gericht zu ziehen –, stürzte sein Ruf posthum in den Keller, von wo er sich fast sicher nie mehr erheben wird. Von da an, scheint es, gab sich Sargant alle Mühe, sich von seinem ehemaligen kanadischen Freund zu distanzieren. Unter seinen persönlichen Papieren findet sich kein einziger Briefwechsel zwischen ihnen.

Beim Abendessen in Montreal erinnert sich der Psychiater Peter Roper vom Allan Institute, dass er Sargant in den 70er Jahren in Großbritannien besuchte und entdecken musste, dass ihn sein alter Freund plötzlich als *persona non grata* behandelte. »Sargant hatte sich vollkommen verändert. Früher war er sehr freundlich gewesen und hatte mir Ratschläge erteilt, aber jetzt verhielt er sich äußerst distanziert. Es gab wirklich nicht viel, worüber er mit mir sprechen wollte.«

Dass Sargant von Cameron Abstand genommen hatte, wurde Roper während eines Telefongesprächs klar, in dem Sargant rundweg leugnete, jemals über Camerons Behandlungen mit ihm korrespondiert zu haben: »Warum leugnete Sargant die Verbindung zwischen ihnen, warum leugnete er, ähnliche Behandlungsmethoden wie Cameron angewendet zu haben? Ich frage mich, ob selbst noch zu diesem späten Zeitpunkt Sargants Leute oder Sargant selbst Angst hatten, verklagt zu werden.«

Für Verschwörungstheoretiker gibt es indes noch einen anderen, faszinierenderen Grund für Sargants Schweigen: dass er für den Geheimdienst arbeitete.

℘

Schenkt man gewissen Quellen Glauben, war Sargants Arbeit am Royal Waterloo Hospital Teil einer geheimen britischen Beteiligung am MKULTRA-Projekt der CIA. Und wenn dem so war, dann war das, was auf Station 5 geschah, kein Beispiel für einen fehlgeleiteten Versuch, Geisteskrankheit zu bekämpfen, sondern ein schrecklicher, krimineller Menschenversuch.

Wie nahe stand Sargant dem britischen Geheimdienst?

Dem Autor Gordon Thomas zufolge gab Sargant kurz vor seinem Tod zu, für den MI6 gearbeitet zu haben. Doch das erscheint als eher unwahrscheinlich. Ein Psychiater, der wirklich für das MI6 arbeitete – aber nicht namentlich genannt werden möchte –, erinnert sich, dass Sargant »es genoss, für die Regierung zu arbeiten«, aber nie »Teil einer offiziellen Gruppe von Psychiatern war, die kranke Spione behandelten und solche Sachen … Er stand nicht auf ihrer offiziellen Liste.«

Er scheint allerdings einige Arbeiten für den Inlandsgeheimdienst MI5 erledigt zu haben. Laut dem Geheimdiensthistoriker Nigel West war Sargant lange Zeit hausinterner Psychiater des MI5, und Mo Harvey, Sargants Stationsschwester, erinnert sich, dass ihr Chef nichts mehr liebte, als sich auf Station 5 zu hocken und – bestenfalls indiskret – Geschichten von seinen Mantel-und-Degen-Abenteuern zum Besten zu geben. »Am Freitagnachmittag setzte er sich immer zu uns und erzählte sehr ausgiebig, was er da so getrieben hatte.«

Bei einer seiner Anekdoten verriet Sargant, dass er für einen britischen Geheimdienst gearbeitet hatte – für einen, »der irgendwo ein Haus hatte, wo die Leute Bericht erstatteten«. Der Psychiater hatte, wie es scheint, keine hohe Meinung von seinen Arbeitgebern. »Er meinte, die Leute da ›brauchen eine Behandlung‹!«, sagt Harvey. »Er sagte: ›Ich habe ein bisschen für sie gearbeitet – ach, herrje! Das sind vielleicht komische Leute!‹« Ich fragte Harvey, ob sie gewusst habe, dass Sargant damals beim MI5 hausinterner Psychiater war. »Oh, ja!«, erwiderte sie bestimmt.

Sargant spielte in seiner Autobiografie *The Unquiet Mind* auf sein geheimes Wirken an. »Bei einer oder zwei Gelegenheiten«, schrieb er, »jagte mir, wie ich gestehe, die Information, die man mir gab, eine solche Angst ein, dass ich es vorzog, alle Aufzeichnungen darüber unverzüglich zu verbrennen.« Doch es ist schwer zu erkennen, wie dieser Kommentar – oder irgendeine andere Information, die seit seinem Tod aufgetaucht ist – auf irgendeine Beteiligung des MI5 (oder der CIA) an den umstrittenen Behandlungsmethoden auf Station 5 des Royal Waterloo Hospital hindeuten könnte.»Das glaube ich nicht!«, sagt der Psychiater vom MI6.»Sargant war nicht so. Das hätte ja die Einrichtung einer speziellen ... Nein. Ich glaube nicht, dass Sargant das getan hätte.«

Im Gegenteil, alles weist darauf hin, dass die britischen Geheimdienste MI5 und MI6, nachdem sie anfänglich mit der Wahrheitsdrogenforschung geliebäugelt hatten, generell abschätzig über Gehirnwäsche dachten. Es ist kaum vorstellbar, dass sie Experimente mit seelisch gestörten Zivilisten ohne deren Zustimmung genehmigt hätten.

Cyril Cunningham, der Gehirnwäscheexperte des Verteidigungsministeriums, sagt es unmissverständlich:»Man übte Druck auf mich aus – sogar die höchsten Ebenen der US-Armee und der US-Luftwaffe ... waren ganz angetan davon. Aber wir Briten waren ein bisschen seriöser.« Von allem anderen abgesehen erwies sich die Forschung über Gehirnwäsche als reichlich kostspielig.»Als ich beim AI9 war, wurde ich mit verschiedenen Empfehlungen aus Amerika überschwemmt«, sagt er,»doch wir konnten uns keine davon vornehmen, zum Teil deshalb, weil uns die Mittel oder Einrichtungen fehlten.«

Das wahre Ausmaß von Sargants geheimer Beratungstätigkeit über Gehirnwäsche wird vermutlich niemals ans Licht kommen – eine Tatsache, die ihn anscheinend reichlich verdrießlich stimmte.»Von den meisten von uns wird erwartet«, schrieb er in seiner Autobiografie, »dass sie die Anweisung hinterlassen, nach dem Tod alle Aufzeichnungen zu vernichten.« Er fand das ziemlich traurig, da künftige Forscher so von den Geschehnissen nichts mehr in Erfahrung bringen könnten: »Ich bedaure das manchmal. Vielleicht sollte es doch die Pflicht jener sein, die über explosive Geheiminformationen verfügen, sicherzustellen, dass die Aufzeichnungen mit ihrem Tod nicht untergehen.«

Womöglich war er wirklich dieser Meinung. Da er jedoch seine Korrespondenz mit Ewen Cameron vernichtete und sich weigerte, mit Peter Roper über die Verbindungen zwischen ihnen beiden zu sprechen, gewinnt man eher den Eindruck, dass ihm sein Ruf wichtiger war als künftige Rekonstruktionen dessen, was er in seiner langen, umstrittenen Karriere alles getrieben hatte.

Die Meinung der Nachwelt beeinflusste zweifellos Sargants Reaktion, als Ende der 70er Jahre publik wurde, dass die Dauernarkose auch

278 *Kapitel 7*

in einem kleinen Krankenhaus im australischen Chelmsford verordnet worden war. Dieses Mal war der Täter ein einzelgängerischer und publizitätssüchtiger Psychiater namens Harry Bailey, der Sargant als so etwas wie seinen Mentor betrachtete. Tragischerweise zeigte sich, dass offenbar ohne die Fachkunde, mit der sich britische Krankenschwestern aus der Nightingale-Schule des St Thomas Hospital um die schlafenden Patienten kümmerten, die Therapie nicht sicher durchzuführen war.

Seit Mitte der 60er Jahre – als Sargant die Einsatzmöglichkeiten der Dauernarkose entdeckte – hatte Bailey depressive Patienten, manchmal ohne ihre Zustimmung, über lange Phasen hinweg betäubt, sie mit Medikamenten vollgepumpt und mit Elektroschocks traktiert. In den ersten sechs Monaten kamen sechs Patienten mit dieser Methode zu Tode, in den folgenden zwei Jahren starben weitere fünf, und Ende 1974 war die »Tiefschlaftherapie«, wie er sie nannte, verantwortlich für 24 Todesfälle.

In dem Versuch, sein Vorgehen zu legitimieren, setzte Bailey alles daran, sich mit dem berühmten Psychiater des St Thomas' Hospital in Verbindung zu bringen, und behauptete, mit Sargant seit 30 Jahren in freundschaftlicher Beziehung zu stehen. Daran war mehr als nur ein Körnchen Wahrheit: Eine von Baileys Krankenschwestern erinnert sich, dass er häufig von einem makabren Wettbewerb zwischen den beiden Psychiatern sprach, bei dem es darum ging, festzustellen, »wer seine Patienten im tiefsten Koma halten konnte, ohne sie umzubringen«. Wie Sargants Korrespondenz mit Cameron wurden auch seine Briefe an und von Harry Bailey vernichtet. Alles, was bleibt, ist seine Reaktion, als man ihn bat, bei Baileys Gerichtsverfahren auszusagen. Er könne kommen und aussagen, erklärte er, aber falls er es täte, würde er sich »auf der Seite der Anklage, nicht der Verteidigung wiederfinden«. Als er 1985 von dieser Ansicht seines alten Mentors erfuhr, beging Bailey Selbstmord.

⁓

Es ist schwer zu entscheiden, was man von William Sargant halten soll. Beinahe alle Ärzte, die ich befragt habe, waren der Meinung, dass er mit seinen Behandlungsmethoden zu weit gegangen war und seine Patienten aktiv geschädigt hatte. Während sie mir von seinen Exzessen berichteten, räumten jedoch so gut wie alle meiner ärztlichen Gesprächspartner ein, dass er ein bedeutender Psychiater war, dessen skrupellose Jagd nach Behandlungsmethoden für psychische Krankheiten das Leben zahlreicher Menschen und die Psychiatrie selbst verändert habe. »Damals gab es in den psychiatrischen Anstalten Patienten in erschreckenden Zuständen ohne jede Behandlung«, erinnert sich Henry Oakeley. »Sargant war der Mann, der sagte, dass diese Leute unter Krankheiten litten, die man mit geeigneten Medikamenten auf Krankenhausstationen behandeln müsse. Er hob die physische Hirnpsychiatrie aus der Taufe.« Ohne ihn, meint Oakeley, würden »wir immer noch Schizophrene zur Psychotherapie schicken«.

Ob man William Sargant heute, wie David Owen es tut, als »eine dominierende Persönlichkeit mit dem therapeutischen Mut eines Löwen« sieht oder als »autokratisch, gefährlich, ein Desaster« – so ein leitender Psychiater, der nicht genannt werden möchte –, hängt gänzlich davon ab, wo man im Hinblick auf die Psychotherapie, die Psychiatrie und die moderne Medizin steht.

In Beiträgen, die gegenwärtig im Internet kursieren, wird Sargant als »rechtsgerichteter Schleimbeutel von MI5-Psychiater« bezeichnet. Diese Anwürfe beruhen auf mangelnder Information und sind ungerecht. Sargant war kein MKULTRA-Agent, der Patienten einer Gehirnwäsche unterzog, um zu sehen, was passieren würde. David Owen betont emphatisch: »Er war kein Dr. Finsterling, wissen Sie. Er war es wirklich nicht.« Selbst die Dauernarkose, obwohl als gefährlich angesehen, ist ein zweischneidiges Schwert. »Es hat einige Todesfälle damit gegeben«, erinnert sich ein anderer Kollege, Desmond Kelly, »aber sie muss verdammt viele Leben gerettet haben.« Ohne Frage wird die Debatte in den kommenden Jahren weitergehen.

Bei Ewen Cameron liegt der Fall etwas klarer. Sein Nachfolger am Allan Memorial Institute, Robert Cleghorn, brachte die Probleme konzise auf den Punkt: »In Camerons Buch [*Objective and Experimental Psychiatry*] ragten die Schlüsselwörter ›Sympathie‹, ›Geduld‹ und ›Einsicht‹ wie Leuchttürme heraus. Unglücklicherweise war er unfähig, diese magischen Wörter bei seinem Umgang mit gestörten Menschen in nennenswerter Weise zur Geltung zu bringen.« Die Folge, schrieb er, war eine »Therapie außer Rand und Band nach dürftigen Kriterien«.

Donald Hebb äußerte eine interessante Meinung über seinen ehemaligen Kollegen. In seinem Eifer, ein großer Wissenschaftler zu sein, erklärte er, sei Cameron mit radikalen und gefährlichen Therapien vorangeprescht und habe alle Warnhinweise ignoriert. »Cameron«, resümierte er, »war ein Opfer seiner eigenen Art von Gehirnwäsche: Er wollte etwas so sehr, dass er von den Beweisen vor seinen eigenen Augen geblendet war.«

Kapitel 7

Selbst die CIA war nicht beeindruckt. Einmal besuchte eine Gruppe von Offizieren das Allan Memorial Institute, um sich auf dem Laufenden zu halten, und Cameron bot an, die Ergebnisse der psychischen Steuerung zu demonstrieren. Er ließ einen Patienten vor ihnen aufmarschieren, der über eine halbe Million Mal derselben Steuerungsbotschaft gelauscht hatte. Als er jedoch befragt wurde, war sein Geist so verwirrt, dass er unfähig war, sich irgendetwas davon ins Gedächtnis zu rufen. Sid Gottlieb, verantwortlich für die MKULTRA-Operation, gab später zu, dass die CIA aus Camerons Arbeit nie irgendeinen Nutzen ziehen konnte. 1960 zog sie den Stöpsel, und Camerons Finanzierung versiegte. John Gittinger sagte später bei einer Senatsanhörung, dass die Unterstützung von Cameron ein »dummer Fehler« gewesen war. »Wir hätten es nicht tun sollen. Es tut mir Leid, dass wir es getan haben.«

⌇

Als ich mich im Juni 2005 mit dem Wachmann Paul im Allan Memorial Institute unterhielt, breitete der genüsslich die elenden Einzelheiten der CIA-Affäre aus. Während er mich durch die Kellerräume des Gebäudes führte – ein Labyrinth von Korridoren und ehemaligen Behandlungsräumen –, blieb er von Zeit zu Zeit stehen, um mir verschiedene Überbleibsel der Cameron-Ära zu zeigen. »Dies waren die Patientenzimmer«, erklärte er, »oder ›Folterkammern‹, wie ich sie nenne.« Er hielt einen Augenblick inne. »Sie waren hier im Keller, um den Klang der Schreie zu ersticken. Himmel, diese armen Teufel! Es muss so gewesen sein, als ob man in einem Konzentrationslager aufwacht!«

Tief unter dem Gebäude waren die Räume PO-051 und -052 immer noch mit Spiegelglas ausgerüstet, damit die Ärzte die Reaktionen der Patienten auf verschiedene Drogen von außen beobachten konnten. Hier wurden Menschen wie Janine Huard und Val Orlikow LSD und Curare verabreicht – liebenswürdige Damen aus der Mittelschicht, die sich irgendwie im Leben verloren hatten und auf der Suche nach Hilfe hierher gekommen waren. Nicht, dass sie welche bekommen hätten. »Manchmal«, sagt Paul, »wurden sie festgebunden.«

Über den auf Hochglanz gebohnerten Kellerfluren hing ein dichtes Netzwerk von Heizungsrohren an den Decken; dort herumzuwandern war so ähnlich, wie den Rumpf eines alten Kriegsschiffes zu erkunden. Aus der Leichenhalle war das Raucherzimmer der Mitarbeiter geworden, der Elektroschock-Raum mit seinem Einwegspiegel, der das Zuschauen aus dem Nebenraum ermöglichte, diente nun als Waschküche.

Treppenaufgänge für die Dienstboten, die vom Keller nirgendwo mehr hinführten, lagen nun eingemauert hinter einem Büro, das noch immer Camerons Elf-Ziffern-Safe beherbergte. »Hier bewahrte er für gewöhnlich sein LSD auf«, verriet Paul. Überall im Krankenhaus fand sich eine Fülle von weiteren Relikten dieser Ära. Ich stieß eine Tür auf, die gegen ein hohes Bücherregal voller verrottender Psychiatriejournale der 40er und 50er Jahre schlug. In den Dachkammern des Gebäudes fanden wir weitere Überreste: Alte medizinische Unterlagen und Handbücher, die unter den Systemen von Heizungsrohren und der Klimaanlage hervorlugten. Paul sagte, dass sie einmal einen von Camerons Golfschlägern gefunden hatten. »Hier ist jetzt nur noch Gerümpel übrig.«

Im Konferenzzimmer hing eine Reihe gerahmter Fotografien von den früheren Direktoren des Allan Memorial Institute, darunter der streng dreinschauende Ewen Cameron in Tweedanzug und mit Krawattennadel. Ich fragte mich, was er denken würde, wenn er heute dort wäre. Würde er sich entschuldigen oder seine Arbeit zu rechtfertigen versuchen? »Ich glaube nicht, dass er sie als *Experimente* ansah«, gab sich Peter Roper bei unserem Abendessen überzeugt. »Ich meine, er war ein intelligenter, nachdenklicher, besonnener Mann. … Seine Therapieideen machten damals Sinn, weil er versuchte, Menschen zu helfen.«

Im Erdgeschoss lag die Bibliothek mit ihren beeindruckenden, reich verzierten Mahagonieregalen, die genau in dem Zustand bewahrt waren, in dem Lady Marguerite Allan sie 1940 zusammen mit ihrem Heim dem Royal Victoria Hospital vermacht hatte. Gleich davor befand sich die Cafeteria – dieselbe Cafeteria, in die sich Janine Huard an jenem Tag des Jahres 1962, als sie die psychische Steuerung nicht länger aushielt, geflüchtet hatte. Cameron hatte sie natürlich aufgehalten. Er tat es immer. »Janine«, war er in sie gedrungen, »*wollen* Sie denn nicht gesund werden?«

45 Jahre später steckte das ehemalige Institut voller Geister; Lady Marguerite war nur einer davon.

Wir beendeten unsere Tour in den Stallungen, wo Leonard Rubenstein die Technik für Cameron bereitgestellt hatte: Endlosschleifen von Tonaufnahmen für die psychische Steuerung, Luftpistolen, um damit auf menschliche Augäpfel zu schießen, Lügendetektoren und Reizentzugskammern. Heute beherbergt dieser Gebäudetrakt das Personalbüro des Krankenhauses, besetzt mit höflichen, schick angezogenen Angestellten auf orthopädischen Drehstühlen, vor Mauspads und Flachbildschirmen.

An einem Schwarzen Brett hing ein Zettel: »Große Geister diskutieren über Ideen, gewöhnliche Geister über Ereignisse und Kleingeister über Menschen.«

Vielleicht ist das die Botschaft des Allan Memorial Institute, wo Ewen Cameron Ereignisse und Menschen vergaß und sich stattdessen in die Welt der Ideen stürzte – um zu beweisen, dass er wirklich ein großer Geist war.

Kapitel 8 | Jesus liebt dich

**Clarke fordert für Terroristen Gehirnwäsche wie
bei Kultopfern**
Der Innenminister sagte Kabinettskollegen, dass sich Methoden
der Gehirnwäsche, mit denen Kultmitglieder »umprogrammiert«
würden, auch einsetzen ließen, um die Art von Fanatismus zu
bekämpfen, der hinter den Bombenanschlägen vom 7. Juli stünde.
The Daily Telegraph, 2. Oktober 2005

Es war nur natürlich, dass Ford Greene nervös war. Dies war seine erste Entführung. Nicht, dass die Operation nicht gut geplant gewesen wäre: Tatsächlich waren die Vorbereitungen schon seit über einem Monat im Gange, und Greene, der das 14-köpfige Team leitete, hatte dafür gesorgt, dass alle wussten, was sie zu tun hatten. Die beiden Schwergewichte, die man für den Zugriff angeheuert hatte, waren mit einer Augenbinde, Handschellen und einem Strick bewaffnet, um das Opfer zu fesseln. Ein gemieteter Lieferwagen stand für die Flucht bereit. Greene war der Fahrer.

Der Plan war unkompliziert. Greene wusste, dass sein Opfer am Mittwoch, den 13. April 1977, um zehn Uhr morgens seine Eltern im kalifornischen Ross nahe San Francisco besuchen wollte. Er hatte nicht mehr zu tun, als es beim Eintreffen zu schnappen, im Lieferwagen zu verstauen und zu einem sicheren Haus in San Geronimo in dreißig Autominuten Entfernung zu fahren. Auch dort waren die nötigen Vorkehrungen getroffen worden: In der letzten Woche hatte Greene einen Kellerraum als Zelle ausgewählt, wo das Opfer eingekerkert werden sollte. Er hatte jeden Zentimeter sorgfältig abgesucht und alles aus dem Weg geräumt, was es ihm ermöglichen könnte, zu fliehen oder sich etwas anzutun. Alle gläsernen Gegenstände, die sich zertrümmern und als Waffe einsetzen ließen, waren entfernt. Zufrieden, dass der Raum sauber war, hatte Greene die Fenster mit Brettern vernagelt, damit das Opfer sie nicht einschlagen und niemand von außen hineinschauen konnte.

Während das Team wartete, blickte Greene auf die Uhr. Wahrscheinlich lagen bei den meisten Kidnappern vor der Tat die Nerven blank, doch noch aufreibender war es womöglich, wenn man, wie Ford Greene, drauf und dran war, seine eigene Schwester zu entführen.

Die Ereignisse, die in dieser Tat kulminierten, waren beinahe drei Jahre zuvor in Gang gekommen, als Catherine Greene ziellos über die Sproul Plaza in Berkeley schlenderte. Die große, lebhafte 18-Jährige führte ein privilegiertes Leben. Ihr Vater, Crawford, war einer der führenden Anwälte San Franciscos, und die Familie war ziemlich wohlhabend. Praktisch alle ihre Verwandten hatten einen Abschluss der Eliteuniversität Yale; während seines Studiums dort hatte ihr Vater eine lebenslange Freundschaft mit einem James Buckley geschlossen, der später Senator für New York wurde – und Patenonkel seines ersten Sohnes, Ford. Die Greenes führten ein offenes Haus, es war ein ständiges Kommen und Gehen, als die Kinder klein waren. In einer solchen Umgebung war Catherine aufgewachsen.

Sie hatte kürzlich die Highschool abgeschlossen und einen Studienplatz in Berkeley erhalten, sie war talentiert, attraktiv und beliebt – und verloren. Ihr ganzes Leben hatte sie nach etwas gesucht, von dem sie nicht wusste, was es war. Wie viele Teenager ihrer Generation war sie überzeugt, dass die Welt irgendwie besser sein sollte.

Catherine verurteilte die Werte ihrer Eltern nicht, aber sie wollte andererseits auch nicht unbedingt nach ihnen leben. Sie fand ihre Inspiration woanders: in Hermann Hesses *Siddharta* zum Beispiel. Franco Zeffirellis Film *Bruder Sonne, Schwester Mond* über das Leben des heiligen Franz von Assisi hatte sie ungeheuer bewegt. Sie hatte sich sofort mit dem Helden identifiziert, der wie sie aus privilegiertem Hause kam und darum gerungen hatte, seine Berufung im Leben zu finden. Sie hatte ein Bild des heiligen Franziskus über ihr Bett gehängt.

Niemand schien zu wissen, was Catherine fehlte. Die meisten Leute merkten nicht einmal, dass etwas mit ihr nicht in Ordnung war. Die wenigen Male, die sie versucht hatte, mit Erwachsenen über ihre spirituellen Nöte zu reden, hatte sie immer die gleichen Antworten erhalten: »Das wächst sich aus«, oder: »Alle jungen Menschen denken so«. Um größere Klarheit über ihr Leben zu gewinnen, hatte Catherine ihren Studienbeginn in Berkeley verschoben und sich ein Jahr freigenommen. Im November 1974 fuhr sie mit ihrer Mutter Daphne in ihre künftige Unistadt Berkeley und fand sich allein auf der Sproul Plaza wieder.

Damals war der Platz ein geschäftiger Jahrmarkt alternativer Lebensstile: Vegetarianer, Marxisten, Jesus-Freaks, Hippies – sie waren alle da, um ihre jeweiligen Lebensentwürfe unters Volk zu bringen. Da sie in der Nähe von San Francisco aufgewachsen war, gab es nicht viel, was

Catherine nicht schon gesehen hatte. Doch dann, an einer Ecke des Platzes, fiel ihr etwas ins Auge.

Der Stand bestand aus einem Tisch und einem mit Polaroidfotos von einer Farm gespickten Schwarzen Brett. Auf den Bildern sah man, wie junge Leute gemeinsam die Felder bestellten, sich an den Händen hielten, Gitarre spielten und Vorträge hörten. Sie sahen alle glücklich aus. Am Tisch saß eine adrett zurechtgemachte junge Frau. Auf dem Schild über ihrem Kopf stand: »Kreatives Gemeinschaftsprojekt«.

Catherine hatte von dem Projekt gehört, aber sie war sich nicht sicher, worum es sich dabei handelte. Daher ging sie zum Stand hinüber, trat vor die junge Frau hin und erfuhr, als sie nachfragte, dass das Kreative Gemeinschaftsprojekt eine gemeinnützige Organisation sei, die für ein besseres Leben durch Philosophie, gemeinschaftliches Leben und Spiritualität eintrete. Die Bilder der glücklich aussehenden Leute waren auf der Farm der Organisation in Nordkalifornien nicht weit von Berkeley aufgenommen worden. Catherine war fasziniert: Hier war eine Gruppe von Menschen, die wie sie das Gefühl hatten, dass ihrem Leben etwas fehlte, und die aktiv zu ergründen versuchten, was es war. Was sie jedoch wirklich anzog, war nicht, was die junge Frau sagte, sondern die Art, wie sie *zuhörte*. Als Catherine ihr ihre spirituellen Zweifel mitteilte, wusste sie instinktiv, dass ihre neue Freundin das in sich aufnahm und sie verstand.

Am nächsten Donnerstag nach der Chorprobe besuchte Catherine den Sitz des Projekts, ein beeindruckendes Gebäude im Norwesten des Berkeley-Campus in der Hearst Avenue 2717. Sie war überrascht, dass die Projektmitglieder im Gegensatz zu den Anbietern alternativer Lebensstile, die damals an der Westküste herumhingen, alle schick angezogen und glattrasiert waren. Die schienen ja hinter dem Mond zu leben! Sie ließ all dies auf sich wirken, als ein Vertreter der Organisation aufstand und zu reden begann.

Der Mann erzählte ein Gleichnis: »Die blinden Männer und der Elefant«. Einige blinde Männer befühlen jeder einen anderen Teil eines Elefanten, der eine seinen Rüssel, der andere seinen Stoßzahn, wieder ein anderer eines seiner Beine und so weiter. Aus seiner beschränkten Erfahrung des Tiers zieht jeder eine völlig andere Schlussfolgerung, wem oder was der Elefant ähnlich sieht: Der eine meint, einem Seil, der andere, einer Schlange, der dritte, einem Baum und so fort. Daraus entspinnt sich ein hitziger Streit. Die Blinden können sich nicht einigen, wie der Elefant denn nun wirklich aussieht. Natürlich haben alle Unrecht. Ein Elefant ähnelt keinem Seil und keiner Schlange und keinem Baum – er ähnelt nur einem Elefanten. So, sagte der Sprecher, sei auch das Leben: Man muss seine Augen öffnen! Wahrnehmung ist alles; wahre Macht kommt nur aus tiefem Verständnis. Und das, sagte er, sei es, worum es beim Kreativen Gemeinschaftsprojekt gehe.

Am Ende des Vortrags gab es eine Diashow über die Farm des Projekts in Nordkalifornien, gleich vor den Toren des kleinen Städtchens Boonville in Mendocino County. Alle Anwesenden wurden zu einem Wochenendbesuch eingeladen, um mehr über die Ziele der Gruppe zu erfahren, Sport zu treiben, zu singen – und auch viel Spaß zu haben.

Catherine war sich nicht sicher. Diese Leute schienen ziemlich merkwürdig zu sein. Außerdem war die junge Frau, die sie auf der Sproul Plaza getroffen hatte, nicht da. Aber als der höfliche junge Mann zu ihr kam und sie fragte, was sie zögern lasse, stimmte sie schließlich zu, mitzufahren. An jenem Freitag stieg Catherine in den Bus des Kreativen Gemeinschaftsprojekts nach Boonville. Und verschwand.

Zwei Tage später rief sie ihre Mutter an und sagte, sie sei bei der Familie (so nannten die Projektmitglieder die Organisation) und dass sie noch eine Woche länger bleiben wolle. Daphne Greene, die nie von dem Kreativen Gemeinschaftsprojekt oder der »Familie« gehört hatte, nahm an, dass ihre Tochter bei der Familie einer Freundin außerhalb der Stadt war, und hatte nichts dagegen.

Catherines nächster Anruf genau eine Woche später platzte mitten in das Geburtstagsabendessen ihres Großvaters. Es sprudelte nur so aus ihr heraus. Sie sagte, sie habe entdeckt, was sie mit ihrem Leben anfangen wolle. Sie sei der Familie beigetreten und komme nicht nach Hause. Überhaupt nicht mehr. Fassungslos fragte ihre Mutter sie, was um alles in der Welt die »Familie« sei? »Also«, antwortete Catherine aufgeregt, »da war so eine Dame aus Korea …« Daphnes Augen verengten sich zu Schlitzen: »Hat das irgendetwas mit dem Sektenführer Mun zu tun?«

Catherines Herz tat einen Sprung: Ihre Mutter kannte Mun! Das war ja fantastisch! »Ja«, sagte sie, »er …« Aber ihre Mutter fiel ihr ins Wort: »Oh, Mist!«

Ganz am Anfang ihrer Rekrutierung war allerdings weder Catherine noch ihrer Mutter klar, dass es sich beim Kreativen Gemeinschaftsprojekt um eine der vielen Tarnorganisationen handelte, die zur Vereinigungskirche gehörten. Catherine war einer Gruppe beigetreten, die spirituellen Rat und lebenspraktische Hilfe anbot, und in einer anderen gelandet: der Munsekte oder, wie die Presse sie getauft hatte, den

Moonys. Doch das gab ihr nicht zu denken. Sie hatte nach einer spirituellen Heimat gesucht und war nun, wie ihr Anruf deutlich machte, glücklich. Ganz anders ihre Mutter, die sich sehr wohl Sorgen machte. Noch während des Geburtstagsessens fragte Daphne einen der Gäste, Albert Johnson, was er über die Munsekte wisse. Johnson, ein Jesuit, erläuterte ihr, dass die Vereinigungskirche »die Spiritualität junger Menschen ausbeutet«. Daphne Greene hatte keine Ahnung, ob das stimmte oder nicht, daher fing sie an, sich in das Thema einzulesen. Was *war* die Vereinigungskirche überhaupt?

Wie sie bald entdecken sollte, gehörte die Vereinigungskirche zu einer Reihe neuer religiöser Gruppen, die in den USA eine wachsende Anhängerschaft rekrutierten.

Die Kirche war im Korea des Kalten Krieges entstanden. Als sie 1959 in die Vereinigten Staaten kam, fristete die Vereinigungsdoktrin zunächst ein Schattendasein. Als Mitte der 60er Jahre das Interesse an alternativen Lebensstilen aufblühte, fing sie an, sich zu verbreiten. In der folgenden Dekade führten die Nachwirkungen der liberalen 60er Jahre, der sich fortquälende Vietnamkrieg und der Watergate-Skandal zu einer wachsenden Unzufriedenheit: Junge Menschen wandten sich von den althergebrachten Autoritäten ab und begaben sich auf die Suche nach anderen, »authentischeren«. Die Vereinigungskirche war eine von etlichen Sekten, die davon profitierten.

In der Öffentlichkeit wuchs die Besorgnis über dieses Phänomen. Grasrauchende Hippies in den 60er Jahren waren das eine, von zu Hause fortlaufende Kinder, die sich bizarren Religionen anschlossen, etwas anderes. Und was waren das für Religionen! Sekten wie die Moonys, die Kinder Gottes (später The Love Family oder The Family), Love Israel, Hare Krishna, Divine Light Mission (»Mission des göttlichen Lichts«, heute Elan Vital), die eine verrückter als die andere, schossen wie Pilze aus dem Boden. Ihnen ließen sich die neuen Selbsthilfekulte hinzufügen, die überall aufkeimten: Scientology, Synanon, Erhard Seminary Training, Lifespring, Mind Dynamics und so weiter. Die explosive Vermehrung neuer Gruppen im ganzen Land schreckte allenthalben die Eltern auf. In ihrer Studie über das Phänomen berichten Flo Conway und Jim Siegelman:

> Amerika ist von einer Epidemie plötzlicher Persönlichkeitsveränderungen befallen. Der Collegestudent verlässt die Schule ohne Vorwarnung, und seine Eltern entdecken ihn, wie er Blumen an einer Straßenecke verkauft. Der wohlhabende Manager übernimmt die

volle Verantwortung für sein Schicksal und kündigt von einem Moment auf den anderen, um auf einer Bank zu sitzen und Flöte zu spielen. Eine junge Mutter lässt ihre Kinder im Stich, nachdem sie eine »persönliche Begegnung mit dem Heiligen Geist« hatte. ... Sind diese Veränderungen gut oder schlecht? Sind sie dauerhaft? Was steckt wirklich dahinter? Wer ist dafür empfänglich? Ich? Meine Kinder? Jede und jeder?

Das Schlimmste war: Wenn die Eltern die jugendlichen Ausreißer schließlich aufgespürt hatten, waren sie nicht mehr dieselben. Sie hatten einen merkwürdigen Blick, als sei er auf etwas in weiter Ferne gerichtet. Sie trugen ein falsches Lächeln und sprachen mit monotoner Stimme. Ihnen war der Sinn für Humor und Spontaneität abhanden gekommen. Äußerlich waren sie gesund, doch wie entkernten Äpfeln fehlte ihnen innerlich etwas. »Es war etwas Unheimliches an ihnen«, schrieben Conway und Siegelman, »aber es war nichts, worauf man den Finger legen konnte.«

Am nächsten Mittwoch stiegen Ford Greene, Catherines ältester Bruder, und sein Freund Jim in ihren BMW 1600 und fuhren den Highway 128 hinauf nach Boonville, um nach Catherine zu sehen. Sie trafen früh am nächsten Morgen ein und waren nicht beeindruckt. Die Farm der Vereinigungskirche bestand aus einer Reihe ziemlich baufälliger Gebäude und ein paar Wohnwagen mitten auf einem Feld. Noch weniger Eindruck machten auf Ford Greene die Mitglieder, die er dort antraf. »Da waren vielleicht 15 Leute«, erzählt er 30 Jahre später, »die sich sofort merkwürdig benahmen. Sie waren seltsam, weil sie so auf der Hut und argwöhnisch wirkten. Sie wollten mir mit Catherine kein Gespräch unter vier Augen erlauben. Sie waren komisch, weil sie mir nicht verraten wollten, wovon ihre Bücher handelten, als ich sie aus Neugier fragte, was sie denn da studierten. Verdammt! Die waren einfach unheimlich!«

Als sich Ford mit Catherine unterhielt, blieb sie distanziert. Er hatte den Eindruck, sie sagte nur das, was ihre Begleiter hören wollten, nicht das, was *sie selbst* gern gesagt hätte. Nachdem sie eine halbe Stunde erfolglos versucht hatten, zu ihr durchzudringen, stiegen er und Jim wieder ins Auto und fuhren ab. Sie trafen gegen neun an der Küste bei Mendocino ein, machten ein paar Flaschen Bier auf und saßen schweigend da, betrachteten die wogenden Wellen und fragten sich, was wohl mit Catherine los war.

Während er auf den Seetang und die Brandung starrte, kam Ford der Gedanke, dass Catherine sich auf diese Gruppe eingelassen hatte, weil sie unfähig war, anderen Menschen zu vertrauen. Die Erziehung der Greene-Kinder war unkonventionell gewesen, sie selbst fanden sie traumatisch. Vielleicht war der Eintritt in die Munsekte ihr Weg, mit ihrer Kindheit fertig zu werden. Von dieser plötzlichen Einsicht ergriffen, sprang Ford in den Wagen und raste mit Jim zurück nach Boonville. Dieses Mal nahm er sich Catherine ohne ihre Aufpasser vor und fragte sie, ob sie zu diesen Leuten gegangen sei, weil sie nicht wisse, wie man Menschen liebt. Daraufhin brach sie, wie er sagt, in Tränen aus und gab es zu.

Ford glaubte, einen Durchbruch erzielt zu haben, aber unmittelbar nach ihrem Eingeständnis traten Vertreter der Vereinigungskirche auf den Plan. Statt sich verschlossen zu zeigen, fragten sie Ford und Jim dieses Mal, ob sie mehr über die Organisation erfahren wollten. Falls ja, wäre es besser, wenn sie am Wochenende wiederkämen, wo sie am nächsten Kurs teilnehmen könnten. Die Jungs waren einverstanden.

Tatsächlich fuhren Jim, Ford und einer seiner Cousins, Oliver, am Samstagmorgen um drei Uhr in aller Herrgottsfrühe wieder vor. Da alle noch schliefen, sammelte das Trio Holz, machte mitten auf dem Booneville-Gelände ein riesiges Lagerfeuer und setzte sich biertrinkend davor. »Dieser Morgen«, lacht Greene, »war nicht das übliche Moony-Erwachen!« Die drei waren am richtigen Tag gekommen, aber es war ziemlich offensichtlich, dass sie die religiöse Seite der Organisation nicht ganz ernst nahmen. Die Lehrer der Vereinigungskirche zeigten sich nicht weiter irritiert, hießen die drei Jungs herzlich willkommen, gaben ihnen ein Frühstück – und teilten jeden von ihnen einer Zehnergruppe neuer Rekruten zu.

Es dauerte nicht lange, bis die drei bemerkten, wie *unglaublich freundlich* alle waren. Ständig wollten sie Händchenhalten, ständig sorgten die spirituellen Führer dafür, dass es ihnen an nichts fehlte. Alle sagten fast immerzu, sie würden einander lieben. Und sie waren äußerst geschäftig! Ab und zu warfen sich die drei einen Blick zu, wenn ihre Gruppen sich begegneten. Aber ihnen blieb keine Zeit, wirklich über das Erlebte zu reden. Nicht anders war es, als Greene seiner Schwester Catherine begegnete: Mehr als zu einem »Hallo« reichte es nicht.

Auch den drei jungen Männern wurde das Gleichnis vom Elefanten und den blinden Männern erzählt. Für Greene klang es einleuchtend. Hinterher wurden die Gruppen ermutigt, sich im Kreis hinzusetzen, sodass jeder seine Geschichte erzählen konnte: wo man herkam, wie man dorthin gekommen war und welche Ziele man hatte. Als die Reihe an ihn kam, beschloss Greene, ehrlich zu sein. »Ich bin hier«, sagte er seiner Gruppe, »um meine Schwester zu retten.« Ohne das geringste Zögern fing der Führer der Gruppe an zu skandieren: »Wir lieben dich, Ford! Ja, das tun wir! Wir lieben dich, Ford! Ja, das tun wir!« Die ganze Gruppe stimmte ein. Greene, der 18 Monate lang unter klinischer Depression gelitten hatte, wusste nicht, wie ihm geschah. War es *wirklich* möglich, dass ihn diese Leute liebten? Das Händchenhalten, das Singen, die bedingungslose Liebe: Er war sich nicht sicher, worum sich das alles drehte – aber es fühlte sich gut an.

Weitere philosophische Vorträge mehrten die Faszination. Greene und seine Freunde hörten, dass die Menschen mit Fehlern behaftet seien und hart arbeiten müssten, um rein zu werden. Gott und die Menschen hätten ein Bündnis geschlossen. Gott verrichte 95 Prozent der Arbeit. Es sei der Auftrag des Menschen, die anderen fünf Prozent zu schaffen, aber diese fünf Prozent erforderten 100 Prozent seiner Energie. Liebe sei das Ziel und eine reelle Möglichkeit. Wissenschaft und Religion stünden seit so langer Zeit im Widerspruch. Es sei an der Zeit, sie zu vereinigen. »Es machte großen Sinn«, gesteht Greene heute ein.

Nach einem geschäftigen Tag, an dem sie Leute kennen gelernt, Vorträge gehört und Ball gespielt hatten, legten sich die Rekruten in einem Gemeinschaftssaal schlafen. Um acht Uhr morgens stürmte ein junger Mann mit einer Gitarre herein und sang aus voller Brust: »When the red, red robin goes bob-bob-bobbing along!« Jeder im Saal machte einen Satz aus dem Schlafsack, sprang in die Luft und schrie aus voller Kehle: »Guten Morgen, himmlischer Vater! Guten Morgen, Brüder und Schwestern!« Greene fand das ziemlich »abgedreht«, und der Kerl konnte nicht Gitarre spielen.

Am Ende des zweiten Tages jedoch war er drauf und dran, sich überzeugen zu lassen – anders als Oliver und Jim. Den ganzen Tag über hatten sie ihm Zeichen gegeben, um ihm zu signalisieren, dass sie rauswollten. Zu ihrem Entsetzen sagte er, als sich der Sonntagabend näherte, er wolle noch bleiben. Abgesehen von allem anderen werde viel musiziert, und er fände es fantastisch. Sie nannten ihn ein Arschloch und machten sich davon.

Und so war es Ford Greene, der 21-Jährige, der ausgezogen war, um seine kleine Schwester vor der Vereinigungskirche zu retten, der nun ebenfalls ein Moony wurde.

Fords und Catherines Mutter Daphne war nun aufs Höchste besorgt. Sie rief alle möglichen Leute an, um mehr über die Vereinigungskirche zu erfahren. Im Verlauf ihrer Nachforschungen stieß sie auf andere Eltern, deren Kinder verschwunden waren und sich dann mit rätselhaften Anrufen aus Boonville gemeldet hatten, um mitzuteilen, dass sie nicht mehr nach Hause zurückkämen. Hier ging es eindeutig nicht mit rechten Dingen zu. Dagegen musste etwas unternommen werden.

∽

Die wachsende Besorgnis von Eltern überall in den Vereinigten Staaten führte schließlich zur Gründung der Citizens' Freedom Foundation (CFF), die sich der Erforschung seltsamer Kulte widmete und nach Wegen suchte, junge Menschen aus diesen Sekten herauszuholen. Nach Auffassung der CFF beuteten die Munsekte und ähnliche unheimliche Organisationen junge Amerikaner zu Profitzwecken aus. Von Neumitgliedern verlangten die Kulte, ihren persönlichen Besitz zu spenden, einschließlich der Stereoanlagen, Musikinstrumente und Autos. Dieses Eigentum wurde dann umverteilt oder zu Geld gemacht.

In einigen Fällen wurden die Mitglieder mangelhaft ernährt und unter schlechten Bedingungen untergebracht – mindestens eine Gruppe ermutigte ihre Mitglieder in den 70er Jahren, die Mülltonnen von Fast-Food-Restaurants nach Essbarem zu durchstöbern. Hatten sie ihr Grundtraining durchlaufen, mussten sie oft bis zu 20 Stunden täglich Spenden sammeln. Beliebt war in den frühen 70er Jahren der Verkauf von Blumen, Erdnusskrokant, amerikanischen Flaggen, Glückskeksen, handgemachten Kerzen und Staubsaugern, um den Sekten Einnahmen zu verschaffen. Diese Waren, auf der Straße oder an der Haustür verkauft, wurden mit der Versicherung feilgeboten, dass der Gewinn zu wohltätigen Zwecken verwendet würde. Allzu oft jedoch stellte sich heraus, dass der »wohltätige Zweck« die Gruppe selbst war. Tatsächlich erregte dies den größten Argwohn, denn viele Kultführer errichteten offenbar auf dem Rücken ihrer jungen, als Arbeitstiere missbrauchten Anhänger multinationale Konzerne und lebten selbst im Luxus. Diese Gruppen, so glaubte die CFF, waren Parasiten, die sich vom Idealismus amerikanischer Jugendlicher nährten.

Wer von den jungen Leuten keine schäbigen Produkte auf der Straße verkaufte, wurde zur Rekrutenwerbung ausgeschickt. Wie Daphne Greene und ihre Mitstreiter bald erfuhren, ließen die neuen religiösen Sekten kaum etwas unversucht, um Leichtgläubige an die Angel zu bekommen. Das üblichste Mittel war die Lüge. Zu verschiedenen Zeiten lockte die Vereinigungskirche neue Mitglieder unter Bezeichnungen wie New Educational Development Systems Inc. (Neue Systeme zur Erziehungsentwicklung AG), Collegiate Association for the Research into Principles (Studentische Gesellschaft zur Prinzipienforschung), The Family, Creative Community Projekt (Kreatives Gemeinschaftsprojekt), 3L Associates und International Family Association (Internationaler Familienverein). Auf diese Weise ließen sich sogar junge Leute übertölpeln, die den berüchtigteren unter den neuen Sekten argwöhnisch gegenüberstanden, ohne zu bemerken, wo sie gelandet waren, bis es zu spät war. Es war ein Skandal.

Catherine sah es natürlich nicht so. Sie genoss es. Nach ihrem Grundtraining wurde sie mit einem mobilen Team losgeschickt, um der Vereinigungskirche durch den Blumenverkauf Einnahmen zu verschaffen. Sie erwies sich als eine der besten Blumenverkäuferinnen, die die Organisation je gehabt hatte. Ihr Team fuhr in einem zerbeulten Dodge-Lieferwagen die Westküste entlang und verkaufte seine Blumen auf der Straße, in Bars, Restaurants und Clubs. Die Gruppe zog jedes Mal bis zu einem Monat durchs Land. Wo immer jemand einen Strauß Blumen kaufen wollte, waren Catherine und ihr Team mit einem Lächeln zur Stelle. »Es war eine Riesenparty!«, lacht sie, als sie mir davon erzählt. »Wir zwängten uns in den Bus und fuhren zum Blumenverkaufen nach Oregon und Washington! Ich hatte so viel Spaß! Es befriedigte auch diese Lust, wie der heilige Franziskus herumzuziehen. Es war wirklich ein Abenteuer, weil man überall hinkam, man traf alle möglichen Leute.«

Manchmal ging man auch zu weit. Das Territorium der USA war in Regionen zum Spendensammeln unter verschiedenen Gruppen der Vereinigungskirche aufgeteilt. In seinem evangelikalen Eifer ignorierte Catherines Team die Grenzen und verkaufte so viel wie möglich, wo immer es nur konnte. Die jungen Leute gaben sich den Spitznamen »die Oakland-Plünderer« und machten sich daran, im Blumenverkauf alle Rekorde zu brechen. »Wir sind die Größten, keine Frage!«, skandierten sie, wenn sie von Verkaufsort zu Verkaufsort fuhren. »Himmlischer Vater, wir werden alles ausverkaufen!« Am Anfang war Barbara Underwood, eine attraktive junge Frau, der Verkaufsstar des Teams. Sie schaffte es schließlich, täglich eigenhändig Blumen im Wert von bis zu 500 Dollar zu verkaufen. Mit ihrer typischen Entschlossenheit wurde Catherine die Erste, die sie schlug.

Ford dagegen war nicht so gut. Er mochte es nicht, Blumen zu verkaufen. Und er konnte, trotz aller Begeisterung für das Sektenleben, von Anfang an ein paar prinzipielle Vorbehalte nicht überwinden. Ihm widerstrebten die politischen Neigungen von Mun Sun-myung, der seine Anhänger ermutigte, Kundgebungen zur Unterstützung von Nixon abzuhalten, und aktiv für den Vietnamkrieg eintrat. Es ärgerte ihn außerdem, dass er nicht genug Zeit für sich zum Nachdenken bekam. In der Vereinigungskirche musste man dauernd etwas tun. »Wann immer es auch nur die geringste Andeutung von Leerlauf gab«, erinnert er sich, »wo man zum Beispiel ein Gespräch mit jemandem hätte führen können, sagte der jeweils Verantwortliche: ›Zeit für ein bisschen Zerstreuung!‹ Gruppenvergnügen oder individueller Zeitvertreib! Irgendeine Unterhaltung! So wurden die toten Punkte, die andernfalls Gelegenheit für freien Gedankenaustausch geboten hätten, mit bescheuerten Liedern gefüllt!«

Tatsächlich hatte Greene so viel an der Organisation auszusetzen, dass er nicht wusste, wo er anfangen sollte. Man benutzte gemeinsame Zahnbürsten; das Essen war furchtbar; es gab zu viel Sprechchöre und Singereien; die Arbeit war langweilig; man gewährte ihnen nicht genug Schlaf (neue Rekruten durften sechs Stunden pro Nacht schlafen, Mitglieder nur drei; Müdigkeit wurde allgemein bösen Geistern zugeschrieben). Er argwöhnte bald, dass die Liebesbezeugungen, die er von seinen »Brüdern und Schwestern« erhielt, vorgespielt waren und einem die Liebe entzogen wurde, sobald man anfing, unangenehme Fragen zu stellen.

Dann waren da die Sektenmitglieder selbst, die, wie er heute sagt, »Waschlappen« waren. Letztlich war die ganze Sache einfach kein Spaß: »Es nervte, ein Moony zu sein! Es war langweilig, es war dumm, es gab keinen Sex, es gab kein Gras, es gab keinen Spaß! ... Einfach nichts Geiles – nichts!« Er hielt sieben Monate durch und stieg im Sommer 1975 aus.

Man kann sich leicht denken, dass die Vereinigungskirche froh war, Ford Greene von hinten zu sehen. Zu ihrem Unglück hatte sie jedoch noch nicht zum letzten Mal von ihm gehört.

Ford brauchte ein Jahr, um mit der Tatsache, kein Moony mehr zu sein, zurande zu kommen, dann schloss er sich seiner Mutter an und erklärte der Vereinigungskirche den Krieg. Mittlerweile beriet Daphne Greene Eltern auf der ganzen Welt über die Organisation und wie sie ihre Kinder dort wieder herausbekommen konnten. Eine der Methoden, die sie empfahl, war ein paar Jahre zuvor entwickelt worden.

Die Methode hatte ihre Wurzeln in einem Vorfall am Unabhängigkeitstag des Jahres 1971, als Ted Patrick, der Sonderbeauftragte des damaligen kalifornischen Gouverneurs Ronald Reagan für kommunale Belange, seinen jugendlichen Sohn Michael am Strand von San Diego, dem Mission Beach, aus den Augen verlor. Als Michael später am Abend ins Hotel der Familie zurückkehrte, erzählte er seinem Vater, dass er von ein paar jungen gitarrespielenden Evangelisten angesprochen worden war. Sie hatten ihm gesagt, dass er nie wieder zur Schule gehen und nie arbeiten müsse, wenn er mit ihnen käme. Er sollte nicht zu sich nach Hause zurückkehren, weil seine Eltern böse seien. Die Evangelisten waren so überzeugend, sagte Michael, dass er sich von ihnen habe fortreißen müssen. Sie nannten sich selbst Children of God – Kinder Gottes.

Patrick schenkte der Sache keine große Beachtung, bis sich eine Woche später eine Frau bei ihm im Büro meldete, die ihren jugendlichen Sohn auf demselben Strand am selben Tag verloren hatte: Der Junge war umhergeschlendert, von den Gotteskindern angesprochen worden und nicht nach Hause zurückgekehrt. Als Patrick Informationen über die Gruppe einholte, tauchten weitere derartige Berichte auf. Die Geschichten waren identisch: Ein Teenager verschwand, rief etwa eine Woche später seine Eltern an und erklärte ihnen, dass sie böse seien; die Kinder Gottes seien jetzt seine Familie und er käme nie mehr heim. Manchmal hörten die Eltern, wie jemand im Hintergrund ihren Kinder einflüsterte, was sie zu sagen hatten. Nach nur zwei Tagen Recherche hatte Patrick nahezu identische Berichte von 26 Familien.

Ende Juli begab er sich inkognito zum Mission Beach und ließ sich selbst von den Kindern Gottes anwerben, um herauszufinden, was sie trieben. Er wurde zu einem stickigen, überbelegten Haus gefahren, wo man ihm schon nach kurzer Zeit anriet, sein Auto und verschiedene andere Besitztümer auszuhändigen. Dann hielt man ihm Vorträge und betete für ihn; er musste religiöse Lieder singen und wurde herumkommandiert. Zum Beweis, dass sie ihre Familie zugunsten der Sekte verstoßen mussten, wurde den Rekruten Lukas 14,26 zitiert: »Wenn jemand zu mir kommt und nicht seinen Vater, seine Mutter und sein Weib und seine Kinder … hasst, kann er nicht mein Jünger sein.« Erst um vier Uhr morgens in seiner dritten Nacht bei der Sekte durfte sich der völlig erschöpfte Patrick schlafen legen. Drei Stunden später weckte man ihn wieder auf, und die ganze Prozedur begann von neuem. Verzweifelt auf Flucht sinnend, erklärte er den Mitgliedern am nächsten Tag, dass er bereit sei, seinen ganzen Besitz der Gruppe zu geben, und nahm unter dem Vorwand, ihn zu holen, ein Taxi nach Hause. Er war von der Erfahrung erschüttert: Noch einmal 24 Stunden bei der Sekte, dachte er, und er hätte sich bekehrt.

Überzeugt, dass hier etwas zutiefst Finsteres vor sich ging, wandten sich Patrick und betroffene Eltern der Literatur über Gehirnwäsche zu, besonders der Arbeit eines Psychiaters namens Robert Jay Lifton. Lifton, in den 50er Jahren Angehöriger der US-Luftwaffe, war einer der wenigen Ärzte gewesen, die Heimkehrer aus koreanischer Kriegsgefangenschaft untersuchen durften. 1961 hatte er eine richtungsweisende Studie über das Phänomen der Gehirnwäsche verfasst, *Thought Reform and the Psychology of Totalism*. In Kapitel 22 beschrieb er darin acht spezifische Methoden, mit deren Hilfe ideologische Gruppe jeden Menschen manipulieren konnten – vom »Aufladen der Sprache« (Einführung eines technischen Jargons, der die Fähigkeit zum kritischen Denken beschneidet, statt sie zu stärken, und auf diese Weise Widerspruch erstickt) bis hin zu »Milieukontrolle« (Beschränkung der Kommunikation, um dafür zu sorgen, dass Zweifel und Widerspruch nicht von außen eindringen können). Offenbar konnten Gehirnwäscher mit diesen acht Methoden des »ideologischen Totalismus« somit praktisch jeden Menschen kontrollieren.

Patrick und seine Mitstreiter kamen zum dem Schluss, dass die Kulte alle acht der von Lifton genannten Methoden zusammen mit Nahrungs- und Schlafentzug und Reizüberflutung gleichzeitig einsetzten, um ihren Rekruten das Hirn zu waschen. Die Methode, schrieb Patrick, sei »die gleiche, wie sie die Nordkoreaner bei Kriegsgefangenen anwendeten«. Wenn in den 50er Jahren hartgesottene US-Soldaten in Korea nichts dagegen ausrichten konnten, welche Chance hatten dann rotbäckige amerikanische Teenager in den 70ern?

Patrick begann nun seinen eigenen Kreuzzug gegen die Kinder Gottes. Er entwickelte eine Methode, die er »Deprogrammierung« nannte, um gegen sie anzukämpfen. Dazu gehörte es, religiöse Neukonvertiten ins Gebet zu nehmen und ihnen ein paar harte Fakten über ihre gewählte Sekte zu erzählen. Er war entschlossen, so lange religiöse Debatten mit ihnen führen, bis sie zusammenbrechen und erkennen würden, dass man sie in die Irre geführt hatte.

So zumindest sah die Theorie aus. In der Praxis lief es ganz anders. Wie man hätte vorhersehen können, erwies es sich als unmöglich, religiöse Konvertiten zu überzeugen, an Deprogrammierungs-Sitzungen teilzunehmen. Sie mussten unfehlbar erst unter einem Vorwand in einen

Raum gelockt und dann gewaltsam am Fortgehen gehindert werden. Als sich das als schwierig herausstellte, schnappte man sie sich auf der Straße, wenn sie es am wenigsten erwarteten – man entführte sie. Patrick überzeugte betroffene Eltern, dass ein solches Vorgehen erforderlich sei, weil ihre Kinder »den Verstand verloren« hätten: Man hatte sie in »Zombies« verwandelt.

Doch selbst wenn er sie entführte, sah sich Patrick mit dem Problem konfrontiert, wie er sie zum Zuhören bringen sollte. Viele religiöse Gruppen lehrten ihre Rekruten, den Zweifel zu bekämpfen, indem sie sich als Mittel der Zerstreuung gedanklich auf sich wiederholende, sinnlose Aktivitäten konzentrierten. Als Folge sah sich Patrick häufig Automaten mit glasigen Augen gegenüber, die im Schneidersitz dasaßen und schaukelnd Gebetsformeln aufsagten. Wie konnte man zu Leuten in diesem Zustand durchdringen? Seine Lösung war, sie durch Wiederholung, erzwungene Gefangenschaft und gelegentlich körperliche Gewalt zum Zuhören zu nötigen. Doch das hatte Folgen. Obwohl Patrick es energisch bestritt, bediente sich die »Deprogrammierung« offenbar derselben Methoden wie die religiöse »Gehirnwäsche«, die sie ungeschehen machen sollte. Es war schwer auszumachen, inwiefern sich die Methoden unterschieden, außer in ihrer Zielstellung.

Als Patrick dazu überging, junge Leute aus religiösen Sekten zu entführen, wandten sich mit der Bitte um Hilfe immer mehr Eltern an ihn. Bald hatten er und der andere namhafte Deprogrammierer der frühen 70er Jahre, Joe Alexander, jährlich mit Hunderten von Fällen zu tun. Unterdessen fingen andere an, seine Methoden zu kopieren. Doch als die Entführungen und Deprogrammierungen zunahmen, wurden die religiösen Gruppen klüger. Die Vereinigungskirche etwa, die sich unter dem Beschuss von bigotten Außenstehenden sah, errichtete Zäune um ihr Gelände bei Boonville und stellte an den Toren Wachleute auf. Sie behauptete, dass die Zäune, ihre abwehrende Haltung gegenüber Außenstehenden und die Geheimhaltung, mit der sie sich umgab, nicht nötig wären, wenn nicht ständig Leute – manchmal mit Waffengewalt – eingedrungen wären, um ihre Mitglieder zu kidnappen. Durfte sie sich etwa nicht verteidigen?

Die Tatsache, dass sich die Sekten nun mit Mauern umgaben, machte sie den Deprogrammierern nur umso verdächtiger: Wenn die jungen Leute, die ihnen beitraten, wirklich so frei waren, wie sie behaupteten, warum wurden sie dann eingesperrt? Warum durften die Eltern sie nicht besuchen? Was hatten sie zu verstecken? In dem Maße, in dem die

Kulte immer mehr Vorkehrungen trafen, um Kidnapping zu verhindern, wurden auch die Entführungen immer raffinierter und fantasievoller. Die Auseinandersetzung eskalierte.

∽

In der Munsekte blühten immer mehr Gerüchte über »Deprogrammierung«. Es wurde erzählt, dass dabei Schläge, Erniedrigung, Folter und sexueller Missbrauch an der Tagesordnung seien. Verschiedenen Quellen zufolge hatten zwei Mitglieder der Tucson Freedom of Thought Foundation einen altkatholischen Priester, dessen anglikanische Eltern seine Konfessionswahl missbilligten, deprogrammiert. Ted Patrick hatten mittlerweile offenbar zwei Mädchen griechisch-orthodoxer Herkunft deprogrammiert, deren Eltern darüber entsetzt waren, dass ihre Töchter die traditionelle Sitte ablehnten, daheim bei ihnen zu wohnen, bis man geeignete Ehemänner für sie gefunden hatte.

Die Deprogrammierer entwickelten sogar einen makaberen Sinn für das Absurde. Der New Yorker Deprogrammierer Galen Kelly – der 1993 zu sieben Jahren Gefängnis verurteilt wurde, weil er die Entführung einer Anhängerin der Gruppe Circle of Friends inszeniert und versehentlich das falsche Mädchen geschnappt hatte – soll die Geschichte erzählt haben, wie einer seiner »Kollegen« einmal eine Jugendliche von ihrem »Kultdenken« befreit und zurück nach Hause gebracht hatte. »Es wird Sie freuen«, frohlockte der triumphierende Deprogrammierer, »dass Ihre Tochter wieder eine Christin ist.« »Aber«, stießen die Eltern entsetzt hervor, »sie war doch vorher eine *Jüdin*!«

Wenn ein Anhänger der Vereinigungskirche nicht zu seiner Sekte zurückkehrte, wurden sofort Suchtrupps losgeschickt. Von wo waren sie entführt worden? Wo hielt man sie gefangen? Waren sie zur Deprogrammierung ins Haus ihrer Eltern gebracht worden? Wachposten wurden ausgesandt, um mögliche Aufenthaltsorte zu observieren und sie möglichst zurückzuschnappen, bevor es zu spät war. Wenn sie das Gebäude fanden, umzingelten sie es, und Sektenmitglieder stellten sich an die Fenster und skandierten für ihren eingekerkerten Bruder oder ihre Schwester Liebes- und Unterstützungsbotschaften. Für die Deprogrammierer war es reichlich gespenstisch, sich in einem Gebäude zu befinden, das von skandierenden Moonys umzingelt war.

Als die Presse Wind davon bekam, dass junge Menschen aus den Fängen unheimlicher Kulte geraubt wurden, avancierte Deprogrammierung zu einer heißen Story. Sowohl die religiösen Gruppen als auch die

Deprogrammierer bedienten sich der Medien mit aller Macht. »Ich glaube fest daran«, schrieb Ted Patrick in seiner Autobiografie *Let Our Children Go!*, »dass der Herr jenen hilft, die sich selbst helfen – und ein paar Kleinigkeiten wie Karate, chemische Keulen und Handschellen sind dabei von Zeit zu Zeit ganz praktisch.« Später brüstete er sich: »Ich hätte ein Kind aus Alcatraz rausholen können, wenn ich es gemusst hätte.«

Nach einer erfolgreichen Mission wurde die deprogrammierte Person den Kameras vorgeführt, um zu beweisen, dass sie frei und glücklich darüber war, entführt worden zu sein. Auf Pressekonferenzen wurden Geschichten von Befreiungen im Stil militärischer Kommandounternehmen erzählt und der Sieg der Wahrheit durch die Rückgabe der Kinder an ihre Eltern gefeiert. Blieb die Deprogrammierung erfolglos, erzählten die zurückgekehrten Gläubigen Geschichten von haarsträubenden Misshandlungen und wie die Wahrheit durch die Rückkehr zu ihrer »wahren« Familie obsiegt hätte.

Anfänglich stießen die neuen religiösen Sekten auf so viel Abneigung, dass die Deprogrammierer diesen Medienkrieg für sich entschieden. Schließlich waren es »unsere« Kinder, die von durchgedrehten Sekten rekrutiert, durch Überredung all ihres Eigentums beraubt und auf die Straße geschickt wurden, um dort 20 Stunden am Tag ohne Pause, anständiges Essen und Obdach Ramschwaren zu verscherbeln. Würden *Sie* nicht auch alles in Ihrer Macht Stehende tun, um sie da herauszuholen? So erfolgreich waren die Deprogrammierer zu Beginn von Ted Patricks Kreuzzug, dass die Polizei, selbst wenn sie durch die Schreie des Opfers über eine sich gerade abspielende Entführung alarmiert wurde, in die andere Richtung schaute. Zumindest in einem Fall wurde ein Kultanhänger, dem es gelungen war, seinen Häschern zu entfliehen und sich schutzsuchend zur Polizei zu flüchten, in einen Streifenwagen gesetzt und Patrick zur weiteren Behandlung zurückgegeben.

Diese Haltung währte nicht lange. Viele Menschen fanden die Entführung und Einkerkerung junger Amerikaner, um ihnen ihren selbstgewählten Glauben auszutreiben, so beunruhigend wie die Sekten selber. 1973 verglich das Magazin *Time* die Deprogrammierung mit der grässlichen Ludovico-Technik, mit der in Anthony Burgess' Roman *Uhrwerk Orange* der Held Alex in einer Weise umgepolt wird, die einer »Hirnvernichtung« gleichkommt. Die Sache war nicht nur ethisch höchst problematisch, sondern natürlich ist die Entführung eines Menschen allein aus dem Grund, dass man seine Glaubensüberzeugungen nicht teilt, auch schlicht illegal. So musste schließlich auch Ted Patrick wegen Entführung ins Gefängnis – obwohl er stets sichergestellt hatte, dass zumindest ein Elternteil des betreffenden Kindes anwesend war, wenn er es kidnappte.

Als sie merkten, dass er verwundbar war, fingen die Vereinigungskirche und andere Sekten an, ihre Anwälte einzuschalten. Entführungen durch die Eltern – auch aus guter Absicht – konnten nicht gebilligt werden. Und nachdem Deprogrammierer wie Patrick und Alexander erst einmal für ihre Mätzchen ins Gefängnis gekommen waren, konnte man sie leicht als Kriminelle hinstellen. Die folgenden juristischen Schlachten zwischen neuen Sekten und verschiedenen Inkarnationen der Citizens' Freedom Foundation setzen sich bis zum heutigen Tag fort und sind außerordentlich erbittert.

⁓

Ford Greene stieg mehr oder weniger sofort, nachdem er seine Erfahrung mit der Vereinigungskirche verwunden hatte, in die Deprogrammierung ein. Vor Kummer gebeugten Eltern still die Hand zu halten, war seine Sache nicht – er wollte aktiv werden. Wenn man jemanden aus seiner religiösen Überzeugung reißen wollte, musste man in der Lage sein, eine Debatte über das Thema auszufechten, das ihm oder ihr am meisten am Herzen lag – und das Duell gewinnen. Jemand, der nichts über die Munsekte wusste, konnte einen Moony nicht dazu überreden, sie zu verlassen. Jemand wie Greene, der selbst ein Moony gewesen war, hatte da weit bessere Chancen. Er wusste, wie Sektenmitglieder denken. Er kannte die Schwachpunkte, an denen sich ihr Glaube am leichtesten brechen ließ.

Es spielte für Greene keine Rolle, wie die Person zu ihm kam – die Entführung überließ er anderen. Ihm war nur wichtig, dass er oder sie an einen sicheren Ort gebracht wurde. Wenn er an einem Einsatzort eintraf, war seine einzige Frage: »Darf ich die Tür abschließen?« Wenn die Eltern einverstanden waren, wusste Greene, dass er eine Chance hatte. Dann traktierte er die Person so lange, bis sie zuhören musste. Wenn die Eltern es ihrem Kind freistellten, wegzugehen, musste man das Spiel vorsichtiger spielen. »Es war viel schwerer, wenn man die Tür nicht abschloss«, erinnert er sich, »weil sie wegrennen und sagen konnten: ›Leck mich! Mit dir rede ich doch gar nicht.‹« Ohne sie unter Zwang festzuhalten, war Deprogrammierung »wie Fliegenfischen: Wirf den Köder aus und halte die Leine gespannt. Aber nicht zu gespannt.«

Mag die Deprogrammierung bei freiwilliger Anwesenheit des Opfers auch wie Fliegenfischen gewesen sein, wenn es dabei festgehalten wurde, ähnelte sie eher einem Krieg. Wie auch Ted Patrick erfahren hatte, fand Greene, dass die Mitglieder der Munsekte sich gegen vernünftige Argumente sperrten und entweder wie in Trance dasaßen oder ständig ihre Botschaften herunterleierten, um sich nicht mit seinen Fragen auseinander setzen zu müssen. Es war, als würde man zu einer Wand sprechen. Was er brauchte, so wurde ihm klar, war ein Mittel, um die Person wieder einen Moment lang in die Realität zurückzuholen und mit ihr ein Gespräch anfangen zu können. Der Sekundenbruchteil, in dem sie reagierte, war das spitze Ende eines Keils, der sich mit der Zeit tiefer hineintreiben ließ. »Ich machte das entweder, indem ich ihnen eine Scheißangst einjagte«, erklärt er, »oder indem ich sie wirklich wütend machte, bis etwas in ihnen zerbrach. Ich war so grob, aggressiv, gefühllos und fies, wie ich nur konnte. Auf hohem Niveau, hohe Intensität: Ich erniedrigte sie so lange, bis sie Nerven zeigten und kurz davor standen, mich k.o. zu schlagen. Dann hatten wir etwas, worüber wir reden konnten!«*

Sobald eine Person – aus welchem Grund auch immer – redete, war Greene offen zu ihr und sagte, sie beide hätten Glaubensüberzeugungen, die sich widersprächen. Sie würden nun darüber debattieren, wer Recht habe und wer Unrecht, und keiner würde den Raum verlassen, bevor der Streit gelöst sei. Greene – ein Mann, mit dem ich mich nicht gerne anlegen würde, selbst wenn ich mir meiner Sache ziemlich sicher wäre – drosch dann intellektuell solange auf den Kandidaten ein, bis er ein kleines Eingeständnis machte. Dann änderte er das Thema, bis er ihm ein weiteres und dann wieder eins abgetrotzt hatte. Langsam stürzten die Mauern ein, die Zitadelle brach zusammen.

Ein wunderbarer Augenzeugenbericht von Greenes Deprogrammiertechnik findet sich in Josh Freeds Buch *Moonwebs*, das 1981 unter dem Titel *Ticket to Heaven* verfilmt wurde. Es handelt von dem grotesken, letztlich aber erfolgreichen Versuch einer Gruppe von kanadischen Stu-

---

* Eine der Techniken, die Greene benutzte, damit sich seine Kandidaten öffneten, war die Verunglimpfung der Vereinigungskirche und ihres Führers. Als ich mich 2005 mit ihm traf, war kurz zuvor publik geworden, wie Verdächtige im amerikanischen Gefangenenlager Guantánamo auf Kuba behandelt wurden, wo Vernehmer des Militärs anscheinend den Koran vor den Augen der Gefangenen entweiht hatten. »Das«, erklärte er, »ist ein Paradebeispiel für eine Deprogrammierungstechnik!« Ich fragte ihn, ob er das damals in den 70er Jahren auch gemacht hätte. »Was, die Bibel durchs Klo spülen?«, fragte er. »Verflucht, aber ja doch! Kein Problem! Sofort!«

denten, ihren Freund Benji der Vereinigungskirche zu entreißen. Nach einer erfolgreichen Entführung taucht Greene auf, der aufgrund eines kürzlich erlittenen Autounfalls eine Augenklappe trägt und mit Schnittwunden übersät ist. Das Buch schildert das »hypnotische« Starren seiner Augen; seine Gegenwart »war dermaßen elektrisch aufgeladen, dass seine Worte knisterten, wenn er sprach«. Er strahlte, schreibt Freed, »ein urtümliches Machtgefühl« aus. Von allem anderen abgesehen sah er mit seinen 1,90 und den genähten Wunden entsetzlich aus. Greene verlangte, mit Benji allein gelassen zu werden, und als Freed durch einen Türspalt lugte, saßen sich Greene und der verängstigte Moony Stirn an Stirn gegenüber. Greene hatte seine Augenklappe entfernt, um seinen garstigen Bluterguss zu zeigen, starrte in die Augen seines Opfers und flüsterte: »Liebe mich, Benji! Liebe Satan!«

Aus diesem Porträt hätte ich den Ford Greene, den ich 2005 kennen lernte, nicht wiedererkannt. In Wirklichkeit ist er ein großer, lustiger, einnehmender Mann mit locker fallendem Haar und einem entspannten, gedehnten kalifornischen Akzent. Doch er schwört, dass es eine akkurate Schilderung ist. Was als Nächstes geschah, sagt er, war typisch.

Nachdem er Benji halb zu Tode erschreckt hatte, um ihn zum Sprechen zu bringen, verstrickte ihn Greene in eine theologische Debatte über die Vereinigungskirche. Von Zeit zu Zeit war er so fies zu ihm, dass Benji in Tränen ausbrach. In regelmäßigen Abständen steckten seine Freunde ihre Köpfe zur Tür herein, um zu erfahren, wie es lief, wurden aber von Greene sofort wieder hinausgeschickt. Dann, plötzlich, fuhren die Freunde beim Klang eines hohen Wehklagens zusammen, das »wie der erste Schrei eines Neugeborenen« klang. Ford Greene kam zielstrebig aus dem Zimmer. »Geht schnell rein«, forderte er sie auf. »Er braucht euch jetzt alle.«

30 Jahre später erinnert sich Ford nur allzugern an den Augenblick des Erfolgs zurück. »Es ist *überwältigend*«, sagt er, »wenn es geschieht. Es gibt einen Punkt, an dem die Augen – die eben noch verfluchte, blinde, tote Haifischaugen waren – aufleuchten wie ein Weihnachtsbaum! Und der Verstand leuchtet auf wie ein Weihnachtsbaum! Und plötzlich sprudelt einfach eine *Sturzflut* von Fragen heraus … Es ist kristallklar. Es ist beeindruckend!«

Die Deprogrammierung, die in *Moonwebs* und *Ticket to Heaven* geschildert wird, fand Ende 1977 statt; Ford Greene hatte nur wenige Monate zuvor auch seine Schwester Catherine deprogrammiert. Aus verschiedenen Gründen war das Ergebnis dieser Operation völlig anders ausgefallen.

✧

Im Frühjahr 1977 verbrachte Catherine, die mittlerweile seit zweieinhalb Jahren eine Moony war, mit ihrer Mutter ein Wochenende an der Küste. Daphne war völlig schockiert über das Verhalten ihrer Tochter und kehrte mit der Überzeugung heim, dass dringend etwas unternommen werden müsse. Die Greenes hielten einen Familienrat ab, um eine Entscheidung zu fällen. Seit Monaten hatte Ford sich für eine Entführung ausgesprochen; für ihn war Catherine »eine Nutte«, die von der Vereinigungskirche »auf den Strich geschickt wurde«. Nun stimmte die Familie zu und ersann eine Falle. Daphne war der Köder.

Anfang April rief Daphne ihre Tochter an und sagte ihr, dass sie sich Sorgen mache. Sie träume von Mun Sun-myung, behauptete sie, und komme langsam zu dem Schluss, dass sie der Vereinigungskirche Unrecht tue. Was schlage sie vor? Catherine fiel auf die Geschichte herein und stimmte zu, sie am Mittwoch, dem 13. April, zu besuchen. In der Zwischenzeit stellte Ford ein Team von 14 Leuten zusammen, darunter zwei Privatdetektive für die eigentliche Entführung, Familienmitglieder und Freunde, die sich um Catherine kümmern sollten, sobald sie in ihrer Obhut sei, sowie einen Arzt und eine zugelassene Krankenschwester, falls etwas schiefginge. Als der Tag gekommen war, holte Judy, die Sekretärin ihrer Mutter, Catherine vom Busbahnhof ab, um sie zum Haus der Familie zu fahren, wo die Entführer schon auf sie warteten.

Es hatte in Nordkalifornien kaum geregnet in jenem Frühjahr. Catherine brachte auf Bitten ihrer Mutter zwei Dutzend frische Rosen und einen großen Wasserkanister mit – so würde sie beim Eintritt ins Haus beide Hände voll haben. Dort hatten sich Mutter und Sohn ins Wohnzimmer begeben: Ford, um sich zu verstecken, Daphne, um ihre Tochter in die Falle zu locken. Die Privatdetektive waren hinter den Türen zu beiden Seiten des Korridors versteckt. Kurz vor zehn Uhr morgens spazierte Catherine zur Vordertür herein und wandte sich nach rechts ins Wohnzimmer, wo sie ihre Mutter antraf. Sie trat einen Schritt vor, hob die Blumen und den Wasserbehälter und lächelte: »Hallo, Mama!« Weiter kam sie nicht.

Catherine erkannte, was gespielt wurde, als der erste Mann sie packte. Entführung! Das war es, wovor man sie gewarnt hatte. Als die beiden Privatdetektive ihre Arme um sie schlangen und sie zu Boden warfen, wurde ihr klar, dass sie sich besser klug verhielte, wenn sie ihren Glauben retten wollte. Wie sie vermutete, erwarteten ihre Häscher, dass sie schreien und Widerstand leisten würde, daher tat sie genau das Gegenteil: Sie blieb schlaff am Boden liegen. Einer der Privatdetektive drückte ihre Arme auf den Rücken, während der andere ihre Augen verband. Als alles dunkel wurde, fing Catherine an zu beten. »Ich erinnere mich«, erzählt sie mir, »dass die Bibliotheksuhr in diesem Moment zehn schlug. Also sagte ich zu Gott: ›Gut, ich werde von diesem Moment an sieben Tage fasten. Zehn Uhr. Nur Wasser.‹ So ungefähr. Ich redete nicht, ich sagte nicht: ›Mama, warum machst du das?‹ Nichts. Einfach nichts. Ich nahm meine ganze Kraft zusammen: Der Krieg hatte begonnen!«

Die beiden Privatdetektive hielten sie immer noch am Boden, legten ihr Handschellen an, banden ihr die Füße zusammen und hoben sie hoch. Sie wurde in den Laderaum eines wartenden Lieferwagens gehievt und auf eine Gummimatte gelegt. Jemand maß ihren Puls, befühlte ihre Stirn und warf eine Decke über sie. Die Türen wurden zugeschlagen, Greene sprang auf den Fahrersitz, und der Wagen fuhr davon. Obwohl ihr die Augen verbunden waren, erriet Catherine, dass sie zur Ranch ihrer Tante und ihres Onkels aufs Land fuhren. Sie blieb auf dem Boden liegen und sammelte schweigend ihre Energie. Da ihr Bruder das Regiment führte, wusste sie, dass sie einer langen Tortur entgegensah.

Auf der Farm angekommen, öffneten die Entführer die Hecktür des Lieferwagens und trugen sie in den Keller, wo eine Zelle für sie eingerichtet worden war. Weiterhin an Händen und Füßen gefesselt, warf man sie mit verbundenen Augen aufs Bett. Als die Ausgänge gesichert waren, setzte sich einer der Privatdetektive neben sie, entfernte die Handschellen und die Augenbinde und löste ihre Fußfesseln. »Tut mir Leid wegen der Unannehmlichkeiten«, sagte er. »Wir wollten Ihnen nur ein paar Dinge über die Munsekte mitteilen.«

Catherine hätte beinahe laut gelacht. Also wirklich!, dachte sie. Dafür habt ihr euch aber einen verdammt guten Weg gewählt!

Zusammengekauert wie ein Fötus, den Kopf nach unten, versuchte Catherine, sich daran zu erinnern, was sie über Deprogrammierung wusste. Den Vorträgen zufolge, die sie gehört hatte, tat sich dabei eine Gruppe von Leuten zusammen, um einem den Glauben wegzunehmen. Sie war gewarnt worden, dass es dabei zu Schlafentzug, Nahrungsentzug und möglicherweise zu sexueller Drangsalierung kommen würde. Man konnte nur bestehen, wenn man sich auf nichts einließ.

Als Ford sie in ein Gespräch verstricken wollte, starrte sie die Wand an. Sie verweigerte das Essen und brach ihr Schweigen nur, wenn sie ein Glas Wasser haben wollte. Wenn sie mit harten Bandagen spielten, bitte, das konnte sie auch. Nach und nach kamen verschiedene Familienmitglieder, um ihr Glück bei ihr zu versuchen. Ihre Schwester appellierte an ihre frühere Vertrautheit. »Catherine«, bat sie, »denk an die Gespräche, die wir hatten. Denk an alles, was wir über Wachstum und Stillstand miteinander besprochen haben.« Ihr Vater war frustriert. »Wo *bist* du?«, schrie er. »Wach auf, Mädchen! Wo *bist* du? Kannst du nicht sehen, dass ich dich lieb habe?« Aber es schien, als könne sie es nicht. In dem Versuch, zu ihr durchzudringen, gab er ihr eine Ohrfeige.

Schließlich, als die Familie eine Pause machte und sie allein ließ, stand Catherine auf und durchsuchte den Raum nach möglichen Schlupflöchern für eine Flucht. Auf dem Bücherschrank fand sie eine Schachtel Streichhölzer. Einen Augenblick lang erwog sie allen Ernstes, einen Haufen Bücher anzustecken und das Gebäude abzufackeln, aber da sie in einem Kellerraum eingeschlossen war und die Fenster vernagelt waren, besann sie sich eines Besseren. Sie würde es womöglich nicht lebend aus dem Haus schaffen. Es musste einen besseren Weg geben.

⟡

Wenn Greene Mitglieder der Munsekte deprogrammierte, griff er sie gewöhnlich von allen Seiten hart an. Der einzige Weg, die Programmierung der Vereinigungskirche aufzubrechen, bestand, wie er wusste, in brutaler Aggressivität. Aber hier handelte es sich um seine Schwester, die er nicht verletzen wollte, daher zügelte er sich. Es machte keinen allzu großen Unterschied, dachte er, sie hatten ja alle Zeit der Welt. Es mochte eine Weile dauern, aber schließlich würde sie zusammenbrechen. Das taten sie immer.

Nach zweieinhalb Tagen Deprogrammierung schien es gut zu laufen. Catherine fing an, über ihren Glauben zu sprechen, und gab Greene die Möglichkeit, sie über einige Aspekte der Vereinigungskirche aufzuklären, die ihr vielleicht nicht bewusst waren: ihr millionenschweres Investitionsimperium zum Beispiel und die Verbindungen zum koreanischen Geheimdienst. Catherine schien zuzuhören und gab ihrem Bruder in einigen Punkten sogar Recht. »Es stimmt«, gestand sie ein. »Man hat mich getäuscht.«

Greene, überzeugt, gut voranzukommen, machte eine Pause, ging nach oben und sagte seiner Mutter, dass er fast soweit sei. Aber die war davon überzeugt, dass sich ihre Tochter nur verstellte. Ford rannte die Treppe hinunter und stellte seine Schwester zur Rede. Er hatte versucht, zurückhaltend zu sein, aber jetzt war es an der Zeit, die Glacéhandschuhe auszuziehen. An seinem Ton merkte Catherine, dass sich etwas verändert hatte, und blickte zu ihm hoch. »Du hältst dich für den Größten, was?«, höhnte sie.

Er wurde wütend. »Ja«, antwortete er, »und du musst dich *genau jetzt* mit mir auseinandersetzen!«

Catherine wusste, dass sie nun in ernsten Schwierigkeiten steckte, und verlor ihre Zuversicht, dass sie alles aushalten würde. Sie würde hier nicht ungeschoren herauskommen. Als er eine Schimpftirade auf sie losließ, fing sie an zu schreien. Und das war der Moment, in dem die Operation scheiterte.

Als sie ihre Schreie hörten, kamen Catherines Vater und Ron, ein Freund der Familie, herbeigelaufen und versuchten, sie zu beruhigen. Greene, angewidert von ihrer Schwäche, verließ den Raum. Er wusste, wer den Teufel besiegen wollte, durfte nicht nett sein. Sie würden noch einmal von vorn beginnen müssen.

In ihrer Zelle erkannte Catherine ihre Chance. Einige Minuten zuvor, als sie so getan hatte, als würde sie nachgeben, hatte sie ihren Bruder um etwas zu trinken gebeten. Einer aus dem Team hatte ihm einen Pappbecher und eine große Flasche Grapefruitsaft gebracht. Die Flasche stand noch immer neben dem Bett. Sie war aus Glas. Catherine sprang vom Bett, griff die Flasche am Hals und zerschlug sie auf dem Tisch.

Was genau als Nächstes geschah, ist umstritten. Die beiden Männer im Raum schwören, dass sie versuchte, sich die zerbrochene Flasche in die Brust zu stoßen. Sie selbst sagt, sie habe versucht, sich ihre Pulsadern aufzuschlitzen, um die anderen zu zwingen, sie ins Krankenhaus zu bringen. So oder so packten sie die Männer noch rechtzeitig bei den Armen und riefen um Hilfe. Als ihr klar wurde, dass ihr nur noch Sekunden blieben, bevor die Kavallerie anrückte, presste sich Catherine den zerbrochenen Flaschenhals mit aller Kraft in die Hand. Oben hörte Greene den Schrei. »Es war das furchteinflößendste, Mark und Bein erschütterndste Geräusch, das ich in meinem ganzen Leben gehört habe«, erinnert er sich. »Es war eine Kombination aus Schmerz, sexueller Ekstase und Triumph in einem. Ich kam in den Raum und sah, wie Catherine bäuchlings und mit den Händen auf dem Rücken auf das Bett gedrückt wurde. Alles war mit Blut besudelt.«

Catherine hatte sich Sehne und Nerv des rechten Daumens durchtrennt, und sie presste noch immer die Flasche in ihre Hand. Während das Team versuchte, ihre Finger zu öffnen, damit sie die zerbrochene Flasche fallen ließ, und ihre Mutter ein Päckchen Papierservietten aufriss, um damit das Blut aufzuwischen, erkannte sie, dass sich die Machtbalance zu ihren Gunsten geneigt hatte. Die Deprogrammierer hatten Angst. In diesem Augenblick verspürte sie ein unglaubliches Gefühl inneren Friedens: Sie würde es schaffen. Über sie gebeugt, fing Ford ihren Blick auf. »Dieses Lächeln!« Er schüttelt den Kopf. »Das war das Unheimlichste an der ganzen Sache. Das ist der Punkt, wo man den gottverdammten Dämon sieht – es war dieses finstere Scheißlächeln. Ich hätte am liebsten ein Maschinengewehr genommen und jeden Scheißmoony auf dieser Welt weggeblasen … Ich schaute mir das an und dachte: ›Pffff! Ende der Vorstellung.‹«

Als die Familie im Ross Hospital ankam und versuchte, Catherine ruhig in die Notaufnahme zu führen, rastete sie aus. »Ich werde gegen meinen Willen festgehalten!«, schrie sie. »Ich wurde entführt.«

»Aber warum sollten sie Ihnen das antun?«, fragte die Krankenschwester.

»Weil ich ein *Moony* bin!«, antwortete Catherine. Im Behandlungsraum weigerte sie sich, ihre Hand zu öffnen, um sich vom Arzt versorgen zu lassen, falls man ihr kein Telefon zur Verfügung stellte. Er versprach es ihr, woraufhin sie ihre Faust löste und ihm erlaubte, sie mit 19 Stichen zu nähen. Man brachte sie sofort danach zu einem Münzfernsprecher und gab ihr ein Zehncentstück, mit dem sie das Zentrum der Vereinigungskirche in der Hearst Avenue anrief und ihren Freunden mitteilte, wo sie war.

Als sie erkannte, dass die Schlacht verloren war, rief die Greene-Familie den Polizeipräsidenten an und stellte sich.

An jenem Tag berichtete Catherine Greene, die Schwester des berühmten Deprogrammierers Ford und Tochter der gegen die Munsekte kämpfenden Aktivistin Daphne, den Journalisten der Abendnachrichten, wie sie von ihrer eigenen Familie getäuscht, in die Falle gelockt und entführt worden war und wie sie sie schließlich dennoch ausgetrickst hatte. Sie änderte ihren Namen und zog in einen anderen Bundesstaat, sodass ihre Familie sie nicht noch einmal finden konnte.

﹏

Unterzog die Vereinigungskirche Catherine einer Gehirnwäsche? Und wenn ja, wie?

Gary Scharff gehört zu jenen, die der Auffassung sind, dass die Munsekte in den 70er Jahren unstatthafte Zwangsmethoden benutzte. Während seiner vier Jahre bei den Moonies, von 1972 bis 1976, gehörte es zu seinen Aufgaben, die Workshops für neue Rekruten zu leiten. Es gab zwar kein spezielles »Gehirnwäsche«- oder Rekrutierungshandbuch, sagt Scharff im Rückblick, doch zielte der Prozess insbesondere darauf ab, die Leute zu isolieren, unter Druck zu setzen und psychisch wie emotional aus der Balance zu bringen, um ihre natürlichen Abwehrmechanismen auszuhebeln. Sie wurden einem intensiven »Liebesbombardement« unterzogen: Man umgab sie mit Leuten, die ihnen ihre Liebe bekundeten, ihre Hand hielten und sie anlächelten, um ihnen ein gutes Gefühl über die Sekte zu geben – dann wurden sie überredet, der Gruppe sukzessive in kleinen Schritten beizutreten, damit sie nicht merkten, wie tief sie sich in sie verstrickten.

Am Ende ihrer ersten Woche wurden die Rekruten noch immer wie königliche Hoheiten behandelt und ermutigt, bis zum nächsten siebentägigen Kurs zu bleiben. War der vorüber, forderte man sie auf, auch den folgenden zu machen. Bis dahin waren sie schon weitgehend konvertiert. Nach der ersten 21-tägigen Phase, erläutert Scharff, »hingen sie wirklich am Haken. Die Krallen hatten sich ihnen dann ziemlich tief eingegraben. ... Das war schon bemerkenswert.«

Da es entscheidend darauf ankam, die Rekruten zu bewegen, die erste 10-tägige Indoktrinationsphase zu durchlaufen, zogen die Instrukteure hier alle Register. Wenn sich männliche Rekruten unwohl fühlten, schickte man ihnen hübsche Mädchen, um sie zum Bleiben zu bewegen; wenn jemand den Eindruck vermittelte, als stünde er kurz vor dem Ausstieg, trieb man ihn in die Ecke und beruhigte ihn. Das Liebesbombardement ging unablässig weiter. Falls nötig, nahm man Skeptiker aus der Gruppe heraus und schickte sie auf einen Spaziergang mit einem überzeugten Anhänger, um bei ihm die positiven Botschaften zu verstärken und ihn daran zu hindern, bei anderen Rekruten Zweifel zu säen. Tatsächlich, sagt Scharff, suchten die Ausbilder während des gesamten Rekrutierungsprozesses »ständig die Gesichter der angehenden Neumitglieder danach ab, ob ihr Interesse an unseren Präsentationen nachließ«. Jedes Zeichen der Unzufriedenheit führte sofort zu einer Intervention und zu weiterer Bombardierung mit Liebesbezeugungen; die Rekruten wurden unentwegt mit sich wiederholenden Aktivitäten, Versammlungen und Sport beschäftigt. Wie Ford Greene sich erinnert, reagierte man auf jede Drohung von Leerlauf mit Ermahnungen, aus voller Kehle zu rufen, zu schreien oder zu singen und sich weiter zu verausgaben. Währenddessen hielt man neue Rekruten nach Kräften davon ab, miteinander zu sprechen, um sie daran zu hindern, »Negativität« miteinander zu teilen.

Rekruten wurden auch angehalten, sich von ihren Eltern fernzuhalten, die man als zwar wohlwollend, aber fehlgeleitet hinstellte. Man sagte ihnen, dass Freunde außerhalb der Organisation sie nicht verstehen und sie nur zum Verlassen der Vereinigungskirche zu überreden versuchen würden. Der Außenkontakt vom Sektengelände in Boonville erfolgte mittels Telefon und Briefen. In ihrem Buch *Im Bann des Himmels* erklärt die ehemalige Blumenverkäuferin Barbara Underwood, dass die Post von Neurekruten zensiert wurde, wenn sie als »nicht gefestigt« genug galten, und dass es einen Generalschlüssel gab, um alle Münztelefone abzuschalten, damit niemand aus dem Lager nach draußen telefonieren konnte. In diesem Fall erklärte man, sie seien »außer Betrieb«. Underwood – die selbst deprogrammiert wurde und nicht mehr bei der Sekte ist – erinnert sich auch daran, dass sie Telefongespräche von Neurekruten mit ihren Eltern beaufsichtigte und ihnen einflüsterte, was sie sagen sollten.

So schockierend das alles klingen mag: So weit entfernt von den Praktiken anderer, etablierter Religionsgemeinschaften ist es auch wieder nicht. Alle möglichen Gruppen bedienen sich ähnlicher Methoden, um Konvertiten zu werben. Auch beim »Alphakurs«, einem christlichen Einstiegskurs der Church of England, der von vielen anderen Konfessionen übernommen wurde, wird laut gesungen, die Veranstalter sind zu möglichen neuen Kirchenmitgliedern besonders freundlich, halten sie sehr beschäftigt – und warnen sie, dass Außenstehende mit den neu gefundenen Glaubensüberzeugungen womöglich nicht übereinstimmen. Jahrhundertelang haben Christen gefastet, all ihre Besitztümer verschenkt, sich selbst gegeißelt und sich allen möglichen Martern ausgesetzt, um ihren Glauben unter Beweis zu stellen. Rekruten beim Militär wird der Kopf geschoren, sie werden gezwungen, identische Kleidung zu tragen, ihnen wird Schlaf entzogen, sie müssen sich beschimpfen lassen, werden zu körperlicher Erschöpfung getrieben und müssen alle Arten von Entbehrungen erdulden. Und trotzdem ist daran anscheinend nichts auszusetzen.

Doch es gibt einen Unterschied. Wenn die anglikanische Kirche oder die Armee neue Mitglieder werben, erklären sie offen, wer sie sind, was sie tun und wie sie es tun. »Als Jesus Jakobus und Johannes ansprach«, erklärt Kent Burtner, ein ehemaliger katholischer Priester, der die Mun-sekte lange Zeit beobachtete, »erklärte er offen, wer er war und was er für sich in Anspruch nahm. Er sagte nicht: ›Hey, Jakobus und Johannes, ich habe da eine erstklassige Möglichkeit entdeckt, gute Geschäfte zu machen! Warum kommt ihr nicht mal vorbei und lernt, wie man wunderbare neue Fischernetze herstellt?‹, nur um ihnen dann später die Tatsache unterzujubeln, dass er der Messias war.«

Doch genau das tat die Vereinigungskirche in den 70er Jahren. An der amerikanischen Westküste machte es sich die Organisation zur Gewohnheit, neue Mitglieder unter falschen Vorspiegelungen zu rekrutieren. Mitgliederwerbung wurde gezielt auf Bahnhöfen und Busstationen betrieben, um Leute anzusprechen, die neu in der Stadt waren; besonders junge Menschen mit Rucksäcken waren die Zielpersonen. Man lud sie ein, Gäste einer Reihe von Organisationen zu sein: Collegiate Association for the Research into Principles (CARP), New Educational Development Systems Inc., Creative Community Project und andere. Es war sehr gut möglich, dass die Rekrutierung schon zehn Tage lief, ohne dass den Betroffenen klar geworden war, dass es sich um die Vereinigungskirche handelte. Scharff erinnert sich, dass die Identität der Gruppe und ihre Beziehung zum Sektenführer Mun »sehr sorgfältig verschleiert« wurden.

Erst wenn sich die Anwerber sicher waren, dass sich, wie Scharff sagt, »die Krallen tief eingegraben hatten«, gab man die wahre Identität der Organisation zu erkennen. Die Praxis ihrer Verschleierung hatte sogar einen Namen: himmlische Täuschung. 30 Jahre später gibt Catherine Greene zu, dass dies praktiziert wurde und ein Fehler war. Die Methode war selbst in der Sekte umstritten und wurde an der Ostküste nicht eingesetzt, nur im Westen, wo die Rekrutierung als schwieriger galt. Zahlreiche Kirchenmitglieder, erinnert sie sich, seien über die Praxis »fuchsteufelswild« gewesen. Die Entscheidung, mit Täuschung zu arbeiten, wurde ihr zufolge von übereifrigen jungen Sektenmitgliedern getroffen, die glaubten, der Zweck heilige die Mittel. »War es falsch?«, fragt sie sich heute. »Vielleicht. War es heimtückisch, war es böse? Ich glaube nicht. Die Absicht war gut. Nun, man sagt, dass der Weg zur Hölle mit guten Absichten gepflastert ist, also – und es ist für uns nach hinten losgegangen, wissen Sie? Ich glaube, wir haben den Preis dafür bezahlt.«

Der Preis, den die himmlische Täuschung kostete, war hoch. Sie lieferte nicht nur den Anlass für eine extrem schlechte Presse und Hass auf die Organisation, sie öffnete auch den Weg für zahlreiche Klagen gegen sie. Einer der führenden Anwälte solcher Verfahren wurde Ford Greene.

∽

Nachdem seine Schwester zum zweiten Mal verschwunden war, fing Greene ein Jurastudium an. Deprogrammierung war ihm zu riskant geworden. Er hatte keine Lust, ins Gefängnis zu wandern, die wahren Schlachten wurden mittlerweile in den Gerichtssälen ausgefochten. Seither führt er einen unerbittlichen Kampf gegen die Kulte, hat sie wiederholt verklagt und wurde seinerseits von ihnen vor Gericht gezerrt.

Scientology ist sein größtes Hassobjekt, und das scheint auch umgekehrt zu gelten: Werfen Sie nur einen Blick auf die Greene-feindliche Website www.friendsofsananselmo.org*

Im Fall der Munsekte war sein Ausgangspunkt in der Regel, dass die Rekruten nicht wussten, worauf sie sich einließen. Es ist eine Sache, sich freiwillig in eine manipulative Umgebung zu begeben, solange man weiß, worum es dabei geht. Wird man darüber aber belogen, wurde man vielleicht schon zwei Wochen lang bearbeitet, bevor man erkennt, dass man der Munsekte beigetreten ist, dann haben Liftons acht Methoden ihr Werk bereits getan. 1988 hatte Greene mit einer Entschädigungsklage für seinen Klienten David Molko Erfolg: Die Munsekte wurde wegen des Einsatzes von Zwangsmethoden – und der Tatsache, dass diese Methoden angewandt wurden, nachdem Molko unter falschen Vorspiegelungen in den Kult gelockt worden war – verurteilt.

Während die Vereinigungskirche einzuräumen scheint, dass ihre Praktiken in den 70er Jahren ein Fehler waren, bleibt die Frage, ob die Deprogrammierung einen Deut besser war. Dabei wurden Menschen häufig mit denselben Indoktrinationsmethoden traktiert, die zuvor die Sekten angewandt hatten. Darüber hinaus wurden sie zu Beginn der Operation entführt und gegen ihren Willen festgehalten. Religiöse Kulte mögen die üblichen Regeln akzeptablen Verhaltens brechen, aber die Deprogrammierer brachen das Gesetz. Moderne Deprogrammierer – sie haben sich wegen der kriminellen Konnotationen von dem Begriff »Deprogrammierung« distanziert und nennen sich heute »Ausstiegsberater«– erklären, dass die dabei eingesetzten Methoden nie so hart waren wie die der Kulte. Davon abgesehen sei es ihnen um die Rettung

---

* Diese Website ließ sich im Juni 2008 nicht mehr aufrufen. (A.d.Ü.)

von Seelen gegangen: Die eingesetzten Mittel seien durch das Endresultat gerechtfertigt gewesen. Komischerweise rechtfertigte die Vereinigungskirche ihre Doktrin der himmlischen Täuschung mit genau dem gleichen Argument.*

Hin und wieder tauchten Indizien auf, dass Deprogrammierer Übles im Schilde führten. 1976 veröffentlichte eine mysteriöse Organisation namens POWER (People's Organized Workshop on Ersatz Religions) in Großbritannien ein Büchlein mit dem Titel *Deprogramming. The Constructive Destruction of Belief* (»Deprogrammierung. Die konstruktive Zerstörung von Glaubensüberzeugungen«). Es gab sich als Handbuch für angehende Deprogrammierer aus und trat für eine Vielzahl von Techniken ein, die bei jedem, der mit den Vorwürfen gegen die amerikanischen Vernehmer in Abu Ghraib und Guantánamo vertraut sind, die Glocken läuten lassen. Zu den empfohlenen Methoden gehörten »Stopp der Nahrungszufuhr«, »Schlafentzug«, »körperliche Bestrafung«, »Herbeiführung von Schamgefühlen durch Nacktheit«, »verbaler Stress« (»maximale Lautstärke, minimaler Abstand«) und »Zerstörung heiliger Werke«, darunter der Vorschlag, »das Individuum seinen Darm auf Fotos des Kultführers, Ausgaben der Heiligen Schriften der Kulte und andere heilige Gegenstände entleeren zu lassen«. Unter der Rubrik »Sex und Deprogrammierungstechniken« empfahl der Autor »die Anwendung von aggressivem Sex durch den Techniker«.

Der britische Psychiater William Sargant erkannte in diesen religiösen Konversionspraktiken eine genaue Kopie russischer und chinesischer Gehirnwäschemethoden. Der Zeitung *The Guardian* sagte er, das Büchlein sei »eine absolut korrekte Darstellung einer vernichtenden, zuerst von den Russen und Chinesen ausgearbeiteten Methode, die sehr wahrscheinlich funktionieren dürfte. Ich bin entsetzt, meine theoretische Arbeit in dieser Weise bis zum Äußersten getrieben zu sehen.«

Faszinierenderweise war das POWER-Büchlein eine Fälschung, die von einer gewissen neuen Sekte in Umlauf gebracht wurde, um Deprogrammierer zu diskreditieren. Daran ließ sich ablesen, in welche Richtung sich die Publicity-Schlacht zwischen den Kulten und ihren Gegnern entwickelt hatte. In den späten 70er, den 80er und 90er Jahren verklagte jeder jeden wegen mutmaßlicher Gehirnwäsche und Aus-

---

* Deprogrammierer bestreiten diese Gleichsetzung: Sie wollten Sektenanhänger dazu zwingen, wieder selbst zu denken; die religiösen Gruppen seien dagegen bemüht, ihnen Antworten aufzupfropfen, die andere erdacht hatten. Zweifellos ist das ein wichtiger Unterschied.

übung von Zwang. Beide Seiten überzogen sich mit Beschimpfungen, dabei gewannen manchmal die Sekten, manchmal ihre Widersacher.

Vor Gericht wurde die Auseinandersetzung wissenschaftlich geführt. Waren die Kulte die Gehirnwäscher? Oder die Deprogrammierer? Was *war* Gehirnwäsche überhaupt? Gab es so etwas tatsächlich? Beide Seiten zogen Wissenschaftler heran, um ihre rechtlichen Argumente zu stützen. Sektenfeindliche Organisationen heuerten Psychologen unter Führung von Margaret Singer von der Universität von Kalifornien an, die in den 50er Jahren aus Korea heimgekehrte amerikanische Kriegsgefangene untersucht und später zugunsten von Patty Hearst ausgesagt hatte (die Verlegertochter Hearst war von der Symbionese Liberation Army 1974 entführt worden und hatte sich der Gruppe während ihrer Entführung angeschlossen). Die Sekten finanzierten in der Zwischenzeit häufig von Soziologen besetzte Expertenforen, um das Wesen der religiösen Konversion, neuer religiöser Organisationen und des Glaubens an sich zu debattieren.

Diese Soziologen argumentierten, dass die sektenfeindlichen Wissenschaftler einen irrationalen Krieg gegen Gruppen anzettelten, die nicht in ihre eigene engstirnige, konservative Weltsicht passten. Sie machten ferner geltend, dass die Sektengegner in ihren verzweifelten Bemühungen, die Kulte unglaubwürdig zu machen, haargenau so missionarisch geworden seien wie ihre Feinde. Tatsächlich hätten sie sich *selbst* in einen Kult verwandelt. Die Psychologen entgegneten, dass jeder, der sich wie die Soziologen von den Sekten einladen ließ, in deren Sold stünde. Beide Seiten warfen der je anderen »schlechte Wissenschaft« vor. Einmal wurde der Streit so hitzig, dass eine Gruppe von Wissenschaftlern eine andere verklagte: Indem die Beklagten die Theorien der Kläger scheinbar widerlegt hätten, entgingen den Klägern, so die Argumentation, künftige Einnahmen als sachverständige Zeugen.

Unterdessen wurde die Bewegung der Sektengegner durch Gräueltaten wie in Jonestown in Guayna 1978 (wo 912 Mitglieder der Sekte People's Temple Selbstmord begingen oder ermordet wurden), bei der Belagerung von Waco 1993 (mit 80 Toten) und durch den Selbstmord der Anhänger der Ufosekte Heaven's Gate 1997 (39 Tote) gestärkt. Das waren offenbar klare Beweise, dass religiöse Kulte zu Selbstmord führen können. »Wie erklären Sie den Massenselbstmord von Jonestown, die Bereitschaft von Eltern, ihre eigenen Kinder zu ermorden?«, fragte Rick Ross, einer der führenden Sektengegner Amerikas. »280 von ihnen waren Kinder. Wie erklären Sie das? Man könnte sagen, dass sie einfach sehr religiös waren. Doch das ist für mich keine sinnvolle Antwort. Ich glaube, sie hatten im Grunde ihre Fähigkeit aufgegeben, sich ein eigenes Urteil zu bilden, und praktisch aufgehört zu denken. Und sie haben [dem Kultführer] Jim Jones erlaubt, das Denken für sie zu übernehmen.«

Die Bewegung erhielt weiteren Auftrieb, als eine kleine religiöse Sekte in Japan, Ōmu Shinrikyō (»Aum-Sekte«), 1995 in der Tokioter U-Bahn das Nervengas Sarin freisetzte, ein Anschlag, der zwölf Menschen tötete und 5000 schädigte. Das war genau die Art von Aktion, vor der die Sektengegner die Welt die ganze Zeit zu warnen versucht hatten. Nun konnten sie sich dem anderen großen Kult des beginnenden zweiten Jahrtausends anverwandeln: dem Anti-Terror-Kult. Seither haben natürlich weitere muslimische Selbstmordattentäter den Trend bestärkt. Den Kultbeobachtern zufolge sind die Methoden, mit denen Selbstmordattentäter überzeugt werden, sich selbst in die Luft zu sprengen, schlicht eine modifizierte Version jener Techniken, mit denen 1974 auch schon Catherine Greene rekrutiert wurde. »Die Selbstmordgräueltaten, die von Bin Ladens Al-Qaida verübt werden«, schrieb Margaret Singer, »die palästinensischen Selbstmordattentate und andere entsetzliche Terrorakte …, scheinen tatsächlich das Ergebnis von Techniken zu sein …, die über die Jahre von kultischen Organisationen perfektioniert wurden.«

Steve Hassan, einer der einflussreichsten Ausstiegsberater in den USA, schließt sich dieser Meinung an. »Terroristische Kulte«, sagt er, »setzen viele derselben Techniken zur Gedankenkontrolle ein, die von destruktiven Sekten benutzt werden. Dazu gehören Isolation, Hypnose, Schlafentzug, Manipulation der Ernährung und die Programmierung von Phobien in die Köpfe der Mitglieder.« Hassan erinnert sich an seine eigene Kulterfahrung in der Vereinigungskirche in den 70er Jahren und gesteht: »Ich wurde darauf trainiert, meinen Vorgesetzten ohne Zögern zu gehorchen, einschließlich der Bereitschaft zu sterben oder sogar zu töten.«

Das klingt gespenstisch. Doch wird jede der neuen religiösen Gruppen einwenden, dass diese Leute schon in der Vergangenheit zu Übertreibungen neigten. Jedes Mal, wenn man mit einem Sektengegner spricht, wird er einem erzählen, dass die Lage kritisch ist: Wenn man in der Branche der Sektenbekämpfung tätig ist, wird die Situation einfach immerzu nur schlimmer und schlimmer. »Ich beobachte Kulte seit 1982«, sagte mir Rick Ross 2005, »und ich kann mich an keine Zeit erinnern, in der es mehr von ihnen gab – dass sie je aktiver gewesen wären als *in dieser Woche*. Ich erhalte ständig Anfragen, E-Mails, Anrufe et cetera über diese Gruppen, und es werden jeden Tag überall auf der Welt neue Geschichten über sie bekannt. Das Kabbalah Center, Scientology, Globales Land des Weltfriedens, die Vereinigungskirche. Ich glaube, der Unterschied ist, dass sie reicher, raffinierter, mächtiger und besser verwurzelt sind, als sie es früher waren.«

In Reaktion auf die Attacken von Leuten, die in ihren Augen engstirnige, antireligiöse Kreuzzügler waren, gingen die Sekten zu massiven Gegenangriffen über. Nicht religiöse Kulte seien an Tragödien wie Waco schuld, sondern vielmehr die Einmischungen von Sektengegnern, die trotz drohender Eskalation die Bundesbehörden zum Einschreiten drängten.

Besonders zwei Sektenexperten, Margaret Singer und Louis Jolyon West, gerieten ins Schussfeld. West sei, so heißt es in einem Dokument von Scientology, »bigott«, Singer leide unter »Realitätsverlust«. In der sich anschließenden Schmutzkampagne wurde darauf hingewiesen, dass beide während des Kalten Krieges mit dem MKULTRA-Gehirnwäscheprogramm der CIA verbunden gewesen waren.

1996 wurde die Vorhut der Anti-Sekten-Bewegung, das Cult Awareness Network (CAN) – ein direkter Nachfolger der von Ted Patrick 1974 mitgegründeten Citizens' Freedom Foundation –, durch mehrere Klagen von der Church of Scientology in den Bankrott getrieben. Das Netzwerk wurde in einem Scientology-Dokument als »Hassgruppe« von Vorbestraften charakterisiert, die an Entführungen beteiligt seien. Deprogrammierer, erklärten die Scientologen, seien nichts anderes als skrupellose Profiteure. Im Oktober 1996 war CAN gezwungen, seine verbliebenen Vermögenswerte zu versteigern, darunter den Namen, das Postfach, die Telefonnummer der Hilfe-Hotline und alle vertraulichen Unterlagen über neue religiöse Sekten. Das höchste Gebot kam von Steven Heyes, der die Church of Scientology vertrat. Bis heute wird nun die Website von CAN, die besorgten Eltern Informationen über den Einfluss von Sekten geben sollte, von einer der mächtigsten neuen Sekten betrieben.

Die schlichte Tatsache ist, dass beide Seiten im Hinblick auf Religion und Gehirnwäsche zwar Unparteilichkeit behaupten, doch ihre jeweils eigenen Ziele verfolgen. Die Sektenkritiker behaupten, dass Gehirn-

316 *Kapitel 8*

wäsche eine Realität sei und auf der ganzen Welt angewendet werde. Die Sekten bestreiten, dass es Gehirnwäsche überhaupt gebe, und argumentieren, dass, falls doch, die Deprogrammierer dafür ins Gefängnis gesteckt werden müssten. Die Situation in der Welt der Religion ist noch vertrackter als bei den Geheimdiensten.

∽

30 Jahre nach ihrer Rekrutierung ist Catherine Greene noch immer Mitglied der Vereinigungskirche. Vor acht Jahren flog sie nach Korea, wo sie in einer Massenzeremonie einen Fremden heiratete. Der Ehemann, den Sektenführer Mun für sie ausgesucht hatte, war Japaner und sprach kein Wort Englisch. Sie sprach kein Japanisch. Ich persönlich finde das reichlich sonderbar. Ich glaube nicht an die Lehren der Vereinigungskirche und wäre ganz gewiss nicht bereit, eine Fremde auf den Rat von irgendwem hin zu heiraten – erst recht nicht von jemandem, der von sich behauptet, dass ihm mehrfach Jesus erschienen sei. Wo ich herkomme, ist das ein ziemlich seltsames Verhalten.

Catherine hatte lange überlegt, ob sie sich mit mir treffen sollte. Würde ich die Vereinigungskirche angreifen? Würde ich ihrer Geschichte Gerechtigkeit widerfahren lassen? Es ging eindeutig um Fragen, die sie in Verlegenheit bringen konnten. Ich meinerseits war mir nicht sicher, was ich von ihr zu erwarten hatte. Ich wollte wissen, ob man sie einer Gehirnwäsche unterzogen hatte. Aber als es soweit war, wusste ich nicht genau, wie ich das feststellen sollte.

Wir trafen uns schließlich im Juni 2005 in einem Café in Cambridge. Ich nehme an, es wäre albern zu sagen, dass Catherine nicht so *aussah*, als habe man ihr Hirn gewaschen. Sie sah nicht wie ein Zombie aus, ihre Augen waren nicht glasig, sie versuchte nicht, mich zu bekehren, und wir verbrachten den Morgen nicht mit Tamburinspielen. Im Gegenteil, sie wirkte wach, geistreich, intelligent und glücklich. Sie holte ein Foto von ihren beiden hübschen Töchtern hervor und zeigte es mir stolz. Als ich sie dann doch fragte, ob man sie einer Gehirnwäsche unterzogen habe, musste sie lachen. »Nein«, sagte sie, »ich glaube nicht.«

»Aber«, warf ich ein, »da *gab* es doch ein paar seltsame Dinge in Boonville Anfang der 70er Jahre…«

Catherine erklärte, dass nur ein trauriges Häuflein der Leute, die zum ersten Rekrutierungsessen gekommen seien, am Kurs teilgenommen hätte und schließlich Mitglied geworden sei. Die große Mehrheit der Kandidaten habe sich schon vor dem Eintritt in die Kirche wieder aus dem Staub gemacht. Und von jenen, die eingetreten seien, habe die Mehrheit bald die Kirche wieder verlassen. »Wenn wir die Leute wirklich einer Gehirnwäsche unterzogen hätten«, folgerte sie, »dann hätten wir ziemlich lausige Arbeit geleistet.«

Das ist zweifellos wahr. All der Zwang, den die Vereinigungskirche ausübte, die himmlische Täuschung und das Liebesbombardement, waren nicht so wirkungsvoll. Vielleicht war es möglich, die Leute mit Tricks eine Weile in die Sekte zu zwingen, aber sie verließen sie beinahe unweigerlich, wenn der Reiz des Neuen (und die Programmierung, falls es eine gab) verblasste. Wenn die Organisation ihre Mitglieder einer Gehirnwäsche unterzog, scheint die Methode bei den meisten nicht gewirkt zu haben, und, falls sie es doch tat, nur relativ kurze Zeit. Andernfalls hätten doch reihenweise neue Leute rekrutiert werden müssen.

Es ist außerdem plausibel, davon auszugehen, dass Catherine, obwohl sie unwissentlich zur Vereinigungskirche kam und dort allen manipulativen Techniken unterzogen wurde, die die Moonies aufbieten konnten, ausgiebig Zeit hatte, sie wieder zu verlassen. Stattdessen hat sie sich entschlossen, zu bleiben. Nun kann es sein, dass sie so durchgreifend programmiert wurde, dass sie eine Todesangst hat, die Sekte zu verlassen. Doch nachdem ich sie getroffen habe, bezweifle ich das. Catherine ist kein verschüchtertes Mauerblümchen; ich habe den Verdacht, dass sie ziemlich genau das tut, was sie will.

Ford Greene ist natürlich gegenteiliger Meinung. Für ihn stellt Catherine eine verlorene Schlacht dar, und dass er sie nicht vor der Munsekte retten konnte, nagt offensichtlich an ihm. Ich hielt ihm entgegen, dass Catherine, unabhängig davon, was er von ihrer Religionswahl halten mochte, anscheinend ein glückliches Leben führt. Also was für einen Unterschied macht das? Er widersprach mir heftig: Es sei kein glückliches Leben, sagte er. Es sei lediglich der *Anschein* eines glücklichen Lebens. »Ich kann mich nicht hinsetzen und mich mit Catherine unterhalten«, erläuterte er mir, »denn was dabei herauskommt, ist Muns Ideologie – doch sie glaubt, es sei ihre eigene Persönlichkeit. … Sie setzt sich hin und plappert mir den ganzen Mun-Mist vor, und sie erwartet, dafür so respektiert zu werden, als wäre es ihre persönliche Identität. Das kann, werde und will ich nicht. Das ist zu schrecklich! Es ist furchtbar. Und es bricht mir das Herz.«

Letzten Winter schickte er Catherine eine E-Mail, in der er schrieb, dass er sich nach 30 Jahren nichts anderes zu Weihnachten wünsche, als seine Schwester zurückzubekommen. »Oh, Ford!«, seufzte sie. »Die einzige Mauer ist in deinem Kopf.«

❧

An ihrem Anfang sind alle Religionen für Außenstehende unbegreiflich, und besonders für die Familien jener, die ihre Anhänger werden. Joseph und Maria waren wahrscheinlich nicht allzu glücklich an dem Tag, als Jesus nach Hause kam und ihnen erzählte, was er mit dem Rest seines Lebens anzufangen gedenke. Aber damals war die Lage ein wenig anders: Jesus baute kein multinationales Geschäftsimperium auf, das jedes Jahr Zigmillionen Sesterzen einstrich.

Es gibt zweifellos legitime Fragen, die man über die Selbsthilfe- und Sektenindustrie stellen kann. Für viele wirken solche Organisationen aufgrund des Geldes, das sie einnehmen, wie schäbige Manipulatoren, die sich nicht um die Rettung von Seelen bekümmern, sondern nur darum, sie finanziell zu melken. Das war es zum Teil, was das Schreckgespenst der Gehirnwäsche in den 70er Jahren so bedrohlich machte: Wenn die neuen religiösen Gruppen betrügerisch waren, dann musste jede Bekehrung zu ihnen das Ergebnis von Manipulation sein. Hinzu kam, dass es vor 30 Jahren eine regelrechte Schwemme von solchen Konversionen gab, die es in diesem Umfang nie zuvor gegeben hatte, und dass die betreffenden Sekten offenbar große Wirtschaftsunternehmen waren, die viel Geld verdienten – was mit konventionellen religiösen Vorstellungen als unvereinbar erscheint. Mit solchen Informationen konfrontiert, konnten die Eltern nur annehmen, dass ihre Kinder hereingelegt worden waren. Warum sonst hätten sie es getan? Sie waren doch so ausgeglichen und intelligent.

Aber heißt das, dass man sie einer Gehirnwäsche unterzogen hatte? Oder waren sie nur naiv?

Das Interessante am Thema Sekten, Gehirnwäsche und Deprogrammierung ist, dass beide Seiten in dem Glauben, der Zweck heilige die Mittel, Zwangsmethoden anwandten. Die Vereinigungskirche übte Druck auf die neuen Rekruten aus, nicht weil sie böse war, sondern weil die jungen Rekruteure aufrichtig glaubten, sie auf diese Weise vor der Hölle zu bewahren. Die Eltern versuchten unterdessen, ihre Sprösslinge zurückzubekommen, nicht weil sie satanische Ungläubige waren, sondern weil sie ihre Kinder liebten. »Ich schwöre vor Gott«, sagte Ford Greene 2005, »es ist ein spiritueller Kampf gegen das Böse.« Das war seine Rechtfertigung der Deprogrammierung, aber ich habe den Verdacht, dass dieselben Worte aus Catherines Mund hätten kommen können, um ihren Eintritt in die Vereinigungskirche zu begründen. Auf welcher Seite des Disputs man steht, hängt ganz davon ab, auf welcher Seite der religiösen Trennlinie man sich befindet.

In dem Café in Cambridge fragte ich Catherine, was geschehen würde, wenn ihre beiden Mädchen später die Vereinigungskirche ablehnten und irgendeiner wirren Sekte beiträten, die sie selbst für gefährlich halte. Sie beharrte darauf, dass sie es akzeptieren würde, welchen Weg sie auch einschlügen. »Irgendwann«, erklärte sie, »müssen meine Kinder selbst ihre Wahl treffen.«

Was, wie ich vermute, exakt das ist, was ihre Mutter Daphne geantwortet hätte, wenn man ihr ganz zu Anfang, 1974, dieselbe Frage gestellt hätte.

Kapitel 9 | An das Unmögliche glauben

»Das kann ich nicht glauben«, sagte Alice.

»Nein?«, fragte die Königin mitleidig. »Versuch's noch mal! Hol tief Luft und mach die Augen zu.«

Alice lachte. »Es zu versuchen, hätte keinen Sinn«, erwiderte sie. »Unmögliches kann man nicht glauben.«

»Ich möchte behaupten, daß du darin nicht viel Übung hast«, sagte die Königin. »Als ich in deinem Alter war, hab ich täglich eine halbe Stunde lang zu glauben versucht. Und manchmal hab ich's geschafft, noch vor dem Frühstück mindestens sechs unmögliche Dinge zu glauben.«

Lewis Carroll, *Alice im Spiegelland*

Bestätigung für deinen Verdacht [missbraucht worden zu sein] kannst du finden, indem du dir dein Leben ansiehst: Du siehst die Auswirkungen des Missbrauchs. … Wenn dem so ist, kannst du sicher annehmen, daß du völlig recht hast.

Ellen Bass, Laura Davis, *Trotz allem*

Acht Kilometer südlich von Olympia im amerikanischen Bundesstaat Washington bietet das Black Lake Bible Camp Kindern eine Fülle von Aktivitäten an der frischen Luft: Kanufahren, Angeln, Bogenschießen, Wasserski, Hufeisenwerfen und Tischtennis stehen auf dem Programm. Aber der Spaß, bemerkt Programmdirektor Craig Piefer in seiner Einleitung für interessierte Eltern, »ist nur das Sahnehäubchen auf dem Kuchen«. Das Hauptziel des Lagers und seiner Mitarbeiter sei es, »Christus' Liebe und seinen Plan für einen erneuerten Bund mit Gott« zu feiern. Zu diesem Zweck werden Besucher gebeten, ihre Handys daheim zu lassen, »sittsame« Badeanzüge zu tragen und eine Bibel mitzubringen. Wohltätigkeit steht im Kern des Unternehmens. »Wenn Sie keine Bibel haben«, verspricht die Website des Camps, »werden wir Ihnen eine *gratis* bereitstellen!«

Der Eigenwerbung zufolge ist Black Lake der ideale Ort, um sich von der Zerstreuung der Welt abzuwenden und »den Willen Gottes zu ergründen« – vielleicht eine leise, kleine Stimme, die im Innersten zu uns spricht, vielleicht aber auch eine persönliche Offenbarung.

Was Craig Piefer dagegen interessierten Eltern zu erzählen tunlichst vermeidet, ist die außerordentliche Offenbarung, die sich im Sommer 1988 am Black Lake ereignete, und die katastrophale Kette von Ereignissen, die sie in Gang setzte.

Die Offenbarung ereilte eine Evangelistin der International Church of the Foursquare Gospel namens Karla J. Franko. In diesem Sommer war Franko, eine Gesangs-, Schauspiel- und Tanzlehrerin, die kleine Rollen im Fernsehen und bei Musicals hatte, eingeladen, vor 60 Mädchen im jährlichen »Heart to Heart«-Camp eine Ansprache zu halten.

Es war am letzten Tag des Lageraufenthalts. Franko hatte die erste Hälfte ihrer Rede hinter sich, als sie unverhofft die Hand des Herrn auf sich spürte. Einen Augenblick später sagte sie, im Innersten erschüttert, dass Gott sie berührt habe, und teilte ihrem Publikum die Offenbarung mit, die er ihr eingegeben hatte: Sie habe, sagte Franko, das Bild eines kleinen Mädchens empfangen, das sich vor ihrem Vater verstecke. Das verängstigte Kind höre näher kommende Schritte aus der Eingangshalle und verberge sich noch tiefer unter den Kleidern in einem Schrank. Das Licht gehe an, und man höre, wie sich ein Schlüssel im Schloss drehe.

Eine Zuhörerin aus Frankos überwiegend jugendlichem Publikum sprang auf und verkündete, dass sie dieses kleine Mädchen sei. In der hochgradig aufgeladenen Atmosphäre empfing Franko sodann eine weitere Offenbarung: Jemand im Publikum, sagte sie, sei von einem Verwandten missbraucht worden. Ein anderes Mädchen sprang auf und rannte weinend aus dem Saal. Bald meldeten sich mehrere Mädchen aus dem Lager und behaupteten, dass auch sie Opfer elterlichen Missbrauchs geworden waren.

Hinten im Auditorium hörte jemand Franko aufmerksam zu. Ericka Ingram, eine attraktive 22-Jährige aus dem nahen Olympia, hatte schon ein paar Jahre zuvor am Camp teilgenommen, doch dieses Mal war sie als Betreuerin dabei. Anders als die jüngeren, leichter zu beeindruckenden Mädchen wurde sie nicht hysterisch, als Franko ihre Offenbarung kundtat. Sie reagierte erst später darauf.

Es gibt zwei Versionen, was dann geschah. Den Polizeiakten zufolge verließen die Kinder nach Beendigung der Versammlung den Raum, und Ericka blieb im Konferenzsaal zurück, wo man sie später – schluchzend mit gekreuzten Beinen auf dem Fußboden sitzend – fand. Als die anderen Betreuer sich um sie scharten und fragten, was ihr fehle, gestand sie ihnen, dass Frankos Rede bei ihr einen Nerv getroffen hatte. »Mein Vater«, flüsterte sie, »hat mich sexuell missbraucht.«

Karla Franko erzählt eine andere Geschichte. Als man Ericka schluchzend im Konferenzsaal fand, sagt sie, hätte man nach ihr gesucht und sie um Hilfe gebeten. Sie sei an Erickas Seite geeilt, wo sie, über die weinende junge Frau gebeugt, abermals die Hand des Herrn gespürt habe: »Du bis als Kind missbraucht worden«, verkündete sie. Und den umstehenden Betreuern erklärte sie: »Es war ihr Vater. Und es ging über Jahre.«

Es ist im Grunde gleichgültig, welcher dieser beiden Geschichten man glaubt: Ob sich nun die Mitteilung Karla Franko oder Ericka Ingram verdankte, das Geheimnis war heraus, und es sollte Ericka, ihre Familie und ihr Umfeld zerstören.

Es mutet seltsam an, dass Ericka ihrer Mutter nicht erzählte, was geschehen war, als sie nach Hause kam. Niemand hatte die Polizei verständigt. Statt einer Untersuchung folgte ein unbehagliches Schweigen, wie die Ruhe vor einem Sturm. Doch die Neuigkeiten über die Ereignisse am Black Lake sickerten in der Folge auf andere Weise durch.

Kurz nach Frankos Offenbarung fing Julie, Erickas 18-jährige Schwester, an, sich in der Schule merkwürdig zu benehmen. Befragt, was ihr fehle, brach sie unter Tränen zusammen und weigerte sich, zu sprechen. Eine Lehrerin, Kristi Webster, versuchte, sie zum Reden zu bringen, doch sie blieb einfach schluchzend und wie ein Fötus zusammengekauert liegen. Die Lehrerin schlug vor: Wenn Julie nicht gerne über ihre Probleme spreche, würde sie es vielleicht leichter finden, sie aufzuschreiben.

Anfang Oktober erhielt Webster die erste einer Reihe handschriftlicher Aufzeichnungen. Julie schrieb darin, dass sie Angst habe und ihr Leben »von vorn beginnen« wolle. »Es gibt Zeit [sic]«, schrieb sie, »wenn ich weinen möchte, aber nicht kann, ich habe eine Mauer baut [sic] und will niemanden hereinlassen, weil ich Angst [sic].« Ohne Vorwarnung gingen diese Aufzeichnungen von adoleszenter Angst zu etwas ungleich Finstererem über. Laut Julie schlich sich ihr Vater des Nachts in ihr Zimmer und kroch zu ihr ins Bett. Jede Nacht, schrieb sie, liege sie in der Dunkelheit wach und lausche auf die Schritte im Flur. »Ich warte einfach in meinem Zimmer auf meinen Papa. Ich hasse es. Es tut so weh, und ich fühle mich dadurch sehr schmutzig.«

Weitere Aufzeichnungen folgten. Als sie vier war, schrieb Julie, habe ihr Vater einmal Arbeitskollegen zu einem Pokerabend nach Hause eingeladen. Die hätten sich betrunken, seien zu ihr ins Zimmer gekommen und hätten sie belästigt. »Ein oder zwei gleichzeitig kamen in mein Zimmer, ein [sic] Sex mit mir zu haben, sie kamen und gingen die ganze Nacht und lachten und fluchten.« Ericka geschah nichts, schrieb Julie, weil sie in der oberen Koje schlief. »Ich glaube, mein Vater und seine Freunde hatten Angst, das Bett würde kaputtgehen.«

An das Unmögliche glauben 323

Da sie sich damit heillos überfordert fühlte, ging Kristi Webster mit Julie zu einer Schulpsychologin, die dem Mädchen sofort riet, mit den Experten von Safeplace, dem örtlichen Krisenzentrum für Vergewaltigungsopfer, zu sprechen. Julie war einverstanden. »Ich frage mich, was mit meiner Familie geschehen wird«, schrieb sie am 27. Oktober traurig an Webster. »Wird mein Papa einsperrt [sic] und meine Mama allein bleiben? … Mrs. Webster, ich habe große Angst.«

Als sie Julie kennen lernten, waren die Psychologen von Safeplace entsetzt. Verständlicherweise hatte sie ein schweres Trauma: Ihr Vater hatte ihr angeblich gesagt, dass er sie »aufschlitzen« oder »verbrennen und sehr hässlich« machen würde, wenn sie irgendjemand erzählte, was er mit ihr angestellt hatte. Andere Täter seien ihr Onkel, ein Nachbar und ein Freund der Familie. Zum letzten Mal sei sie, so erzählte sie, an einem Mittwoch im Oktober missbraucht worden, nur einen Monat zuvor.

Dann kamen weitere furchtbare Dinge ans Licht.

Mitte November war die Offenbarung, die Ericka über Karla Franko in Black Lake empfangen hatte, geburtsreif. Am Sonntag vor dem Erntedankfest rief sie ihre Mutter Sandy an und verabredete sich mit ihr nach der Kirche bei Denny's am Martin Way in Olympia. Bei zwei großen Tassen Tee erzählte Ericka ihrer Mutter, dass ihr Vater sie wiederholt sexuell missbraucht habe, häufig mit seinen Arbeitskollegen bei ihren Pokerpartys. Nicht nur das, auch ihre Brüder Chad und Paul jr. hätten sie ebenfalls belästigt. Sandy war fassungslos. Bestürzt fragte sie ihre Tochter, warum sie nie etwas davon erzählt hatte. Ericka erwiderte, dass sie es versucht, es sich aber als unmöglich erwiesen habe. »Du hast mir nicht zugehört«, sagte sie.

Noch am selben Abend konfrontierte Sandy Ingram ihren Ehemann Paul mit Erickas Anschuldigungen. Er bestritt sie rundheraus. Unsicher, wem sie glauben sollte, rief sie John Bratun an, die rechte Hand des Gemeindepfarrers, der ihr sagte, dass er bereits von dem Missbrauch wisse: Er habe davon durch den Vorfall im Bibelcamp sechs Wochen zuvor erfahren. Leider, erklärte Bratun, sei die Geschichte sehr wahrscheinlich wahr. Warum sollte Ericka schließlich lügen? Junge Menschen logen einfach nicht über solche Dinge.

Am nächsten Morgen fuhr Sandy zu Julies Schule, holte sie aus ihrer Klasse und fragte sie, ob ihr schon irgendetwas davon zuvor zu Ohren gekommen sei. Julie bestätigte Erickas Geschichte und verriet ihr, dass auch sie selbst zum Opfer geworden sei – bis etwa vor fünf Jahren. Erst vor einer Woche sei sie bei Safeplace in der Beratung gewesen.

Durch schieres Pech traten Paul und Sandy Ingram an jenem Tag einen schon länger geplanten einwöchigen Urlaub mit ihrem jüngsten Sohn Mark an der Küste von Oregon an. Unsicher, wie sie auf die Anschuldigungen reagieren sollten, beschlossen sie, wie geplant abzufahren. Paul erklärte, er brauche Zeit, um darüber nachzudenken, was sie als Nächstes tun sollten. Sandy erhielt von Pfarrhelfer Bratun unterdessen den Rat, von alldem Abstand zu gewinnen und zu versuchen, einen klaren Kopf zu bekommen. Paul, ein evangelikaler Christ, verbrachte die Woche damit, den Strand auf und ab zu wandern und seine Bibel zu lesen; Sandy blieb weinend in ihrem Ferienhaus.

Kaum waren Paul und Sandy nach Oregon abgereist, da brachten Mitarbeiter der Missbrauchsberatung Safeplace Julie zum Sheriff von Thurston County, wo sie vom Leiter des Sittendezernats, Joe Vukich, befragt wurde. Der Missbrauch habe begonnen, berichtete sie ihm, als sie in der fünften Klasse gewesen sei, und sich bis zum Alter von 15 fortgesetzt. Üblicherweise habe sich ihr Vater ausgezogen, sei zu ihr ins Bett gestiegen und habe sie vergewaltigt. Am Ende der Tortur habe er ihr angedroht, sie umzubringen. Auch Ericka sei ihm zum Opfer gefallen, versicherte sie.

Sofort nach diesem Gespräch fuhr Vukich zu Ericka, die ihm erzählte, was im Bibelcamp am Black Lake vorgefallen war, und alles bestätigte. Ihre Qualen, sagte sie aus, hätten im Alter von fünf Jahren angefangen, als ihr Vater zur ihr ins Bett gestiegen sei und sie berührt habe. Am nächsten Morgen sei sie »feucht und eklig« gewesen und habe ihren Schlafanzug versteckt, um keinen Ärger mit ihrer Mutter zu bekommen. Sie erinnerte sich besonders an das letzte Mal, als ihr Vater sie vergewaltigt habe, 1987, weil er sie dabei mit einer Geschlechtskrankheit angesteckt und sie nach San José gefahren habe, um sie anonym behandeln zu lassen.

An jenem Wochenende erhielt die Polizei eine schriftliche Mitteilung von Julie, in der sie offenbarte, dass sie einmal von ihrem Vater schwanger geworden sei. Als er ihren Zustand bemerkt habe, habe er sie zu einer Abtreibung überredet. Wenn sie das Baby bekomme, habe er gedroht, würde sie ihre Schulfreunde verlieren und er und ihre Mutter würden sie nicht mehr lieb haben. Außerdem würde das Baby krank zur Welt kommen und sowieso sterben. Julie stimmte einer Abtreibung zu, woraufhin er sie zu oralem Sex mit ihm gezwungen habe.

Als Paul und Sandy Ingram am Wochenende aus ihrem Urlaub zurückkamen, hatten die Anschuldigungen eine nicht mehr zu bremsende Eigendynamik gewonnen. Am Montagmorgen, dem 28.November, wachte Paul auf, frühstückte, bekam Durchfall und musste sich heftig übergeben. Die Woche Nachdenken an der Küste hatte nicht geholfen: Er war in ernsthaften Schwierigkeiten, und er wusste es.

Ein Teil seiner Angst hatte mit seiner Arbeit zu tun. Paul Ingram war nicht irgendwer. Er war Ortsvorsitzender der Republikanischen Partei und Chief Civil Deputy* des Thurston County Police Department. Er bekleidete damit Rang vier in der Hierarchie der örtlichen Strafverfolgungsbehörden. Die Polizisten, die seine Töchter vernahmen, waren seine Kollegen.

Als Ingram um 8.15 Uhr auf der Arbeit eintraf, wurde er ins Sheriffsamt bestellt, wo sich Sheriff Gary Edwards und sein Stellvertreter Neil McClanahan zu seinen Seiten postierten. Edwards sagte ihm, dass es ein Problem gebe. Ingram nickte: Das wisse er. Die beiden lasen ihm dann formell seine Rechte vor und verhafteten ihn.

Augenblicke nach seiner Verhaftung sagte Ingram etwas Merkwürdiges: »Ich weiß, wenn das wirklich geschehen ist, dann müssen wir uns darum kümmern.« Auf die Frage, was er damit meine, erwiderte er: »Es könnte sein, dass ich eine dunkle Seite habe, von der ich nichts weiß.« 20 Jahre später erinnert sich Neil McClanahan, wie sonderbar es ihm vorkam, dies von einem Mann zu hören, dem Pädophilie vorgeworfen wurde. »Der Sheriff und ich dachten: ›Häh?‹ Warum sagt er sowas? Warum sollte irgendjemand so etwas sagen? Wissen Sie, er und ich waren bei der Polizei. Ich habe *niemand* je sagen hören: ›Ich habe da eine dunkle Seite an mir.‹«

Und es sollten noch seltsamere Dinge geschehen. Laut Vernehmungsprotokoll warf Ingram bei der Mitteilung, dass sich seine Töchter in psychologischer Betreuung befänden, ein, dass es nicht nur seine Töchter seien, die Hilfe nötig hätten, sondern auch seine Söhne. McClanahan traute seinen Ohren nicht. Als Ingram den Raum zu einer Pause verlassen hatte, blickten sich er und sein Chef an. »Wir konnten's einfach nicht fassen!«, erinnert er sich. »›*Was* hat er da gesagt? Womit haben wir es denn *hier* zu tun? Wer *ist* dieser Kerl?‹«

Natürlich war die einzige Person, die diese Fragen beantworten konnte, Ingram selbst. Leider schien er genauso ratlos zu sein wie seine Vernehmer. Befragt, ob er seine Töchter wiederholt vergewaltigt habe,

---

* Ein Civil Deputy sorgt u. a. für die Zustellung und den Vollzug von Gerichtsanordnungen und -urteilen. (A.d.Ü.)

schien er aufrichtig unfähig zu sein, sich zu erinnern. »Ich weiß es nicht«, sagte er McClanahan und Edwards. »Ich sehe nicht, wie ich so etwas tun könnte.« Die Kriminalbeamten fragten ihn, warum seine Töchter denn so furchtbare Geschichten erzählen sollten, wenn sie nicht wahr wären, und Ingram stimmte zu, dass dies eine gute Frage sei. »Ich habe den Kindern beigebracht, nicht zu lügen«, sinnierte er.

Ingrams Lage war fatal: Entweder logen seine Töchter, oder er log. Seiner selbst unsicher, schien er nun anzufangen, sich der Konsequenzen seiner misslichen Lage bewusst zu werden. War er womöglich wirklich schuldig? »Ich habe nie zuvor an Selbstmord gedacht, und ich werde mit so ziemlich allem fertig«, sagte er McClanahan, »aber wenn sich herausstellt, dass ich etwas getan habe, möchte ich, dass ihr all meine Waffen aus dem Haus holt, nur für den Fall.«

Für die Polizei deutete praktisch alles, was Ingram sagte, auf seine Schuld hin. Was für ein Mann musste das sein, der nicht wusste, ob er seine eigenen Töchter vergewaltigt hatte? Und was für ein Mann würde solche Anschuldigungen nicht von sich weisen, wenn er unschuldig wäre? Neil McClanahan wusste, wie explosiv er selbst reagiert hätte, wenn man ihn des Missbrauchs seiner Kinder bezichtigt hätte: »›Verpisst euch! Mit euch rede ich doch gar nicht! Das ist völliger Schwachsinn!‹ Und damit hätte es sich! Aber das tat er [Ingram] nicht.«

Angesichts dieses Verhaltens kamen die Polizisten zu dem Schluss, dass Ingram ein Spiel spielte – ein Spiel, das bei Verdächtigen, die sich tatsächlich als schuldig erweisen, ziemlich verbreitet ist. »Ich würde sagen, in 90 Prozent der Fälle oder vielleicht noch häufiger gestehen sie die Hauptsache«, sagt er heute, »lassen aber 25 bis 30 Prozent davon weg. ›Hören Sie, ich habe den da umgebracht und, ja, vielleicht habe ich ihr den Hals aufgeschlitzt oder so was Ähnliches – aber ich war es nicht, der ihren Kopf abgehackt und ihren Rumpf in den Fluss geworfen hat!‹ Ja, ich bin schlecht, aber *so* schlecht bin ich nicht.‹ Das ist verbreitet, sehr verbreitet.«

Wenn Ingram dieses Spiel spielen wollte, dachten die Kriminalbeamten, dann mussten sie ihn dabei schlagen. Sie mussten das hypothetische »Vielleicht habe ich« durch ein solides »Ich habe« ersetzen.

Um 14.45 Uhr vernahmen die Sittendeliktexperten Joe Vukich und Brian Schoening Ingram erneut. Sofort verhedderte er sich darin, die Aufrichtigkeit seiner Töchter gegen seine eigene abzuwägen. »Ich würde niemals so etwas tun«, versicherte er den Kommissaren, »aber ich weiß auch, dass ich meinen Töchtern beigebracht habe, nicht zu lügen: dass sie die Wahrheit sagen sollen.« Kaum eine Minute später akzeptierte er die Möglichkeit seiner Schuld. »Ich glaube wirklich, dass die – dass sie mich zu Recht beschuldigen und dass ich sie vergewaltigt und missbraucht habe und wahrscheinlich über einen sehr langen Zeitraum. … Ich muss diese Dinge getan haben.«

Vukich fragte Ingram, warum er seine Meinung geändert habe. »Nun«, erwiderte er, »erstens: Meine Mädchen kennen mich. Sie würden über so etwas nicht lügen, und dann gibt es noch etwas, das vielleicht ein Hinweis ist, dass diese Dinge geschehen sind.« Die letzten Jahre, erläuterte er, hätten ihn seine Töchter sehr distanziert behandelt, und es sei ihm schwer gefallen, sie zu umarmen oder ihnen zu sagen, dass er sie lieb habe. Befragt, ob er Julie oder Ericka unsittlich berührt habe, ließ Ingram den Kopf hängen: »Ich muss wohl mit Ja antworten.«

Wieder glitt die Vernehmung heillos ins Hypothetische ab. »Ich habe Schwierigkeiten, ein klares Bild von dem zu bekommen, was passiert ist«, sagte Ingram und fuhr dann mit seiner Geschichte fort. Er habe Erickas Schlafzimmer betreten, seinen Bademantel ausgezogen und sei zu ihr ins Bett geschlüpft. »Ich hätte [dann] ihre Sachen ausgezogen«, sagte er, »zumindest den Schlüpfer oder das Unterteil ihres Nachthemds.«

Vukich unterbrach ihn: »Ok, du sagst ›hätte‹. Meinst du damit nun ›hätte‹, oder *hast* du es getan?«

»Ich habe es getan«, erwiderte Ingram. Doch wieder schien er sich nicht sicher. Nach dem Missbrauch, fuhr er fort, »hätte ich ihr gesagt, dass sie schweigen soll …, und ihr gedroht, sie umzubringen …«

»Ok«, unterbrach ihn Vukich wieder. »Du sagst ›hätte‹. Heißt das ›hätte‹, oder *hast* du es getan?«

»Äh, ich habe es getan«, antwortete er.

So zog sich die Vernehmung hin. Ingram erzählte, was er getan »hätte« oder »haben könnte«, gefolgt von den Beamten, die um Klarstellung baten, woraufhin er brav mit »Ich habe es getan« antwortete. Auf diese Weise gab er zu, mit Julie Analverkehr gehabt und auch seine Söhne missbraucht zu haben, obwohl er sich nicht mehr im Geringsten daran erinnere. Obwohl Ingram unsicher schien, warum er gestand oder welcher Tempi und Modi er sich dabei bedienen sollte: Die Geständnisse selbst waren vernichtend. Als die beiden Beamten am Ende der Vernehmung fragten, ob er noch etwas hinzuzufügen habe, bat er seine Töchter, seine Frau und den Rest seiner Familie um Vergebung.

In jener Nacht hatten die Kriminalbeamten Schoening und Edwards die unangenehme Pflicht, Ingrams Frau Sandy darüber zu informieren, dass Paul gestanden hatte, ihre beiden Töchter über einen Zeitraum von über zehn Jahren missbraucht zu haben. Als Sandy dies erfuhr, war sie so erschüttert, dass sie gestützt werden musste. Schoening und Vukich blieben bei ihr, bis Pastor Ron Long und sein Helfer John Bratun eintrafen, und verdrückten sich dann.

⁓

Ratlos angesichts von Paul Ingrams Unfähigkeit, sich an seine Verbrechen zu erinnern, baten die Polizeibeamten von Thurston County einen Psychologen, Richard Peterson, an der nächsten Vernehmung teilzunehmen. Peterson galt als eine Art Experte für solche Fälle. Er hatte schon mit einer Reihe von Missbrauchsfällen zu tun gehabt und war ein überzeugter Verfechter der Verdrängungstheorie: dass das Gehirn, wenn eine Erfahrung nur traumatisch genug war, sich wirkungsvoll abschaltete und sie wegschloss. Die Erinnerung lag dann im Unterbewusstsein begraben, wo sie erst später durch sorgfältige psychologische Erforschung zugänglich werden konnte.

Natürlich war an dieser Theorie nichts Neues oder gar Revolutionäres: Sie stammte ursprünglich von Sigmund Freud, wurde später unter anderem von William Sargant in Großbritannien ins Feld geführt, um den Zustand von Soldaten mit Bombentraumata zu erklären, und hatte auch als Ausgangspunkt für die Entwicklung sogenannter Wahrheitsdrogen gedient. Doch was Peterson jetzt faszinierte, war der Umstand, dass hier kein Traumatisierter, sondern offenbar ein *Täter* die Erinnerung an seine Handlungen ausgelöscht hatte.

In Petersons Anwesenheit hatte Ingram bei seiner nächsten Vernehmung abermals Probleme, sich daran zu erinnern, welche Verbrechen er begangen hatte. Es war offenkundig, dass er sich zu erinnern versuchte, aber er konnte sich einfach kein klares Bild machen. »Ich versuche nicht, bewusst etwas zu verbergen«, versicherte er seinen Vernehmern. »Ich möchte wirklich glauben, dass ich euch die Wahrheit sage.«

Dieses Mal jedoch waren die Kommissare weniger verständnisvoll. Sie wollten Antworten, keine »uneingestandenen Eingeständnisse« mehr, und sie hielten die Zeit für gekommen, etwas Druck auszuüben. »Es ist Zeit«, so drückte Schoening sich aus, »zu kacken oder vom Pott zu steigen.«

Die Kriminaler setzten an dem Punkt an, dass Ericka und Julie zufolge auch andere Männer an ihrem Missbrauch beteiligt waren. Und diese anderen befänden sich noch immer irgendwo da draußen auf freiem Fuß und würden zweifellos Jagd auf seine Kinder machen, während er, Paul, in seiner Zelle mit seinem ewigen Herumdrucksen nur Zeit vergeude. »Julie ist richtig eingeschüchtert und hat jetzt wirklich Angst, weil die immer noch frei rumlaufen«, sagte Schoening. »Wir müssen sie schützen, Paul. ... Woher willst du wissen, ob diese Kerle nicht weitermachen und jetzt hinter ihr her sind, weil sie denken, dass sie etwas sagen könnte?«

Schließlich, nach einer quälenden Selbsterforschung, nannte Ingram den Namen eines Freundes, Jim Rabie, der, wie er glaubte, beteiligt gewesen sein konnte, und die Polizei half ihm, das Bild zusammenzusetzen, wie sich der Missbrauch abgespielt hatte. Alle möglichen Ideen kamen auf den Tisch. »In diesem Bild, Paul«, fragte Vukich, »siehst du da Stricke ..., irgendeine Art von Gefangenschaft vielleicht?« Prompt stimmte Ingram zu, dass Julie gefesselt worden sein musste.

Für die Polizei waren die Stricke nicht so wichtig, wohl aber Jim Rabie. Wie Ingram war auch Rabie Polizist in Thurston County. Warum hatte er seinen Namen genannt? Hatte Ingram eine homosexuelle Beziehung zu ihm? Ingram war wie üblich bestürzt. »Ich glaube nicht«, sagte er. »Ich würde es einfach hassen, mich selbst als Homosexuellen zu sehen.«

Es folgte ein Hagel von Fragen, die einem Drama Harold Pinters würdig gewesen wären und darauf abzielten, absonderliches sexuelles Verhalten aufzudecken. Trug Ingram die Unterwäsche seiner Frau? Hatte er jemals einen Partner während des Geschlechtsverkehrs gefesselt? Schnüffelte er an der schmutzigen Wäsche seiner Familie? Hatte er jemals eine Leiche gestreichelt? Ingrams Fähigkeit, diese Fragen eindeutig zu verneinen, sich jedoch nicht erinnern zu können, ob er seine Töchter missbraucht hatte, stellten die Polizei und den Psychologen vor ein Rätsel.

Aber die Kommissare gaben nicht auf. Sie griffen wieder auf ihr wirkungsvollstes Mittel zurück: Ingram daran zu erinnern, dass Julies Leben in Gefahr war. »Du musst uns helfen, wenn du willst, dass das aufhört«, bedrängte ihn Schoening, »oder du hast entweder eine selbstmordgefährdete oder eine tote Tochter ... Viel mehr kann sie nicht verkraften, Paul.«

Ingram vergrub sein Gesicht in den Händen und fing an zu beten: »Oh, Herr! Oh, Herr!« Als er die Beamten darum bat, Pfarrhelfer Bratun zu rufen, damit dieser ihm Beistand leisten könne, die Wahrheit mit

Gebeten herauszuzwingen, griff Schoening sofort zum Hörer, während sein Kollege ihn weiter mit Fragen löcherte. Ingram begann nun zu weinen und ermahnte sie, seiner Erinnerung auf die Sprünge zu helfen. »Rede einfach weiter«, bat er. »Rede einfach weiter.«

Als sie merkten, dass sie endlich vorankamen, erhöhten der Psychologe und die Kriminalbeamten den Druck.

»Wählen Sie das Leben statt den Tod«, forderte Peterson ihn auf.

»Das ist deine Verantwortung als Vater«, ermahnte ihn Vukich.

»Lieber Gott! Lieber Gott«, rief Ingram aus. »Jesus! Gütiger Jesus! Hilf mir!«

Daraufhin brachte Peterson ihn zum Schweigen, indem er vorschlug: »Eine Sache, die Ihnen helfen könnte, Paul, wäre, wenn Sie aufhören würden, um Hilfe zu bitten, wenn Sie sich einfach zurücklehnen und versuchen würden, an nichts zu denken.« Paul ließ sich schlaff in seinen Stuhl sinken. »Lassen Sie sich einfach gehen und entspannen Sie sich. Niemand wird Ihnen weh tun. Wir wollen Ihnen helfen. Entspannen Sie sich einfach. Versuchen Sie, an nichts zu denken …«

Nach etwa einer Minute unterbrach ihn Vukich leise. »Warum erzählst du uns nicht, was mit Julie geschehen ist, Paul?«

Plötzlich brach es aus Ingram heraus, seine Erinnerung kehrte zurück. »Ich sehe Julie auf dem Boden auf einem Laken liegen«, sagte er. »Ihre Hände sind an ihre Füße gebunden, sie liegt auf dem Bauch. Ich beuge mich über sie. Jemand anderes steht links neben mir …«

Wer war dieser andere? Die Vernehmer bombardierten Ingram mit Fragen, in der Hoffnung, dass irgendetwas die Erinnerung wecken und ihn in die Lage versetzten würde, den Schänder zu identifizieren. »Wie roch er?«, fragte Peterson.

»Ja«, stimmte Schoening ein. »Wie roch er?«

»Alles, was du tun musst, ist einfach, nach links zu blicken, und da steht er«, schlug Vukich vor.

Ingram konzentrierte sich auf seine Erinnerung und sah den Mann: »Breitschultrig, behaart …, lockiges, äh, Körperhaar.« Dann kam das entscheidende Detail. Der Mann trug am rechten Handgelenk eine goldene Armbanduhr. Für die Kommissare war das ein Indiz, dass der Täter Linkshänder sein könnte. Jim Rabie, den Ingram bereits genannt hatte, hatte dunkles, lockiges Haar und war tatsächlich Linkshänder. In seiner Erinnerung sah Ingram dabei zu, wie Rabie Julie missbrauchte, die gefesselt und geknebelt auf dem Boden lag. Als er sah, wie sein Freund seine Tochter berührte, hörte er sie deutlich flehen: »Nein!«

Dann kreuzte ein anderer Schänder auf: Jim Rabies bester Freund Ray Risch. Risch kniete vor Julie und fotografierte die Szene.

Am Nachmittag wurde Ingrams Vernehmung fortgesetzt. Die Ermittler drängten ihn, sich an weitere Einzelheiten der Szene zu erinnern. Zunächst hatte Ingram erklärt, dass der Missbrauch stattgefunden hatte, als Julie etwa zwölf Jahre alt gewesen war. Jetzt erinnerte er sich, dass sie fünf oder sechs gewesen war. Vielleicht, schlugen die Kriminalbeamten vor, erinnerte er sich an zwei verschiedene Missbräuche. Er stimmte zu. Es musste viele solcher Gelegenheiten gegeben haben; er brachte sie durcheinander. Nun hatte eine weitere Gestalt ihren Auftritt, ein ehemaliger Polizeireservist namens Edwards (nicht Gary Edwards, der Sheriff). Ingram erinnerte sich, dass der Vorfall das Ergebnis einer Pokerwette war, die entsetzlich schieflief: Der Einsatz war Julie gewesen, und als Ingram sich weigerte, hatte Rabie einen kurzläufigen Edelstahlrevolver gezogen und auf ihn gerichtet.

Einen Tag, nachdem Ingram Jim Rabie, Ray Risch und Edwards als Komplizen genannt hatte, zeigte man Julie eine Reihe von Führerscheinfotos und fragte sie, ob sie irgendeinen der Abgebildeten identifizieren könne. Unter insgesamt 14 Lichtbildern wählte sie drei aus: Jim Rabie, Ray Risch und Edwards – die Männer, die Ingram genannt hatte.

∽

Jim Rabie war ein alter Freund der Ingrams und bis zu seiner Pensionierung, als er von Joe Vukich und Brian Schoening abgelöst wurde, ebenfalls bei der Polizei von Thurston County: als Leiter des Sittendezernats. Ironischerweise begann ausgerechnet diese Abteilung nun, gegen ihn zu ermitteln.

Nachdem Ingram seinen ehemaligen Kollegen Rabie beschuldigt hatte, fielen auch Schoening, Vukich und McClanahan an dessen Verhalten einige Besonderheiten auf. Seit Beginn der Untersuchung kam Rabie immer genau dann auf die Polizeiwache, wie sich McClanahan erinnert, »wenn Ingram vernommen wurde, und dann setzte er sich auf einen Stuhl mit dem Rücken zur Bürotür! Er versuchte zu hören, was passierte, wenn Ingram vernommen wurde! Und ich dachte: ›Warum ist der hier?‹«

Bei einer anderen Gelegenheit fragte Rabie die Ermittlungsbeamten explizit danach, was Ingram gestanden und ob er »die ganze Wahrheit« gesagt hätte, und er bot sich an, bei der Vernehmung zu helfen. Rabies Stimme, so heißt es in dem Bericht, »zitterte, er schien merklich erschüttert zu sein, und seine Augen waren glasig und blutunterlaufen«.

Um 20 Uhr an jenem Donnerstag schaute Rabie unter dem Vorwand, einen Diaprojektor zurückzubringen, den er sich für einen seiner Fachvorträge ausgeliehen hatte, wieder im Sheriffsamt vorbei. Vukich und Schoening nahmen ihn beiseite. »Sie sagten: ›Dein Name ist in dieser Sache aufgetaucht, deshalb müssen wir mit dir darüber sprechen‹«, erinnert sich Rabie. »›Himmel! Ich weiß nicht, wovon ihr redet!‹ Sie sagten: ›Also, hier, unterschreib das Formular.‹ Sie lasen mir meine Rechte vor.« Rabie wurde verhaftet. Unterdessen machte sich eine Streife auf den Weg zu Ray Risch. Die Polizisten, die sich seinem Haus näherten, sahen ihn – als hätte er sie erwartet – am Fenster stehen. Als sie ihn fragten, warum sie seiner Meinung nach gekommen seien, musste ihm niemand die richtige Antwort einflüstern. »Geht es um Paul?«, fragte er.

Man brachte Rabie und Risch in getrennte Vernehmungsräume und sagte ihnen, sie seien von Paul und Julie Ingram des Kindesmissbrauchs bezichtigt worden. Es gebe außerdem Fotos davon, wie sie die Mädchen schändeten.

Von Rabies erster Vernehmung gibt es zwei verschiedene Versionen. Neil McClanahan, der Stellvertreter des Sheriffs, behauptet: »Alle drei [Rabie, Risch und Ingram] sagten: ›Ich glaube nicht, dass ich das getan habe, ich erinnere mich nicht, es getan zu haben – aber vielleicht habe ich eine dunkle Seite.‹ Verstehen Sie, das haben die jeweiligen Vernehmungsbeamten nach dem ersten Verhör getrennt voneinander berichtet, und man dachte: ›Wo kommt das nur her? Warum sollte irgendjemand so was sagen?‹«

Beinahe 20 Jahre später streitet Rabie ab, dass er sich jemals »einer dunklen Seite« bezichtigt hätte. »Das ist ein Zitat von Paul!«, protestiert er. »Ich habe das nicht gesagt! So etwas wäre mir nie in den Sinn gekommen.« Da seine erste Vernehmung nicht aufgezeichnet wurde, werden wir die Wahrheit nie erfahren.

Transkripte von Rabies zweiter Vernehmung später am Abend, die mitgeschnitten wurde, offenbaren, dass er nicht viel zugab, selbst nachdem man ihm die Verdrängungstheorie erläutert hatte. »Ich habe – ehrlich – keine Erinnerung daran, dass dies passiert ist«, sagte er den Vernehmern, »und ich glaube nicht, dass ich es getan und dann verdrängt haben könnte.«

Er hatte zunächst eingewilligt, ohne Anwalt vernommen zu werden, weil er, wie er heute sagt, als Polizist wusste, »dass jemand, der nach einem Anwalt ruft, sofort als schuldig gilt«. Im Laufe des Abends wurde ihm jedoch klar, dass er überfordert war, und bat die Polizisten, ihm einen Anwalt zu rufen.

∽

Rechtsanwalt G. Saxon Rodgers aus Olympia, genannt »Sax«, kam gerade von einer Party zurück, als ihn sein Kumpel und Angelfreund Detective Tommy Lynch anrief. »Ich habe Jim Rabie hier«, sagte Lynch, »wegen Vergewaltigung.« Rodgers vermutete sofort, dass es sich um einen Irrtum handeln musste. »Ich kannte Rabie seit Jahren. Er war der leitende Kommissar des Dezernats für Sexualdelikte! … Warum sollte dieser Mann, der Hunderte, wahrscheinlich Tausende von Leuten wegen so etwas ins Gefängnis gebracht hatte, ein Kinderschänder sein? … Ein pensionierter Polizist, der in der Gemeinde einen sehr guten Ruf genießt, wird wegen Vergewaltigung verhaftet? Das ist schon *sehr* ungewöhnlich.«

Da Rodgers Wein getrunken hatte, rauchte er auf dem Weg ins Sheriffsamt eine Zigarre, um seine Alkoholfahne zu kaschieren. Einmal angekommen, nahm er das Heft in die Hand und sagte seinem Klienten unmissverständlich: »Halten Sie Ihren Mund, bis ich herausbekommen habe, was los ist, ok? Seien Sie still!«

Sax Rodgers war ein Strafverteidiger, der mit solchen Situationen viel Erfahrung hatte. Gleiches ließ sich indessen nicht von Paul Ingrams Anwalt sagen. Statt an einen Rechtsanwalt mit erwiesener Fachkunde hatte sich Ingram an einen eher zivilrechtlich bewanderten Freund aus seiner Kirche gewandt. Anders als Rodgers wusste dieser Gary Preble nicht, was er der Polizei, und auch nicht, was er Ingram sagen sollte. Die Folge war, dass beide Seiten ihn ignorierten.

Eine gute Illustration der Beziehung zwischen dem Mandanten Ingram und seinem Anwalt Preble war die zweite aufgezeichnete Vernehmung, als Ingram sich an Bilder einer Frau mit abgeschossenem Kopf erinnerte. Selbst Preble fiel auf, dass solches Material seinen Mandanten in Schwierigkeiten bringen könnte. »Paul«, unterbrach er ihn, als Ingram mit seiner Geschichte begann, »dies ist der Moment, wo ich dir raten würde, keine weiteren Fragen zu beantworten.«

Doch Ingram hörte nicht auf ihn: »Jesus, hilf mir hier weiter. Gib mir – gib mir etwas zu sehen, Herr. Was tue ich da gerade? Habe ich da Körper gesehen?«

Wieder versuchte Preble, ihn zum Schweigen zu bringen: »Hast du mich gehört, Paul?« Ohne ihn zu beachten fuhr Ingram mit seiner Geschichte fort.

Dass Ingram die Fragen seines Anwalts nicht zur Kenntnis nahm, hatte vor allem damit zu tun, dass er sich nun auf einem Kreuzzug befand, um die Wahrheit über seine Töchter zu entdecken. Sein Hauptziel war es, sich an so viel wie möglich zu erinnern. Seine Kinder mussten beschützt werden – und er musste herausfinden, was genau er getan hatte.

Ingrams Religiosität war nicht der einzige ungewöhnliche Aspekt seines Verhaltens. Während der gesamten Vernehmung neigte er dazu, seinen Kopf während langer Phasen hängen zu lassen, während er bestrebt war, sich zu erinnern. In diesen Phasen, die bis zu zehn Minuten dauerten, war er für die Außenwelt scheinbar verloren, so sehr, dass die Vernehmungsbeamten sie als »tranceartigen Zustand« beschrieben. Die Polizisten fanden das sonderbar – aber wichtig war ja, dass Ingram sein Gedächtnis ausschüttete, damit man die anderen Täter zu fassen kriegte.

Die Vernehmungen setzten sich in der folgenden Woche fort. Ingram erflehte nun die Rückkehr seines Gedächtnisses mit inbrünstigen Gebeten: »Herr, gibt mir ein Bild! Gib mir ein Bild …« Wiederholt bat er seine Vernehmer, still zu sein, damit er seinem Herzen lauschen konnte: »Lasst mich entspannen, damit ich ein Bild bekomme. Der Herr wird mir ein Bild geben.« Er betete fast unablässig. »Ah, Jesus, lass mich zur Ruhe kommen, Herr, hilf mir, Jesus. Hilf mir, Jesus. Hilf mir, Jesus. Ich habe eine Vision!«

Ingrams Vernehmer erkannten, dass sich seine religiöse Neigung wirkungsvoll nutzen ließ. Es mochte unschön sein, aber wenn sie Geständnisse erwirken könnten, indem sie an seinen Glauben appellierten, waren sie damit mehr als einverstanden. »Ich weiß ja, du willst wirklich deine Seele reinigen, nicht wahr?«, säuselte Vukich. »Du willst nicht in die Hölle kommen. Seien wir ehrlich, das ist etwas, was du nicht willst. Du weisst, dass du in den Himmel willst.«

Als die Religion bei seinen Vernehmungen immer breiteren Raum einnahm, wurde Ingram klar, dass er spirituelle Führung brauchte. Ein weiterer Spieler trat nun in die Ermittlungen ein – und von diesem Augenblick an gerieten die Ereignisse, die mit der seltsamen Offenbarung am Black Lake begonnen hatten, hoffnungslos außer Kontrolle.

An das Unmögliche glauben

Mittlerweile sind etliche Artikel und mindestens ein Buch über die Ereignisse erschienen, die sich im Winter 1988 und Frühjahr 1989 im Sheriffsamt von Thurston County zutrugen. Alle diese Darstellungen schenken zwei Personen gebührende Beachtung, die beide auf besondere Einladung anwesend waren, der eine auf Bitten des Sheriffsamtes, der andere auf Bitten Ingrams. Der erste dieser beiden Männer war Richard Peterson, der Psychologe; der zweite John Bratun.

Bratuns Handlungen hätten vielleicht komisch wirken können, wären ihre Folgen nicht so tragisch gewesen. Von Anfang an waren die Qualifikationen, die er mitbrachte, um sich um das Seelenheil eines Gemeindemitglieds zu kümmern, zweifelhaft. Er war kein geweihter Priester und hatte weder einen Abschluss in Theologie oder Religionswissenschaft noch in Psychologie oder irgendeiner anderen Sozialwissenschaft. Tatsächlich hatte er am College Kunst studiert und arbeitete als Kunstlehrer. Doch weil er der Assistent des Pastors seiner Kirche war, begegnete ihm Ingram mit Respekt.

Bratun versicherte Ingram von Anfang an, dass die Erinnerungen, die er in sich wiederentdeckte, von Gott kämen und er ihnen daher vertrauen dürfe. Er erklärte ihm, dass in den meisten Menschen zwar das Gute gegenüber dem Bösen bei weitem überwiege, es sich bei ihm aber umgekehrt verhalte. Als Ingram fragte, ob es möglich wäre, dass ein böser Dämon von ihm Besitz ergriffen hatte, verneinte Bratun dies: Nein, es gebe keinen Dämon, wohl aber »mehrere Geister«.

Nur vier Tage nach Ingrams Verhaftung hatte Bratun einen Plan ersonnen, um Ingram zu helfen. »Wir müssen diesen bösen Geist austreiben«, verkündete er Ingram. Der einzige Weg, dies zu bewerkstelligen, bestünde darin, dass er, Bratun – ein unqualifizierter Pfarrhelfer und Kunstlehrer –, eine Austreibung vornähme. Bratun wies Ingram an, sich am anderen Ende des Raums mit dem Gesicht zu ihm aufzustellen. Nachdem sie zusammen gebetet hatten, erklärte er Ingram den weiteren Ablauf: »Ich möchte, dass Sie sich über diesen Papierkorb beugen«, sagte er, »und ich möchte, dass Sie *husten*.« Während Ingram über dem Papierkorb würgte, ohne etwas herauszubringen, befahl Bratun den bösen Geistern, aus ihm herauszufahren. Als die Prozedur vorüber war, blickte Ingram in den Papierkorb, um nachzusehen, ob ein böser Geist darin war, doch er war leer. Keiner der beiden war sich sicher, ob sie damit etwas bewirkt hatten, aber Ingram beteuerte, sich etwas besser zu fühlen.

Natürlich wäre es ungerecht, die Entgleisung der Ingram-Ermittlungen dem »Exorzismus« Bratuns anzulasten. Zufällig spielte er allerdings noch eine weitere entscheidende Rolle, auf die wir später noch zurückkommen werden. Unterdessen verursachte der andere irreguläre Mitspieler jedoch Komplikationen, mit denen niemand hatte rechnen können.

Richard Peterson hatte den Ermittlungsbeamten von Thurston County versichert, dass Ingrams Unfähigkeit, sich an seine eigenen Verbrechen zu erinnern, durch die Verdrängung seiner Erinnerung zu erklären sei. Es war Peterson gewesen, der die Vernehmung am zweiten Tag genau zum richtigen Zeitpunkt unterbrochen und Ingram aufgefordert hatte, sich zu beruhigen und zu entspannen, und ihn dann erfolgreich in einen Zustand versetzt hatte, der es ihm ermöglichte, seine verlorenen Erinnerungen wiederzufinden. Aber Peterson hatte eine noch umstrittenere These als die Verdrängungstheorie in petto.

Mitte der 80er Jahre zeigten sich viele Psychologen, Therapeuten und Psychiater aufgrund einschlägiger Indizien davon überzeugt, dass es in den ganzen Vereinigten Staaten satanische Kulte gebe, die im Geheimen den Teufel anbeteten und alle möglichen unaussprechlichen Akte begingen, darunter bezeichnenderweise Kindesmissbrauch. Als er im Sheriffsamt eintraf, erzählte Peterson den Ermittlern, dass bei einem der Fälle, an denen er in jüngster Zeit mitgearbeitet hatte, satanischer Ritualmissbrauch eine Rolle gespielt hatte. Das Phänomen, versicherte er den Kriminalbeamten, sei real, und Ingrams Fall zeige zahlreiche der verräterischen Merkmale, die darauf hindeuteten. Und tatsächlich fing Ingram, als der Psychologe die Vernehmungsbeamten auf das Phänomen des Satanismus hinwies, damit an, sich an entsprechende Ereignisse zu erinnern. »Ich sehe Schwarz, aber keinen Umhang«, erzählte Ingram Joe Vukich am 29. November. »Es ist, als ob es da ein Feuer gibt – viel Rauch, der das Licht verdunkelt, sonderbare Schatten. … Da steht ein Haufen Grabsteine im Kreis, viele, viele Grabsteine. … Es ist wie in einem Horrorfilm.«

Am Morgen des 1. Dezember erinnerte sich Ingram an eine Reihe von Missbräuchen von Jim Rabie, Ray Risch und anderen. Seiner Erinnerung zufolge befahl Rabie ihm, die christliche Musik in seinem Haus abzustellen. Als sich Ingram darüber beschwerte, erwiderte Rabie, dass er »nicht an Gott glaube, nicht an Jesus glaube, Schluss mit diesem Scheiß«. Dann habe Rabie Schmähungen auf das Christentum ausgestoßen. »Gott hilft den Heiden nicht«, sagte er Ingram. »Jesus kann niemandem helfen. Er ist eine Lüge, ein Schwindel.«

Ingram konnte nur eine Erklärung für solche Anschauungen erkennen. Entsetzt wandte er sich Joe Vukich zu. »Ich sehe Böses«, sagte er.

An das Unmögliche glauben   337

Rückblickend, mit dem Wissen, dass Ingram ein fundamentalistischer Christ war, der an die physische Realität Satans glaubte, kann es wohl nicht sonderlich überraschen, dass er darauf verfiel, die wiederholte Vergewaltigung seiner eigenen Kinder als das Werk des Teufels hinzustellen. Vielleicht sprach er zu dieser Zeit auch metaphorisch. Bald schon änderte sich das.

Am 5. Dezember kehrte Ingram zu dem Ereignis zurück, an das er sich sechs Tage zuvor erinnert hatte. Er habe in seiner Zelle gebetet, und nun seien ihm die Dinge klarer vor Augen getreten, sagte er: Die »Grabsteine im Kreis« seien keine wirklichen Grabsteine, sondern Menschen in Roben, die um ein Feuer knieten. Irgendeine Zeremonie war im Gange. Da sei eine maskierte Person in rotem Umhang – »vielleicht der Teufel« –, und man vernehme ein Heulen und Wehklagen. Ingram sah sich selbst mit einer Schürze bekleidet, auf der ein umgedrehtes Kreuz prangte. Er beschrieb dann im Einzelnen seine Initiation in einen satanischen Kult. Man erwartete von ihm, wie er sagte, eine graue Katze zu opfern, die auf den Rücken gebunden war. Man reichte ihm ein Stilett, mit dem er das Herz des Tieres herausriss und hochhielt, damit es alle sahen. Am Ende des Rituals wurde er von den Frauen zweier Anführer mit Sex belohnt.

Während die Kriminalbeamten ihre Augen immer weiter aufrissen, legte Ingram ein noch bestürzenderes Geständnis ab: Er und Jim Rabie seien vor ein paar Jahren in Seattle gewesen; dort hätten sie eine Prostituierte aufgegabelt, ermordet und sich der Leiche auf einem von Erlen umstandenen Streifen Ödland entledigt. Die Durchsicht der Polizeiakten offenbarte bald, dass Ingram und Rabie tatsächlich im April 1984 zu Gehaltsverhandlungen nach Seattle gefahren waren.

Das war eine unerhörte Offenbarung. Seit einigen Jahre nahm ein Serienmörder, der sogenannte Green River-Killer, im Raum Seattle gezielt Prostituierte aufs Korn. War es möglich, dass es in Wirklichkeit zwei Mörder waren, Rabie und Ingram? Die Ermittlungsbeamten von Thurston County verständigten die Green Killer-Sonderkommission, die ihrerseits sofort ein paar Abgesandte in Marsch setzte, um zu überprüfen, ob Ingrams Geständnis zu irgendeinem der Beweise bei den ungefähr 40 Leichen passen könnte, die bis dahin entdeckt worden waren.

Als Ingram dieses letzte Geständnis ablegte, versuchte Rabies Anwalt Sax Rodgers gerade, seinen Mandanten auf Kaution aus der Untersuchungshaft zu holen. Der Antrag wurde abgelehnt, was Rodgers überraschte, bis er herausfand, dass gegen Rabie nun auch der Vorwurf

338   *Kapitel 9*

erhoben wurde, der Green River-Mörder zu sein. 2005 erinnerte sich Rodgers, dass er damals beinahe vom Stuhl fiel. »Mein Mandant ist der *Green River-Killer? Himmelherrgott!* Wir waren einfach baff. Wir hatten keine Ahnung, was da ablief.« Wenn das stimmte, dachte Rodgers, dann wäre Jim Rabie der »Ted Bundy aller Zeiten«.*

∽

Immer wieder vernahm die Polizei auch Ingrams Kinder, um herauszufinden, ob ihre Erinnerungen mit denen ihres Vaters übereinstimmten. Leider schien das für einen Großteil seiner Aussagen zuzutreffen. Schlimmer noch, es wurde zunehmend deutlich, dass auch die Mutter der Kinder an den Verbrechen beteiligt war.

Anfang Dezember fing Ericka an, ihre Mutter zu beschuldigen. Sie erzählte einer Freundin, dass Sandy manchmal bei den Missbräuchen dabeigesessen oder ihre Tochter sogar dafür »vorbereitet« habe. Am 8. Dezember bestätigten sowohl Ericka als auch Julie gegenüber zwei verschiedenen Ermittlern, dass ihre Mutter dabei gewesen sei. »Sie stand da und schaute zu«, erklärte Julie später, »oder beteiligte sich.«

Das hatte die Beamten von Anfang an stutzig gemacht: Wenn die Schändungen über so lange Zeit begangen wurden, wie konnte die Mutter der Kinder *nichts* davon gewusst haben? Als Sandy erkannte, dass sie ins Visier der Sexualstrafermittler geriet, konsultierte sie den seelischen Beistand ihres Mannes, John Bratun.

Da er an vielen der Vernehmungen teilgenommen hatte, bestätigte Bratun ihr, dass sie tatsächlich verdächtigt wurde und dass sie mit einem Prozess zu rechnen habe, an dessen Ende gut und gern eine Haftstrafe stehen könne. Ein anonymer Anrufer habe bereits das Jugendamt alarmiert, dass ihr jüngster Sohn Mark bei ihr nicht sicher sei. Sie solle lieber ein Geständnis ablegen, riet er, oder man würde ihn in ein Heim stecken. Und seiner Expertenmeinung nach sei Sandy, wie er ihr sagte, »zu 80 Prozent böse«.

Um sich bestätigen zu lassen, dass Sandy tatsächlich an den Missbräuchen beteiligt gewesen war, wandten sich die Ermittler an ihren Ehemann, der sich nun an einen Vorfall Mitte der 70er Jahre zurückerinnerte. Ray Risch und Jim Rabie hätten gerade zwei seiner Söhne missbraucht, erzählte er, als Sandy früher vom Einkauf nach Hause

---

* Der 1989 hingerichtete Ted Bundy ermordete zwischen 1975 und 1978 mindestens 28 Frauen und Mädchen und ist einer der berüchtigtsten Serienmörder der USA. (A.d.Ü.)

An das Unmögliche glauben

gekommen sei und sie erwischt habe. Die beiden Männer hätten sie daraufhin die Treppe hinuntergeschleift, auf ein Bett gebunden und vergewaltigt. Dann hätten sie ihr damit gedroht, ihre ganze Familie umzubringen, falls sie auch nur ein Sterbenswörtchen sagen würde. Nachdem sie gegangen seien, habe er, Ingram, sich bei ihr entschuldigt. »Ich hatte einen Vertrag mit ihnen unterschrieben, in dem ich mich zum Schweigen verpflichtete«, gestand er jetzt, »und ich hatte ihnen versichert, dass ich nichts über die Gruppe oder ihre Taten verraten würde.«

Sandy schnappte sich Mark und suchte bei Verwandten Zuflucht, um darüber nachzudenken, wie sie auf die Neuigkeit reagieren sollte, dass sie das Oper einer mehrfachen brutalen Vergewaltigung geworden sei, an die sie sich nicht einmal erinnern konnte.

Eine knappe Woche später erfreute sich Ingram eines weiteren Erinnerungsschubes. Nun fielen ihm ein »Hexenritual« ein, ein Verschwiegenheitspakt, den er unterschrieben habe, Drogen, die im Spiel gewesen seien, und die Androhung eines »Opfermordes« von Julie. Er bedaure sehr, es habe nicht in seiner Absicht gelegen, den Vernehmungsbeamten diese Tatsachen vorzuenthalten, aber erst jetzt, mit der Hilfe der Ermittler, des Psychologen und des »Diakons« Bratun kämen die wahren Fakten ans Licht. »Mein Gedächtnis wird klarer, während ich all dies durchmache. Es wird umso klarer, je mehr ans Licht kommt.«

Die Geschichte der satanischen Misshandlung geriet nun heftig in Gärung. Ende Dezember über Satanismus befragt, erinnerte sich plötzlich auch Ericka lebhaft an ein Ritual, das mehrfach in einer Scheune auf einem Grundstück ihrer Eltern stattgefunden habe, bei dem eine Hohepriesterin und etliche Satansanbeter zugegen gewesen seien, die Roben und Helme mit Hörnern getragen hätten. Höhepunkt des Rituals sei das Opfer eines Säuglings gewesen. »Das Baby wurde auf den Tisch gelegt«, berichtete sie, »und alle Leute einschließlich meiner Mutter und meines Vaters umrundeten den Tisch und stachen solange darauf ein, bis es starb.« Danach sei sie selbst einer Art von Gedankenkontrolle unterzogen worden, um sicherzustellen, dass sie niemals verraten würde, was sie gesehen habe. Dazu gehörte es, dass die Erwachsenen wiederholt skandierten: »Du wirst dich nicht daran erinnern«, und ihr versicherten, dass der Vorfall nur ein Traum gewesen sei. Sie habe an die 25 Säuglinge auf diese Weise sterben sehen, erklärte sie. Am Ende ihrer Aussage zeichnete Ericka einen Plan des Hauses ihrer Familie, auf dem sie die Orte markierte, wo die Leichen angeblich verscharrt lagen.

Angesichts derart explosiver Offenbarungen, was konnte die Polizei da anderes tun, als ihnen nachzugehen? Zu Beginn der zweiten Dezemberwoche vernahmen Schoening und Peterson den mittleren Sohn der Ingrams, Chad, um herauszufinden, was er von alledem wusste. Leider schien Chad seine Erinnerungen genauso verdrängt zu haben wie sein Vater. Er widersprach sich wiederholt und hatte dieselbe Angewohnheit, seine Erinnerungen in die Möglichkeitsform zu kleiden. Zum Ärger der Vernehmer schien er, wenn man ihn mit einer schwierigen Frage konfrontierte, in den gleichen komatösen Zustand einzutreten wie sein Vater und sagte dann überhaupt nichts mehr, als wäre er in Trance gefallen. »Manchmal«, bemerkte Schoening, »saß er fünf bis zehn Minuten da, ohne irgendetwas zu sagen, und einmal tropfte dabei Sabber aus seinem Mund auf den Boden.«

Obwohl die Befragung zäh verlief, gab der Psychologe noch nicht alles verloren. Um Chad zu helfen, seine verschollenen Erinnerungen zu bergen, ermutigte Peterson ihn, einen Alptraum nachzuerzählen, den er als Kind wiederholt geträumt hatte.

In dem Traum, erinnerte sich Chad, kam eine Hexe mit struppigem Haar in sein Schafzimmer und setzte sich auf seine Brust. Er konnte nicht mehr atmen, sein Schreien erstickte ihm in der Kehle. Sie redete in einer seltsamen Sprache, und wenn er am nächsten Morgen aufwachte, hatte er Magendrücken. Peterson und Schoening war sofort klar, dass Chad seine Angst sublimiert hatte: Es war keine Hexe, die auf seiner Brust saß, sondern einer der Kinderschänder. Befragt, warum er nicht um Hilfe rufen konnte, erwiderte Chad, dass etwas in seinem Mund steckte.

»Was war das?«, wollte der Psychologe wissen.

»Es ist kein Tuch ...«, half Schoening dem Jungen auf die Sprünge. Chad musste ein Lachen unterdrücken.

»Sie haben mich da gerade auf was gebracht«, sagte er. »Oh, Mann!«

»Was ist es?«, insistierte Schoening.

»Ich dachte, dass es ein Penis war, ok? Es könnte sein.« Als man ihm eine Reihe von Verbrecherfotos vorlegte, zeigte Chad auf jemanden, den er erkannte. Jim Rabie.

∽

Auf Anraten seines Anwalts sprach Rabie nicht mehr mit der Polizei, aber auch in der Isolation seiner Zelle hörte er regelmäßig Gerüchte über das, was bei Ingrams Vernehmung herauskam. Und er war fassungslos. Er wusste, dass der Missbrauch der Ingram-Kinder bei Poker-partys in ihrem Haus stattgefunden haben sollte. Und da Ingram ein Polizist war, lag die Vermutung nahe, dass die Mehrzahl seiner Freunde ebenfalls der Polizei angehörte. Und in der Tat, einige Namen der Leute, die an den Pokerabenden teilgenommen hatten, waren Rabie vertraut.

»Drei der damals besten Spieler und in den 70ern zugleich die Initiatoren der meisten Pokerrunden«, erinnert er sich heute, »waren Neil McClanahan, Tom Lynch und Raymie Hanson.« Doch McClanahan, Lynch und Hanson waren auch die leitenden Ermittler. Es wollte Rabie einfach nicht in den Kopf, wie sie, um alles in der Welt, an diesem Fall arbeiten konnten, wo sie doch zu den Hauptverdächtigen zählen mussten.

Außerdem hatte Rabie in den 70er Jahren häufig die Nachtschicht übernommen, also selber nur selten an den Pokerabenden teilnehmen können. Nicht nur das, sein Freund Ray Risch – auch er nun hinter Gittern – spielte überhaupt kein Poker. Das passte alles nicht zusammen.

Noch schlimmer wurde alles durch die Tatsache, dass Rabie vor seiner Pensionierung für Sexualdelikte zuständig gewesen war. Sein Bild wurde in der Presse am häufigsten gezeigt. »Sittenpolizist wegen Sittlichkeitsverbrechen verhaftet«, eine solche Meldung gab eine tolle Schlagzeile ab. Seine Frau Ruth arbeitete im Gefängnis von Thurston County, wo sich die Insassen ein sadistisches Vergnügen daraus machten, sie zu piesacken. »Du«, skandierten sie nachts in ihren Zellen, »bist mit einem Kinderschänder verheiratet.«

In gewisser Weise war die Lage für Rabie einfacher als für Ruth. Rabie war in Pension gegangen, weil er unter Schlafapnoe litt, was bei ihm zu Narkolepsie oder Schlafzwang führte. Im Gefängnis legte er sich einfach ins Bett und schlief. »Ich wurde wegen Suizidgefahr unter Beobachtung gestellt«, erzählt er, »daher mussten sie alle Viertelstunde nachsehen. Und jeder einzelne Eintrag, den ich später sah, lautete: ›Er schläft‹! ›Er schläft‹! ›Er schläft‹!«

Eine solche Fluchtmöglichkeit war seinem Freund Ray Risch verwehrt. Er verlor in der Haft zwanzig Kilo Gewicht, und sein Haar ergraute beinahe über Nacht.

∽

Während Rabie und Risch hinter Gittern schmachteten, taten die Kriminalbeamten von Thurston County ihr Bestes, um Ericka und Julie weitere Einzelheiten zu entlocken. Das war bei den beiden ein höchst mühseliges Geschäft, da Ericka ihre Aussagen am liebsten schriftlich abgab und Julie sich häufig weigerte, überhaupt etwas zu sagen. Sie kauerte sich dann auf einem Stuhl zusammen und schwieg über lange Phasen, verbarg ihr Gesicht unter ihrem Pony und zupfte an ihren Schuhen herum – tat also praktisch alles, um dem direkten Augenkontakt mit einem Erwachsenen auszuweichen. Die Ermittlerin, die am meisten Zeit mit ihr verbrachte, Loreli Thompson, kam zu dem Schluss, dass »sie Verhaltensweisen zeigte, die für eine 18-Jährige deutlich zu unreif waren. Sie kicherte an unpassenden Stellen, als wäre sie extrem nervös. ... Auf Fragen reagierte sie, indem sie ihren Kopf verbarg, wegschaute oder weiterkicherte.« Das seltsame Verhalten des Mädchens wurde auf ihr Trauma geschoben.

Dessen ungeachtet erinnerten sich beide Ingram-Töchter in den folgenden Monaten an weitere Einzelheiten des Missbrauchs, den sie erlitten hatten, darunter wahrhaft grässliche satanische Rituale. Im Februar erzählte Ericka der Polizei von einer weiteren Zeremonie, zu deren Teilnahme man sie gezwungen hatte, dieses Mal in einer von Kerzen beleuchteten Scheune. Sie sei schwanger gewesen, sagte sie, und ihre Eltern hätten nicht gewusst, was sie tun sollten. Schließlich, als sie bereits im fünften Monat gewesen sei, hätten sie beschlossen, den Abbruch selbst vorzunehmen. Ericka sei unter Drogen gesetzt, auf einen Tisch gelegt und festgehalten worden. Dann habe sich eine Gruppe von Erwachsenen um sie versammelt. Obwohl sie sich nicht an die genaue Prozedur erinnere, wisse sie, dass dazu ein Kleiderbügel benutzt worden sei.

> Ich weiß nicht, wer die Abtreibung vorgenommen hat. Es ist nur einmal passiert. Ich erinnere mich, dass sie nach der Abtreibung das zerstückelte Baby auf mich drauflegten und es lange Zeit auf meiner Brust liegen ließen. Es war blutig, und ich erinnere mich, einen Schrei gehört zu haben, bevor sie es zerteilten. Alle wechselten sich beim Zerstückeln ab, dann legten sie es auf mich drauf.

Man kann sich leicht vorstellen, welchen Ekel die Beamten empfanden, als sie mit solchen Aussagen konfrontiert waren. Mehrfach wurden einige von ihnen angewiesen, ihre Pistolen abzugeben, aus Angst, sie könnten die Gerechtigkeit in die eigene Hand nehmen und Ingram, Rabie oder Risch umbringen. Eine Reihe von Beamten musste sich wegen posttraumatischer Belastungsstörung in Behandlung begeben.

Zum Unglück der Polizei waren es gerade solche Berichte, die dazu führten, dass die meisten Anklagepunkte ihres Falles in sich zusammenbrachen. Je detailreicher die Anschuldigungen gegen Ingram und die anderen Kinderschänder, desto unplausibler erschienen sie. Kaum waren die Aussagen aufgenommen, kaum hatte man begonnen, sie zu einer großen Gesamtschau des Missbrauchs zusammenzupuzzeln, da stürzte das Bild auch schon vor ihren Augen an allen Ecken und Enden wieder in sich zusammen.

So widerwärtig die Neuigkeit von Erickas erzwungener Abtreibung sein mochte, für den Verteidiger Sax Rodgers war sie von entscheidender Bedeutung. Im Verlauf ihrer Aussagen gegenüber der Polizei hatten beide Mädchen behauptet, dass sie nicht nur sexuell missbraucht, sondern dass ihnen auch Schnitt- und Brandwunden beigebracht worden seien. Die Frage, ob sie sichtbare Narben davongetragen hatten, wurde von beiden bejaht. Julie sagte, ihre Narben seien so entstellend, dass sie keinen Badeanzug tragen könne und sich nicht einmal traue, sich vor den anderen Mädchen in der Umkleidekabine der Schule zum Sportunterricht umzuziehen.

Für Rodgers bot sich hier ein Weg, um herauszufinden, was wirklich geschehen war. Als er Erickas neue Geschichte hörte, rief er die Kriminalermittlerin Loreli Thompson an. »Einfacher geht's nun wirklich nicht!«, sagte er. »Wenn sie Abtreibungen hatten, müssten wir das ja herauskriegen, ein Gynäkologe müsste das feststellen können. ... Schicken wir sie doch zu einem Arzt, um zu sehen, ob sich etwas findet!«

Man brachte Ericka und Julie zum Providence Medical Center in Seattle zu der Gynäkologin Judith Ann Jacobson, die man über den heiklen Hintergrund des Falles in Kenntnis setzte und bat, die beiden einer gründlichen Untersuchung zu unterziehen. Die Resultate sprachen Bände.

Bis auf die Narbe einer Blinddarmoperation bemerkte Jacobson keine Anzeichen für Schnitte oder Verbrennungen. Ericka leugnete nun, jemals eine Abtreibung gehabt zu haben. Sie bestritt außerdem, schon einmal schwanger gewesen zu sein, und offenbarte der Ärztin, dass sie noch nicht einmal sexuell aktiv sei. Eine Kehrtwende um 180 Grad. Laut Jacobsons Bericht waren ihre einzigen Narben die Folge von »milder Akne auf dem Rücken«. Ebenso wenig gelang es der Ärztin, bei Julie irgendwelche Hinweise auf Missbrauch zu entdecken, doch sie konnte etwas bestätigen, was die Polizei bereits wusste: Julies Verhalten war »für ein 18-jähriges Mädchen sehr abnormal«. Tatsächlich fand die Ärztin es, wie sie der Ermittlerin Thomson sagte, infantil: Julie könne nicht aufhören zu kichern.

Unsicher, was sie davon halten sollte, bat Thompson Ericka zwei Monate später, ihr Sweatshirt hochzuziehen und die Narben auf ihrem Bauch zu zeigen. Selbst als sie die Haut an der angegebenen Stelle spannte, konnte Thomson nichts erkennen, ganz zu schweigen von einer sieben Zentimeter langen Narbe, die sich laut Ericka dort befinden sollte. Noch am selben Tag wiederholte Thomson die Prozedur bei Julie. »Ich konnte keine Male oder Narben entdecken«, schrieb sie.

Sax Rodgers, der Strafverteidiger, war enorm erleichtert. »Für mich ist das ziemlich einfach«, sagt er. »Wenn ihnen Messerschnitte zugefügt wurden, muss es Narben geben. Wenn sie in ihrem Alter eine Abtreibung hatten, dürfte sich das mit einer gynäkologischen Untersuchung klären lassen, nicht wahr? *Nichts!* Es gab nichts! Null! Es gab keine physischen Anzeichen, die ihre Geschichten untermauerten. Gar nichts.«

In ihrer Suche nach sachlichen Beweisen kamen die Ermittlungsbeamten von Thurston County auf die Idee, Grabungen auf dem Grundstück der Ingrams vorzunehmen, um die Überreste der geopferten Tiere und Säuglinge aufzuspüren. Damit beauftragt wurde der Chief Deputy Coroner Mark Papworth, der zuständige oberste Forensiker von Thurston County. Papworth, ein Humanbiologe und Archäologe, war schon für die Strafverfolgungsbehörden von fünf verschiedenen Kreisen des Bundesstaates Washington tätig geworden und hatte neben anderen grausigen Aufgaben auch die Überreste der Opfer des Green River-Killers im Raum Seattle untersucht.

Papworth grub im Hinterhof der Ingrams und auf einem angrenzenden Feld, wo die Leichname verscharrt sein sollten. Er hielt besonders nach Anzeichen menschlicher Eingriffe Ausschau, die meist sehr lange nachzuweisen sind. »Ich habe Menschen aus Gruben ausgegraben, deren Schächten ich folgen konnte und die 22 000 Jahre alt waren«, erzählte er in einem Interview 1996. »Gruben verschwinden nicht.«

Wieder waren die Resultate aufschlussreich. »Die Felder um das Haus der Ingrams hatten keine Gruben. Es gab keine Löcher. Niemand hatte dort je ein Loch gegraben.« Papworth fand wohl einen Knochen – den Zehknochen eines Elchs –, doch der war dort anscheinend von einem Hund vergraben worden. Dem Interview zufolge – er ist danach verstorben – konfrontierte Papworth den stellvertretenden Sheriff McClanahan mit seinem Befund. »Ich sagte: ›Neil, es gibt keine Beweise. Überhaupt keine. Fehlanzeige.‹ Und er erwiderte mir: ›Wenn du der Teufel wärst, würdest du da Beweise hinterlassen?‹ ... Mir standen die Haare zu Berge.«*

Der Mangel an physischen Beweisen für geopferte Tiere oder Kleinkinder schreckte das Sheriffsamt von Thurston County nicht. Die Ermittler fuhren fort, Aussagen von Ingram und seinen Töchtern aufzunehmen. So schwer vorstellbar es sein mag – sie wurden immer bizarrer.

Die beiden Schwestern taten alles, um sich gegenseitig zu übertrumpfen: Sie seien zum Geschlechtsverkehr mit Nutztieren gezwungen worden, man habe sie mit Stangen, Drahtkleiderbügeln und anderen Gegenständen vergewaltigt, und dann hätten ihnen Jim Rabie, Ray Risch und ihre Eltern auch noch Spinnen in die Vagina eingeführt.

War das überhaupt möglich? Begingen Teufelsanbeter tatsächlich Schandtaten dieser Art? Die Ermittlungsbeamten von Thurston County wussten es nicht. Sie brauchten einen Experten.

〜

Der Experte hieß Richard Ofshe, Professor für Sozialpsychologie in Berkeley. Ofshe war ein ausgewiesener Kenner von Kulten und religiöser Indoktrination. Neben anderen Auszeichnungen hatte er 1979 für seine Entlarvung des Synanonkultes den Pulitzerpreis erhalten.** Für die Ermittlungsbeamten von Olympia war er eine perfekte Wahl. Sicher würde es Ofshe gelingen, der Sache auf den Grund zu gehen. »So

---

* McClanahan erhebt Einspruch. Er und Papworth seien befreundet gewesen, sagte er, bis der Archäologe auszog, »um sich einen Namen zu machen«. Die Tatsache, dass es keine Gräber auf dem Ingram-Grundstück gab, sei für sich genommen schon verdächtig gewesen. »Wenn man die Mehrzahl der Farmen betrachtet, gibt es dort Vieh oder Pferde oder was immer, [und wenn sie sterben] gräbt man ein Loch und beerdigt sie darin. Sie werden sie nicht los. Also wird man Tierknochen auf diesen Farmen finden. Und dort gab es keine.« Seine Meinung schwankte offenbar über die Jahre. 1993 hatte er noch in einem Vortrag erklärt, dass »wir viele verschiedene Löcher fanden, aber sehr wenige Knochen. ... Irgendeine Art von Aktivität hatte dort stattgefunden«. Nach Lawrence Wrights exzellenter Darstellung des Ingram-Falles, *Erinnerungen an Satan*, erklärte sich McClanahan die fehlenden Knochen damit, dass der Boden sauer war und sie sich aufgelöst hätten.
** Der Pulitzer Prize for Public Service 1979 ging an das kalifornische Wochenblatt *Point Reyes Light* für seine mutige Berichterstattung über Synanon, für die Ofshe und ein Mitarbeiter verantwortlich waren. Synanon USA begann als Selbsthilfegruppe Drogenabhängiger, entwickelte sich jedoch in den 70er Jahren zu einem Kult mit kriminellen Zügen und löste sich nach Entzug des Gemeinnützigkeitsstatus auf. Separat entwickelte sich die seit 1971 tätige deutsche Synanon International e.V., die weiterhin als Drogenselbsthilfe aktiv ist. Der radikale Ansatz der Organisation ruft immer wieder Kritiker auf den Plan, die Synanon therapeutische Fahrlässigkeit, »totalitären« Gruppendruck und »Gehirnwäsche« vorwerfen. (A.d.Ü.)

ein Staatsanwalt rief mich an«, erinnert sich Ofshe, »[und] wollte wissen, ob ich ein Experte für satanische Kulte bin.« Etwas zurückhaltend erwiderte er, dass es so etwas wie einen »Experten« satanischer Kulte nicht gebe, da niemand je einen in Aktion beobachtet hatte. Die meisten Wissenschaftler glaubten, dass sie nicht existierten. »Tja«, sagte der Anrufer, »wir haben hier einen.« Wenn das stimme, erwiderte Ofshe, sei er äußerst interessiert. Der Professor willigte ein, nach Thurston County zu fliegen.

Im Moment seines Eintreffens in Olympia Anfang Februar 1989 befielen Ofshe böse Ahnungen. Er wurde von Brian Schoening abgeholt, der ihm während der Autofahrt die Einzelheiten des Falles schilderte. »Ich wusste sofort, dass da etwas sehr schieflief«, sagt er. »Zuerst dachte ich, das Problem läge darin, dass sie einfach nicht wussten, wie man mit Menschen sprach, die sonderbare Dinge erlebt hatten …, [aber] ich merkte, dass da nichts zusammenpasste …, dass hier etwas Merkwürdiges geschah.«

Ofshes Hauptsorge galt der Art, wie die Ingram-Familie offenbar ihre Erinnerung wiedererlangte. So wie man es ihm schilderte, konnte sich Ingram an 42 Lebensjahre perfekt erinnern – so als sei sein Leben auf Zelluloid gebannt –, mit Ausnahme einer Reihe kurzer, spezifischer Phasen, die herausgeschnitten waren. »Das machte einfach keinen Sinn«, sagt Ofshe. »Das menschliche Gedächtnis arbeitet schlicht nicht auf diese Weise.«

Noch eine Reihe weiterer Aspekte des Erinnerungsprozesses ließ bei ihm die Alarmglocken schrillen. Wenn seine Erinnerungen zurückkehrten, sah Ingram manchmal »Strichmännchen«, deren Gesichter und Kleidung erst später Gestalt annahmen. Auch dies entsprach nach Ofshes Auffassung nicht dem, was beim normalen Erinnern geschieht: Entweder man erinnert sich an jemandes Gesicht oder nicht. Man sieht nicht erst die Umrisse und erinnert sich erst später an die Details.

Ingram war nicht nur ein Meister darin, Dinge zu vergessen, an die sich die meisten Menschen erinnern würden, sondern er verfügte über eine unheimliche Fähigkeit, sich an Dinge zu erinnern, die den meisten Menschen entfallen wären. In einer der ersten Erinnerungen, die Ingram zurückerlangte, bemerkte er, dass Jim Rabie an seinem rechten Handgelenk eine Uhr trug. »Wie spät ist es?«, fragte Schoening ihn, woraufhin es ihm scheinbar gelang, sein Gedächtnis nach einer Nahaufnahme der Uhr zu durchstöbern. »14 Uhr«, erwiderte er. Bei anderen Gelegenheiten war er nicht nur in der Lage, sich an einen Kalender an der Wand

An das Unmögliche glauben   347

zu erinnern, während im Vordergrund seine Kinder missbraucht wurden, sondern er konnte sich, vom Vernehmer darum gebeten, auch darauf konzentrieren und das Datum ablesen.

Ofshe erschien die Vorstellung, jemand könne vergessen, seine eigenen Kinder missbraucht zu haben, sich aber gleichzeitig die genaue Zeit auf der Uhr eines anderen Mannes ins Gedächtnis rufen, der gerade seine Tochter vergewaltigte, unplausibel. Und dann waren da die Widersprüche in Ingrams Geschichten. Am Tag seiner Verhaftung hatte er sich an einen Vorfall erinnert, bei dem Rabie seine Tochter Julie belästigte, die gefesselt und geknebelt gewesen sei. Und er erinnerte sich ausdrücklich daran, dass sie »Nein« gesagt habe. War das möglich? Wie, wunderte sich Ofshe, rief er sich diese Erinnerungen bloß ins Gedächtnis?

Ingram gewann seine Erinnerung gewöhnlich dadurch zurück, dass er betete. Die Kriminalbeamten gaben ihm ein Schnipsel von dem, was eine seine Töchter gesagt hatte, woraufhin er in seine Zelle verschwand, seine Augen schloss und sich mit der Hilfe von John Bratun »darüber ins Gebet versenkte«, bis ihm die Bilder des Missbrauchs klar vor Augen traten. Nachdem man ihn darüber informiert hatte, beschloss Ofshe, ihn bei ihrem ersten Zusammentreffen einem praktischen Experiment zu unterziehen, um zu sehen, ob Ingram wirklich verschollene Erinnerungen zurückrief oder sie nur auf Befehl erfand.

Ohne die Ermittlungsbeamten an seiner Seite vorzuwarnen, wandte sich Ofshe an Ingram und erzählte ihm, dass er bereits mit Paul jr. und Ericka gesprochen habe und diese ihm gesagt hätten, wie er sie zum gemeinsamen Geschlechtsverkehr gezwungen habe, während er dabei zugesehen habe. Nichts davon stimmte. Weder hatte Ofshe je eines der Familienmitglieder getroffen, noch hatte es – so weit er wusste – je Anschuldigungen gegeben, dass Ingram zum eigenen Vergnügen seine Kinder zum gemeinsamen Sex gezwungen hätte. »Ich wollte sehen, was passiert, wenn ich ihn bewusst in die Irre führe«, erinnert er sich. »Ich habe mir das in dem Moment ausgedacht. Es war das am wenigsten Wahrscheinliche, was mir einfiel.«

Als Ingram sagte, er habe über den Vorfall noch nie wirklich nachgedacht, übte Ofshe weiteren Druck aus. »Das ist wirklich geschehen«, sagte er. »Ihre Kinder waren dabei. Beide erinnern sich daran. Warum können Sie das nicht?« Er wies Ingram an, »sich darüber ins Gebet zu versenken«. Ingram senkte seinen Kopf, schwieg einige Momente und sagte, er beginne, sich an etwas zu erinnern. Ofshe bat ihn, in seine Zelle zurückzukehren und weiter darüber zu beten; er würde später wiederkommen, um alle Einzelheiten des Vorfalls zu erfahren. Die beiden Männer verließen den Vernehmungsraum in unterschiedliche Richtungen.

Während Ingram sich über das falsche Bild, das er erhalten hatte, »ins Gebet versenkte«, fuhr Ofshe zu Ericka, um sich bestätigen zu lassen, dass der Vorfall, den er sich ausgedacht hatte, tatsächlich reine Erfindung war. Am nächsten Tag kehrte er zu Ingram zurück, der ihm bestätigte, dass der Vorfall wirklich stattgefunden habe. Bevor er weitere Einzelheiten schildern konnte, schickte Ofshe ihn abermals in seine Zelle zurück, um noch etwas weiter darüber zu beten.

An jenem Abend wirkte Ingram beim Hereinkommen zufrieden. Es war ihm gelungen, seine Erinnerung wiederzuerlangen. Er übergab Ofshe drei Seiten Papier.

> Tagsüber. Wahrscheinlich Samstag- oder Sonntagnachmittag. In Erickas Schlafzimmer … bitte ich oder weise ich Paul jr. + Ericka an, nach oben zu kommen + dann gehen wir in Erickas Zimmer. Ich schließe die Tür und sage ihnen, dass wir spielen werden (ein Spiel?). Ich sage ihnen, sie sollen sich ausziehen. Ericka sagt: »Aber, Papa«, ich antworte: »Zieh dich einfach aus und gib keine Widerworte« …

Auf zweieinhalb einzeiligen Seiten folgte sodann die Schilderung der Einzelheiten einer extrem freizügigen Begegnung zwischen Ingram, seinem Sohn Paul jr. und seiner Tochter Ericka – von der kein bisschen je stattgefunden hatte. »Er war ziemlich stolz darauf«, sagt Ofshe.

Nun spielte Ofshe seinen Trumpf aus. »Ich sagte ihm, dass ich sowohl mit seinem Sohn als auch mit seiner Tochter gesprochen und dass die Sache nach Aussage beider nie stattgefunden hatte«, berichtet er. »Er geriet zunehmend aus der Fassung. Er bettelte immer weiter und sagte, er sei sich sicher, dass er Recht habe, weil er sich daran genau so entsinne wie an alles andere.« Nachdem er Ericka und Julie noch einmal befragt und (erfolglos) versucht hatte, sie davon zu überzeugen, dass alle ihre Geschichten Märchen waren, kehrte Ofshe nach Kalifornien zurück und schrieb seinen Bericht.

⸙

Mit einer immer länger werdenden Liste immer unwahrscheinlicherer Verbrechen und einem Hauptsachverständigen der Anklage, der den Wahrheitsgehalt der Anschuldigungen klar bezweifelte, gingen die Ermittlungen mit Hochdruck weiter.

Bis Februar erlangte auch Sandy Ingram – die Gefahr lief, dass man ihr ihren jüngsten Sohn Mark wegnahm – ihre eigene Erinnerung an den Missbrauch zurück. Der Verteidiger Sax Rodgers arrangierte ein Treffen, um mit ihr darüber zu reden. »Rick Cordes, der Risch vertrat, und ich trafen uns mit Mrs. Ingram in der Bibliothek des Gerichts, um mit ihr zu sprechen«, erinnert er sich. »Wir stellten ihr also eine Frage und sie fiel in so eine hypnotische Trance und begann, ekstatisch zu reden. Ich saß so nah vor ihr wie jetzt vor Ihnen. Und sie fing an, diese satanischen Geschichten zu erzählen.«

In der Bibliothek fand Sandy eine Erinnerung wieder: Sie sah sich mit ihrem Mann, Rabie, Risch und dessen Exfreundin Dana, die mit einem Schwert salutierte, an einer satanischen Versammlung teilnehmen. Mitten in der Zeremonie habe Rabie eine Hand auf eine Bibel und die andere um Sandys Schulter gelegt. Daraufhin sei aus der Bibel Blut geströmt, das Rabies Arm hochgeflossen sei, über seine Schulter und hinüber zu Sandy, bis sie ganz damit besudelt gewesen sei. »Dann, als sie fertig waren«, erinnert sich Rodgers, »banden sie Sandy auf einen Tisch und vergewaltigten sie abwechselnd, Rabie, Risch und all die anderen Kerle. Sie aßen kleine Fötusse und … – ich stand kurz davor, mich zu übergeben! Ich konnte mir nicht erklären, was da vor sich ging, weil ich sie ja *kannte*! Und da saß sie nun einen Meter von mir entfernt und erzählte diese Geschichte. Man merkte, dass sie in einer Art Trance oder so was war: Sie sprach monoton, die Worte schienen wie aus ihr herauszuströmen.« Rodgers und Cordes waren völlig entgeistert. »Ich sitze da, sehe Cordes an und sage: ›Was, verflucht, ist *das* denn jetzt?‹«

Mittlerweile wussten alle Beteiligten, dass Ingrams Geständnis über seine und Jim Rabies Beteiligung an den Green River-Morden ein Märchen war. Und das galt für die ganze Geschichte, wie sich Anwalt Rodgers nun sicher war. Je seltsamer die Erzählungen wurden, desto mehr war er von der Unschuld seines Klienten überzeugt. »Sie berichteten davon, wie ihnen Fötusse aus ihren Vaginas gerissen wurden, und von Vaginas voller Spinnen und all so ein Schwachsinn!«, sagt er. »Zuerst machte es uns Angst, als Mrs. Ingram das tat. Wir waren bestürzt, weil wir noch nie etwas Ähnliches erlebt hatten…, aber als es erst mal angefangen hatte, dachten wir: Aber ja doch! Natürlich! Je mehr, desto besser! Wir fingen an, sie zu ermutigen! Denn es war offensichtlich – ich meine, bei einem kleinen Mädchen kriechen doch nicht hundert Spinnen aus der Vagina!«

Rodgers fing an, die Polizei zu nerven und sie zur Vernunft zu rufen. »Ich sagte [Detective] Lynch ständig: ›Ihr Jungs seid *Polizisten*! Es muss doch *Beweise* geben! Es muss doch Knochen geben! Es muss *irgendetwas* geben! Vermisste Babys oder irgendwas!‹«

Doch es wurden keine Säuglinge vermisst. Es gab keine Narben. Und es gab keine Knochen. Stattdessen gab es eine Ehefrau und ihre Kinder, die behaupteten, missbraucht worden zu sein, und einen Vater, der die Verantwortung auf sich nahm. Je mehr Erinnerungen auftauchten, desto verrückter wurde der Fall.

Im Februar 1988 erhielt Julie Ingram einen Brief von ihrem Vater. »Wie geht es meinem ganz besonderen kleinen Mädchen?«, fing er an. »Vermisst du mich?« Dann ging er zu Drohungen über. Satan war anscheinend »sehr verstimmt« über Julie. »Du wirst in der Hölle schmoren. Und all die Babys, die Du getötet hast, und das Tier [*sic*], Junge, wirst Du da unten in Schwierigkeiten kommen Babys töten ist ungeheuerlich Du Scheismörder [*sic*] Du ich kann nicht glauben, dass Du so was tun würdest Du bist nicht mehr meine Tochter oder mein besonderes kleines Mädchen niemand wird Dich je wieder lieben Du hast so etwas Schlechtes getan Du bist sehr Böse und Schmutzig [*sic*].« Dann holte Ingram zum denkwürdigen Schluss seines Briefes aus: »Du bist eine Nutte, Huhre [*sic*]. … Du wirst es nie schaffen Du wirst nie für jemand et was [*sic*] bedeuten Du verdammte Huhre [*sic*]. Dein Exvater Paul.«

Auf Bitten des Sheriffsamtes von Thurston County wurde der Brief von zwei Graphologen begutachtet, die beide zu dem Schluss kamen, dass er von Julie selbst stammte. Am 9. März gestand sie, dass sie es war, die ihn verfasst hatte.

Dass einer ihrer Hauptzeugen Beweismittel gefälscht hatte, war für die Polizei mehr als nur ein bisschen beunruhigend. Aber nicht so beunruhigend wie das, was als Nächstes geschah.

Von Anfang an waren in den Fall Mitarbeiter des Sheriffsamtes von Thurston County verstrickt. Wir erinnern uns: Paul Ingram war aktiver Polizeibeamter, Gary Edwards und Jim Rabie waren ehemalige Polizisten, und Ray Risch hatte dort als Mechaniker gearbeitet. Doch bis März 1989 hatte der Fall so weite Kreise gezogen, dass die damit betrauten Ermittlungsbeamten selbst hineingezogen wurden.

Im Laufe von vier Tagen nannte Ingram zehn weitere Mitarbeiter des Sheriffsamtes von Thurston County, die sich am Missbrauch von Kindern beteiligt haben sollten. Die bezichtigten Beamten wurden alle vorgeladen und einem Lügendetektortest unterzogen. Am 13. April erreichten die Anschuldigungen ihren Höhepunkt, als Beamte der Hundestaffel beschuldigt wurden, ihre Hunde in Ingrams Haus gebracht zu haben, um dessen Frau und Töchter zu missbrauchen. Sax Rodgers erinnert sich, dass die Atmosphäre im Sheriffsamt explosiv wurde. »Da gibt es einen Kerl namens Gordy Bennett, der die Hundestaffel führte. Es machten Geschichten die Runde, wie Gordy mit seinem Hund im Streifenwagen [bei Ingrams] vorbeifuhr, Mrs. Ingram zu Boden warf und sie von seinem Hund vor den Kindern vergewaltigen ließ. ... Gordy wurde so wütend, dass er seine Pistole holen, ins Gefängnis runtergehen und Ingram töten wollte!«

Schließlich musste das Zetermordio ein Ende finden. Dieser Zeitpunkt war gekommen, als Ingram einen weiteren Polizeibeamten von Thurston County, Jesse Maynard, der Mittäterschaft beschuldigte und bewiesen werden konnte, dass Maynard während der angeblichen Missbrauchsfälle die ganze Zeit in Atlanta gewesen war. Rabie und Risch wurden aus der Untersuchungshaft entlassen. Sie hatten 158 Tage im Gefängnis gesessen.

Kurz vor der Anhörung seines Falles erhielt Ingram einen Anruf von Richard Ofshe, der ihn zu überzeugen versuchte, dass seine Geständnisse keine Erinnerungen, sondern Fantasien waren. Ingram erklärte ihm, dass er ursprünglich gestanden habe, weil »Joe [Vukich] dauernd sagte: ›Paul, sobald du zugibst, dass das passiert ist, wird alles herauskommen.‹ ... Das ging immer hin und her ..., und an einem Punkt sagte ich einfach: ›Na gut, ich gebe zu, dass es passiert ist.‹ Mir hat das wirklich nicht geholfen, aber ihnen mit Sicherheit.«

»Sie sagen also«, fragte Ofshe ungläubig, »dass Sie irgendwann ... schlicht beschlossen haben, es zu bestätigen, um zu sehen, was passieren würde, wenn Sie es täten?«

»Ich glaube, das ist eine angemessene Art, es auszudrücken«, erwiderte Ingram. Selbst wenn er Unrecht habe und die Verbrechen nie geschehen seien, erklärte er, würde er sich weiterhin schuldig bekennen, weil er den Gedanken nicht ertrage, seinen Töchtern einen Prozess zuzumuten.

Das Transkript des Telefongesprächs ist eine herzerschütternde Lektüre:

Ofshe: Paul, ich glaube, Ihre Tochter lügt.
Ingram: Ich weiß, dass das in Ihrem Bericht steht.
Ofshe: Ich weiß nicht, warum sie lügt, aber ich glaube, sie tut es. Und

ich glaube, dass Sie dabei sind, für etwas ins Gefängnis zu gehen, was Sie wahrscheinlich nicht getan haben.

Ingram: [lacht anhaltend] Ich weiß nicht, aber die Erinnerungen, die zu mir zurückkommen, sind für mich sehr real und ich – ich glaube, dass sie wahr sind …

Ofshe: Das weiß ich. Ich sage Ihnen, dass ich nicht der Meinung bin, dass sie es sind.

Ingram: Nun [lacht], nur einer von uns ist im Gefängnis [lacht].

Ofshe: Ja. Nur Sie sind derjenige, der im Gefängnis sitzt.

Ofshe wurde immer frustrierter. »Paul, ich muss Ihnen sagen, dass ich Ihnen nicht … – ich weiß nicht, was ich sonst noch tun soll an diesem Punkt, außer Ihnen zu sagen, dass es mir sehr Leid für Sie tut. Ich wünschte, ich könnte Ihnen helfen.«

Doch Ingram hatte sich in sein Schicksal ergeben. »Na, warten wir mal ab und sehen, was passiert. … Ich vertraue einfach auf den Herrn, sich meiner bei alledem anzunehmen.«

Ofshe versuchte es ein letztes Mal: »Ihr Geständnis ist das Papier nicht wert, auf dem es geschrieben steht!«

Doch Ingram war in Gedanken schon woanders. »Nun, man will mich hier gerade wieder einschließen, Doktor«, sagte er. »Also, danke für das Gespräch, und wir bleiben in Verbindung.« Dann legte er auf.

Trotz der Tatsache, dass es keinerlei physische Beweise gab, dass Ingrams Töchter nie in den Zeugenstand gerufen wurden, dass Richard Ofshe dem Gericht einen Bericht über sein »Experiment« vorgelegt hatte und dass Rabie und Risch – angeblich die Haupttäter – freigelassen worden waren, bekannte sich Paul Ingram am 1. Mai 1989 in sechs Anklagepunkten der Vergewaltigung Minderjähriger für schuldig.*

Auf jeden der sechs Anklagepunkte stand eine fünfjährige Haftstrafe, man hatte Ingram jedoch versichert, dass er diese gleichzeitig absitzen könne, da er mit der Polizei kooperiert und sich schuldig bekannt hatte. Aber er hatte nicht mit der Hartnäckigkeit seiner eigenen Töchter gerechnet: Beide schrieben persönlich Briefe an den Richter, in denen sie die Höchststrafe für ihren Vater verlangten. »Bitte sorgen Sie dafür, dass ich nicht mehr in Angst davor leben muss, ihn je wiederzusehen oder von ihm gequält zu werden«, bat Julie, während Ericka sich überzeugt zeigte, dass Ingram, würde er je wieder auf freien Fuß gesetzt, fortfah-

---

* Verführung und sexueller Missbrauch Minderjähriger sind in den USA nach dem Gesetz immer eine Vergewaltigung (»statuory rape«) und entsprechend zu bestrafen. (A.d.Ü.)

ren würde, unschuldige Menschen »zu zerstören und zu töten«. »Viele Leben sind in Ihrer Hand«, schrieb sie. »Bitte tun Sie, was für uns alle am besten ist.«

Im April 1990 wurde Paul Ingram wegen Vergewaltigung zu 20 Jahren Haft verurteilt. Im April 2003, nachdem er einschließlich seiner Untersuchungshaft 14,5 Jahre davon verbüßt hatte, wurde er aus dem Gefängnis entlassen.

✑

Jeder, der von diesem Fall liest, ist entsetzt, aber aus unterschiedlichen Gründen. Die außerordentlichen Anschuldigungen der beiden Mädchen, die auf einen fruchtbaren Nährboden aus religiösem Eifer und fehlgeleiteter psychologischer »Expertise« fielen, weisen unbehagliche Analogien zu den Hexenprozessen von Salem* auf. Die Ermittlungen der Polizei – die einer Reihe völlig unplausibler Geschichten auf den Leim ging – lassen Zweifel am amerikanischen Rechtssystem aufkommen. Aus diesen Gründen ist der Ingram-Prozess für Initiativen, die auf das Phänomen der Scheinerinnerung (*false memory syndrome*) aufmerksam machen wollen, zu einem Paradebeispiel geworden.

Währenddessen bleibt der Fall dagegen für jene, die an die Verdrängungstheorie und an satanischen Ritualmissbrauch glauben, das einzige Beispiel, wo ein Täter tatsächlich gefasst, zu einem Geständnis gezwungen und verurteilt wurde. Bizarrerweise wurde Paul Ingram zu einer Fallstudie für beide Seiten. Doch welche hat nun Recht?

Wenn wir die satanische Seite einen Augenblick außer Acht lassen und uns fragen, warum die Kinder behaupteten, missbraucht worden zu sein, wird bald klar, dass von Anfang an die Alarmglocken hätten schrillen sollen. So interessierte sich die Polizei nicht dafür, dass Ericka schon vor ihrer Teilnahme am Bibellager in Problemen steckte. Sie hatte eine Reihe von Jobs angenommen und wieder verloren, und kurz vor ihrer »wiederentdeckten Erinnerung« hatte ihr Vater ihr – damals war sie immerhin 22 Jahre alt – eröffnet, dass die Zeit gekommen sei, für sich selbst zu sorgen. Ingram hatte ihr ein Auto gekauft und unmittelbar vor ihren Anschuldigungen gesagt, dass er es verkaufen würde, wenn sie nicht selbst dafür aufkäme.

---

* 1692 kam es im puritanischen Salem, Massachusetts, zu einer Massenhysterie wegen angeblicher Hexerei mit zahlreichen Verhaftungen. Die folgenden Prozesse führten zu 20 Hinrichtungen, weitere Angeklagte starben in der Haft. (A.d.Ü.)

Ein weiterer Aspekt, den die Ermittler offenbar nicht für wichtig hielten, war die Tatsache, dass solche Anschuldigungen nicht zum ersten Mal aus dem Bibellager am Black Lake kamen. Jim Rabie, jahrelang Experte für Sexualdelikte und einer der Hauptangeklagten in diesem Fall, erinnert sich, dass dieses Lager schon vor seiner Pensionierung »bei Offiziellen des Thurston County als Ursprungsort extrem vieler nicht erwiesener oder unbeweisbarer Anschuldigungen bekannt war«.

Vor allem aber hatten beide Mädchen bereits in der Vergangenheit behauptet, »vergewaltigt« worden zu sein. 1983 hatte Ericka angegeben, dass ein Mann versucht habe, sie zu missbrauchen, nachdem er ihr eine Mitfahrt in seinem Jeep angeboten hatte – es stellte sich später heraus, dass er nur seine Hand auf ihr Knie gelegt hatte; es wurde keine Anklage erhoben. Und Julie hatte einen Pächter Ingrams, Isidro Archibeque, der Vergewaltigung beschuldigt. Wieder kam es zu keiner Anklage.

Und nicht zuletzt nahmen die Geschichten der Mädchen ständig neue Wendungen; die beiden widersprachen sich selbst und einander. Erinnern wir uns nur daran, dass es ihre Mutter war, der Ericka als erste Person im Café Denny's am Martin Way von dem angeblichen Missbrauch erzählte. Und binnen dreier Monate gab sie bei der Polizei zu Protokoll, dass ihre Mutter sie selbst missbraucht, unter Drogen gesetzt und zu Boden gedrückt habe, um einer Gruppe von Satanisten zu helfen, eine Abtreibung bei ihr vorzunehmen. Wenn das tatsächlich der Fall gewesen sein sollte, ist es schwer einzusehen, warum sie an jenem Tag bei Denny's mit ihr Tee trinken und ihr das Herz ausschütten wollte.

Im Rückblick kann man sich nur schwer der Schlussfolgerung entziehen, dass die beiden Mädchen die Polizei zum Narren hielten. Und zweifellos hätte die Polizei diese Widersprüche bemerken und ihnen nachgehen müssen.

Was die Vorwürfe des Satanismus anbelangt, ist ziemlich klar, dass sie nicht von der Ingram-Familie ausgingen, sondern vom Psychologen des Sheriffsamtes von Thurston County, von Richard Peterson. 1988 war satanischer Missbrauch die große Mode in der Kinderbetreuungsszene. Diese Mode verursacht hatten spektakuläre Enthüllungsbücher über Kindesmissbrauch in den 70er und frühen 80er Jahren, darunter *In Satans Griff*, wo eine junge Frau ihre (heute bezweifelten) Erfahrungen als »Gebärmaschine« für einen satanischen Kult schilderte, und *Michelle Remembers*, die Geschichte eines angeblich in den 70er Jahren von einem satanischen Kult in Kanada missbrauchten Kindes

Diesen gespenstischen Berichten dicht auf den Fersen folgte eine Serie von Selbsthilfebüchern für Menschen, die nun beschlossen, dass auch sie missbraucht worden waren. Ausgerechnet das berühmteste davon, *Trotz allem: Wege zur Selbstheilung für sexuell missbrauchte Frauen* von Ellen Bass und Laura Davis, zeichnete sich durch eine überaus dürftige Methode zur Selbstdiagnose mittels Multiple-Choice-Test aus, was aber seinem Erfolg keinen Abbruch tat. Bass und Davis zufolge zeigten Menschen, die sich anders fühlten als andere, die Angst vor dem Erfolg hatten, die sich entfremdet oder einsam fühlten, denen es an Motivation fehlte oder die ihren eigenen Instinkten nicht trauen konnten, klassische Symptome des Missbrauchs. (Später fügten andere Autoren weitere »Warnsignale« hinzu, darunter Kopfschmerzen, Herzklopfen, mangelnde Zahnpflege, fehlender Sinn für Humor, Arthritis und Fettleibigkeit.) *Trotz allem* predigte die wackelige Verdrängungstheorie und ermutigte potenzielle Opfer, Familienmitglieder des Missbrauchs zu bezichtigen, selbst wenn sie unfähig waren, sich an spezifische Vorfälle zu erinnern.

Das Buch, das sich 750 000 Mal verkaufte, enthielt die klassisch gewordene Formulierung: »Du siehst die Auswirkungen des Missbrauchs. …Wenn dem so ist, kannst du sicher annehmen, daß du völlig recht hast.« Dies fand später bei einer anderen Vertreterin der Verdrängungstheorie, Renee Frederickson, seinen Widerhall, die erklärte: »Die Existenz tiefen Unglaubens weist darauf hin, dass Erinnerungen real sind.« Mit diesem Rat betreten die Leser einen Spiegelsaal: Die Idee, dass gerade der *Mangel* an Beweisen der Grund sein sollte, an etwas zu glauben, ist der Punkt, an dem sich die meisten vernünftigen Menschen verabschieden müssen. Ungeachtet dessen munkelte man Mitte der 80er Jahre in der Missbrauchsszene, dass satanische Kulte für das Verschwinden von 50–60 000 Säuglingen pro Jahr verantwortlich seien.

Wie Psychologen wussten, die mit den Arbeiten von Frederickson, Bass und Davis vertraut waren, war das wichtigste Symptom des Ritualmissbrauchs die verdrängte Erinnerung – eine Diagnose, die sich auch Richard Peterson vorbehaltlos zu eigen machte. Aber die Theorie selbst war hochgradig verdächtig. Das »Zurückholen« verlorener Erinnerungen mittels Barbituraten, Hypnose oder Regressionstechniken wie zum Beispiel der gelenkten Visualisierung ist eine Praxis, die nur mit äußerster Vorsicht versucht werden sollte (und viele Psychiater argumentieren, dass sie *überhaupt* nicht versucht werden sollte). Die Resultate sind nicht verlässlich. Sigmund Freud selbst kam mit der Methode in Konflikt, als er in den 1880er Jahren die Auffassung gewann, dass ein hoher Prozentsatz von Kindern von ihren Vätern sexuell missbraucht wurde, bevor es ihm dämmerte, dass er sich wohl geirrt habe: »Als ich dann doch erkennen musste, diese Verführungsszenen seien niemals vorgefallen, seien nur Phantasien, die meine Patienten erdichtet, die ich ihnen vielleicht selbst aufgedrängt hatte, war ich eine Zeitlang ratlos.«

Die CIA war nach ihren Experimenten mit »Wahrheitsdrogen« in den 50er und 60er Jahren zu demselben Schluss gekommen, und sogar William Sargant, der während des Zweiten Weltkriegs wieder auf die Abreaktion zurückgriff, um verschüttete Erinnerungen freizulegen, erkannte, dass die Methode große Gefahren barg. 50 Prozent der wiedererlangten Erinnerungen, schrieb er, seien reine Fantasie. 1944 warnte Sargant besonders vor der Gefahr, sie unbesehen für bare Münze zu nehmen. »Eine skeptische Haltung«, schrieb er, werde »den Arzt davor bewahren, alle Gräuelgeschichten seiner Patienten einfach zu schlucken und Gespenstern nachzujagen«.

Unglücklicherweise war William Sargant bei der Vernehmung von Paul, Sandy, Chad, Ericka und Julie Ingram nicht zugegen. Stattdessen saß dort Richard Peterson.

Weniger als 24 Stunden nach Ingrams Verhaftung schritt Peterson ein und wies ihm die Richtung zu einem reichen Jagdgrund von Gräuelgeschichten. »Vor Ihrer Bekehrung zum Christentum«, fragte er, »hatten Sie da jemals mit irgendeiner Art von Schwarzer Magie zu tun?« Ingram, der keine Ahnung hatte, wovon sein Gegenüber sprach, fragte sich, ob dafür wohl die Lektüre von Zeitungshoroskopen in Frage käme. Aber da hatten die Ermittler schon Lunte gerochen: Brian Schoening vom Sittendezernat wollte wissen, ob Ingram in »so eine satanische Kultsache« verstrickt sei, und sein Kollege Joe Vukich fragte insbesondere nach »Opfern, solche Sachen«.

Binnen zwei Stunden nach diesem Wortwechsel sprach Ingram, der nicht nur sehr leicht zu beeinflussen, sondern auch mit der Rhetorik seiner evangelikalen Kirche imprägniert war, über Feuer und Grabsteine. Vom Psychologen darüber aufgeklärt, dass verdrängte Erinnerungen echt waren, und von den Kriminalbeamten und seinem geistlichen Beistand John Bratun ermutigt, diese verschollenen Erinnerungen zu bergen, nachdem man ihm Suggestivfragen gestellt hatte, brauchte Ingram nicht mehr zu tun, als zu nicken und über das Thema zu extemporieren. Der satanische Ritualmissbrauch wurde zu einer sich selbst bewahrheitenden Prophezeiung.

Das Ausmaß von Richard Petersons Eifer, »verdrängte Erinnerungen« mit sexuellem Missbrauch in Verbindung zu bringen, verdeutlicht sein Gespräch mit Ingrams Sohn Chad im Dezember. Als während des Gesprächs nichts von sonderlichem Interesse auftauchte, schlug Peterson Chad vor, seine Kindheitsträume zu analysieren. Das Erste, woran der sich erinnerte, war ein Alptraum, in dem eine Gruppe von Zwergen sich vor seinem Schlafzimmerfenster versammelt und hineinzugelangen versucht habe. Ein harmloser böser Traum, könnten viele Psychologen sagen. Nicht so Peterson. »Das«, folgerte er sofort, »sind Träume davon, dass andere in einen eindringen.«

Nach dieser Diagnose setzte der Psychologe einiges daran, sie zu bestätigen.

> Peterson: Ich sag dir was. Du hast ein – du hast das Recht, diese Schweine [Chads Eltern] zu verklagen und so viel aus ihnen rauszuholen, wie du willst.
> Chad: Das wäre schön.
> Peterson: Geld für ein schönes Auto. Für einen guten Start ins Leben.
> Chad: Na ja, ich hab' schon ein schönes Auto.
> Peterson: Ach ja: Hast du einen BMW?

Es ist schwer vorstellbar, wie ein Fragesteller einen noch stärkeren Druck ausüben kann als durch das Angebot eines BMW als Belohnung dafür, jemanden zu belasten. Später stimmte Chad wie insinuiert zu, dass ihn seine Eltern missbraucht hätten.

༄

Die Ermittler von Thurston County wären vielleicht zurückhaltender gewesen, hätten sie es nicht mit einem entscheidenden Faktor zu tun gehabt: Satanismusvorwürfe tauchten während der Ermittlungen von allen Seiten gleichzeitig auf. Da es einen völligen Mangel an handfesten Beweisen gab, lag die einzige Stärke des Falles in der Tatsache, dass sich die Geschichten gegenseitig zu bestätigen schienen. Wie war das möglich, wenn sie nicht wahr waren? Das konnte doch kein Zufall sein.

Es war auch keiner.

In diesem Fall war John Bratun der Hauptschuldige. Bratun war bei den Vernehmungen von Paul Ingram stets anwesend und besuchte regelmäßig seine beiden Töchter. Sein Chef, Pastor Ron Long, stand ohne Frage mit allen Hauptbeteiligten bis auf Ingram selbst in Kontakt.

Auf diese Weise wurden Anschuldigungen eines Familienmitglieds zum nächsten getragen, und die Befragungen konnten einander infizieren. Keine große Überraschung also, dass alle Vernommenen einander nachäfften, als man sie bat, Missbrauchserfahrungen »erneut zu durchleben«.

Sax Rodgers hat eine ziemlich klare Vorstellung davon, warum die Ermittlungen aus dem Ruder gelaufen waren. »Da gab es Polizisten, die gegen ihre eigenen Leute ermittelten, da gab es Psychologen, die Kultaktivitäten nahelegten …, da war der Pfarrhelfer, der jeden Tag zwischen Gefängnis und Familie hin- und herrannte. Tatsächlich kam der Pfarrhelfer einige Male mit, als wir die Mädchen befragten. … Die ganze Sache stank. Ich habe nie so eine Untersuchung erlebt.«

Was immer man über den Fall denkt, es gibt keinen Zweifel, dass Paul Ingram Scheinerinnerungen aus sich hervorholte. Er *war* nicht der Green River-Killer. Auch opferte er keine Säuglinge in seinem Hinterhof. Beamte von Thurston County erklären, dass die Anschuldigungen eine »Kernwahrheit« enthalten hätten. Aber warum sollten wir daran glauben? Bei so vielen Beteiligten, die – manchmal arglistigerweise und bewusst – unwahre Aussagen machten, warum sollten wir da noch irgendetwas von dem, was sie sagten, glauben? Sofern wir nicht bereit sind anzunehmen, dass es tatsächlich aktive Banden herumstreunender Satanisten gibt, die regelmäßig Kinder entführen, missbrauchen, programmieren, töten und ihnen Spinnen und Babygliedmaßen in die Körperöffnungen stecken (und das FBI und Interpol unfähig sind, irgendeine dieser Gruppen zu lokalisieren), kommen wir nicht umhin, zu akzeptieren, dass Kinder sich manchmal – aus allen möglichen Gründen – tatsächlich solche Dinge aus den Fingern saugen. Wenn sie es tun, gibt es Opfer.

Jim Rabies Haftzeit kostete ihn seinen Job, 50 000 Dollar Anwaltshonorare und schätzungsweise eine Viertelmillion Dollar entgangenen Einkommens während seiner verbleibenden Karriere. Sein Ansehen war vernichtet. Heute hegt er keinen Zweifel darüber, dass Kinder lügen – die Ingram-Kinder besonders. Für den ehemaligen Sexualdeliktexperten war der Fall absurd, was jeder Polizist mit einem Funken Verstand von Anfang an hätte erkennen müssen. »Ich kann mir nicht vorstellen«, sagt er, »dass Gruppen von Polizisten, erst recht aus verschiedenen Dezernaten, kollektiv Kinder missbrauchen. … Das ist widersinnig!« Er seufzt. »Aber in diesem Fall gab es nicht allzu viel Logik. Wenn es überhaupt welche gab, dann wurde sie entsorgt.«

Auch Jim Rabie ist voller Zorn – auf Julie, Ericka und Sandy. Aber er ist der Einzige, der keinen Groll gegen Paul hegt. Das liegt zum Teil daran, dass Paul unter all den Leuten, die ihn da hineingezogen, ihn finanziell ruiniert und seinen Ruf zerstört haben, der Einzige war, der den Mut aufbrachte, sich bei ihm zu entschuldigen. »Paul tut mir Leid«, sagt er. »Ich glaube, man hat ihm übel mitgespielt.« Ingram sei »einer Gehirnwäsche unterzogen worden. Ich finde kein anderes Wort dafür. Er wurde einer vollständigen Gehirnwäsche unterzogen.« Verständlicherweise jedoch ist Rabies Sympathie für ihn begrenzt: »Ich konnte ihm nie [wieder] ganz trauen, weil er mich einmal angeschissen hat. Und dazu werde ich ihm keine zweite Gelegenheit geben. Ich glaube, so etwas wird nie wieder geschehen. Aber ich will nicht nahe genug dran sein, um das zu beweisen.«

Zwei Tage nach meiner Abreise aus Olympia schaffte ich es schließlich in die Kleinstadt in Oregon, die Paul Ingram mittlerweile seine Heimat nennt. Für einen schweren Sexualstraftäter, der nach einer über 14-jährigen Haftstrafe, während der seine Eltern starben, erst vor kurzem aus dem Gefängnis entlassen wurde, der all seine Habe und Lebensersparnisse und – vor allem – seine Familie verloren hatte, war er bemerkenswert heiter.

Ich bot ihm an, ihn zum Lunch einzuladen, doch er lehnte ab. Stattdessen grillten wir. Während wir uns durch einen Berg von Rippchen, Steaks und Hähnchenteilen kämpften, gab Ingram der Angst die Schuld, die ihn ergriffen hatte, als seine Töchter ihre ersten Anschuldigungen vorbrachten. »Das ist so, wie wenn man betäubt ist«, erklärt er. »Man ist in keiner Verfassung. Diese Angst! Es ist fast so, als wäre man in einen Kokon eingesponnen, und von allen Seiten üben sie Druck auf einen aus.«

Die Tatsache, dass die Ermittlungsbeamten, die ihn vernahmen, seine Kollegen waren, fand er nicht hilfreich. »Ich habe mit diesen Leuten zusammengearbeitet. Sie waren meine Kollegen. Und ich traute mir selbst kein bisschen über den Weg. Aber für mich ist die einzige Möglichkeit, wie ich es mir erklären kann, die Angst: Die Angst überwältigt einfach alles, und man kann nicht mehr klar denken. ... Ich stellte mir vor, dass irgendwann etwas passiert sein *musste*. Alle Menschen, denen ich vertraute, sagten dasselbe. Letztlich kommt man immer darauf zurück, dass die Mädchen über etwas so Ernstes nicht lügen würden.«

Selbst noch im Mai 1989 versicherten die Beamten Ingram, dass in dem Moment, wo er sich schuldig bekenne, die Wahrheit herauskommen und alle seine Zweifel sich in Luft auflösen würden. »Ich konnte mich nicht wirklich daran erinnern, aber sie sagten trotzdem: ›Sobald du das hinter dir hast, das Schuldeingeständnis, die Erinnerung, dann weißt du sicher, dass die Erinnerungen wahr sind.‹«

Am Ende trat das Gegenteil ein. Sobald er sich schuldig bekannt hatte, ließen ihn die Vernehmer allein. Er kehrte, befreit vom Druck und mit sehr viel Zeit, in seine Zelle zurück, kniete nieder und betete. »Ich mag den Ausdruck ›Botschaft von Gott‹ nicht«, sagt er, »aber die Botschaft, die ich erhielt, war: ›Du weißt, was wahr und was unwahr ist – in deinem tiefsten Inneren.‹ Und an dem Punkt wusste ich, dass nichts davon stimmte. Ich hatte es die ganze Zeit vermutet und ich konnte mir nicht erklären, wie das alles passiert war, aber jetzt wusste ich es.«

Nach dem Lunch schlenderten Ingram und ich den Bach neben seinem Haus entlang. Ich sagte ihm, dass ich, hätte ich fast 15 Jahre für ein Verbrechen im Gefängnis gesessen, das ich nicht begangen habe, verbittert wäre. Wie konnte er nur so gelassen sein? Er zuckte mit den Achseln. »Wie sonst soll ich damit umgehen? Wenn ich darüber nachgrübele, werde ich bitter. Also versuche ich, das zu vermeiden. Jedem bieten sich einzigartige Gelegenheiten, und man macht das Beste aus jeder Lage. Sie können diese Zitrone sauer essen oder mit Zucker bestreuen und Limonade daraus machen: Sie entscheiden, was Sie tun. Ich entschied mich, dass Limonade am besten schmeckt.«

Aus offensichtlichen Gründen darf Ingram keinen Kontakt zu seiner Familie aufnehmen. Aber ab und zu hört er ein paar Nachrichtenschnipsel über sie. Niemand scheint zu wissen, wo Ericka jetzt steckt. Ihr letzter großer Auftritt war bei einer TV-Talkshow, wo sie eine Reihe von Leuten, die an den Ermittlungen beteiligt waren, darunter Richard Ofshe und Neil McClanahan, beschuldigte, »wahrscheinlich Satanisten« zu sein. Paul jr. zog nach Portland, Oregon, wo »er immer wieder mit dem Gesetz in Konflikt gekommen ist«.

Julie hielt eine Weile länger Kontakt und besuchte ihren Vater tatsächlich einmal im Gefängnis. Seiner Familie und seinen Freunden zufolge gestand sie – inoffiziell –, dass ihre Anschuldigungen falsch waren, dass sie aber nicht bereit sei, sie zurückzunehmen, um keinen Ärger mit der Polizei zu bekommen. Neil McClanahan, der vor nicht so langer Zeit an ihrer Hochzeit teilnahm, sagt, dass dies eine Lüge sei: Die Ingram-Familie habe sie dazu bringen wollen, die Anschuldigungen zurückzunehmen, und sie habe sich geweigert. Anscheinend ist Julies Ehemann ein Pastor, und sie gründen ihre eigene Gemeinde. Sie hat nun eine eigene kleine Tochter.

Ich fragte Ingram nach seinen Töchtern. Wie denkt er heute über sie? »Ich bin ihnen nicht böse«, sagte er. »Ich hoffe, sie haben ein gutes Leben. Ich möchte sie gerne wiedersehen. …Wenn sie Kontakt zu mir aufnehmen möchten, wissen sie sicher, wie das geht.« Er zögerte einen Augenblick. »Ich liebe meine Kinder noch immer.«

Kapitel 10 | Das Teufelskomplott des KGB

>Wo lauft ihr denn in solcher Eile hin?«, fragte Foxy Loxy.
>Hast du es denn noch nicht gehört?«, gab Chicken Licken
zurück. »Der Himmel stürzt herab. Wir sind auf dem Weg,
um es dem König zu sagen!«
>Nun«, sagte Foxy Loxy, »da kenne ich eine Abkürzung.
Folgt mir!«
Und er lächelte.

Anonyme Fabel

Am 8. Juni 1962 erhielt Tennant »Pete« Bagley, Zweiter Botschafts-
rat in der amerikanischen Vertretung in Bern, einen Telefonanruf
von einem Kollegen in Genf. Etwas Seltsames war geschehen, berichtete
er Bagley: Bei der jüngsten Abrüstungskonferenz hatte ein sowjetisches
Delegationsmitglied dem Diplomaten einen Zettel zugespielt, auf dem
er um ein privates Treffen mit »einem Vertreter der US-Regierung« bat.

Beide Amerikaner wussten genau, was das zu bedeuten hatte. Sowjetische Offizielle steckten westlichen Diplomaten auf Abrüstungskon-
ferenzen keine Zettel zu: Der Mann versuchte, überzulaufen. Bagley,
damals zugleich stellvertretender Leiter der Sowjetblock-Abteilung der
CIA, instruierte den Diplomaten, dem Russen eine Antwortbotschaft
mit Zeit und Ort des gewünschten Treffens zukommen zu lassen, und
bestieg eine Maschine nach Genf.

Bagley besorgte sich dann einen Mitarbeiter, George Kisevalter, der
fließend Russisch sprach, und die beiden begaben sich zu einer kleinen
Wohnung in einem anonymen Wohnblock, wo sie warteten. Mit andert-
halbstündiger Verspätung spazierte ein großer, selbstbewusster Russe
mit eckigem Kinn herein. Er entschuldigte sich, dass er sie hatte warten
lassen – er habe, sagte er, äußerste Vorkehrungen getroffen, um nicht
verfolgt zu werden –, dann stellte er sich vor: Oberstleutnant Juri
Iwanowitsch Nosenko.

Nosenko erzählte den beiden amerikanischen Geheimdienstlern, dass
es seine Aufgabe sei, Spione innerhalb der Sowjetunion aufzuspüren,
und dass er einen Schreibtisch im 2. Direktorat des KGB habe. Bagley
und Kisevalter wechselten einen Blick. Wenn das stimmte, hatten sie
einen wirklich dicken Fang an der Angel. Bislang war es der CIA nicht
gelungen, auch nur einen einzigen Agenten des 2. Direktorats anzu-
werben. Erst vor ein paar Jahren hatte der Geheimdienst überhaupt von
dessen Existenz erfahren.

Nosenko bot ein Geschäft an. Er habe Frau und Kinder in Moskau, daher wolle er nicht überlaufen, und er wolle auch nicht für die Amerikaner spionieren. Unglücklicherweise habe er 900 Schweizer Franken bei einem Saufgelage verloren und komme in große Schwierigkeiten, wenn er sie nicht ersetze. Im Tausch gegen das Geld würde er ein geheimes KGB-Überwachungshandbuch übergeben. Die Amerikaner stiegen darauf ein, gaben Nosenko das Geld und baten ihn, mit dem Handbuch zurückzukehren. Sie waren bemüht, ihren neuen Kontakt zu pflegen und versicherten ihm, dass er noch viel mehr erwarten könne, falls er das nächste Mal sensibleres Material mitbringe. Die Belohnung für die Enttarnung eines sowjetischen Maulwurfs in den USA, sagten sie, betrage 25 000 Dollar.

Nosenko legte sich auf nichts fest, was beide CIA-Männer für ein gutes Vorzeichen hielten: Die meisten Agenten brauchten Zeit, um über solche Offerten nachzudenken. Aber er war eindeutig eine nützliche Informationsquelle und verriet schon im Laufe des zweistündigen Treffens die Lage einiger Wanzen in der amerikanischen Botschaft in Moskau.

Drei Tage später traf Bagley Nosenko wieder. Wie versprochen brachte der Russe ein Überwachungshandbuch mit, das Techniken schilderte, die den Amerikanern nie in den Sinn gekommen waren, darunter eine Methode der Personenverfolgung, indem man die Schuhsohlen der Observierten mit einer Chemikalie besprühte, die Hunde anzog, was riskante Beschattungen überflüssig machte. Bagley war beeindruckt und gab Nosenko den Codenamen AE FOXTROT, bevor er ihm eine Ausrüstung aushändigte, die es ihm ermöglichen würde, von Moskau aus Kontakt zur CIA aufzunehmen, falls er weitere Informationen liefern wollte. Er flog dann nach Washington, um seinen Sieg zu vermelden: Wenn Nosenko der war, für den er sich ausgab – und das schien zweifellos der Fall zu sein –, dann war er »der bislang größte Fisch«.

Dann liefen die Dinge schief.

Bei seiner Ankunft in Langley wurde Bagley vom Chef der CIA-Gegenaufklärung, James Jesus Angleton, einbestellt, der ihm mitteilte, dass es ein Problem gebe. Als Bagley fragte, worum es gehe, übergab ihm Angleton ein Dossier, das Informationen eines anderen sowjetischen Überläufers enthielt, Anatoli Golitsin. Golitsin, der sechs Monate zuvor in Helsinki übergelaufen war, hatte dem Geheimdienst eine Fülle von Informationen geliefert, die unter anderem auf einen sowjetischen Spionagering auf hoher Ebene in der französischen Regierung mit dem

Codenamen SAPPHIRE hindeuteten. Neben dieser unschätzbaren Information hatte Golitsin seine Führungsagenten über die Funktionsweise der sowjetischen Geheimdienstmaschine ins Bild gesetzt. Man solle damit rechnen, sagte er, wissend, welches Unheil er damit anrichtete, dass der KGB sofort eine Operation zur Schadensbegrenzung starten würde, um die Amerikaner zu verwirren. In der ersten Phase würde ein falscher Überläufer geschickt, der nur zum Schein nützliche Informationen lieferte, in Wirklichkeit aber das Wasser trüben solle. Die CIA dürfe nicht auf diese List hereinfallen: Das Auftreten eines falschen Überläufers, der allem widersprach, was er gesagt hatte, solle als Beweis für die Echtheit seiner Informationen genommen werden, nicht als ihre Widerlegung.

Als Bagley die Golitsin-Akte las, war ihm klar, dass etwas nicht stimmte. Viele der Informationen, die Nosenko in Genf übergeben hatte, waren tatsächlich das genaue Gegenteil dessen, was Golitsin verraten hatte. Bagley und Angleton kamen zu dem Schluss, dass Nosenko »falsche Fährten legte«. Es war absolut möglich, dass er immer noch für den KGB arbeitete und eine Provokation einfädelte, oder, schlimmer noch, versuchte, tiefer in das Spiel einzusteigen und sich als Köder zu präsentieren: ein falscher Bissen, den die hungrige, leichtgläubige CIA schlucken sollte. So oder so wurde der Geheimdienst an der Nase herumgeführt. Die beiden Männer mussten nun eine heikle Entscheidung fällen: Was sollten sie mit ihrem neuen Freund tun?

Das Nosenko-Problem köchelte eine Weile auf kleiner Flamme vor sich hin, bis etwas geschah, das alles änderte. Im November 1963 wurde Präsident John F. Kennedy erschossen. Sein Mörder, Lee Harvey Oswald, war ein ehemaliger Marineinfanterist, der – dies war von entscheidender Bedeutung – ein paar Jahre zuvor in die Sowjetunion übergelaufen war, bevor er in die Vereinigten Staaten zurückging. Was war mit ihm während seiner Zeit in Russland geschehen? Hatte ihn sich der KGB vorgenommen? Standen die Sowjets hinter dem Mord?

Die CIA konnte diese Fragen nicht beantworten, aber sie kannte einen Mann, der dazu in der Lage war. In Genf hatte Juri Nosenko Bagley erzählt, dass er in der Abteilung für ausländische Besucher des 2. KGB-Direktorats arbeite, wo es zu seinen Aufgaben gehörte, die Aktivitäten von Ausländern in der UdSSR zu überwachen.

Zwei Monate nach Kennedys Tod trafen sich Bagley und Nosenko abermals in Genf. Bagley war sich darüber im Klaren, dass sein Agent ihn wahrscheinlich auf eine falsche Fährte setzen wollte und blieb skeptisch, doch dieses Mal erklärte Nosenko dem CIA-Mann rundheraus, dass er überlaufen wolle. Dann fügte er ein unwiderstehliches Informationshäppchen hinzu: Er wisse alles über Lee Harvey Oswald. Nicht nur sei er selbst der zuständige Offizier gewesen, der Oswald beurteilt hatte, als dieser in die Sowjetunion kam, sondern er habe auch die sowjetische Untersuchung nach der Ermordung des Präsidenten geleitet. Die Sowjets waren so besorgt darüber, mit dem Attentat in Verbindung gebracht zu werden, dass sie Nosenko für seine Reisen und den Transport von Akten und Ausrüstung ein eigenes Militärflugzeug bereitgestellt hatten, das ihn durchs ganze Land flog. Er sei der einzige Mann im KGB, behauptete er, der die Wahrheit über Oswald kenne.

Diesen Köder vor Augen, biss Bagley kräftig hinein. Nosenko wurde in ein amerikanisches Militärflugzeug gesetzt und über Frankfurt am Main nach Washington ausgeflogen. Seinen sowjetischen Bossen würde es so vorkommen, als sei ihr Mann wie vom Erdboden verschluckt.

Es war ein Blitzüberlauf aus dem Lehrbuch, doch als Nosenko am 12. Februar in den Vereinigten Staaten eintraf, wusste die CIA nicht, was sie mit ihm anfangen sollte. War er echt oder ein Agent provocateur? Konnte man ihm trauen? Golitsin hatte ja insbesondere davor gewarnt, dass es einen falschen Überläufer geben würde. Nun, aus dem Blauen heraus, war ein Mann gekommen, der am Oswald-Fall gearbeitet hatte. Nosenko war zu gut, um wahr zu sein.

Die CIA-Bosse rochen den Braten und erörterten ihren nächsten Schritt. Angleton, ein legendär trickreicher Geheimdienstler, war der Meinung, man solle Nosenko unwissentlich zum Doppelagenten machen, indem man ihn mit falschen Informationen versorgte, sodass der KGB zu der Überzeugung käme, die Amerikaner hinters Licht geführt zu haben, obwohl in Wirklichkeit er selbst an der Nase herumgeführt wurde. Andere widersprachen. Wenn die Möglichkeit bestand, dass die Russen beim Attentat auf den Präsidenten ihre Hand im Spiel gehabt hatten, war dies nicht der Zeitpunkt für Vernebelungsmanöver. Die Information wurde jetzt gebraucht: Wer *war* Nosenko, und was wusste er wirklich?

Die letzte Entscheidung fiel dem künftigen Direktor der Central Intelligence Agency, Richard Helms, zu, der zu dem Schluss kam, dass die Ermordung Kennedys Priorität haben müsse. Anfang April autorisierte er ein feindseliges Verhör: Auf die eine oder andere Weise würde der Russe reden.

Am 4. April bat man Nosenko zu einer medizinischen Untersuchung und schloss ihn an einen Lügendetektor an. Nick Stoiaken, der die Befragung durchführte, und seine Kollegen wussten schon vorher, dass es harte Arbeit werden würde. Wenn Nosenko wirklich ein Doppelagent war, würde man ihn darauf trainiert haben, lange Verhöre durchzustehen. Die Zeit für den Geheimdienst war gekommen, um ein für allemal zu bestimmen, was im Verhörgeschäft wirklich funktionierte.

Der Kern der Operation war Theater. Als der Lügendetektortest abgeschlossen war, teilte man Nosenko unter »intensivem Brüllen« mit, dass er durchgefallen sei. Der Russe hatte in den vorangehenden Wochen aufgrund der seltsamen Behandlung, die er erfahren hatte, schon gemerkt, dass etwas im Busch lag, aber damit hatte er nicht gerechnet. Er verlangte, seinen Freund Pete Bagley zu sehen, der hereinkam, die Testergebnisse des Lügendetektors studierte und sofort »in Wut ausbrach« und ihn vom Fleck weg verhaften ließ. Hünenhafte Wachen stürmten herein, um ihn zu packen. Man zog ihn aus, legte ihm Handschellen an, verband ihm die Augen und verstaute ihn in einem Auto.

Nosenko wurde dann in ein sicheres Haus der CIA in einem Vorort von Washington gefahren. Sein Kopf wurde glattrasiert, und man steckte ihn in eine Zelle von dreimal anderthalb Meter auf dem Dachboden des Hauses. Die Zellentür war durchgesägt, die Unterhälfte geschlossen, die Oberhälfte durch Maschendraht ersetzt, sodass man ihn ständig unter Beobachtung hatte.

Nosenko bekam nur für wenige Cent Essen am Tag, durfte sich nur einmal die Woche rasieren und duschen und keine Zahnbürste benutzen. Er hatte keinen menschlichen Kontakt, kein Radio oder Fernsehen, nichts zu lesen, und seinen Bewachern war es nicht erlaubt, mit ihm zu sprechen. Er war starker Raucher, erhielt aber keine Zigaretten. Auf die türlose Toilette durfte er nur unter Beobachtung seiner Wachen – ein Prozess, der ihn entnervte. Schlimmer noch, in Nosenkos neuem Zuhause ließ sich die Temperatur nicht regulieren. Im Sommer absorbierte das Dach des Hauses die Hitze, und auf dem Dachboden wurde es brütend heiß; im Winter fror es.

In regelmäßigen Abständen wurde er verhört. Gewöhnlich führten zwei Offiziere die Befragung gleichzeitig, um ihn zu verwirren; häufig waren diese Offiziere Pete Bagley, der ihn rekrutiert hatte, und ein anderer CIA-Mann, Tom Ryan. Sie gingen dazu über, ihn anzubrüllen und zu beschimpfen, um ihm Angst einzujagen. Bei einem der Verhöre stellte Ryan keine einzige Frage, sondern bellte ihm nur wiederholt

»Schwuler!« ins Gesicht. Nosenko wurde gesagt, dass seine Geschichte einer Prüfung nicht standhalte, dass es Widersprüche gebe, dass er ein Spion sei. Die Verhöre gingen Tag und Nacht bis zu 24 Stunden weiter. Man sagte ihm, dass sich diese Routine fortsetzen würde, bis er seine Schuld schließlich gestehe, und wenn es 25 Jahre dauern sollte.

Nach 17 Monaten dieser Behandlung wurde Nosenko in ein neues Verhörzentrum verlegt, das auf einer »Farm« der CIA in Camp Peary, Virginia, zwei Stunden vor Washington eigens für ihn gebaut worden war. Das Gefängnis mit dem Codenamen Loblolly bestand aus einer fensterlosen Betonzelle mit einem Bett und einer nackten Glühbirne, die von einem Glasschirm geschützt wurde, sodass er sie nicht erreichen konnte. Das Bett, bewusst zu klein für seinen Benutzer, war mit einer unbequemen Matratze versehen und hatte kein Kopfkissen. Wie in seiner alten Behausung gab es keine Heizung und keine Klimaanlage. Das Essen war grässlich, aber seine Häscher trugen Sorge, dass die Gerüche aus der Küche der Wachleute durch die Zelle wehten, sodass er unablässig anständiges Essen roch, das beständig außerhalb seiner Reichweite blieb. Hinter der Glühbirne war eine Überwachungskamera versteckt, um ihn ständig unter Beobachtung zu halten. Nosenko durfte jeden Tag eine Stunde vor die Tür, aber sein kleiner Trainingshof war umfriedet, sodass er nichts anderes als eine Mauer sah.

Die Bedingungen innerhalb von Loblolly waren noch härter als im sicheren Haus in Washington. Immer noch blieb Nosenko eine Zahnbürste verwehrt. Seine Zähne fingen an zu faulen. Er wurde rüde verhört. Da die Agenten nicht wussten, wie sie ihn zum Sprechen bringen sollten, nahmen sie zu Drohungen und Beleidigungen Zuflucht und hielten ihm wiederholt vor, er sei ein Spion und würde schließlich gestehen. 1966 unterzog man ihn einem neuerlichen Lügendetektortest, davor wurde er von einem Arzt untersucht. Aber selbst dies diente dazu, ihn zu erniedrigen. Der Arzt bestand auf einer Rektaluntersuchung, steckte einen behandschuhten Finger in seinen Anus und ließ ihn zehn Minuten lang kreisen. »Ich konnte nicht verstehen, was er da machte«, berichtete Nosenko. »Später wurde mir klar, dass man es einfach tat, um mich verrückt zu machen.«

Während des anschließenden Lügendetektortests versicherte man ihm abermals, dass er homosexuell sei, und grillte ihn zur Frage seiner abnormen Sexualpraktiken. Mitten in der Untersuchung beschlossen die Vernehmer, dass es Mittagszeit sei, und ließen ihn anderthalb Stunden auf dem Apparat festgeschnallt allein zurück. Insgesamt verbrachte er dort über fünf Stunden. Am Ende des Tests legte man ihm ein Geständnis vor, das er unterschreiben sollte. Er weigerte sich.

Zurück in der Zelle, spielten Nosenkos Gefängniswärter ständig mit seinem Realitätssinn, um ihn zu stressen und zu desorientieren. Uhren wurden umgestellt und die Lichtbedingungen verändert, damit er keine Vorstellung hatte, ob es Tag oder Nacht war. Er wurde in unregelmäßigen Intervallen geweckt und zu Bett gebracht, und die Mahlzeiten wurden zu seltsamen Zeiten serviert, häufig eine direkt nach der andern, um seine biologische Uhr zu verwirren.

Verzweifelt bemüht, sich seine geistige Gesundheit zu erhalten, versuchte der Russe, sich von diesen Torturen abzulenken. Einmal bastelte er mit Streichhölzern und Papierservietten ein improvisiertes Kartenspiel; kaum war es fertig, wurde es konfisziert. Ein andermal zupfte er Baumwollfusseln von seiner Kleidung und versuchte, sie als Schachfiguren auf dem Fußboden zu benutzen. Seine Wärter erkannten, was er vorhatte, fegten die Zelle und gaben ihm neue Kleidung, dieses Mal aus Nylon, sodass er keine Fusseln mehr hatte.

Nosenko fing an, den Kontakt zur Realität zu verlieren. Er trat in den Hungerstreik und verlor beinahe 20 Kilo Gewicht. Als er schließlich doch Zahnpasta und eine Zahnbürste erhielt, entdeckte er einen Fetzen des Aufklebers der Zahnpastatube mit der Liste der Inhaltsstoffe. Er versteckte ihn und las den Text immer wieder, bis auch er konfisziert wurde. Der Russe »brach« wiederholte Male und erzählte den Vernehmern, was immer sie seiner Meinung nach von ihm hören wollten. Aber niemand wusste, ob man ihm trauen konnte. Log er? War er verrückt? Oder sprach er die Wahrheit? Wie sollte man das unterscheiden?

Die CIA-Offiziere befanden sich nun in einer heiklen Situation. Sie hatten sämtliche erprobten Verhörmethoden angewandt, aber sie wussten nicht, welche davon, wenn überhaupt, funktioniert hatte. Richard Heuer, der später die Akten des Falles prüfte, schrieb, dass alles, was die Verhöre erreicht hatten, darin bestand, das »Wasser zu trüben«. Pete Bagley war später derselben Meinung. »Es war nicht die Absicht«, sagte er dem Journalisten Tom Mangold, »ihn lange Zeit festzuhalten. Aber die Ergebnisse waren gleich null. Die Wahrheit ist, dass wir feststeckten.«

Für den Geheimdienst ging es um weit mehr als einfach einen KGB-Mann, der sich nicht brechen ließ. Nachdem 1963 Kim Philby vom MI6 übergelaufen war, gewann der Abwehrchef der CIA, James Angleton, die Überzeugung, dass die CIA auf hoher Ebene infiltriert worden und Nosenkos Weigerung, auszupacken, ein Teil dessen sei, was man später den »Monster Plot« nannte: ein teuflisches Komplott der Sowjets, um das gesamte Nachrichtendienstnetz des Westens zu infiltrieren und zu unterminieren. Jene, die der Meinung waren, dass er genau der sei, der zu sein er vorgab, und nicht an dieses Teufelskomplott glaubten, verloren ihre Posten. Die CIA fing an, sich selbst zu zerfleischen. Nosenko *musste* reden.

Fast ein Jahr lang stritt man innerhalb des Geheimdienstes, ob man Nosenko unter Drogen setzen sollte und welche sich dafür eigneten. Doch niemand schien entscheiden zu können, welche die geeignetsten waren und wie sie angewandt werden sollten. David Murphy, ein hochrangiger CIA-Offizier, der an dem Fall arbeitete, sagte später einem Senatsausschuss: »Es gab die ganze Zeit viele, viele Gespräche über verschiedene Dinge, die man tun konnte – alle bekannten Methoden –, um ihn zum Reden zu bringen«, doch habe man Nosenko keine Drogen verabreicht, weil man sich von »keiner davon Ergebnisse erwartete und alle sehr schädlich gewesen wären«.

Es gibt Hinweise darauf, dass diese Aussage unwahr ist. Einmal verbrachte der MKULTRA-Psychologe John Gittinger fünf Wochen damit, Nosenko zu befragen. Gittinger, der für den Geheimdienst einige Male mit LSD experimentiert hatte, darunter in einem sicheren Haus der CIA in Marin County, Kalifornien, erklärte später, ihm sei befohlen worden, dem Russen LSD zu verabreichen, er habe sich jedoch geweigert.

»Nonsens«, sagt Nosenko selbst: Er sei viele Male unter Drogen gesetzt worden. Bei einer Gelegenheit sei ein neuer Arzt gekommen, um ihm eine Blutprobe abzunehmen. Als Nächstes sei er ohnmächtig geworden und habe nicht mehr atmen können. Die Wachen seien hereingestürmt, um ihn wiederzubeleben. »Mir wurden verschiedene Arten von Drogen und Schlafmedikamente gegeben, Halluzinogene und ich weiß nicht was«, erinnerte er sich. »Und ich *will* es auch gar nicht wissen. … Ich bin durch die Hölle gegangen.«

Falls Drogen eingesetzt wurden, so zeigten sie keine Wirkung. Am Ende von Nosenkos Zeit in Loblolly waren Angleton und seine Jungs dem Beweis für die Existenz des Komplotts nicht näher als am Anfang. Verloren in einer Welt von Widersprüchen, waren sie verwirrter denn je. 1967 schrieb Pete Bagley einen riesigen Bericht, der zu dem Schluss kam, dass Nosenko ein Lügner war, und erhielt für seine Arbeit an dem Fall eine CIA-Medaille. Nicht lange danach wurde seinem Nachfolger, Bruce Solie, ebenfalls eine CIA-Medaille zugesprochen, und zwar dafür, dass er zum gegenteiligen Schluss kam.

Juri Nosenko wurde schließlich im Oktober 1967 nach 1277 Tagen Isolationshaft freigelassen. Man bot ihm ein CIA-Gehalt an, das mit Bedacht zurückdatiert war, um die dreieinhalb Jahre seiner Einkerkerung abzudecken, und stattete ihn mit einer vorläufigen Unbedenklichkeitsbescheinigung aus. Bis vor kurzem hielt er Vorlesungen für neue Rekruten in der CIA-Zentrale in Langley. Nicht alle waren glücklich darüber: Gute 20 Jahre, nachdem er übergelaufen war, versuchten verschiedene CIA-Offiziere immer noch, eine neue Untersuchung anzustrengen, um ein für allemal herauszufinden, ob er wirklich die Wahrheit sagte.

Der Nosenko-Fall wirft ein erhellendes Licht auf die Gehirnwäsche. Er verrät, dass Drogen und andere MKULTRA-Techniken wie Elektroschocks und Hypnose nicht sofort für das Verhör autorisiert wurden, sondern die Amerikaner sich stattdessen lieber auf traditionellere Methoden verließen. Selbst als Drogen eingesetzt wurden (sofern sie es wurden), brachten sie keine Resultate. Am Ende konnte der Geheimdienst nicht entscheiden, ob einer der wichtigsten Agenten des Kalten Kriegs log oder nicht. Die CIA, die über ein Jahrzehnt lang Wahrheitsdrogen und Gehirnwäschemethoden untersucht hatte, war ihrer Entdeckung offenbar keinen Schritt näher gekommen.

᪐

Zur Zeit der Nosenko-Affäre war allen Beteiligten ziemlich klar, dass die Projekte BLUEBIRD, ARTICHOKE und MKULTRA einen Haufen Geld gekostet, aber kaum nützliche Ergebnisse erbracht hatten. Zudem war der Generalinspekteur der CIA ein Jahr nach Nosenkos Seitenwechsel über die Projekte gestolpert und hatte zu ihren Ungunsten entschieden. Es bestehe das Risiko, bemerkte er, dass der Geheimdienst erwischt werde, wenn er weiter mit solchen Dingen herumpfusche, und das sei ein nicht zu rechtfertigendes Risiko. Den Projekten ging der Dampf aus.

Nach dem vernichtenden Bericht des Generalinspekteurs von 1963 wurden die Gehirnwäscheprojekte der CIA grundlegend neu organisiert. Sidney Gottlieb kündigte die meisten Forschungsaufträge auf und verfolgte nur eine Handvoll seiner Lieblingsprojekte weiter, darunter Drogentests in sicheren Häusern, verschiedene Produktionsquellen für biologische und chemische Gifte und ein gewisses Maß an Forschung über Halluzinogene. Der Rest wurde ins Office for Research and Development der CIA verlagert.* Zur Demonstration dieses Richtungswechsels in der CIA wurde MKULTRA im Juni 1964 offiziell beendet.

Gottliebs neues Projekt – mit nahezu identischem Auftrag – erhielt den Codenamen MKSEARCH und musste mit einer reduzierten Finanzierung auskommen. 1964 hatte MKSEARCH weniger als eine Viertelmillion Dollar im Jahr zu Verfügung, und danach gingen die Mittel weiter beständig zurück. Schließlich musste das Beil fallen.

Da ihm klar war, dass die Forschung über Gehirnwäsche »für Geheimoperationen zunehmend weniger relevant« war, beendete Gottlieb im Juni 1972 das Programm vollständig. Die Substanzen, die er erprobt hatte, waren zu unzuverlässig, um für die Praxis zu taugen. In jedem Fall hatten sich die Agenten immer dagegen gesträubt, sie einzusetzen.

Im folgenden Jahr traten Gottlieb und sein Mentor, CIA-Direktor Richard Helms, zurück. Bevor sie gingen, trafen sich die beiden Männer und kamen zu der Überzeugung, dass die Akten über BLUEBIRD, ARTICHOKE und MKULTRA in späteren Zeiten »missverstanden« werden könnten. Es sei das Beste, beschlossen sie, wenn die Beweise für ihre Aktivitäten verschwänden. Gottlieb ordnete an, jedes Schnipsel Papier, das sich auf Gehirnwäscheexperimente bezog, einzuäschern. Als er nach seinem letzten Tag im Büro Langley verließ, hatten sich 20 Jahre Forschung in Rauch aufgelöst.

Und das hätte das Ende der Gehirnwäsche-Geschichte sein sollen. Doch das war es nicht. Nicht lange nach Gottliebs Rückzug in den Ruhestand nämlich gerieten die Dinge wieder in Bewegung.

❧

Eines Tages im Juni 1975 las John Marks, ein ehemaliger Mitarbeiter des amerikanischen Außenministeriums, der jetzt als freier Autor und Journalist arbeitete, einen Zeitungsartikel über den Rockefeller-Ausschuss. Eingerichtet nach dem Watergate-Einbruch, untersuchte er verschiedene fragwürdige Aktivitäten der amerikanischen Geheim-

---

* Andernorts waren Studien über andere Mittel der Fremdsteuerung im Gange. Das Office of Research and Development hegte offenbar besonderes Interesse an der Implantation von Mikroprozessoren in Säugetiergehirne. Bis November 1961 war die »Machbarkeit von Fernsteuerung bei verschiedenen Tierspezies« unter Beweis gestellt. Sechs Jahre später hatte der Geheimdienst tatsächlich eine Katze (genannt »Akustisches Kätzchen«) präpariert, um sie durch Fernsteuerung zu lenken. Die Idee war, die Katze, die versteckte Mikrofone trug, zu Überwachungszielen zu dirigieren. Die Resultate waren alles andere als berauschend. Ein Memo mit detaillierten Vorgaben für den ersten Test am Montag, dem 20. Februar 1967, ermahnt die Katzenlenker, auf den Verkehr aufzupassen und »Ausrüstung und Tier vor der Hauptverkehrszeit« zu sichern. Die Anweisung wurde missachtet, die Katze beim ersten Feldversuch von einem Taxi überfahren.

dienste. Unerwarteterweise war Vizepräsident Nelson Rockefeller dabei über einen Wust von CIA-Missetaten gestolpert, die nun gestanden und vergeben wurden.

Eine dieser Missetaten, von der die Zeitung an jenem Tag berichtete, war ein verunglückter Drogentest der CIA Anfang der 50er Jahre. Ein CIA-Agent, so der Bericht, hatte einem ungenannten Angehörigen der US-Armee ohne dessen Wissen LSD verabreicht. Das Experiment war entsetzlich schiefgelaufen. Es stellte sich bald heraus, dass der betreffende Armeeangehörige ein Spezialist für biologische Waffen namens Frank Olson war. Auf einer Konferenz hatte Sidney Gottlieb eine Flasche Cointreau mit LSD aufgepeppt, allen ein Glas eingeschenkt und die Empfänger eine halbe Stunde später gefragt, ob sich jemand von ihnen seltsam fühle.

Wie sich herausstellte, traf das auf alle zu. Doch niemand fühlte sich so seltsam wie Olson, der psychotisch wurde. Während die anderen am nächsten Morgen mit einem Kater nach Hause fuhren, wollte sich Olsons Zustand partout nicht bessern. Chronisch depressiv, erklärte er seinem Chef, dass er kündigen müsse, weil er etwas Schreckliches getan habe; seiner Frau teilte er mit, dass er ein Versager sei. Gott weiß, was er sich selbst sagte.

Was sollte nun geschehen? Ihn zum Arzt bringen und offenbaren, dass man ihm eine topgeheime Gehirnwäschedroge verabreicht hatte? Darauf war die CIA nicht sonderlich erpicht. In Panik verfrachtete man Olson von einem geheimdienstfreundlichen Experten zwischen Washington, D.C., und New York zum nächsten. Keiner von ihnen war ausgebildeter Psychologe, doch die Hoffnung war, dass irgendeinem von ihnen schon eine Lösung einfallen werde.

Am Ende löste Olson das Problem eigenhändig. Am 28. November 1953 um 2.30 Uhr stürzte er sich aus dem 10. Stock des New Yorker Statler Hotels.*

---

* Olsons Selbstmord war womöglich nicht das schockierendste Beispiel für den Missbrauch von Halluzinogenen durch US-Behörden. Elf Monate zuvor hatte man den unter Schizophrenie leidenden Tennisprofi Harold Blauer zwangsweise im New York State Psychiatric Institute festgehalten und ihm ein synthetisches Meskalinderivat mit dem Codenamen EA1298 gespritzt. Das Experiment, durchgeführt ohne Blauers Einverständnis, führte zu seinem Tod. Einer der Ärzte, der die Droge verabreicht hatte, erklärte später, der Tod sei nicht seine Schuld gewesen, da er die Droge und den Auftrag zu ihrer Verabreichung von der US-Armee erhalten habe. »Wir wussten nicht«, so sein berühmt gewordener Ausspruch, »ob wir ihm Hundepisse oder was weiß ich gegeben hatten.«

John Marks war von der Lektüre fasziniert. Dem Rockefeller-Bericht zufolge war das Olson-LSD-Experiment »Teil eines weit umfassenderen CIA-Programms, um mögliche Mittel zur Steuerung menschlichen Verhaltens zu untersuchen«. Statt sich wie andere Journalisten sofort auf die Jagd nach der Olson-Familie zu machen, wählte er einen weit klügeren Weg: Er stellte einen Offenlegungsantrag nach dem Gesetz zur Informationsfreiheit (Freedom of Information Act), in dem er Einsicht in alle Akten verlangte, die der Rockefeller-Kommission vorgelegen hatten. Ein Jahr später erhielt er 50 Dokumente über das Gehirnwäscheprogramm – angeblich alles, was der Vernichtung kurz vor Helms' und Gottliebs Abtritt entgangen war. Marks glaubte keinen Augenblick, dass der Geheimdienst keine weiteren Aufzeichnungen seiner Forschungen mehr hatte, und verlangte die Herausgabe sämtlicher Dokumente.

Ein weiteres Jahr später erhielten seine Anwälte einen Brief von der CIA. Es hatte einen Fehler gegeben: Helms und Gottlieb hatten tatsächlich die Vernichtung der MKULTRA-Dokumente angeordnet, aber die verantwortlichen Mitarbeiter hatten vergessen, dass es *zwei* Archive für diese Art von Informationen gab. Sieben Kisten mit Dokumenten des Programms seien übrig geblieben. Marks wurde in ein gesichtsloses Bürogebäude eingeladen, um sie zu inspizieren, wo er sich unter Aufsicht hinsetzte und Berge alternden Papiers durchblätterte. Er war gefesselt. »Die Dokumente waren mit Bleistift redigiert«, erinnert er sich heute. »Ich gestehe, dass ich manchmal den Bleistift wegkratzte, um zu sehen, was darunter stand.« Schließlich händigte ihm der Geheimdienst Kopien sämtlicher 16000 Seiten aus.

Marks heuerte eine Handvoll Helfer an und begann, sich durch das Material zu wühlen. Das meiste waren Buchhaltungsdokumente – Quittungen, Verträge und dergleichen –, die aufschlussreich hätten sein können, hätten die Zensoren der CIA nicht fast alle Namen unkenntlich gemacht. Er und sein Team machten sich an die mühselige Arbeit, ein Puzzle von 20 Jahren zusammenzusetzen, von dem sie weder Form, Größe noch Inhalt kannten. »Die Dokumente waren stark überarbeitet«, berichtet er. »Unser Job war es, die Namen wieder einzusetzen und die Leute aufzuspüren.«

Manchmal stieß das Team auf eine Goldader. Als klar wurde, dass viel von der Gehirnwäscheforschung der CIA auf Veranlassung der Society for the Investigation of Human Ecology ausgeführt worden war, ließ er sich die Buchhaltungsakten der Gesellschaft vorlegen und glich sie mit den Geldtransfers der CIA-Dokumente ab. Sie passten zusammen. Manchmal waren die Namen zensierter Dokumente auch lesbar, wenn man sie gegen das Licht hielt. Im Fall der Pilzexpeditionen nach Mexiko gelang es einem seiner Helfer, Rich Sokolow, den Abdruck der Lettern zu entziffern, den eine Schreibmaschine auf der Rückseite der Projektseiten hinterlassen hatte. »Es war mit einer Reiseschreibmaschine geschrieben, und ich hatte die [Original-] Dokumente«, sagt Sokolow. »Ich hatte die Orte, aber nicht die Namen. … Ich erriet den Namen ›Wasson‹.«

Sobald die Namen ans Licht kamen, fingen Marks, Sokolow und das Team an, herumzutelefonieren und die Lücken eine nach der anderen zu schließen. Einige waren leichter zu verifizieren als andere. Im Fall der Mexikoreise, sagt Sokolow, habe er »nur die Namen aller Mykologen und Experten herausgesucht«. Durch Ausschlussverfahren dauerte es nicht lange, bis er auf den Namen des CIA-Agenten stieß, der Wasson nach Mexiko begleitet hatte: James Moore.

Sokolow rief Moore an der Universität von Delaware an und vereinbarte ein Treffen mit ihm, ohne ihm zu sagen, worüber er mit ihm sprechen wollte. »Moore war ein sehr puritanischer Kerl mit Kurzhaarschnitt«, erzählte er. »Ich hatte die Dokumente und zeigte sie ihm einfach. Und er bestätigte mir, dass er an der Reise teilgenommen hatte. Er war nicht sonderlich glücklich, mich zu sehen.«

Andere CIA-Leute ließen sich nicht so leicht festnageln. Sidney Gottlieb, vielleicht der einzige Mann, der die ganze Geschichte hätte erzählen können, lehnte zahlreiche Bitten, über seine Arbeit zu sprechen, ab. Der CIA-Psychologe John Gittinger äußerte sich nur zu Hypnoseexperimenten und seiner Arbeit an einem System zur Persönlichkeitseinschätzung, das der Geheimdienst finanziert hatte.

Aber es gab auch einen bedeutenden Lichtblick: einen CIA-Agenten, der beinahe von Anfang an am Gehirnwäscheprogramm mitgearbeitet hatte. Diese Person, deren Namen Marks nicht preisgeben wollte, erhielt den Decknamen »Deep Trance«. Die Treffen mit dem Agenten fanden in italienischen Restaurants statt und wurden als die »Pizza Hut-Gespräche« bekannt. Leider war Deep Trance nur gewillt, Informationen zu verifizieren, die Marks bereits hatte, aber keine neuen Personen ins Spiel zu bringen. »Er [Deep Trance] war die einzige Person, die je offen mit mir sprach«, sagt Marks, »auch wenn er mir nichts verriet, bis ich es selbst herausfand.« Aus der Art, wie die Informationen an ihn weitergereicht wurden, war klar, dass der Geheimdienst mehr oder weniger beschlossen hatte, die Nachforschungen zu unterstützen.

»Sie dachten, dass es, da ich bei meinem geplanten Buch durch nichts zu bremsen war, besser wäre, wenn die Dinge nicht völlig aus dem Kontext gerissen würden. … Ich glaube, sie hatten sich entschlossen, bei dieser Sache die Kröte zu schlucken.«

Bei einer Reihe von Gelegenheiten erwies sich Deep Trance als Retter. Fast ein Jahr lang hatten Marks und sein Team sich abgequält, den Namen des CIA-Forschers herauszufinden, der sich 1955 erboten hatte, »finale« Experimente mit Reizentzug durchzuführen. Alles, was sie aus den Unterlagen wussten, war, dass sein Nachname sieben Buchstaben hatte, mit B anfing und mit N aufhörte. Schließlich erbrachte eine Kombination aus gewissenhafter Recherche und Detektivarbeit einen Namen, der mit der CIA-Quelle abgeglichen wurde. »Haben Sie je von Maitland Baldwin gehört?«, fragte ihn Marks.

»Ich dachte«, seufzte Deep Trance, »dass Sie auf den *niemals* kommen würden.«

Das Ergebnis von Marks' Arbeit, *The Search for the Manchurian Candidate*, erschien 1979. Es wurde von Kritik und Journalistenkollegen gleichermaßen in den höchsten Tönen gelobt und erhielt von Investigative Reporters and Editors den Preis für das beste Buch des Jahres.

Doch während die Kritik aus dem Häuschen war, reagierte die Öffentlichkeit unerwartet verhalten. »Es gab einige nette Kritiken und dergleichen«, erzählt Marks, »aber es schlug nicht wirklich ein. … Ich war enttäuscht.« Statt jedoch vom Markt zu verschwinden, fand das Buch eine Heimat im Untergrund, eingereiht zwischen esoterischen Bänden über Spionage und Verschwörungstheorien – und gärte dort weiter.

Als *The Search for the Manchurian Candidate* veröffentlicht wurde, grassierte in den Vereinigten Staaten eine stille Panik vor Gehirnwäsche. Neue religiöse Kulte wie die Munsekte und die Kinder Gottes warben im ganzen Land neue Mitglieder. 1978, ein Jahr, bevor das Buch herauskam, begingen in Jonestown in Guyana 912 Menschen Selbstmord. 1969 hatte Charles Manson Mitglieder seiner »Familie« überredet, sieben Menschen zu ermorden, darunter Sharon Tate, die Ehefrau von Roman Polanski. 1974 war die Erbin Patty Hearst von der Symbionese Liberation Army entführt worden. Als sie später Gelegenheit erhielt, die Gruppe zu verlassen, blieb sie bei ihr, nahm Aussehen und Habitus einer Revolutionskämpferin an und beteiligte sich mit der Waffe in der Hand an einem Bankraub.

Warum verhielten sich junge Menschen so? Warum sollte sich *irgendjemand* so verhalten? Für die Öffentlichkeit war die Antwort einfach: Sie waren einer Gehirnwäsche unterzogen worden. Welche andere Erklärung konnte es dafür geben?

Diese Schlussfolgerung war nicht sonderlich überraschend. Seit Generationen war die Öffentlichkeit von der Idee fasziniert, dass jemand in der Lage sein könnte, die Gedanken eines anderen zu kontrollieren. Angefangen mit George du Mauriers *Trilby* von 1894 hatten eine Reihe von Romanen diese Faszination bedient, mit Hypnose als Mittel externer Steuerung. Das Feuer wurde genährt, die Story begann zu reifen. Mit der Fortentwicklung der Populärliteratur im frühen 20. Jahrhundert wurden die Ziele des hypnotischen Angriffs bald nicht mehr todgeweihte Heldinnen, sondern männlichere Typen.

In John Buchans *Die drei Geiseln* (1924, dt. 1980) begegnet Richard Hannay, der schon als Held in *Die 39 Stufen* (1915) aufgetreten war, in Dominick Medina einem furchteinflößenden Gegner, der nicht nur »ein außergewöhnlich guter Dichter« ist, sondern auch »einer der besten Schützen, die es überhaupt gibt«. Mit seinen berückenden blauen Augen versetzt er seine Opfer in Trance, entführt Erben und Erbinnen und löscht ihr Gedächtnis aus. So wirkungsvoll ist seine Technik, dass Hannay schon bald tut, was Medina will. 1945 veröffentlichte der Meister der Hypnose – und der Eigenwerbung – George Estabrooks den Roman *Death in the Mind*, in dem er insbesondere für den Einsatz von Hypnose gegen die Nazis warb. »Beeinflusse ihre Gedanken!«, so lautet die Schlussfolgerung des Helden Johnny Evans. »Mach Verräter aus ihnen. Lass sie für *uns* arbeiten!«

Ernsthafte Romane über totalitäre Unterdrückung wie George Orwells *1984* und Arthur Koestlers *Sonnenfinsternis* gaben zusammen mit Studien über Zwangsmethoden von Wissenschaftlern wie William Sargant, Robert Jay Lifton und Joost Meerloo den Tom Clancys der 40er und 50er Jahre Material, mit dem sie arbeiten konnten. Kaum hatte die Psychologie eine neue Methode entdeckt, die dabei nützlich sein konnte, die Gedanken anderer Menschen zu kontrollieren, schon wurde sie in Romanen verarbeitet. Als immer mehr Geschichten über die geheime, angsteinflößende Fremdsteuerung von Menschen erschienen, trat Gehirnwäsche – nicht mehr nur hypnotische Programmierung – ins kollektive Bewusstsein.

Mit dem Mindszenty-Prozess und den Geständnissen westlicher Kriegsgefangener in Korea traten neben die populäre Fiktion aktuelle politische Ereignisse, und die Grenze zwischen Politik und Fiktion begann zu verschwimmen. Die Geschichte von Kardinal Mindszentys Verhaftung und Vernehmung wurde schließlich zu einem Kinofilm mit Alec Guinness und Jack Hawkins, *Der Gefangene*. In dem Film *Ipcress – streng geheim* nach einer Romanvorlage von Len Deighton wird der Held, Harry Palmer, einer Gehirnwäsche unterzogen. Selbst der britischste aller Geheimagenten, James Bond, erliegt der Manipulation. In *Der Mann mit dem goldenen Colt* wird Bond von einem bösen Russen, Oberst Boris, gefangen und im Institut am Leningrader (heute Sankt Petersburger) Newski-Prospekt einer Gehirnwäsche unterzogen. Zurück in London, versucht 007, seinen eigenen Chef zu ermorden.

In der Literatur des Kalten Krieges hatten Menschen, denen man das Gehirn gewaschen hatte, einen seltsamen, entrückten Blick, bewegten sich wie Automaten und sprachen mit monotonen Stimmen, die wie abgespult klangen. Bonds Gehirnwäsche wird dank seines »merkwürdig glasigen, entrückten Blicks« und seines »distanzierten Lächelns« erkannt. Richard Hannay wiederholt Wörter, als ob seine Stimme von einem »Grammophon« komme. Es war bekannt, dass dies die Symptome fremdgesteuerter Menschen waren, weil sie sich in den Moskauer Schauprozessen, im Mindszenty-Prozess und bei den Kriegsgefangenen in Korea gezeigt hatten. Die Gehirnwäsche-Storys verkauften sich aus demselben Grund, der sie so beängstigend machte: Sie basierten auf der Realität.

Das Buch, das der Geschichte erst wirklich Resonanz verlieh, war *The Manchurian Candidate* von 1959, auf Deutsch zuerst unter dem Titel *Der Botschafter der Angst* erschienen. In dem Roman wird ein Amerikaner, Raymond Shaw, von den Kommunisten in Korea gefangen und in einen »Forschungspavillon« gebracht, wo er einer intensiven pawlowschen Konditionierung und einer »psychischen Keimlegung« mit dreimal täglich aufgefrischter »Tiefenmassage« unterzogen wird. Wiederholt hypnotisiert und unter Drogen gesetzt, wird Shaw schließlich darauf programmiert, in die Vereinigten Staaten zurückzukehren und einen Präsidentschaftskandidaten umzubringen. Indem er die Handlung von Korea in die USA verlegte, trug der Autor Richard Condon die Geschichte an ihren Ursprungsort zurück. Die Opfer sind nicht länger abweichlerische Kommunisten oder Soldaten in ausländischen Gefangenenlagern, sondern Amerikaner in Amerika. Jetzt, wo die Bedrohung vor der Haustür eines jeden angekommen war, gab es eine Fülle von Gründen, alarmiert zu sein.

Frank Sinatra war über die Geschichte von *Botschafter der Angst* so besorgt, dass er Präsident Kennedy fragte, ob er die Hauptrolle in dem Film annehmen sollte. Kennedy, dem der Roman gefallen hatte, ermutigte ihn dazu. Doch nachdem er 1963 ermordet worden war, zog Sinatra den Film für 15 Jahre aus dem Verkehr: Die Geschichte war einfach zu nahe an den Tatsachen, um noch behagliche Fiktion zu sein.

Im Rückblick erscheint das Auftauchen von Gehirnwäsche in Romanen und Filmen der frühen Jahre des Kalten Kriegs als Sublimierung populärer Ängste der Zeit. Auf dieselbe Weise, wie Science Fiction-filme wie *Krieg der Welten* (1954) oder *Invasion der Körperfresser* (1956) mit der Angst vor dem Einfall der Kommunisten spielten, traf das Thema Gehirnwäsche die Angst vor dem Kommunismus *selbst*: ein finsterer, mit freiem Denken völlig unvereinbarer mentaler Zustand. Gehirnwäsche war eine perfekte Metapher für den Kalten Krieg: Wir waren frei, und die Sowjets waren Automaten. Welchen anderen Grund konnte es für ihr unmenschliches Verhalten geben?

In einem Krieg, der von Politikern mit Begriffen wie »Dominotheorie« und »Raketenlücke« beschrieben wurde, war Gehirnwäsche etwas, das jeder begriff. Wenn die Sowjets amerikanische Soldaten und katholische Kardinale überzeugen konnten, dass sie Verräter waren, welche Hoffung hatte dann der durchschnittliche Zivilist? Die Methode war brutal, barbarisch – eine Vergewaltigung des Geistes oder der Seele. Mit dem Auftauchen der Gehirnwäsche hielt die Angst vor roter Subversion in jedes amerikanische Heim Einzug. Jeder musste auf der Hut sein: Wenn die Russen ihren Willen bekämen, würden wir nicht nur in die Sklaverei gezwungen, sondern uns würde so vollständig das Gehirn gewaschen, dass wir darüber auch noch *frohlocken* würden. Das war wirklich beängstigend.

Und es war reine Fiktion, und zwar von Anfang an.

უ

Der amerikanische Geheimdienst hegte von Beginn an den Verdacht, dass die Sowjets über keine geheime Gehirnwäschemethode verfügten. Das geht aus CIA-Dokumenten hervor, in denen die koreanischen Geständnisse und die Schauprozesse analysiert werden. Ein Memo vom 24. Februar 1953 kommt zu dem Schluss: »Wir haben keine Anhaltspunkte, dass sie [die Russen] irgendwelche in diesem Land unbekannten Methoden kennen, um den Wahrheitsgehalt von Informationen zu bestimmen, die von Gefangenen gewonnen wurden.« Vier Monate später wurde dem CIA-Planungschef mitgeteilt: »Die Kommunisten setzten keine finsteren Techniken wie Drogen, Seren etc. ein.« Zwei Jahre später hieß es: »Berichte führen uns zu der Überzeugung, dass die Kommunisten bei Verhören routinemäßig keine stimulierenden Drogen oder Betäubungsmittel einsetzen.« Wieder zwei Monate später kommt dasselbe Büro zu dem Schluss: »Es gibt nichts Geheimnisvolles am Persönlichkeitswandel durch Gehirnwäsche«, da »die Techniken, die zur Erzwingung von Geständnissen benutzt werden …, besonders von Polizeistaaten seit Jahrhunderten eingesetzt werden.« Tatsächlich gibt es für jeden angsteinflößenden Bericht, den die CIA über sowjetische Verhörmethoden verbreitete, zwei andere, die bestätigen, dass sie aus nichts anderem bestanden als Brutalität und wiederholten Drohungen.

Der britische Nachrichtendienst kam bald zu derselben Schlussfolgerung. Cyril Cunningham, der Experte des Kriegsministeriums für Indoktrination und Gehirnwäsche, der die Schauprozesse und das Verhalten von alliierten Gefangenen in Korea untersuchte, fand heraus, dass ihnen Geständnisse durch Prügel, Drohungen, Hunger und unerträgliche Lebensbedingungen abgepresst worden waren. »Was die Geständnisse anging«, sagt er heute, »wurden sie zu diesen Aussagen gezwungen, andernfalls wären hässliche Dinge mit ihnen passiert. Ich bin *nie* auf ein einziges Geständnis gestoßen, bei dem der Betreffende wirklich glaubte, was er sagte. Absoluter Unsinn!«

In vielen Fällen konnten, wie Cunningham erkannte, die Geständnisse nur von den Sowjets geschrieben worden sein: »Die Sprache, die in diesen Geständnissen benutzt wurde, reichte schon, um zu erkennen, dass diese Jungs sie nicht selbst geschrieben hatten.« Bei anderen Gelegenheiten hatten Gefangene ihre eigenen Geständnisse geschrieben und sie bewusst in lächerlich prokommunistischen Wendungen formuliert, um ihren Kameraden zu verstehen zu geben, dass sie unter Folter zustande gekommen waren. Doch während die schiere Unglaubwürdigkeit der Geständnisse die Mitarbeiter von AI9 in Großbritannien überzeugte, dass sie falsch waren, hatten sie auf andere Zuhörerschaften einen gegenteiligen Effekt. »Unglücklicherweise«, seufzt Cunningham, »sahen die Weltpresse und die Mächtigen es nicht so.«

Cunningham, der Zugang zu allen verfügbaren Nachrichten über sowjetische Verhöre hatte, konnte sich davon überzeugen, dass es weder in der UdSSR noch in China psychologische Programme gab. Die Verhörmethoden waren die langerprobten, die über Generationen von Vernehmern und Folterern weitergegeben worden waren. Gehirnwäsche, so folgerte er, war bloß ein »Schreckgespenst«.*

Wie viele der Gefangenen in Korea hatte auch Kardinal Mindszenty versucht, den Westen zu warnen, dass sein Geständnis falsch war. Freigegebene ungarische Geheimdienstdokumente offenbaren, dass eine Reihe seiner schriftlichen Erklärungen mit »Mindszenty, CF« unterzeichnet waren. Seinen Vernehmern erklärte er, »CF« stünde für »Cardinalis Foraneus«, sein Rang in der katholischen Kirche. Für Geschichtskenner kündete »CF« dagegen von Unheil. Es war ein lateinischer Ausdruck, der auf frühere Kirchenverfolgungen zurückging: *coactus feci* – unter Zwang abgelegt.

Für westliche Regierungen jedoch waren die koreanischen Geständnisse peinlich. Wenn es nichts Neues an den kommunistischen Verhörmethoden gab, warum kollaborierten dann so viele alliierte Soldaten mit ihren Häschern? Im Fall der Briten war das Problem nicht so gravierend: Alle Geständigen waren ausnahmslos Unteroffiziere und Mannschaften. Aber viele der Amerikaner waren Offiziere, die es hätten besser wissen sollen. Durch eine spätere Studie der George Washington University stellte sich heraus, dass die Moral von 70 Prozent der einfachen GIs in der Gefangenschaft zusammengebrochen war, was ihre Offiziere dazu brachte, den Befehlen des Feindes zu folgen, um ihr eigenes Überleben zu sichern. Die erzwungenen Beiträge zur Feindpropaganda waren für das Pentagon unangenehm. Man sagte, die Männer seien von der »Kapitulitis« befallen. Eine Operation zur Wahrung des Gesichts war erforderlich. Zwei Monate nach Oberst Schwables berühmtem Geständnis lief eine solche Operation an.

Anfang April 1953 traf sich der amerikanische Botschafter bei den Vereinten Nationen, Senator Henry Cabot Lodge, mit einigen CIA-Offizieren. Damals bemühte sich Lodge, Vorwürfen aus dem Sowjetblock zu begegnen, dass die Amerikaner in Korea biologische Waffen eingesetzt hätten. Doch seine Verteidigung gestaltete sich schwierig: Warum standen in Gefangenschaft geratene amerikanische Offiziere

---

* Cunninghams Schlussfolgerung wurde von späteren Ereignissen bestätigt. Von den 40 »konvertierten« britischen Kommunisten, die bei Kriegsende aus der Gefangenschaft heimkehrten, blieb keiner sehr lange seiner Ideologie treu. Einer, der Marineinfanterist Andrew Condron – anscheinend einer totalen Gehirnwäsche unterzogen –, blieb noch ein paar Jahre in China, bis er 1960 nach Großbritannien zurückkam. Von den Amerikanern, die zunächst in Korea geblieben waren, kehrten schließlich alle bis auf drei in den Westen zurück.

Schlange, um zu erklären, dass es stimmte? Lodge beklagte sich bitter. Er hege »einen tiefen Abscheu vor der Sache …, hauptsächlich wegen der Schwierigkeit, den Film und die Aussage von amerikanischen Fliegern zu erklären«. Die CIA-Leute boten ihm einen Ausweg an. Sie hätten, sagten sie, von einer sowjetischen Methode gehört, um falsche Geständnisse zu erzwingen: die Technik der »Gehirnwäsche«. Einen Monat später berichteten die Offiziere auf einer ARTICHOKE-Konferenz, dass Lodge ihre Erklärung bereitwillig aufgegriffen hatte:

> [Gelöscht] erklärte, dass … Senator Lodge großes Interesse an der Möglichkeit geäußert habe, dass die Chinesen und Sowjets bei den Vereinten Nationen »Gehirnwäsche« als Propagandawaffe gegen die USA benutzten. Senator Lodge sagte, er suche ein sehr dramatisches Wort, das Grauen ausdrücken und (durch seinen Klang) die sowjetischen Praktiken verurteilen würde.

Der nächste Schritt, berichtet ein anderes Dokument, war eine »öffentliche Offensive …, um den Ängsten und Fragen zu begegnen, die aus den öffentlichen Diskussionen … in Bezug auf die in Nordkorea festgehaltenen Kriegsgefangenen entstehen«.

Was die CIA-Leute Senator Lodge anscheinend nicht sagten, war die Tatsache, dass der Ausdruck, den er auf ihren Vorschlag hin zur Erklärung der koreanischen Geständnisse benutzen sollte, nicht etwa aus streng geheimen Nachrichtenquellen brandheiß aus der Sowjetunion stammte. In Wirklichkeit war er 1950 von dem Journalisten Edward Hunter in den *Miami Daily News* geprägt worden. Und ganz gewiss ließen sie Lodge über ein anderes entscheidendes Faktum im Dunkeln: dass Edward Hunter nämlich ein bezahlter Propagandist der Central Intelligence Agency war. Auf diese Weise wurde der Ausdruck »Gehirnwäsche« – der auf Geheiß der CIA geprägt worden war – der Regierung der Vereinigten Staaten, den Vereinten Nationen, der Presse und der Weltöffentlichkeit untergejubelt.

Die Taktik war für beide Seiten effektiv. Senator Lodges »öffentliche Offensive« verbreitete die Kunde auf der ganzen Welt, verankerte Edward Hunters Begriff fest im öffentlichen Bewusstsein und ließ die Sowjets als durch und durch böse erscheinen. Die Tatsache, dass Gehirnwäsche in aller Munde war, bot dem Geheimdienst unterdessen eine perfekte Entschuldigung, ein »defensives« Programm zu starten, um die eigenen Möglichkeiten zu erkunden. Auftritt der Projekte BLUEBIRD, ARTICHOKE und MKULTRA.

Unglücklicherweise gab es Nebenwirkungen. Ein halbes Jahrhundert nach dem schicksalhaften Treffen zwischen Lodge und den CIA-Leuten geht die Geschichte noch immer weiter.

༄

Zu sagen, dass jemand einer »Gehirnwäsche« unterzogen wurde, ist ein nützlicher Ausdruck, wenn sich jemand völlig uncharakteristisch benimmt. Wenn Ihre Kinder in die Munsekte eintreten oder Muslime werden, Bomben legen oder Zivilisten (oder sich selbst) erschießen – nun, dann muss sie jemand einer Gehirnwäsche unterzogen haben. Schließlich *tun* normale Menschen so etwas doch nicht, oder? Obwohl niemand genau zu wissen scheint, wie eine Gehirnwäsche vonstatten geht, wie sie wirkt und wer sie einsetzt, wird der Begriff allenthalben benutzt. Er klingt sinnvoll. Außerdem haben wir ihn in der Zeitung gelesen.

Wenn Menschen sich Sprengkörper umbinden und Busse und Züge in die Luft sprengen, gibt es nur zwei mögliche Erklärungen. Wenn sie Ausländer sind, dann sind sie *böse*. Falls nicht, wurden sie einer Gehirnwäsche unterzogen. Warum hätte John Walker Lindh* Mitglied der Taliban werden sollen? Warum hätte Richard Reid eine Bombe in seinem Schuh verstecken sollen? Warum sollten John Muhammad und Lee Malvo** aus ihrem Auto heraus zehn Menschen erschießen und drei weitere verletzen? Warum sollte irgendjemand ein Düsenflugzeug in das World Trade Center steuern? Natürlich, weil man ihnen das Gehirn gewaschen hat. Die Lösung ist so simpel wie elegant. Gehirnwäsche beseitigt die Notwendigkeit von Erklärungen, erfordert keine Recherche, keine Analyse und kein Nachdenken. Sie macht Kompliziertes einfach. Und deshalb verschafft sie uns ein besseres Gefühl.

Der Ausdruck Gehirnwäsche mag ein großer Trostspender sein, doch leider führt er aus einer Reihe von Gründen in die Irre. Erstens

---

* John Walker Lindh, ein amerikanischer Staatsbürger, wurde im November 2001 während der US-Invasion in Afghanistan gefangen genommen und gestand, vermutlich unter Folter, nicht nur Taliban-, sondern auch Al-Qaida-Kämpfer gewesen zu sein. Nach einem modifizierten Schuldbekenntnis und der akzeptierten Verpflichtung, sich über die Zeit seiner Gefangenschaft nicht öffentlich zu äußern, wurde er im Oktober 2002 zu 20 Jahren Haft verurteilt. (A.d.Ü.)

** John Muhammad und sein Pflegesohn Lee Malvo sind zwei Serienmörder, die im Oktober 2002 im Großraum Washington zehn Menschen töteten und drei verletzten. Muhammad wurde zum Tode, Malvo zu lebenslanger Haft verurteilt. In beiden Fällen laufen Revisionsverfahren. (A.d.Ü.)

lenkt er von den wahren Gründen zerstörerischen oder uncharakteristischen Verhaltens ab, sodass wir diese nicht beseitigen können und anfällig für die Wiederholung solchen oder ähnlichen Verhaltens werden. Zweitens versichert uns der Terminus Gehirnwäsche zwar, dass wir selbst normal und die anderen abnormal sind, doch kann er sich zu einem Schreckgespenst eigener Art entwickeln. In der Geschichte des Phänomens hat die Gehirnwäschephobie immer mal wieder nahezu epidemische Ausmaße angenommen: Sie lässt unsere Feinde als noch gerissener und finsterer erscheinen, als sie es sowieso schon sind. Wenn sie klug und böse genug sind, um *so etwas* zu tun, wozu sind sie dann nicht *noch* alles fähig? Und so rennen wir wie Chicken Licken herum und warnen unsere Freunde: »Der Himmel stürzt herab! Der Himmel stürzt herab!« Gehirnwäsche-Paranoia ist furchtbar ansteckend.

Es gibt einen letzten Grund, warum der Ausdruck gefährlich ist: Das Etikett »Gehirnwäsche« führt uns schnell in Regionen, die wir lieber meiden würden. Tragischerweise ist dies zum Teil das Ergebnis der Veröffentlichung von John Marks' *The Search for the Manchurian Candidate*.

☙

Bis Anfang der 80er Jahre hatte John Marks investigativer Erfolg über die Gehirnwäsche-Experimente der CIA schon Eingang in die Arterien eines ausgedehnten Netzwerks von Verschwörungstheorien gefunden. Der Mörder von John F. Kennedy, der Attentäter von Robert Kennedy, Charles Mansons »Familie«, die Opfer des Jonestown-Selbstmords und Patty Hearst: alles Opfer von »Gehirnwäsche«. Menschen mit der passenden Perspektive bot Gehirnwäsche eine perfekte Möglichkeit, die CIA in jede beliebige Verschwörungstheorie einzubauen. Alles, was es brauchte, um eine plausible Story zu konstruieren, war die Befolgung der folgenden verqueren Dreisatzlogik:

1. Die CIA arbeitete an Gehirnwäsche,
2. religiöse Kulte, Attentäter und Terroristen setzen Methoden der Gehirnwäsche ein oder wurden selbst einer Gehirnwäsche unterzogen,
3. daher steckt die CIA hinter religiösen Kulten, Attentätern und Terroristen.

Schalten Sie Ihren Computer ein, tippen Sie im Internet den englischen Begriff für Gedankenkontrolle, »mind control«, ein, und schauen Sie einmal, welch reichen Ertrag an Verschwörungstheorien Sie ernten.

Sie vervielfachen sich täglich (laut Google vom März 2008 kommt der Begriff in über 20 Millionen Websites vor), eine so unplausibel wie die andere, viele mit Verweis auf John Marks' Buch als Beleg für ihre Wahrhaftigkeit. Wollen Sie mehr über Entführungen durch Außerirdische erfahren? Über die Gedankenkontrolle der Nazis? Über die römisch-katholische Gehirnwäsche? Oder wie die Zeichentrickserie *Scooby Doo* ihre Gedanken fernsteuert? Dort draußen erwartet Sie die Wahrheit.

So stark ist die Anziehungskraft der Gehirnwäsche-Story, dass einer kürzlich veröffentlichten britischen Studie zufolge »Gedankenkontrolle« die weltweit beliebteste Verschwörungstheorie ist – noch vor dem Kennedy-Attentat, dem Tod von Marilyn Monroe, den gefälschten Mondlandungen und den Flugzeugattentaten vom 11. September. Wenn es keine Beweise gibt, wenn sich Augenzeugenberichte widersprechen oder sich niemand mehr an etwas erinnern kann, dann deshalb, weil man den Hauptbeteiligten das Gehirn gewaschen hat. Je weniger Beweise es gibt, desto teuflischer ist in der Welt der Gedankenkontrolle die Verschwörung (schließlich weiß das Opfer *wahrer* Gedankenmanipulation ja nicht, dass er oder sie ein Opfer ist). Marks' wahrhaftige Enthüllungsgeschichte ist zu einem Netz verzweifelter Paranoia ausgewuchert.

Ein Beispiel. Drei Jahre, bevor Marks sein Buch veröffentlichte, erschien ein anderes Sachbuch über Gehirnwäsche. Donald Bains *The CIA's Control of Candy Jones* erzählt die Geschichte eines amerikanischen Models, das ohne sein Wissen von der CIA rekrutiert wurde. Unter der Hypnose ihres Ehemanns, des Radiomoderators »Long John« Nebel, erinnerte sich Jones an eine Reihe von grauenhaften Experimenten, die der Geheimdienst, dessen Wissenschaftler mithilfe von Hypnose ihre Persönlichkeit gespalten und ein Alter Ego namens »Arlene Grant« geschaffen hatten, an ihr vorgenommen hatte. Wenn die CIA einen dreckigen Auftrag zu erledigen hatte, ließ sie Candy Jones kommen, hypnotisierte sie und rief damit Arlene auf den Plan. Als ihre Agentin nicht mehr nützlich für sie war, instruierten die CIA-Ärzte Arlene anscheinend, Selbstmord zu begehen, um so alle Beweise ihrer Manipulation zu beseitigen.

The CIA's Control of Candy Jones war eine großartige Geschichte. Eine Reihe von Kinofilmen, darunter *Fletchers Visionen*, *Tödliche Weihnachten* und *Die Bourne-Identität*, beruhen alle auf derselben Prämisse – und scheinen mit vielem, was Marks' Dokumente aussagten, zusammenzupassen. In den 50er Jahren hatte die CIA wirklich mit Hypnose herumexperimentiert und an einem Punkt *tatsächlich* mit der

Idee gespielt, die menschliche Persönlichkeit zu spalten und Alter Ego zu schaffen, mit deren Hilfe sich unentdeckt Geheimbotschaften übermitteln ließen.

Natürlich war Marks, als er von der Geschichte hörte, fasziniert. Auf Bitten des Buchautors Donald Bain verbrachte er Monate damit, allen Fährten zu folgen, lauschte den Tonbandaufnahmen von Jones' Hypnosesitzungen und versuchte, Querverbindungen zu den 16 000 Seiten CIA-Dokumenten zu finden. Nichts passte zusammen. »Ich fand nicht einen einzigen stichhaltigen Querverweis!«, erinnert er sich. »Nicht *einen*!« Während er der Geschichte nachging, fing sie an, immer fauler zu riechen. Es stellte sich heraus, dass Candy Jones' Ehemann schon eine Reihe von ähnlichen Nummern in seinen Radiosendungen abgezogen und an einer amerikanischen Universität Vorlesungen über den Einsatz von Hypnose zur Aufdeckung verdrängter Erinnerungen gehalten hatte. »Nebel war ein Hochstapler«, sagt Marks. »Er dachte sich die Geschichte aus, legte sie in sie hinein und holte sie dann wieder aus ihr heraus. … Die ganze Sache war Schwachsinn.«

Unglücklicherweise verhinderte die Tatsache, dass die Geschichte nahezu sicher von oben bis unten erlogen war, nicht die Flut von Nachahmungen durch Frauen, die glauben, wie Candy Jones ebenfalls hypnotisch von der CIA programmiert worden zu sein. Je neueren Datums, desto gespenstischer die Geschichten. Kathleen Sullivan aus Tennessee ist die Autorin von *Unshackled*, wo sie schildert, wie sie als Kind an die CIA verkauft und in der Folge programmiert wurde. Brice Taylors Buch *Thanks for the Memories: the Truth Has Set Me Free* erhebt den Vorwurf, dass sie als hypnotisierte Sexsklavin von Bob Hope und Henry Kissinger missbraucht wurde. Carol Rutz' *A Nation Betrayed* erzählt, wie ihr Vater sie im Alter von vier an die CIA verkaufte. Ihrer Schilderung zufolge stellten Wilder Penfield, Ewen Cameron und Sidney Gottlieb Experimente mit ihr an. Letzterer forderte sie auf, ihn »Daddy Sid« zu nennen und richtete sie darauf ab, ausländische Feinde durch Verursachung von krankhaften Gefäßerweiterungen, Aneurysmen, zu ermorden.

Doch der Pokal für den fantastischsten und abstoßendsten Bericht gebührt den Autoren Cathy O'Brien und Mark Philipps, die in zwei Büchern Cathys Erfahrungen in den Händen der CIA ausbreiten. Ihnen zufolge wurden Cathy und ihre jüngere Schwester Kelly vom Geheimdienst darauf programmiert, »präsidentielle Modellsexsklavinnen« zu werden. Cathy und Kelly wurden dann angeblich – unter anderem –

von den Präsidenten Gerald Ford, Ronald Reagan, George Bush sr. (und seinem Jagdhund), Bill Clinton (und seiner Frau Hillary), George Bush jr., den kanadischen Premierministern Pierre Trudeau und Brian Mulroney, dem saudiarabischen König Fahd, dem nicaraguanischen Präsidenten Daniel Ortega, Haitis Diktator »Baby Doc« Duvalier, Dick Cheney, US-Senator Robert C. Byrd, dem Senator für Michigan Guy Vanderjagt, von katholischen Priestern, »Mafiosi«, »Satanisten«, Polizisten, dem US-Generalbundesanwalt Dick Thornburgh und dem Countrymusic-Star Kris Kristofferson missbraucht.

Man weiß nicht, ob man gegenüber Menschen, die derartige Geschichten fabrizieren, Wut oder Mitleid empfinden soll. Sofort wird jedoch deutlich, dass wir hier in die Welt verdrängter Erinnerungen und satanischen Ritualmissbrauchs zurückgekehrt sind: ein Spiegelland à la Lewis Carroll, wo »keine Beweise« gleichbedeutend mit »einer Fülle von Beweisen« und die Regeln der Logik auf den Kopf gestellt sind.

Verfechter der Theorie des satanischen Ritualmissbrauchs, die sich bei John Marks bedienen oder ihn ignorieren, wie es ihnen gerade passt, glauben, dass er in Nazi-Deutschland aufkam, wo Methoden der Gedankenkontrolle angeblich ein hohes Niveau erreicht hatten. Im Rahmen von Operation Paperclip, mit der die Alliierten nützliche Wissenschaftler nach Kriegsende anwarben, sei er dann in die Vereinigten Staaten gelangt. Seither wurde – und wird – dieser Missbrauch von einer monströsen Clique von verkommenen Gehirnwäschern angewandt, darunter der Polizei, von Ärzten, Politikern, Richtern, dem FBI, der CIA und der NASA. Die Täter finanzieren ihre Operationen mit den Profiten aus Pornografie, illegalen Drogen, Prostitution und Waffenhandel und hoffen, eines Tages die Weltherrschaft zu übernehmen. Sie senden verborgene Botschaften in Popsongs, Filmen, Büchern, Zeitungen und Grußkarten. Und sie halten ihre schmutzigen Aktivitäten geheim, indem sie die Gedanken ihrer Opfer kontrollieren.

Es gibt so viele Schwachpunkte bei dieser Theorie, dass man kaum weiß, wo man anfangen soll. Schon der Mangel an Plausibilität ist so eklatant, dass einem die Kinnlade herunterfällt, und natürlich fehlen jegliche faktischen Beweise. Doch eine entscheidende Tatsache verdient Beachtung. Die erhaltenen MKULTRA-Akten deuten allesamt in eine Richtung: Gehirnwäsche *funktionierte nicht*. Jenseits der angeblich wiedererlangten Erinnerung von »Überlebenden« gibt es nicht den kleinsten Schnipsel eines Beweises, dass es dem Geheimdienst jemals gelungen wäre, einen ferngesteuerten Attentäter zu schaffen.

John Gittinger, einer der wichtigsten Mitarbeiter von MKULTRA, räumte dies im August 1977 vor einem Sonderausschuss des Senats ein. »Bis 1961/62«, sagte er Senator Richard Schweiker, »war es zumindest für mich ausreichend bewiesen, dass es – sogenannte – Gehirnwäsche als eine Art esoterisches Mittel, bei dem Drogen oder bewusstseinsverändernde Zustände und dergleichen mehr zum Tragen kamen, nicht gab.« Der Film *Botschafter der Angst*, so sagte er weiter, habe den Geheimdienst »wirklich weit zurückgeworfen, weil er etwas Unmögliches plausibel erscheinen ließ«.

Natürlich könnte Gittinger lügen, aber die Tatsache, dass mehrere CIA-Vernehmer, darunter er selbst, in den 60er Jahren auch noch nach dreieinhalb *Jahren* nicht feststellen konnten, ob Juri Nosenko nun die Wahrheit sagte oder nicht, sollte die meisten überzeugen, dass die Methoden, die sie suchten, entweder nie existiert hatten oder unfasslich blieben. Die Leute von MKULTRA waren auf einem Holzweg gelandet.

In ihrem hoffnungslosen Optimismus sahen CIA-Experten in den 50er und 60er Jahren das menschliche Gehirn als etwas, das sich unter Einsatz von chemischen Substanzen oder physischen Techniken für spezifische Zwecke manipulieren ließe. Aber das Gehirn erwies sich als viel komplizierter. Ja, man kann Menschen dazu zu bringen, durchzudrehen, man kann ihnen ihre Erinnerungen rauben und sie zu Tode ängstigen – es gibt jedoch kein Zaubermittel, um sie willfährig zu machen. »Wahrheitsdrogen« förderten ebenso viel Fantasie wie Wahrheit zutage; LSD löste jedes Mal andere Zustände aus; Hypnose war nicht verlässlich; unterschwellige Techniken funktionierten nicht, Punkt; und mithilfe von Elektroschocks Amnesie auszulösen, war so, als würde man den eigenen Laptop mit dem Holzhammer herunterfahren.

Es gibt noch einen ganz pragmatischen Grund für die Annahme, dass die stümperhaften Versuche des Geheimdienstes nur wenig Nützliches erbrachten. »Wenn die Wissenschaft wirklich Entdeckungen gemacht hätte«, sagt John Marks heute, »die so gut funktionierten, wie sie behauptete, wäre das nicht länger als ein oder zwei Jahre geheim geblieben. So etwas hält *niemand* geheim.«

Solche vernünftigen Schlussfolgerungen haben John Marks seither unter Konspirologen in den Ruf eines Handlangers der CIA gebracht. Sie glauben, dass es der Geheimdienst tatsächlich geschafft hat, eine Methode zur Schaffung willfähriger menschlicher Marionetten zu finden.

Doch der Geheimdienst will nicht, dass irgendjemand davon erfährt: *The Search for the Manchurian Candidate* war nur ein Deckmantel, um die Wahrheit zu verbergen. »Natürlich«, raunte mir ein Gesprächspartner vertraulich zu, »Sie wissen doch, dass Marks die ganze Zeit für die CIA gearbeitet hat!«

Man kommt nicht umhin, sich zu fragen, ob wir hier nicht endlich in der wahren Domäne der Gehirnwäsche angelangt sind: in der Arena der wahrhaft geistig Gestörten. Eine Reihe von psychischen Problemen löst Verfolgungswahn aus, und die Überzeugung, dass sich andere Menschen bösartig in ihre Gedanken einmischen, ist bei Schizophrenen nicht ungewöhnlich. In den Diskussionen einer »Überlebendengruppe« bei www.mindcontrolforums.com finden sich aufschlussreiche Beiträge von MKULTRA-»Opfern«, die Stimmen hören, Kopfschmerzen haben, nicht schlafen können oder sich seltsam fühlen. Ihre Berichte sind eine herzzerreißende Lektüre.

Das Opfer Davin Alan Beach ist überzeugt, dass seine Symptome von einem »ausgeklügelten System von computergesteuerten Bioimplantaten entlang vieler meiner Hirnnerven« ausgelöst werden. Damit ist er nicht allein: Eine ganze Reihe von Forumsteilnehmern klagt über Implantate, entweder in ihrem Hirn oder ihren Zähnen. Johan Heller erhält Botschaften vom US-Militär: »Es ist eine Stimme, die ich im Kopf spüre«, schreibt er, »und die mir befiehlt, mich vor einen Lkw zu werfen und mich umzubringen.« Auch »JD« hört Stimmen. Als seine Familie ihn zur Behandlung in die Psychiatrie brachte, tat er so, als akzeptiere er die Diagnose seines Psychiaters, um entlassen zu werden. »Nun bin ich als schizophren etikettiert«, schreibt er, aber »ich weiß, dass ich keine Schizophrenie habe, sondern vollständige Körper- und Hirnimplantate …, doch niemand glaubt mir.«

Natürlich bedeutet die Tatsache, dass »Gehirnwäsche« eine literarische Prägung des Kalten Krieges war, nicht, dass der Ausdruck überhaupt keinen Gehalt hätte. Wie die Forscher Robert Jay Lifton, Edgar Schein und Margaret Singer gezeigt haben, gibt es *tatsächlich* Techniken, die sich für einen Angriff auf den Geist einsetzen lassen, um Menschen zu zwingen, ihre Überzeugungen zu revidieren. Aber dennoch ist Gehirnwäsche vor allem eine behagliche Gute-Nacht-Geschichte, die uns allen ein besseres Gefühl verschafft – ein Mythos, der sich schon vor Jahren hätte überlebt haben müssen, dessen Macht indes stark genug ist, um sich immer wieder zurückzumelden. Wenn wir Angst hatten oder unsicher waren, haben wir ihn wieder hervorgeholt, um Phänomene wegzuerklären, die uns beunruhigten. In den 50er und 60er Jahren waren es die Russen, in den 70er Jahren neue religiöse Kulte und Werbeagenturen. In den 80er Jahren war es Hardrock. Wie Batman kam die Gehirnwäsche herbeigeschwebt, um uns zu retten. »Es ist nicht eurer Fehler«, sagte sie uns. »Es gibt nichts, was ihr hättet tun können. Ihr seid nicht verantwortlich: Ihr seid nur Opfer.« Natürlich war das genau das, was wir hören wollten – daher haben wir ja so häufig Zuflucht zu dem Begriff genommen. »Es war eine kulturelle Manifestation der Zeit«, sagt Robert Jay Lifton, »und wir sind damit noch nicht durch – keinesfalls.«

Heute wird die »Gehirnwäsche« abermals entstaubt und mit einem frischen Anstrich versehen. Dieses Mal besteht die Bedrohung in einer besinnungslosen Verquickung von Terrorismus und Religion. Warum sollte irgendjemand das World Trade Center in Schutt und Asche legen wollen? Wie konnten diese Leute uns das antun? Liegt es an den ihnen verheißenen Jungfrauen und Strömen aus Wein? Es muss doch einen *Grund* dafür geben.

Den gibt es selbstverständlich. Es gibt eine Menge Gründe, nur heißt keiner davon »Gehirnwäsche«. Aber ich muss das ja auch sagen, nicht wahr? Ich arbeite für die CIA. Genauso wie mein Verlag. Wie wir *alle*.

390

Epilog | »Die Wahrheit. In der kürzestmöglichen Zeit«

Bei der Recherche dieses Buches kam immer wieder die Frage nach den Verhörmethoden der Amerikaner: Was ging in Guantánamo vor sich? Was in Abu Ghraib? Wie funktionierte das? Woher kam es? Wer hat es getan? Im Folgenden will ich versuchen, einige dieser Fragen zu beantworten.

Hier ist ein Spiel, das Sie daheim spielen können. Stellen Sie sich vor, Sie sind Geheimagent und werden mitten in der Nacht vom Klingeln Ihres Diensttelefons aus dem Schlaf gerissen. Soeben sind drei Terroristen verhaftet worden. Alles weist darauf hin, dass sie eine Bombe in der Londoner City deponiert haben. Sie wissen nicht, welcher Art diese Bombe ist, wo sie sich befindet oder wann sie detonieren wird. Was Sie jedoch wissen, ist, dass die Londoner City ein Finanzzentrum ist, dass dort 300 000 Menschen arbeiten und in nur sieben Stunden die Hauptverkehrszeit einsetzt. Sie wissen ebenfalls, dass keiner der verhafteten Männer der Polizei auch nur ein Sterbenswörtchen sagen wird.

Wie bringen Sie diese Verhafteten dazu, das Bombenversteck zu verraten? Bitten Sie sie nett um Auskunft? Oder stürmen Sie wie Kiefer Sutherland alias Jack Bauer in der amerikanischen TV-Serie *24* in den Vernehmungsraum, zerschießen einem von ihnen die Kniescheiben und treten ihn mit den Füßen? Vergessen Sie nicht, dass auch diese Leute Rechte haben. Doch andererseits: Was ist mit den Menschen, in deren Büro die Bombe versteckt ist? Haben die keine Rechte?

Die Uhr tickt. Was tun Sie jetzt?

Verhörspezialisten sind eine seltene Spezies. Oberstleutnant Robin Stephens, Leiter der Einheit für Agentenverhöre im Camp 020, dem Gefängnis des MI5 in der Nähe von London, und wahrscheinlich der erfahrenste britische Vernehmer des Zweiten Weltkriegs, wusste, wie schwer es in dieser Branche ist, gutes Personal zu finden. »Ein Verhörspezialist«, schrieb er in einem geheimen Bericht über die Aktivitäten der Einheit, »wird geboren und nicht ausgebildet.«

Laut Stephens braucht ein erfolgreicher Vernehmer eine Reihe spezifischer Eigenschaften. Es kommt entscheidend auf die Persönlichkeit an, insbesondere auch auf die sprachlichen Fähigkeiten. Er braucht Erfahrung, gesunden Menschenverstand, ein weites Interessensspektrum und die Fähigkeit, sich in die unterschiedlichsten Menschen hineinversetzen zu können. Doch die Haupteigenschaft ist einfach: »ein unerbittlicher Hass auf den Feind«. Dieser Hass nährt die Aggression des Vernehmers und verleiht ihm die »erbarmungslose Entschlossenheit«, die notwendig ist, um einen Spion zu brechen, wie lange das auch dauern mag. Laut Stephens – der wegen seines dicken Monokels den Spitznamen »Tin Eye« (»Blechauge«) trug – fanden sich solche Leute nicht alle Tage. So selten waren sie im MI5, dass man »ihre Gesamtzahl während des Krieges an den Fingern einer Hand abzählen konnte«.

Rechtsanwälte – von denen man hätte erwarten können, dass sie die besten Verhörspezialisten abgeben würden – erwiesen sich als nutzlos. Sie waren zu analytisch, zu abwägend. Denn hier geht es nicht um interessante juristische Debatten, sondern um die »Wahrheit in der kürzestmöglichen Zeit«. Logische Analyse ist schön und gut, aber gemeinhin kommt es auf einen wendigen Kopf mit der Fähigkeit einseitigen Denkens an. »Der Vernehmer arbeitet sich durch Paradoxe voran«, schrieb Stephens. »Er erwartet das Unerwartete.«

Seine Darstellung klingt einleuchtend. Verhörspezialisten *sind* eine seltene Spezies. Es ist schwer, sie aufzuspüren, und noch schwerer, sie zu überreden, über ihre Methoden zu sprechen. Aber dann, wenn einem beides gelingt, stellt man fest, dass sie überraschend normal sind. Keine Reißzähne. Und kein Respekt für die Ansicht des alten Falken vom MI5, dass sie »geborene«, keine ausgebildeten Supermänner seien, geschult in der dunklen Kunst der Wahrheitsextraktion.

»Quatsch!«, sagt Chris Mackey, ein hochrangiger Verhörspezialist der US-Armee auf den Luftwaffenstützpunkten Kandahar und Bagram in Afghanistan. »Das wird in der Öffentlichkeit so wahrgenommen. Ich halte es überhaupt nicht für eine dunkle Kunst. Das war es nie. In der ganzen Zeit unserer Ausbildung und Vorbereitung ... hatten wir nie das Gefühl, etwas Unheimliches zu treiben.«

John Hughes-Wilson, ein ehemaliger Verhörspezialist vom Army Intelligence Corps, dem britischen Militärgeheimdienst, stimmt zu: »Es hat sich eine Tradition herausgebildet, eine Populärvorstellung, wie Verhöre so ablaufen: schwarze Handschuhe, Gummischläuche, Schläge auf die Fußsohlen.« Doch das sei nicht zutreffend. »Nach meiner Erfahrung – die sich auf Nordirland und die Ausbildung von Leuten im MI5, MI6 und den Spezialkräften beschränkt – werden die meisten Verhörspezialisten bestätigen, dass Menschen in der Regel mit einem sprechen, wenn sie einen sympathisch finden.«

Sympathie war auch der Schlüssel zur Verhörtechnik von Roy Giles, der 1963 von der britischen Armee zum einschlägigen Spezialisten ausgebildet wurde. Für Giles bestanden die Hauptwaffen seines Arsenals nicht in Brutalität, Zangen oder elektrischen Klemmen, sondern in guten Manieren, ein paar Gläsern und einer Flasche Scotch. »Meiner Ansicht nach«, sagt er, »war das sehr gut. Und ich bin dabei geblieben.«

Drei verschiedene militärische Verhörspezialisten, drei verschiedene Generationen – und die gleiche Aussage. Die meisten nachrichtendienstlichen Vernehmungen finden an öffentlichen Orten statt: in Kneipen, Parks und Restaurants bei Kaffee, Bier und Knabbereien. Idealerweise merkt das Vernehmungsobjekt nicht einmal, dass es vernommen wird. Es weiß nicht, für wen der Vernehmer arbeitet oder ob er überhaupt arbeitet. Es wähnt sich in dem Glauben, nur ein kleines Pläuschchen zu halten. Vernehmer, die diese Art von Operationen durchführen, sind praktisch mit Journalisten vergleichbar, die für ihre Zeitungen nie publizierte Artikel schreiben. Die Ähnlichkeit zwischen recherchierenden Journalisten und Nachrichtendienstoffizieren auf der Jagd nach Informationen ist der Grund, warum sich Letztere so oft als Erstere ausgeben. Das sollen sie natürlich nicht. Aber es funktioniert.

✍

Unglücklicherweise jedoch werden *Ihre* drei Verdächtigen kaum auf Scotch, Knabbereien oder die Versicherung hereinfallen, dass Sie Zeitungsjournalist sind. Wenn sie gerade eine Bombe gelegt haben, werden sie in der Regel überhaupt nicht reagieren. Was Sie vor ein Problem stellt: Wie bringen Sie sie zum Reden? »In einer perfekten Welt«, sagt Hughes-Wilson, »wo wir uns alle von zutiefst freiheitlichen Überzeugungen leiten lassen, setzen wir uns hin und sagen: ›Wären Sie so nett, uns etwas über die Pulsfrequenz des Radars zu erzählen?‹, woraufhin er antwortet: ›Verpiss dich!‹, woraufhin du erwiderst: ›Ach, bitte, sagen Sie es uns doch! Wir möchten es *so* gerne wissen!‹ Traurigerweise ist die wirkliche Welt nicht so. Sie war es nie und wird es nie sein.«

In mancher Hinsicht ist die Situation am krassesten, wenn man jemanden auf frischer Tat ertappt hat. Eingesperrte Verdächtige sind ihren Häschern selten wohlgesonnen. Sie verlangen vielleicht einen Anwalt, werden ausfallend oder sagen keinen Ton. Und sobald sie erkennen, dass man sie grillen will, überlegen sie sich sofort eine Widerstandtaktik.

Die Fronten sind abgesteckt. Der Verdächtige möchte diese Schlacht aus einer Reihe von Gründen nicht verlieren, nicht zuletzt deshalb, weil niemand gerne den Kürzeren zieht. Wenn ein Verdächtiger in Haft genommen wird, stärkt dies sehr wahrscheinlich seine Entschlossenheit, sich in Schweigen zu hüllen. Und das geschieht gerade auch bei den drei Burschen, die sich in Ihrem Gewahrsam befinden.

Zu Ihrem Glück haben Sie eine kurze Phase lang gute Karten. Die meisten Menschen, die in kriminelle Handlungen verstrickt sind, rechnen nicht damit, gefasst zu werden. Wenn das doch geschieht, werden sie von Panik übermannt – eine Befindlichkeit, die Verhörspezialisten als »Inhaftierungsschock« bezeichnen. »Das ist so ähnlich wie bei Ihnen«, erklärt ein anderer ehemaliger Verhörspezialist des britischen Militärgeheimdienstes, »wenn Ihnen jemand sagte: ›Ihr Oberboss möchte Sie Montagmorgen um neun sehen.‹ Sie verbringen das gesamte Wochenende damit, sich zu fragen, warum er Sie sprechen will. Ihr Herzschlag beschleunigt sich, und Sie kriegen feuchte Hände.«

Niemand auf dem Schlachtfeld ist wohl defensiver als ein Kriegsgefangener. Er weiß nicht, was mit ihm geschehen wird, wann er seine Familie wiedersieht, wann er seine nächste Mahlzeit erhält oder etwas zu trinken bekommt. »Er weiß nur eines«, fährt der Geheimdienstler fort, »dass er in der Hand des Feindes ist. Das ist alles, was er weiß. Und es ist, offen gesagt, eine bestürzende Erfahrung.«

Während sich der Gefangene in diesem Zustand befindet, lässt er sich vergleichsweise leicht zu allem möglichen überreden. Das ist der Augenblick, in dem der Vernehmer über ihn herfallen muss. Er muss jede ihm mögliche Technik nutzen, um den Schockzustand in die Länge zu ziehen, damit er an die Informationen herankommt, über die der Gefangene verfügt, bevor sich dieser zusammenreißt und seine Widerstandskraft mobilisiert. Um sich den Inhaftierungsschock maximal zunutze zu machen, greift zum Beispiel die Polizei vorzugsweise in den frühen Morgenstunden auf Verdächtige zu, wenn sie müde sind und die Verhaftung sie am meisten überrascht. Je größer der Schock, den die Festnahme auslöst, desto größer die Verwirrung und Angst und desto geringer die Chance wirkungsvollen Widerstands.

In Afghanistan wurden Al-Qaida-Verdächtige mit Kapuzen über dem Kopf in die Stützpunkte Bagram und Kandahar eingeliefert, sie durften nicht miteinander sprechen und wurden rüde behandelt. So wollte man verhindern, dass sie sich gegenseitig Mut machten, und ihnen ihre Ohnmacht demonstrieren. Aus den Transportmaschinen entladen, wurden sie an allen vieren mit dem Gesicht nach unten einer nach dem anderen in einen Aufnahmebereich mit einem auf den Boden gezeichneten farbigen Viereck getragen. Dort mussten sie stillstehen, während Militärpolizisten ihnen mit Scheren die Kleider vom Leib schnitten, bis sie nackt waren.

Dafür gab es zwei Gründe. Der erste war ein rein praktischer. Viele Männer der Taliban, die ein raues Leben in der Wüste geführt hatten, waren mit Parasiten übersät und mussten erst gewaschen und entlaust werden, bevor sie in die Zellen gebracht werden konnten. Doch wichtiger war der zweite. Gewaltsam vor den eigenen Häschern entkleidet zu werden, ist eine erniedrigende – und angsteinflößende – Erfahrung. Es machte den Gefangenen klar, in welchen Schwierigkeiten sie steckten, und bereitete die Bühne für die Verhöre vor.

Gefangene anzubrüllen und herumzuschubsen ist aber nicht die einzige Möglichkeit, den Schock der Gefangenschaft zu verlängern. Schweigen kann genauso nervtötend sein. »Eines der wichtigen Dinge, die wir geheim zu halten versuchten«, erzählt Hughes-Wilson, »ist, dass die Vernehmung die meiste Zeit schweigend verläuft. Wenn man in einem Hochsicherheitsgefängnis von Profis verhört wird, herrscht dort *absolute* Stille.« Der Gefangene könnte die Stille so deuten, dass ihm niemand Aufmerksamkeit schenkt. Tatsächlich ist das Gegenteil der Fall: Jeder richtet seine Aufmerksamkeit auf ihn.

Der Schock der Gefangenschaft wird weiter verlängert, indem man alles entfernt, was den Gefangenen an seine Identität oder seinen Rang erinnern könnte. Die Entfernung persönlicher Gegenstände wie Uhren und Eheringe ist für ihn, der nicht weiß, ob er sie jemals wiedersehen – oder sogar, ob man ihn am Leben lassen – wird, in der Regel deprimierend, häufig sogar schmerzlich. Und dann wird er in die Gefängnistracht gesteckt. Die britische Armee benutzt meist unförmige Overalls in Übergröße; auch die CIA empfiehlt, dafür zu sorgen, dass die Kleidung »ein oder zwei Nummern zu groß ist, und keinen Gürtel dazuzugeben, damit er seine Hose festhalten muss«. Es kann auch hilfreich sein, den Gefangenen kahl zu scheren. Der Grund dafür ist, wie das sogenannte KUBARK-Verhörhandbuch der CIA* von 1963 erläutert, dass »das Identitätsgefühl eines Menschen auf der Kontinuität seiner

* Das Handbuch wurde 2007 auf Initiative einer Bundestagsabgeordneten der Linken ins Deutsche übertragen: *KUBARK. Nachrichtendienstliche Vernehmungen*, 2007, unter: http://www.ulla-jelpke.de/uploads/Kubark.pdf. Übersetzung der hier angeführten Zitate von mir. (A.d.Ü.)

Umgebung, Gewohnheiten, Erscheinung … etc. beruht. Die Inhaftierung erlaubt es dem Vernehmer, diese Verbindungen zu kappen und den Verhörten auf seine bloßen inneren Ressourcen zurückzuwerfen.«

Verhörte müssen einen guten Grund zum Reden erhalten. Bei Kriminalfällen mag da das Versprechen von Straffreiheit helfen, oder es gelingt womöglich, an das Moralgefühl des Vernommenen zu appellieren. Im Krieg und in der Welt der Geheimdienste sind jedoch Gefangene, die mit dem Feind reden, Verräter. Sie müssen nicht nur hohe Strafen für Landesverrat befürchten, sondern werden auch ihre Kameraden nicht ausliefern wollen.

Das Gleiche gilt wahrscheinlich auch für Ihre drei verdächtigen Bombenleger. Sie würden lieber sterben, als Ihnen zu helfen. Wenn das so ist, werden Sie etwas Druck ausüben müssen, um sie zu *überreden*, dass es in ihrem eigenen Interesse liegt, auszupacken. Das gelingt am besten durch Stress.

Es gibt alle möglichen Arten, Verhörte unter Stress zu setzen. Fast alles, was sie aufbringt oder quält, eignet sich dazu. Der KGB-Offizier Juri Nosenko musste zum Beispiel längere »medizinische« Untersuchungen über sich ergehen lassen, bei denen CIA-Mitarbeiter in sensible Körperteile eindrangen. Aber Ärzte sind nicht erforderlich. Dem in Kandahar arbeitenden Verhörspezialisten Chris Mackey wurden verschiedene Techniken beigebracht, seine Gefangenen zu irritieren und ihren Stress zu erhöhen. »Bei der Aufnahme ins Lager«, erzählt er, »legte man alle persönlichen Gegenstände der Gefangenen auf einen Tisch, während sie nackt dastanden. Also stehen sie da, bereit, in den Käfig, die Zelle zu wandern. Dann sagt man ihnen: ›Gut, Sie dürfen drei Dinge auf diesem Tisch auswählen.‹ Sie werden aufgefordert, sie zu holen, und jeder greift sich, was immer er haben will. Dann nimmt man ihm die Sachen weg und sagt: ›Die können Sie nicht haben. Suchen Sie sich die nächsten drei aus.‹ Das haben wir bei all unseren Übungen gemacht, und, *Mann*, hat das die Leute scheißwütend gemacht. … Sehr nützlich.«

Andere Techniken, um den Leidensdruck des Gefangenen zu erhöhen, sind etwa: Kälte ebenso wie übergroße Hitze, noch besser beides in kurzer Folge, eine schmutzige Zelle, die Anwesenheit von Nagetieren und Ungeziefer. Und wenn Sie schon dabei sind, sollten Sie dafür sorgen, dass die Häftlinge nur fade, geschmacklose Mahlzeiten bekommen, die sie gerade so am Leben erhalten, damit sie nichts haben, worauf sie sich freuen können.

Der beste Stressfaktor ist Angst. Deshalb dürfen militärisch oder geheimdienstlich Verhörte nie mit ihren Kameraden sprechen, um sich zu entspannen oder zu erfahren, was vor sich geht. Angst ist auch ein guter Grund, ihnen Kapuzen überzuziehen: Blind zu sein ist beängstigend, da man eine Treppe hinunterfallen oder gegen eine Wand – oder in eine Faust – laufen könnte. Wann immer sie verhört werden, sollte man sie permanent stressen. Zu allen Zeiten sollen sich die Gefangenen in ihren Zellen darüber Sorgen machen, was als Nächstes mit ihnen geschehen wird. Auf diese Weise verstärken die Häftlinge ihre Angst selbst und ersparen dem Vernehmer Zeit und Arbeit. Manchmal ist es angezeigt, einen Gefangenen grob zu behandeln und ihn dann mit sich selbst allein zu lassen – vorzugsweise an einem sehr unbequemen Ort –, um über seine Lage nachzugrübeln. Manchmal ist es auch hilfreich, ihn müde zu halten. Am leichtesten gelingt das, indem man ihn am Schlafen hindert, etwa durch nächtelangen großen Krach oder eine grelle Lampe in der Zelle. Beim ersten Anzeichen, dass er dennoch einschläft, geht man in seine Zelle, schüttelt ihn und fragt, ob er wach ist. Wenn die Zelle kein natürliches Licht hat (sie sollte keines haben), wird es nicht lange dauern, bis er jedes Zeitgefühl und damit sein Realitätsgefühl einbüßt. Seine biologische Uhr gerät aus dem Rhythmus. Hat er Stunden geschlafen? Oder nur Minuten? Was für ein Tag ist heute? Er hat keine Ahnung – und dieser Mangel an Gewissheit ist extrem belastend. Ein Teufelskreis: Je erschöpfter der Verhörte ist, desto schwerer wird es ihm fallen, sich zu konzentrieren und zusammenzureißen, und desto stärker wird er sich bei diesem Versuch weiter verausgaben.

Das KUBARK-Verhörhandbuch schlägt auch vor, den Gefangenen stundenlang in einer Ecke stehen oder in einer Stressposition verharren zu lassen, zum Beispiel in der Hocke mit den Händen auf dem Kopf. CIA-Forschungen der 50er und 60er Jahre haben gezeigt, dass Situationen, in denen Individuen *sich selbst* physische Schmerzen zufügen (durch fortgesetztes Stehen zum Beispiel) häufig effektiver sind, um Geständnisse zu erreichen, als solche, in denen der Vernehmer seinem Opfer direkt durch Schläge Schmerzen zufügt. Wenn man einen Menschen, der nicht aussagen will, Stunde um Stunde stehen lässt, ist es seine eigene Sturheit, die ihm Schmerzen bereitet, und man kann ihm das sehr vernünftig nahebringen, indem man es als Ergebnis seiner Unnachgiebigkeit präsentiert.

In allen diesen Situationen ist es entscheidend, dem Verhörten klarzumachen, dass es eine Alternative zu diesen Torturen gibt. »Sie können alledem ein Ende bereiten, indem sie mit Ihnen reden«, erklärt der ehemalige Verhörspezialist der britischen Streitkräfte. »Ganz einfach! Alles, was sie tun müssen, ist, ihre Hand zu heben: ›Ich möchte mit einem Vernehmer sprechen.‹ – ›Aber natürlich! Begleiten Sie uns! Schöne Tasse Tee! Sobald Sie fertig sind, kommen Sie in ein hübsches Lager, wo auch immer. Kein Problem.‹ Man benutzt die verschiedenen Methoden«, fährt er fort, »um ihn zu brechen, ihn zum Reden zu bringen, um ihn zu überzeugen, dass Widerstand wirklich vollkommene Zeitverschwendung ist: ›Je größer Ihr Widerstand, desto unbequemer wird Ihr Leben werden. Deshalb: Reden Sie mit mir. Machen Sie uns jetzt das Leben leicht.‹« Indem Sie dem Gefangenen seine Unterwerfung als unumgänglich präsentieren, stellen Sie ihn vor eine klare Wahl: Die Behandlung kann monatelang so weitergehen, oder er kann sie hier und jetzt beenden. Wenn Sie richtig mit ihm umgehen, müssen Sie ihm nicht lange erklären, was er zu gewinnen hat, denn das wird er früh genug selbst merken.

»Das Ziel«, sagt John Hughes-Wilson, »ist es, sich bis zu dem Punkt vorzuarbeiten, an dem der Gefangene Ihnen alles sagen *will*, weil er keinen anderen Weg mehr sieht. Was meiner Erfahrung nach üblicherweise geschieht, ist nicht, dass die Leute heulend zusammenbrechen und sagen: ›Ich sage Ihnen alles, was Sie wissen wollen!‹ Es ist eher so wie bei einem überlangen Marathon. Ihnen geht der Dampf aus. Sie sind einfach müde, sie sind von allem so ausgepumpt. Ihnen sind keine Lügen mehr geblieben, die Sie noch erzählen können.«

⸺

Wenn Sie in den letzten Jahren Zeitung gelesen haben, werden Ihnen die meisten dieser Methoden bekannt vorkommen: Sie alle finden Anwendung im so genannten Krieg gegen den Terrorismus. Aber lassen Sie sich nicht täuschen: Es sind keine Erfindungen des 21. Jahrhunderts.

Die meisten Methoden zur Erzeugung von Stress, die in Guantánamo und anderen amerikanischen Verhörzentren zurzeit eingesetzt werden, gehen schon auf das 13. Jahrhundert zurück. Nikolaus Eymerich, Großinquisitor von Aragon, schilderte viele davon in *Directorium inquisitorium*, seinem Handbuch über die Folter aus dem 14. Jahrhundert. Jakob Sprenger und Heinrich Kramer griffen das Thema in ihrem *Hexenhammer* (1486) auf – ein Standardwerk für die nächsten 200 Jahre. Angst, fortgesetztes Stehen, schlechte Ernährung, Unsicherheit: Das alles gehörte dazu. Dem italienischen Rechtsgelehrten Hippolytus de Marsiliis aus dem 15. Jahrhundert wird die Erfindung des Schlafentzugs als Verhörtechnik zugeschrieben. *Tormentum insomniae*, die Folter der Schlaflosigkeit, wurde im 16. und 17. Jahrhundert in Großbritannien eingeführt, wo man sie nicht nur äußerst wirkungsvoll fand, sondern auch zu schätzen wusste, dass sie keine verräterischen Narben hinterließ. Eine spätere Version beschrieb der französische Rechtsgelehrte Jean de Grèves: Einer der Nasenflügel des Gefangenen wurde durchbohrt und ein mit Teer imprägnierter Zwirnfaden daran festgebunden. Auf diese Weise konnte man das Opfer durch einen einfachen Ruck von außerhalb der Zelle wach halten. Grèves zufolge hielten weniger als zwei von 100 Gefangenen diese Behandlung durch, ohne zu gestehen.

Die Sowjets machten sich die Entdeckungen der Inquisitoren zunutze und entwickelten unmittelbar nach der Revolution ein System namens »großer Konveyer« (Fließband), bei dem permanent wechselnde Schichten von »Untersuchungsrichtern« die Verhörten so lange grillten, bis sie zusammenbrachen. »Der Druck des Konveyers wirkt lautlos, automatisch«, berichtete Alexander Weißberg-Cybulski, ein Opfer der stalinistischen Folter. »Der Untersuchungsrichter muss sich nicht anstrengen. Er kann warten. Die Zeit ist sein Bundesgenosse. Der Angeklagte sieht kein Ende der Qual.« Nach fünf Tagen dieser Behandlung – ohne Schlaf – hatte er das Gefühl, als sei seine »Leistengegend in einen Schraubstock gepresst«. Er fing an zu halluzinieren und erblindete teilweise. Als man ihn anwies, sich auf einen niedrigen Hocker zu setzen, fiel er mehrfach um. Nach 140 Stunden kapitulierte er.

Stressmethoden in allen Variationen – das ist die Option der amerikanischen und britischen Verhörspezialisten, die seit dem Zweiten Weltkrieg ziemlich gut gelernt haben, wie diese Methoden funktionieren. Gerade in Kombination entfalten die Stressmethoden sehr heftige Wirkungen. Sie führen zu Erschöpfung, die sich in Kurzatmigkeit und Hyperventilation manifestiert, was wiederum vermehrten Stress und größere, nie durch Schlaf gelinderte Erschöpfung bewirkt. Kapuzen erhöhen das Stressniveau weiter: Die Angst wächst, das Opfer schwitzt noch mehr und braucht noch dringender Ruhe. Mit der kombinierten Anwendung dieser Techniken gerät das Verhöropfer in einen Teufelskreis, in dem alles, was es tut, sein Grauen steigert. Sein Geist fängt an, sich selbst zu zerfleischen. Die einzige Lösung ist diejenige, die der Vernehmer will: völlige Unterwerfung.

Klingt unangenehm, nicht wahr? Gehören Sie zu denen, für die stundenlanges Wandstehen, Reiz- und Schlafentzug, Reizüberflutung durch blitzende Lichter und weißen Lärm, Verweigerung von Toilettengängen, Isolationshaft, Verwirrung von Gewohnheiten, Aushebelung von Handlungsroutinen, Irritationen des Realitätssinns, Minderversorgung mit Nahrung – für die all das nur einen Schritt von echter Folter entfernt ist? Oder wären Sie bereit, diese Methoden einzusetzen? Unter welchen Umständen? Denken Sie daran: Es gibt irgendwo in der Londoner City eine Bombe, und Sie haben nicht viel Zeit, sie zu finden. Wie weit wären Sie bereit zu gehen, um Ihre drei Verdächtigen zum Reden zu bringen? Wenn Sie nicht den Mut haben, den Schock ihrer Gefangenschaft auszubeuten, werden Sie es schwer haben, ihnen Informationen zu entlocken. Und Sie werden *hassen*, was dann passiert.

Interessanterweise besteht heutzutage das Ziel der Stressausübung jedoch nicht einfach darin, bei den Verhörten maximales Unwohlsein zu erzeugen, sondern sie soll – dem KUBARK-Handbuch zufolge – auch dazu dienen, eine Beziehung zwischen dem Vernehmer und seinem Opfer zu erzwingen. Im Idealfall soll diese Beziehung der »Übertragung« entsprechen, die zwischen Psychoanalytikern und ihren Patienten stattfindet. Ausreichend schwerem Stress ausgesetzt, fängt ein Opfer nämlich an, in seinem Häscher eine Vaterfigur zu sehen, den einzigen Menschen, der sein Leid beenden könnte. Wenn das geschieht, versucht es verzweifelt, den Vernehmer zufrieden zu stellen. In dem CIA-Dokument heißt dieses Phänomen »Regression«. Wenn dieser Zustand erreicht ist, kann sich zwischen Vernehmer und Verhörtem sogar eine starke Zuneigung entwickeln.

Eine Stressmethode, mit der sich jedoch die wechselseitige Zuneigung keinesfalls fördern lässt, ist Erniedrigung, sexuelle Demütigung. John Hughes-Wilson erinnert sich an eine alte Kamelle des Verhörresistenztrainings der britischen Spezialkräfte. »Man holt eine Ärztin herein«, erzählt er, »und lässt sie den splitternackten Kandidaten untersuchen. Die zieht ihren Stift heraus, hebt seinen Penis damit an und lässt ihn wieder fallen. Dann blickt sie der betreffenden Person lächelnd in die Augen und sagt zum Sekretär hinter dem Schreibtisch: ›Klein.‹«

Sexuelle Erniedrigung bei Verhören kann besonders bei Arabern wirkungsvoll sein, da Sexualität bei ihnen mit stärkeren Tabus belegt ist als im Westen. Erik Saar, ein Dolmetscher aus Guantánamo, erinnert sich an einen winzigen Minirock und Damenunterwäsche im Büro eines zivilen Auftragnehmers der Armee. Die Kleidung gehörte einer Verhörspezialistin, die damit spärlich bekleidet zu saudi-arabischen Gefangenen in die Verhörzellen ging, um sie zu provozieren. Ein anderer Dolmetscher erinnert sich, dass sie einmal ein gesamtes Verhör nur in Büstenhalter und Tanga führte.

Der amerikanische Verhörspezialist Chris Mackey setzte 2002 in Afghanistan eine modifizierte Version dieser Methode auf den Stützpunkten von Kandahar und Bagram ein. Er ließ bewusst eine junge Soldatin den Tascheninhalt der Gefangenen durchsuchen, während diese nackt vor ihr standen und entlaust wurden. »Ich stellte sie vor die Wand, eindeutig weiblich angezogen«, sagt er. »Ich ließ sie ihr Haar als Pferdeschwanz, nicht als Dutt tragen. Sie sah feminin aus. Sie stand da und filzte den Tascheninhalt. Es *machte die Gefangenen wahnsinnig*!« Obwohl die betreffende Soldatin ausdrücklich Befehl hatte, den Gefangenen ständig den Rücken zuzukehren, um nicht ihre nackten Körper zu sehen, fanden die Araber diese Erfahrung furchtbar.

Gibt es denn in der Genfer Konvention keinen Passus über die Erniedrigung von Gefangenen? Mackey glaubt, sein Vorgehen sei vertretbar gewesen, weil die Soldatin die Verhörten nicht anschaute. »An einem Punkt fand sie etwas unter den Tascheninhalten und drehte sich zu mir um, um es mir zu zeigen. ›*Das* würde ich nicht erlauben‹, sagte sie. Ich erwiderte: ›Was immer Sie finden, drehen Sie sich nicht um. Rufen Sie es mir einfach zu.‹« Der amerikanische Verhörspezialist meint, dass es letztlich einen gewaltigen Unterschied mache, ob eine Frau anwesend sei, um die Männer nervös zu machen oder um sie zu demütigen. Ersteres sei akzeptabel, Letzteres nicht.

Eine besondere und mitnichten neue Methode der Erniedrigung ist es auch, einem Gefangenen den Gang zur Toilette zu verweigern. Alexander Scotland, in den 40er Jahren Befehlshaber eines britischen Geheimgefängnisses, des so genannten »London Cage« (Londoner Käfig)*, schrieb später: »Manchmal ließen wir sie rund um die Uhr stehen. Wenn ein Gefangener pinkeln wollte, musste er es da und dort machen, in seine Hose. Das war überraschend effektiv.«

Ist sexuelle Erniedrigung hinnehmbar? Ist es hinnehmbar, wenn jemand gezwungen wird, sich selbst vor anderen zu besudeln? Wie weit wären Sie bereit zu gehen, um bei Ihren drei Verdächtigen zum Erfolg zu kommen? Würden Sie die Regeln brechen? Wenn Sie es tun, treten Sie ihre Rechte womöglich mit Füßen.

~

* Nach dem Krieg wurden dort mutmaßliche deutsche Kriegsverbrecher und Sowjetspione verhört. (A.d.Ü.)

Nehmen wir an, Sie haben unter Einsatz aller verfügbaren Stresstechniken Ihre Bombenleger weichgeklopft. Sie sind erschöpft und isoliert, sie frieren und haben Angst. Sie sind damit in einem perfekten Zustand für den nächsten Schritt: das Verhör. Wenn Sie sich jetzt nicht über Ihre Strategie im Klaren sind, dürften Sie jedoch kaum etwas aus ihnen herausholen. »Nur ein Novize«, schrieb Tin Eye Stephens vom MI5, »wird ungewappnet in ein Verhör gehen.« Wissen Sie nichts über Ihre Verdächtigen? Dann haben Sie keine Möglichkeit, den Wahrheitsgehalt ihrer Aussagen zu überprüfen, was die sich sofort zunutze machen werden – und Sie hinters Licht führen. »PLANUNG«, schrieb Stephens in Großbuchstaben. »Es *muss* eine geben.«

Trotz aller Vorbehalte und durchaus schlechter Erfahrungen versuchen die Geheimdienste immer wieder, sich durch Spitzel Informationen über ihre Gefangenen zu verschaffen. Einer der bekannt gewordenen Spitzel im »Krieg gegen den Terror« ist der Kanadier Abdurahman Khadr. Im Juli 2002 unterschrieb Khadr, der in Afghanistan gefangen worden war, einen Vertrag mit der CIA über 5000 Dollar in bar und weitere Zahlungen von 3000 Dollar monatlich. Er wurde gefesselt zum Stützpunkt Bagram gebracht und mit einer Frachtmaschine nach Guantánamo geflogen, wo er mit widerspenstigen Insassen reden sollte, um herauszufinden, was sie einem Mitgefangenen verraten würden.

Die Operation schlug offenbar fehl. Obwohl er dem Geheimdienst bei der Identifizierung einiger Insassen half, war Khadr unfähig, auch nur einen davon zum Reden zu bringen, weder mit ihm noch mit ihren Vernehmern. Im Oktober 2003 wurde er auf eigene Bitte entlassen und verließ die CIA. Seither ist er zu einem der »verdammten Ärgernisse« geworden, vor denen Tin Eye Stephens schon vor Jahrzehnten so graute. Für den MI5-Veteran war ein Spitzel »ein verabscheuungswürdiger Charakter, bis zu einem gewissen Grad hinterlistig, dem beide Seiten misstrauten«. Khadr gab zahlreiche Interviews über seine Zeit in Guantánamo – anscheinend, weil er mehr Geld will. Ein Hollywoodfilm über seine Erlebnisse ist in Planung. Gerüchten zufolge soll Johnny Depp seine Rolle übernehmen. Stephens würde sich im Grab umdrehen.

☙

Egal, was Sie im Fernsehen gesehen haben: Verhöre sind eine Teamleistung. Der Vernehmer selbst ist nur der Fokus dieser Anstrengung – oder besser: der Diamantkopf einer Bohrstange. Der ganze Druck muss über ihn laufen, er muss Ungereimtheiten in der Geschichte aufspüren, in den bekannten Schwachstellen stochern, um sie zu vergrößern, und nach weiteren Schwächen suchen. »Wenn je ein Klischee gerechtfertigt war«, so wiederum Stephens, »dann in Bezug auf dieses Thema: Es ist ein Krieg, ein Nervenkrieg.«

Verhörhandbücher der amerikanischen Polizei empfehlen, so auf die Situation einzuwirken, dass man den größten psychologischen Vorteil aus ihr zieht. Die Verdächtigen sollen sitzen dürfen, aber nur in einem aufrechten, am Boden befestigten Stuhl. Vor dem Stuhl sollte ein Tisch stehen, auch er am Boden befestigt – ein bisschen zu weit entfernt, um dem Verdächtigen zu erlauben, bequem seine Arme darauf abzustützen. Der Vernehmer sitzt unterdessen in einem Drehstuhl mit Rädern, sodass er sich umherbewegen und er seine Arme nach Belieben auf den Lehnen ruhen lassen kann.

Klug greift der Verhörspezialist nach und nach auf die körperliche Privatsphäre des Häftlings über. Im Idealfall sollte er die Vernehmung in bequemer Entfernung beginnen, doch dann, wenn das Geständnis naht, mit dem Stuhl näher an den Verdächtigen heranrücken, bis er dessen »Intimzone« verletzt. Wenn die Zeit für ein volles Geständnis gekommen ist, wird der Vernehmer sein Knie zwischen den Beinen des Verdächtigen postiert haben, und die Gesichter der beiden werden sich nahezu berühren. Das ist für den Verdächtigen höchst unangenehm.

Die britische Armee lehrt vier hauptsächliche Herangehensweisen bei einem Verhör. Der Vernehmer kann rüde sein – brüllen und schreien – oder sich als wohlwollender Trostspender präsentieren. Er kann seinen Gegner mit seiner Langweiligkeit zermürben oder sich dumm stellen, um ihm eine Indiskretion zu entlocken. Diese Ansätze lassen sich beliebig mischen und auf den Charakter des Verdächtigen abstimmen. Reagiert er am besten auf Ermutigung oder Angst? Vor was hat er Angst? Brüllen oder Stille? In dem Moment, wo die Geschichte des Verdächtigen unter dieser Behandlung brüchig wird, und sei es auch nur geringfügig, muss er gezwungen werden, das Eingeständnis mit einer Unterschrift zu bestätigen, um es später nicht mehr abstreiten zu können. Selbst scheinbar kleine Bekenntnisse können später entscheidende Bedeutung erlangen. »Solche Eingeständnisse«, schrieb Tin Eye Stephens, »sind, eins ums andere, Meilensteine auf dem Weg zur Kapitulation. Der Druck muss aufrechterhalten werden.«

Das Gegenteil des »dummen Vernehmers« ist ein unerbittliches Feuerwerk von Fragen, die der Verdächtige unmöglich alle beantworten kann. Ein amerikanischer Kriegsgefangener in Korea erinnerte sich, wie gut die Technik bei ihm funktionierte: Nach einem Trommelfeuer von Fragen, die er nicht verstehen, geschweige denn beantworten konnte, bot man ihm eine einfache an. »Ich weiß, das hört sich jetzt seltsam an«, sagte er, »aber ich war ihnen wirklich dankbar, als sie ein Thema ansprachen, über das ich etwas wusste.« Eine abgewandelte Version dieser Methode, die das KUBARK-Handbuch der CIA empfiehlt, heißt »Alice im Wunderland«. In diesem Fall wird das Opfer brutal mit einer endlosen Serie absurder und sinnloser Fragen attackiert, um seine Erwartungen zu verwirren und seine Welt aus den Fugen zu bringen. »Die Verwirrungstechnik«, stellt das KUBARK-Handbuch fest, »zielt nicht nur darauf ab, das Vertraute auszulöschen, sondern es durch etwas Irrwitziges zu ersetzen.« Obwohl der Verhörte anfangs lachen mag, wird die Behandlung nach mehreren Tagen »mental unerträglich«, und bald wird er geneigt sein, etwas zu sagen, nur um dem unablässig auf ihn einstürmenden Aberwitz Einhalt zu gebieten. »Diese Technik«, bemerkt das Handbuch, »könnte besonders beim stur ordnungsliebenden Typus effektiv sein.«

Der Schlüssel, um die Zungen von Leuten zu lösen, die kein Wort sagen – Angehörige des Militärs etwa, die den Befehl haben, bei Verhören zu schweigen –, liegt darin, sie zur Preisgabe von Informationen zu überreden, die so unbedeutend sind, dass sie unmöglich geheim sein können. Solche kleinen Fehltritte dienen dann als Einstieg in ein Gespräch. Eine Möglichkeit, eine erste Indiskretion hervorzulocken, ist die Lüge. Die »Ärzte«, die medizinische Untersuchungen vornehmen, sind vielleicht keine wirklichen Ärzte; »Vertretern internationaler Menschenrechtsorganisationen« ist häufig nicht zu trauen; das Angebot, mit einer Postkarte die Familie daheim über das Wohlergehen des Häftlings zu verständigen, ist selten ehrlich gemeint. In dem Augenblick, wo ein Gefangener zugibt, dass er gerne seine Frau über seinen Aufenthaltsort verständigt wüsste, wird er um seine Heimatadresse, Telefonnummer und die Namen seiner Verwandten gebeten. Alle möglichen Informationen kommen so zum Vorschein, die sich später benutzen lassen, um Druck auszuüben.

Auch der Trick, den Anschein zu erwecken, das Verhör sei vorbei, funktioniert häufig wunderbar. Chris Mackey, der Verhörspezialist vom US-Stützpunkt in Kandahar, erinnert sich, dass er ihn bei einer Übung mit der britischen Armee in Europa einsetzte. Da keiner seiner »Verdächtigen« unter direkter Befragung aussagen wollte, verkleidete er sich als britischer Offizier, verkündete ihnen, dass die Übung vorüber sei, und gab ihnen ihre persönlichen Gegenstände zurück, nachdem er dafür gesorgt hatte, dass einige wichtige fehlten, etwa Geld, Personalausweise oder Uhren. Wenn die Männer sich beschwerten, wurde ihnen gesagt, sie sollten es einem Militärpolizisten melden. »Gut!«, erklärte der (eingeweihte) Polizist gebieterisch. »Füllen Sie eine Meldung aus!« Mackey lacht beim Gedanken an die Geschichte. »›Wie heißen Sie?‹ – ›Colin Hewitt.‹ – ›Einheit?‹ – ›34th Hampshires.‹ – ›Was haben Sie im Feld gemacht?‹ – ›Minen gelegt.‹ – ›Welche Art von Minen?‹ – ›Wozu müssen Sie das wissen?‹ – ›Für die Meldung!‹ Wir schrieben das Ganze auf!«, sagt Mackey. »Nur etwa zwei von 13 Burschen fielen darauf rein – aber das war gut genug.«

Wenn es die vernehmenden Geheimdienstler mit Profis zu tun haben, die darauf trainiert worden sind, sich Legenden auszudenken, und die ihren Verhörern alle möglichen Geschichten auftischen, von denen keine stimmen kann, dann müssen die sich Stück für Stück durch diese Geschichten hindurcharbeiten und versuchen, auch noch in den kleinsten Widersprüchen einzuhaken. Solche Verhöre verlangen eine ungeheure Geduld. Hughes-Wilson beschreibt das so: »Man schält die Zwiebel und versucht, zum Kern vorzudringen.« Und ein anderer MI5-Veteran aus den Tagen des Kalten Krieges berichtete dem Journalisten Peter Deeley 1971: »Einen Profi behandelt man fast mit Glacéhandschuhen. Man bringt ihn bequem in einem guten Zimmer ohne Überwachungsgerät unter. Man behandelt ihn vollkommen als Ebenbürtigen.« Da er so gut darüber informiert sei, was ihn bei einem Verhör erwarte, habe man, was immer man anstelle, sowieso nur geringe Chancen, ihn zu brechen.

∾

Zum Leidwesen der Vernehmer im »Krieg gegen den Terror« beschränken sich solche antrainierten Fähigkeiten des hinhaltenden Widerstands nicht mehr nur auf die Angehörigen von Geheimdiensten und Spezialkräften. Im Februar 2002 wurde im Al-Qaida-Lager Al-Faruk in Afghanistan ein Dokument entdeckt, das bewies, wie weit sich diese Techniken schon verbreitet hatten.

Chris Mackey half bei der Übersetzung. »Es war ein Stapel Papier, ungefähr 60 Seiten«, erinnert er sich. Das Deckblatt trug einen handschriftlichen Vermerk: »Brüder: Dies ist das Buch über Gefangene«. Anfänglich hielten die Amerikaner es für ein Handbuch über den Umgang mit westlichen Gefangenen, aber es stellte sich bald heraus, dass es Techniken der Amerikaner schilderte, die bei der Vernehmung von Al-Qaida-Häftlingen zum Einsatz kommen würden, und verschiedene Methoden aufzeigte, ihnen zu widerstehen. Als Erstes sollten gefangene Kämpfer nur ihren Kampfnamen (*cunyas*) offenbaren und so lange wie möglich schweigen. Nach einigen Tagen sollten sie falsche Geschichten rückwärts, seitwärts und auf jede andere Weise außer vorwärts erzählten, die Wahrheit mit Lügen mischen und die Vernehmer »im Kreis herumführen«.

Am signifikantesten war vielleicht der unmissverständliche Hinweis des Büchleins, dass gefangene Al-Qaida-Kämpfer, was immer die Amerikaner ihnen androhten oder anzudrohen schienen, keine Angst zu haben brauchten, da »sie euch nicht körperlich schädigen werden«. Die Amerikaner würden Verdächtige niemals foltern, führte das Handbuch aus, da sie weich seien und ihnen der Mut dazu fehle.

Der Grund, warum die Amerikaner – trotz aller bekannt gewordenen Gegenbeispiele – in der Regel Verdächtige nicht foltern, ist nicht ihr Mangel an Mut. Es ist vielmehr der Umstand, dass ein Gefolterter meist keine zuverlässigen Informationen liefert. Und trotz dieser Einsicht halten auch qualifizierte Verhörexperten an der Folter fest, so als *müsse* sie funktionieren. 2004 erzählte mir ein ehemaliger Angehöriger der britischen Spezialkräfte, dass er sie einsetzte, obwohl seine Ausbilder ihm beigebracht hatten, dass Folter kontraproduktiv ist: »Wenn Ihr Leben und das Leben Ihrer Männer davon abhängt, ob jemand redet oder nicht, dann *wird* er sprechen. Da kann es kein Vertun geben. Ich fing bei seinen Füßen an und hackte ihn langsam in Stücke. Mit einem blutigen Messer oder dergleichen. Und dann *redete* er.« Der Veteran zuckte die Achseln. »Sagen Sie über zivilisiertes Betragen, was Sie wollen. Wenn Menschenleben davon abhängen, fürchte ich, dass es für einen Gefangenen nicht zählt. Sein Leben wäre gegen das eines meiner Jungs keinen Pfifferling wert.«

Chris Mackey, der in Kandahar im Einsatz war, spricht sich nicht ausdrücklich für die Folter von Gefangenen aus, ist sich aber nicht so sicher, ob er aus praktischen Gründen dagegen ist. »Unsere Erfahrung in Afghanistan«, sagt er, »zeigte, dass, je härter unsere Methoden waren, wir desto bessere Information bekamen, und desto schneller kriegten wir sie. ... Aber der Grund, warum die USA keine Gefangenen foltern, ist nicht, weil es nicht funktioniert, sondern einfach, weil es Unrecht ist.«

Folter ist auch politisch kontraproduktiv. 2004 wurden Folterpraktiken in Abu Ghraib im Irak publik. Mackey war entsetzt zu erfahren, dass einer seiner Kollegen dabei gewesen war. »Wenn ich ihn – heute – wiedersehen würde«, sagt er, »würde ich ihn mit nach draußen nehmen und ihn so windelweich prügeln, dass er sich nur noch mit Mühe an seine beiden Muttersprachen Russisch und Englisch erinnert. Wissen Sie, wie man diese Typen im Pentagon jetzt nennt? ›Die sechs Leute, deretwegen wir den Krieg [gegen den Terror] verloren haben.‹«

2005 tauchten weitere Berichte darüber auf, wie die CIA »wertvolle« Al-Qaida-Verdächtige behandelte. Sie waren eher noch entsetzlicher als die Misshandlungen von Abu Ghraib. Verdächtige wurden aus verschiedenen Ländern entführt, unter Drogen gesetzt und heimlich an geheime Orte auf der ganzen Welt ausgeflogen. Die Aktionen – »außerordentliche Auslieferungen«, wie es in der verharmlosenden Bürokratensprache der CIA heißt – führten dazu, dass etliche Unschuldige in Länder der Dritten Welt ausgeflogen und furchtbar gefoltert wurden. Einige dieser Unschuldigen sind später wieder aufgetaucht und haben ihre Geschichte erzählt; andere dämmern in Gefängnissen auf der ganzen Welt dahin. Eine der – von den Amerikanern, nicht von willfährigen ausländischen Verbündeten – tatsächlich eingesetzten Foltermethoden ist die so genannte »Wasserkur« (*waterboarding*). Dabei wird das Ertrinken oder Ersticken des Opfers simuliert, zum Beispiel, indem es auf ein Holzbrett gebunden und sein Kopf ins Wasser getaucht wird, bis es zu ertrinken beginnt. Die Regierung Bush hat offiziell die Auffassung vertreten, dass die »Wasserkur« keine »Folter« darstellt, weil man das Opfer nicht wirklich ertrinken lässt. Es ist jedoch unwahrscheinlich, dass irgendein Gericht diese Auffassung teilen würde.

Doch das Thema Folter ist vielschichtig und kompliziert. Welche Methoden überschreiten die Grenze zwischen akzeptablem und inakzeptablem Verhalten? An welchem Punkt wird aus »einen Satz Ohrfeigen«, wie es ein amerikanischer Verhörexperte kürzlich nannte, Folter? Gibt es so etwas wie »Folter light«?

Unter der Genfer Konvention ist es nicht nur illegal, Gefangene zu töten oder zu foltern, sondern bereits, dies auch nur *anzudrohen*. Doch auch das wird eindeutig praktiziert. Bill Lowry, ehemaliger Präsident der nordirischen Polizei, erinnert sich an einen Vorfall in den 70er Jahren, als nach einem Bombenattentat ein IRA-Verdächtiger auf das Revier gebracht wurde. »Einer der Detective Sergeants ging hinaus und holte sich Gummihandschuhe«, erzählt er. »Damals wurde gerade die Elektrik neu verlegt, mit so großen, schwarzummantelten Kabeln.« Der Ermittler zog die Handschuhe an und schnappte sich das lose Ende eines

Elektrokabels. »Ihr bleibt, verdammt noch mal, hier! Ich gehe da jetzt rein und schnappe mir den«, verkündete er seinen Kollegen, dann näherte er sich dem Verdächtigen mit dem vermeintlich stromführenden Kabel. »Der Junge schiss sich in die Hosen«, sagt Lowry. »Er schiss sich *tatsächlich* die Hosen voll. Er dachte, man würde ihm einen tödlichen Stromstoß verpassen.« Und er gestand.

Macht die Tatsache, dass dieses Kabel nicht an das Stromnetz angeschlossen war, diese Drohung annehmbar? Ist sie durch das dadurch erwirkte Geständnis gerechtfertigt? Chris Mackey ist nicht dieser Meinung. »Das ist nicht besser, als was die Leute in Abu Ghraib gemacht haben, als sie die Gefangenen mit Kabeln an ihren Fingern auf Kisten steigen ließen.« Für Mackey ist es akzeptabel, Handlungen anzudrohen, die wirklich eintreten, nicht aber solche, die *nicht* passieren könnten. Aber das klingt nach einem semantischen Trick. Nach den Regeln des Kriegsrechts ist es nicht statthaft, vor einem Gefangenen eine Pistole zu ziehen und anzudrohen, ihn zu töten, falls er nicht redet. Sehr wohl erlaubt ist es dagegen, bei einem Verhör eine Pistole auf den Tisch vor den Verhörten zu legen und ihm den *Eindruck* zu vermitteln, dass man kurz davor steht, ihn zu erschießen, solange man dies nicht ausdrücklich sagt. Es ist die Angst des Verhörten, die diese Illusion schafft; der Vernehmer trägt daran keine Schuld.

Ähnlicher Tricks bedienen sich britische Militärs seit einem halben Jahrhundert und länger. Eine verbreitete Technik während des Ausnahmezustands in Malaysia in den 50er Jahren beim Verhör von Frauen, die schwerer zu brechen waren als die Männer, bestand darin, ihre Freunde oder Ehemänner zu verhaften und sie vor den Augen der Verdächtigen in eine Verhörzelle nebenan zu führen. Ein paar Minuten später wurden Bänder erschütternder Schreie abgespielt, um die Frauen zu überzeugen, dass ihre Ehemänner kastriert wurden. »Es war nur Show«, berichtete einer der Vernehmer, »aber es reichte, um sie kleinzukriegen.«

John Hughes-Wilson erinnert sich an eine noch theatralischere Aufführung in Aden (Jemen). In diesem Fall führte man einen Häftling auf dem Weg zur Vernehmung an einer frisch geweißelten Zelle vorbei. Im Verlauf der Befragung wurden Bänder mit sehr lauten Schreien aus der Nachbarzelle abgespielt. Nach dem Verhör führte man den Mann wieder an der weißen Zelle vorbei, wo er entdecken musste, dass sie blutverschmiert war, als hätte man jemandem die Eingeweide herausgerissen. »›Also, Rashid‹«, ahmt Hughes-Wilson den Vernehmer nach, »»wir können das auf zweierlei Arten spielen. Du hast gesehen, was mit dem letzten Kerl passiert ist ...‹ Und da waren die Schreie, und da war das Blut! Das ist eine Technik, die wir in Aden häufig eingesetzt haben. *Sehr wirkungsvoll!*« Der Gefangene erfuhr nicht, dass es Ziegenblut war.

Solche Techniken sind anscheinend nicht nur legal, sondern machen sich auch die Entdeckung der CIA zunutze, dass die bloße *Androhung* von physischen Qualen und Tod wirkungsvoller ist als die tatsächliche Zufügung von Schmerzen. »Die Drohung, Schmerz zuzufügen«, heißt es im KUBARK-Handbuch, »kann eine schlimmere Angst auslösen als die unmittelbare Schmerzempfindung.« Die wirksamste Folter von allen, so scheint es, ist die Androhung der Folter.

⁓

Vielleicht gibt es eine Alternative zu diesen brutalen Angriffen auf den Körper und die Seele eines Inhaftierten, der verdächtigt wird, ein Terrorist zu sein.

Vielleicht sollten wir damit beginnen, neue Verhörtechniken zu erforschen, oder nach Wegen suchen, die alten zu verbessern. Vielleicht erscheinen im Lichte des Krieges gegen den Terror die CIA-Eskapaden mit den Programmen BLUEBIRD, ARTICHOKE und MKULTRA als einleuchtender.

Es gibt keinen Zweifel, dass bei der Festnahme und »Auslieferung« von Al-Qaida-Verdächtigen Drogen benutzt wurden. Da alle Akten über die Drogenforschung der CIA angeblich vernichtet wurden, fragt man sich, woher der Geheimdienst wusste, welche Drogen er dazu einsetzen sollte. Der Reporter Mark Bowden, der gewöhnlich über exzellente Quellen verfügt, schrieb im Oktober 2003 in seinem Artikel »The Dark Art of Interrogation«, dass bei »kritischen« Fällen Amphetamine, Barbiturate und Cannabis Verwendung fanden – genau dieselbe Drogenkombination, die der Geheimdienst schon in den 40er und 50er Jahren erforschte.

Da es anscheinend keine Forschungsberichte der CIA über drogenbasierte Verhörmethoden mehr gibt, ist schwer zu sagen, wer hier den Ton angibt. Die Gehirnwäscheforschung – sprechen Sie es nicht laut aus – erlebt eine Renaissance. Ein Militärpsychiater, den ich befragte, wurde zögerlich, als die Rede auf Drogen und Verhöre kam. »Ich kann nicht sagen, was die Sicherheitsdienste in ihre Richtlinien schreiben«, erwiderte er, »obwohl ich ... – nun, ich bin mit etwas befasst, worüber ich am Telefon und anderswo nicht wirklich sprechen kann.«

Im Sommer 2004 traf ich mich auf ein Bier mit einem Psychologen, der als Berater des MI5 arbeitete. Wir plauderten über Gehirnwäsche, und da ich gerade die Entwicklung von Reizentzug in den 50er Jahren recherchierte, fragte ich ihn, ob er je irgendetwas darüber gehört habe, etwa über die Anwendung dieser Methode in Nordirland 1971. »Ich weiß überhaupt nichts über Reizentzug«, gab er mir zurück, »abgesehen von dem Zeug, das gerade läuft.«

Das war eine interessante Wendung. »Was für ein Zeug läuft denn da gerade?«, fragte ich.

»Ach, nichts«, erwiderte er. »Noch ein Bier?«

Danksagung

Leider ist schlicht nicht genug Platz, um alle Leute zu erwähnen, die ich im Verlauf der Recherche zu diesem Buch befragt habe – auch wenn es ohnehin einige vorziehen, angesichts des Themas lieber nicht genannt zu werden. Ich möchte mich in der Hoffnung, dass sie sich vielleicht über eine Erwähnung freuen, bei folgenden Personen besonders bedanken

Für ihre Mithilfe in der Welt der Gehirnwäsche, geheimdienstlicher und militärischer Verhöre: John Marks, Alan Scheflin, Cyril Cunningham, Chris Mackey, John Hughes-Wilson, Roy Giles, Nick van der Bijl, Adrian Weale, Nigel West, Chapman Pincher, Michael R. D. Foot, Reverend Stanley James Davies, Major Patrick »Stan« Weller, Ken Connor und die anderen Ehemaligen der britischen Spezialkräfte, die mir ihre Zeit gewidmet haben; ebenso Philip Knightley, Rob Evans, Anthony Glees, Phil Sabin, Phil Davies, Richard Aldrich, Alan Care, Monsignore Denis Faul, Bill Lowry, Chris Ryder, Tim Shallice, Paddy Hillyard und Roy Hattersley, Lord of Sparkbrook.

Von entscheidender Bedeutung für Hintergrundrecherche und Informationsbeschaffung waren Gisli Gudjonsson, Ben Sheperd, Robert Jay Lifton, Rhodri Haywood, Stanley Smith, Michael Neve, Joel Elkes, Hugh Jordan, Finn Abrahamovitz, Peter Naish, Werner Creutzfeldt, Wolfgang Eckart, Rick Ross, Steve Hassan, Gary und Barbara Scharff, Joe Szimhardt, Adrian Greek, Kent Burtner, Wellspring, Mary Alice Crapo, William Shaw, Sam Jordan, Ian Haworth, Steve Kent und Nigel Leigh.

Für ihre Hilfe bei der Recherche von William Sargants Arbeiten geht mein besonderer Dank an seine Witwe, Peggy, Dr. Anne und Dr. Peter Dally, Ronnie Sandison, Lord Owen of the City of Plymouth, Malcolm Lader, Henry Oakeley, James Birley, Henry Rollin und Desmond Kelly. Besonders dankbar bin ich den etwa 20 ehemaligen Krankenschwestern, die sich die Zeit nahmen, um mir ihre Erinnerungen an die Dauernarkose auf Station 5 im Royal Waterloo Hospital zu erzählen, und der Nightingale Fellowship, die den Kontakt zu ihnen herstellte. Die meisten wollten nicht namentlich genannt werden – aber sie wissen, wer sie sind!

Für Hilfe in Kanada bin ich auf ewig Ron Melzack, Karen Brown von der BBC, Alan Stein, Peter Roper, Maurice Dongier, James Turner, Jay Peterzell, Rich Sokolow, Seeta Ramdas und Paul Kofira dankbar.

Für das Kapitel über Paul Ingrams Scheinerinnerungen gebührt Daniel Brailey, Jim Rabie, Neil McClanahan, Lawrence Wright und Saxon Rodgers besonderer Dank. Colin Ross gewährte mir freundlicherweise ein Interview, ebenso wie Richard Ofshe. Ich möchte mich besonders bei Madeline von der British False Memory Society für ihre Hilfe und ihren Rat bedanken.

Ken McKenna und Tim Post waren so freundlich, ihre Erinnerungen an den Judas Priest-Fall mit mir zu teilen, ebenso wie Richter Jerry Whithead. Bill Peterson und Suellen Fulstone schilderten mir den Fall aus Sicht von Sony/CBS. Mit Wilson Key erlebte ich einen denkwürdigen Nachmittag außerhalb von Reno, während Tim Moore von der York University in Toronto und Stuart Rogers bei der Hintergrundrecherche über unterschwellige Wahrnehmung halfen. Besonderer Dank geht an die Mitarbeiter des Washoe County Second Judicial Court, die mir Zugang zu den Prozessakten des Falles gewährten.

Dank gebührt ferner den Mitarbeitern des Imperial War Museum in London, die mir gestatteten, ihre Sammlung von Lehrfilmen über Kriegstraumata, Verhör- und Verhörresistenztechniken anzuschauen, sowie dem Public Records Office in Kew, den Mitarbeitern der British Library, der Wellcome Library und des National Security Archive in Washington, D.C.

Ich bin jenen besonders dankbar, die sich die Zeit nahmen, mir schmerzliche Geschichten zu erzählen, die mit diesem Buch zu tun haben: Robin Reid, Susan Wall – die 1960 auf Mallorca ihr Gedächtnis verlor, bis sie es durch William Sargant und seine Abreaktionstechniken wiedererlangte – und Dr. Anne White, deren Erinnerungen intakt waren, bis Sargant sie in den 70er Jahren behandelte; Don Webb und Derek Channon, denen in den 50er Jahren ohne ihr Wissen vom MI6 LSD verabreicht wurde, und Janine Huard, die 40 Jahre nach ihrer Behandlung durch Ewen Cameron in Montreal noch immer unter den Spätfolgen leidet; ebenso Joe Clark und Paddy Joe McClean, die 1971 von den Briten verhört wurden; Louise, ein britisches Opfer der Scheinerinnerungshysterie (für deren Geschichte jedoch hier leider nicht genug Platz blieb); Catherine Ono und Ford Greene, Erstere von Letzterem Ende der 70er Jahre entführt. Und Paul Ingram und seine neue Frau Catherine.

Dank schulde ich auch der Handvoll Menschen, die verzweifelt genug waren, mir an verschiedenen Punkten bei der Recherche zu assistieren. Sam Miller für erstklassige Arbeit in Colindale und Kew, Andras Gerevich für die Lokalisierung und Übersetzung ungarischer Dokumente, Philip Wahl und Dirk Majer für ihre Arbeit in Auschwitz und Dachau. Dank auch an Ana Louise Meinke, die drei verschiedene Darstellungen des Hardrup-Falles auf Dänisch las, verdaute und zusammenfasste, bevor sie in einem Café in Covent Garden das alles für mich aus dem Stegreif übersetzte.

Besonderer Dank geht an alle, die geholfen haben, dieses Projekt in Gang und zur Vollendung zu bringen: Julian Alexander, Rupert Lancaster und Hugo Wilkinson vom Verlag Hodder & Stoughton. Meine Eltern unterstützten mich mit absurder Rührigkeit; Jonny und Matthew lenkten mich von Kapitel 9 ab; Thomas, Amelie, Elizabeth und Christopher verhinderten, dass ich durchdrehte, als ich in Kapitel 1 stecken geblieben war, indem sie mich zum Wasserski mitnahmen. Und natürlich Rollo, ohne den jedes Buch unvollständig zu sein scheint. Und Diesel. Danke.

Anmerkungen

Statt einer erschöpfenden Auflistung gebe ich im Folgenden eine Auswahlbiografie der wichtigsten Quellen, die ich bei der Recherche dieses Buches herangezogen habe. Aus Platzgründen führe ich nicht die Quelle jedes einzelnen Zitats oder Faktums oder die Seitenzahlen der betreffenden Bücher an, sondern nenne nur die Haupttexte zu Beginn jedes Kapitels.

Wer das Studium der Gehirnwäsche und Gedankenkontrolle vertiefen möchte, dem seien zwei maßgebliche Bücher empfohlen: *The Search for the Manchurian Candidate* (London 1979) von John Marks und *The Mind Manipulators* (New York 1978) von Alan Scheflin und Edward Opton. Ersteres ist immer noch verdientermaßen im Druck, Letzteres unglücklicherweise nicht mehr. Aus beiden wird im ganzen Buch zitiert.

Primärquellen

Die meisten CIA-Zitate in diesem Buch stammen aus den 16 000 Seiten, deren Freigabe John Marks Ende der 70er Jahre erreichte. Sie sind im National Security Archive in Washington, D.C., zugänglich. Alternativ ist es möglich, sie auf CD-Rom zu erhalten. Wo ich daraus zitiere, war ich bemüht, den Titel jedes Dokuments, das Datum und die auf der CD-Rom angegebene (Mori-)Aktennummer anzugeben. Wo sie lesbar waren, habe ich auch die ursprünglichen CIA-Aktennummern hinzugefügt.

William Sargants Nachlass kann in der Wellcome Library in London eingesehen werden. Die Prozessakten des Judas Priest-Verfahrens in Kapitel 6 befinden sich im Washoe County Courthouse in Reno, Nevada. Dokumente des britischen Außenministeriums und militärische Dokumente werden im Public Records Office in Kew, London, aufbewahrt.

Zitate in diesem Buch, die nicht anderweitig zugeordnet sind, stammen aus persönlichen Interviews mit den Beteiligten.

Kapitel 1: Hirnkrieg

Bücher:

Andrews, George, *MKULTRA. The CIA's Top Secret Program in Human Experimentation and Behaviour Modification*, Winston-Salem (NC) 2001

Balogh, Margit, *Mindszenty József* (1892–1975), Budapest 2002

Beck, Friedrich [Pseud.], W. Godin [Pseud.], *The Russian Purge and the Extraction of Confession*, Cape Town 1951

Burgess, Frank, *The Cardinal on Trial*, Daventry 1949

Conquest, Robert, *Der große Terror. Sowjetunion 1934–1938*, München 1992

Cunningham, Cyril, *No Mercy, No Leniency. Communist Mistreatment of British Prisoners of War in Korea*, London 2000

Gergely, Jeno, *A Mindszenty-per*, Budapest 1989

Hunter, Edward, *Brainwashing. The Story of the Men Who Defied It*, New York 1956

Hunter, Edward, *Brainwashing in Red China. The Calculated Destruction of Men's Minds*, New York 1951

Huxley, Aldous, *Schöne neue Welt*, Berlin 1978 (übersetzt von Eva Walch)

Lifton, Robert Jay, *Thought Reform and Totalism. A Study of »Brainwashing« in China*, New York 1961

Meerloo, Joost, *Mental Seduction and Menticide. The Psychology of Thought Control and Brainwashing*, London 1956

Mindszenty, Josef, *Erinnerungen*, Frankfurt a. M./Berlin/Wien 1974

Rogge, O. John, *Why Men Confess*, New York 1959

Ruff, Lajos, *The Brainwashing Machine*, London 1959

Sargant, William, *Der Kampf um die Seele. Eine Physiologie der Konversionen*, München 1958

Seed, David, *Brainwashing: The fictions of Mind Control. A Study of Novels and Films Since World War II*, Kent (Ohio) u. a. 2004.

Swift, Stephen, *The Cardinal's Story. The Life and Work of Joseph, Cardinal Mindszenty, Archbishop of Esztergom, Primate of Hungary*, New York 1949

Weissberg-Cybulski, Alexander, *Im Verhör. Ein Überlebender der stalinistischen Säuberungen berichtet*, Wien/Zürich 1993

S. 17–21: Die Presseberichte über den Mindszenty-Prozess stammen aus der Newspaper Library in Colindale, Großbritannien. Vgl. *The Daily Mail*, 31. Dezember 1948; *BUP Vienna*, 1. Januar 1949; Reuters, 5. Februar 1949; *The Evening Standard*, 8. Februar 1949; *The Times*, 21. Januar 1949 und 8. Februar 1949. Die Signatur des Mindszenty-Falles im Public Records Office (Kew, Großbritannien) ist FO371 1789. Schlusszitat von Paul Linebarger (»Irgendwie haben sie seine Seele auseinander genommen«) nach Seed, *Brainwashing*.

S. 21: Der vollständige Text von Schwables Geständnis unter: http://www.umsl. edu/~thomaskp/schwab.htm (Stand 11. März 2008; Englisch)

S. 23 ff.: Berichte der britischen Regierung über Soldaten, die aus koreanischer Kriegsgefangenschaft heimkehrten (darunter Cunninghams Gutachten), finden sich im Public Records Office unter AIR40/2762 und WO208/402. CAB158/5 enthält die Statuten des britischen Unterausschusses für Ausweichoperationen, Flucht und nachrichtendienstliche Aufklärung von Kriegsgefangenen (Evasion, Escape and Prisoner-of-War Intelligence Sub-committee) des interministeriellen Koordinierungsausschusses für die Geheimdienstarbeit (Joint Intelligence Committee, JIC).

S. 25: »Ich habe mich der kommunistischen Seite nicht angeschlossen«, aus George Blake, *Keine andere Wahl. Die Autobiographie des wichtigsten Doppelagenten aus der Ära des Kalten Krieges*, Berlin 1995, S. 191.

S. 26: »Es gibt geeignete historische Belege«: »Report No1 on Trip to EU-KOM«, 22. Juni – 7. August 1949, Nr. 141892.

S. 26: Hinkles und Wolffs Analyse: »A Report of Communist Brainwashing«, 15. August 1955, Nr. 173492.

S. 33: »Die sowjetische Regierung verlangt«: [unbetiteltes Dokument], 10. November 1955, abgelegt unter »Survey on Lysergic Acid«, 4. Mai 1953, 11. Oktober 1955, Nr. 184428.

S. 36: Der Plastikzylinder taucht in zahlreichen CIA-Dokumenten auf, zuerst am 1. September 1951.

S. 37: SHE (Scopolamin-Ephotamin-Hukatal) in »Report No 1«, a.a.O.

S. 37: Details aus Khokhlows Bericht und über »die Kammer« sind Thomas Powers' Einleitung zu *The Search for the Manchurian Candidate*, S. XVI, entnommen.

S. 37: »für Hypnose charakteristischen«: »Defence Against Soviet Medical Interrogation«, 1. Januar 1943, Nr. 184374.

S. 37: »Der Kardinal wurde unter Drogen gesetzt«: »OSI Study, Strategic Medical Significance of LSD-25«, 30. August 1955, Nr. 146133.

S. 38: »überzeugende Beweise«: »Interrogation Techniques of Foreign Countries«, 24. Februar 1949, Nr. 184367.

S. 38: Zigaretten von »eigenartigem Geruch«: »Proposal for a Project in the Field of Stimulants«, 2. August 1951, Nr. 144996.

S. 38: »Die Gefangenen, die in jüngster Zeit«: »ARTICHOKE Conference, 18 June 1953« (abgelegt am 15. Juli), Nr. 144996.

S. 39: »Botanischen Garten von Nikita«: »Defence against Soviet Medical Interrogation and Expionage Techniques«, 4. Februar 1953, A/B, 4, 23/47, Nr. 147390.

S. 39: »Anzeichen einer Persönlichkeitsänderung«: »Briefing, Psychological Strategy Board 13 May 1953«, Nr. 146086.

S. 40: »nehmen ausgewählte Personen«: Dulles' Princeton-Rede, 10. April 1953, Nr. 146077.

S. 40: Charles W. Mayos Bemerkungen vor der UNO zitiert nach Joost Meerloo, »Pavlovian Strategy as a Weapon of Menticide«, *American Journal of Psychiatry*, Mai 1954.

S. 41: Die Analyse von *Brainwashing: a Synthesis* stammt aus Seed, *The Fictions of Mind Control*. Faszinierenderweise scheint das Dokument eine Fälschung zu sein, vermutlich verfasst von L. Ron Hubbard, dem Gründer von Scientology. Hubbard war von dem Psychiater Oscar Janiger aus Los Angeles behandelt worden und hasste diese Erfahrung (bis heute verabscheuen Scientologen die Psychiatrie und ihre Vertreter). Einem FBI-Bericht zufolge »drückt der Autor ...

vor allem Unzufriedenheit mit den Behandlungsmethoden mental gestörter Patienten in diesem Land aus«.

S. 41: »aus Schatten Gestalt und aus Gestalt Schatten«: Edward Hunters Zeugenaussage vor dem Ausschuss für unamerikanische Umtriebe, 13. März 1958, unter dem Titel »Communist Psychological Warfare«.

S. 42 f.: »Mittel zu suchen, um Mitarbeiter so zu konditionieren« (Ziele des BLUE-BIRD-Projekts): »Behavioral Drugs«, 1. Januar 1975, Nr. 146193.

S. 43: »schwarze Psychiatrie«: »Overt and Covert Activities of [gelöscht]«, 1. Januar 1950, Nr. 190882.

S. 43: »Wir sind mit einem unversöhnlichen Feind konfrontiert«: 2. Hoover-Kommission, geheimer Bericht, vorgelegt im Mai 1955.

Kapitel 2: Wahrheitsdrogen

Bücher:

Biderman, Albert D., Herbert Zimmer (Hg.), *The Manipulation of Human Behavior*, New York u. a. 1961

Boyce, Frederic, Douglas Everett, *SOE. The Scientific Secrets*, Stroud 2004.

Horsley, J. Stephen, *Narco-analysis. A New Technique in Short-cut Psychotherapy. A Comparison with Other Methods and Notes on the Barbiturates*, New York u. a. 1943

Klee, Ernst, *Auschwitz, die NS-Medizin und ihre Opfer*, Frankfurt am Main 1997

Lifton, Robert Jay, *Ärzte im Dritten Reich*, Stuttgart 1988

Lovell, Stanley, *Of Spies and Stratagems. Incredible Secrets of World War II Revealed by a Master Spy*, Englewood Cliffs (N. J.) 1963

Rolin, Jean, *Drogues de police*, Paris 1950 (engl.: *Police Drugs*, London 1955)

Sargant, William, *The Unquiet Mind. The Autobiography of a Physician in Psychological Medicine*, London 1967

Shephard, Ben, *A War of Nerves. Soldiers and Psychiatrists in the Twentieth Century*, London 2000

SOE Syllabus. Lessons in Ungentlemanly Warfare, World War II, hg. von Public Records Office, Richmond 2001.

S. 51: Sargants persönlicher Nachlass. Die Korrespondenz mit Brigadegeneral Rees befindet sich in Box 9.

S. 52: »Streng geheim« (deutsche Wahrheitsdrogenexperimente in der Ukraine): »German Police 35/42, 24/7/42«, im Public Records Office unter HW 14/44.

S. 53 FN: »Sie hängt in der Küche«: aus Rolin, *Drogues de police.*

S. 54 ff.: Einzelheiten der medizinischen Experimente der Nazis finden sich in Wolfram Sievers' Arbeitstagebuch von 1942, Sievers' Prozessakten (Juli–August 1942) und dem Nürnberger Militärtribunal, Bd. 2, S. 254 ff. (er wurde wegen Kriegsverbrechen gehängt). Die Zitate der Augenzeugen der Drogenversuche stammen aus dem Archiv von Auschwitz; Details der Meskalintests in Dachau sind dem Nachlass von Henry Beecher an der Universität Harvard entnommen; Kopien davon befinden sich in Dachau, zusammen mit einigem anderen Material, darunter ein Gespräch mit Kurt Plöttner vom Juni 1967. Die Drogen für die Versuche kamen offenbar von Merck. Die Firma lieferte über 18 Kilo Scopolamin in einer Skofetal (Skopolamin-Eukodal-Ephetonin) genannten Verbindung, die in CIA-Dokumenten später ausdrücklich als jene Droge bezeichnet wird, die Kardinal Mindszenty verabreicht wurde. Merck produzierte damals auch Meskalin, die Unterlagen wurden jedoch vernichtet.

S. 56: »Die besten Ergebnisse wurden erzielt«: Technischer Bericht der flugmedizinischen Forschung im Konzentrationslager Dachau, S. 331–345.

S. 57: »Der Einsatz von sogenannten ›Wahrheitsdrogen‹«: Public Records Office, PRO: HO454/25333, 3. Juli 1950, unterzeichnet »EJZ«; spärliche Details von Drogenversuchen des MI5 finden sich in den Veröffentlichungen des Public Records Office vom September 2005 und Januar 1999. Das Gespräch mit dem Psychiater des MI6, der ungenannt bleiben wollte, fand 2005 statt.

S. 57: »kombinierte Operation der Vereinigten Staaten und Großbritanniens«: »Use of Special Interrogation Techniques by Foreign Countries«, 22. Juni 1948, Nr. 184372.

S. 59f.: Details von Lovells Rekrutierung und folgenden Eskapaden finden sich in seinen Memoiren Of Spies and Strategems.

S. 60: »Das Experiment verlief ... negativ«: »Development of ›Truth Drug‹«, 21. Juni 1943, Nr. 184373.

S. 62: »Werde ohnmächtig.« Nachlass von White, Diary, 24. Mai 1943.

S. 62ff.: Zu anderen frühen Berichten über die Entwicklung von Wahrheitsdrogen gehören: »Truth Drug (TD), Memo for the file«, 5. April 1945; »Experimental Methods« (undatiert, vermutlich aus den Jahren zwischen 1943 und 1945); »Development of Truth Drug« (interbehördliches Memorandum), 21. Juni 1943; sowie »Investigation of Use of TD in Interrogation« (undatiert).

S. 62: »Die Nadel sollte entlang der Achse«: »Truth Drug (TD), Memo for the file«, 5. April 1946, Nr. 144773.

S. 63: »ein ›berüchtigter‹ New Yorker Gangster«: »Memo on Truth Drug«, 27. Mai 1943, Nr. 184373.

S. 64: »das ganze Reden selbst übernehmen«: »Memo for the file TD Material«, 31. April 1946, Nr. 148382.

S. 65: SUGAR: »Bluebird Project«, 4. November 1950, Nr. 144920.

S. 66: Der Plan mit dem Diabetikerbesteck trägt den Titel »TD Material«, 5. April 1946, Nr. 184373.

S. 66: »Informationsgewinnung von widerstrebenden Personen«: »Organisation of SO Components Dealing with ARTICHOKE« (undatiert, abgelegt am 1. Januar 1951), Nr. 190716.

S. 67: »Spitzenvernehmer«: Eine Reihe von Dokumenten bezieht sich auf die Zusammenstellung solcher Teams, vgl. z.B. »Special Interrogations«, 12. Februar 1951, Nr. 149491.

S. 67: »Ausländern als Versuchspersonen«: »Special Interrogations«, 13. März 1951, Nr. 144927.

S. 67: Kenntnisse und Fähigkeiten: Diesem Thema widmet sich »BLUEBIRD Special Recommendations re: Personnel Requirements and Training«, 3. März 1951, Nr. 149453.

S. 68: »Dem Befragten wird eine Injektion«: »Latest ARTICHOKE Project Method«, 17. Oktober 1952, Nr. 144748.

S. 68 f.: Hinweise auf den Einsatz der Teams finden sich u. a. in BLUEBIRD-Akten vom 12., 13. und 19. März 1951 und zahlreichen anderen.

S. 69: ARTICHOKE-Mission im Juni 1952: Einzelheiten des Falles unter »ARTICHOKE Cases June 1952–[gelöscht]« (8. Juli 1952, Nr. 149427), »ARTICHOKE Cases June 1952« (8. Juli 1952, Nr. 149441) und »ARTICHOKE Cases« (9. Juli 1952, Nr. 148476)

S. 69–72: Das Wendt-Fiasko wird eingehender beschrieben in »Test of New Interrogation Technique«, 9. September 1952, Nr. 148286. Ein vollständiger Abriss der verwendeten Befragungsprozeduren findet sich in »Rough Draft re: Chronological Description of an ARTICHOKE Team Interrogation Case«, fälschlich abgelegt unter 1. Januar 1952, Nr. 148473. Morse Allens Kommentare stammen aus »Untitled Rough Draft Providing List of Questions Which Arose during the ARTICHOKE Process«, ebenfalls falsch abgelegt unter dem 1. Januar 1950, Nr. 148286.

S. 72: »Es war verzwickt«: George Bimmerle, »Truth Drugs in Interrogation«, *Studies in Intelligence*, Frühjahr 1961.

S. 74: Henry Beechers Untersuchung über Wahrheitsdrogen, »Psychopharmacological Studies on Suppression«, *Journal of Nervous Mental Disorders*, 1957, S. 125, 316–321.

S. 76: »Es gibt kein ›Wahrheitsserum‹«: Gottschalks Kommentare stammen aus »The Use of Drugs in Interrogation«, in Biderman, Zimmer (Hg.), *The Manipulation of Human Behavior*.

Kapitel 3: Das Fleisch Gottes

Bücher:

Allen, John, »Mushroom Pioneers«, Seattle (privat verteilte CD-Rom)
Estrada, Alvaro, *María Sabina. Botin der heiligen Pilze*, München 1980
Hofmann, Albert, *LSD, mein Sorgenkind*, Stuttgart 1979
Huxley, Aldous, *Die Pforten der Wahrnehmung*, München 1954.
Lee, Martin, Bruce Shlain, *Acid Dreams. The CIA, LSD and the Sixties Rebellion*, New York 1985
O'Prey, Paul (Hg.), *Between Moon and Moon. Selected Letters of Robert Graves 1946–72*, London 1984
Seymour, Miranda, *Robert Graves. Life on the Edge*, New York 1995
Seymour-Smith, Martin, *Robert Graves. His Life and Work*, London u. a. 1982
Stevens, Jay, *Storming Heaven. LSD and the American Dream*, New York 1987
Wasson, Gordon u. Valentina, *Mushrooms, Russia, and History*, New York 1957

S. 84: LSD »von großer Bedeutung für die nationale Sicherheit«: »Development of Research in Connection to Project ARTICHOKE«, 21. November 1951, A/B, 5, 25/7, Nr. 147406.

S. 84: LSD über Schweizer »Mittelsmänner« im Namen von ARTICHOKE erworben: »Subject: Attached«, A/B, VII, 9, 1, Nr. 148093, fälschlich abgelegt unter 1. Januar 1951.

S. 85: »Wenn wir eines Morgens *Newsweek* aufschlugen«: Das Zitat von David Rhodes entstammt aus Anne Collins, *In the Sleep Room*, s. Kapitel 7, »Schlaf«.

S. 86: »Ich schreibe Ihnen«: 18. Februar 1963, zitiert nach Scheflin, Opton, *The Mind Manipulators*, S. 151.

S. 86: »Unsere Experimente über die LSD-25-Toleranz«: »NIH Addiction Research Center«, 14. Juli 1954, Nr. 151524.

S. 87: Tuskos Tod wird in *Science*, 1962, S. 1100–1103 beschrieben.

S. 88: »Es war enorm schwer«: zitiert nach dem ABC-Dokumentarfilm *Mission: Mind Control* (1979).

S. 88: LSD-Testperson »verriet … alle Einzelheiten«: 10. Juli 1954.

S. 88: »der Entlockung von wahren und genauen Erklärungen von Befragten«: »Potential New Agent for Unconventional Warfare«, 5. August 1954, Nr. 148381.

S. 88: Von Henry Beechers Europareise berichtet *Anesthesiology*, Bd. 88 (1), Januar 1988.

S. 89f.: Elkes beschreibt seine Experimente mit LSD in seinem Buch *Selected Writings of Joel Elkes*, Budapest 2001.

S. 91–96: Dokumente über britische LSD-Versuche und »Wahrheitsdrogen« beim MI6 und dem britischen Militär stammen aus dem britischen Public Records Office PRO: DEFE 10/36, 6. März 1956, und WO32/20163, 19. Juni 1964. Das Zitat »Personen, denen die Droge ohne ihr Wissen verabreicht worden war« stammt aus »Note by JIB (DSI) DRP/P(56) 4« unter DEFE 10/35, ebenso wie »Abreactive Drugs (note by JIB)«. Ronald Wilkersons Schilderung des Wahrheitsdrogentests, an dem er teilnahm, findet sich bei seiner Aussage vom 17. Dezember 2003, MG11(T)99. Die britischen Versuche mit anderen Drogen, darunter Psilocybin, Meskalinsulfat, LSD, Harminhydrochlorid, »ostafrikanisches Pfeilgift« und »Pfeilgift aus Borneo« sowie mehrere »curare-artigen« Verbindungen finden sich unter den Halbjahresberichten des CDEE unter WO188/710. Die Gespräche mit Don Webb und Derek Channon über ihre Zeit in Porton Down fanden 2004 statt. Als die Originalausgabe dieses Buches 2006 in Druck ging, erhielten drei der LSD-Testpersonen des MI6 (Webb war einer von ihnen) von der britischen Regierung Entschädigungen in ungenannter Höhe.

S. 96: 50 Millionen Dosen LSD: »Survey on D-Lysergic Acid Diethylamide (LSD-25)«, 4. Mai 1953, A/B, 1, 38/17, Nr. 184428.

S. 97: »eine fantastisch große Menge«: »Discussion at [gelöscht] 4. September 1953«, abgelegt am 6. November, Nr. 145002.

S. 97: Entscheidung zum Aufkauf des LDS von Sandoz: »File: LSD«, 23. Oktober 1953, A/B, 4, 23/51, Nr. 147026.

S. 97: »Größenordnung von Tonnen«: »Memo for the Director, Central Intelligence«, 26. Oktober 1954, Nr. 144957.

S. 98: »eine Art Wahrheitsserum«: »Piule«, 14. November 1952, A/B – 13/15, Nr. 147399.

S. 98: »verborgenen Schätzen«: »Exploration of Plant Resources in the Caribbean Region«, 7. Februar 1956, A/B, VII, 9, 5, Nr. 148092.

S. 98: mit »Lieferungen überschwemmt«: »Reports, Requests from TSS«, 10. August 1954.

S. 99: »Wir haben uns dem Problem der Beschaffung einer Gallenblase«: »Case [gelöscht] Crocodile Gall Bladder«, 7. Februar 1962, Nr. 184583.

S. 99: »sehr starke Hinweise«: »ARTICHOKE Conference, 18 June 1953«, Nr. 144996.

S. 100: »Mein Gewährsmann«: Robert von Ranke-Graves, Brief an Martin Seymour-Smith, 24. Dezember 1956.

S. 100: Die Belege für die Verbindung von Graves, Sargant und dem britischen Verteidigungsministerium finden sich in Box 3 von Sargants Nachlass.

S. 101: »Amateurpilzkundler«: »INFO Report: Intoxicating Mushrooms of Unidentified Specie«, Ablage vom 8. Dezember 1955, A/B, 1, 34–6, Nr. 146215.

S. 101: Wasson »weiß und ahnt nichts vom Interesse der US-Regierung«: »Memo for the Record, MKULTRA subproject 58«, 21. März 1956, Nr. 17457.

S. 104–109: MKULTRA-Dokumente über George Whites Experimente in sicheren Häusern finden sich bei den Unterlagen der Unterprojekte 3, 14, 16, 42 und 149. Einzelheiten über die Häuser selbst, die Quittungen für die Käufe (darunter die tragbare Toilette), finden sich in der 823-seitigen Akte von Unterprojekt 42, abgelegt am 15. Dezember 1954 (Nr. 17440). Whites Tagebuch wird in Scheflin, Opton, *The Mind Manipulators*, und Marks, *The Search for the Manchurian Candidate*, zitiert. White schrieb eine Autobiografie, »Diet of Danger«, die nie veröffentlicht wurde.

S. 105 ff.: Einzelheiten über die Untersuchungen des Geheimdienstes über Sex als Mittel der Informationsgewinnung finden sich bei Marks, *The Search for the Manchurian Candidate*, sowie in Interviews in der ABC-TV-Dokumentation *Mission: Mind Control* (1979).

S. 105: »Halbwelt«: ABC-TV-Dokumentation *Mission: Mind Control*.

S. 107: P1, C1 und C9: »Influencing Human Behavior« (undatierter Bericht), abgelegt am 1. Januar 1957, Nr. 146167.

S. 108: »als unethisch angesehen werden und in manchen Fällen an Rechtsbruch grenzen«: »Influencing Human Behavior«, 1957, Nr. 146167.

S. 108: »Ich glaube, auch der Letzte von uns«: ABC-TV-Dokumentation *Mission: Mind Control*.

S. 108: Der Bericht des Generalinspekteurs datiert vom 26. Juli 1963, Nr. 17748; eine weitere Erörterung zwischen dem Generalinspekteur und dem Geheimdienst über die Legalität der Versuche in den sicheren Häusern einschließlich der Anregung, sie unter Verwendung von »ausländischen Staatsangehörigen« als Versuchskaninchen fortzufahren, sind unter dem 29. November 1963, Nr. 146165 aufgeführt.

S. 109 f.: James Thornwells Verhör (Einsatz von LSD bei »Negern«) datiert vom 21. September 1961, »Trip Report«. Sämtliche Einzelheiten des Vorfalls, darunter ein Gepräch mit Thornwell, finden sich in Scheflin, Option, *The Mind Manipulators*. Thornwell taucht auch im ABC-Dokumentarfilm *Mission: Mind Control* auf.

S. 111: »in allen Regenbogenfarben«: Brief von Graves an Wasson vom 7. Februar 1960, in O'Prey, *Between Moon and Moon*.

S. 112: »Lass Dich nicht täuschen«: Brief von Graves an Sargant in Box 3 seines Nachlasses.

S. 112: Harris Isbells Bericht: »Comparisons of the Reactions Induced by Psilocybin and LSD in Man«, 5. Mai 1959, Nr. 151875.

S. 117: »Es gibt Informationen, dass einige nichtgeheimdienstliche Gruppen«: »Memo for the Record«, 1. November 1963, Nr. 146149 (195)

Kapitel 4: Im schwarzen Raum

Bücher:

Biderman, Albert D., Herbert Zimmer (Hg.), *The Manipulation of Human Behavior*, New York u. a. 1961

Faul, Denis, Raymond Murry, *The Hooded Men. British Torture in Ireland, August, October 1971*, o.O. 1974.

McGuffin, John, *The Guinea Pigs*, London 1974

McGuffin, John, *Internment*, Atlanta 1973

Solomon, Philip (Hg.), *Sensory Deprivation. A Symposium Held at Harvard Medical School*, Cambridge (Mass.) 1961

Vernon, Jack, *Inside the Black Room*, London 1963

S. 130 ff.: Einzelheiten von der Tagung mit Tizard finden sich in einem CIA-Bericht, »Report of Special Meeting, Montréal Meeting Report 1 June 1951«, A/B, 1, 38/5, Nr. 184422; in einem kanadischen Dokument, »Meeting at the Ritz Carlton Hotel, June 1 1951«; und in britischen Dokumenten im Public Records Office PRO, DEFE 9/21, darunter Tizards Einladung und der Brief, der auf »Drogen, Hypnose usw. im Krieg« Bezug nimmt, sowie eine Liste der Teilnehmer.

S. 132: die amerikanischen Programme über William Webster: »Minutes of the Meeting«, 6. Juni 1951, Nr. 144788 und »For the Director's Log«, 6. Juni 1951, A/B, 4, 19/18, Nr. 148317.

S. 133: »Wenn das Flugzeug geradeaus und auf gleichbleibender Höhe fliegt«: Alfred M. Hastin-Bennett, »Sensory Deprivation in Aviation«, in: Solomon (Hg.), *Sensory Deprivation.*

S. 133–137: Zu den kanadischen Dokumenten über Hebbs Projekt X-38 und seine Bemühungen, es von der Geheimhaltung zu befreien, gehören: DRBS 2-1-44-38 (CD[D]), 15. Dezember 1952 sowie Briefe: DRBS 2-1-44-38 (CD[D]), 1. Januar 1953, 3(D), 2. November 1953, DRBS 2-1-44-38 (CD[D]), 16. November 1953, 11. Januar 1954, PA/CDRB, 25. Januar 1954, TB 472907, 6. Juli 1954.

S. 134: »Die Versuchsperson wird dafür bezahlt, 24 Stunden am Tag nichts zu tun«: Donald Hebb, »The Mamal and His Environment«, *American Journal of Psychiatry*, Mai 1955.

S. 137: »Eine Sache ist es, davon zu hören, dass die Chinesen«: Donald Hebb, »The Motivating Effects of Exteroceptive Stimulation«, *American Psychology*, 1958.

S. 140: »Unter Informationsentzug funktioniert das Gehirn nicht ›normal‹«:

Hinkle, »Physiological State of the Interrogation Subject as It Affects the Brain Funktion«, in: Bidermann, Zimmer (Hg.), *The Manipulation of Human Behavior*.

S. 142: Informationen über John Lilly finden sich in seinen Büchern (es gibt keinen Mangel an ihnen) und auf seiner Website, www.johnclilly.com, auf der auch Bilder von den Masken zu sehen sind, die er für Reizentzug unter Wasser entwarf.

S. 143: Nach »einer Stunde lauten Weinens«: zitiert nach Marks, *The Search for the Manchurian Candidate*, S. 147.

S. 143: Er [»Baldwin] räumt offen ein, dass es ihm, sofern er keine ›Experimente bis zum Endstadium‹ durchführen könne«: »Total Isolation, 21. März 1955, 16. März 1955.

S. 143: »Er erklärte, er wolle nicht, dass irgendeine andere Behörde davon erfahre«: »Diary for Thursday 17 March 1955«, Nr. 184610. Dieser Eintrag gibt weitere Einzelheiten zur Entstehung dieses entsetzlichen Plans: »[Gelöscht] erklärte, dass die Isolation zusammen mit der speziellen Befragungstechnik, die er in [gelöscht] entwickelt habe, zu einem, wie er glaubt, vollständigen psychischen Zusammenbruch führen wird, wenn genügend Zeit eingeräumt wird. Die freiwilligen [gelöscht] Versuchspersonen, die bislang verwendet wurden, könnten nie in diesen Zustand gebracht werden ... [gelöscht] erklärte, dass er eventuell [gelöscht] ein einzelnes Experiment an einer antagonistischen Versuchsperson durchführen würde, das zum völligen psychischen Zusammenbruch führt.«

S. 143 ff.: Stanley Smiths Experimente sind in *Lancet*, 2, 1959, S. 342 beschrieben.

S. 145: Alexander Kennedys Vortrag, »The Scientific Lessons of Interrogation« ist veröffentlicht in: *Royal Institution of Great Britain, Proceedings*, Bd. 38, 1960/61.

S. 146: »Es ist nicht die Absicht dieses Kapitels«: »Sensory Deprivation in Aviation«, in: Solomon (Hg.), *Sensory Deprivation*.

S. 148: Der Lehrfilm der Armee, *I Can't Answer That Question*, befindet sich im Imperial War Museum, London, unter der Signatur DRF6993.

S. 149: Der Besuch des MI5-Direktors Sir Dick White wird in Chris Ryder, *The Fateful Split*, London 2004, erwähnt.

S. 155: Der Bericht des Parker-Ausschusses wurde am 31. Januar 1972 beschlossen.

S. 156: Die Zitate von Robert Daly stammen aus der *Irish Times*, 9. Juli 1973.

S. 158: »Als Journalist wäre es unverantwortlich«: Alistair Cooke in seiner BBC-Sendung *Letter from America*, 5. Februar 1972.

Kapitel 5: Der programmierte Schläfer

Bücher:

Abrahamowitz, Finn, *Hypnosemordene*, Kopenhagen 2004

Condon, Richard, *Botschafter der Angst*, Reinbek bei Hamburg 1963 (nach der Neuverfilmung von Jonathan Demme, USA 2004, unter dem gleichnamigen Titel *Der Manchurian-Kandidat*, München 2004 im Handel)

Hardrup, Palle, *Sandheden om hypnosemordene*, Kopenhagen 1973

Esterbrooks, George H., *Hypnotism*, New York 1943

Janet, Pierre, *Les médications psychologiques. Études historiques, psychologiques et cliniques sur les méthodes de la psychothérapie*, 3 Bde., Paris 1919 (engl.: *Psychological Healing. A Historical and Clinical Study*, 2 Bde., New York 1925)
Lovell, Stanley, *Of Spies and Stratagems. Incredible Secrets of World War II Revealed by a Master Spy*, Englewood Cliffs (N. J.) 1963
Schouw Nielsen, Bjørn, *Slambert altid slambert? En selvbiografi*, Kopenhagen 1958
Reiter, Paul J., *Antisocial or Criminal Acts and Hypnosis. A Case Study*, Kopenhagen 1958

S. 170: »mit ausreichender Bestimmtheit«: »Report No 1 of trip to EUKOM and USFA, 22 June – 7 August 1949«, abgelegt am 15. August 1949, Nr. 144892.

S. 170: »Man kann mit Sicherheit sagen«: »Overall Report on Two-month [gelöscht] Trip«, 26. September 1949, A/B, 2, 30/2, Nr. 149611.

S. 171: »In einer Minute«, sagte Watkins ihm, »werden Sie langsam Ihre Augen öffnen«: Watkins' Experimente sind im *Journal of Abnormal and Social Psychology*, XLIII, 1947, beschrieben (hier zitiert nach Reiter, *Antisocial or Criminal Acts and Hypnosis*).

S. 174: »Ich habe dir das Geld gegeben«: zitiert nach Abrahamowitz, *Hypnosemordene*.

S. 176: »Ich versetzte ihn in tiefe Hypnose«: Estabrooks, »Hypnosis Comes of Age«, *Science Digest*, April 1971.

S. 177: Estabrooks' Briefe an verschiedene Strafverfolgungsbehörden und Nachrichtendienste finden sich unter seinem Nachlass im Colgate College. Colin Ross, Autor von *Bluebird. Deliberate Creation of Multiple Personality by Psychiatrists*, Richardson (TX) 2000, verfügt über Kopien.

S. 177: »In der *Reader's Digest*-Ausgabe vom September 1947«: »To Director, Central Intelligence«, 30. April 1948.

S. 178: »Er [der Hypnotiseur] erklärte, dass er beständig Hypnose benutzt habe«: [Dokument ohne Titel], 9. Juli 1951, A/B, 5, 28/1, Nr. 147378.

S. 178: Das Experiment mit der Erinnerung an den Golf von Mexiko findet sich in »SI and H Experimentation«, 10. Juli 1951, A/B, 3, 2/135, Nr. 190570.

S. 179: »Bei der Demonstration mit einer exzellenten Testperson«: »Hypnosis and Covert Operations«, 5. Mai 1955, A/B, III, 6, 13, Nr. 190713.

S. 181: »eine Person, die keine Fähigkeit«: »SI and H Experimentation«, 7. August 1951, A/B, 3, 2/129, Nr. 190564.

S. 181: »Wenn man über jeden Teilnehmer einer Geheimoperation hypnotische Kontrolle ausüben kann«: »Hypnosis and Covert Operations«, a. a. O.

S. 186: »Experiment 1: N-18 hypnotisch herbeigeführte Angstzustände«: »Visit to Project [gelöscht]«, 11. Mai 1953.

S. 187: »Ihr [der Testperson] wurde gesagt, sie solle in einen kleinen Raum gehen«: »SI and H Experimentation«, 18. September 1951, A/B, 3, 2/116, Nr. 190556.

S. 187: *The Black Art*: Das Skript des CIA-Hypnosefilms findet sich unter »I&SO Training Film: Hypnosis«, 1. März 1953, A/B, 1, 3, Nr. 149585.

S. 188: »Sie [die Testperson] wurde angewiesen, ihre Augen zu öffnen«: »SI and H Experimentation«, 25. September 1951, A/B, 3, 2/112, Nr. 190527.

S. 188: »Können wir«, heißt es in einem Memo, »bei einer widerstrebenden Person«: »Special Research, BLUEBIRD [gelöscht]«, abgelegt am 1. Januar 1951, A/B, V, 110, 1, Nr. 148197. Weitere interessante Fragen waren: »8.) Können wir die Persönlichkeit eines Menschen ›verändern‹? Wie lange wird die Veränderung anhalten? ... 16.) Lässt sich ein Gas finden, das einsetzbar ist, um substanzinduzierte und hypnotische Kontrolle mithilfe eines Gasstiftes herbeizuführen – geruchlos, farblos, nur ein Schuss etc.? ... 20.) Können wir mithilfe von substanzinduzierter oder hypnotischer Beeinflussung von Wissenschaftlern, Ingenieuren etc. Formel [sic] erhalten, falls diese unwillig sind? Können wir so Informationen über Waffenlager, Landebahnen, Fabriken, Minen gewinnen?«

S. 189: Über Lloyd Rowlands Schlangenexperiment berichtete das *Journal of Abnormal and Social Psychology*, 1939 (34).

S. 190: Allens Pistolenexperiment wird beschrieben in: »Hypnotic Experimentation and Research«, 10. Februar 1954, A/B, 3, 2/18, Nr. 190691.

S. 190: »widerlichen Amateur«: »Hpynosis and Covert Operations«, 5. Mai 1955, a. a.O.

S. 192: »Als Pilotversuch eines größeren Projekts«: »ARTICHOKE 8–15 Januar 1954«, B/3, Nr. 149438, falsch abgelegt unter dem 1. Januar 1954.

S. 193: »Der Hypnotiseur drückt dann seinen rechten Daumen«: »Report Concerning Certain Techniques of Hypnosis«, 17. Januar 1958, Nr. 146144.

S. 193: »Viel Arbeit und Anstrengung«: »Operational [gelöscht] Activity in [gelöscht], June–July 1963«, abgelegt am 8. Juli 1963, Nr. 184627. Details der Operation finden sich in Marks, *The Search for the Manchurian Candidate*.

S. 196: »Einen hypnotisch ferngesteuerten Attentäter zu schaffen«: zitiert nach Marks, *The Search for the Manchurian Candidate*.

Kapitel 6: »Tu es«: James, Ray und die Tiefenmanipulatoren

Bücher:

Haberstroh, Jack, Ice Cube Sex. *The Truth about Subliminal Advertising*, Notre Dame (In.) 1994

Key, Wilson Bryan, *Subliminal Seduction*, Englewood Cliffs (N. J.) 1973

Key, Wilson Bryan, *The Age of Manipulation. The Con in Confidence, the Sin in Sincere*, New York 1989

Key, Wilson Bryan, *The Clam-plate Orgy and Other Subliminals the Media Use to Manipulate Your Behavior*, Englewood Cliffs (N. J.) 1980

Packard, Vance, *Die geheimen Verführer. Der Griff nach dem Unbewussten in jedermann*, Düsseldorf 1958

Pratkanis, Anthony, *Eliot Aronson, The Age of Propaganda. The Everyday Use and Abuse of Persuasion*, New York 1992

Gute Aufsätze über das Phänomen der unterschwelligen Wahrnehmung sind u. a. die folgenden Arbeiten von Tim Moore (als Autor bzw. Koautor): »Subliminal Perception: Facts and Fallacies« (*Skeptical Inquirer*, Bd. 16, Frühjahr 1992); »Subliminal Delusion« (*Psychology Today*, Juli 1985); »Subliminal Advertising: What You

See Is What You Get« (*Journal of Marketing*, Frühjahr 1982); »Subliminal Psychodynamic Activation« (*American Psychologist*, November 1989); »Subliminal Self Help Auditory Tapes, an Empirical Test of Perceptual Consequences« (*Canadian Journal of Behavioural Sciences*, 27:1, 1995); sowie »Subliminal Influences in Marketing« (*Psychology and Marketing*, Bd. 5, Nr. 4, Winter 1988). Vgl. a. John R. Vokey, Don Read, »Subliminal Messages«, *American Psychologist*, 40, 1988, und Stuart Rodgers, »Subliminal Advertising« (*Encyclopaedia of Advertising*) und »How a Publicity Blitz Created the Myth of Subliminal Advertising« (*Public Relations Quarterly*, Bd. 37, 1992). Professor Rogers war auch so freundlich, mir eine Kopie seines unpublizierten Aufsatzes »Subliminal Advertising: Grand Scam of the 20th Century« zu überlassen. Den besten Überblick über den Fall und die Verwendung pseudowissenschaftlicher Expertisen in amerikanischen Gerichtsprozessen bietet Tim Moore, »Scientific Consensus and Expert Testimony: Lessons from the Judas Priest Case« (*Skeptical Inquirer*, Dezember 1996).

Die Akten des Judas Priest-Falles befinden sich im Washoe County Court in Reno, Nevada, unter dem Aktenzeichen Nr. 86–12915.

S. 199: »Ach«, sagte Ray, »du kannst dir doch denken«: Aussage vor Gericht von James Vance, 26. September 1988 (Band [*reel*] Nr. 3, 174–186)

S. 199–204: Die Einzelheiten über den Morgen des 23. Dezember sind den Aussagen von Aunetta Margaret Roberson und Rita Skulson entnommen (Band Nr. 2), ferner der Hypnose von James Vance, »Hypnotism of James Vance by Dr Danton« (19. November 1987, Band Nr. 4) sowie »Statement of Phyllis Vance«, 16. November 1987 (Band Nr. 2). Vgl. a. »Depositions, James Vance«, 2. Dezember 1987 und 6. Januar 1988 (Band Nr. 2).

S. 203: Einzelheiten des Notrufs und des Tatorts sind dem Bericht des Polizisten Dan Kelly vom 23. Dezember 1988 entnommen (»Continuation Report«) sowie der Aussage von Detective Sergeant Dave Zarubi vom 11. Juni 1987, die James' Zustand im Krankenhaus und ihre Unterhaltung (»das Leben ist Scheiße«) beschreibt.

S. 210: »Hypnotiseur: [Belknap] sagte, ›Ich hab' mein Leben versaut‹?«: »Hypnosis of James Vance by Dr Danton« (19. November 1987, Band Nr. 4)

S. 211: Antrag von CBS auf Urteil ohne streitige Verhandlung, Aktenzeichen Nr. 86–3939, »Points and Authentication in Opposition in Motion to Dismiss« (Band Nr. 1).

S. 211: »unterhalb der Wahrnehmungsschwelle«: Die beiden Briefe von Nickloff an Ken McKenna datieren vom 30. September und 6. Oktober 1988 (›Tu es.‹) (Band Nr. 3, 174–186).

S. 212: »Unsichtbare Anzeigen getestet«: *Printer's Ink*, 20. September 1957.

S. 215: »In meiner Fabel [*Schöne neue Welt*] findet sich keine Anspielung auf subliminale Projektion«: Aldous Huxley, *Wiedersehen mit der schönen neuen Welt*, München 1960.

S. 215: Huxleys Beziehung zu Dr. Louis »Jolly« West wird in einem Brief an Humphrey Osmond vom 1. Juni 1957 erwähnt. Huxley war beeindruckt von dem jungen Doktor, der menschlichen Testpersonen Meskalin verabreichte und dann versuchte, sie zu hypnotisieren. Er schlug ihm vor, die Prozedur umzukehren, indem er sie erst hypnotisierte, ihnen dann LSD gab und hinterher versuchte, die Halluzinationserfahrungen durch erneute Hypnotisierung zurückzurufen. Es ist nicht überliefert, ob diese Technik funktionierte.

S. 215: »Möglicherweise sollte zur Verminderung des Widerstands«: »Report [der CIA] Concerning Certain Techniques«, 17. Januar 1958 (389), Nr. 146144.

S. 215: William R. Corson beschrieb die Experimente des Geheimdienstes mit unterschwelligen Techniken in seinem Buch *The Armies of Ignorance* (1977).

S. 217f.: Doch CBS konnte sie nicht finden: Die Jagd nach den Mastertapes zieht sich als eine Dokumentenspur durch die Prozessakten. Im November 1987 wurde ein förmlicher Antrag auf Aushändigung gestellt. Im folgenden Jahr ging die Suche noch immer weiter. Im Februar 1988 räumte CBS ein, dass »ihr Verbleib gegenwärtig unbekannt« sei, und bat um eine Fristverlängerung. Jamie Young sagte aus, dass CBS »[sie] nie in Verwahrung hatte und nicht hat«. Stattdessen wurde ein zweispuriges Band geschickt. Im April erhielt CBS die Anordnung, die Bänder innerhalb von 45 Tagen auszuhändigen. Im September legte CBS nahe, dass die Bänder womöglich der Gruppe The Who geliehen worden waren und in der Folge verloren gingen. Die Kläger baten den Richter, Sanktionen zu verhängen. Später in jenem Monat gab CBS schließlich zu, dass die Bänder unauffindbar seien, und schickte das einzige Masterband, das die Firma finden konnte, »Better by You, Better Than Me«. Dieses eine Lied – das zufällig im Zentrum des Prozesses stand – war anscheinend getrennt vom Rest des Albums aufgenommen worden, sodass es erhalten blieb.

S. 219: Richter Whitehead lehnte den Antrag von CBS auf Urteil ohne streitige Verhandlung am 23. August 1989 ab, 86–5844/86–3939.

S. 221: Ray letzte Konflikte mit dem Gesetz sind der Aussage von Aunetta zu entnehmen; vom Plan der beiden Jungen, »einen Massenmord zu begehen«, berichtete Dave Zarubi in seiner Aussage vom 11. Juni 1988.

S. 221: »Er war ernsthaft verrückt«: »Deposition of Lisa Davis«, 20. Januar 1988 (Band Nr. 3, 124–186).

S. 221: James' früherer Drogenmissbrauch ergibt sich aus der Aussage seiner Mutter Phyllis vom 16. November 1987 (Band Nr. 2).

S. 224: »Schlimmer als der verfrühte Zeitpunkt«: »Today It's Just a Historic Flashback for Researcher Vicary«, *Advertising Age*, 17. September 1962, S. 203.

S. 224: »Es gibt mehrere riesige Sprünge in der Logik«: Richard Gafford, »Operational Potential of Subliminal Perception«, *Studies in Intelligence*, Frühjahr 1958.

S. 232: »Ich erinnere mich sehr gut daran«: »Deposition, Susan Rusk«, 23. Mai 1990 (Band Nr. 5, 176–186).

S. 233: »Sie, Dr. Key, haben unterschwellige Botschaften«: Kreuzverhör durch Peterson am 29. März 1990 (Band Nr. 8).

S. 237: »Sie funktionieren schlicht nicht«: British Psychological Society (Hg.), *Subliminal Messages in Recorded Auditory Tapes, and Other »Unconscious Learning« Phenomena*, Leicester 1992.

S. 239: Wilson Bryan Keys Lebenslauf in Band Nr. 3, 174–186.

Kapitel 7: Schlaf

Bücher:

Bromberger, Brian, Janet Fife-Yeomans, *Deep Sleep. Harry Bailey and the Scandal of Chelmsford*, East Roseville (N.S.W., Australien) 1991
Collins, Anne, *In the Sleep Room. The Story of the CIA Brainwashing Experiments in Canada*, Toronto 1988
Gillmor, Don, *I Swear by Apollo. Dr. Ewen Cameron and the CIA-brainwashing Experiments*, Montreal 1987
Sargant, William, *The Unquiet Mind. The Autobiography of a Physician in Psychological Medicine*, London 1967
Sourkes, Theodore L., Gilbert Pinard (Hg.), *Building on a Proud Past. 50 Years of Psychiatry at McGill*, Montreal 1995.
Weinstein, Harvey, *A Father, a Son, and the CIA*, Toronto 1988

S. 248: »Dormiphonics«: Max Sherover, »Dormiphonics: A New Language of Learning«, *Modern Language Journal*, 6. Oktober 1956.
S. 255: »Entsorgung«: »Disposal of Maximum Custody Type Defectors«, 7. März 1951, Nr. 184586.
S. 256: »jede Operation erfordert … Krieg ist ein grausames Geschäft«: »Evaluation of the Medical Staff's Contribution to BLUEBIRD«, 3. März 1952, A/B, 4, 23/32, Nr. 147392.
S. 256: Alkoholiker: »ARTICHOKE conference, 30 July 1953«, Nr. 144999.
S. 256: »Einige Beschäftigte des Geheimdienstes«: »ARTICHOKE conference«, a.a.O.
S. 256f.: »Prügelprüfstand« und Ausrüstung zur Beibringung von Gehirnerschütterungen: »Subproject 54«, abgelegt am 6. Dezember 1955, Nr. 17453. Der Projektvorschlag stellt in Aussicht, dass »die Zielperson nicht in der Lage wäre, sich daran zu erinnern, was mit ihr geschehen ist, falls eine Technik entwickelt werden könnte, die Gehirnerschütterung ohne Vorwarnung und Zufügung eines externen Traumas verursacht«. Eine handschriftliche Notiz vermerkt: »Das sieht nach dem aus, was wir wollen.«
S. 257: »Die andere [Methode] war«: Aussage von Charles Geschickter vor dem Subcommittee on Health and Scientific Research, in, dass. (Hg.), *Human Drug Testing by the CIA*, Washington 1977.
S. 257: »Unsere Berater stützen nachdrücklich die Auffassung von ARTICHOKE«: »AMNESIA«, abgelegt unter »Drug Card Index«, 1. Januar 1956, A/BI, 75–13, Nr. 189903.
S. 257: als »stünde der ganze Kopf in Flammen«: »ARTICHOKE, 3 December 1951«, A/B, 5, 134/3, Nr. 146342. Der betreffende Agent war besonders an der Idee interessiert, zu versuchen, eine Person in der »benommenen« Phase unmittelbar nach dem Elektroschock zu hypnotisieren.
S. 260: Die Schilderung von Mary C.'s Erfahrung findet sich in Hassan Azima, »Observation in Alaclitic Therapy«, in: Solomon (Hg.), *Sensory Deprivation*. Vgl. a. ders., »Prolonged Sleep Treatment«, *Journal of Mental Science*, 101, 1955.
S. 260: »Cameron war unverantwortlich«: Interview von Hebb mit dem Doku-

mentarfilmer Ronald Blumer kurz vor seinem Tod. Dieses Interview findet sich zusammen mit Informationen über Ewen Cameron und die gegen seine Behandlungen angestrengten Klagen bei Joseph L. Rauh, jr., James C. Turner, *Hamline Journal of Public Law and Policy*, Bd. II, Herbst 1990, Nr. 2, *Anatomy of a Public Interest Case Against the CIA*, »VIII. Discovery Against the CIA« unter: http://www.turnerhome.org/jct/anat-2.html#viii.b.2. Dort auch eidesstattliche Erklärungen von Donald Hebb, Ormondt Solandt und Robert Jay Lifton.

S. 267: »Manche Leute halten mich für einen wunderbaren Arzt«: *The Sunday Times*, 22. Februar 1972.

S. 270: »eine lange Vollbehandlung«; »Wir hatten durch Zufall einen Weg gefunden«: Sargants Nachlass, Box 1.

S. 280: »Cameron«, resümierte er, »war ein Opfer seiner eigenen Art von Gehirnwäsche«: Interview mit Donald Hebb a. a. O.

Kapitel 8: Jesus liebt dich

Bücher:

Conway, Flo, Jim Siegelman, *Snapping. America's Epidemic of Sudden Personality Change*, New York 1978

The Cult Awareness Network (Hg.), *Anatomy of a Hate Group*, Los Angeles 1995

Freed, Josh, *Moonwebs. Journey into the Mind of a Cult*, Toronto 1980

Hassan, Steve, *Ausbruch aus dem Bann der Sekten. Psychologische Beratung für Betroffene und Angehörige*, Reinbek bei Hamburg 1993.

Lifton, Robert Jay, *Thought Reform and Totalism. A Study of »Brainwashing« in China*, New York 1961

Patrick, Ted, mit Tom Dulack, *Let Our Children Go!*, New York 1976

Shaw, William, *Spying in Guru-land. Inside Britain's Cults*, London 1994

Singer, Margaret, Janja Lalich, *Sekten. Wie Menschen ihre Freiheit verlieren und wiedergewinnen können*, Heidelberg 1997

Underwood, Barbara, *Im Bann des Himmels. Erfahrungen von Mutter und Tochter über vier Jahre Mun-Sekte*, München 1985

S. 313: »[e]ine absolut korrekte Darstellung«: *The Guardian*, 4. Oktober 1976.

S. 316f.: Einzelheiten des Untergangs des Cult Awareness Network aus Susan Hansen, »Did Scientology Strike Back?«, *American Lawyer*, Juni 1997.

Kapitel 9: An das Unmögliche glauben

Bücher:

Medway, Gareth J., *The Lure of the Sinister. The Unnatural History of Satanism*, New York 2001

Nathan, Debbie, Michael Snedeker, *Satan's Silence. Ritual Abuse and the Making of a Modern American Witch Hunt*, New York 1995

Ofshe, Richard, Ethan Watters, *Die missbrauchte Erinnerung. Von einer Therapie, die Väter zu Tätern macht*, München 1996

Pendergrast, Mark, *Victims of Memory. Incest Accusations and Shattered Lives*, Hinesburg (Vt.) 1995

Wright, Lawrence, *Erinnerungen an Satan. Ein Vater wird angeklagt*, Berlin 1994

S. 321: »nur das Sahnehäubchen auf dem Kuchen«: Website des Bibellagers unter http://www.blacklakebiblecamp.com/.

S. 323 f.: Julies Mitteilungen an Kristi Webster sind häufig undatiert; »Ich frage mich, was mit meiner Familie geschehen wird« entstammt einem Brief vom 27. Oktober 1988.

S. 324: dass er sie »aufschlitzen« oder »verbrennen und sehr hässlich« machen würde: »Statement of Marianne Manoogian«, 3. November 1988, Aktenzeichen 88–27067–11.

S. 325: Der Missbrauch habe begonnen: »Interview with Julie Ingram«, Einvernahme durch Joe Vukich am 21. November 1988, Niederschrift vom 3. Dezember 1988,

S. 325: »feucht und eklig«: »Officer's Report (Paul Johnson)« (Polizeibericht), 5. Dezember 1988.

S. 326: »Ich weiß, wenn das wirklich geschehen ist«: Ingrams Verhaftung und erste Vernehmung schildert Neil McClanahan in »Supplemental Report«, 28. November 1988. S. a. »Statement of Paul R. Ingram, 28 November 1988«, ein 81-seitiges Vernehmungsprotokoll, auf das sich die meisten der ursprünglichen Anklagen stützen. In diesem Verhör gewinnt er die ersten Erinnerungen wieder, belastet Jim Rabie als Täter und »sieht« Grabsteine. Im Verlauf der Vernehmung fordert Dr. Peterson Ingram auf, sich zu entspannen, und dieser fängt an, seine Erinnerungen abermals zu »durchleben«.

S. 326: et passim: »Statement of Paul R. Ingram«, 1. Dezember 1988. Die Aussage enthält noch andere Erinnerungen. Wie bei den in diesem Kapitel angeführten betete Paul dabei und wurde ermutigt, seine Vergangenheit mithilfe seines religiösen Glaubens erneut zu durchleben (»Du willst nicht in die Hölle kommen …«). Aus diesem Vernehmungsprotokoll stammen auch die Zitate von Pauls Anwalt, Gary Preble, der ihn bittet, zu schweigen, sowie die Behauptung Ingrams, Jim Rabie habe eine Pistole auf ihn gerichtet. Rabie weist Ingram an, die christliche Musik auszustellen (»erwiderte Rabie, dass er ›nicht an Gott glaube‹«). Paul sagt schließlich: »Ich sehe Böses«. Interessanterweise nennt Ingram ausdrücklich ein Datum, an dem einige der Missbräuche stattfanden. Rabies Bankauszüge belegen, dass er an jenem Tag in Kanada war; Paul erinnerte sich bald, dass das Datum falsch war, und nannte ein neues, für das Rabie kein Alibi mehr finden konnte.

S. 332: »die ganze Wahrheit«: Der Bericht über Rabies Verhalten vor seiner Verhaftung findet sich zusammen mit einer Zusammenfassung seiner ersten Vernehmung in »Supplemental Report«, 5. Dezember 1988.

S. 333: »Geht es um Paul?«: Ray Rischs Verhaftung wird in »Supplemental Report«, 1. Dezember 1988 geschildert.

S. 333: »Ich habe – ehrlich – keine Erinnerung daran«: »Rights Statement: Jim

Rabie«, 1. Dezember 1988 in einem Transkript des ersten aufgezeichneten Verhörs.

S. 338f.: Green River-Killer: Ingrams Geständnis ist dem »Supplemental Report« von Brian Schoening vom 14. Dezember 1988 entnommen.

S. 340: »Ich hatte einen Vertrag mit ihnen unterschrieben«: »Statement of Paul R. Ingram«, 17. Dezember 1988.

S. 340: »Das Baby wurde auf den Tisch gelegt«: handschriftliche Aussage, Beweisstück Nr. 117 mit Datum vom 6. Februar 1989.

S. 341: »Manchmal«, bemerkte Schoening, »saß er fünf bis zehn Minuten da«: »Interview with Chad Ingram, Statment of Schoening and Peterson«, 8. Dezember 1988.

S. 343: »Ich weiß nicht, wer die Abtreibung vorgenommen hat«: Beweisstück der Verteidigung Nr. 117, 6. Februar 1989.

S. 344: »milder Akne auf dem Rücken«: »Statement of Judith Ann Jacobson«, 20. April 1989.

S. 345: »Ich habe Menschen aus Gruben ausgegraben«: Interview mit Mark Papworth vom 3. Januar 1996, unter: http://members.aol.com/IngramOrg/pap worth.htm.

S. 346: Spinnen in die Vagina: handschriftliche Mitteilung von Julie vom 26. April 1989.

S. 349: »Tagsüber. Wahrscheinlich Samstag- oder Sonntagnachmittag«: Beweisstück der Verteidigung Nr. 40 mit Datum vom 22. Januar 1990.

S. 351: »Wie geht es meinem ganz besonderen kleinen Mädchen?«: Details des Briefes und die Offenbarung, dass er von Julie selbst verfasst war, in »Supplemental Report«, 9. März 1990. Der Brief selbst ist undatiert.

S. 352: »Paul, ich glaube, Ihre Tochter lügt«: Telefongespräch zwischen Ingram und Ofshe, Beweisstück 42, vom Gericht aufgenommen am 29. Januar 1990.

S. 353: »Bitte sorgen Sie dafür, dass ich nicht mehr in Angst davor leben muss«: Erickas und Julies Brief an den Richter datieren vom 9. August respektive 31. Juli 1989.

S. 355: Julies Anschuldigung gegen Isidro Archibeque datiert vom 29. August 1985.

S. 355: *In Satans Griff*: Interessanterweise gab Ericka zu, dieses Buch gelesen zu haben, bevor sie ihre Satanismusvorwürfe erhob. Vgl. »Supplemental Report« von Joe Vukich, 7. Januar 1988.

S. 357: 1944 warnte Sargant: in ders., William, Eliot Slater, *Die modernen psychiatrischen Behandlungsmethoden*, S. 107.

S. 358: »Ich sag dir was«: Gespräch mit Chad Ingram, »Statement of Schoening and Peterson«, 8. Dezember 1988.

Kapitel 10: Das Teufelskomplott des KGB

Bücher:

Epstein, Edward Jay, *Legend. The Secret World of Lee Harvey Oswald*, New York 1978

Mangold, Tom, *Cold Warrior. James Jesus Angleton, the CIA's Master Spy Hunter*, New York 1991

Westfield, H. Bradford (Hg.), *Inside the CIA's Private World. Declassified Articles from the Agency's Intelligence Journal, 1955–92*, New Haven 1995

S. 363–372: Die Zitate der Nosenko-Story entstammen Mangolds *Cold Warrior*, Epsteins *Legend* und seiner autobiografischen Website www.edwardjayepstein. com, außerdem Richard J. Heuer, »Paths to Judgement«, in: *Inside the CIA's Private World*.

S. 370: Zitate von David E. Murphy und Juri Nosenko aus ihren Aussagen vor dem House Select Committee on Assassinations (HSCA) vom 9. August 1978 (Murphy, »[Restricted]«, unter: http://www.maryferrell.org/mffweb/archive/docset/getList.do?docSetId=1012) und 20. Juni 1978 (Nosenko, »Testimony of Yuri Ivanovich Nosenko« unter: http://www.maryferrell.org/mffweb/archive/docset/getList.do?docSetId=1012&page=2&sortBy=title).

S. 372: »Akustisches Kätzchen«: Seit 1966 schien man nach geeigneten Kätzchen zu suchen. »Summary Information on [gelöscht]«, abgelegt am 27. September (Nr. 21815), weist darauf hin, dass der »gängige Preis für Zuchttiere bei 150 Dollar und höher liegt«, und rät zur Erleichterung der Beschaffung, dass »wir uns eine Ausgabe der Zeitschriften *Cat* und *All Pets*« besorgen; es fehlen die Einzelheiten des Versuchs. Die Warnung, Ausrüstung und Tiere zu sichern, findet sich in »Proposed Agenda [gelöscht] Show and Tell«, abgelegt am 14. Februar 1967 (Nr. 173986).

S. 373: Dokumente, die sich auf den Tod von Frank Olson beziehen, finden sich verstreut unter den CIA-Akten der Jahre 1953 und 1954.

S. 379: »Wir haben keine Anhaltspunkte«: »Communist Mental Conditioning for Confessions«, 98, 24. Februar 1953, Nr. 145896.

S. 380: »Berichte führen uns zu der Überzeugung«: »Report on POW Situation«, 15. Juni 1953, Nr. 146093.

S. 380: »Es gibt nichts Geheimnisvolles«: »A Report of Communist Brainwashing«, 15. August 1955, Nr. 173492.

S. 382: »Er hege ›einen tiefen Abscheu‹«: »Follow Up on BW Resolution (United Nations)«, 11. April 1953, Nr. 146078.

S. 382: »[Gelöscht] erklärte, dass … Senator Lodge«: »ARTICHOKE Conference, 16 April 1953« (abgelegt 11. Mai 1953), 224, Nr. 146085.

Epilog: »Die Wahrheit. In der kürzestmöglichen Zeit«

Bücher:

Bowden, Mark, *Road Work. Among Tyrants, Heroes, Rogues and Beasts*, New York 2004

Deeley, Peter, *Beyond Breaking Point*, London 1971

Gordon, Nathan J., William L. Fleisher, *Effective Interviewing and Interrogation Techniques*, San Diego 2002

Hoare, Oliver (Hg.), *Camp 020. MI5 and the Nazi Spies. The Official History of MI5's Wartime Interrogation Centre*, London 2001

Inbau, Fred E., John E. Reid, *Criminal Interrogation and Confessions*, Baltimore 1967

Innes, Brian, *Die Folter. Ein dunkles Kapitel in der Geschichte der Menschheit*, Erlangen 1998

Kubark Counterintelligence Interrogation [CIA-Handbuch über Verhörtechniken, 1963], unter: http://www.whatreallyhappened.com/RANCHO/POLITICS/CIA_TORTURE/kubark06.htm

Mackey, Chris, mit Greg Miller, *The Interrogator's War. Inside the Secret War Against Al-Quaeda*, London 2004

Philby, Kim, *Mein Doppelspiel. Autobiografie eines Meisterspions*, Gütersloh 1968

Rolin, Jean, *Drogues de police*, Paris 1950 (engl.: *Police Drugs*, London 1955)

Saar, Erik, Viveca Novak, *Inside the Wire. A Military Intelligence Soldier's Eyewitness Account of Life at Guantánamo*, New York 2005

Scotland, Alexander Paterson, *The London Cage*, London 1957

Heinrich Kramer, *Der Hexenhammer – Malleus maleficarum*, München 2000

S. 399: »Der Druck des Konveyers wirkt lautlos«: Alexander Weissberg-Cybulski, *Im Verhör*.

S. 402: Abduraman Khadr wurde am 17. März 2004 von Radio 4 der BBC interviewt; weitere Details bei CBC News Online, 23. Dezember 2005 unter: http://www.cbc.ca/news/viewpoint/vp_baksh/20031204.html.

Literatur

Abrahamowitz, Finn, *Hypnosemordene*, Kopenhagen 2004

Allen, John, »Mushroom Pioneers«, Seattle (privat verteilte CD-Rom)

Andrews, George, *MKULTRA. The CIA's Top Secret Program in Human Experimentation and Behaviour Modification, Winston-Salem* (N.C.) 2001

Bains, Donald, *The Control of Candy Jones*, Fort Lee (N.J.) 2002

Balogh, Margit, *Mindszenty József (1892–1975)*, Budapest 2002

Bass, Ellen, Laura Davis, *Trotz allem. Wege zur Selbstheilung für sexuell missbrauchte Frauen*, Berlin 1990

Beck, Friedrich [Pseud.], W. Godin [Pseud.], *The Russian Purge and the Extraction of Confession*, Cape Town 1951

Biderman, Albert D., Herbert Zimmer (Hg.), *The Manipulation of Human Behavior*, New York u.a. 1961

Blake, George, *Keine andere Wahl. Die Autobiographie des wichtigsten Doppelagenten aus der Ära des Kalten Krieges*, Berlin 1995

Bowden, Mark, *Road Work. Among Tyrants, Heroes, Rogues and Beasts*, New York 2004

Boyce, Frederic, Douglas Everett, *SOE. The Scientific Secrets*, Stroud 2004

Bromberger, Brian, Janet Fife-Yeomans, *Deep Sleep. Harry Bailey and the Scandal of Chelmsford*, East Roseville (N.S.W., Australien) 1991

Buchan, John, *Die drei Geiseln*, Zürich 1980

Burgess, Frank, *The Cardinal on Trial*, Daventry 1949

Collins, Anne, *In the Sleep Room. The Story of the CIA Brainwashing Experiments in Canada*, Toronto 1988

Condon, Richard, *Botschafter der Angst*, Reinbek bei Hamburg 1963 (nach der Neuverfilmung von Jonathan Demme, USA 2004, unter dem gleichnamigen Titel *Der Manchurian-Kandidat*, München 2004, im Handel)

Conquest, Robert, *Der große Terror. Sowjetunion 1934–1938*, München 1992

Conway, Flo, Jim Siegelman, *Snapping. America's Epidemic of Sudden Personality Change*, New York 1978

Corson, William R., *The Armies of Ignorance. The Rise of the American Intelligence Empire*, New York 1977

Cunningham, Cyril, *No Mercy, No Leniency. Communist Mistreatment of British Prisoners of War in Korea*, Barnsley 2000

Deeley, Peter, *Beyond Breaking Point*, London 1971

Epstein, Edward Jay, *Legend. The Secret World of Lee Harvey Oswald*, New York 1978

Esterbrooks, George H., *Hypnotism*, New York 1943

Estrada, Alvaro, *Maria Sabina. Botin der heiligen Pilze*, München 1980

Eymericus, Nicolaus, *Diretorium inquisitorum*, Rom 1578

Faul, Denis, Raymond Murry, *The Hooded Men. British Torture in Ireland, August, October 1971*, o.O. 1974.

Fredrickson, Renee, *Repressed Memories. A Journey to Recovery from Sexual Abuse*, New York u.a. 1992 (S. 167)

Freed, Josh, *Moonwebs. Journey into the Mind of a Cult*, Toronto 1980

Gergely, Jeno, *A Mindszenty-per*, Budapest 1989

Gillmor, Don, *I swear by Apollo. Dr. Ewen Cameron and the CIA-brainwashing experiments*, Montréal 1987

Gordon, Nathan J., William L. Fleisher, *Effective Interviewing and Interrogation Techniques*, San Diego 2002

Grinker, Roy, John Spiegel, *Men Under Stress*, Philadelphia 1945

Haberstroh, Jack, *Ice Cube Sex. The Truth about Subliminal Advertising*, Notre Dame (In.) 1994

Hardrup, Palle, *Sandheden om hypnosemordene*, Kopenhagen 1973

Hassan, Steve, *Ausbruch aus dem Bann der Sekten. Psychologische Beratung für Betroffene und Angehörige*, Reinbek bei Hamburg 1993.

Jakob Sprenger, Heinrich Institoris, *Der Hexenhammer (Malleus maleficarum)*, 14. Aufl., München 1999

Hoare, Oliver (Hg.), *Camp 020. MI5 and the Nazi Spies. The Official History of MI5's Wartime Interrogation Centre*, London 2001

Hofmann, Albert, *LSD, mein Sorgenkind*, Stuttgart 1979

Horsley, J. Stephen, *Narco-analysis. A New Technique in Short-cut Psychotherapy. A Comparison with Other Methods and Notes on the Barbiturates*, New York u.a. 1943

Hunter, Edward, *Brainwashing in Red China. The Calculated Destraction of Men's Minds*, New York 1951

Hunter, Edward, *Brainwashing. The Story of the Men Who Defied It*, New York 1956

Huxley, Aldous, *Die Pforten der Wahrnehmung*, München 1954.

Huxley, Aldous, *Letters of Aldous Huxley*, hg. von Grover Smith, London 1969

Huxley, Aldous, *Schöne neue Welt*, Berlin 1978 (übersetzt von Eva Walch)

Huxley, Aldous, *Wiedersehen mit der schönen neuen Welt*, 2. Aufl., München 1960

Inbau, Fred E., John E. Reid, *Criminal Interrogation and Confessions*, Baltimore 1967

Innes, Brian, *Die Folter. Ein dunkles Kapitel in der Geschichte der Menschheit*, Erlangen 1998

Janet, Pierre, *Les médications psychologiques. Études historiques, psychologiques et cliniques sur les méthodes de la psychothérapie*, 3 Bde., Paris 1919 (engl.: *Psychological Healing. A Historical and Clinical Study*, 2 Bde., New York 1925)

Key, Wilson Bryan, *Subliminal Seduction*, Englewood Cliffs (N.J.) 1973

Key, Wilson Bryan, *The Age of Manipulation. The Con in Confidence, the Sin in Sincere*, New York 1989

Key, Wilson Bryan, *The Clam-plate Orgy and Other Subliminals the Media Use to Manipulate Your Behavior*, Englewood Cliffs (N.J.) 1980

Klee, Ernst, *Auschwitz, die NS-Medizin und ihre Opfer*, Frankfurt am Main 1997

Koestler, Arthur, *Sonnenfinsternis*, London 1946

Kubark Counterintelligence Interrogation [CIA-Handbuch über Verhörtechniken, 1963], unter: http://www.whatreallyhappened.com/RANCHO/POLITICS/CIA_TORTURE/kubark06.htm

Lee, Martin, Bruce Shlain, *Acid Dreams. The CIA, LSD and the Sixties Rebellion*, New York 1985

Lifton, Robert Jay, *Ärzte im Dritten Reich*, Stuttgart 1986

Lifton, Robert Jay, *Thought Reform and Totalism. A Study of »Brainwashing« in China*, New York 1961

Lovell, Stanley P., *Of Spies and Stratagems. Incredible Secrets of World War II Revealed by a Master Spy*, Englewood Cliffs (N.J.) 1963

Mackey, Chris, mit Greg Miller, *The Interrogator's War. Inside the Secret War Against Al-Quaeda*, London 2004

Mangold, Tom, Cold Warrior. *James Jesus Angleton, the CIA's Master Spy Hunter*, New York 1991

Marks, John, *The Search for the Manchurian Candidate. The CIA and Mind Control*, London 1979

McGuffin, John, *Internment*, Atlanta 1973

McGuffin, John, *The Guinea Pigs*, London 1974

Medway, Gareth J., *The Lure of the Sinister. The Unnatural History of Satanism*, New York 2001

Meerloo, Joost A. M., *The Rape of the Mind. The Psychology of Thought Control, Menticide, and Brainwashing*, Cleveland (Ohio) u. a. 1956 (Auszüge unter: http://www.ninehundred.net/control/; 1957 auch unter dem Titel *Mental Seduction and Menticide. The Psychology of Thought Control and Brainwashing* in London erschienen)

Mindszenty, Jósef [József], *Erinnerungen*, Frankfurt am Main/Berlin/Wien 1974

Nathan, Debbie, Michael Snedeker, *Satan's Silence. Ritual Abuse and the Making of a Modern American Witch Hunt*, New York 1995

O'Prey, Paul (Hg.), *Between Moon and Moon. Selected Letters of Robert Graves 1946–72*, London 1984

Ofshe, Richard, Ethan Watters, *Die missbrauchte Erinnerung. Von einer Therapie, die Väter zu Tätern macht*, München 1996

Orwell, George, *1984*, Frankfurt a. M./Berlin/Wien 1976

Packard, Vance, *Die geheimen Verführer. Der Griff nach dem Unbewußten in jedermann*, Düsseldorf 1958

Patrick, Ted, mit Tom Dulack, *Let Our Children Go!*, New York 1976

Pendergrast, Mark, *Victims of Memory. Incest Accusations and Shattered Lives*, Hinesburg (Vt.) 1995

Philby, Kim, *Mein Doppelspiel. Autobiografie eines Meisterspions*, Gütersloh 1968

Pratkanis, Anthony, Eliot Aronson, *The Age of Propaganda. The Everyday Use and Abuse of Persuasion*, New York 1992

Powers, Thomas, *CIA. Die Geschichte, die Methoden, die Komplotte. Ein Insider-Bericht*, Hamburg 1980

Powers, Thomas, *Intelligence Wars. American Secret History from Hitler to al-Qaeda*, New York 2002

Reiter, Paul J., *Antisocial or Criminal Acts and Hypnosis. A Case Study*, Kopenhagen 1958

Rogge, O. John, *Why Men Confess*, New York 1959

Rolin, Jean, *Drogues de police*, Paris 1950 (engl.: *Police Drugs*, London 1955)

Ruff, Lajos, *The Brainwashing Machine*, London 1959

Rutz, Carol, *A Nation Betrayed. Secret Cold War Experiments Performed on Our Children and Other Innocent People*, Grass Lake (Mich.) 2001

Ryder, Chris, *The Fateful Split. Catholics and the Royal Ulster Constabulary*, London 2004

Saar, Erik, Viveca Novak, *Inside the Wire. A Military Intelligence Soldier's Eyewitness Account of Life at Guantánamo*, New York 2005

Sargant, William, *Der Kampf um die Seele. Eine Physiologie der Konversionen*, München 1958

Sargant, William, Eliot Slater, *Die modernen psychiatrischen Behandlungsmethoden*, Göttingen 1951

Sargant, William, *The Unquiet Mind. The Autobiography of a Physician in Psychological Medicine*, London 1967

Scheflin, Alan W., Edward M. Opton, *The Mind Manipulators. A Non-fiction Account*, New York 1978

Schouw Nielsen, Bjørn, *Slambert altid slambert? En selvbiografi*, Kopenhagen 1958

Scotland, Alexander Paterson, *The London Cage*, London 1957

Seed, David, *Brainwashing: The Fictions of Mind Control. A Study of Novels and Films Since World War II*, Kent (Ohio) u. a. 2004

Seymour, Miranda, *Robert Graves. Life on the Edge*, New York 1995

Seymour-Smith, Martin, *Robert Graves. His Life and Work*, London u. a. 1982

Shaw, William, *Spying in Guru-land. Inside Britain's Cults*, London 1994

Shephard, Ben, *A War of Nerves. Soldiers and Psychiatrists in the Twentieth Century*, London 2000

Singer, Margaret, Janja Lalich, *Sekten. Wie Menschen ihre Freiheit verlieren und wiedergewinnen können*, Heidelberg 1997

SOE Syllabus. Lessons in Ungentlemanly Warfare, World War II, hg. von Public Records Office, Richmond 2001.

Solomon, Philip (Hg.), *Sensory Deprivation. A Symposium Held at Harvard Medical School*, Cambridge (Mass.) 1961

Sourkes, Theodore L., Gilbert Pinard (Hg.), *Building on a Proud Past. 50 Years of Psychiatry at McGill*, Montréal 1995.

Stevens, Jay, *Storming Heaven. LSD and the American Dream*, New York 1987

Stratford, Lauren, *In Satans Griff. Von Kinderpornographie und Satanskult zu Jesus Christus*, Erzhausen 1994

Sullivan, Kathleen, *Unshackled. A Survivor's Story of Mind Control*, Tempe (Az.) 2003

Swift, Stephen, *The Cardinal's Story. The Life and Work of Joseph, Cardinal Mindszenty, Archbishop of Esztergom, Primate of Hungary*, New York 1949

Taylor, Brice, *Thanks for the Memories. The Truth Has Set Me Free! The Memoirs of Bob Hope's and Henry Kissinger's Mind-controlled Slave. Used as a Predidential Sex Toy and Personal »Mind-file« computer*, Landrum (S.C.) 1999

The Cult Awareness Network, *Anatomy of a Hate Group*, Los Angeles 1995

Underwood, Barbara, *Im Bann des Himmels. Erfahrungen von Mutter und Tochter über vier Jahre Mun-Sekte*, München 1985

Vernon, Jack, *Inside the Black Room*, London 1963

Wasson, Gordon u. Valentina, *Mushrooms, Russia, and History*, New York 1957

Wasson, Gordon R. u. a., *Der Weg nach Eleusis. Das Geheimnis der Mysterien*, Frankfurt a. M. 1990

Watson, John B., *Psychische Erziehung im frühen Kindesalter*, Leipzig 1930

Weinstein, Harvey, *A Father, a Son, and the CIA*, Toronto 1988

Weissberg-Cybulski, Alexander, *Im Verhör. Ein Überlebender der stalinistischen Säuberungen berichtet*, Wien/Zürich 1993

Westfield, H. Bradford (Hg.), *Inside the CIA's Private World. Declassified Articles from the Agency's Intelligence Journal, 1955–92*, New Haven (Ct.) 1995

Wright, Lawrence, *Erinnerungen an Satan. Ein Vater wird angeklagt*, Berlin 1994

Register

Register

Register

Register

Bücher zu Politik und Zeitgeschehen. Nur bei Zweitausendeins.

Wie die USA die Folter mit Hilfe von Wissenschaftlern weiterentwickelten und seit Jahren heimlich anwenden.

Alfred W. McCoy
Foltern und foltern lassen

Die USA, angeblich Bollwerk der Demokratie, foltern systematisch. Denn, so zeigt McCoy, Geschichtsprofessor an der Universität Madison, Wisconsin, und Autor dieser Dokumentation: Folter ist seit vielen Jahrzehnten staatliche Politik und Praxis der USA, von CIA und US-Streitkräften.

Die Methoden basieren auf Techniken, die seit 1950 von der CIA mit einem Aufwand von über 13 Milliarden Dollar wissenschaftlich erforscht, trainiert, praktiziert und perfektioniert wurden und werden. Nach Experimenten mit Drogen, Elektroschocks etc. wurde die moderne »berührungslose«, aber nicht weniger brutale Folter entwickelt. McCoy nennt diese Folter »die erste wirkliche Revolution auf dem Feld der grausamen Wissenschaft seit dem 17. Jahrhundert«. Sie fand ihren Niederschlag in mehreren Folterhandbüchern.

Eine dieser Folteranleitungen ist 1000 Seiten dick. Der Boston Globe: »In Abu Ghraib wurde nach Vorschrift gefoltert.« Die Enthüllungen führten nicht zum Ende der Folter, sondern zum Outsourcing ins Ausland, »im globalen Gulag der geheimen CIA-Gefängnisse, die seit Beginn des Krieges gegen den Terror auf Anordnung der Exekutive betrieben werden« (McCoy). McCoys »erschütternde Erkenntnisse« (ARD-Kulturweltspiegel) zeigen, dass die moderne Folter so routinemäßig angewendet wurde und wird, dass den Folterern oft gar nicht mehr bewusst ist, dass sie foltern. »Ein herausragendes Buch, das in einem fulminanten Schlusskapitel die ›Logik der Folter‹ konzise und bestechend entlarvt und wohl zum Besten zählt, was gegenwärtig darüber zu lesen ist« (FR). Auf der Sachbuch-Bestenliste.

Aus dem Englischen von Ulrike Bischoff. 258 Seiten. Broschur. 9,90 €. Nummer 200 265.

»Das erste umfassende und das bei weitem beste Buch über private Militärfirmen.« ASIA TIMES

Peter Warren Singer

Die Kriegs-AGs

Private Militärfirmen übernehmen mehr und mehr die komplette Kriegsführung für Staaten. Ihr Gesamtumsatz wird auf über 100 Milliarden Euro geschätzt. Kriegsführung ist eine der größten Wachstumsbranchen der Welt: Ihre Umsätze verdoppeln sich fast jedes Jahr. Und es gibt einen Grund für die Beliebtheit der Kriegs-AGs, sie fallen nicht unter das Völkerrecht.

»Gelten ihre Angestellten als Zivilisten? Oder als Soldaten? Vor welchem Gericht sollten sie sich verantworten? Während die regulären US-Soldaten, die an den Ausschreitungen in Abu Ghraib beteiligt gewesen sind, kriegsrechtlich angeklagt und verurteilt wurden, ist bis heute gegen keine einzige der in den Ermittlungsberichten der US-Armee identifizierten Zivilpersonen Anklage erhoben worden. Die US-Armee ist zu rechtlichen Schritten nicht befugt«, stellt die Frankfurter Allgemeine Sonntagszeitung fest und rät: »Vielleicht sollte man, statt von ›Schock-Fotos‹ einen Tag lang schockiert zu sein, lieber das Buch von Peter W. Singer lesen. Es ist die Geschichte eines Kontrollverlusts.«

Peter Warren Singer verschafft in seinem Buch »einen beeindruckenden Überblick über die Aktivitäten von MPRI, Airscan, DynCorp, Brown & Root und jede Menge anderer Firmen, die wahlweise Truppen in den Kampf schicken, Militärstützpunkte aufbauen und unterhalten, Guerillagruppen ausbilden, Luftüberwachung bereitstellen, Putschs ausführen oder niederschlagen und Länder wiederaufbauen können, die von Kriegen gerade zerstört worden sind«, schreibt Atlantic Monthly. Singer sieht Gefahren in dieser Entwicklung. Für die Demokratie, für die Menschenrechte, für die nationale Sicherheit. Firmen, die am Krieg gewinnen, wollen ihren Markt ausweiten. Sie wollen und brauchen mehr Kriege.

Aus dem Amerikanischen von Karl-Heinz Siber. 502 Seiten. Fadenheftung. Fester Einband. 27,90 €. Nummer 200286.

»John Pilger ist ein furchtloser Mann. Die Fakten immer im Blick, bringt er die schmutzige Wahrheit ans Licht und zeigt sie, wie sie ist.« HAROLD PINTER

John Pilger
Verdeckte Ziele. Über den modernen Imperalismus

John Pilger, einer der Großen des angelsächsischen Journalismus, zeigt in diesem Buch, wie westliche Regierungen im Namen hehrer Ziele einen kaum gezügelten Imperialismus praktizieren und dabei sind, ein riesiges globales Apartheidsregime zu errichten, das Wohlstand und Freiheit nur für wenige zulässt. Seit Jahrzehnten setzen westliche Großmächte ihre Interessen auch brutal mit Mitteln des Staatsterrorismus durch. Menschliches Leid, internationales Recht oder Menschenleben zählen dabei kaum.

Pilger weist darauf hin: In Wirklichkeit sind Muslime nur für einen Bruchteil der Terrorismusopfer in der Welt verantwortlich, und sie sind diejenigen, die am schwersten unter staatlichem Terrorismus zu leiden hatten und haben: in Palästina, im Irak, in Bosnien, Tschetschenien und Somalia. Heerscharen westlicher Denker und Wissenschaftler, Kriegsberichterstatter und Kulturschaffende sorgen dafür, dass die Verbannung dieser Wahrheit aus der öffentlichen Diskussion gerechtfertigt scheint. »Pilgers Reportagen sind empirisch begründet und sorgfältig belegt«, lobt der Londoner Independent Pilgers Arbeit.

Deutsche Erstausgabe. Aus dem Englischen von Waltraud Götting. 348 Seiten. Halbleinen. 10 €. Nummer 200215.

Der erschütternde Bericht über den Völkermord in Ruanda.

Roméo Dallaire
Handschlag mit dem Teufel

»Die akribische Beschreibung des vielleicht schlimmsten Verrats der Menschheitsgeschichte, ein Buch, das man lesen muss« (Guardian): UNO-General Roméo Dallaire, Leiter der UN-Friedensmission in Ruanda, kämpfte erst verzweifelt gegen den drohenden Völkermord. Als der schnellste Völkermord unserer Zeitgeschichte beginnt, hält er gegen den Nicht-Eingreifen-Befehl der UN-Zentrale mit seiner kleinen Truppe von 250 Ghanaern aus. Ihre Selbstlosigkeit und Tapferkeit konnten die furchtbaren Ereignisse jedoch nicht aufhalten. Der Westen schaut zu … »Nach meiner Rückkehr aus Ruanda fragte mich ein Armeegeistlicher, wie ich weiterhin an Gott glauben könne. Ich weiß, dass es einen Gott gibt, antwortete ich ihm, weil ich in Ruanda dem Teufel die Hand geschüttelt habe« (Dallaire).

»Wer einen Einblick gewinnen will, welche Mechanismen hinter den Kulissen der Vereinten Nationen ablaufen, muss dieses Buch lesen – und wundert sich beim Blick auf Krisenregionen wie Darfur im Sudan über nichts mehr«, resümierte der General-Anzeiger bereits vor zwei Jahren. Das Thema Darfur ist immer noch auf der UN-Tagesordnung …

Aus dem Englischen von Andreas Simon dos Santos. 651 Seiten. Jetzt erstmals als Paperback. 12,90 €. Nummer 200327.

»Ilan Pappe ist der mutigste, unbestechlichste und der am schärfsten urteilende Historiker Israels.« JOHN PILGER

Ilan Pappe
Die ethnische Säuberung Palästinas

Diese erschütternde Dokumentation belegt, wie es der Führung des gerade gegründeten Staates Israel gelang, die arabische Bevölkerung in den Augen des eigenen Volkes und der Welt zu entmenschlichen, zu vertreiben und eigene Gräueltaten zu legitimieren.

Zwei Monate vor dem Ende der britischen Verwaltung Palästinas im Auftrag der UN, am 10. März 1948, trifft sich im Roten Haus in Tel Aviv, dem Hauptquartier der Untergrundmiliz Hagana, eine Runde hochrangiger zionistischer Politiker. Eingeladen hat David Ben Gurion, später Ministerpräsident Israels. Mit dabei sind Politiker und Militärführer wie unter anderem Yigal Allon (später Außenminister), Moshe Dayan (später Verteidigungs- und Außenminister), Yigael Yadin (später stellvertretender Ministerpräsident), Yitzchak Rabin (später Ministerpräsident und Friedensnobelpreisträger).

Sie verabreden einen Masterplan zur Vertreibung der arabischen Bevölkerung: »Plan Dalet« (Plan D). Noch unter britischem Mandat beginnt eine Serie jüdischer Angriffe auf palästinensische Dörfer und Stadtviertel, werden eine Viertelmillion Menschen im eigenen Land entwurzelt. Es kommt zu Massakern, bei denen gemordet, vergewaltigt und geplündert wird. Nach der Unabhängigkeit Israels werden 531 Dörfer und elf städtische Siedlungen mit Waffengewalt geräumt, 800 000 Palästinenser zur Flucht gezwungen, ihre Häuser samt Mobiliar dem Erdboden gleichgemacht und die Ruinen vermint, damit die Vertriebenen nicht zurückkehren können.

Anhand von Augenzeugenberichten, Tagebuchauszügen und Dokumenten aus Militärarchiven, die bis vor kurzem unter Verschluss gehalten wurden, tritt Pappe den Beweis an, dass der Gründung seines Heimatlandes Israel eine planvolle ethnische Säuberung vorangegangen ist. Sich der historischen Wahrheit zu stellen ist für Pappe eine moralische Entscheidung, ein erster Schritt, der getan werden muss, wenn die Spirale der Gewalt aufhören und Versöhnung zwischen Palästina und Israel eine Chance haben sollen.

»Wer den Kernkonflikt im Nahen Osten besser verstehen will, sollte das mit viel Herzblut geschriebene Buch von Ilan Pappe lesen« (Marcel Pott, Deutschlandfunk).

Deutsche Erstausgabe. Aus dem Englischen von Ulrike Bischoff. 19 Fotos. 416 Seiten. Fester Einband. 22 €. Nummer 200320.

Die komplette ungekürzte Dokumentation, neu durchgesehen, um ein Nachwort und zwei Karten erweitert.

Konzentrationslager. Dokument F 321

Diese Dokumentation erschien zuerst 1945 in Frankreich und diente dann als Beweismittel für die Nürnberger Prozesse ab 1947. Das Original liegt bei den Nürnberger Akten. »Auf 344 Seiten klagen Zeugenaussagen an, die in den Detailschilderungen der KZ-Torturen so unvorstellbar sind, dass man noch 1947 – in der ersten deutschen Buchfassung – Streichungen vornahm … Jetzt liegt das Dokument erstmals in einer ungekürzten deutschen Fassung vor« (Die Zeit). Unter Überschriften wie Abreise, Ankunft, Ernährung, Hygiene, Disziplin, Alltägliche Szenen, Strafen und Foltern, Männerarbeit, Frauenarbeit, Krankenpflege, Abtreibungen, Sterilisation und Kastration, Vivisektion, Hinrichtungen, Revolte, Flucht, Vergasung, Verbrennung, Befreiung u. a. reiht sich Aussage an Aussage von Überlebenden. Die Herausgeber haben nichts hinzugefügt, die Berichte und 96 Fotos sprechen für sich.

Deutsch von Peter Neitzke und Martin Weinmann. 96 Fotos. 344 Seiten. 6,90 €. Nummer 200 000.

Preise können sich ändern und einzelne Titel auch ausverkauft sein.